Smoke and Ashes का हिंदी अनुवाद

अफीम और साम्राज्यवाद

अमिताभ घोष की अन्य किताबें

द ग्लास पैलेस

द हंग्री टाइड

जंगलनामा: ए स्टोरी ऑफ़ सुंदरबन

वाइल्ड फिक्शन

महापर्बत: एक कहानी हमारे दौर की

'अंग्रेज़ी भाषा में लिखने वाले भारतीय मूल के सर्वश्रेष्ठ उपन्यासकारों में से एक घोष प्रशिक्षण से एक सामाजिक मानवविज्ञानी हैं... उनका विवरण महज़ साम्राज्यवादी इतिहास से आगे बढ़कर आधुनिक पूंजीवाद, जलवायु परिवर्तन और "संरचनात्मक नस्लवाद" की आलोचनाओं तक जाता है... घोष अफ़ीम व्यापार में अमेरिका के हाथ की बहु-उपेक्षित भूमिका को उजागर करते हैं।'

—वॉल स्ट्रीट जरनल

'[*अफीम और साम्राज्यवाद*] एक प्रेरक और रहस्योद्घाटन करने वाला इतिहास है कि कैसे अफ़ीम, जो कि औपनिवेशिक पूंजीवाद का एक उपकरण थी, का इस्तेमाल भारत को कुचलने, चीन को भ्रष्ट करने और साम्राज्य को खड़ा करने के लिए किया गया था... एक कुशल कहानीकार के रूप में, घोष ने ब्रिटिश साम्राज्य के अफ़ीम के धंधे की शर्मनाक कहानी को सबके सामने लाने में सफलता प्राप्त की है।'

—फ़ाइनैंशियल टाइम्स

'लेखन आला दर्जे का है, शोध गहन है, कहानी के प्रति नज़र उत्कृष्ट है, और कहानी में व्यक्तिगत पृष्ठभूमि के कुछ अंश हैं जो लेखक के तर्कों की निष्कपटता को रेखांकित करते हैं।'

—सनडे टैलीग्राफ़

'अफ़ीम और हेरोइन के व्यापार की एक उत्कृष्ट और ख़ौफ़नाक कहानी।'

—टैलीग्राफ़, यूके

'पौधे के प्रभाव के बारे में मि. घोष का उत्कृष्ट इतिहास उसके प्रति एक श्रद्धांजलि है जिसे वे "वनस्पति पदार्थ की ऐतिहासिक एजेंसी" कहते हैं, और साथ ही साम्राज्यवादी अतीत का लेखा-जोखा भी है।'

—द इकॉनोमिस्ट

'*अफीम और साम्राज्यवाद* दायरे और संरचना में महत्वाकांक्षी है। एक असाधारण व्यापकता, जो ऐतिहासिक विवरण में भी उतनी ही प्रचुर है जितनी समकालीन प्रासंगिकता में। ... घोष ने *अफीम और साम्राज्यवाद* के ज़रिए विद्वता की एक उल्लेखनीय कृति पेश की है। उनका लेखन उतना ही सरस और नाटकीय रूप से प्रभावशाली है जितना

अफ़ीम और साम्राज्यवाद की प्रशंसा में

'घोष के इतिहास ने फ़र्नीचर, वास्तुकला, बग़ीचों के साथ अफ़ीम के रिश्ते और आधुनिक युद्धों में इसकी भूमिका को भी अपने आग़ोश में समा लिया है। अफ़ीम-फ़ैक्ट्री की पेंटिंग्स के बारे में उनका गहन विश्लेषण विशेष रूप से आकर्षक है। लेकिन दरअसल ये घोष की बृहद सोच है जिसने उनके कथेतर लेखन को इतना प्रभावशाली बना दिया है। ...अफ़ीम (या ग्रह, या जायफल) को निष्क्रिय पदार्थ मानने से इंकार करके, घोष औपनिवेशिक विजय की हिंसा से चली आ रही उस मशीनी सोच का विरोध कर रहे हैं, जिसने हमारी जटिल दुनिया को सीमित करके मानव उपयोग के लिए संसाधन भर बना दिया है। ...[उनका अफ़ीम को एजेंसी प्रदान करना] उनकी उस बड़ी परियोजना की एक बड़ी कामयाबी है जिसका मक़सद उस "नस्लीय पूंजीवाद" के लंबे इतिहास की क़लई खोलना है जिसने हमें हमारी मौजूदा कशमकश में डाल दिया है।'

—*द न्यूयॉर्क टाइम्स*

'अफ़ीम ने दुनिया को किस तरह कलुषित किया है, इसका एक तीखा, दमदार और रोचक विवरण।'

—*टाइम्स लिटरेरी सप्लीमेंट*

'घोष ने ख़ुद को एक उत्कृष्ट कमोडिटी इतिहासकार के रूप में नए सिरे से स्थापित किया है। अपनी नई भूमिका में, उन्होंने उल्लेखनीय बौद्धिक स्पष्टता और विचारोत्तेजक सादगी के साथ शोध के भंडार को संश्लेषित करने की क्षमता में बहुत से अनुभवी इतिहासकारों को पीछे छोड़ दिया है... *अफ़ीम और साम्राज्यवाद* में एक ख़ामोश विध्वंसकारी तत्व है जिसके लिए घोष की सराहना की जानी चाहिए।'

—*द टाइम्स*

'व्यापक... अफ़ीम उद्योग के बारे में घोष का प्रभावशाली इतिहास "वनस्पति पदार्थ की ऐतिहासिक एजेंसी" को स्वीकार करने का - अफ़ीम को "अपने आप में एक किरदार के रूप में" समझने का प्रयास है। ...सशक्त, बल्कि गर्जन भरा गद्य।'

—*द वॉशिंगटन पोस्ट*

कि ये सावधानीपूर्वक सुशोधित है, और ये पाठकों के सामने उदीयमान और समकालीन आधुनिकता की एक ऐसी छवि प्रस्तुत करता है जो प्रगति, समानता और बंधुत्व के ज्ञानोदय के आदर्शों से पूरी तरह विरक्त है।'

—*लॉस एंजिलेस रिव्यू ऑफ़ बुक्स*

'*अफीम और साम्राज्यवाद* में, अमिताभ घोष ने पश्चिमकेंद्रित इतिहास का ध्वंस किया है और नस्लीय पूंजीवाद की तहों को खोल दिया है, ख़ासतौर से भारतीय किसानों को पोस्त उगाने के लिए मजबूर किए जाने और नतीजतन चीन में अफ़ीम की भरमार कर देने के बारे में। घोष मुक्त व्यापार और प्रगति के आवरण में एशियन लोगों के ख़िलाफ़ संरचनागत हिंसा को अंजाम देने में पश्चिमी दुनिया के पाखंड, चीन में अफ़ीम के व्यवसाय की कुटिल रणनीति और आधुनिक अमेरिकी अफ़ीमसम संकट की शुरुआत करने वालों के बीच अजीबोग़रीब समानताओं को उजागर करते हैं।'

—*एलए टाइम्स*

'वैश्विक इतिहास की पिछली कई शताब्दियों में अफ़ीम की भूमिका की एक शानदार और बहुरंगी झांकी। ...उत्कृष्ट ढंग से लिखित और आश्चर्यजनक अंतर्दृष्टि से भरपूर यह पुस्तक अवश्य पढ़ी जानी चाहिए।'

—*पब्लिशर्स वीकली*

'व्यापक और विचारशील... *अफीम और साम्राज्यवाद* ऐतिहासिक लेखन, यात्रा वृत्तांत और व्यक्तिगत चिंतन का एक सुंदर मिश्रण है।'

—*द स्पेक्टेटर*

'प्रयोगात्मक... महत्वाकांक्षी... *अफीम और साम्राज्यवाद* एक साहित्यिक सम्मिश्रण है और इसे कर पाना कठिन हो सकता है, लेकिन इस महत्वाकांक्षी पुस्तक की सफलताएं इसकी ख़ामियों से अधिक हैं।'

—*द ईवनिंग स्टैंडर्ड*

'अफ़ीम की विनाशकारी प्रकृति के बारे में [घोष के] मूल तर्क को नकारना असंभव है। ...इतिहास की अंधेरी गली में एक सुविज्ञ, पठनीय, विचलित कर देने वाली यात्रा।'

—*कर्कस रिव्यूज़*

‘कहीं-कहीं सारग्राही होने के बावजूद यह एक अत्यंत पठनीय पुस्तक है, जिसमें आधुनिक समय में अफ़ीमसम के उपयोग का विश्लेषण किया गया है, जो अफ़ीम व्यापार के इतिहास पर नज़र डालने के लिए एक नया दृष्टिकोण प्रदान करता है। घोष ने भारतीय और चीनी इतिहास, और इस व्यापार के भारत-चीनी संबंधों पर प्रभाव को प्रकाश में लाने के लिए अफ़ीम को बड़ी निपुणता के साथ एक लेंस के रूप में इस्तेमाल किया है।’

—एशियन रिव्यूज़ ऑफ़ बुक्स

‘अफ़ीम व्यापार के इतिहास पर आपको अमिताभ घोष की *अफीम और साम्राज्यवाद* से अधिक व्यापक और सुलभ जानकारी बड़ी मुश्किल से ही कहीं मिलेगी। ...गहन चिंतनशील गद्य के क्षणों के साथ तीखे ढंग से लिखा इतिहास, *अफीम और साम्राज्यवाद* हर उस व्यक्ति के लिए पढ़ना अनिवार्य है जो ब्रिटेन के व्यापक औपनिवेशिक प्रभाव के बारे में और अधिक समझने की इच्छा रखता हो।’

—बज़, यूके

‘नाटकीय... अफ़ीम-औद्योगिक परिसर की पूरी गहराई तक किए इस आंखें खोल देने वाले उत्खनन को घोष का साहित्यिक कौशल और भी अधिक प्रभावशाली बना देता है।’

—बुकलिस्ट

‘एक संवेदनशील, महत्वाकांक्षी और तहदार कृति जिसकी जगह दुनिया के वनस्पति इतिहास और अकादमिक केस स्टडी के बीच है। उन्नीसवीं सदी के अफ़ीम व्यापार पर विद्वानों की एक के बाद एक पीढ़ी ने अंग्रेज़ों और चीनियों पर असंतुलित ढंग से ध्यान केंद्रित रखा है, विशेष रूप से दो अफ़ीम युद्धों पर। *अफीम और साम्राज्यवाद* भारतीय संस्कृति और विकास पर पड़े अफ़ीम के गहरे प्रभावों पर केंद्रित रिसर्च की सुधारवादी लहर को समन्वित और निर्मित करती है।’

—न्यू रिपब्लिक

‘ऐसा लगता है कि अमिताभ घोष एक लेखक के रूप में ये सब कुछ कर सकते हैं: एक अद्भुत उपन्यासकार के रूप में, एक उत्कृष्ट निबंधकार के रूप में, और अब *अफीम और साम्राज्यवाद* के साथ, एक इतिहासकार-कम-स्मृतिलेखक-कम-यात्रा लेखक के रूप में।’

—लिटरेरी हब

‘संस्मरण, यात्रा डायरी और व्यापक ऐतिहासिक विवरण का एक अनूठा मिश्रण... इसे पढ़ते हुए एक रोमांचक थ्रिलर जैसा महसूस होता है।’

—ग्लैमर

‘घोष औपनिवेशिक प्रशासकों और इतिहासकारों के लेखनों द्वारा लोकप्रिय बनाई गई रिवायतों को चुनौती देते हैं, जिनमें से अधिकांश पर ज्ञानोदय के विचारों का गहरा प्रभाव था... अफ़ीम के बारे में औपनिवेशिक लफ़्फ़ाज़ी को लगातार चुनौती देते हुए... [वे] व्यवस्था और विकास के उन किताबी और दृष्टिक ख़ाकों को भी चुनौती देते हैं, जिन्हें औपनिवेशिक अधिकारी अपने काम को उचित ठहराने के लिए पेश करते थे।’

—हिंदुस्तान टाइम्स

‘इस साहित्यिक रॉकस्टार की विशेषता अभी भी एक अच्छी कहानी पर अपनी छाप छोड़ने की क्षमता है। ...*अफीम और साम्राज्यवाद* मादक अफ़ीम पर घोष की अनोखी और आकर्षक नई कहानी है... इसमें उन कई रस्सियों को अच्छी तरह खींचा गया है जो उन समृद्ध और जटिल कश्तियों का लंगर बनी हुई थीं जो तीन शताब्दियों से अफ़ीम का व्यापार चलाने वाले महासागरों पर हिचकोले खा रही थीं। ...[यह] न तो एक अकादमिक किताब है और न ही लोकप्रिय इतिहास। इसने ख़ुद को दोनों के बीच में कहीं, और उससे भी कहीं ज़्यादा में गाड़ दिया है। यात्रा वृत्तांत, संस्मरण, ऐतिहासिक ग्रंथ – कई परतों वाली इस कहानी में इन सभी का मिश्रण है।’

—टैलीग्राफ़, भारत

‘*अफीम और साम्राज्यवाद* उपनिवेशवाद, पूंजीवाद और आधुनिक दुनिया के निर्माण के इतिहास और मानवशास्त्र पर समकालीन विद्वानों की बहसों में पूरी तरह से स्थापित है। लेकिन उल्लेखनीय बात यह है कि घोष इस विद्वतापूर्ण मंच से अपनी कहानी को अपनी ख़ास सुरुचि और स्पर्श की सहजता के साथ कहने में सक्षम रहे हैं।’

—टैलीग्राफ़, भारत

‘*अफीम और साम्राज्यवाद* में, अमिताभ घोष... औपनिवेशिक पूंजीवाद और एंग्लो-यूरोपीय आधुनिकता के इतिहास को उजागर करते हैं... घोष का कौशल इतिहास को अंतरंग बनाना है। ...घोष को इस बात का श्रेय दिया जाना चाहिए कि वे अफ़ीमसम की

बीमारी को सेने वाली भू-राजनीतिक शक्ति और पूंजीवादी मुनाफ़े के गणित से भटके बिना अपना तर्क देते हैं। ...यह हमें मार्मिक रूप से याद दिलाती है कि जीवाश्म ईंधन के प्रति दुनिया के जुनून से उत्पन्न जलवायु संकट मानवता के लिए उतना ही बड़ा अस्तित्वगत झटका है जितना कि 19वीं शताब्दी में चीनी समाज के लिए अवैध अफ़ीम व्यापार था।'

—द हिंदू

'यह पुस्तक बारीकियों पर नज़र रखने की घोष की योग्यता का प्रमाण है। ...घोष द्वारा लिखी गई हर कृति की तरह यह भी विचारशील है और सावधानीपूर्वक किए गए शोध का नतीजा है। यहां इतिहास का एक विशाल परिदृश्य है, जो उन ड्रग्स द्वारा संचालित वैश्वीकरण का एक काला इतिहास सामने लाता है जो औपनिवेशिक दुनिया में मौजूद थीं और जो ड्रग व्यापार से प्रभावित राज्यों के लिए एक नमूना बन गया है जैसा कि आज अफ़ग़ानिस्तान में देखा जा रहा है। ...ऐसे बहुत कम लेखक हैं जिन्होंने अफ़ीम का इतने जुनूनी ढंग से अध्ययन किया है, या इसके बारे में इतनी स्पष्टता से लिखा है। ...साम्राज्यों को बनाने और बिगाड़ने वाले फूल के इतिहास पर एक व्यापक नज़र, घोष की यह किताब एक ठोस सुबूत पेश करती है कि अतीत वास्तव में कभी ख़त्म नहीं होता है।'

—द वीक

'शोध की व्यापकता, तर्क की गहराई और रूप की नवीनता में [यह पुस्तक] औपनिवेशिक अफ़ीम व्यापार पर लिखी गई सबसे महत्वपूर्ण कृतियों में से है... *अफीम और साम्राज्यवाद* सरल इतिहास नहीं है... विधा-परिवर्तनकारी अंतर्विषयक पद्धति इस पुस्तक की शक्तियों में से एक है... बिगड़ते जलवायु संघर्ष के इस दौर में, अमिताभ घोष की यह प्रभावशाली कृति इस बात पर संदेह की कोई गुंजाइश नहीं छोड़ती कि अफ़ीम और अन्य ग़ैर-मानवीय किरदारों की ऐतिहासिक एजेंसी को विनम्रता के साथ स्वीकार किया जाना चाहिए, और इसे नज़रअंदाज़ करना हमारे लिए जोखिमपूर्ण हो सकता है।'

—स्क्रॉल

'[घोष] एशिया में अफ़ीम के इतिहास की जड़ें खोजते हैं, इस बात का निर्णायक प्रमाण प्रस्तुत करते हैं कि किस तरह से इस ड्रग ने इसके इतिहास को आकार दिया है, और इस बात को उजागर करते हैं कि औपनिवेशिक प्रशासन ने पूरी आबादियों को किस हद तक

अमानवीय बनाया, जिसके लिए उनके अपने देश में उनका गुणगान किया गया। ...घोष के काम ने हमेशा उपनिवेशवाद की नैतिक अरक्षणीयता की पड़ताल की है, जो एक ऐसे समय में महत्वपूर्ण है जब हम औपनिवेशिक पक्ष-पोषण के पुनरुत्थान को देख रहे हैं। ... *अफीम और साम्राज्यवाद* ने भले ही उपनिवेशवाद और उसके दुष्परिणाम को एक पौधे, अफ़ीम पोस्त, के लेंस के माध्यम से देखा हो, लेकिन यह साम्राज्य के नाम पर किए गए वास्तविक विनाश और शोषण का अकाट्य प्रमाण प्रस्तुत करती है।'

—*मिंट लाउंज*

'[घोष] निश्चित रूप से हमारे समय में ऐतिहासिक कथा साहित्य के सर्वश्रेष्ठ लेखक हैं। वे इतिहास को जीवंत बना देते हैं... [*अफीम और साम्राज्यवाद*] एक ज्ञानवर्धक पुस्तक है जो निर्णायक और विश्वसनीय तरीक़े से दर्शाती है कि कैसे कई रूपों में हमारा जीवन और इतिहास 18वीं और 19वीं सदी के चाय और अफ़ीम व्यापार से गहराई से जुड़ा हुआ है।'

—*ट्रिब्यून, भारत*

'यह एक ज़बरदस्त प्रयास है। *अफीम और साम्राज्यवाद*, कई चीज़ों के अलावा, ब्रिटेन और अमेरिका पर दोषारोपण है, वे दो देश जिन्होंने अफ़ीम के धंधे से सबसे अधिक लाभ कमाया है। ...[एक] विधा-परिवर्तनकारी पुस्तक। आंशिक रूप से सामाजिक इतिहास, आंशिक रूप से भू-राजनीति, आंशिक रूप से संस्मरण, आंशिक रूप से यात्रा वृत्तांत, आंशिक रूप से सांस्कृतिक अध्ययन, इस किताब का विस्तार उतना ही विशाल है - और उतना ही गहन - जितना कि पहले आए उपन्यासों की त्रयी थी। पुस्तक के अंतिम पृष्ठों में हम पाते हैं कि आज दुनिया में उससे कहीं ज़्यादा अफ़ीम का उत्पादन हो रहा है जितना पहले कभी हुआ है। यह एक कटु अहसास है। ...*अफीम और साम्राज्यवाद* एक दिल दहला देने वाली किताब है। हमारे विचलित करने वाले, और अक्सर डरावने, दौर की एक झलक, यह किताब एकदम सही समय पर आई है।'

—*डैकन क्रॉनिकल*

'घोष ब्रिटेन, भारत और चीन, और पूरी दुनिया पर पड़ने वाले अफ़ीम व्यापार के परिवर्तनकारी प्रभाव की तह तक गए हैं। इतिहासों, पूंजीवाद की पौराणिक कथाओं और उपनिवेशवाद के सामाजिक और सांस्कृतिक दुष्परिणामों के बीच चतुराई से आगे बढ़ते हुए घोष ने ऐतिहासिक और नृवंशविज्ञान संबंधी बारीकियों पर पैनी नज़र रखते हुए एक

बार फिर से जलवायु परिवर्तन, सामूहिक प्रवास और जैवविविधता जैसे ही एक ऐसे मुद्दे पर चर्चा की है जो मानवता को प्रभावित करता है।'

—फ्री प्रेस जरनल

'लेखक द्वारा एक और विधा-परिवर्तनकारी कृति, जो व्यक्तिगत क़िस्सों और दर्दनाक विवरणों से भरपूर है... भू-राजनीति की वर्तमान स्थिति पर एक जानदार टिप्पणी।'

—हार्पर्स बाज़ार इंडिया

'एक विजयी विधा-परिवर्तक... वास्तविक घटनाओं एवं गहन शोध से परिपूर्ण एवं अद्यतन घोष की विद्वता और विश्वदृष्टि में अहंवाद का नामो-निशान भी नहीं है... यह एक दुर्लभ और उदात्त उपलब्धि है। घोष जिस प्रकार आर्थिक एजेंसी का संबंध भू-राजनीति के साथ, मानव उत्कर्ष और बर्बादी का संबंध एक पौधे के साथ स्थापित करते हैं, और एक ऐसी कथा की रचना करते हैं जो विस्तार और घनत्व में उतनी ही आनंदपूर्ण है जितनी कि श्रमसाध्य है, यह एक गद्य लेखक और विचारक के रूप में उनकी महारत है। भाषा के प्रति उनका प्रेम ज़रा भी कम नहीं हुआ है। लेकिन इस नायाब ख़ासियत के अलावा, *अफीम और साम्राज्यवाद* सामूहिक स्मृति पर अपने बल और इतिहास की ज़िम्मेदारी लेने के विचार के लिए अपना विशिष्ट स्थान बनाती है। ...*अफीम और साम्राज्यवाद* में स्पंदित ऊर्जा और बौद्धिक विश्वास है।'

—मनीकंट्रोल

'एक दिलचस्प, विश्वव्यापी कथेतर महाकाव्य *अफीम और साम्राज्यवाद* ठीक उस तरह का मर्मभेदी ख़ुलासा है जिसकी हमें अभी ज़रूरत है ...[यह किताब] कोई झटपट और चाय की चुस्कियां लेते हुए आराम से पढ़ने वाली रोचक किताब नहीं है (भले ही यह एक मनोरंजक और उत्कृष्ट गति पर लिखी गई पुस्तक है) और घोष मानते हैं कि उनके लिए इसे लिखना आसान नहीं था। वास्तविकता तो यह है कि इसका शोध उन्हें इतनी अंधकारमय जगह पर ले गया कि उन्होंने लगभग इसे पूरी तरह से छोड़ने के बारे में ही सोच लिया था। कम से कम मैं तो आभारी हूं कि उन्होंने आख़िरकार पुस्तक प्रकाशित की, और इस तरह एक जानबूझकर अस्पष्ट रखे गए इतिहास को सबकी नज़रों के सामने लाए।'

—वोग, भारत

'दुनिया की आत्म-विनाशकारी प्रवृत्तियों के बारे में एक गहन, विचारोत्तेजक कथा।'

—स्टोरिज़ेन

अफीम और साम्राज्यवाद

एक अनकहा इतिहास

अमिताभ घोष

अनुवाद

नवेद अकबर

हार्पर
हिन्दी

प्रथम प्रकाशन 2025
हार्पर हिन्दी
(हार्परकॉलिंस *पब्लिशर्स* इंडिया) द्वारा प्रकाशित
4th फ्लोर, टावर A, बिल्डिंग नं. 10, डीएलएफ साइबर सिटी,
डीएलएफ फेज II, गुरुग्राम, हरियाणा – 122002, भारत
www.harpercollins.co.in

P-ISBN: 978-93-6989-957-9
E-ISBN: 978-93-6989-922-7

टाइपसेटिंग : हार्परकॉलिंस *पब्लिशर्स* इंडिया प्राइवेट लिमिटेड
मुद्रक: रेप्लिका प्रेस प्रा. लि, भारत

HarperCollins *Publishers*, Macken House, 39/40 Mayor Street Upper,
Dublin 1, D01 C9W8, Ireland

FSC www.fsc.org
MIX
Paper | Supporting responsible forestry
FSC™ C016779

राहुल श्रीवास्तव और आराधना सेठ के लिए

पड़ोसीपन के जश्न में

अनुक्रम

एक

यहां ड्रैगन बसते हैं

एक तथ्य जिसके बारे में अब सोचने पर मैं हक्का-बक्का रह जाता हूं, ये है कि मेरी ज़िंदगी के अधिकांश हिस्से में चीन एक विशाल, गहन शून्य जैसा रहा था। नक़्शों में भारत के ऊपर मंडराते उस विशाल क्षेत्र पर केवल इतना भर लिखा होने से भी काम चल सकता था कि: 'यहां ड्रैगन बसते हैं।'

संयोग से, मेरा जन्म पश्चिम बंगाल में हुआ था, एक ऐसा भारतीय राज्य जो चीन के बहुत नज़दीक है, और मेरी परवरिश कलकत्ता जैसे शहर में हुई, जहां एक छोटा सा लेकिन महत्वपूर्ण चीनी समुदाय बसा हुआ है। लेकिन फिर भी मुझे चीन के इतिहास, भूगोल या संस्कृति में कभी दिलचस्पी नहीं रही थी। हालांकि मुझे हमेशा से यात्राएं करने का शौक़ रहा है, लेकिन फिर भी, मुझे कभी ये नहीं सूझा कि युन्नान ही घूम आऊं, जबकि इस प्रांत की राजधानी कुनमिंग की हवाई रास्ते के ज़रिए कलकत्ता से दूरी उससे ज़्यादा नहीं होगी जितनी दूरी कलकत्ता से नई दिल्ली की है। न जाने क्यों कुनमिंग किसी और ही दुनिया का हिस्सा लगता था, जिसके और मेरी दुनिया के बीच केवल एक विशाल पर्वत श्रृंखला ही नहीं बल्कि मेरे मन का गगनचुंबी हिमालय भी खड़ा हुआ था।

2004 में, जब मैंने अपना उपन्यास *सी ऑफ़ पॉपीज़* लिखना शुरू किया, तब कहीं जाकर पहली बार मेरे मन में चीन जाने का ख़्याल आया। उपन्यास के प्रमुख किरदार दीती और कलुआ नामक एक दंपती हैं, जो 1838 में गिरमिटिया मज़दूरों के रूप में मॉरीशस

के सफ़र पर निकलते हैं। कहानी का मूल आधार यही होने के कारण मैं जानता था कि किताब के लिए मेरी रिसर्च मुझे मॉरीशस ले जाएगी – और ले भी गई – लेकिन ये मुझे एक और, बिल्कुल ही अप्रत्याशित दिशा में भी ले गई। जैसे-जैसे मैं अपनी रिसर्च की गहराई में उतरता गया, वैसे-वैसे मुझे अहसास होता गया कि केवल भारत और मॉरीशस ही नहीं, बल्कि कहानी की पृष्ठभूमि का निर्माण समुद्र का वो हिस्सा भी करता है जो दोनों देशों को अलग करता है (और साथ ही जोड़ता भी है): हिंद महासागर।

समुद्र के बारे में लिखना धरती के बारे में लिखने जैसा नहीं होता। इसका क्षितिज कहीं ज़्यादा विस्तृत होता है और परिदृश्य में उस निश्चितता का अभाव होता है जो उपन्यासकारों को 'स्थान का आभास' गढ़ने में मदद करती है। अगर कोई जहाज़ ही मुख्य स्थान हो, जैसा कि *सी ऑफ़ पॉपीज़* में *आइबिस* नाम की कश्ती थी, तो आप लहरों, हवाओं, और यातायात के प्रवाहों के प्रति बेहद सजग हो जाते हैं। और मैं जितना ही पृष्ठभूमि को खंगालता गया, मुझे उतना ही ये स्पष्ट होता गया कि वो काल – उन्नीसवीं सदी का पूर्वार्ध – जिसके बारे में मैं लिख रहा था, उसमें समुद्री यातायात का प्रवाह मुख्य रूप से भारत और पश्चिम के बीच नहीं था, बल्कि भारत और चीन के बीच था| और इसमें भी चीन का एक ख़ास शहर 'कैंटन' ही प्रमुख था|

ये नाम पहले भी कई बार मेरे सामने आया था, लेकिन मुझे क़तई पता नहीं था कि ये शहर दरअसल है कहां। अब जब मैंने उन्नीसवीं सदी के समुद्री लेखन में ख़ुद को डुबोना शुरू किया, तो मेरी जिज्ञासा लगातार बढ़ती गई: कैंटन में ऐसा क्या ख़ास था कि वहां जाने का ख़्याल भर ही उन्नीसवीं सदी के नाविकों और मुसाफ़िरों को उमंग से भर देता था?

अगर मुझे चीन और चीनी इतिहास के बारे में ज़रा भी जानकारी होती, तो मुझे पता होता कि 'कैंटन' शब्द को एक ज़माने में यूरोपीय मोटे तौर पर गुआंगडौंग प्रांत, और ख़ासतौर से गुआंगज़ाउ शहर के लिए इस्तेमाल करते थे।[1] लेकिन उस समय चीन और उसके भूगोल के बारे में मेरी जानकारी इतनी उथली थी कि मुझे बस हल्का-फुल्का सा आभास भर था कि गुआंगज़ाउ कहां था।

अब सोचने पर मुझे लगता है कि चीन के संदर्भ में मेरी अज्ञानता जिज्ञासा, अवसर, या परिस्थितियों से संबंधित अभाव के कारण नहीं थी। मुझे विश्वास है कि इसकी वजह एक अंदरूनी बाधा थी जो वैश्विक इतिहास के कुछ ख़ास रुझानों की वजह से केवल भारतीयों के ही नहीं बल्कि अमेरिकियों, यूरोपियों और दुनियाभर के दूसरे लोगों के

दिमाग़ों में भी जड़ें जमाए हुए है। जैसे-जैसे साल गुज़र रहे हैं और चीन की परछाई दुनिया पर छाती जा रही है, वैसे-वैसे ये बाधाएं स्पष्ट रूप से कठोर होती जा रही हैं, विशेष रूप से भारत और अमेरिका में।

मेरा मानना है कि इन हालात को बारीकी से देखकर कुछ अहम सीखा जा सकता है – केवल चीन पर इसके प्रभाव की वजह से नहीं, बल्कि इसलिए भी कि ये हमें उन तरीक़ों के बारे में बताता है जिनसे दुनिया को देखा और समझा जाता है।

भारत के नज़रिए से, चीन को लेकर जो याद दूसरी सभी यादों पर हावी रहती है, बल्कि हमें कुछ हद तक बेचैन करती है, वो है 1962 का भारत-चीन युद्ध, जिसमें भारत को करारी शिकस्त झेलनी पड़ी थी।[2]

मैं तब छह साल का था, लेकिन उस समय की मेरी यादें अभी भी एकदम साफ़ हैं। मुझे याद है कि युद्ध कोश में योगदान के लिए मेरी मां ने आंसू भरी आंखों के साथ अपनी सोने की चूड़ियां उतारकर दी थीं; मुझे याद है कि मेरे पिता सैनिकों को भेजने के लिए कंबल और ऊनी कपड़े जमा करते थे; मुझे याद है कि मेरे माता-पिता और उनके मित्र इस विषय पर लंबी-लंबी बहसें किया करते थे कि युद्ध के क्या कारण थे और पराजय के लिए कौन ज़िम्मेदार था।

इन मुद्दों पर अभी भी कोई एकमत नहीं है। 2021 में भारतीय विदेश मंत्रालय के ऐतिहासिक विभाग के भूतपूर्व अध्यक्ष अवतार सिंह भसीन द्वारा किया गया एक अध्ययन बताता है कि देश के तत्कालीन प्रधानमंत्री जवाहरलाल नेहरू की ग़लतफ़हमियों और चूकों ने युद्ध को भड़काने में एक बड़ी भूमिका निभाई थी। 'नेहरू द्वारा पश्चिमी सीमाओं पर छूट लिए जाने ने मुसीबत को न्योता दिया था,' भसीन लिखते हैं। 'भारत अपने ग़लत अनुमानों का शिकार हो गया था।'[3] नेहरू अनेक स्तरों पर एक प्रशंसनीय व्यक्ति और दूरदृष्टा राजनीतिज्ञ थे, लेकिन फिर भी इस संकट से निबटने में वो पूरी तरह नाकाम दिखाई देते हैं।

वैसे पूरी सच्चाई का शायद कभी पता नहीं चल पाएगा क्योंकि कुछ सबसे महत्वपूर्ण ऐतिहासिक प्रसंगों की हक़ीक़त आज तक सामने नहीं आ सकी है। लेकिन, इतना तो पक्का है कि 1962 का युद्ध कुछ हद तक हिमालय की सांस्कृतिक और राजनीतिक

छायाओं का परिणाम था – संघर्ष को शुरू करने में ग़लत अंदाज़ों, ग़लत निर्णयों और ग़लतफ़हमियों की भी काफ़ी बड़ी भूमिका रही।[4]

1962 के युद्ध को हवा देने वाले मुद्दे अभी भी सुलझे नहीं हैं। यह संघर्ष दशकों से चला आ रहा है और अब भी जारी है, और सीमा पर चीनी और भारतीय सैनिकों के बीच अक्सर झड़पें होती रहती हैं। इन झड़पों का कोई अंत भी दिखाई नहीं देता है: आज चीन एक लगातार मुखर होता और आक्रामक पड़ोसी बन गया है और भारत के पास अपने रुख़ पर अड़े रहने के अलावा कोई विकल्प नहीं है।[5]

इसमें कोई शक नहीं है कि इस निरंतर टकराव ने चीन के प्रति भारतीय दृष्टिकोण में भय, रोष और द्वेष की कई परतें जोड़ दी हैं। चीन के प्रति अत्यधिक विद्वेष, जो अब अमेरिका में तेज़ी से स्पष्ट होता जा रहा है, भारत में मेरे जीवन के अधिकांश समय में मौजूद रहा है।

लेकिन भारी तनाव तो भारत और पाकिस्तान के बीच भी मौजूद है: दोनों कई युद्ध लड़ चुके हैं, और दोनों देशों में ऐसे लोगों की बड़ी तादाद है जो एक-दूसरे के प्रति घोर शत्रुता रखते हैं। पर फिर भी, सीमा के दोनों ओर एक-दूसरे के प्रति रुचि और जिज्ञासा में कोई कमी नहीं है। बल्कि इसके बिल्कुल उलट, भारत और पाकिस्तान को एक-दूसरे की राजनीति, संस्कृति, इतिहास, वर्तमान घटनाओं और खेलों आदि के बारे में जुनून की हद तक दिलचस्पी है।

ये किसी भी तरह से कोई असामान्य बात नहीं है: आपसी विवाद अक्सर सांस्कृतिक और कल्पनाशील जुड़ावों को गहरा करने का काम करता है। मसलन, वर्ल्ड ट्रेड सेंटर पर 2001 के हमलों के बाद अमेरिका में अरबी भाषा की कक्षाओं में नामांकन में तेज़ी आई थी। तब से इराक़ और अफ़ग़ानिस्तान के बारे में किताबों, लेखों और फ़िल्मों के प्रवाह में लगातार बढ़ोतरी होती जा रही है।

1962 के बाद भारत में ऐसा कुछ नहीं हुआ। दिलचस्पी में इज़ाफ़ा होने के बजाय शर्मिंदगी, संदेह और डर के साथ-साथ एक संकोच भरी दूरी भी बन गई। युद्ध के बाद, जो कि बस कुछ सप्ताह ही चला था, भारत में रहने वाला चीनी मूल के प्रवासियों का छोटा सा, बिखरा हुआ समुदाय इस आपदा के लिए बलि का बकरा बन गया।

भारत के चीनी समुदायों की जड़ें अठारहवीं सदी के उत्तरार्ध तक जाती हैं, जब पहले हक्का प्रवासी कलकत्ता के पास आकर बसे थे।[6] समय के साथ ये समुदाय फलने-फूलने

लगा; ये अनेक स्कूल, मंदिर और अख़बार चलाने लगा, और इसके अनेक सदस्य सफल पेशेवर और उद्यमी बन गए।[7] बहुत से चीनी भारतीय कभी चीन नहीं गए थे और उनका उस देश से कोई संबंध नहीं था; उनकी एक बड़ी तादाद कम्युनिस्ट-विरोधी थी। लेकिन फिर भी, 1962 का युद्ध समाप्त होते ही भारत सरकार ने एक क़ानून पारित कर दिया, जिसके अनुसार 'शत्रुतापूर्ण मूल के किसी भी व्यक्ति [संदिग्ध] को हिरासत में लेने और नज़रबंदी में रखने' की अनुमति दे दी गई।

चीनी मूल के हज़ारों लोग भारत छोड़ने को मजबूर हो गए; बहुत से लोग राज्यविहीन शरणार्थी बन गए। हज़ारों अन्य लोगों को भारत में ही नज़रबंद कर दिया गया और वो बिना किसी मुक़द्दमे के बरसों नज़रबंदी शिविरों में रहे। जब उन्हें रिहा किया गया, तो अधिकांश ने वापस लौटकर देखा कि उनके घरों और व्यवसायों को ज़ब्त कर लिया गया था या बेच दिया गया था। इसके बाद कई साल तक उन्हें हर महीने पुलिस थानों में रिपोर्ट करना पड़ता था। संदेह का दायरा उन कुछ भारतीय विद्वानों तक फैल गया था, जो चीन पर शोध कर रहे थे।

युद्ध के बाद के वर्षों में कलकत्ता की चीनी नस्ल की जनसंख्या आधी रह गई, और 20,000 से घटकर 10,000 पहुंच गई। जो लोग रुके रहे, उनमें से कई को शहर के केंद्र में स्थित पुराने चाइनाटाउन को छोड़कर शहरी परिधि पर एक दलदली भूमि वाले टांगड़ा इलाक़े में जाने के लिए मजबूर होना पड़ा। ये इस समुदाय की प्रतिरोध क्षमता और उद्यमिता का सुबूत है कि ये ज़िंदगी से भरपूर नया चाइनाटाउन बन गया है जहां बहुत से कारख़ाने, वर्कशॉप, मंदिर और रेस्तरां मौजूद हैं।

इसमें कोई संदेह नहीं कि 1962 के बाद चीनी भारतीय समुदाय को बलि का बकरा बनाया जाना स्वतंत्र भारत के इतिहास का एक बहुत ही बदसूरत अध्याय है। लेकिन इसका ख़ामियाज़ा भारत को, और सबसे ज़्यादा कलकत्ता को भी भुगतना पड़ा है। 1960 और 1970 के दशकों का समय ठीक वही दौर था जब प्रवासी चीनी समुदाय दक्षिणपूर्व एशिया के कई हिस्सों में विदेशी पूंजी लाकर और नए व्यवसाय और उद्योग स्थापित करके आर्थिक बदलाव ला रहे थे। अगर 1962 के युद्ध ने चीनी भारतीय समुदाय को तबाह न किया होता, तो ये शायद कलकत्ता में भी नई जान फूंकने में मदद कर सकता था।

मुझे इस बात का जबरन अहसास 2010 में करवाया गया जब मैंने और मेरी पत्नी ने मकाउ प्रायद्वीप के सबसे दक्षिणी छोर पर स्थित कोलोन में कुछ दिन बिताए थे। हमारा

शांत, धूप से नहाया हुआ होटल रेतीले समुद्र तट पर स्थित था, जहां से समुद्र का शानदार नज़ारा दिखाई देता था; होटल के किचन से उस मशहूर सुरुचिपूर्ण शहर के बेहतरीन मैकनीज़ व्यंजनों की महक आती थी। एक सुबह मुझे ये जानकर बड़ा आश्चर्य हुआ कि होटल की मालकिन, जो लगभग पचास-पचपन वर्ष की एक महिला थीं, कलकत्ता में पली-बढ़ी थीं: वो रवानी के साथ अंग्रेज़ी, बंगाली और कैंटोनीज़ (लेकिन मंडारिन नहीं) बोलती थीं। उन्होंने मुझे बताया कि कलकत्ता में उनके परिवार के पास रेस्तरां हुआ करते थे और उनके परिवार की ख़्वाहिश थी कि वो एक होटल भी चलाएं। लेकिन 1962 के बाद उन्हें कलकत्ता छोड़ने के लिए मजबूर होना पड़ा। उन्हें अपना सपना साकार करने के लिए कई वर्ष संघर्ष करना पड़ा, और अब उनका होटल मकाउ में था, न कि कलकत्ता में।

तो, 1962 के युद्ध ने चीन के बारे में मेरे दृष्टिकोण को आकार देने में क्या भूमिका निभाई? मुझे इसमें कोई शक नहीं कि इसने कुछ भूमिका तो निभाई, लेकिन चीन के बारे में मेरे दृष्टिकोण की सबसे ख़ास बात ये थी कि इसका बमुश्किल ही कोई अस्तित्व था। और मेरा ख़्याल है कि ये न केवल चीन को, बल्कि कुल मिलाकर सारी दुनिया को ही देखने के एक निश्चित रवैये का परिणाम था: ये एक ऐसा दृष्टिकोण है जिसमें पश्चिम इतना ज़्यादा हावी है कि ये बाक़ी हर चीज़ को ढक लेता है।

भारतीय उपमहाद्वीप में पश्चिम की उपस्थिति सर्वव्यापी है, चाहे इसका संबंध भाषा से हो या पहनावे, खेल, भौतिक वस्तुओं या कला से। वास्तव में, भारतीयों के साथ-साथ पश्चिम के भी बहुत से लोगों के दिमाग़ों में लंबे समय से ये एक सामान्य धारणा रही है कि उपनिवेशीकरण की अवधि के दौरान इस क्षेत्र के सामाजिक, सांस्कृतिक और सांसारिक जीवन में आने वाले बदलाव काफ़ी हद तक 'पश्चिमीकरण' नामक प्रक्रिया के कारण हुए थे।[8] और इसके पीछे ये धारणा है कि आधुनिकता की रचना मूल रूप से पश्चिम ने की थी जो 'एक स्थान से दूसरे स्थान तक फैलने वाले वायरस' की तरह संपर्क के माध्यम से भारत और बाक़ी दुनिया में फैली।[9]

दुनिया का एक और हिस्सा जिसकी भारतीय उपमहाद्वीप में लंबे समय से और स्पष्ट उपस्थिति रही है, मध्य पूर्व है। इस पूरे क्षेत्र में मध्य पूर्व का प्रभाव हर जगह – कला, वास्तुकला, भोजन, पहनावे और भाषा में – दिखाई देता है। उपमहाद्वीप की सभी प्रमुख

भाषाओं की शब्दावली पर बड़े पैमाने पर फ़ारसी और अरबी का प्रभाव है। मुझे अपनी किशोरावस्था में भी पता था कि मैं बंगाली, हिंदी या अंग्रेज़ी बोलते समय अरबी और फ़ारसी मूल के दर्जनों शब्दों का इस्तेमाल करता हूं। लेकिन मैं इनमें से किसी भी भाषा में चीनी मूल का एक भी शब्द नहीं बता सकता था; हक़ीक़त तो ये है कि ये विचार ही अपने आप में विचित्र सा लगता कि मैं अपने रोज़मर्रा के जीवन में चीनी मूल के शब्दों का उपयोग कर रहा हूं। यही बात रोज़मर्रा की चीज़ों और प्रथाओं पर भी लागू होती थी: मुझे ये ख़्याल ही नहीं आ सकता था कि मेरी सांसारिक या सांस्कृतिक दुनिया में कोई भी चीज़ मध्य पूर्व या यूरोप के बजाय चीन की ओर इशारा कर सकती है।

सितंबर 2005 में पहली बार चीन का दौरा करने तक मुझे अंदाज़ा ही नहीं था कि मैं कितना ग़लत था।

चीन की उस पहली यात्रा में मैं भले ही वहां बस कुछ सप्ताह रहा, और उनमें से भी लगभग पूरे समय गुआंगज़ाउ में, लेकिन वो यात्रा कई मायनों में मेरे ज्ञान-चक्षु खोल देने वाली रही। लेकिन मुझे ये बोध तब नहीं हुआ जब मैं चीन में था; ऐसा मेरे भारत लौटने के बाद हुआ।

गुआंगज़ाउ की अपनी यात्रा के तुरंत बाद एक दिन मैं कलकत्ता के अपने पारिवारिक घर में अपनी स्टडी में बैठा चाय पी रहा था। ये काम मेरी दिनचर्या का उतना ही निश्चित भाग था जितना कि सुबह को बिस्तर से उठना; मैं हज़ारों बार उसी डेस्क पर, उसी कुर्सी पर, अपने सामने चाय की ट्रे लेकर बैठा हूं।

लेकिन वो दिन कुछ अलग था। जब मैंने अपने चाय (या 'चा' जैसा कि इसे बंगाली में कहा जाता है) के कप को देखा, तो मुझे अचानक एक शब्द याद आया जो मैंने हाल ही में गुआंगज़ाउ में इस्तेमाल किया था: 'चाह'। मैंने कप की ओर फिर से नज़र डाली और मैंने देखा कि वो पोर्सिलेन – अंग्रेजी में 'चाइना,' या बांग्ला में 'चिनेमाटी' (चीनी मिट्टी) – का बना हुआ था। तब मुझे लगा कि ये भी एक ऐसी चीज़ है जिसने उसी गुआंगज़ाउ से मेरे दिमाग़ में प्रवेश किया था, जो सदियों से दुनिया को भारी मात्रा में 'चीनी के बर्तन' निर्यात करता रहा है।[10]

चाय की ट्रे में कप और प्लेट के साथ एक कटोरी में सफ़ेद चीनी रखी हुई थी: ये भारतीयों को सारे स्वादवर्द्धकों में शायद सबसे ज़्यादा प्रिय है। और इसे क्या बोला

जाता है? अधिकांश भारत की तरह बंगाल में भी इसे 'चीनी' नाम से जाना जाता है, जो 'चाइनीज़' के लिए एक आम शब्द है।[11] मैं अपनी सारी ज़िंदगी इस शब्द का उपयोग करता रहा था, लेकिन मेरे मन में कभी इसके मूल के बारे में सोचने का विचार नहीं आया। और फिर चाय की ट्रे थी, एक सस्ती सी लैकरवेयर वस्तु, जैसी भारत में बहुत आम देखी जाती हैं। ये भी मेरे परिवेश से इतनी ज़्यादा जुड़ी हुई चीज़ थी कि न तो मुझे कभी इसकी कोई अहमियत महसूस हुई थी और न ही इसे लेकर मेरे मन में कभी कोई प्रश्न ही उठा था। लेकिन उस दिन इसे देखकर लैकर्ड वस्तुओं के उन संग्रहों के दृश्यों की यादें ताज़ा हो गईं जो मैंने हाल ही में गुआंगज़ाउ में देखे थे: तब मुझे लगा कि ट्रे की पृष्ठभूमि भी चीनी हो सकती है।

मैंने कमरे में चारों ओर नज़र डाली और अचानक मुझे हर जगह चीन ही चीन दिखाई देने लगा: मूंगफलियों के एक जार में (जिन्हें बंगाली में चीनी बादाम के नाम से जाना जाता है); गुलदान में लगे गुलदाऊदी के फूलों में; एक बोल में रखी गोल्डफ़िश में; लिफ़ाफ़ों और अगरबत्तियों में। ऐसा लगता था जैसे कमरे में एक अदृश्य हाथ प्रकट हो गया था जो ऐसी चीज़ों की एक पूरी श्रृंखला की ओर इशारा कर रहा था जो अपनी अत्यधिक परिचितता के कारण मेरी चेतना में इतनी गहराई तक धंस चुकी थीं कि उनकी ओर ध्यान ही नहीं जाता था। इन चीज़ों – चाय, चीनी, पोर्सिलेन – का मेरे लिए अपने आपमें कभी कोई मतलब नहीं रहा था: वो सिर्फ़ चीज़ें थीं, बेजान, ख़ामोश और कोई संवाद करने में अक्षम।

कुछ सप्ताह बाद ब्रुकलिन लौटने पर, जहां मैं रहता हूं, अपनी स्टडी में भी मुझे ऐसा ही अनुभव हुआ। चाय से जुड़ी उसी तरह की चीज़ों के अलावा वहां एक पुराना ग़लीचा, एक पेपरवेट, ढेर सारे 'मेड इन चाइना' गैजेट्स और उपकरण थे। मैं जिधर भी देखता, मुझे कुछ न कुछ पुराना या नया ऐसा मिल जाता जो चीन की याद दिलाता था।

तब मुझे समझ आया कि कुछ चीज़ें उन अदृश्य, आध्यात्मिक शक्तियों और माध्यमों द्वारा बोले गए शब्दों की मूर्त, मूक समकक्ष होती हैं जो अक्सर हमारे जीवन को आकार देती हैं जबकि हमें इसका अहसास तक नहीं होता है। एक अजीब से उलटफेर में मेरे आसपास की निर्जीव चीज़ें अचानक मेरी शिक्षक बन गई थीं, और मुझे सिखा रही थीं कि मेरा सांसारिक अस्तित्व एक ऐसे अतीत की बात करता है जो उन इतिहासों से बिल्कुल भिन्न था जिनके बारे में मैंने किताबों और दस्तावेज़ों में पढ़ा था। मेरे मानस-

लोक में, चीन का लगभग कोई अस्तित्व ही नहीं था; मेरी सांसारिक दुनिया में, चीन हर जगह मौजूद था।

इसके बाद के वर्षों में, *सी ऑफ़ पॉपीज़* उपन्यासों की एक विशाल त्रयी में विकसित हो गया, जिसका नाम *आइबिस* नाम की कश्ती पर रखा गया। आइबिस त्रयी के अंतिम दो खंडों (*रिवर ऑफ़ स्मोक* और *फ़्लड ऑफ़ फ़ायर*) में कई अध्यायों की पृष्ठभूमि गुआंगज़ाउ और पर्ल रीवर डेल्टा के आसपास की हैं। जैसे-जैसे मैं ख़ुद को इन किताबों के शोध में डुबोता गया, मुझे अहसास होता गया कि वो जो मुझ पर लागू होता था, वही ग्रह के अधिकांश हिस्सों पर लागू होता था: चीन हमारे सांसारिक और सांस्कृतिक जीवन पर हावी है, मगर फिर भी इसकी उपस्थिति पर अक्सर किसी का ध्यान नहीं जाता है।

ऐसा क्यों है?

इस प्रश्न से जूझते हुए मुझे आख़िरकार ये स्वीकार करना पड़ा कि मेरी दुनिया में चीन की ऐतिहासिक उपस्थिति को नज़रअंदाज़ करना आसान था क्योंकि ये ज़्यादातर अमौखिक थी: ये आमतौर पर 'विकास' और 'प्रगति' जैसी उस तरह की विमर्शात्मक अवधारणाओं से जुड़ी नहीं थी, जिसने आधुनिक इतिहास के लेखन में इतनी बड़ी भूमिका निभाई है।

या, दूसरे शब्दों में कहें तो, जहां मेरी दुनिया पर शब्दों और अवधारणाओं की लगभग जुनूनी व्याख्या के ज़रिए पश्चिम का प्रभाव डाला गया था, वहीं चीन का प्रभाव अधिक सूक्ष्म, लगभग अदृश्य सा था, जो प्रथाओं के प्रसार के माध्यम से और ऐसी चीज़ों के ज़रिए पड़ा था जैसी कलकत्ता और ब्रुकलिन में मेरी डेस्क पर सजी हुई थीं। चूंकि वस्तुएं मूक होती हैं, और अपनी उपस्थिति के लिए ख़ुद कोई स्पष्टीकरण नहीं देती हैं, इसलिए ये जानने के लिए एक वैचारिक बदलाव की आवश्यकता होती है कि वो वास्तव में क्या करती हैं, बल्कि क्या कहती हैं। ये बदलाव हममें से उन लोगों के लिए विशेष रूप से कठिन है, जो दुनिया के बारे में उन तरीक़ों से सोचने के आदी हो गए हैं जो लगभग पूरी तरह से भाषा पर निर्भर हैं। ये हमारे प्रशिक्षण और शिक्षा का ही भाग है। और चूंकि, परिभाषा के अनुसार, इंसानों की भाषा *होमो सेपियन्स* प्रजाति का एक गुण है, इसलिए

इसका अर्थ ये है कि सैद्धांतिक रूप से सभी ग़ैर-इंसानी चीज़ें इस मायने में मूक हैं कि वो बोल नहीं सकतीं।

बेशक जिन वस्तुओं ने मेरे ज्ञान-चक्षु खोले थे, वो किसी भी मायने में 'बोल' नहीं रही थीं। पर फिर भी वो चुपचाप मुझे कुछ बता रही थीं, कुछ ऐसा जो ऐसे ऐतिहासिक और सांस्कृतिक संबंधों की ओर इशारा करता था जो 'पश्चिमीकरण,' 'आधुनिकता,' और 'उपनिवेशवाद' आदि जैसी अमूर्त अवधारणाओं द्वारा सुझाए गए संबंधों से काफ़ी भिन्न था। लेकिन इसमें भी एक समस्या थी, क्योंकि जो चीज़ें मेरे सामने मौजूद थीं, वो सभी वस्तुओं के रूप में परिभाषित नहीं थीं: चाय का कप, ट्रे और चीनी की कटोरी निश्चित रूप से वस्तुएं थीं, लेकिन ख़ुद चाय का क्या? मेरे कप में वो हल्का भूरा तरल पदार्थ किसी वस्तु से कहीं अधिक जटिल था: चाय सूखी पत्तियों के रूप में, एक जीवित पौधे के रूप में, और पृथ्वी की सतह के एक बहुत बड़े हिस्से पर एक प्रजाति के रूप में भी मौजूद है। तो, 'चाय' पादप पदार्थ का एक विशाल समूह है जो बहुत से रूपों में पाया जाता है; रूपों के उस जाल के बिना उस दिन मेरे सामने मौजूद वस्तुओं – कप, ट्रे, चीनी की कटोरी – में कोई तालमेल नहीं बैठता। तो, शब्दों की सादृश्यता पर उन चीज़ों के बारे में सोचने का मतलब ये होगा कि उन्हें एक व्याकरण या वाक्यविन्यास एक साथ बांधता था: और वो व्याकरण 'चाय' के अलावा और क्या हो सकती है, एक ऐसी चीज़ जो केवल एक वस्तु नहीं बल्कि निरंतर विकसित होती और अभिव्यक्ति के नए तरीक़े खोजती एक जीवित इकाई है? और इसका मतलब ये होगा कि जिस चीज को मैंने हमेशा इतनी आसानी से और बिना किसी समस्या के 'चाय' के रूप में पहचाना था, उसमें एक ख़ास तरह की जीवंतता थी, एक ऐसा जीवन था जो ख़ुद को अनगिनत प्रत्यक्ष और अप्रत्यक्ष तरीक़ों से प्रकट करता था।

एक वानस्पतिक पदार्थ के बारे में इस तरह से सोचने का मतलब ये स्वीकार करना है कि जब इंसान कुछ ख़ास पौधों के संपर्क में रहता है, तो वो संबंध एकतरफ़ा नहीं होता है; उस संबंध से लोगों में भी बदलाव आता है। इससे हमें इस बात का आभास मिलता है कि क्यों कुछ संस्कृतियां कुछ पौधों को आत्माओं या देवताओं के रूप में देखती हैं, जिनका इंसानों के साथ आपसी रिश्ता रहस्यमयी – कभी-कभी सौम्य और कभी-कभी प्रतिशोधपूर्ण – होता है। पोटावाटोमी वनस्पतिशास्त्री रॉबिन वॉल किमेरर के शब्दों में:

> देशज दृष्टिकोण से, प्रजातियों के लोकतंत्र में मनुष्य को किसी हद तक कमतर प्राणी समझा जाता है। हमें सृष्टि का छोटा भाई कहा जाता है, इसलिए छोटे भाइयों की तरह हमें अपने बड़ों से सीखना चाहिए। पौधे यहां पहले आए थे और चीज़ों को समझने के लिए उन्हें कहीं ज़्यादा लंबा समय मिला था। वो ज़मीन के ऊपर और नीचे दोनों जगह रहते हैं और पृथ्वी को अपने स्थान पर क़ायम रखते हैं।[12]

भारत के साथ चीन के संबंधों को इस नज़रिए से देखना भ्रामक है, लेकिन कुछ मायनों में ये ज्ञानवर्धक भी है। क्योंकि ये एक ऐसा रिश्ता है जिसमें वानस्पतिक सामग्रियों ने असाधारण रूप से एक बड़ी भूमिका निभाई है, और कुछ पौधे इसमें इतनी ज़बरदस्ती घुस आए हैं कि उन्होंने ऐसे पैटर्न बना दिए जिन्होंने अदृश्य रूप से न केवल एशिया के भीतर बल्कि ब्रिटेन और अमेरिका में भी संस्कृति और इतिहास को आकार दिया है। वास्तव में, दुनिया के साथ चीन के संबंधों पर वानस्पतिक पदार्थों की छाप इतनी गहरी है कि ये ठीक उस तरह की प्रजाति-स्तर की विनम्रता की मांग करता है जिसकी किमेरर ने मांग की है, जिसमें स्वीकार किया गया है कि दुनिया में ऐसे प्राणी और इकाइयां मौजूद हैं जिनके पास मानवीय इरादों को परिवर्धित करने और लोगों के संबंधों के बीच पड़ने की शक्ति है।

इसका अर्थ, किसी भी तरह से, मनुष्यों की ऐतिहासिक एजेंसी के महत्व को कम करना नहीं है। क़तई नहीं। बल्कि, इसका तात्पर्य इस बात पर ज़ोर देना है कि मनुष्यों ने एक-दूसरे के साथ अपने संबंधों में कई प्रकार के ग़ैर-मानवीय साधनों का उपयोग किया है। विरोधाभासी रूप से, हम केवल मनुष्यों को प्रधानता दिए बिना इतिहास के बारे में सोचकर और वानस्पतिक पदार्थों के ऐतिहासिक साधन को स्वीकार करके ही चाय जैसे पौधों के संबंध में मानव इरादों की वास्तविक प्रकृति को पहचान सकते हैं। इसके उलट, कुछ ग़ैर-मानवीय शक्तियों की एजेंसी का खंडन अक्सर उन मनुष्यों के इरादों को छिपाने का काम करता है जिन्होंने अपने प्रतिद्वंद्वियों और दुश्मनों पर युद्ध छेड़ने के लिए पौधों और अन्य ग़ैर-मानवीय इकाइयों का इस्तेमाल किया है।

दो

बीज

जिस बीज से इस कहानी शुरुआत होती है वो चाय की झाड़ी (*कैमेलिया सिनेन्सिस*) का है, जो दुनिया की अधिकांश चाय का उत्पादन करती है। चाय की सबसे पुरानी पत्तियां 2,150 साल पुरानी हैं और वो चीन के जिया डिंग सम्राट के मक़बरे में पाई गई थीं। एक कुलीन प्रथा के रूप में शुरू होकर, चाय पीना चीन में तेज़ी से फैला और प्रारंभिक मध्य युग तक व्यापक हो गया।[1]

कहा जाता है कि इंग्लैंड में चीनी चाय की शुरुआत राजा चार्ल्स द्वितीय की पत्नी कैथरीन ऑफ़ ब्रेगैंज़ा द्वारा की गई थी।[2] रानी का मूल देश, पुर्तगाल, हिंद महासागर में प्रवेश करने वाला पहला यूरोपीय देश था; इसके ठिकानों और उपनिवेशों के नेटवर्क में दक्षिणी चीन का मकाउ भी शामिल था, जिसे 1557 में सत्तारूढ़ मिंग राजवंश द्वारा पुर्तगालियों को पट्टे पर दिया गया था। 1662 तक, जब कैथरीन ऑफ़ ब्रेगैंज़ा की शादी का जश्न मनाया गया था, मिंग राजवंश चिंग राजवंश द्वारा तख़्तापलट किए जाने के अंतिम चरण में था, लेकिन मकाउ की स्थिति में कोई बदलाव नहीं आया था। इसका मतलब ये था कि शादी के समय पुर्तगाल एक सदी से भी ज़्यादा समय से चीनी उत्पादों का इस्तेमाल कर रहा था, इसलिए उस समय तक देश के उच्च वर्गों में चाय पीने की प्रथा अच्छी तरह से स्थापित हो चुकी थी। कैथरीन दहेज में अपने साथ दो चीज़ें लेकर आई थीं जो विश्व-ऐतिहासिक महत्व की साबित हुईं: चाय की एक पेटी और छह छोटे-छोटे द्वीपों का एक समूह जो बाद में बॉम्बे बना।

इंग्लैंड में चाय पीने का चलन तेज़ी से बढ़ता गया और अठारहवीं सदी की शुरुआत तक, भारत में ब्रिटेन के साम्राज्य की स्थापना से पहले ही, चीनी चाय ब्रिटिश अर्थव्यवस्था के लिए व्यापार की एक महत्वपूर्ण चीज़ बन चुकी थी।[3] उसके बाद के दशकों में अंग्रेज़ों के लिए चीनी चाय का महत्व और भी तेज़ी से बढ़ने लगा। अठारहवीं सदी के दौरान जब अंग्रेज़ उत्तरी अमेरिका और भारतीय उपमहाद्वीप में विशाल भूभागों को जीत रहे थे, तब भी चीनी चाय ब्रिटिश ईस्ट इंडिया कंपनी की आमदनी का मुख्य स्रोत बनी रही, जिसका अधिकांश हिस्सा ब्रिटिश औपनिवेशिक विस्तार के वित्तपोषण के लिए इस्तेमाल किया जाता था| इतिहासकार एरिका रैपापोर्ट लिखती हैं, 'अठारहवीं सदी के दौरान, चाय युद्ध के लिए पैसा जुटाती थी, लेकिन युद्ध भी चाय के लिए पैसा जुटाता था।'[4] अठारहवीं सदी के अंत तक चाय 'इतना बड़ा राष्ट्रीय पेय बन चुकी थी कि संसद के एक अधिनियम द्वारा कंपनी के लिए एक वर्ष की आपूर्ति हमेशा स्टॉक में रखना ज़रूरी हो गया।'[5]

ब्रिटिश साम्राज्य की समृद्धि किस हद तक चाय से जुड़ी हुई थी, ये इस उत्तर-औद्योगिक युग में विस्मयकारी लगता है। क्या ये वाक़ई संभव है कि औद्योगिक क्रांति की अगुआई करने वाला देश, औद्योगिकीकरण के दौरान ही, आर्थिक रूप से एक ऐसे पौधे पर निर्भर हो गया था जिसे सुदूर पूर्व में ग़रीब किसान उगाया करते थे? लेकिन ऐसा ही था। इतिहासकार एंड्रयू लियू लिखते हैं, 'जैसे-जैसे ब्रिटिश साम्राज्य यूरोप और उत्तरी अमेरिका में युद्धों में घिरता गया, वैसे-वैसे राज्य को युद्ध के लिए पैसा जुटाने की ख़ातिर चाय पर शुल्क बढ़ाने पर अधिक से अधिक निर्भर होना पड़ा।'[6]

चाय के आयात पर ईस्ट इंडिया कंपनी का सदियों तक एकाधिकार रहा, और इस पर सीमा शुल्क लंबे समय तक ब्रिटेन के राजस्व के सबसे महत्वपूर्ण स्रोतों में से एक था। ये शुल्क अनुमानित मूल्य का 75 प्रतिशत से 125 प्रतिशत तक होता था, जिसका मतलब था कि चाय पर सीमा शुल्क से ब्रिटेन को चीन की तुलना में ज़्यादा राजस्व मिलता था, जिसने केवल 10 प्रतिशत का निर्यात शुल्क लगाया हुआ था।[7]

बड़ी हद तक चाय के ही कारण चीन लगातार उन शीर्ष चार देशों में शामिल रहा, जहां से ब्रिटेन चीज़ों का आयात करता था। ब्रिटेन को चीन से प्राप्त वस्तुओं की क़ीमत उसके अधिकांश उपनिवेशों से प्राप्त वस्तुओं से कहीं ज़्यादा थी: 'उदाहरण के लिए, 1857 में चीन से यूनाइटेड किंगडम में आयात हुई चीज़ों का वास्तविक मूल्य ब्रिटिश

उत्तरी अमेरिका से 1.8 गुणा, ऑस्ट्रेलिया से दोगुणा, ब्रिटिश वेस्ट इंडीज़ से 2.2 गुणा, दक्षिण अफ्रीका में ब्रिटेन के क़ब्ज़ों से 6.4 गुणा और न्यूज़ीलैंड से 72.2 गुणा था।'[8]

अठारहवीं और उन्नीसवीं शताब्दियों के अधिकांश भाग में चाय पर टैक्स ब्रिटेन के राजस्व का लगभग दसवां हिस्सा था।[9] इससे ब्रिटिश सरकार को उतना ही राजस्व मिलता था जितना भूमि, संपत्ति और आय करों को मिलाकर मिलता था: ये रक़म इतनी बड़ी होती थी कि इससे सारे सरकारी कर्मचारियों के वेतन, सार्वजनिक कार्यों और भवनों, क़ानून, न्याय, शिक्षा, कला और विज्ञान से संबंधित सभी ख़र्चों का; और महारानी के सारे औपनिवेशिक, वाणिज्य दूतावासीय और विदेशी प्रतिष्ठानों का भुगतान किया जा सकता था।[10] और सिर्फ़ यही वो लाभ नहीं थे जो चाय ने ब्रिटेन की अर्थव्यवस्था को प्रदान किए थे। ब्रिटिश व्यापारी जहाज़रानी का एक बड़ा भाग न केवल चीन से ब्रिटेन तक बल्कि ब्रिटेन से उसके उपनिवेशों तक चाय के परिवहन में लगा हुआ था।[11] संक्षेप में, औद्योगिक क्रांति के अधिकांश भाग में ब्रिटिश सरकार का ख़र्च बड़ी हद तक चाय पर निर्भर था, जिसका बड़ा हिस्सा चीन से आता था।

समस्या ये थी कि ब्रिटेन के पास बदले में चीन को बेचने के लिए कुछ ख़ास नहीं था; ज़्यादातर पश्चिमी वस्तुओं में चीनियों की रुचि बहुत कम थी, और न ही उन्हें वहां की चीज़ों की कोई आवश्यकता थी।[12] चीन के चियानलौंग सम्राट ने 1793 में जॉर्ज तृतीय को भेजे एक पत्र में ये बिल्कुल स्पष्ट कर दिया था: 'हमने कभी भी विलक्षण चीज़ों को महत्व नहीं दिया है, न ही हमें आपके देश के निर्माताओं की ज़रा सी भी ज़रूरत है।'[13]

विदेशी वस्तुओं में चीन की दिलचस्पी की कमी से अंग्रेज़ कई कारणों से चिढ़ते थे, और ये सभी कारण वित्तीय नहीं थे (एक विद्वान ने ये दिलचस्प मत रखा है कि चीनी आत्मनिर्भरता अंग्रेज़ों के लिए चिंता का विषय इसलिए थी कि इसमें उन्हें एक प्रतिद्वंद्वी 'मास्टर रेस' की संभावना दिखाई देती थी)।[14] लेकिन पश्चिम के लोगों के लिए इससे भी ज़्यादा चिंता की बात ये थी कि चीनी वस्तुओं के लिए भुगतान आमतौर पर चांदी से करना पड़ता था। व्यापार में असंतुलन के कारण पश्चिम द्वारा चीन को भारी मात्रा में क़ीमती धातु भेजनी पड़ती थी। निर्यात और आयात के बीच भारी असंतुलन के बावजूद भी व्यापार लाभदायक रहता था क्योंकि चांदी द्वारा ख़रीदा गया चीनी सामान यूरोप में लागत से दो या तीन गुणा अधिक क़ीमत पर बेचा जा सकता था।

इतनी भारी मात्रा में क़ीमती धातु का हस्तांतरण केवल इसलिए संभव था कि अमेरिका की खदानों द्वारा विश्व की क़ीमती धातुओं की आपूर्ति में भारी वृद्धि हो गई थी।[15] इस तरह अमेरिका पर यूरोपीय फ़तेह में बड़ी संख्या में ग़ुलाम बनाए गए देसी और अफ़्रीकी श्रमिकों से खुदवाए गए सोने के विशाल भंडार से यूरोपियों के लिए चीन के व्यापार को वित्तपोषित करना संभव हो गया था। लेकिन समय के साथ-साथ इस आपूर्ति में कमी आती गई और अठारहवीं सदी के मध्य तक ईस्ट इंडिया कंपनी के लिए चीन के साथ अपने व्यापार को बनाए रखने के लिए आवश्यक मात्रा में चांदी प्राप्त करना बहुत मुश्किल हो गया: सोने की कमी को पूरा करने का तरीक़ा खोजना अब न सिर्फ़ सख़्त ज़रूरत का बल्कि हताशा का भी विषय बनने लगा।[16]

इस समस्या का एक सरल समाधान भारत में चाय उगाना शुरू करना हो सकता था। दरअसल ये एक ऐसा सपना था जिसे पूरा करने की कोशिश कंपनी 1700 के दशक के उत्तरार्ध से ही कर रही थी, और उसने कुशल वनस्पतिशास्त्रियों और पौधा-खोजियों को चीन भेजा था ताकि वो चाय के पौधे और चाय की खेती से जुड़ी जानकारी चुरा सकें।[17] लेकिन ये लक्ष्य पूरा नहीं हो सका। चीनी इस पौधे की अहमियत से अच्छी तरह वाक़िफ़ थे और उनके देश से चाय की झाड़ी के बीजों या पौधों को ले जाना सख़्त मना था। न ही विदेशी लोग चीन में इधर-उधर इस तरह घूम सकते थे कि वो जो पौधे चाहें तोड़ लें – वहां उनकी आवाजाही पर बहुत से प्रतिबंध थे। अंग्रेज़ों और अन्य यूरोपियों के लिए ये बहुत हताशा की बात थी, क्योंकि वो तो जहां भी जाते थे, वहां अपनी मर्ज़ी से पौधों को ज़ब्त कर लेने के आदी थे। लेकिन चाय के मामले में तकनीक चुराने के उनके प्रयास पूरी अठारहवीं सदी में लगातार नाकाम होते रहे, जबकि उनके भुगतान के संतुलन की समस्या बदतर होती जा रही थी।

इसके कारण ईस्ट इंडिया कंपनी के पास चीन के साथ व्यापार संतुलन की समस्या को हल करने का सिर्फ़ एक ही साधन बचा: अपने भारतीय उपनिवेशों से निर्यात के प्रवाह में वृद्धि करना। भारतीय कपास एक ऐसा उत्पाद था जिसके लिए चीन में पहले से ही एक अच्छा ख़ासा बड़ा बाज़ार था। एक और चीज़ जिसका एक छोटा लेकिन तेज़ व्यापार था, वो थी अफ़ीम, जिसे पोस्त की एक क़िस्म *पैपेवर सोम्निफ़ेरम* से हासिल किया जाता था। ये वो पौधा था जिसने *कैमेलिया सिनेन्सिस* से जन्मी समस्या का हल निकाल दिया।

तो ऐसा हुआ कि एक ऐसा पौधा जो पहले ही इतिहास में एक महत्वपूर्ण भूमिका निभा रहा था, उसने एक अन्य, और भी अधिक रहस्यमय और शक्तिशाली पौधे के प्रसार के लिए दरवाज़ा खोल दिया।

भारत की चाय, जिसे आज बहुत से लोग मौलिक रूप से देसी मानते हैं, इस सदियों पुरानी कहानी में काफ़ी देर से आई। इस बारे में सोचकर, व्यक्तिगत स्तर पर भी, एक सुखद अहसास होता है।

अन्य बहुत से भारतीयों की तरह मेरे लिए भी चाय अब एक अनिवार्य, अपरिहार्य, परम आवश्यकता है: मैं तो सचमुच इसके बिना काम नहीं कर सकता। मेरे लड़कपन के दौरान मेरी मां और लगभग सभी परिचितों के साथ भी ऐसा ही था। चाय न सिर्फ़ हमारी तंदुरुस्ती के लिए अनिवार्य थी, बल्कि इसे भारतीय पहचान का एक महत्वपूर्ण तत्व भी माना जाता था। इस पहचान को दुनियाभर ने इस तरह स्वीकार कर लिया है कि हर भारतीय को चाय का रसिया माना जाने लगा है। संक्षेप में, आज चाय भारतीयों के लिए वैसी ही है जैसी अमेरिकियों के लिए एप्पल पाई।

लेकिन हक़ीक़त यही है कि भारत में चाय पीने का इतिहास बहुत छोटा है, जिसकी जड़ें उपमहाद्वीप की मिट्टी में नहीं बल्कि चीन के साथ ब्रिटेन के संबंधों में निहित हैं। भारतीयों को चाय पीने की आदत लगाना बाद में अचानक आए ख़्याल की तरह था, और उसके लिए कड़ी मेहनत करनी पड़ी थी।

बीसवीं सदी से पहले ज़्यादातर भारतीय चाय को न केवल नापसंदीदगी की बल्कि शक की नज़र से भी देखते थे। चाय उद्योग की शाखाओं द्वारा शुरू किए गए कई चतुराई भरे विज्ञापन अभियानों के बाद कहीं जाकर लोगों की सोच में बदलाव आना शुरू हुआ। लेकिन, उपमहाद्वीप में चाय को लोकप्रियता 1940 के दशक में कहीं जाकर मिलना शुरू हुई, और वो भी आधुनिक भारत के इतिहास में शायद सबसे शानदार विज्ञापन अभियान का नतीजा था, जिसमें महान फ़िल्म निर्देशक सत्यजीत रे और भारत में व्यावसायिक डिज़ाइन के अग्रणी अन्नदा मुंशी जैसे उस दौर के कुछ बेहतरीन कलाकार और डिज़ाइनर शामिल थे (चित्र 1 देखें)।[18]

दरअसल, भारतीय चाय की कहानी में असली रहस्य तो ये है कि उपमहाद्वीप ने इस पेय को अपनाने में इतनी देर क्यों लगाई। सूरत में सत्रहवीं सदी की शुरुआत में ही चाय की ट्रेडिंग शुरू हो गई थी और इसे स्थानीय लोग पिया करते थे।[19] मगर फिर भी, चाय का स्वाद शहर से बाहर नहीं फैला, जो हैरानी की बात है क्योंकि भारतीय उपमहाद्वीप चाय पीने वाली संस्कृतियों से घिरा हुआ है। तिब्बत ने सातवीं शताब्दी में ही चाय को अपना लिया था और वहां से छनकर ये चाय उत्तरी नेपाल, सिक्किम, भूटान, लद्दाख़ और कश्मीर जैसे आसपास के क्षेत्रों में पहुंच चुकी थी। इसके अलावा, चाय का पौधा वास्तव में उत्तर-पूर्वी भारत के कुछ हिस्सों में पाया जाता था और इसकी पत्तियों से बना एक घोल कुछ स्थानीय समुदायों के बीच लोकप्रिय था।[20]

लेकिन 1820 के दशक तक अंग्रेज़ अधिकारियों का इस ओर ध्यान नहीं गया था कि *कैमेलिया सिनेन्सिस* की एक क़िस्म उत्तर-पूर्वी भारत में क़ुदरती ढंग से उगती है।[21] जब एक दशक बाद इस खोज की पुष्टि हुई, तो ईस्ट इंडिया कंपनी की ख़ुशी का ठिकाना नहीं रहा: चीनी चाय पर ब्रिटेन की वित्तीय निर्भरता को कम करने के लिए भारत को उपयोग करने का उनका पुराना सपना अब आख़िरकार पूरा होता दिखाई दे रहा था![22]

देसी समुदायों के उग्र प्रतिरोध के बावजूद, कुछ ही वर्षों के अंदर असम में भारत के पहले चाय बाग़ान स्थापित कर दिए गए, लेकिन अजीब बात ये है कि *कैमेलिया सिनेन्सिस* का मूल इसी क्षेत्र में होने के बावजूद, बाग़ानों में स्थानीय बीज नहीं बोए गए।[23] ब्रिटिश बाग़ान मालिकों को देशी क़िस्म पर बहुत विश्वास नहीं था, इसलिए उन्होंने चीन से तस्करी करके लाए गए बीजों और भंडार का इस्तेमाल किया।[24] उन्होंने भारतीय श्रमिकों पर भी भरोसा नहीं किया क्योंकि उन्हें लगता था कि भारतीय लोगों में 'चीनियों के कौशल और उद्यमिता का अभाव है।'[25] इसलिए, चाय की खेती और संसाधन सिखाने के लिए पौधों के साथ-साथ चीनी चाय उत्पादकों को भी लाया गया।[26]

प्रथम अफ़ीम युद्ध (1839-42) में अंग्रेज़ों के हाथों चिंग राज्य की करारी शिकस्त के बाद चीनी-ज्ञान को छीन लेना बहुत आसान हो गया था। युद्ध ने चीन में यूरोपियों के लिए कहीं ज़्यादा स्वतंत्रता सुनिश्चित कर दी: अब उन प्रतिबंधों को दरकिनार करना मुश्किल नहीं रहा था जो पहले तकनीक और प्रशिक्षित श्रमिकों को चुराने में बाधक थे। (पश्चिम द्वारा ज्ञान की चोरी के इस उदाहरण को बड़े आराम से भुला दिया गया है।)

इससे ये स्पष्ट हो जाता है कि भारत में औपनिवेशिक चाय उद्योग शुरू से ही पूरी तरह चीनी विशेषज्ञता, श्रम और, एक ब्रिटिश गवर्नर जनरल के शब्दों में, 'चीनी एजेंसी' पर निर्भर था।[27] और इस तरह असम के ग्रामीण इलाक़ों में छोटे-छोटे चीनी समुदायों की जड़ें जमने लगीं: 1962 के युद्ध के दौरान उन्हें भी जबरन उखाड़ दिया गया (इस कहानी को असमिया लेखिका रीता चौधरी ने अपने उपन्यास *चाइनाटाउन डेज़ [माकम]* में बड़ी ख़ूबसूरती से बयान किया है)।[28]

एक चीज़ जो अंग्रेज़ों ने चीन से उधार नहीं ली, वो थी पट्टेदारी का तरीक़ा जिसके तहत चाय का उत्पादन मुख्य रूप से वहीं किया जाता था जहां किसान छोटे-छोटे खेतों पर पारिवारिक श्रम बल के साथ काम करते थे।[29] भारत में चाय की खेती गिरमिटिया श्रमिकों के अर्ध-मुक्त श्रम बल द्वारा की जाती थी, जो विशाल बाग़ानों में काम करते थे, जिनके मालिक मुख्य रूप से श्वेत लोग हुआ करते थे।[30]

धीमी शुरुआत के बाद, भारतीय चाय उद्योग ने तेज़ी से तरक़्क़ी की; यहां तक कि उपमहाद्वीप का निर्यात चीन से भी आगे निकल गया। '[उन्नीसवीं] सदी के अंत तक, भारतीय चाय निर्यात अपने चीनी प्रतिद्वंद्वियों से आगे निकल गया था, और ये उद्योग विश्व उत्पादन में अग्रणी बन गया था।'[31] उत्पादकता में ये भारी उछाल ब्रिटिश शैली के पूंजीवाद की दक्षता की बदौलत नहीं आया था, जैसा कि अक्सर दावा किया जाता है, बल्कि ये उछाल इसलिए आया था कि औपनिवेशिक राज्य ने उत्पादन का एक बेहद नस्लीय नमूना लागू किया था जिसमें बाग़ान मालिकों को कर में रिआयतें, मुफ़्त ज़मीन और गिरमिटिया श्रम बल दिया जाता था जो पूरी तरह से दमनकारी परिस्थितियों के अंतर्गत काम करता था।[32] वही औपनिवेशिक राज्य जिसने पूंजीवाद और मुक्त व्यापार के नाम पर चीन के साथ युद्ध किया था, उसे अपनी सीमाओं के भीतर बेगार की प्रणाली लागू करने में कोई संकोच नहीं था।[33] ये भयावह विरासत आज भी भारतीय चाय उद्योग को परेशान करती है, और बहुत से बाग़ानों की संरचना अभी भी जाति और नस्ल के पदानुक्रम पर आधारित है (हालांकि ये भी ध्यान देने योग्य है कि कई छोटे-बड़े उत्पादकों ने औपनिवेशिक उत्पाद-प्रथाओं को तोड़ दिया है, और ऐसे तरीक़ों को अपना लिया है जो सामाजिक और पर्यावरणीय रूप से ज़्यादा सौम्य हैं)।[34]

लेकिन भारत ऐसा एकमात्र उपनिवेश नहीं था जहां इस तरह से चाय उगाई जाती थी: यही प्रणाली ब्रिटेन-शासित सीलोन (श्रीलंका), कीनिया और मलाया में भी लागू की गई

थी, और वहां भी उत्पादकता के मामले में परिणाम समान थे। ब्रिटिश साम्राज्य की चाय का प्रभुत्व स्थापित करने के लिए इस विचार को बढ़ावा देना बहुत अहम था कि चीनी चाय गंदी और अस्वास्थ्यकर होती है जबकि औपनिवेशिक चाय किसी तरह से 'आधुनिक' और 'शुद्ध' है।[35] समय के साथ, चाय को भारत और अन्य ब्रिटिश उपनिवेशों के साथ इस हद तक जोड़कर देखा जाने लगा कि लोग पूछने लगे: 'क्या चीन में भी चाय होती है?'[36]

वस्तुतः, चीनी निर्यात अर्थव्यवस्था के एक स्तंभ को ब्रिटिश साम्राज्य द्वारा शुरू की गई तकनीकी चोरी की प्रक्रिया के माध्यम से ध्वस्त कर दिया गया था। इस बात को दोनों पक्षों ने स्पष्ट रूप से स्वीकार किया कि ये अन्य तरीक़ों से लड़ा गया युद्ध था। जैसा कि एंड्रयू लियू ने चीनी और भारतीय चाय उद्योगों के बारे में अपने उत्कृष्ट तुलनात्मक अध्ययन में कहा है: 'ये दावा करते हुए कि भारतीय चाय चीनी एकाधिकार को "नष्ट कर देगी" और "मिटा देगी," भारत में ब्रिटिश अधिकारियों ने अफ़ीम युद्ध के गिद्धों की लफ़्फ़ाज़ी का इस्तेमाल करते हुए ही पूर्वोत्तर ब्रह्मपुत्र घाटी में चाय की खेती का समर्थन किया।'[37] चीनी पक्ष पर भी, देश के सबसे महत्वपूर्ण निर्यात उद्योग पर हमले को 'वाणिज्यिक युद्ध' माना गया।[38] यही कारण है कि लियू की किताब का शीर्षक *टी वॉर* है।

दूसरे शब्दों में, भारत में चाय पश्चिम और चीन के बीच आर्थिक, सामाजिक और सैन्य संघर्ष के परिणाम के रूप में आई। ये संघर्ष सदियों से चला आ रहा है और अभी ख़त्म नहीं हुआ है; इसने आधुनिक दुनिया को कई तरह से आकार दिया है और आने वाले सालों में भी ऐसा करता रहेगा। मगर फिर भी, इस ढांचागत, दीर्घकालिक संघर्ष ने विरले ही कभी सैनिकों द्वारा लड़े जाने वाले वास्तविक युद्धों का प्रचंड रूप लिया है। कुछेक बार, इस संघर्ष की मध्यस्थता ग़ैर-इंसानी चीज़ों ने की है, ख़ासकर चाय और अफ़ीम ने। ये उस तबाही के समान है जो यूरोपियों ने पहले अमेरिका और ऑस्ट्रेलिया के मूल निवासियों पर मचाई थी, जिसमें से ज़्यादातर को बीमारियों, रोगाणुओं, और टैराफ़ॉर्मिंग की प्रक्रियाओं जैसी ग़ैर-मानव शक्तियों के इस्तेमाल से, और ग़ैर-देसी जीवों और वनस्पतियों की शुरुआत करके सताया गया था। ये संरचनात्मक, जैव-राजनीतिक संघर्ष थे जिनमें युद्ध का छिड़ना नियम के बजाय अपवाद था; इसके बजाय, टैराफ़ॉर्मिंग और रोगाणु फैलाए जाने जैसी प्रक्रियाओं के घातक प्रभाव दशकों और सदियों तक महसूस किए गए।

यूरोपियों को संघर्ष के इस रूप से बहुत क़रीब से रूबरू कराया था अमेरिका पर विजय और इसके औपनिवेशीकरण ने। अंग्रेज़ न सिर्फ़ ख़ासतौर से इसमें बहुत कुशल

हो गए थे, बल्कि ख़ुद को ये विश्वास दिलाने में भी सफल रहे थे कि उनके तरीक़े स्पेनिश साम्राज्य के तौर-तरीक़ों से कम हिंसक हैं क्योंकि वो मूल आबादी को ख़त्म करने के लिए शारीरिक आक्रामकता के बजाय संरचनागत आक्रामकता से ज़्यादा काम लेते हैं। दोग़लेपन का ये हैरतअंगेज़ कारनामा इस तथ्य से संभव हुआ था कि यूरोपीय लोग 'प्रकृति' को एक ऐसे डोमेन के रूप में मानने लगे थे जो इंसानों से पूरी तरह अलग था। इसलिए, मसलन बीमारी फैलने के लिए वो ये कहकर सारी ज़िम्मेदारियों से पल्ला झाड़ लेते थे कि ये एक 'प्राकृतिक' प्रक्रिया है जिस पर उनका कोई नियंत्रण नहीं है, भले ही वो अक्सर महामारी या पर्यावरणीय परिवर्तनों को रोकने वाले उपायों का उपयोग न करके रोगाणुओं के फैलाव को सक्रिय रूप से भड़काते थे। इस प्रकार, निष्क्रियता के ज़रिए विनाश जैव-राजनीतिक संघर्ष की आवश्यक विशेषताओं में से एक बन गया।[39]

लेकिन, ऐसा नहीं था कि इस तरह के संघर्षों में विचारों और प्रौद्योगिकियों को नहीं हड़पा जाता था। अमेरिका में यूरोपीय उपनिवेशकों को मूल अमेरिकी संस्कृति के कई पक्ष बहुत पसंद थे, और जैसा कि डेविड ग्रेबर और डेविड वेन्ग्रो ने अपनी पथप्रवर्तक किताब द *डॉन ऑफ़ एवरीथिंग* में दिखाया है कि उन्होंने पश्चिमी सभ्यता के बारे में मूल अमेरिकी समालोचनाओं को भी अपना लिया, जिनमें 'स्वतंत्रता' और 'समानता' जैसे विचार शामिल थे: इन विचारों के स्रोतों को छिपा दिए जाने के कारण ये विचार पूरी तरह से पश्चिमी व्युत्पत्ति प्रतीत होते थे।[40] इसी तरह, बहुत से यूरोपीय चीनी सभ्यता की हर कमज़ोरी का फ़ायदा उठाते हुए भी इसे सर्वोच्च सम्मान देते थे।

यूरोपीय उपनिवेशवादी अक्सर ग़ैर-यूरोपियों के साथ कई तरह के गठबंधन भी बनाते थे, जिनमें से कुछ उन्हें अपना समर्थन देकर फ़ायदा उठाते थे। ये भी उन्नीसवीं सदी के एशिया में पौधों की प्रजातियों की मध्यस्थता के ज़रिए सामने आने वाले जैव-राजनीतिक संघर्षों का एक महत्वपूर्ण पहलू है। चीन में अंग्रेज़ों के अनेक सहयोगी थे, जो अपने आपसी संबंधों के कारण बहुत लाभ कमाते थे। लेकिन उनके सबसे महत्वपूर्ण सहयोगी भारतीय उपमहाद्वीप से थे, और उनमें पारसी और मारवाड़ी व्यापारी, भाड़े के सैनिक ('सिपाही') और नाविक ('लस्कर'), और साथ ही बड़ी संख्या में विभिन्न सरकारी विभागों और सहायक उद्योगों में मौजूद कर्मचारी शामिल थे। इन्हीं विस्तारित नेटवर्कों और संबंधों के माध्यम से ब्रिटेन और चीन के बीच संघर्ष ने भारतीय उपमहाद्वीप के आर्थिक और भौतिक जीवन को गहराई से, लेकिन अदृश्य रूप से बदल दिया।

तीन

'अपने आप में एक किरदार'

ऐसा माना जाता है कि पोस्त, *पैपेवर सोम्निफ़ेरम* की उत्पत्ति मध्य या पूर्वी यूरोप में, संभवतः बाल्कन में या काला सागर के तट के आसपास हुई थी।[1] ऐसा प्रतीत होता है कि इस फूल ने बहुत जल्दी ही मनुष्यों के साथ एक विशेष रिश्ता स्थापित कर लिया था: वास्तव में, संभव है कि पौधे ने अपनी रासायनिक संरचना को ठीक इस तरह विकसित किया था कि ये सुनिश्चित हो सके कि मनुष्य इसका प्रचार-प्रसार करेगा।[2] शायद यही कारण है कि पोस्त की सही मायनों में कोई जंगली क़िस्में नहीं हैं; सभी क़िस्में ऐसी हैं जो मनुष्यों के सहयोग से, उनके औषधीय और साइकोएक्टिव गुणों को बढ़ाने के लिए विकसित हुई हैं।[3]

अफ़ीम स्विट्ज़रलैंड में एक 6,000 साल पुराने पुरातात्विक स्थल पर और ईसवी सन् से दो सहस्राब्दी पूर्व के मिस्र के एक मक़बरे में पाई गई है।[4] ये मादक पदार्थ ग्रीक और रोमन दुनिया में अच्छी तरह से जाना जाता था, और इसका उल्लेख होमर, वर्जिल, लिवी, प्लिनी और ओविड ने किया है।[5] संभवतः बाइबिल में भी इसके संदर्भ मिलते हैं।[6] ग्यारहवीं शताब्दी में, एविसेना ने अफ़ीम को 'सबसे शक्तिशाली सम्मोहनकारी' बताया, एक ऐसा पदार्थ जिसमें दर्द-निवारक और विष दोनों के असाधारण गुण होते हैं।[7]

लेकिन, पोस्त की शक्तियों के बारे में जानकारी लगभग निश्चित रूप से इन संदर्भों से कई शताब्दियों पहले ही प्राप्त हो चुकी थी। ऐसा लगता है कि दर्ज इतिहास की शुरुआत से बहुत पहले ही कई लोगों के समूहों ने, एक-दूसरे से स्वतंत्र रूप से, ये पता लगा लिया

था कि पोस्त से एक ऐसा अनोखा शक्तिशाली औषधीय पदार्थ बनता है जिसका उपयोग खांसी, पेट की बीमारियों और कई अन्य बीमारियों के इलाज के लिए किया जा सकता है।[8] आमतौर पर इस्तेमाल होने वाली दवाओं में रसायनों की सूची पर एक नज़र डालने भर से ही पता चल जाता है कि अफ़ीम आज भी औषधीय रूप से अपरिहार्य है। सरल शब्दों में कहा जाए, तो अफ़ीम मनुष्य को ज्ञात शायद सबसे पुरानी और सबसे शक्तिशाली दवा है। जैसा कि सत्रहवीं सदी के एक अंग्रेज़ दवासाज़ थॉमस सिडेनहैम का कहना है: 'मनुष्य को उसके दुख से राहत दिलाने के लिए सर्वशक्तिमान ईश्वर ने अपनी कृपा से जो इलाज दिए हैं, उनमें से कोई भी अफ़ीम जितनी सार्वभौमिक या प्रभावकारी नहीं है।'[9]

आज आधुनिक दवाओं का उपयोग करने वाला लगभग हर शख़्स अफ़ीम के संपर्क में है। जिन दिनों मैं *सी ऑफ़ पॉपीज़* से रीडिंग्स कर रहा था, तो मुझसे अक्सर पूछा जाता था कि क्या मैंने कभी अफ़ीम का इस्तेमाल किया था। मैं जवाब देता था कि मैंने कभी भी मनबहलाव के लिए अफ़ीमसम का इस्तेमाल नहीं किया (वास्तव में, उपन्यास लिखने के दौरान मेरे मन में अफ़ीम के प्रति इतना सम्मान पैदा हो गया था कि मैं अपनी एक सर्जरी से उबरने के दौरान भी अफ़ीमसम दर्द-निवारक लेने के लिए ख़ुद को तैयार नहीं कर पाया)। फिर भी, जाने-अनजाने, मैं इमोडियम, कोरेक्स, और खांसी की कोडीन-आधारित अन्य दवाओं के माध्यम से इतने वर्षों में काफ़ी मात्रा में अफ़ीम का सेवन कर चुका हूं। अफ़ीम के इतने सारे औषधीय इस्तेमाल हैं कि ये आज भी आधुनिक दवा उद्योग के लिए उतनी ही अपरिहार्य बनी हुई है जितनी कि मध्ययुगीन औषधालयों के लिए हुआ करती थी।

अफ़ीम एक दवा के रूप में जितनी अपरिहार्य है, एक एनेस्थेटिक के रूप में ये उससे भी ज़्यादा महत्वपूर्ण है: दर्द को कम करने की इसकी असाधारण क्षमता प्राचीन काल से ही ज्ञात है, और लंबे समय से इसका इस्तेमाल सर्जरी और डेंटल विधियों में किया जाता रहा है। आज भी, अगर अधिकांश नहीं तो बहुत से एनेस्थेटिक्स अफ़ीमसम से ही हासिल किए जाते हैं। अफ़ीमसम-आधारित एनेस्थेटिक्स के लिए एक अप्रत्याशित उत्साह की भावना पैदा करना असामान्य नहीं है, और यही कारण है कि कोलोनोस्कोपी के सामान्यतः वीभत्स अनुभव का अंत अक्सर एक अजीब से उत्साह की भावना के साथ हो सकता है। मुझे याद है कि एक बार किशोरावस्था में एक छोटी सी सर्जरी की प्रक्रिया से जागने पर मुझे चरम आनंद की ऐसी तीव्र भावना का अहसास हुआ कि मन किया था कि बस बिस्तर से उछलूं और नर्स को अपनी बाहों में कस लूं। वो अहसास इतना

अनोखा था कि मैं उसे आज तक नहीं भुला पाया हूं। मुझे ये समझने में कई दशक लग गए कि मुझे अफ़ीमसम-आधारित एनेस्थेटिक दिया गया था – क्योंकि आधुनिक जीवन में अफ़ीम की भूमिका को इतना दबा दिया गया है कि लोगों के लिए ये कहना एक आम बात हो गई है: 'ओह, मध्य युग में जीवन बहुत अच्छा होता होगा, लेकिन अगर कभी कोई दांत निकलवाना या अंग कटवाना पड़ता होगा तो क्या होता होगा?' जवाब यही है कि आज की ही तरह तब भी आपको किसी अफ़ीमसम की एक तगड़ी ख़ुराक दी जाती।

एनेस्थेटिक के रूप में अफ़ीम इतनी अहम है कि विश्व युद्धों के दौरान इसे एक महत्वपूर्ण रणनीतिक संसाधन माना जाता था। अब जबकि आधुनिक समय में भी स्थिति यही है, तो अंदाज़ा लगाया जा सकता है कि बीते युगों में अफ़ीम कितनी महत्वपूर्ण थी, जब औषधीय पदार्थों की तादाद कहीं कम थी। इसलिए इसमें आश्चर्य की कोई बात नहीं है कि यूरोप, एशिया और अफ़्रीका में औषधीय अफ़ीम का व्यापार बहुत पहले ही शुरू हो गया था।

ये बात भी प्राचीन काल से ही ज्ञात है कि अफ़ीम चेतना में बदलाव ला सकती है। लेकिन ऐसा नहीं लगता कि इस ड्रग की खपत में ये हमेशा एक प्रमुख कारक रहा हो। इस मामले में, अफ़ीम शराब, ताड़ी, मारिहुआना, कोका, कावा, पेयोटे, आयाहुअस्का, मेस्कलीन, साइलोसाइबिन मशरूम, पिटूरी और मनुष्य को ज्ञात अधिकांश अन्य चेतना-परिवर्तनकारी पदार्थों से पूरी तरह भिन्न है – और, जैसा कि सर्वविदित है, ऐतिहासिक रूप से कभी ऐसा कोई मानव समाज नहीं रहा जिसने चेतना-परिवर्तनकारी पदार्थों का इस्तेमाल न किया हो, या चेतना की परिवर्तित अवस्थाएं प्राप्त करने के लिए ध्यान, उपवास या तप जैसी तकनीकें विकसित न की हों।[10] जैसा कि डेविड कोर्टराइट ने कहा है, मनुष्यों में अपनी सामान्य चेतना को बदलने की इच्छा इतनी शक्तिशाली है कि 'बच्चे भी खेलते में गोल-गोल घूमते हुए चक्कर खाकर गिर जाते हैं।'[11] वास्तव में, ये कल्पना करना मुश्किल है कि हमेशा एक जैसी, नशे में न होने की अपरिवर्तित स्थिति में रहना कैसा होता: शायद ऐसी स्थिति को डिप्रेशन से अलग कर पाना संभव नहीं होता।

कई अन्य पशु भी चेतना-परिवर्तनकारी पौधों की तलाश करने के लिए जाने जाते हैं, इसलिए बहुत संभव है कि साइकोएक्टिव पदार्थों के बारे में मनुष्यों ने अन्य प्रजातियों से ही सीखा हो, शायद *होमो सेपियन्स* के उद्भव से भी पहले।[12] चूंकि साइकोएक्टिव गुणों वाले कई पौधे जंगलों और घास के मैदानों में प्राकृतिक रूप से उग आते थे, इसलिए

भोजन-खोजी, ख़ानाबदोश, वनवासी या पौधों से परिचित कोई भी व्यक्ति उन्हें आसानी से जमा कर सकता था। इनमें से कुछ पौधे इतने शक्तिशाली और मज़बूत होते हैं कि उन्हें ख़त्म करना लगभग असंभव है: मसलन, *कैनाबिस सेटीवा* (भांग का पौधा) दुनिया के सबसे तेज़ी से बढ़ने वाले पौधों में से एक है। मुझे याद है कि 2012 में दक्षिणी चीन की यात्रा के दौरान मैंने भांग को न सिर्फ़ जंगलों में बल्कि क़स्बों और गांवों में भी लहलहाते देखा था।

अपने पारंपरिक प्राकृतिक वासों में व्यापक रूप से उपलब्ध होने के कारण ताड़ी, भांग, कोका, सुपारी, कावा, पेयोटे, तंबाकू, पिटूरी, साइलोसाइबिन मशरूम, आयाहुअस्का, मेस्कलीन और इसी तरह के पदार्थों को 'बुनियादी साइकोएक्टिव' कहा जा सकता है।[13] इन पदार्थों की एक विशिष्ट बात ये है कि इनका उपयोग मुख्यतः मनोस्थिति को बदलने की क्षमता के लिए किया जाता था (न कि इनके औषधीय गुणों के लिए, जैसा कि अफ़ीम के मामले में था)। चूंकि इन पदार्थों के गुणों के बारे में उनके मूल क्षेत्रों के लोग अच्छी तरह जानते थे, इसलिए वो उनके इस्तेमाल के बारे में इस तरह के कुछ क़ायदे-क़ानून और अनुष्ठान विकसित करने में सक्षम रहे थे जिससे कि उनके दुरुपयोग की गुंजाइश को कम किया जा सके। ये पारंपरिक सामाजिक उपयोग आमतौर पर बहुत लंबी अवधि में विकसित हुए थे, सहस्राब्दियों में नहीं तो सदियों में तो ज़रूर।

अफ़ीम कई मामलों में मूलभूत साइकोएक्टिव पदार्थों से भिन्न है, जिनमें से एक वो अवधि है जिसमें ये एक ऐसा पदार्थ बन गई जिसका उपयोग बड़ी तादाद में लोगों ने ख़ासतौर से अपनी चेतना को बदलने के उद्देश्य से करना शुरू कर दिया था। ऐसा सिर्फ़ कुछ सौ साल पहले हुआ था, जो कि एक महत्वपूर्ण बात है क्योंकि इससे पता चलता है कि मूलभूत साइकोएक्टिव पदार्थों की तुलना में अफ़ीम ने अपने विशिष्ट यूज़र प्रोफ़ाइल अपेक्षाकृत हाल ही में विकसित किए हैं। वो समय-सीमा जिसमें समाज में अफ़ीमसम का उपयोग विकसित होता है, वास्तव में इस मायने में अहम है कि इसके व्यापक सामाजिक प्रभाव कैसे सामने आते हैं।

स्थानिक रूप से भी चेतना-परिवर्तक पदार्थों के प्रसार के तरीक़ों में महत्वपूर्ण अंतर हैं। मूलभूत साइकोएक्टिव पदार्थों का उपयोग स्थानीय होता था, और ये कुछ संस्कृतियों और क्षेत्रों तक सीमित रहता था। उदाहरण के लिए, कोका के पत्तों को चबाना दक्षिण अमेरिका के कुछ समाजों तक ही सीमित था और आज भी ऐसा ही है। ये प्रथा तब

भी महाद्वीप से आगे तक नहीं फैली जब कोका के पत्तों से प्राप्त पदार्थ, जैसे कोकीन, आनंददायक ड्रग्स के रूप में उत्पाद बन गए। उन्नीसवीं सदी के अंत की ओर डच लोगों ने जावा में बड़े पैमाने पर कोका की खेती की, लेकिन इसके पत्तों को चबाने की प्रथा को इसे उगाने वाले किसानों ने कभी नहीं अपनाया, हालांकि उस समय अफ़ीम जैसे अन्य साइकोएक्टिव पदार्थों का जावा में व्यापक रूप से उपयोग किया जाता था।[14] कोका के विपरीत, भांग एक 'प्राचीन दुनिया' का पौधा था जिसका भौगोलिक दायरा महाद्वीपों तक फैला हुआ था, और इसके अलावा, ये असाधारण रूप से सशक्त और जानदार था। पर फिर भी, भांग का उपयोग हर उस जगह पर एक साइकोएक्टिव के रूप में नहीं किया जाता था जहां इसकी पैदावार होती थी: कई जगहों पर, जैसे कि इटली में, इसकी खेती इसके फ़ाइबर (सन) के लिए की जाती थी।[15] उस समय यूरोप के लोग वाइन और शराब को प्राथमिकता देते थे। जबकि दूसरी ओर, भारतीय उपमहाद्वीप में भांग के मूड बदलने वाले गुणों को इतनी जल्दी और इतनी उत्सुकता से अपनाया गया कि 'भारत को दुनिया की पहली भांग-उन्मुख संस्कृति कहा गया है।'[16]

एक और पहलू जिसमें साधारण स्तर के साइकोएक्टिव अफ़ीमसम से भिन्न होते हैं ये है कि उन्हें बहुत कम संसाधित करने की ज़रूरत होती है; ज़्यादातर को तो चबाया या धूम्रपान किया जा सकता है या फिर पौध कटने के लगभग साथ ही साथ उपभोग किया जा सकता है; कुछ को सुखाने के बाद लिया जाता है, और कुछ को सीधे पौधों से प्राप्त किया जाता है, जैसे ताड़ी। दूसरी ओर पोस्त की गांठों को अफ़ीम में बदलने के लिए बहुत ज़्यादा संसाधित करना पड़ता है। अठारहवीं और उन्नीसवीं सदी तक भी अफ़ीम के रस को उपयोग किए जाने लायक़ अफ़ीम में बदलने में लगभग पूरा साल लग जाता था; उसे मारिहुआना, काट या कोका पत्तों की तरह पौधों से सीधे तोड़कर इस्तेमाल नहीं किया जा सकता। शायद इसीलिए अफ़ीम का पूर्व-आधुनिक व्यापार ज़्यादातर औषधीय होता था: कच्चे सत के लिए आवश्यक प्रसंस्करण ने शायद इस ड्रग के प्रचलन में रहने की मात्राओं पर क़ुदरती सीमा लगा दी थी।

चूंकि अफ़ीम को संसाधित करना पड़ता था इसलिए ये महंगी पड़ती थी, और इसीलिए ये कोई संयोग नहीं है कि शुरुआत में इसे अपनाने वाले लोग अक्सर सांस्कृतिक रूप से अभिजात और विद्वत वर्ग के हुआ करते थे।[17] मध्ययुगीन दरबारों से लेकर आज तक ये अफ़ीमसम के उपयोग की एक निरंतर विशेषता बनी हुई है।[18] समकालीन पश्चिम

में भी, संगीतकार, कलाकार और लेखक अक्सर अफ़ीमसम के उपयोग में अग्रणी थे क्योंकि 'इसमें एक ख़ास क़िस्म का ग्लैमर था।'[19] शुरुआत में ही अभिजात वर्ग द्वारा अफ़ीम को अपना लेना साधारण साइकोएक्टिव पदार्थों से इसके भिन्न होने का एक और कारण है। उदाहरण के लिए, ताड़ी, मारिहुआना और महुआ को अभिजात वर्ग हेय दृष्टि से देखता था क्योंकि ये 'जंगल' में उगते थे और इनका इस्तेमाल ग़रीब किसान और भोजन-खोजी करते थे।[20] इसके विपरीत, उनकी अपनी पसंद वाइन, शराब और विशेष रूप से, कामोद्दीपकों (जो कि ग़लती से अफ़ीम को भी समझा जाता था) जैसे अत्यंत परिष्कृत चेतना-परिवर्तनकारी पदार्थों के लिए थी। इसलिए इसमें आश्चर्य की कोई बात नहीं है कि अफ़ीम (जिसे संसाधित करना होता था) क़द्रदानों और विद्वत्जनों के लिए विशेष रूप से आकर्षक थी, जिनमें इंग्लैंड में थॉमस डी क्विंसी, फ़्रांस में ज्यां कुकटो और अमेरिका में विलियम एस. बरोज़ से लेकर चीन में झांग चांगजिया जैसे लेखक शामिल थे।[21] ये आकर्षण समय के साथ मंद नहीं पड़ा; बल्कि और तीक्ष्ण ही हो गया। बैथ मेसी के अनुसार: 'वास्तव में, "हिप्स्टर" शब्द 1800 के दशक के ऐसे चीनी अफ़ीमची से लिया गया था जो अपना अधिकांश समय एक कूल्हे पर टिककर अफ़ीम पीने में बिताता था। हिप्स्टर काउंटर-कल्चर ने चार्ली पार्कर और जॉन कोलट्रेन जैसे हेरोइन के लती महान जैज़ कलाकारों से प्रेरणा ली।'[22]

वो पौधा जिसकी बनावट पोस्त से सबसे ज़्यादा मिलती-जुलती है, वो है कोका झाड़ी (*एरिथ्रोक्सिलम कोका*), जिसकी पत्तियों को भी संसाधित करके नशे की लत डालने वाली ड्रग कोकीन बनाई जा सकती है। लेकिन अपने लंबे इतिहास के ज़्यादातर हिस्से में, कोका एक साधारण साइकोएक्टिव था, जिसका उपयोग दक्षिण अमेरिका की देसी आबादी द्वारा किया जाता था, जहां आज भी बड़ी संख्या में लोग इसका उसी तरह से उपयोग करते हैं। लेकिन, कोका को चबाने वाले लोग इस झाड़ी की पत्तियों को कोकीन में बदलने के लिए ज़िम्मेदार नहीं थे। ये काम एक जर्मन रसायनज्ञ ने किया जिसने 1855 में कोकीन एल्कलॉइड को अलग किया था, हालांकि ये ड्रग उन्नीसवीं सदी में ही व्यापारिक वस्तु बन पाई थी, अफ़ीम के लगभग 300 साल बाद। इसलिए, वास्तव में, कोकीन अफ़ीम के नक़्शे-क़दम पर चली थी, जिसने बहुत पहले ही कुछ ख़ास पैटर्न स्थापित कर लिए थे, जैसा कि इतिहासकार एल्फ्रेड मैककॉय ने कहा है, 'एंडीज़ कोका ज़ोन में वर्षों या शायद दशकों बाद दोहराए गए।'[23]

तो इस तरह, अफ़ीम अपने सामाजिक इतिहास के हिसाब से काफी विशिष्ट है। अफ़ीमसमों को अन्य साइकोएक्टिव पदार्थों के साथ 'ड्रग' के रूप में एक ग्रुप में रखना न केवल भ्रामक है, बल्कि इसने सार्वजनिक स्वास्थ्य के दृष्टिकोणों को भी ग़लतफ़हमी का शिकार बना दिया है, जिसके कारण लोग भांग और पेयोटे जैसे कुछ पदार्थों से वंचित हो रहे हैं, जिनके बारे में अब ये ज्ञात है कि उनमें कई लाभकारी गुण होते हैं। वास्तव में, अफ़ीमसमों के निरंतर प्रसार के तोड़ का एकमात्र प्रभावी तरीक़ा अन्य पौधों के साथ गठजोड़ करना हो सकता है – यानी भांग और पेयोटे जैसे मूलभूत साइकोएक्टिव को अधिक आसानी से उपलब्ध कराना।

बेशक, अफ़ीम के भी अनगिनत लाभकारी उपयोग हैं, शायद किसी भी दूसरे साइकोएक्टिव से कहीं अधिक। वास्तव में ऐसा अफ़ीम के असाधारण गुणों के कारण ही है कि अफ़ीम में मध्य युग के माजून से लेकर चंडू, मॉर्फ़ीन, हेरोइन और ऑक्सिकोडोन तक निरंतर बढ़ते मादक पदार्थों के विभिन्न स्वरूपों की पूरी श्रृंखला उत्पन्न करने की क्षमता है। फ़ेंटनिल जैसे सिंथेटिक समकक्षों समेत, अपने ही नए और ज़्यादा शक्तिशाली रूप बनाने की अफ़ीम की क्षमता उन कई तरीक़ों में से एक है जिसका इस्तेमाल अक्सर जिन्न ने अपनी बोतल से बाहर निकलने के लिए किया है। एक बार बोतल से बाहर आने के बाद, इसके पास तेज़ी से वर्ग से ऊपर उठकर अभिजात वर्ग से सामाजिक सीढ़ी के दूसरे छोर पर फैल जाने का रास्ता भी है। ये पैटर्न भी पूरे इतिहास में कई बार दोहराया जा चुका है।[24]

इन गुणों ने अफ़ीम को मानव समाज के साथ ऐसे संपर्क बनाने की विशिष्ट क्षमता प्रदान की है जो इतिहास को आकार दे सकते हैं। अमेरिकी राजनयिक और इतिहासकार विलियम बी. मैकएलिस्टर लिखते हैं, '[ये] शायद उचित ही है कि अफ़ीम को अपने आपमें एक किरदार मान लिया जाए। अफ़ीम को केवल एक निष्क्रिय पदार्थ के बजाय, पिछली तीन या चार सदियों में एक तरह के स्वतंत्र जैविक साम्राज्यवादी एजेंट के रूप में देखा जा सकता है। हाल के दशकों में [अफ़ीम की] दुनियाभर में सर्वव्यापकता केवल इसकी शक्ति की पुष्टि करती है; ऐसा लगता है कि अफ़ीम ने अपने सभी मानव प्रतिद्वंद्वियों को पछाड़ दिया है।'[25]

अफ़ीम अपने आपमें एक ऐतिहासिक शक्ति है, इसीलिए इसके साथ व्यवहार इस बात पर उचित ध्यान देते हुए करना चाहिए कि इसने समय के साथ मनुष्यों के साथ किस

तरह का आपसी संबंध रखा है। अगर इन पारस्परिक संबंधों की अवधारणा बनाना कठिन है, तो इसका मुख्य कारण ये है कि वो वर्ग और सत्ता के भेदों से बहुत शक्तिशाली ढंग से प्रभावित हैं। लेकिन ये कठिनाइयां इस कारण से और भी जटिल हो जाती हैं कि इतिहास के बारे में इस ढंग से सोचने के लिए आवश्यक शब्दावली अभी तक मौजूद नहीं है जो ग़ैर-मानव इकाइयों की एजेंसी की अनुमति देती हो।

मानव इतिहास के अधिकांश समय में अफ़ीम का प्रसार बहुत कम मात्रा में हुआ है और इसका इस्तेमाल मुख्य रूप से दवा के रूप में किया जाता था। अनातोलिया संभवतः वो क्षेत्र था जहां किसानों ने सबसे पहले एक महत्वपूर्ण व्यावसायिक फ़सल के रूप में पोस्त की खेती शुरू की थी, और माना जाता है कि ये प्रथा वहीं से दूसरी जगहों तक फैली। माना जाता है कि सिकंदर महान की सेनाएं अफ़ीम को ईरान ले गई थीं, और इसीलिए अफ़ीम के लिए ग्रीक शब्द 'ओपियन' से फ़ारसी और अरबी शब्द 'अफ़्यून' की व्युत्पत्ति हुई।[26] इसके बाद फ़ारसी-अरबी शब्दों ने 'अफ़ीम,' जिसका भारतीय उपमहाद्वीप में व्यापक रूप से इस्तेमाल किया जाता है और 'अफ़्योन' और 'यपियन' जैसे चीनी शब्दों को जन्म दिया।[27] मध्य पूर्व में अफ़ीम के आने के बाद भी इसका इस्तेमाल बड़े पैमाने पर औषधीय उद्देश्यों के लिए ही किया जाता रहा।

भारतीय उपमहाद्वीप में पोस्त की खेती संभवतः पहली सहस्राब्दी के अंत में शुरू हुई। संस्कृत में अफ़ीम का पहला उल्लेख आठवीं सदी में सिंध पर अरबों की विजय के समय के आसपास मिलता है। इसके साथ ही अफ़ीम के लिए कई भारतीय शब्दों की फ़ारसी-अरबी व्युत्पत्तियों से ऐसा आभास मिलता है कि इस क्षेत्र में पोस्त की व्यावसायिक खेती ईरान और अरब जगत के ज़रिए शुरू हुई थी।[28]

अफ़ीम के सामाजिक इतिहास के बारे में सोचने के लिए एक उपयोगी उपमा एक ऐसे अवसरवादी रोगाणु की हो सकती है, जो लंबे समय तक निष्क्रिय रहता है और बहुत कम तादाद में लोगों को प्रभावित करता है।[29] लेकिन जब सामाजिक प्रक्रियाएं और ऐतिहासिक घटनाएं इस रोगाणु को मौक़ा देती हैं, तो ये अपने प्रसार में तेज़ी से विस्तार करने के लिए फूट पड़ता है। जब इस तरह के विस्फोट होते हैं, तो अक्सर ये रोगाणु एक उत्परिवर्तन की प्रक्रिया से गुज़रता है जिससे इसे मानव प्रतिरक्षा प्रणाली से बचने में मदद

मिलती है। अफ़ीमसम के प्रकोपों में भी ड्रग उत्परिवर्तित होती है और इसका नए और ज़्यादा शक्तिशाली लत वाले रूपों में सेवन किया जाने लगता है।

अफ़ीम के मामले में, इसके प्रसार के सबसे पहले अवसर चौदहवीं शताब्दी के आसपास मंगोलों द्वारा दिए गए थे, जब उनके समीपवर्ती क्षेत्र चीन से लेकर उत्तरी भारत, ईरान, लेवांट और अनातोलिया तक फैले हुए थे। विभिन्न रूपों में अफ़ीम का मौखिक सेवन मंगोल शासकों और उनके दरबारों में लोकप्रिय था, और फिर ये रिवाज उनके उत्तराधिकारियों – उस्मानिया, सफ़वी और मुग़ल साम्राज्यों – तक भी पहुंच गया। इन साम्राज्यों के शासक-वंश, अलग-अलग, शिया और सुन्नी मुस्लिम थे, लेकिन – यूरेशिया के एक बड़े हिस्से और उत्तरी अफ़्रीका में फैले हुए – उनके क्षेत्र समीपवर्ती थे और उनके बीच एक-दूसरे के साथ काफ़ी हद तक संचार था।

पंद्रहवीं और सोलहवीं शताब्दियों में अफ़ीम के उपयोग के विस्तार का दूसरा चरण इन्हीं साम्राज्यों में हुआ। अफ़ीम का जिस ख़ास रूप में उपयोग किया जाता था, उसमें भी इस काल में बदलाव आया। इसे भांग जैसे अन्य साइकोएक्टिव पदार्थों के साथ मिलाकर इसकी शक्ति बढ़ाई गई, और इन मिश्रणों का सेवन पेय या खाद्य पदार्थ के रूप में किया जाता था।[30]

चूंकि एशिया के इन इलाक़ों के लोगों का अफ़ीम के साथ परिचय उस समय में हुआ था जब इसकी आपूर्ति सीमित थी, इसलिए उनका इससे संपर्क धीरे-धीरे और क्रमिक रूप से हुआ। इसलिए उन्हें अफ़ीम को केवल कुछ संदर्भों तक ही सीमित रखने के लिए सामाजिक रीति-रिवाज, और उपयोग विकसित करने का समय मिल गया, ठीक उसी तरह जैसे यूरोपियों ने शराब के साथ किया था।[31] ये प्रक्रिया उस तरीक़े से मेल खाती है जिससे आबादियां रोगाणुओं के ख़िलाफ़ प्रतिरोधक क्षमता विकसित करती हैं, लेकिन इस मामले में ये प्रतिरोध जैविक के बजाय सामाजिक था। शायद इस तथ्य ने भी स्थानीय स्तर पर अफ़ीम के प्रसार को सीमित करने में मदद की कि भांग और सुपारी जैसे अन्य साइकोएक्टिव पदार्थों का भारतीय उपमहाद्वीप में व्यापक रूप से उपयोग किया जाता था। इसके अलावा, भले ही मुग़ल भारत में अफ़ीम दरबारी ज़िंदगी की एक प्रमुख विशेषता थी, लेकिन ये राज्य की नीति का उपकरण या राजस्व का प्रमुख स्रोत नहीं थी। इसलिए, मुग़ल साम्राज्य के पास अफ़ीम के उपयोग को बढ़ावा देने या इसके उद्योग का विस्तार करने के लिए वित्तीय प्रोत्साहन का कोई कारण नहीं था।[32]

समय के साथ, भारतीय उपमहाद्वीप और फ़ारस में अफ़ीम का उपयोग सामाजिक रूप से स्वीकार्य हो गया, बशर्ते कि इसका इस्तेमाल गोलियों और टॉनिक के रूप में मौखिक रूप से किया जाए – लेकिन अफ़ीम का धूम्रपान सख़्ती से वर्जित था, जो कि बहुत अधिक लत डालने वाला तरीक़ा है। भारत में जिन कम से कम संसाधित रूपों में अफ़ीम का प्रचलन था, उन रूपों में पिए या खाए जाने पर इससे आम क़िस्म का 'नशा' नहीं होता था: ये एक नींद लाने वाली या दर्द निवारक दवा जैसा काम ज़्यादा करती थी। इसलिए, अफ़ीम निगलने को दवा लेने की तरह ही देखा जाता था, जबकि इसके धूम्रपान करने को एक मनोरंजक गतिविधि, और इसलिए 'विकृति' माना जाता था।[33] यूरोप और अमेरिका में भी अफ़ीमसम के इस्तेमाल का ऐसा ही रूप सामने आया। हालांकि उन्नीसवीं सदी की अधिकांश अवधि में, पश्चिम में अफ़ीमसम-आधारित विभिन्न घोल और टॉनिक व्यापक रूप से इस्तेमाल किए जाते थे, लेकिन मनोरंजन के लिए अफ़ीम का धूम्रपान करना सख़्ती के साथ वर्जित था: इसे 'नीच जातियों' की ख़ासियत के रूप में देखा जाता था और 'घृणित' समझा जाता था।[34]

संक्षेप में, हो सकता है कि अफ़ीम के संपर्क में आने से सदियों के दौरान विकसित हुई सामाजिक रूढ़ियों ने यूरेशिया के कुछ हिस्सों को अफ़ीमसम के अत्यधिक लत वाले रूपों से बचाने में मदद की हो। लेकिन, ये बात भी ध्यान देने योग्य है कि नशे की लत वाली चीज़ों को लेकर सामाजिक प्रतिरोध हमेशा क़ायम नहीं रहता है, और जब ड्रग्स को ज़्यादा नशे की लत वाले रूपों में संश्लेषित किया जाता है, तो कभी-कभी ये प्रतिरोध बहुत तेज़ी से ख़त्म हो सकता है। उदाहरण के लिए, बीसवीं सदी की शुरुआत में ईरान में हेरोइन की लत एक बहुत बड़ी समस्या बनकर उभरी, और इसी तरह भारत में कोकीन के साथ हुआ, जिसे पान पर लगाए जाने वाले पेस्ट में मिलाया जाने लगा था।[35] और आज भारत, पाकिस्तान और अफ़ग़ानिस्तान के कुछ हिस्से एक बार फिर अफ़ीमसम की लत की तेज़ी से फैल रही महामारी की चपेट में हैं।

कई यूरोपीय यात्रा वृत्तांतों से ये स्पष्ट है कि 1500 के दशक तक अफ़ीम उत्तरी भारत, अफ़ग़ानिस्तान और मध्य एशिया के दरबारी अभिजात वर्ग में व्यापक रूप से प्रचलित हो चुकी थी। इस दौर में इसका सेवन आमतौर पर अफ़ीम के लेप और कुछ अन्य पदार्थों

से बने यौगिक के एक ऐसे रूप में किया जाता था जिसे माजून के नाम से जाना जाता है। माजून को आमतौर पर गोलियों में लपेटकर खाया जाता था या पेय पदार्थों में मिलाकर पिया जाता था।[36] भारत के पहले मुग़ल सम्राट बाबर ने अपनी आत्मकथा में बार-बार माजून का उल्लेख किया है।[37] उसका बेटा सम्राट हुमायूं इसका उससे भी बड़ा रसिया था।[38] हुमायूं का बेटा सम्राट अकबर भी अफ़ीम का सेवन करता था और उसका पोता जहांगीर भी, जिसके बारे में कहा जाता है कि वो हर शाम शराब के छह जाम और अफ़ीम की एक गोली लेता था।[39] राजपूत शासकों के दरबारों में भी अफ़ीम का सेवन व्यापक था, और इसको शादी जैसे उनके कुछ अनुष्ठानों में भी शामिल किया जाता था।

लेकिन राजाओं और सम्राटों के भोग-विलास तक आम लोगों की पहुंच विरले ही हो पाती थी। यात्रा वृत्तांतों और ऐतिहासिक स्रोतों में व्यक्त किए गए विचार शायद अभिजात वर्ग की प्रथाओं पर ज़रूरत से ज़्यादा फ़ोकस के कारण विषम हैं: यूरोपीय यात्री और व्यापारी आमतौर पर शाही प्रतिनिधि मंडलों से जुड़ जाते थे, और दरबारों के इतिहास भी अधिकतर शासक अभिजात वर्ग से जुड़े लोगों द्वारा लिखे गए थे। वास्तव में ऐसी संभावना कम ही है कि आम आबादी का एक छोटा सा प्रतिशत तक, अगर चाहे भी तो अफ़ीम को हासिल कर पाता हो| ख़रीदना तो दूर की बात है|

पूर्व-औपनिवेशिक भारत में अफ़ीम की खेती उपमहाद्वीप के दो क्षेत्रों में की जाती थी। पूर्वी और अधिक महत्वपूर्ण अफ़ीम-उत्पादक क्षेत्र आधुनिक बिहार के पटना के आसपास गंगा का मैदानी इलाक़ा था, जबकि दूसरा पश्चिम-मध्य भारत में मालवा के नाम से जाना जाने वाला क्षेत्र था। सत्रहवीं और अठारहवीं शताब्दियों के दौरान बिहार में पैदा होने वाली अफ़ीम की कुल मात्रा 5,000 पेटियों से कम थी, जबकि मालवा में संभवतः लगभग 4,000 पेटियों का उत्पादन होता था। चूंकि आधी आपूर्ति निर्यात कर दी जाती थी,[40] इसलिए इस अवधि में भारतीय उपमहाद्वीप के 15-20 करोड़ निवासियों के लिए प्रति व्यक्ति आधार पर उपलब्ध अफ़ीम की मात्रा ज़्यादा से ज़्यादा 1 या 2 ग्राम प्रतिवर्ष थी, जो कि बहुत मामूली सी मात्रा थी।[41] हैन्स डर्क्स के आंकलन के अनुसार, उच्च वर्गों द्वारा भी अफ़ीम का उपयोग कम मात्रा में ही किया जाता था, जो कि प्रतिदिन एक ग्राम का एक अंश भर था।[42] ये मात्राएं इतनी कम हैं कि उनके विचार से केवल एक छोटा सा अल्पसंख्यक समुदाय ही, जिसमें मुख्य रूप से शासक और कुलीन लोग शामिल थे, कुछ अधिक मात्रा में अफ़ीम का सेवन करता था। स्पष्ट है कि

पूर्व-औपनिवेशिक भारत की अधिकांश आबादी इसका उपयोग ज़्यादातर औषधीय उद्देश्यों के लिए करती थी।

उन्नीसवीं शताब्दी में, ब्रिटिश औपनिवेशिक लेखकों और अधिकारियों ने अक्सर इस तरह का प्रभाव दिया जैसे कि अफ़ीम सभी वर्गों के लोगों द्वारा व्यापक रूप से सेवन की जाने वाली एक पारंपरिक भारतीय ड्रग थी। लेकिन आंकड़ों पर एक सरसरी नज़र डालने भर से ही समझा जा सकता है कि ऐसा होना संभव नहीं था। अफ़ीम की जानकारी यूरोप की तरह व्यापक रही हो सकती है, लेकिन बज़ाहिर इसका वास्तविक उपयोग काफ़ी सीमित था। उन्नीसवीं सदी के उत्तरार्ध में जब भारत किसी-किसी साल में अफ़ीम की 100,000 पेटियां निर्यात कर रहा था, तब उपमहाद्वीप में अफ़ीम का उपयोग वाक़ई आम हो गया था।[43] लेकिन इस अभूतपूर्व बढ़ोतरी की वजह 'परंपरा' नहीं थी – बल्कि ये बढ़ोतरी इसलिए हुई कि ये नशा एक निश्चित प्रकार की औपनिवेशिक आधुनिकता के निर्माण में सहायक बन रहा था।

चार

फ्रेनेमिज (दोस्त-दुश्मन)

पोस्त एक बड़ी प्यासी और मेहनत मांगने वाली फ़सल है, जिसे उगाना छोटे किसानों के लिए मुश्किल है।[1] एक अनुमान के मुताबिक़, आज सबसे अनुकूल परिस्थितियों में भी अफ़ीम उगाने वाला एक किसान परिवार एक वर्ष में 12 किलोग्राम से ज़्यादा अफ़ीम की पैदावार नहीं कर पाएगा।[2] पूर्व-औपनिवेशिक दौर के बिहारी किसान तो इससे बहुत कम उत्पादन कर पाते होंगे: वो अपनी पोस्त आमतौर पर उन फ़सलों की छोटी-छोटी मेंड़ों पर उगाते थे जिन पर वो अपनी जीविका के लिए निर्भर थे। कच्ची अफ़ीम बिचौलियों को बेची जाती थी जो उसे पटना ले जाते थे, जहां उसे संसाधित किया जाता था और फिर भारतीय उपमहाद्वीप के कई हिस्सों और वास्तव में दुनियाभर के ख़रीदारों को बेचा जाता था।[3]

ये पैटर्न उस समय बदलने लगे जब यूरोपीय हिंद महासागर की राजनीतिक अर्थव्यवस्था में एक नई ताक़त बन गए।[4] सबसे पहले पुर्तगालियों ने ऐसा महसूस किया कि अपने देश के साथ व्यापार के प्रवाह को सुचारु बनाने के लिए अफ़ीम को स्थानीय शासकों को दिए जाने वाले उपहारों में शामिल करके इससे एक उपयोगी कूटनीतिक काम लिया जा सकता है।[5] और इस तरह राज्य की सत्ता और व्यापार के बीच गठजोड़, जो कि मुनाफ़ाख़ोर यूरोप की विशेषता थी, ने धीरे-धीरे लेकिन निश्चित रूप से अफ़ीम को एक ऐसी चीज़ में बदल दिया जो ये पहले कभी नहीं रही थी – राज्य की नीति का एक उपकरण।

जब हिंद महासागर में प्रमुख शक्ति के रूप में पुर्तगालियों की जगह डच ने ली, तो उन्होंने जायफल, जावित्री और लौंग जैसी एशियाई व्यापारिक वस्तुओं पर एकाधिकार पाने की अपनी निरंतर जारी कोशिश में अफ़ीम को शामिल करके उपहार देने की प्रथा का विस्तार किया।[6] कई अन्य मसालों के बाज़ार पर क़ब्ज़ा करने में सफलता हासिल करने के बाद उन्होंने अपनी नज़र काली मिर्च पर डाली, जो मात्रा और मूल्य के एतबार से, मसाला व्यापार का अब तक का सबसे महत्वपूर्ण घटक था। लेकिन लौंग, जायफल और जावित्री की तुलना में काली मिर्च का मामला अधिक कठिन था क्योंकि ये कई क्षेत्रों में पैदा होती थी। इनमें से सबसे महत्वपूर्ण मालाबार तट के राज्य और रियासतें थीं, जहां इसका लेनदेन चांदी या अन्य वस्तुओं से किया जाता था। ऐतिहासिक रूप से, अफ़ीम ने इस व्यापार में कोई भूमिका नहीं निभाई थी, लेकिन जब यूरोपियों ने इसे तोहफ़े के रूप में देना शुरू किया, तो इसकी मांग इतनी तेज़ी से बढ़ी कि डच व्यापारी मालाबार तट पर काली मिर्च हासिल करने के लिए इसे मुद्रा के रूप में इस्तेमाल करने में सफल हो गए।[7] इस तरह ये बात सबसे पहले डच को पता चली कि एक बार आपूर्ति आसानी से उपलब्ध होने पर अफ़ीम और अफ़ीमयुक्त पदार्थों की मांग लगभग बेतहाशा बढ़ सकती है।

पूर्व-औपनिवेशिक दक्षिण पूर्व एशिया के मलय-भाषी क्षेत्रों का अफ़ीम से परिचय अपेक्षाकृत देर से हुआ। सोलहवीं सदी में कई यूरोपीय यात्रियों ने जावाई और मलय शब्दों की सूचियां बनाईं, लेकिन उनमें से एक में भी अफ़ीम शब्द नहीं था, जिससे अंदाज़ा होता है कि उस समय इस क्षेत्र में अफ़ीम का प्रचलन बहुत कम था।[8] जब डच भारतीय अफ़ीम को द्वीपसमूह में लाने लगे, तो कई स्थानीय शासकों ने इसके आने को रोकने की कोशिश की और 'अपने नागरिकों को इस अभिशप्त ड्रग से बचाने के लिए वो जो कुछ भी कर सकते थे वो उन्होंने किया, और कई बार बहुत उग्र ढंग से किया।'[9] जावा के कुछ सुल्तानों और लोम्बोक के राजा ने अपने क्षेत्रों के भीतर अफ़ीम पर कड़े प्रतिबंध लगाए।[10] लेकिन जैसे-जैसे द्वीपसमूह पर डच की पकड़ मज़बूत होती गई, ये प्रतिबंध बेअसर होते गए। लगभग 1640 के बाद, जब डच ने पहली बार भारत से बड़ी मात्रा में अफ़ीम जुटाना शुरू की, तब से मात्र चालीस साल के अंदर वो जावा और मदुरा के बाज़ार में सत्रह गुणा विस्तार करने में सक्षम हो गए थे।[11]

सत्रहवीं और शुरुआती अठारहवीं शताब्दियों में यूरोपीय व्यापारिक कंपनियों की ओर से बेतहाशा मांग के कारण पूर्वी भारत में अफ़ीम के उत्पादन में भारी उछाल आया। हालांकि डच को अंग्रेज़, पुर्तगाली और स्पेनी व्यापारियों से कड़ी प्रतिस्पर्धा का सामना करना पड़ा, लेकिन वो इस क्षेत्र में अफ़ीम के प्रमुख ख़रीदार थे, और उनके ख़रीदे हुए माल का ज़्यादातर हिस्सा ईस्ट इंडीज़ में बेचा जाता था। एक अंदाज़े के मुताबिक़, उन्होंने अठारहवीं शताब्दी में इंडोनेशियाई द्वीपसमूह में लगभग 50,00,000 किलोग्राम अफ़ीम बेची।[12]

डच ईस्ट इंडिया कंपनी, जिसे आमतौर पर वीओसी (वेरेनिग्दे ऑस्टिन्डिशे कोंपनी) के नाम से जाना जाता है, ने अफ़ीम को व्यापार मुद्रा के रूप में इस्तेमाल करने की प्रथा को धीरे-धीरे पूरे ईस्ट इंडीज में फैला दिया, और इसका फ़ायदा उठाकर एकाधिकार और क्रेता एकाधिकार (जिसके अनुसार विक्रेता केवल एक ख़रीदार को बेच सकता था) को लागू कर दिया।[13] वो स्थानीय शासकों को अफ़ीम देते थे ताकि वो अपने उत्पादों तक उन्हें विशेष पहुंच प्रदान करें, और साथ ही, इस बात पर ज़ोर देते थे कि वो उनके राज्यों में इसके एकमात्र आपूर्तिकर्ता रहेंगे। इस तरह, वीओसी ने सत्रहवीं शताब्दी में ही ईस्ट इंडीज़ में अफ़ीम की बिक्री पर पूरा एकाधिकार स्थापित कर लिया: पूर्वी भारत से अपने क्षेत्रों में अफ़ीम भेजने का अधिकार केवल इसे ही था, जहां इसके अधिकारी इसे अफ़ीम 'किसानों' या खुदरा विक्रेताओं को नीलाम कर देते थे, जो फिर इसे उपभोक्ताओं को बेचने की व्यवस्था करते थे। ये प्रणाली इतने सुचारु रूप से काम करती रही कि सत्रहवीं सदी में पूर्वी भारत में तेज़ी से अफ़ीम का बाज़ार पनप गया।[14] अठारहवीं शताब्दी के मध्य तक पूर्वी भारत से जाने वाली अफ़ीम बटाविया (जकार्ता) और रियाउ जैसे बंदरगाहों में व्यापार की सबसे महत्वपूर्ण वस्तुओं में से एक बन चुकी थी। इस दौरान 'बंगाल की अफ़ीम के [लगभग] पूरे निर्यात की मंज़िल इंडोनेशियाई द्वीपसमूह हुआ करते थे।'[15] ये स्थिति इसके बाद भी काफ़ी लंबे समय तक बनी रही।[16]

जब भारतीय अफ़ीम का जावा के डच-नियंत्रित बंदरगाहों में प्रवाह बढ़ने लगा, और जब प्रवासी चीनी व्यापारी इसे ताइवान और फ़ुजियान प्रांत के बंदरगाहों तक ले जाने लगे तो ये छोटी-छोटी मात्राओं में पूर्व में पहुंचने लगी।[17] व्यापारी अपने साथ अफ़ीम पीने

की आदत भी लाए, जो 1617 के आसपास बटाविया के चीनियों में फैल गई थी।[18] उस समय तक ये चलन अपनी प्रारंभिक अवस्था में ही था, और जिस पदार्थ का धूम्रपान किया जाता था, वो दरअसल तरल अफ़ीम के घोल में डूबा हुआ तंबाकू था।[19] इस मिश्रण का धूम्रपान आम तंबाकू की तरह एक पाइप में डालकर किया जाता था, और इससे बहुत थोड़ी मात्रा में ही मॉर्फ़िया पैदा होता था, जो वज़न के हिसाब से 0.2 प्रतिशत होता था। कुछ ही वर्षों में अभिजात वर्ग के चीनी साहित्यकार भी अफ़ीम को इस रूप में पीने लगे और ये तरीक़ा तेज़ी से चलन में आता चला गया, क्योंकि चीन में उस समय तक तंबाकू आम हो चुका था।[20] अफ़ीम के बढ़ते प्रसार से इतनी चिंता पैदा हो गई थी कि चिंग सल्तनत ने 1729 में ही इस पर प्रतिबंध लगा दिया था, जबकि उस समय वार्षिक आयात केवल 200 पेटी ही था।[21] इस प्रतिबंध के तहत अफ़ीम के अड्डे चलाने वाले डीलरों को दंडित किया जाता था, लेकिन अफ़ीम पीने वालों को नहीं, 'जिन्हें लत के प्रभावों से बुरी तरह पीड़ित माना जाता था।'[22]

इसके बाद के दशकों में एक नई तकनीक के विकसित होने के कारण इस प्रथा में पूरी तरह बदलाव आ गया, जिसके ज़रिए कच्ची अफ़ीम को परिष्कृत करके चंडू या (मादक पदार्थों के मशहूर इतिहासकार डेविड कोर्टराइट के शब्दों में) 'स्मोकिंग अफ़ीम' नामक पदार्थ बनाया जाता था।[23] हालांकि इस तरह के अफ़ीमसम को अक्सर दवाओं में इस्तेमाल होने वाली अफ़ीम के समूह के साथ जोड़ दिया जाता था, लेकिन हक़ीक़त में ये एक पूरी तरह से अलग पदार्थ था। 'स्मोकिंग अफ़ीम' को तंबाकू के साथ मिलाए जाने की ज़रूरत नहीं थी: ये अपने ही दम पर कहीं ज़्यादा शक्तिशाली नशा देती थी, जिसमें 9 से 10 प्रतिशत मॉर्फ़िया पैदा होता था।[24] मॉर्फ़िया की अधिक मात्रा ने इसे बहुत व्यसनकारी प्रचलन बना दिया, और 1760 के दशक के आसपास ये चीन और इंडोनेशिया में अफ़ीम के सेवन का पसंदीदा तरीक़ा बन गई। ऐसे में नशे की लत की दर में ज़बरदस्त उछाल आना निश्चित ही था।

वास्तव में, ड्रग के इस नए, अधिक लत वाले अवतार को दक्षिण पूर्व एशिया और चीन में किसी उत्परिवर्तित रोगाणु की तरह 'अनछुआ इलाक़ा' मिल गया, और इसलिए, इसे अभूतपूर्व तेज़ी के साथ फैलने का अवसर मिल गया, ठीक उसी तरह जैसे महामारियां उस समय अमेरिका के देसी लोगों को तबाह कर रही थीं। जिस तरह अमेरिका में घातक रोगाणुओं के फैलने में अक्सर यूरोपीय उपनिवेशवादी सहायता प्रदान करते थे, उसी

तरह दक्षिण पूर्व एशिया और चीन में अफ़ीम के प्रसार में भी यूरोपीय साम्राज्यों ने सक्रिय रूप से मदद की।

उधर चीनी भी एशिया में अफ़ीम के तेज़ी से हो रहे प्रसार में यूरोपीय भूमिका से अच्छी तरह वाक़िफ़ थे। 1791 में, चीनी यात्री ओंग ताइ-हे ने जावाइयों के बारे में ये कहा था:

> यूरोपियों की संपत्ति को हासिल करने के लालच में पड़कर, वो धीरे-धीरे उनके जाल में फंस गए हैं; लेकिन कौन अंदाज़ा लगा सकता था कि विजेता मूल निवासियों को लुभाने और बहकाने के लिए अफ़ीम के काले धुएं का आविष्कार करेंगे, ताकि उन्हें एक विलासिता के रूप में इस ड्रग का इस हद तक सेवन करने के लिए उकसाया जाए कि वो इतने कमज़ोर और दुर्बल, इतने हताश और थकान से त्रस्त हो जाएं कि वो न तो अपनी भूमि को वापस हासिल करने के बारे में सोच सकें, और न ही उनके मन में अपने साथ हुए ज़ुल्म का बदला लेने का विचार आ सके। जावाइयों ने... ख़ुद पर इस ज़हर को अपनी मर्ज़ी से हावी हो जाने दिया, और उन्होंने अपनी सारी चिंता खो दी; लेकिन फूलों भरी केंद्रीय भूमि के हम चीनी भी उनके बहकावे में आ गए हैं; क्योंकि इस पदार्थ का सेवन करते ही हम अपनी जन्मभूमि से जुड़ी सारी चिंताएं खो बैठते हैं, हमें अपने पिता या मां, पत्नी या बच्चों की कोई फ़िक्र नहीं रहती, और हम अकथनीय कष्ट में डूब जाते हैं।

वो आगे कहता है:

> तो जावाइयों के साथ-साथ हम चीनी इतने विचारहीन कैसे हो गए कि इस जाल में फंस गए? अपनी इस योजना के ज़रिए यूरोपियों ने एक ऐसी नींव रख ली है कि उनकी जड़ें बहुत वर्षों तक नहीं उखड़ेंगी, और ऐसा करने के बाद, वो किसी भी तरह के ख़तरे से बेख़ौफ़ होकर आराम से रहते हैं, और उन्होंने ख़ुद को लोगों के शोषण में झोंक दिया है।[25]

ईस्ट इंडीज़ में अफ़ीम के डच दौर में सत्रहवीं और उन्नीसवीं सदी के बीच कई बदलाव हुए, लेकिन जो बात स्थिर रही वो ये थी कि हर नए क़दम का असर हमेशा ड्रग के बाज़ार को बढ़ाने में होता था।[26] जब कभी आलोचना का सामना करना पड़ता, तो डच अधिकारी तर्क देते थे कि वो तो बस एक ऐसी मांग को पूरा कर रहे थे जो मूल निवासियों की अंतर्निहित कमज़ोरियों में निहित थी, और अगर वो उसकी सप्लाई नहीं करेंगे, तो दूसरे लोग करेंगे। अस्वीकृति या 'इंकार' का ये पैटर्न भी एक स्थायी विरासत छोड़ गया: इस तरह के तर्कों को बाद में न सिर्फ़ दूसरे यूरोपीय नार्को-राज्यों द्वारा बल्कि इक्कीसवीं सदी के अफ़ीमसम विक्रेताओं द्वारा भी अपनाया गया।

कई दक्षिण पूर्व एशियाई शासकों ने अपने क्षेत्रों में अफ़ीम के आने को प्रतिबंधित करने की कोशिश की, लेकिन नतीजा बस ये हुआ कि वीओसी उनके सामने खड़ी हो गई, जो अपनी आमदनी के एक बड़े हिस्से के लिए अफ़ीम के अपने एकाधिकार पर निर्भर थी। इसका अर्थ ये था कि स्थानीय शासकों को अपने क्षेत्रों में अफ़ीम के प्रचलन को सीमित करने से रोकने के लिए वीओसी को अनगिनत छोटे लेकिन क्रूर 'अफ़ीम युद्ध' लड़ने पड़े।[27] बाद में इस पैटर्न को ब्रिटेन ने चीन में बहुत बड़े पैमाने पर दोहराया। दूसरे शब्दों में, डच ने सत्रहवीं शताब्दी में एक सांचा तैयार कर दिया था जिसने ये सुनिश्चित किया, जैसा कि हैन्स डर्क्स का कहना है कि 'लगभग सभी एशियाई युद्धों का, अबसे लेकर वर्तमान तक, एक मज़बूत नार्को-चरित्र होगा, जिसमें वियतनाम और अफ़ग़ानिस्तान युद्ध भी शामिल हैं।'[28]

इंडोनेशियाई द्वीपसमूह में अफ़ीम पर वीओसी के एकाधिकार को लगातार अंग्रेज़ी और अमेरिकी, एशियाई और यूरोपीय कई तरह के तिजारती जहाज़ों से ख़तरा बना रहता था। चूंकि ईस्ट इंडीज़ भारत और चीन के बीच मुख्य व्यापार मार्ग पर पड़ता था, इसलिए अफ़ीम से लदी अनेक कश्तियां उस जलमार्ग से गुज़रती थीं और उनमें से कई अपने माल को जहां भी संभव हो, वहां बेच डालने के अवसरों का लाभ उठाती थीं।[29] उन कश्तियों को इंडोनेशियाई द्वीपसमूह के भूलभुलैया जैसे जलमार्गों से दूर रखना बड़ा ही मुश्किल काम था, और उन लोगों के ख़िलाफ़ एक अंतहीन अभियान चलाने के बावजूद जिन्हें वीओसी 'तस्कर' और 'समुद्री डाकू' कहती थी, उसे विरले ही सफलता मिलती थी।[30] इसी के साथ, डच औपनिवेशिक शासन को अफ़ीम के व्यापार से मुनाफ़ा कमाने की कोशिश कर रहे स्वतंत्र राज्यों के ख़िलाफ़ भी अपने अफ़ीम एकाधिकार की

रक्षा करनी पड़ती थी: इसी प्रकार के निरंतर संघर्षों के नतीजे में आख़िरकार बाली पर क़ब्ज़ा हो गया।[31]

अफ़ीम व्यापार में सदियों से चली आ रही डच भागीदारी का एक ख़ास पहलू ये था कि औपनिवेशिक अधिकारियों ने अफ़ीम की अपनी सप्लाई का अधिकांश भाग हमेशा पूर्वी भारत से ही ख़रीदा (हालांकि वो कभी-कभी तुर्की और फ़ारस से भी अतिरिक्त माल ख़रीदते थे)। लेकिन उन्नीसवीं सदी के उत्तरार्ध में कोका की ही तरह, उन्होंने कभी अपने औपनिवेशिक क्षेत्रों में अफ़ीम की खेती करने की कोशिश नहीं की। इसके पीछे का राज़ उनके विशिष्ट क़िस्म के चालाकी भरे फ़ैसले थे, जो व्यापारिक और साथ ही राजनीतिक विचारों पर आधारित थे: उन्होंने जल्दी ही इस बात का अंदाज़ा लगा लिया था कि अगर ईस्ट इंडीज़ में व्यापक रूप से अफ़ीम की खेती की गई, तो इसके नतीजे में न सिर्फ़ ड्रग की क़ीमत में भारी गिरावट आएगी, बल्कि स्थानीय शासक और सरदार भी इसकी आपूर्ति के लिए डच पर निर्भर नहीं रहेंगे। दूसरे शब्दों में, अफ़ीम पर डच एकाधिकार की मुनाफ़ाख़ोरी इसके भारत से आयात पर निर्भर थी क्योंकि इससे क़ीमतें बढ़ जाती थीं। इसीलिए जब उन्नीसवीं सदी के एक डच अधिकारी ने उत्तरी सुलावेसी में पोस्त उगाने का सुझाव रखा, तो उसके वरिष्ठों ने उसे ये पूछकर चुप करा दिया: 'क्या आम लोगों को ऐसे उत्पाद के बारे में बताना समझदारी है जिसे इतनी आसानी से और सस्ते में उगाया जा सकता है, लेकिन जिसे ख़रीदना इतना महंगा है...?'[32]

अफ़ीम पर वीओसी का एकाधिकार डच अधिकारियों और निजी व्यापारियों के लिए सोने का अंडा देने वाली मुर्ग़ी की तरह था। उनमें से कुछ ने इतने बड़े पैमाने पर मुनाफ़ा कमाया जो लगभग अकल्पनीय है: 1709 में, एक गवर्नर जनरल 10 मिलियन गिल्डर लेकर हॉलैंड वापस गया था – जो वर्तमान मूल्य के हिसाब से 'बिल गेट्स की दौलत' के बराबर है।[33] 1745 में, वीओसी के कुछ वरिष्ठ अधिकारियों ने एम्फ़ियोन (या ओपियम) सोसाइटी नाम का एक क्लब बनाया और अफ़ीम की ख़रीदो-फ़रोख़्त के बारे में विशेषाधिकारों पर बातचीत की।[34] ये क्रोनी पूंजीवाद का सबसे उन्नत और चालाक स्वरूप था: एम्फ़ियोन सोसाइटी ने उपनिवेशों और हॉलैंड में शक्तिशाली लोगों को शेयर देकर ख़ुद को बड़ी चालाकी से सुरक्षित किया। ख़ुद ऑरेंज के राजकुमार विलियम चतुर्थ को बहुत बड़ी तादाद में शेयर मिले, जिनसे उसने और उसके वंशजों ने भारी मुनाफ़ाख़ोरी की।[35]

लेकिन अफ़ीम व्यापार और नीदरलैंड के शाही घराने के बीच ये एकमात्र कड़ी नहीं थी। 1815 में, ऑरेंज-नासाउ के भूतपूर्व राजकुमार और हाल ही में सिंहासनारूढ़ हुए सम्राट विलेम फ्रेडरिक ने रॉयल डच ट्रेडिंग कंपनी (कोनिंक्लिके नेदरलैंड्से हांदेल-मात्सहपे या एनएचएम) नामक एक उद्यम की स्थापना की। शाही घराने द्वारा प्रायोजित होने के कारण ये कंपनी डच ईस्ट इंडीज़ में इतनी शक्तिशाली हो गई कि इसने औपनिवेशिक अफ़ीम एकाधिकार को अपने क़ब्ज़े में ले लिया।[36] रॉयल डच ट्रेडिंग कंपनी के तौर-तरीक़े इतने कठोर थे कि वो डच लेखक एडुअर्ड डाउज़ डेकर, जिन्हें मुल्तातुली के नाम से अधिक जाना जाता है, के उपन्यास *मैक्स हावेलार* में ज़बरदस्त निंदा का लक्ष्य बने।[37] हालांकि अब इस कंपनी का अस्तित्व नहीं रहा, लेकिन इसकी और अफ़ीम व्यापार से मुनाफ़ा कमाने वाले कई दूसरे उद्यमों की विरासत आज भी बाक़ी है। इसकी शाखाओं में एक ऊर्जा दिग्गज शामिल है जिसने जीवाश्म ईंधन और जलवायु परिवर्तन के बारे में खंडनवाद को बढ़ावा देने के लिए कड़ी मेहनत की है: रॉयल डच/शेल।[38]

हालांकि उस समय कंपनी के कई अन्य उपक्रम नाकाम रहे, लेकिन इसका अफ़ीम व्यवसाय लगातार लाभदायक रहा और इसने शाही परिवार के लिए बड़ी-बड़ी राशियां कमाईं: 'वर्तमान ऑरेंज घराने की निजी संपत्ति की अरबों की राशि आंशिक रूप से इसी स्रोत से हासिल होती है।'[39]

लेकिन ऑरेंज घराने की भूख इन उपक्रमों से शांत नहीं हुई। उन्नीसवीं सदी के उत्तरार्ध में शाही परिवार के शक्तिशाली सदस्यों ने सुमात्रा के बिलिटन (बेलिटुंग) द्वीप पर एक निजी उपक्रम के रूप में एक टिन-खनन कंपनी की स्थापना की। अपने शाही संरक्षकों के प्रभाव के माध्यम से, कंपनी ने अपने बेतहाशा काम से त्रस्त और बहुत ज़्यादा बदसुलूकी झेलने वाले श्रम बल के हाथों भी अफ़ीम बेचने का लाइसेंस हासिल किया, जिनमें से अधिकांश चीनी थे। अब वो कंपनी दुनिया की सबसे महत्वपूर्ण खनन कंपनियों में से एक है – बीएचपी बिलिटन (बीएचपी ग्रुप लिमिटेड)।[40]

संक्षेप में, ये डच ही थे जिन्होंने अफ़ीम को उपनिवेशवाद के साथ जोड़ने और ड्रग्स से होने वाली आमदनी पर बहुत अधिक निर्भर पहला साम्राज्यवादी नार्को-राज्य बनाने का मार्ग प्रशस्त किया। लेकिन औपनिवेशिक नार्को-राज्य के प्रारूप को परफ़ेक्ट आकार अंग्रेज़ों द्वारा भारत में दिया गया था।[41]

1600 के दशक में और उसके बाद भी डच और अंग्रेज़ बहुत कट्टर शत्रु थे। उत्तरी अमेरिका से लेकर हिंद महासागर के सुदूर इलाक़ों तक, उनके बीच बाज़ारों और उपनिवेशों की ख़ातिर भयंकर और अक्सर हिंसक प्रतिस्पर्धा रहती थी। उन्होंने यूरोप में कई युद्ध लड़े, जिनमें से एक का अंत 1667 में ब्रिटेन की निर्णायक हार के साथ हुआ। लेकिन इसके साथ ही साथ फिर भी दोनों 'दोस्त दुश्मन' एक-दूसरे से सीखते भी थे, एक-दूसरे की नक़ल भी करते थे और एक-दूसरे की सेनाओं, नौसेनाओं, व्यवसायों और विश्वविद्यालयों में नौकरियां भी करते थे। जहां तक शाही परिवारों का सवाल है, वो आपस में इतनी घनिष्ठता से जुड़े हुए थे कि ऑरेंज-नासाउ के राजकुमार विलियम तृतीय और उसकी पत्नी क्वीन मैरी को 1689 में इंग्लैंड के शासक के रूप में तख़्तनशीन किया गया था।

हिंद महासागर में एंग्लो-डच संबंधों में भी यही घोर शत्रुता देखने को मिलती थी। हालांकि ईस्ट इंडीज़ में डच के पास कुछ दशकों की बढ़त थी, लेकिन अंग्रेज़ लगातार उनके पीछे-पीछे थे। 1623 में, इस प्रतिद्वंद्विता की परिणति मोलुकास में डच राजधानी अंबोयना (अब अंबोन) में नौ जापानी रोनिन और एक यूरेशियन के साथ दस अंग्रेज़ों को सज़ाए-मौत दिए जाने के रूप में हुई।[42] इसके बाद ही अंग्रेज़ों की साम्राज्यवादी महत्वाकांक्षाएं ईस्ट इंडीज़ से हटकर भारतीय उपमहाद्वीप पर केंद्रित हुईं।

भारत में ब्रिटिश ईस्ट इंडिया कंपनी की पहली स्थायी बस्ती अंबोयना घटना के ठीक चार साल बाद मद्रास शहर के पास स्थापित की गई थी। इसके बाद के दशकों में कंपनी ने बॉम्बे का अधिग्रहण किया और कलकत्ता शहर की भी स्थापना की। ईस्ट इंडिया कंपनी के लिए उत्तरी भारत के मुख्य इलाक़े गंगा के मैदानों में विस्तार का लॉन्चिंग पैड कलकत्ता ही बना। गंगा के इन मैदानी इलाक़ों को ऐतिहासिक रूप से पूर्वांचल कहा जाता था: इसके लोग पुरबिया कहलाते थे और इसकी मुख्य भाषा भोजपुरी थी, जिसे अब हिंदी की ही एक बोली माना जाता है।[43]

पूर्वांचल न केवल शिल्प, उद्योगों और कृषि उत्पादों में, बल्कि अतिरिक्त श्रम में भी समृद्ध था, जिसका अधिकांश भाग उपमहाद्वीप की कई प्रतिस्पर्धी सेनाओं में शामिल हो जाता था। आगे चलकर, गंगा के मैदानी इलाक़ों में सैन्य श्रम का एक संपन्न बाज़ार

अस्तित्व में आ गया था और विभिन्न जातियों और जनजातियों के लोग रोज़गार के लिए इसका सहारा लेने लगे थे। इस क्षेत्र की अर्थव्यवस्था के लिए सैन्य श्रम का ये बाज़ार बहुत अहम था क्योंकि आम सोच के विपरीत, पूर्व-औपनिवेशिक भारत न तो गतिहीन था और न ही अपरिवर्तनीय: ये अशांत, अस्थिर और अत्यंत गतिशील था, ये दिलेर लोगों की भूमि थी, जहां सैनिक बनना और लड़ना प्रमुख उद्योग थे, जिनमें आबादी के एक चौथाई से अधिक लोग कार्यरत थे।[44] जैसा कि इतिहासकार डर्क कोल्फ़ ने दिखाया है, सैन्य श्रम बाज़ार भी सामाजिक गतिशीलता का एक महत्वपूर्ण तरीक़ा था, जिसके ज़रिए लोग जाति पदानुक्रम में अपनी जगह को नए सिरे से बदल सकते थे।[45] इसलिए, ये बाज़ार एक महत्वपूर्ण रणनीतिक संसाधन था: उत्तर भारत में विस्तार करने की इच्छुक किसी भी उभरती हुई शक्ति के लिए गंगा के मैदानी क्षेत्रों से सिपाहियों और शिविर-अनुचरों की भर्ती करने में सक्षम होना ज़रूरी था। ईस्ट इंडिया कंपनी ने भी अपने देसी सैनिकों के लिए इस क्षेत्र का सहारा लिया: बिहार पर क़ब्ज़ा करने से पहले ही ये उपमहाद्वीप के तीन अलग-अलग हिस्सों में अपनी क्षेत्रीय सेनाओं के लिए पुरबियों की भर्ती करना शुरू कर चुकी थी। इन बिहारी सिपाहियों में से अधिकांश उच्च जाति के हिंदू हुआ करते थे, मुख्य रूप से ब्राह्मण और राजपूत।[46]

अंग्रेज़ी हथियारों से लैस बंगाल प्रेसिडेंसी की सेना मुग़ल साम्राज्य के निरंतर कमज़ोर होते अवशेषों की क़ीमत पर लगातार पश्चिम की ओर बढ़ती गई। 1757 और 1764 में ईस्ट इंडिया कंपनी ने दो निर्णायक लड़ाइयों में लड़खड़ाती स्वदेशी शक्तियों को हराया।[47] उन जीतों से हासिल हुए क्षेत्रों को जल्द ही कंपनी की बंगाल प्रेसिडेंसी में शामिल कर लिया गया, जो उसके बाद पटना शहर से काफ़ी आगे तक गंगा के मैदानों के अंदर तक फैल गई थी। इसका अर्थ ये था कि सैन्य श्रम बाज़ार का अधिकांश भीतरी इलाक़ा, और साथ ही बिहार का अधिकांश अफ़ीम उत्पादक क्षेत्र अब अंग्रेज़ी हाथों में था; और ये दोनों ही इलाक़े ईस्ट इंडिया कंपनी की दौलत के लिए रणनीतिक रूप से महत्वपूर्ण साबित होने वाले थे।

डच और फ़्रांसीसियों की तरह अंग्रेज़ों ने भी पटना में लंबे समय से एक 'फ़ैक्ट्री' या व्यापारिक केंद्र बना रखा था, इसलिए इसके अधिकारी अफ़ीम कारोबार के तौर-तरीक़ों से अच्छी तरह परिचित थे। अंग्रेज़ों की विजय के बाद कुछ वर्षों तक यूरोपीय अफ़ीम को हासिल करने के लिए एक-दूसरे से होड़ में लगे रहे, जिसका नतीजा ये हुआ

कि इस क्षेत्र में अफ़ीम की खेती का रक़बा महज़ एक साल के अंदर 283,000 हेक्टेयर से बढ़कर 303,500 हेक्टेयर हो गया। इतिहासकार इमदादुल हक़ लिखते हैं, 'धान के खेतों को बड़े पैमाने पर अफ़ीम की खेती में बदल दिए जाने की वजह से 1770 में बंगाल में अकाल पड़ गया। एक ऐसे इलाक़े में जिसे अपने प्राकृतिक संसाधनों की वजह से पारंपरिक तौर पर "सोनार बांग्ला" कहा जाता था, इस अकाल की वजह से एक करोड़ लोगों की मौत हुई।'[48]

1772 में भारत के गवर्नर जनरल वॉरेन हेस्टिंग्स ने बिहार के अफ़ीम उत्पादन को पूरी तरह ईस्ट इंडिया कंपनी के नियंत्रण में लाकर मामले का हल निकाल दिया। इसके बाद से किसान अपनी अफ़ीम केवल कंपनी के नामित एजेंटों को ही बेच सकते थे; ड्रग को ख़रीदने या बेचने वाले स्थानीय व्यापारियों को तस्कर माना जाता था।[49] इससे फ्रांसीसी और डच व्यापारियों का धंधा बंद हो गया, जिसका नुकसान बिहारी किसानों को हुआ, क्योंकि वो अन्य यूरोपियों के साथ बिज़नेस करना पसंद करते थे, क्योंकि वो अंग्रेज़ों से बेहतर भुगतान करते थे।[50]

अफ़ीम बाज़ार औपनिवेशिक शासन के लिए एक छप्परफाड़ आमदनी के मौक़े जैसा था और ये मौक़ा इससे बेहतर समय पर नहीं आ सकता था: ये ठीक वो दौर था जब चीनी चाय पर टैक्स ब्रिटेन और ईस्ट इंडिया कंपनी दोनों के लिए राजस्व का अपरिहार्य स्रोत बनते जा रहे थे। इसी के साथ, अमेरिका से चांदी की गिरती आपूर्ति के कारण चीनी चाय को हासिल करना लगातार कठिन होता जा रहा था।[51] बेशक ब्रिटिश अधिकारी इस बात से अच्छी तरह वाक़िफ़ थे कि उनके डच दोस्त दुश्मनों ने ईस्ट इंडीज़ में अफ़ीम की मांग को किस तरह विस्तार दिया था।[52] जहां कंपनी के कुछ सदस्यों को इसमें संदेह था कि चीनी बाज़ार को भी उसी तरह बढ़ाया जा सकेगा, वहीं कुछ सदस्यों को विश्वास था कि ये संभव है।[53]

कहा जाता है कि 1767 में कर्नल वॉटसन नामक एक जहाज़ निर्माता ने कलकत्ता में कंपनी के प्रतिनिधियों की परिषद की बैठक के दौरान औपचारिक रूप से प्रस्ताव रखा कि ईस्ट इंडिया कंपनी चीन भेजे जाने वाली अफ़ीम की खेप में वृद्धि करे।[54] कंपनी के एक अधिकारी और प्रभावशाली सदस्य मि. व्हीलर ने इस प्रस्ताव का समर्थन किया, 'और इसके पक्ष में विचार किए जाने के बाद, इसे सरकार को सहायता देने के लिए राजस्व जुटाने की दिशा में एक सुखद उपाय के रूप में अपना लिया गया।'[55]

लंदन में कंपनी के उच्च अधिकारी अच्छी तरह जानते थे कि चीन में 1729 से ही अफ़ीम पर प्रतिबंध लगा हुआ था और शुरू में उन्हें ऐसा नहीं लगा कि ये वाक़ई एक अच्छा क़दम था। एक बार तो उन्होंने कलकत्ता को एक कड़ी चेतावनी भी भेजी: 'इस तरह के ग़ैरक़ानूनी व्यापार में शामिल होना कंपनी की गरिमा के ख़िलाफ़ है; इसलिए, हम कंपनी की ओर से चीन को अफ़ीम भेजे जाने पर पूरी तरह पाबंदी लगाते हैं।'[56] लेकिन इस तरह की आत्मग्लानि को मुनाफ़े की संभावना ने दूर कर दिया। ख़ुद कर्नल वॉटसन भी लाभ कमाने वालों में से था, जिसने अफ़ीम व्यापार के लिए जहाज़ बनाने में विशेषज्ञता हासिल करना शुरू कर दिया था।[57]

ऐसा लगता है कि कर्नल वॉटसन का नाम ब्रिटिश व्यापारी समुदाय में लंबे समय तक ज़िंदा रहा, जिससे पता चलता है कि उसके देशवासी 1767 में कलकत्ता में हुई उस बैठक में लिए गए निर्णय की ऐतिहासिक प्रकृति की बहुत ज़्यादा क़द्र करते थे।[58] लेकिन दूसरी चीज़ों के व्यापार को वित्तपोषित करने के लिए अफ़ीम को इस्तेमाल करने का विचार वास्तव में कर्नल वॉटसन के दिमाग़ की उपज नहीं था। ये फ़ैसला न तो संयोग से लिया गया था, और न ही इसलिए कि कर्नल को 1767 में अचानक ज्ञानबोध हुआ था। जब तक कलकत्ता में ईस्ट इंडिया कंपनी की परिषद ने चीनी बाज़ार को बढ़ाने के उद्देश्य से अफ़ीम निर्यात बढ़ाने का फ़ैसला किया, तब तक यूरोपीय औपनिवेशिक प्रणाली में करेंसी के रूप में अफ़ीम के उपयोग की प्रथा को एक लंबा समय हो चुका था, और उभरते हुए सिस्टम के सभी तत्व लगभग एक सदी से मौजूद थे।

अफ़ीम के व्यापार की खोज किसी भी तरह से यूरोपियों ने नहीं की थी। बल्कि, जैसा कि एटलांटिक तट पर मानव तस्करी के साथ हुआ था, उसी तरह उन्होंने पहले से ही मौजूद कुछ छोटे पैमाने के प्रचलनों को लिया, उन्हें बदला, और उन्हें कई गुणा बढ़ा दिया।

कंपनी द्वारा बिहार में अफ़ीम उत्पादन पर नियंत्रण करने के बाद से ही ब्रिटिश उपनिवेशवादी कहते रहे थे कि अफ़ीम पर उनका एकाधिकार बस एक पहले से ही मौजूद देसी प्रचलन का विस्तार था, और कि मुग़ल साम्राज्य ने भी अफ़ीम पर एकाधिकार बनाकर रखा था।[59] समय गुज़रने के साथ, बार-बार दोहराए जाने के कारण, ये कहानी ऐतिहासिक रिकॉर्डों में इतनी गहराई से दर्ज हो गई कि आज भी इसे अक्सर दोहराया

जाता है। लेकिन, इतिहासकार पूर्व-औपनिवेशिक एकाधिकार का कोई सुबूत खोजने में अक्षम रहे हैं: मुग़लिया दौर में, अफ़ीम पर अन्य कृषि उत्पादों की ही तरह कर लगाया जाता था, और शायद इसके उत्पादन पर अलग-अलग समय पर व्यक्तिगत व्यापारियों या उत्पादक संघों का नियंत्रण रहा हो, लेकिन ऐसा नहीं लगता कि ये प्रणाली राज्य द्वारा प्रबंधित की जाती थी।[60] बेशक मुग़ल शासक और उनके दरबारी दिल-बहलाव के लिए अफ़ीम का उपयोग करते थे, लेकिन उन्हें इसकी आपूर्ति राज्य के एकाधिकार के ज़रिए नहीं बल्कि निजी व्यापारियों से मिलती थी, जिसमें डच भी शामिल थे।[61]

तो इस तरह, अफ़ीम पर मुग़ल एकाधिकार की कहानी ब्रिटिश साम्राज्य की आत्म-दोषमुक्ति के लिए मिथक-निर्माण में उल्लेखनीय प्रतिभा का एक और उदाहरण है।[62] ये दरअसल एशिया में अफ़ीम के काम में पश्चिम के शामिल होने के सबसे आश्चर्यजनक पहलुओं में से एक है। पश्चिमी उपनिवेशवादियों ने अफ़ीम का उपयोग न केवल एशियाई लोगों से अथाह धन उगाहने के लिए किया, बल्कि वो ये दावा करके व्यापार में अपनी भूमिका को छिपाने में भी सफल रहे कि ये व्यापार अनादि काल से वजूद में है क्योंकि अश्वेत लोग स्वभाव से ही नशे की लत और भ्रष्टता का शिकार होते हैं।

भ्रम फैलाने के इस अभियान में सबसे प्रभावी हथियार कुछ ख़ास तरह की धारणाएं थीं जो उस समय पश्चिम में जड़ें पकड़ रही थीं। इनमें से सबसे शक्तिशाली धारणाओं में से एक ये थी कि कुछ ऐसी अमूर्त शक्तियां और सार्वभौमिक तंत्र मौजूद हैं जिन्हें नियंत्रित करना इंसान के बस की बात नहीं। इसलिए, मसलन, उस समय उपनिवेशवादियों द्वारा मूल अमेरिकियों को जिस तरह से तबाह किया जा रहा था, उसे अक्सर प्रकृति के उन नियमों का काम कहा जाता था जो मानव की योग्यता से परे अपना काम करते थे।[63] इसी तरह, उस दौर में अनेक पश्चिमी लोग, ख़ासतौर से अंग्रेज़ी-भाषी देशों के अभिजात लोग, इस बात पर आश्वस्त थे कि व्यापार और वाणिज्य भी ऐसे क़ानूनों द्वारा शासित होते हैं जिनमें हस्तक्षेप कर पाना मनुष्य के लिए संभव ही नहीं है, और इसलिए अफ़ीम सहित किसी भी तरह की चीज़ों की मुक्त ख़रीदो-फ़रोख़्त को रोकने के सभी प्रयास निश्चित रूप से नाकाम होकर रहेंगे। कई औपनिवेशिक अधिकारी और व्यापारी तो दरअसल ये तक मानते थे कि मुक्त व्यापार एक प्रकार का प्राकृतिक, अर्ध-दैवीय क़ानून है, और किसी भी राज्य के लिए अफ़ीम के प्रवाह को विनियमित करने की कोशिश करना सिर्फ़ व्यर्थ ही नहीं, बल्कि उद्दंडता भी है – भले ही वो अच्छी तरह से जानते थे कि एशिया

में अफ़ीम के लगातार बढ़ते प्रचलन को हक़ीक़त में मुक्त व्यापार के अमूर्त क़ानून नहीं बल्कि सशस्त्र बल सुनिश्चित करते थे।

यूरोपीय उपनिवेशवाद में अफ़ीम की भूमिका को छिपाने में उतना ही महत्वपूर्ण अठारहवीं और उन्नीसवीं सदी के यूरोप में विकसित होने वाला 'इतिहास' का विचार था। ये भी ज्ञानोदय की ही एक अवधारणा थी जिसने पश्चिमी आत्म-छवि को आकार देने में एक शक्तिशाली भूमिका निभाई: इस दृष्टिकोण में 'इतिहास' मूल रूप से प्रगति की एक कहानी था, जो कुछ निश्चित पारलौकिक लक्ष्यों की ओर बढ़ रही थी। जैसा कि इतिहासकार प्रिया सातिया ने दर्शाया है, ब्रिटिश साम्राज्यवाद की विचारधारा निरंतर बढ़ती प्रगति की दास्तान के रूप में समय की अवधारणा और इतिहास की अवधारणा पर आधारित थी।[64] तो इस तरह, अठारहवीं सदी के इतिहास को मनुष्य के प्राकृतिक अधिकारों, आज़ादी और बंधनमुक्ति की कहानी के रूप में देखा गया: उसी दौरान हो रहे नरसंहार और ग़ुलामी के इतिहास को या तो धुंधला दिया गया या उसे इस कहानी से एक दुर्भाग्यपूर्ण भटकाव की शक्ल में पेश किया गया। इसके बजाय, उन्नीसवीं सदी की पसंदीदा कहानी वो थी जिसमें औद्योगिक क्रांति सबसे ऊपर थी, जिसके बारे में कहा जाता था कि वो भिन्न प्रतिभाशाली व्यक्तियों की निजी वैज्ञानिक खोजों और तकनीकी नवाचारों के नतीजे में घटित हुई थी। इन बातों को कि कई प्रमुख नवाचार ब्रिटिश औपनिवेशिक युद्धों से प्रेरित हथियार उद्योग के कारण हुए थे, और कि औद्योगीकरण के लिए अधिकांश पूंजी ग़ुलामों से कराई गई मेहनत और नशीली दवाओं के व्यापार के ज़रिए उगाही गई थी, केवल इसलिए अप्रासंगिक बना दिया गया था कि वो प्रगति के अफ़साने में फ़िट नहीं बैठती थीं।[65]

इतिहास को एक उद्देश्यपूर्ण यात्रा समझने का विचार मौजूदा दौर की कल्पना में इतनी गहराई से जड़ें जमाए हुए है कि अगर अमेरिका का वर्तमान अफ़ीमसम संकट और जलवायु परिवर्तन के विनाशकारी प्रभावों जैसी इस दौर की आपदाएं न होतीं, तो ये शायद भविष्य में लंबे समय तक अडिग रहता। ऐसा लगता है जैसे इतिहास ने ख़ुद प्रगति के उद्देश्यवाद के विरोधाभासों को उजागर करने के लिए हस्तक्षेप किया है।

पांच

अफ़ीम विभाग

2005 में, जब मैंने *सी ऑफ़ पॉपीज़* लिखना शुरू किया, तो इस बारे में बारीकी से अंदाज़ा लगा पाना मुश्किल था कि उन्नीसवीं सदी की शुरुआत के बिहार में अफ़ीम का उत्पादन किस तरह किया जाता था। उस समय से एक नाटकीय बदलाव हुआ है: औपनिवेशिक अफ़ीम उद्योग पर साहित्य अब इतनी तेज़ी से बढ़ रहा है कि इसके साथ बने रह पाना कठिन है। ऐसा लगता है कि इस बारे में बढ़ती ये दिलचस्पी शायद कुछ हद तक आइबिस त्रयी के प्रकाशन से प्रेरित है: कम से कम हाल के समय के दो महत्वपूर्ण प्रकाशनों से तो ऐसा ही महसूस होता है, जो कि मेरे लिए बहुत संतुष्टि की बात है क्योंकि ऐतिहासिक कथा साहित्य और अकादमिक इतिहास लेखन के गोलाकार मार्ग को सार्वजनिक रूप से स्वीकार किया जाना लगभग दुर्लभ है।[1]

हो सकता है कि आने वाले वर्षों में औपनिवेशिक अफ़ीम उद्योग पर साहित्य इससे भी ज़्यादा तेज़ी से बढ़े। अपने काम के कारण मैं जानता हूं कि ब्रिटिश लाइब्रेरी में अफ़ीम के बारे में अभिलेख लगभग अक्षय हैं; इस विषय से संबंधित दस्तावेज़ इतने व्यापक रूप से फैले हुए हैं कि शायद आने वाले लंबे समय तक पहले कभी न खुली फ़ाइलें और फ़ोल्डर सामने आते रहेंगे।[2] जहां तक भारतीय व्यापारियों और कारोबारियों के निजी काग़ज़ात का सवाल है, तो उन पर शोध अभी बमुश्किल शुरू ही हुआ है, हालांकि ऐसे कई संग्रहों के मौजूद होने के बारे में जानकारी है।

हाल के समय में इस विषय में बढ़ी रुचि के कारण आज उन परिस्थितियों के बारे में, जिनके तहत बिहारी किसानों को अफ़ीम का उत्पादन करने के लिए मजबूर किया जाता था, उस समय की तुलना में कहीं ज़्यादा जानकारी उपलब्ध है जितनी उस समय थी जब मैंने *सी ऑफ़ पॉपीज़* लिखना शुरू किया था। इसका श्रेय काफ़ी हद तक दो प्रतिभाशाली युवा विद्वानों को जाता है: पहले हैं ऑस्ट्रियाई इतिहासकार रॉल्फ़ बॉअर, जिनकी किताब *द पीज़ैंट प्रोडक्शन ऑफ़ ओपियम इन नाइनटीन्थ-सेंचुरी इंडिया* 2019 में प्रकाशित हुई थी। दूसरे हैं एक अमेरिकी, मैथ्यू वोर्मर, जिनके 'ओपियम, इकॉनोमिक थॉट, एंड द मेकिंग ऑफ़ ब्रिटेन्स फ्री ट्रेड एंपायर, 1773-1839' शीर्षक वाले शोध-प्रबंध पर उन्होंने 2022 में स्टैनफ़ोर्ड से इतिहास में पीएचडी हासिल की है। दोनों अध्ययन एक दूसरे के पूरक हैं क्योंकि वोर्मर के शोध का फ़ोकस प्रथम अफ़ीम युद्ध से पहले की अवधि पर है, जबकि बॉअर ने उसके बाद के दशकों पर अधिक ध्यान दिया है। दोनों ही बड़ी बारीकी और सूक्ष्मता से किए गए अध्ययन हैं, और दिलचस्प टिप्पणियों और अर्थपूर्ण क़िस्से-कहानियों से भरपूर हैं। ये दोनों मिलकर ऐसी जटिल परिस्थितियों की एक आकर्षक कहानी पेश करते हैं जिनमें समय के साथ बदलाव आए, पर फिर भी एक सदी से ज़्यादा अरसे तक वो लगभग अडिग रहीं।

कहानी का पहला महत्वपूर्ण पल 1772 में बिहार में अफ़ीम उद्योग पर ईस्ट इंडिया कंपनी के क़ब्ज़े के बारे में है। दूसरा बड़ा क़दम 1799 में उठाया गया, जब कंपनी के नेतृत्व ने एक नौकरशाही स्थापित करने का फ़ैसला किया, जो पूरी तरह से ड्रग के उत्पादन के प्रति समर्पित थी।[3] इन दो महत्वपूर्ण तारीख़ों के बीच के दशकों में, इस उद्योग में काफ़ी उथल-पुथल रही, जिसने किसानों, व्यापारियों और ठेकेदारों को एक-दूसरे के ख़िलाफ़ खड़ा कर दिया: अफ़ीम की नई नौकरशाही का काम उत्पादन को स्थिर करके परिस्थिति को सुधारना था, और साथ ही उत्पादन को प्रतिवर्ष लगभग 4,800 पेटियों पर स्थिर रखना था, जिनमें से लगभग सभी को डच ईस्ट इंडीज़ और चीन को निर्यात किया जाता था।[4]

नए नियमों के तहत, अफ़ीम विभाग को पोस्त के बोए जाने से लेकर कलकत्ता में उत्पाद की नीलामी तक अफ़ीम के उत्पादन और वितरण के हर पहलू की देखरेख करनी थी। इसके बाद से इस बात का फ़ैसला ईस्ट इंडिया कंपनी के कर्मचारियों को ही करना था कि कौन से किसान अफ़ीम उगा सकते थे, वो कितने पौधे लगा सकते थे और उन्हें

उनकी उस फ़सल के लिए क्या भुगतान किया जाएगा, जिसकी पूरी मात्रा अफ़ीम विभाग को अपनी फ़ैक्ट्रियों में प्रसंस्करण के लिए सौंपी जानी थी।[5]

शुरुआत में, अफ़ीम विभाग के अधिकार क्षेत्र में केवल गंगा के मैदानी इलाक़ों का मध्य भाग शामिल था, जो पूर्व में पटना से लेकर पश्चिम में बनारस तक फैला हुआ था। लेकिन 1830 के बाद के वर्षों में, जब उत्पादन में तेज़ी से वृद्धि होने लगी, तो विभाग का क्षेत्र भी उसी अनुपात में बढ़ता गया, और आख़िरकार एक साम्राज्य के भीतर एक राज्य बन गया, जो पश्चिम में आगरा के आसपास से लेकर पूर्व में बंगाल की सीमाओं तक पूरे पूर्वांचल में फैल गया। उन्नीसवीं सदी के उत्तरार्ध तक इस इलाक़े में लगभग पांच लाख एकड़ में पोस्त बोई जाने लगी थी।

इस ज़मीन पर खेती करने के लिए दस लाख से भी अधिक किसान परिवारों के श्रम की आवश्यकता थी, यानी कुल मिलाकर शायद 50 से 70 लाख लोग। इस इलाक़े में अफ़ीम के किसानों की तादाद अलग-अलग थी – पश्चिम में कम और पूर्व में अधिक – लेकिन बॉअर के अनुमान के अनुसार, बिहार के सबसे सघन खेती वाले हिस्सों में आधी से ज़्यादा आबादी ऐसे घरों की थी जो सर्दियों की फ़सल के मौसम में अफ़ीम की खेती किया करते थे।[6]

अफ़ीम विभाग की स्थापना के समय से, इस दसियों लाख की संख्या वाले श्रम बल का प्रबंधन करने वाली नौकरशाही भौगोलिक रूप से दो एजेंसियों में बंटी थी, पश्चिम में बनारस एजेंसी और पूर्व में पटना एजेंसी।[7] प्रत्येक एजेंसी का प्रमुख एक ब्रिटिश अधिकारी हुआ करता था जिसे अफ़ीम एजेंट कहा जाता था, जो कि एक भ्रामक रूप से मामूली ओहदा था क्योंकि ये औपनिवेशिक शासन के सबसे अधिक भुगतान वाले और सबसे इच्छित पदों में से एक था: न केवल ये कि इस पदधारी को तगड़ी तनख़्वाह और अनेक भत्ते मिलते थे, बल्कि उसे बहुत काम करने की भी ज़रूरत नहीं पड़ती थी। वास्तव में, कुछ अफ़ीम एजेंट तो अपना काम करने से ज़्यादा समय लोगों से मेलजोल में बिताते थे। उनमें से एक जॉन विल्टन, जो 1803 से 1812 तक पटना एजेंट था, के बारे में कहा जाता था कि 'शायद कोई भी ये नहीं जानता था कि अपने मेहमानों के सत्कार के अलावा उसका कोई और कर्तव्य भी था!'[8]

एजेंट के पद का एक बड़ा लाभ एक आलीशान निवास हुआ करता था। उदाहरण के लिए, जॉन विल्टन एक 'सुरुचिपूर्ण अंग्रेज़ी शैली के घर में रहता था... जिसमें

एक बिलियर्ड रूम और "भारत में चित्रों का एक उत्कृष्ट संग्रह" था।'[9] दशकों बाद, डर्बी के तीसरे बैरोनेट सर जॉन हेनरी रिवेट-कार्नैक, जो 1876 से 1895 तक बनारस अफ़ीम एजेंसी का प्रमुख था, ने अपने सरकारी घर का वर्णन 'ग़ाज़ीपुर में गंगा पर एक शानदार घर, जो एक अच्छे बग़ीचे और बढ़िया मैदानों से घिरा हुआ था' के रूप में किया।[10]

इस पद का एक और लाभ ये था कि गर्मी का मौसम आने पर एजेंट को अपने परिवार और कर्मचारियों के साथ औपनिवेशिक शासन के ख़र्च पर पहाड़ों पर चले जाने की अनुमति थी। वो नवंबर के आसपास ठंड के मौसम की शुरुआत में वापस आता था, जब अफ़ीम उगाने के सीज़न का आरंभ होता था। फिर वो, उसका परिवार और उसका दल निरीक्षण के दौरे पर निकल जाता था जिसके दौरान उन्हें एजेंसी के विशाल क्षेत्र का सफ़र करना होता था। ये यात्राएं बहुत भव्य होती थीं, जिनमें एजेंट और उसकी पत्नी बग्घी में सवार होकर रोज़ाना लगभग 13 किलोमीटर की यात्रा करते थे, और रातें एक आलीशान शिविर में बिताते थे, जिसे उनके आगमन से पहले ही तैयार कर लिया गया होता था। रिवेट-कार्नैक अपने संस्मरणों में लिखता है:

> रिसेप्शन, ड्रॉइंग रूम और डाइनिंग रूम बनाने के लिए डबल खंभों के टेंट उपयोग किए जाते थे। फिर एजेंट का कार्यालय-टेंट, और एक बेडरूम और ड्रेसिंग-रूम टेंट होता था, और जब शिविर में हमारे साथ अंग्रेज़ नौकरानी होती थी तो एक टेंट उसके लिए होता था। फिर निजी सहायक या निजी सचिव, जो हमेशा एजेंट के साथ रहता था, के अपने टेंट होते थे। और नौकरों और घोड़ों के लिए टेंट होते थे, और गाड़ियों के साथ चलने वाले गार्ड और दिन-रात पहरे पर तैनात रहने वाले संतरियों के लिए टेंट होते थे। ज़िले का अफ़ीम अधिकारी और उसका सहायक अपने टेंट को लाइन में जोड़ते हुए आमतौर पर शिविर के साथ चलते थे। सभी, या लगभग सभी, टेंट दो-दो होते थे, ताकि एक को आगे ले जाकर आपके आगमन के लिए तैयार किया जा सके, जबकि आप दूसरे टेंट में शांति से सो रहे होते थे। शिविर को सड़क के किनारे, आम के पेड़ों के किसी बाग़ में लगाया जाता था, क्योंकि मुख्य मार्गों पर शिविर-जीवन के ये लुभावने योजक भारी संख्या में मौजूद होते थे।[11]

अपने आराम के अनुसार एजेंट और उसके साथी समय-समय पर 'शिकार के लिए, या किसी बाज़ार, या इलाक़े की किसी मशहूर जगह पर चले जाते थे, जिनकी इन ज़िलों में बहुतायत थी, और जो अक्सर बहुत महत्वपूर्ण होती थीं – पुराने मंदिर, महान शहरों के खंडहर, जाने-माने तीर्थस्थल और ऐतिहासिक रुचि के स्थान।'[12]

ये कोई संयोग नहीं था कि रिवेट-कार्नैक को इतने सारे प्रसिद्ध स्मारक मिले, क्योंकि पूर्वांचल ऐतिहासिक रूप से भारतीय उपमहाद्वीप के – वास्तव में दुनिया के – सबसे समृद्ध, सबसे उपजाऊ और सांस्कृतिक रूप से सबसे रचनात्मक भागों में से एक था। लेकिन रिवेट-कार्नैक के दौरों के समय तक ये इलाक़ा उस भयावह ग़रीबी और ठहराव से घिर चुका था जिसने आज भी इसका पीछा नहीं छोड़ा है। इन स्मारकों पर अफ़ीम एजेंट के विवरण के माध्यम से नज़र डालना बस इस बात की याद दिलाता है कि पूर्वांचल की वर्तमान स्थिति एक ऐतिहासिक विसंगति है, जो उस समय से चली आ रही है जब इसने ईस्ट इंडिया कंपनी को उसके विकास के लिए ज़रूरी दो महत्वपूर्ण संसाधन – सिपाही और ड्रग्स – देना शुरू किया था।

दोनों एजेंटों के नीचे श्वेत, मुख्यतः ब्रिटिश अधिकारियों का एक छोटा सा मुख्य समूह होता था जो अफ़ीम विभाग के आजीवन कर्मचारी होते थे और नौकरशाही के भीतर नियमित पदों पर तैनात होते थे।[13] समय के साथ जैसे-जैसे विभाग के इलाक़ों का विस्तार होता गया, इस कैडर में 'असिस्टेंट सब-डिप्टी अफ़ीम एजेंट' और 'सब-डिप्टी अफ़ीम एजेंट' जैसे ओहदों वाले लगभग छह दर्जन अधिकारी शामिल हो गए। इन नौकरियों के वेतन भारत में ब्रिटिश सिविल सेवकों के स्टैंडर्ड से बहुत अच्छे नहीं थे और तरक़्क़ी बेहद धीमी गति से होती थी। अगर 1870 के दशक में एक सत्रह वर्ष का लड़का 200 पाउंड प्रतिवर्ष पर 'असिस्टेंट सब-डिप्टी अफ़ीम एजेंट' के रूप में शुरुआत करता, और अगर वो अच्छा काम करता, तो कई साल बाद वो पांचवीं श्रेणी के 'सब-डिप्टी अफ़ीम एजेंट' के पद तक पहुंच पाता था। अगर वो ख़ुशक़िस्मती से चार ग्रेड और ऊपर चढ़ पाता, तो वो अपना कैरियर 'पूर्ण सब-डिप्टी अफ़ीम एजेंट' के रूप में समाप्त कर सकता था, और उसे 1,200 पाउंड स्टर्लिंग सालाना का वेतन मिलता और उसके बाद रिटायरमेंट पर 500 पाउंड की पेंशन मिलती।

पर इसके बावजूद, इन नौकरियों की एक ऐसी विशेषता के कारण इनकी मांग बहुत थी जिससे ये उन श्वेत परिवारों के लिए आकर्षक थीं जो अपने ढेर सारे बेटों को शिक्षित करने में सक्षम नहीं थे: औपनिवेशिक नौकरशाही की अन्य शाखाओं के उलट, अफ़ीम विभाग में प्रवेश पाना आसान था क्योंकि इसके लिए कोई परीक्षा पास करने की आवश्यकता नहीं थी।[14] ये नौकरियां ऐसे नौजवानों को मिलती थीं जिन्हें रिवेट-कार्नैक जैसे अफ़ीम एजेंट और अन्य उच्च अधिकारी अपना संरक्षण देना चाहते थे। इन अधिकारियों की कृपादृष्टि हासिल करके, कोई भी श्वेत परिवार अपने बेटों को सम्मानजनक जीवन प्रदान कर सकता था, चाहे वो कितने भी आलसी या निरुत्साही क्यों न हों: 'ऐसे बहुत से लोग थे जो अपने बेटों को इस तरह निपटाने और उसकी आगे की शिक्षा के ख़र्च और चिंता से ख़ुद को मुक्त करने के लालच को दबा नहीं पाते थे।'[15]

लेकिन एक जूनियर अफ़ीम अधिकारी का जीवन आसान नहीं था। बीसेक साल की उम्र में शुरुआत करने वाले असिस्टेंट और सब-डिप्टी अपने शुरुआती साल या तो उन गांवों में बिताते थे जहां अफ़ीम विभाग की कोठियां (स्थानीय कार्यालय) स्थित थीं या उन छोटे शहरों में जहां इसके सत्ताईस 'डिवीज़नल मुख्यालय' थे।[16] वो इन चौकियों में आमतौर पर दो या तीन दूसरे श्वेत अधिकारियों के साथ 'चमरियों' में रहा करते थे। वे सब अविवाहित पुरुष होते थे क्योंकि 'विभाग के काम की परिस्थितियां ऐसी थीं कि पत्नी या महिला संबंधियों के दायित्व के साथ कोई भी नौजवान असिस्टेंट शिविर में घूम-फिर नहीं सकता था और अपना काम संतोषजनक ढंग से नहीं कर सकता था।'[17]

फिर भी, कुछ अधिकारी शादी करके अपनी पत्नियों को पूर्वांचल के छोटे-छोटे मुफ़स्सिल क़स्बों में अपने साथ रहने के लिए ले आते थे। लेकिन ये संतुष्टि की गारंटी नहीं होती थी। हेनरी ऑज़बर्न नामक एक छत्तीस वर्षीय अधिकारी ने 1876 में इंग्लैंड में छुट्टी के दौरान शादी की और वो अपनी बीवी को बिहार के धावा नामक गांव में अपने साथ रहने के लिए ले आया, जहां वो पांचवीं श्रेणी के सब-डिप्टी अफ़ीम एजेंट के रूप में तैनात था। अपनी डायरी में ऑज़बर्न ने लिखा है कि वो अपने गद्दे के नीचे एक पिस्तौल रखकर सोता था और उस पर अक्सर डिप्रेशन के दौरे पड़ते थे, जिनमें से कुछ उसकी पत्नी के गाने के कारण होते थे।[18] रिवेट-कार्नैक के साथ भी उसके संबंध बहुत अच्छे नहीं थे: बैरोनेट ने किसी बेहतर जगह पर उसका तबादला करने से इंकार कर दिया और वो 'वेतन के बक़ाया' के एक मामले में उससे सहमत नहीं था।[19]

इत्तफ़ाक़ से ऑज़बर्न का रिचर्ड डब्ल्यू. ब्लेयर नाम का एक सहकर्मी था, और वो भी अपने परिवार को बिहार के एक छोटे से क़स्बे में रहने के लिए ले आया, जहां वो सब-डिप्टी अफ़ीम एजेंट के रूप में तैनात था। यहीं, नेपाल सीमा के पास मोतिहारी में 1903 में एरिक ब्लेयर का जन्म हुआ, जिसने बाद में जॉर्ज ऑर्वेल नाम अपना लिया। ऑर्वेल के बचपन में ही उनकी मां अपने बच्चों की शिक्षा की चिंता में उनके और उनकी बहनों के साथ इंग्लैंड चली गईं। लेकिन एक सब-डिप्टी अफ़ीम एजेंट की तनख़्वाह एक अच्छे स्कूल के लिए सही मायनों में काफ़ी नहीं थी, और भले ही बालक एक 'अंहकारी और महंगे' प्रारंभिक स्कूल में दाख़िला पाने में कामयाब हो गया, लेकिन उसके बचपन की तंगहाली की यादें ज़िंदगी भर उसका पीछा करती रहीं।[20]

बाद में, बर्मा में इंडियन इंपीरियल पुलिस के एक अधिकारी के रूप में ऑर्वेल शायद ख़ुद भी अफ़ीम पीने लगे थे। 'अफ़ीम के मज़े क्या हैं?' उन्होंने एक बार लिखा था। 'अफ़सोस कि दूसरे मज़ों की तरह, ये भी अवर्णनीय हैं।'[21]

अफ़ीम विभाग के उच्च पद ब्रिटिश या यूरोवंशी लोगों के लिए आरक्षित थे, लेकिन इसके अधिकांश कर्मचारी कम वेतन पाने वाले भारतीय थे – क्लर्क, सचिव और ओवरसीयर, जिनके लिए मुहर्रिर, मुतसद्दी और गुमाश्ता जैसे ओहदे थे।[22] विभाग में बड़ी संख्या में बर्क़अंदाज़ (ज़िलेदार) भी तैनात थे, जो प्रवर्तक का काम करते थे। 1870 के दशक में विभाग में भारतीयों की तादाद लगभग 1,000 से बढ़कर 2,400 हो गई। उस समय विभाग के कुल वेतन-भोगी कर्मचारियों में अंग्रेज़ों की तुलना में तीस गुणा से अधिक भारतीय थे: फिर भी सारे भारतीयों का कुल वेतन केवल पिचहत्तर श्वेत कर्मचारियों के आधे वेतन से भी कम था।[23]

अफ़ीम विभाग में पारिश्रमिक में भारी असमानता शुरू से ही एक निरंतर विशेषता थी। अंग्रेज़ों को अधिक वेतन दिए जाने के पीछे एक कारण भ्रष्टाचार को रोकना था, लेकिन विभाग के उच्चतम स्तरों पर भी घपलेबाज़ियां और ग़बन आम बात थी।[24] जहां तक भारतीयों का सवाल है, उनकी तनख़्वाहें इतनी कम थीं कि ये निश्चित ही था कि वो अपनी जेबें भरने के किसी भी मौक़े को हाथ से जाने नहीं देंगे। जैसा कि वोर्मर ने लिखा है: 'अफ़ीम से होने वाली भारी कमाई और श्रम लागत पर न्यूनतम ख़र्च के बीच की

विशाल खाई धोखाधड़ी और भ्रष्टाचार को दावत देती थी क्योंकि असमानताएं साल दर साल बढ़ती ही जाती थीं।'[25]

अफ़ीम विभाग के भारतीय कर्मचारियों के लिए जबरन वसूली और शोषण के अवसर भरपूर थे, जिनमें से अधिकांश ग्रामीण इलाक़ों में फैली कोठियों के घने जाल में बिखरे हुए थे। अफ़ीम विभाग के पदानुक्रम में उनकी स्थिति भले ही काफ़ी निचले दर्जे की रही हो, लेकिन जिन गांवों में ये मामूली कर्मचारी तैनात होते थे, वहां उनके पास सामंती शक्तियां होती थीं: वो दरवाज़े तोड़ सकते थे, घरों पर छापे मार सकते थे और किसानों को लगभग अपनी मर्ज़ी से जब चाहे गिरफ़्तार कर सकते थे। साथ ही, अफ़ीम विभाग के अफ़सरों की नज़रों से बचना भी आसान नहीं था: मध्य उत्तर प्रदेश से लेकर पूर्वी बिहार तक के इलाक़े में विभाग की चौकियों की ऐसी भरमार थी कि कोई भी किसान सबसे क़रीबी कोठी से 16 किलोमीटर से ज़्यादा के फ़ासले पर नहीं था। इसके अलावा, विभाग ने बड़ी संख्या में जासूस और मुख़बिर नियुक्त किए हुए थे, जिन्हें अपने पड़ोसियों के बारे में मुख़बिरी करने के इनाम में बड़ी-बड़ी रक़में दी जाती थीं। नतीजतन, आरोप-प्रत्यारोप की भरमार रहा करती थी।

सिद्धांत रूप में, अफ़ीम किसानों द्वारा अग्रिम नक़द राशि लेने के लिए ज़रूरी लाइसेंस और अनुबंध तैयार करने की ज़िम्मेदारी अफ़ीम विभाग के अधिकारियों की थी। लेकिन व्यवहार में, ये छोटे अधिकारी आम किसानों से सीधे तौर पर संपर्क नहीं करते थे; इसके बजाय, वो मुख्य रूप से उच्च जाति के ज़मींदारों या खातेदारों के एक वर्ग के माध्यम से अपनी शक्ति का प्रयोग करते थे, जिन्हें अफ़ीम विभाग बिचौलियों के रूप में काम करने के लिए नियुक्त करता था। हर खातेदार कुछ दर्जन, ज़्यादातर अशिक्षित, किसानों के एक समूह का इंचार्ज होता था, और वही उनकी ओर से लाइसेंस और अनुबंध साइन करता था। तो, सैद्धांतिक रूप से तो किसान अनुबंध और एडवांस को ठुकराने के लिए स्वतंत्र थे, लेकिन व्यवहार में उनके पास और कोई विकल्प नहीं होता था, क्योंकि अफ़ीम विभाग के अधिकारियों के पास उनके ख़िलाफ़ लगभग असीमित शक्तियां होती थीं: बर्क़अंदाज़ों और ज़िलेदारों की ओर से हिंसा का ख़तरा हमेशा बना रहता था।

> सरकार अपने देसी नौकरों के माध्यम से एडवांस देती है [शुरुआती उन्नीसवीं सदी के एक पर्यवेक्षक ने लिखा], और यदि कोई रैयत [किसान] एडवांस लेने से

> मना करता है, तो उसके घर में रुपये फेंकने की सरल सी योजना अपनाई जाती है; अगर वो भागने की कोशिश करता है, तो चपरासी उसे पकड़ लेते हैं, एडवांस को उसके कपड़ों में बांध देते हैं, और उसे उसके घर के अंदर धकेल देते हैं। अब जबकि काम हो चुका होता है, और दूसरा कोई रास्ता बचता नहीं है, तो वो चाहे-अनचाहे अपने अनुबंध को पूरा करने में लग जाता है।[26]

औपनिवेशिक शासन समय-समय पर व्यवस्था में 'सुधार' करता रहता था, जिसका उद्देश्य ये सुनिश्चित करना होता था कि अफ़ीम की खेती करने वाले किसान इसकी खेती अपनी मर्ज़ी से करें। समस्या ये थी कि अगर अपना बस चलता, तो किसान गन्ना, कपास और तंबाकू जैसी दूसरी, ज़्यादा मुनाफ़ेबख़्श फ़सलें उगाना पसंद करते। इसीलिए नियमों में हमेशा विभिन्न प्रकार की मजबूरियों के लिए कुछ ख़ामियां छोड़नी पड़ती थीं: वोर्मर कहते हैं, 'इन दमनकारी प्रथाओं को सामान्य बनाना नौकरशाही सुधार का काम था।'[27]

ऐसी ही एक ख़ामी थी एक ऐसा नियम जिसके मुताबिक़ किसान ब्रिटिश अफ़ीम एजेंट से मिले बिना क़ानून के सामने अपील नहीं कर सकते थे, जिससे ये प्रभावी रूप से सुनिश्चित हो जाता था कि उनकी शिकायतें कभी अदालत तक नहीं पहुंचती थीं। 1807 में दर्ज एक घटना में:

> बिहार के सबसे बड़े अफ़ीम ज़िले सारण से किसानों का एक हताश समूह अपनी शिकायतें गवर्नर जनरल के सामने रखने के लिए कलकत्ता गया, क्योंकि पटना में एजेंट जॉन विल्टन ने अपने गुमाश्ते द्वारा की गई बदसुलूकी के लिए इंसाफ़ मांगने पर उन्हें कथित तौर पर कोड़े लगवाए थे। उनकी इस उम्मीद को कि 'महामहिम की परिषद' इन अन्यायों को रोकेगी और 'उन्हें [उनकी] अफ़ीम की पूरी क़ीमत दिलाएगी' उदासीनता का सामना करना पड़ा: गवर्नर जनरल ने तुरंत उनकी याचिका को अफ़ीम एजेंसी को वापस भेज दिया, जहां ये हमेशा के लिए ग़ायब हो गई।[28] [जॉन विल्टन कोई और नहीं बल्कि विलासिता की ज़िंदगी जीने वाला वही एजेंट था जो अपना ज़्यादातर समय मेहमानों का मनोरंजन करने और पेंटिंग्स जमा करने में बिताता था।]

किसानों के अनुबंधों में ये तय कर दिया जाता था कि उन्हें अपने ही ख़र्च पर अपनी पूरी फ़सल को किसी आधिकारिक संग्रह केंद्र तक ले जाना होगा, जहां वज़न और क्वालिटी कंट्रोल किए जाने के बाद उन्हें सिद्धांत रूप में अफ़ीम विभाग द्वारा निर्धारित क़ीमत के हिसाब से भुगतान किया जाएगा।[29] प्रति सेर (एक किलोग्राम से कुछ ज़्यादा) कच्ची अफ़ीम के लिए ये दर उन्नीसवीं सदी के अधिकांश शुरुआती भाग में 3.50 रुपये पर स्थिर रही और उसके बाद भी इसमें मामूली सा ही इज़ाफ़ा हुआ। ये दर इतनी कम थी कि इससे किसानों का ख़र्च भी पूरा नहीं हो पाता था। पोस्त बहुत पूंजी और श्रम की मांग करने वाली फ़सल थी जिसके लिए खाद, किराए के मज़दूरों और परिवहन आदि की ज़रूरत पड़ती थी। इस सबके अलावा, किसानों को विभिन्न बिचौलियों को रिश्वत देनी पड़ती थी: 'ये रिश्वतें सैद्धांतिक रूप से तो अवैध थीं, लेकिन इनके अस्तित्व के बारे में आमतौर पर सभी जानते थे।'[30] अफ़ीम उगाने के लिए ज़रूरी लागत का हिसाब लगाते हुए वोर्मर और बॉअर दोनों इस नतीजे पर पहुंचे हैं कि किसानों के लिए खेती की लागत अफ़ीम विभाग द्वारा उन्हें दिए गए भुगतान से कहीं ज़्यादा होती थी।[31] दूसरे शब्दों में, विभाग द्वारा 'कच्ची अफ़ीम के लिए दी जाने वाली क़ीमत खेती की लागत तक को पूरा करने के लिए बहुत कम थी।'[32]

तो, इस बेहद क़ीमती वस्तु को उगाकर कोई पैसा कमाने के बजाय, पूर्वी भारत के अफ़ीम किसानों को हक़ीक़त में अपनी फ़सल पर काफ़ी बड़े नुकसान झेलने पड़ते थे।[33] फिर वो इस फ़सल को क्यों उगाते थे? सैकड़ों किसानों द्वारा हस्ताक्षरित एक याचिका में इसका कारण बिल्कुल साफ़ ढंग से समझाया गया था: 'हम पोस्त की खेती सरकार के दबाव में करते हैं, वर्ना हम ऐसा नहीं करते, और हमारी प्रार्थना है कि हमें इस मुसीबत से आज़ादी दी जाए।'[34]

तो, ये व्यवस्था पूरी तरह से दमनकारी थी: किसानों को न सिर्फ़ हर वक़्त अपने सिर पर मंडराती हिंसा के ख़तरे से जूझना पड़ता था, बल्कि उनके पास पोस्त की खेती करने के अलावा कोई और चारा भी नहीं था, क्योंकि अफ़ीम विभाग ने फ़ैसला कर दिया था कि पोस्त की खेती के लिए निर्धारित की गई भूमि पर कोई और चीज़ नहीं उगाई जा सकती।[35] अगर किसान कोई दूसरी फ़सल उगाते तो उन्हें बेदख़ल किया जा सकता था, और चूंकि पोस्त के ज़्यादातर उत्पादक 'ग़ैर मौरूसी काश्तकार' थे, इसलिए उन्हें हमेशा अपनी ज़मीन को खो देने का डर सताता रहता था।[36] अफ़ीम विभाग के क़ानून इतने सख़्त और

दंडात्मक थे कि किसान दरअसल क़ानूनी मजबूरियों और ऋण दासता के जाल में फंस गए थे। अकाल के समय में भी उनके पास अफ़ीम के लिए ब्रिटिश साम्राज्य की अतृप्य भूख को शांत करने के लिए पोस्त की खेती करने के अलावा कोई विकल्प नहीं था।[37]

हालांकि अफ़ीम की खेती नील और कुछ अन्य फ़सलों की तरह बाग़ानों में नहीं की जाती थी, लेकिन अफ़ीम विभाग की उत्पादन व्यवस्था किसी भी तरह से नर्म या अधिक उदार नहीं थी – बल्कि इसके उलट ही थी। जैसा कि बॉअर का कहना है, इन व्यवस्थाओं के बीच अंतर ये है कि बाग़ानों का स्वामित्व निजी बाग़ान मालिकों के पास होता था, जबकि अफ़ीम विभाग शासन की ही एक शाखा था और इसलिए उसके पास ख़ुद अपनी मर्ज़ी से अपने क़ानून बनाने की शक्ति थी। वास्तव में, अफ़ीम की खेती के आधिकारिक शासन की दमनकारी प्रकृति पर इससे बड़ी टिप्पणी नहीं हो सकती कि भारत में श्वेत बाग़ान मालिक ये तर्क देते हुए इससे ईर्ष्या करते थे कि उन्हें भी इसी तरह के क़ानूनों और दमनकारी उपायों का इस्तेमाल करने की इजाज़त मिलनी चाहिए। लेकिन बाग़ान मालिकों की विनतियों को औपनिवेशिक अधिकारी इस दलील के साथ सख़्ती से ख़ारिज कर देते थे कि अफ़ीम एक अपवाद है जिसे असामान्य रूप से कठोर शासन के तहत उगाना पड़ता है क्योंकि 'अफ़ीम का कारोबार महज़ एक कारोबारी गतिविधि होने के बजाय सार्वजनिक हितों का मामला है।'[38] दूसरे शब्दों में, नील के विपरीत अफ़ीम को एक रणनीतिक संसाधन का दर्जा प्राप्त था।

किसानों पर जो अनुबंध थोपे जाते थे, उनका पालन करना अनिवार्य होता था और जो लोग अपना हिस्सा पूरा करने में नाकाम रहते थे, उन पर संदेह किया जाता था कि उन्होंने अपनी कुछ पैदावार चोरी-छिपे निजी व्यापारियों को बेच दी है – क्योंकि ईस्ट इंडिया कंपनी के एकाधिकार ने, जैसा कि एकाधिकारों के साथ अक्सर होता है, एक फलते-फूलते 'काला बाज़ार' को जन्म दे दिया था। अपना माल इस भूमिगत अर्थव्यवस्था के हाथों बेचकर, किसान अफ़ीम विभाग द्वारा दी जाने वाली क़ीमत से कई गुणा अधिक कमा सकते थे – जो ग़रीब ग्रामीणों के लिए एक शक्तिशाली आकर्षण था।[39] सरकारी क़ीमतें इतनी कम थीं कि कुछ किसान इस लालच के आगे झुक ही जाते थे, जिसके नतीजे में इस क्षेत्र में अपराध व्यापक हो गया, और संगठित नेटवर्कों द्वारा यहां से अफ़ीम की

एक बड़ी मात्रा की तस्करी की जाने लगी।[40] और इसके परिणामस्वरूप, अफ़ीम विभाग को पुलिस व्यवस्था में और जासूसों और मुख़बिरों की सेनाएं बनाए रखने के लिए भारी निवेश करना पड़ा।[41]

जो किसान अपना हिस्सा पूरा करने में असमर्थ रहते थे, उन पर अक्सर इस बात का भी शक किया जाता था कि उन्होंने कुछ अफ़ीम ख़ुद अपने इस्तेमाल के लिए रोक ली है – क्योंकि, समय के साथ, कई अफ़ीम उत्पादक ख़ुद भी इस नशे के आदी बन गए थे (एक ब्रिटिश अधिकारी के अनुसार जिन ज़िलों में अफ़ीम की खेती की जाती थी, वहां अफ़ीम की खपत में सौ गुणा वृद्धि हो गई थी)।[42] इसकी काट करने की कोशिश में अफ़ीम विभाग ने अफ़ीम के प्रत्येक खेत से होने वाली उपज के एक-एक छटांक तक का और भी विस्तृत रिकॉर्ड रखना शुरू कर दिया। हर उस किसान का नाम एक रजिस्टर में दर्ज कर लिया जाता था जिसकी पैदावार 'संदिग्ध रूप से कम या उसी लाइसेंस या गांव के दूसरे किसानों की उपज से कम' होती थी, और उस पर जासूसों और मुख़बिरों द्वारा कड़ी नज़र रखी जाती थी।[43] इस तरह, किसानों को आवंटित किए जाने वाले हिस्से किसी भी तरह से अनुमानित नहीं होते थे; विभाग के पास उपलब्ध कई बाध्यकारी साधनों के माध्यम से उन्हें सख़्ती के साथ लागू किया जाता था। जो किसान ख़ुद को आवंटित हिस्से का उत्पाद पूरा नहीं कर पाता था, उस पर सबसे पहले उसके खातेदार के ग़ुस्से की गाज गिरती थी, क्योंकि ख़ुद उसे अफ़ीम विभाग के अधिकारियों को जवाब देना होता था। जिन किसानों के बारे में ये पाया जाता था कि उन्होंने अपनी उपज को अपने पास रखा है, उन पर भारी ज़ुर्माना लगाया जाता था और उन्हें दंडित किया जाता था।

दंडात्मक निगरानी की इन व्यवस्थाओं ने आतंक और गोपनीयता का एक ऐसा माहौल बना दिया था कि किसान तो किसान, राहगीरों को भी मनमाने ढंग से दंड दिया जा सकता था और उन पर ज़ुर्माना लगाया जा सकता था। भारतीय पुलिस के एक अधिकारी ने एक ब्रिटिश आयोग को बताया:

> किसी भी व्यक्ति को उन जगहों से गुज़रने की अनुमति नहीं है जहां अफ़ीम उगाई जाती है। अगर कोई व्यक्ति वहां से गुज़रता है, तो उस पर अफ़ीम की कलियां तोड़ने का आरोप लगाया जाता है... फ़सल तैयार हो जाने के समय अफ़ीम के खेतों की नपाई करने के ज़िम्मेदार लोग छोटे माप और तोल के ग़लत बाटों का

> इस्तेमाल करते हैं। कभी-कभी वो पुलिस की मदद से किसानों के घरों में चुपके से कुछ कच्ची अफ़ीम फेंककर किसानों के साथ छल करते हैं। इसी तरह उन्हें उन अधिकारियों को रिश्वत देनी पड़ती है जो उनके अनुबंध बनाते हैं।[44]

लेकिन इस सबके बावजूद, रिवेट-कार्नैक को ये स्वीकार करना पड़ा: 'ये दावा नहीं किया जा सकता कि विभाग ने सैकड़ों हज़ार किसानों के द्वारा की जाने वाली छोटी-मोटी चोरियों को रोकने में अभी तक सफलता हासिल कर ली है, या कभी इसके सफल होने की संभावना है।'[45] किसान अफ़ीम विभाग से बचने और उसका प्रतिरोध करने की नित नई तरकीबें खोज लेते थे: वो अफ़ीम के लिए निर्धारित ज़मीनों पर गुप्त रूप से दूसरी फ़सलें उगा लेते थे; निचले स्तर के अफ़सरों को रिश्वतें देते थे; अपने उत्पाद में मिलावट करते थे और जितना भी माल मुमकिन होता था, उसे वो भूमिगत बाज़ार में बेच देते थे। इस सबका परिणाम ये होता था कि न केवल अफ़ीम की पर्याप्त मात्रा विभाग को नहीं मिलती थी, बल्कि ये भी कि ऊपर से नीचे तक पूरा ढांचा भ्रष्टाचार और दुराचरण से भर गया था। इससे किसानों के लिए भले ही कुछेक रुपयों का फ़र्क़ पड़ता हो, लेकिन नौकरशाही के उच्च स्तरों पर काम करने वालों के लिए, जिनमें भारतीय भी शामिल थे, इसमें ढेर सारा पैसा कमाने के अवसर थे।[46]

कुछ ब्रिटिश अधिकारी ये मानते थे कि किसानों को दी जाने वाली बेहद कम क़ीमत और स्थानीय कर्मचारियों को मिलने वाली कम तनख़्वाह अफ़ीम विभाग की समस्याओं का स्रोत थी, लेकिन दूसरे अफ़सरों का यही मानना था कि भ्रष्टाचार, लापरवाही और 'नैतिक सिद्धांतों की घोर अवहेलना' भारतीयों की नस्ल में भरी हुई थी। औपनिवेशिक शासन के नेतृत्व का भी यही ख़्याल था: 'अपने भारतीय मातहतों का वेतन बढ़ाने की बिहार और बनारस के एजेंटों की मांगों को कलकत्ता में स्थित अफ़ीम बोर्ड बार-बार ठुकराता रहा, जो अपने इस फ़ैसले को देसी आबादी की "नैतिक अधमता" का हवाला देकर उचित ठहराता था, जिसकी "उदासीनता और आलस"... सर्वविदित है।'[47]

फिर भी, व्यापक अर्थों में ये केवल छोटी समस्याएं थीं। औपनिवेशिक शासन के दृष्टिकोण से इसकी अपनी शर्तों पर चल रहा इसका नशे का कारोबार असाधारण रूप से मुनाफ़ेबख़्श था। अफ़ीम की खेती के लिए ज़मीन के रक़बे में वृद्धि होती रही और कुछ ही दशकों में अफ़ीम का उत्पादन अभूतपूर्व रूप से बढ़ गया।[48]

अठारहवीं सदी के पूर्वार्ध में चीन को अफ़ीम का निर्यात शायद ही कभी 200 पेटियों से ज़्यादा बढ़ा हो, लेकिन 1767 तक ये संख्या बढ़कर 1,000 हो गई।[49] अफ़ीम विभाग की स्थापना के साथ, 1800 में ये तादाद बढ़कर 4,570 पेटियों तक पहुंच गई और कुछ समय तक 4,800 के आसपास स्थिर रही।[50] लेकिन 1830 के बाद निर्यात में तेज़ी से बढ़ोतरी हुई और अफ़ीम जल्द ही औपनिवेशिक अर्थव्यवस्था का आधार बन गई: 'रोटी के आटे में ख़मीर की तरह' ये वो पदार्थ थी जिस पर 'पूरा ढांचा टिका हुआ था।'[51] या, जैसा कि यूएस नेशनल डिफ़ेंस यूनिवर्सिटी द्वारा प्रकाशित एक पत्रिका का लेख कहता है: 'ब्रिटिश ईस्ट इंडिया कंपनी के नेतृत्व में अंग्रेज़ व्यापारियों ने 1772 से 1850 तक व्यापक अफ़ीम आपूर्ति श्रृंखलाएं स्थापित कीं... और दुनिया का पहला ड्रग कार्टेल बनाया।'[52]

इस तरह, अपनी शर्तों पर, ये प्रणाली मानव इतिहास के सबसे कामयाब कारोबारी उपक्रमों में से एक थी जिसने ब्रिटिश साम्राज्य के लिए सौ साल से ज़्यादा तक अपार मुनाफ़ा कमाया। अफ़ीम व्यापार एक ऐसी उभरती हुई पूंजीवादी व्यवस्था का एक अनिवार्य तत्व बन गया था जो उस समय दुनियाभर में तेज़ी से फैल रही थी। फिर भी, ये प्रणाली, जो किसी भी तरह से एक मुक्त बाज़ार नहीं थी, दृढ़ता के साथ उपनिवेशवाद और नस्ल पर आधारित थी; इस मायने में ये उसका उदाहरण थी जिसे सेड्रिक जे. रॉबिन्सन ने 'नस्लीय पूंजीवाद' कहा है।[53]

छह

बिग ब्रदर

अफ़ीम विभाग के बारीक बुने जाल के केंद्र में अफ़ीम की दो सदर ('केंद्रीय') फ़ैक्ट्रियां थीं, जहां इसका प्रसंस्करण और पैकिंग की जाती थी। ये फ़ैक्ट्रियां ब्रिटिश राज के अफ़ीम साम्राज्य की जुड़वां राजधानियां थीं, और ये दोनों ही विभाग की एक एजेंसी के लिए केंद्र के रूप में काम करती थीं। पटना एजेंसी की फ़ैक्ट्री गुलज़ारबाग़ इलाक़े में थी; बनारस एजेंसी की फ़ैक्ट्रियां ग़ाज़ीपुर शहर में थीं, 'गंगा के तट पर, बनारस से नाक की सीध में चालीस मील दूर।'[1]

दोनों फ़ैक्ट्रियां लाल ईंट की ऊंची दीवारों से घिरी अर्ध-सैन्य, क़िलों जैसे प्रतिष्ठान थीं। पटना फ़ैक्ट्री का निर्माण 1781 में हुआ था, और ग़ाज़ीपुर फ़ैक्ट्री उसके आठ साल बाद बनी थी। पहले ग़ाज़ीपुर फ़ैक्ट्री शहर के बाहर एक छोटी सी जगह पर स्थित थी, लेकिन इस अवधि में ईस्ट इंडिया कंपनी का अफ़ीम व्यापार इतनी तेज़ी से फैल रहा था कि निर्माण इकाई के लिए उसके साथ रफ़्तार बनाए रखना मुश्किल होने लगा था। 1820 में कंपनी ने 43 एकड़ की एक जगह पर एक शानदार नया संस्थान स्थापित किया। चालीस साल बाद एक वरिष्ठ अधिकारी ने इसका वर्णन इन शब्दों में किया: 'फ़ैक्ट्री ज़मीन के एक काफ़ी बड़े टुकड़े पर फैली हुई है, और इसमें लोहे की छत वाली हाल ही में बनी कई शानदार इमारतें हैं। इसके पास यहां-वहां लगे बहुत से पेड़ों के कारण ये जगह बहुत दिलकश दिखाई देती है।'[2]

ग़ाज़ीपुर अब एक कंपनी शहर बन गया: इसकी 40,000 की आबादी का 10 प्रतिशत हिस्सा अफ़ीम फ़ैक्ट्री में काम करता था, और समय के साथ फ़ैक्ट्री की दीवारों के चारों ओर छोटे-छोटे गांव बसने लगे जहां मज़दूरों के परिवार रहते थे। लेकिन, फ़ैक्ट्री के आश्रितों में सिर्फ़ इंसान ही नहीं थे। इसके पेड़ों पर बंदरों की एक टुकड़ी रहती थी जिसे फ़ैक्ट्री की नालियों में बहने वाले अपशिष्ट को चाटना पसंद था। उन्हें पूरे हिंदुस्तान के सबसे संतुष्ट और शांत बंदर कहा जाता था। यही बात पास की नदी के उस हिस्से की मछलियों के बारे में भी कही जाती थी जहां ये गंदा पानी पहुंचता था: मछुआरे अपने जाल वहीं डालना पसंद करते थे क्योंकि वहां की मदहोश मछलियां आसानी से पकड़ में आ जाती थीं और खाने में अच्छी होती थीं।

आज 'अफ़ीम फ़ैक्ट्री' शब्द सुनने में इतना अजीबोग़रीब सा लगता है कि मैं ये जानकर चकित रह गया कि ग़ाज़ीपुर फ़ैक्ट्री अभी भी चालू है (पटना फ़ैक्ट्री बहुत पहले ही बंद हो गई थी)। और ये अतीत का कोई भुतहा अवशेष भी नहीं है – ये आज भी औषधीय उपयोग के लिए बनाई जाने वाली वैध अफ़ीम के दुनिया के सबसे बड़े उत्पादकों में से एक है।[3] इसके कारण ग़ाज़ीपुर अफ़ीम फ़ैक्ट्री को ये विशिष्टता प्राप्त है कि ये दुनिया के सबसे पुराने लगातार कार्यशील औद्योगिक संयंत्रों में से एक है। भले ही इसकी उत्पादन प्रक्रियाएं पूरी तरह से हस्तचालित थीं, लेकिन फ़ैक्ट्री के कामकाज का तरीक़ा पूर्णतया आधुनिक और व्यवस्थित था, टेलराइट उत्पादन प्रबंधन प्रणाली का एक शुरुआती स्वरूप, जिसमें कामों को छोटे-छोटे चरणों में विभाजित किया गया था।[4] और सैकड़ों साल पुरानी अधिकांश फ़ैक्ट्रियों के विपरीत ग़ाज़ीपुर फ़ैक्ट्री किसी भी तरह से एक लघु-स्तरीय उद्यम नहीं थी। इसने इतने वर्षों में जितनी आमदनी की है, वो शायद गणना से परे है: आख़िरकार ये उन दो फ़ैक्ट्रियों में से एक थी, जो बहुत लंबे समय तक ब्रिटिश साम्राज्य के कारोबार की सबसे आकर्षक वस्तु का उत्पादन करती रही थी।

अपनी ऐतिहासिक फ़ैक्ट्री की वजह से, *सी ऑफ़ पॉपीज़* में ग़ाज़ीपुर ने एक अहम भूमिका निभाई है: किताब के पहले कुछ अध्यायों की सैटिंग शहर के बाहरी इलाक़ों की है और किताब के एक महत्वपूर्ण दृश्य में इसकी एक पात्र दीती वास्तव में अफ़ीम फ़ैक्ट्री के परिसर में प्रवेश करती है और वहां चारों ओर घूमती है। इन सैटिंग्स के महत्व को देखते

हुए, मैं ख़ुद जाकर फ़ैक्ट्री को देखना चाहता था और चूंकि 1970 और 1980 के दशकों में कई फ़ोटोग्राफर और पत्रकार इसे देखने जा चुके थे, इसलिए मेरा ख़्याल था कि ये मेरे लिए भी संभव होगा। लेकिन पूछताछ करने पर मुझे पता चला कि हाल के वर्षों में फ़ैक्ट्री के नियम कड़े कर दिए गए थे और अब बाहरी लोगों के लिए इसमें प्रवेश करना लगभग असंभव है। एक ऐसे संस्थान का जो कभी पत्रकारों के लिए सुलभ था अब पूरी तरह से बंद कर दिया जाना इस बात का एक और उदाहरण है कि इस तथ्य के बावजूद कि दुनिया पर अफ़ीम का प्रभाव बढ़ता जा रहा है, ये नज़रों से दूर होती जा रही है।

लेकिन उन्नीसवीं सदी में हालात काफ़ी भिन्न थे। लेखन और पेंटिंग्स में ग़ाज़ीपुर और पटना अफ़ीम फ़ैक्ट्रियों का बड़े पैमाने पर वर्णन और दस्तावेज़ीकरण किया जाता था। 1865 में ग़ाज़ीपुर फ़ैक्ट्री के मुख्य अधिकारी जे.डब्ल्यू.एस. मैकआर्थर ने ब्रिटिश पर्यटकों को नसीहतें देने के लिए *नोट्स ऑन एन ओपियम फ़ैक्ट्री* शीर्षक से एक बुकलेट भी प्रकाशित की थी। उसने लिखा, 'इस स्थान से गुजरने वाले यात्रियों को अफ़ीम फ़ैक्ट्री का दौरा करने की सलाह दी जाती है, इससे उन्हें इस जगह और यहां होने वाले काम के बारे में और अधिक जानकारी मिलेगी।'[5]

मैकआर्थर के विवरण और उसके साथ दिए गए नक़्शे और ख़ाके इतनी बारीकी से बनाए गए हैं कि मुझे इस बुकलेट को पढ़ने पर किसी डॉक्युमेंट्री को देखने जैसा अनुभव हुआ: वास्तव में ग़ाज़ीपुर अफ़ीम फ़ैक्ट्री के अंदर सेट किए गए *सी ऑफ़ पॉपीज़* के दृश्यों का मुख्य स्रोत ये पुस्तिका ही थी।

लेकिन मैकआर्थर किसी भी मायने में ग़ाज़ीपुर अफ़ीम फ़ैक्ट्री का सबसे प्रतिष्ठित इतिहासकार नहीं था; ये सम्मान रुडयार्ड किपलिंग को जाता है जो अंग्रेज़ी भाषा के दूसरे सबसे ज़्यादा उद्धृत होने वाले लेखक हैं। किपलिंग के पिता, कलाकार जॉन लॉकवुड किपलिंग, सर्वव्यापी बैरोनेट सर जॉन हेनरी रिवेट-कार्नैक के चेले थे। इस तरह रुडयार्ड ('रूडी') को बैरोनेट बचपन से ही जानता था।

किपलिंग ने ग़ाज़ीपुर फ़ैक्ट्री के बारे में अपने विचार 'इन एन ओपियम फ़ैक्ट्री' निबंध में दर्ज किए, जो 1899 में प्रकाशित हुआ था। वो फ़ैक्ट्री की स्टोरेज सुविधाओं को देखकर चकित रह गए थे: 'वहां दूर-दूर तक विशाल गोदामों की श्रृंखलाएं हैं, विशाल खलिहान हैं जिनमें पांच लाख पाउंड से ज़्यादा क़ीमत की अफ़ीम को स्टोर किया जा सकता है। वहां एकड़ों में फैला ईंटों का फ़र्श है, पेटियों के चट्टे लगे हुए हैं; और फिर एक के बाद एक गोदाम ही गोदाम हैं।'

हालांकि किपलिंग का निबंध संक्षिप्त है, लेकिन ये इस बात का एक बेहतरीन उदाहरण है कि औपनिवेशिक तौर-तरीक़ों और नीतियों को छिपाने और स्वाभाविक बनाने के लिए अक्सर अंग्रेज़ी भाषा का किस तरह इस्तेमाल किया जाता था। निबंध का अधिकांश भाग पैसिव वॉइस में लिखा गया है; अफ़ीम की फ़ैक्ट्री बस मौजूद है, और अपार धन पैदा करती है: 'ठंड के मौसम की शुरुआत में ग़ाज़ीपुर में लगभग पैंतीस लाख स्टर्लिंग का एक छोटा सा हिस्सा रखा होता है' (इतनी राशि जो आज आधा अरब अमेरिकी डॉलर से अधिक की होगी)।

निबंध में इस बारे में एक पल को भी विचार नहीं किया गया है कि ये फ़ैक्ट्री और इसे चलाने वाला विस्तृत संगठनात्मक ढांचा ब्रिटिश उपनिवेशवादियों द्वारा बनाया गया था; बल्कि इसके बजाय, इसकी ज़िम्मेदारी चीनी उपभोक्ता पर डाली गई है। एक प्रबंधक समझाता है कि फ़ैक्ट्री जो कुछ करती है, वो 'चीन के बाज़ार के लिए करती है। चा...न हमारे भेजे हुए माल के एक-एक इंच को पसंद करता है और उसका इस्तेमाल करता है।' अफ़ीम व्यापार के बारे में आम यूरोपीय समझ यही थी: साम्राज्यवादी शक्तियों को बस एक ऐसी मांग को पूरा करते हुए देखा जाता था जिसके बारे में ज़ोर देकर कहा जाता था कि वो पश्चिमी उपनिवेशवाद से स्वतंत्र रूप से चीन में मौजूद रही थी।

इसी तरह, फ़ैक्ट्री में फैले संदेह और निगरानी के माहौल के लिए भी किपलिंग इसके गोरे ओवरसीयरों को नहीं, बल्कि वहां काम करने वाले मूल निवासियों के उठाईगीरेपन को ज़िम्मेदार ठहराते हैं: 'इस बात का विशेष ध्यान रखा जाता है कि अफ़ीम कुलियों के हाथों में न चिपकी रह जाए। अफ़ीम की ऐसा करने की आदत होती है, और इसलिए सबसे अनुपयुक्त समय पर कुलियों की तलाशी ली जाती है। ग़ाज़ीपुर में मुसलमान बहुत हैं, और वो सब थोड़ी-बहुत अफ़ीम पसंद करते हैं।'

किपलिंग कभी-कभी फ़ैक्ट्री के विषैले धुएं पर नाक सिकोड़ते हैं: 'इस पूरी व्यवस्था का दिल प्रयोगशाला है, जहां अफ़ीम के अड्डे जैसी हल्की सी बदबू भरी रहती है...' लेकिन कुल मिलाकर हर अप्रिय बात अप्रासंगिक है क्योंकि ये सब एक बड़े उद्देश्य की ख़ातिर है, साम्राज्य की खातिर है, जिसे ये ड्रग 'इतनी बढ़िया आमदनी' देती है।

ग़ाज़ीपुर के लोगों का इस विशाल नई फ़ैक्ट्री के बारे में क्या ख़्याल था जो बड़ी तेज़ी से उनके पुराने और ऐतिहासिक शहर पर हावी हो गई थी?

इस बारे में कुछ भी कह पाना नामुमकिन है। औपनिवेशिक भारत की बहुत सी अन्य चीज़ों की तरह ही इस मामले में भी भारतीय भाषाओं के स्रोतों से प्राप्त जानकारी बहुत कम है। ग़ाज़ीपुर अफ़ीम फ़ैक्ट्री के बारे में ज्ञात हर बात अंग्रेज़ी में लिखे दस्तावेज़ों से मिलती है; एक प्रमुख समकालीन विशेषज्ञ के अनुसार दोनों अफ़ीम फ़ैक्ट्रियों के बारे में भोजपुरी या हिंदी में कभी भी कुछ नहीं लिखा गया: 'कोई लघु कहानी तक नहीं।'[6]

बेशक इस ख़ामोशी का बड़ी हद तक कारण ये तथ्य है कि ये फ़ैक्ट्रियां अधिकांश ब्रिटिश औपनिवेशिक संस्थानों की तुलना में भी कहीं ज़्यादा नस्लभेदी थीं। जैसा कि वोर्मर ने लिखा है: 'मूल्यांकन के वैज्ञानिक मानकों, विस्तृत काग़ज़ी कार्रवाइयों और बहीखातों की कठोर आवश्यकताओं ने औपनिवेशिक सरकार के निचले पदों पर काम करने वाले भारतीय अधिकारियों के प्रति गहराते अविश्वास को संस्थागत रूप दे दिया दिया था।'[7]

अफ़ीम विभाग की फ़ैक्ट्रियों में काम करने वाले भारतीयों पर निरंतर निगाह रखी जाती थी; और, जैसा कि किपलिंग ने लिखा है, उनकी अक्सर तलाशियां ली जाती थीं। वास्तव में, चोरी को रोकने के लिए लागू किए गए उपाय इतने कठोर थे कि कभी-कभी कामगारों की न सिर्फ़ तलाशी ली जाती थी बल्कि उनके परिसर से जाने से पहले उन्हें नहलाया भी जाता था। कार्यबल में शामिल सैकड़ों युवा लड़कों के साथ ये अपमानजनक काम सबसे ज़्यादा किया जाता था: इसका उद्देश्य ये था कि उन्हें चोरी से अफ़ीम को अपने शरीर पर मलने और फिर बाज़ार में जाकर शरीर को धो लेने से रोका जा सके जो चोरी का एक ऐसा तरीक़ा था जिसके बारे में कहा जाता था कि एक धुलाई के बदले चार आने मिलते थे।[8]

भारतीयों के प्रति ये अविश्वास निश्चित रूप से स्थानीय आगंतुकों के लिए भी रहा होगा, और शायद यही वजह है कि फ़ैक्ट्री के बारे में हिंदी या भोजपुरी में कोई विवरण नहीं है।[9] दूसरी ओर, श्वेत यात्रियों का न केवल स्वागत किया जाता था, बल्कि उन्हें आने के लिए प्रोत्साहित भी किया जाता था।[10] समय के साथ, पटना और ग़ाज़ीपुर के फ़ैक्ट्री परिसरों को 'भारत के भव्य दौरे' का भी हिस्सा बना लिया गया और उन्हें कई अंग्रेज़ी

गाइड बुक्स में भी शामिल कर लिया गया। 1889 में पटना अफ़ीम फ़ैक्ट्री का दौरा करने वाले एक ब्रिटिश सांसद ने अपने देश में, अख़बार के लिए एक पत्र में लिखा:

> हमारे मेज़बान हमसे स्टेशन पर मिले और हमें ड्राइव करके अपने बंगले पर ले गए, जो गंगा के तट पर सरकारी अफ़ीम फ़ैक्ट्री के पास एक सुरम्य स्थान पर स्थित है, जिसमें वो इंजीनियर हैं। नाश्ते के बाद हमने फ़ैक्ट्री का दौरा किया और दो घंटे तक उन विभिन्न प्रक्रियाओं को देखा जिनके द्वारा अफ़ीम को देहात से भेजे गए कच्चे माल से अंतिम उपभोग के लिए चौकोर ब्लॉकों में परिवर्तित किया जाता है। एक अहाते में हमने इतनी अफ़ीम देखी कि उसकी एक ही ख़ुराक सात लाख ताक़तवर आदमियों को मार सकती थी, और पूरे परिसर में इतनी अफ़ीम थी जिससे भारत की पूरी आबादी को ख़त्म किया जा सकता था।[11]

एक भारतीय जो शायद निश्चित रूप से ग़ाज़ीपुर अफ़ीम फ़ैक्ट्री देखने जा सकते थे, वो किपलिंग के समकालीन और साथी नोबेल पुरस्कार विजेता कवि रवींद्रनाथ टैगोर थे जो फ़ैक्ट्री में काम करने वाले अपने एक रिश्तेदार के द्वारा ग़ाज़ीपुर में ढूंढ़े गए एक बंगले में छह महीने रहे थे।[12] वहां उनके निवास के दौरान टैगोर और उनकी पत्नी से उनके कई रिश्तेदार मिलने आए, जिनमें उनकी बहन लेखिका स्वर्णकुमारी देवी भी शामिल थीं, जिन्होंने बाद में ग़ाज़ीपुर में अपने निवास के बारे में एक लंबा लेख लिखा था।[13] उनका बंगला फ़ैक्ट्री के नज़दीक था। अपने रिश्तेदार के माध्यम से टैगोर कई स्थानीय बंगाली निवासियों से मिले, जिनमें से ज़्यादातर अफ़ीम विभाग के कर्मचारी रहे होंगे। टैगोर दंपती कर्तव्यपरायण पर्यटक थे, जो रोज़ाना टहलने और सैर-सपाटे के लिए जाते थे और शहर और उसके आसपास के हर दिलचस्प स्थान की खोज करते थे, जिनमें से एक लॉर्ड कॉर्नवालिस का मक़बरा भी था। एक दिन जब वो एक नील फ़ैक्ट्री के पास थे, तो वो अंदर जाने ही वाले थे, लेकिन बदबू ने उन्हें अंदर जाने से रोक दिया। उन्हें बताया गया कि अफ़ीम फ़ैक्ट्री के आसपास की बदबू और भी भयानक थी।

कारण चाहे ये रहा हो या नहीं, टैगोर दंपती कभी अफ़ीम फ़ैक्ट्री में नहीं गए, जबकि स्वर्णकुमारी देवी के अनुसार वो वहां जा सकते थे। लेकिन लगता है कि फ़ैक्ट्री ने उनमें एक तरह की घिन सी पैदा कर दी थी: सात साल पहले, उन्नीस साल की छोटी उम्र में,

रवींद्रनाथ टैगोर ने 'द डैथ ट्रैफ़िक इन चाइना' शीर्षक से औपनिवेशिक अफ़ीम व्यापार की एक तीखी आलोचना प्रकाशित की थी।[14] उन्होंने लिखा था:

> एक पूरा देश, चीन, ग्रेट ब्रिटेन द्वारा अफ़ीम के ज़हर को स्वीकार करने के लिए मजबूर कर दिया गया है... जब हम युद्ध में अप्राकृतिक और अमानवीय रक्तपात का इतिहास पढ़ते हैं, तो हमें बस भय मिश्रित आश्चर्य का अहसास होता है। लेकिन, भारत-चीन अफ़ीम व्यापार में, मानव स्वभाव स्वयं ही घिनौनी नीचता की इतनी गहराई तक डूब जाता है कि कहानी को उसके अंत तक जानना भी घृणित लगता है।[15]

इस अंश में जो नापसंदीदगी स्पष्ट है, वो शायद टैगोर की इस अपराधबोधपूर्ण अनुभूति से उत्पन्न हुई है कि उनके अपने दादा द्वारकानाथ टैगोर ने भी अफ़ीम का व्यापार किया था, और प्रथम अफ़ीम युद्ध के बाद चीन को जो हर्जाना भरना पड़ा था, उसमें से हिस्सा पाने के लिए उन्होंने औपनिवेशिक सरकार को अर्ज़ी भी दी थी। टैगोर अपनी ज़िंदगी में बार-बार इस विषय पर बात करते रहे।

किपलिंग और टैगोर, दो नोबेल पुरस्कार विजेता जो लगभग ठीक एक ही समय के थे, के नज़रियों में अंतर अपने आपमें उपनिवेशवादी और उपनिवेशित के नज़रियों में अंतर पर एक टिप्पणी है: एक ओर एक ऐसे निर्माण परिसर की आत्मसंतुष्ट स्वीकृति है जो कि औपनिवेशिक राज्य के लिए भारी राजस्व पैदा करता है, जबकि दूसरी तरफ़ एक ऐसी अरुचि है जो लिखित रूप में इसका उल्लेख न करके फ़ैक्ट्री को मिटाना चाहती है।

सौभाग्य से, एक अलग तरह के रिकॉर्ड मौजूद हैं और वो उपनिवेशवादी और उपनिवेशित की भिन्न धारणाओं को लिखित विवरण की तुलना में कहीं ज़्यादा स्पष्ट रूप से पेश करते हैं। इन रिकॉर्डों में पटना फ़ैक्ट्री के चित्रों के तीन सेट शामिल हैं, जिनमें से एक को एक अंग्रेज़ ने बनाया था और बाक़ी को भारतीयों ने। इन चित्रों में सबसे प्रसिद्ध है ब्रिटिश औपनिवेशिक सेना के एक अधिकारी कैप्टन वॉल्टर स्टैनहोप शेरविल द्वारा बनाए गए छह रंगीन लिथोग्राफ़ का एक सेट। इसके प्रिंट 1851 में लंदन के क्रिस्टल पैलेस

में एक प्रदर्शनी में प्रदर्शित किए गए थे और बाद में इन्हें *इलस्ट्रेशन्स ऑफ़ द मोड ऑफ़ प्रीपेयरिंग दि इंडियन ओपियम इंटेंडेड फ़ॉर द चाइनीज़ मार्केट* के शीर्षक से एक जिल्दबंद किताब के रूप में प्रकाशित किया गया था।[16] तब से उन्हें व्यापक रूप से बार-बार छापा गया है, आमतौर पर काफ़ी छोटे आकार में, और रंगीन के बजाय ब्लैक एंड व्हाइट में।[17]

चूंकि मैं काफ़ी लंबे समय से इन पुनर्प्रकाशनों से परिचित था, इसलिए शेरविल के प्रिंटों की एक मूल प्रति को पहली बार देखने पर मैं हैरतज़दा रह गया।[18] वो मेरी उम्मीद से कहीं ज़्यादा बड़ी और अधिक विस्तृत थीं, और उनके रंग अप्रत्याशित रूप से जीवंत थे।

इनका समग्र प्रभाव चौंकाने वाला था: प्रिंट्स में पटना फ़ैक्ट्री को किसी कैथेड्रल या मिस्री मंदिर के विशाल आयाम दिए गए थे, जिसमें ऊंची छतें, राजसी स्तंभ और परिप्रेक्ष्यगत लुप्त बिंदुओं पर टिके हुए लंबे शेल्फ़ थे। इमारत के आनुपातिक पैमाने पर बनाई गई मानव आकृतियों में मुख्य रूप से गोरे पर्यवेक्षक थे, जिन्हें दीवारों पर बेपरवाही से टिके हुए दिखाया गया है जबकि वो श्रमिकों पर नज़र रखे हुए हैं।

भारतीय सिकुड़े हुए और बौने पिशाचों जैसे दिखाई देते हैं: कच्ची अफ़ीम की हौदियों में पैर चलाते नंगे बदन आदमी और गोदामों की विशाल शेल्फ़ों के बीच तेज़ी से चलते हुए लड़के। लेकिन विवरण की भरमार और ज्यामितीय रेखाएं वास्तविकता का आभास देने के बजाय एकदम ही विपरीत प्रभाव डालती हैं: वो फ़ैक्ट्री को एक मंच के सेट, एक कल्पना की तरह दिखाती हैं (चित्र 2 और 3 देखें)।

शुरू में मुझे लगा कि शेरविल के प्रिंट वास्तुकला के स्वप्निल चित्रण से प्रभावित थे, जिसके लिए अठारहवीं शताब्दी के वेनीशियन कलाकार जियोवानी बतिस्ता पिरानेसी (1720-78) प्रसिद्ध थे।

लेकिन बाद में मुझे पता चला कि शेरविल की प्राथमिक रुचि वास्तव में कला के प्रति नहीं थी। पेशे से सैनिक शेरविल एक सर्वेक्षक और आर्थिक भूविज्ञानी भी था, जो खनिज संसाधनों की खोज में मध्य और पूर्वी भारत के जंगलों में काफ़ी समय बिताता था। यात्रा के दौरान वो अक्सर रेखाचित्र और तस्वीरें भी बनाता था, जैसा कि वैज्ञानिक रुचि रखने वाले औपनिवेशिक कार्यकर्ताओं की आदत थी। एक प्रकृतिवादी के रूप में उसे इतनी पहचान हासिल हो गई कि उसे बंगाल की एशियाटिक सोसाइटी में शामिल कर लिया गया, जो भारतीय उपमहाद्वीप में पश्चिमी विद्वता के प्रमुख संस्थानों में से एक है।[19] इसके साथ ही, वो ईस्ट इंडिया कंपनी के सैन्य अभियानों, विशेष रूप से इसके विद्रोह-विरोधी

अभियानों में भी सक्रिय रूप से शामिल रहता था। 1850 के दशक के उत्तरार्ध में उसने उन्हीं जंगलों में आदिवासियों के विद्रोहों को दबाने में प्रमुख भूमिका निभाई जिनका उसने एक सर्वेक्षक के रूप में मानचित्रण किया था। संक्षेप में, शेरविल सैनिक-प्रकृतिवादियों के उस छोटे से लेकिन बेहद प्रभावशाली वर्ग का सदस्य था, जिनके लिए विज्ञान और साम्राज्य एक-दूसरे के विभाजक थे, जिनमें से एक के लिए प्रकृति को वश में करना ज़रूरी था और दूसरे के लिए 'क्रूर' और 'असभ्य' लोगों को वश में करना ज़रूरी था।

इन संदर्भों ने छवि निर्माता के रूप में शेरविल के अभ्यास को भी आकार दिया। उसकी ज़्यादातर पेंटिंग्स शौक़िया अंग्रेज़ कलाकारों जैसी हैं, जिनमें प्रवाहपूर्ण ब्रशवर्क और नर्म किनारे हैं। लेकिन उसने कुछ ऐसे चित्र भी बनाए जो भारत में औद्योगिक नीतियों को लागू करने में औपनिवेशिक शासन की कथित सफलता को दर्शाने के लिए थे। अफ़ीम फ़ैक्ट्री के उसके प्रिंट्स के पीछे ठीक यही उद्देश्य था, और इसीलिए उनमें सीधी रेखाएं, तीखे किनारे और ज्यामितीय आकार थे: ऐसा लगता है जैसे इस शैली का उपयोग ही औद्योगिकवाद के कोण को पेश करने के लिए किया जा रहा था।[20] कला इतिहासकार होप चिल्डर्स मानती हैं कि प्रिंट 'ख़ासतौर से क्रिस्टल पैलेस में महानगरीय आगंतुकों को ये विश्वास दिलाने के लिए बनाए गए थे कि उपनिवेश में औद्योगिक प्रगति हो रही है।'[21]

'प्रगति' वास्तव में वो देवता था जिसका उस मंदिर पर शासन था जिसे शेरविल ने पटना ओपियम फ़ैक्ट्री के अपने प्रिंट्स में दर्शाया था। ये तस्वीरें देवता के लिए मन्नत के चढ़ावे जैसी थीं: एक ऐसा देवता, जिसके लिए समय-समय पर उद्योगों और मशीनरी की प्रदर्शनियां आराधना उत्सव के रूप में काम करती थीं। इसीलिए ये चित्र बर्मिंघम और मैनचेस्टर की कपड़ा फ़ैक्ट्रियों जैसे शानदार इंटीरियर और मशीनीकृत उत्पादन की झलकियां देते थे। शेरविल के प्रिंट औद्योगिक क्रांति और उसे संभव बनाने वाली मशीनरी के लिए विजयगीत जैसे थे।[22]

लेकिन, समस्या ये है कि ग़ाज़ीपुर और पटना की अफ़ीम फ़ैक्ट्रियों से मशीनें ग़ायब थीं। अफ़ीम का प्रसंस्करण पूरी तरह से हाथों से, और पैरों से किया जाता था। नंगे पांव मज़दूर दिन में दस घंटे तक लंबी-लंबी हौदियों में एक सिरे से दूसरे सिरे तक कच्ची अफ़ीम को रौंदते रहते थे। भभक इतनी तेज़ होती थी कि वो अक्सर उनींदे और सुस्त होने लगते थे। कई आगंतुकों ने फ़ैक्ट्रियों में व्याप्त तेज़ महक पर टिप्पणी की: 'हवा में अफ़ीम की

महक भरी हुई है, तैयार हो चुकी ड्रग की मादक और शोधित गंध नहीं, बल्कि अवर्णनीय मलिनता की गंध।'[23] फ़ैक्ट्री के अंदरूनी भाग किसी भी तरह से स्वच्छ और साफ़-सुथरे नहीं, बल्कि भीड़भाड़ वाले, गर्म और तंग थे, जहां सैकड़ों आदमी और लड़के अपने गोरे ओवरसीयरों की निगरानी में काम करते थे।

मशीनों की ग़ैरमौजूदगी इतनी चौंकाने वाली थी कि किपलिंग अपने टूर गाइड से पूछने के लिए मजबूर हो गया: 'लेकिन क्या किसी ने मशीनों से इन [अफ़ीम की] टिकियों को बनाने और उन पर झिल्लियां चढ़ाने का कोई पेटेंट तरीक़ा नहीं खोजा है?' जवाब मिला, नहीं; अफ़ीम की टिकियां बनाने के लिए कुशल मानव हाथों की आवश्यकता होती है, क्योंकि तैयार उत्पाद इतना सही होना चाहिए कि 'मध्य साम्राज्य के सारे दिव्य प्राणी इसे ग़लत साबित न कर पाएं कि इसका वज़न दो सेर पौने दो छटांक है…'

विडंबना ये है कि शेरविल (एक महत्वाकांक्षी वैज्ञानिक, जो निरूपण के ऐसे औज़ारों के साथ काम कर रहा था जिनका उद्देश्य वस्तुनिष्ठ चित्रण करना होता था) ने ऐसी छवियां बना डालीं जो न केवल वैचारिक थीं बल्कि धृष्टतापूर्वक वैचारिक थीं। उसने अपनी दृष्टिक भाषा के ज़रिए एक मलिन वास्तविकता को प्रगति के मंदिर में बदल दिया – एक प्रतिशोधी देवता, जिसे ऐसी बलियों से प्रसन्न किया जाना था जिनमें अज्ञानी और उद्दंड लोगों को पीड़ा देना शामिल था। और चूंकि ब्रिटिश साम्राज्य प्रगति के पंथ का धर्मयोद्धा था, इसलिए उपनिवेशित लोगों से ये बलियां लेना न सिर्फ़ अपरिहार्य बल्कि एक ऐतिहासिक ज़रूरत भी माना जाता था। इसी अर्थ में अफ़ीम व्यापार को एक आवश्यक बुराई के रूप में भी देखा जाता था क्योंकि इससे ब्रिटिश साम्राज्य को वो आवश्यक पैसा मिलता था जिससे ये अपने अधीन लोगों का प्रगति की पूजा की राह में धर्मपरिवर्तन कर सके।

उधर दूसरी तरफ़, चीन को अनैतिक और भ्रष्ट, संकीर्ण और पिछड़े के रूप में पेश किया जाता था, उन सभी चीज़ों के एकदम उलट जो प्रगति से प्राप्त होती हैं। ये तथ्य ही चीन के पतन का संकेत माना जाता था कि ये ब्रिटिश राज की अफ़ीम का मुख्य गंतव्य था – एक ऐसी धारणा जो शेरविल के प्रिंट के शीर्षक के अंतिम शब्दों से स्पष्ट होती है: *ओपियम इंटेंडेड फ़ॉर द चाइनीज़ मार्केट*। इसका तात्पर्य ये है कि फ़ैक्ट्री की अफ़ीम (एक ऐसा पदार्थ जिसे यूरोपीय व्यापक रूप से प्रगति के साथ असंगत मानते थे) ब्रिटिश इलाक़ों में नहीं, बल्कि केवल अनैतिक चीन में वितरण के लिए थी।

शेरविल की तस्वीरों की ही तरह, उसके प्रिंट्स के संग्रह का शीर्षक भी अफ़ीम विभाग की फ़ैक्ट्रियों की वास्तविकता से किसी भी तरह मेल नहीं खाता था। उनमें उत्पादित अफ़ीम दरअसल केवल चीनी बाज़ार के लिए नहीं होती थी: इसके उत्पादन का एक बड़ा हिस्सा भारत में ब्रिटिश क्षेत्रों में बिक्री केंद्रों के लगातार बढ़ते नेटवर्क के माध्यम से बेचा जाता था जो औपनिवेशिक शासन की आमदनी में बहुत बड़ा योगदान देता था। फ़ैक्ट्री के उत्पादन का एक बड़ा भाग डच ईस्ट इंडीज़ के लिए भी होता था – लेकिन इसे भी स्वीकार नहीं किया जा सकता था क्योंकि डच लोग श्वेत प्रोटेस्टैंट यूरोपीय थे, और परिभाषा के अनुसार, उनका साम्राज्य भी धार्मिकता और प्रगति का साधन था। जो भी हो, निहितार्थ यही था कि ब्रिटेन केवल पतित एशियाइयों और उनके शासकों की मांगों को पूरा करने के लिए अफ़ीम के उत्पादन और विपणन की देखरेख कर रहा था।

ये हक़ीक़त से बिल्कुल मेल नहीं खाता था। एशिया के केवल उन्हीं भागों में अफ़ीम को सत्तारूढ़ शासन द्वारा प्रायोजित किया जाता था, जहां यूरोपियों द्वारा संचालित उपनिवेश थे – डच ईस्ट इंडीज़, भारत, फ़िलीपींस और बाद में, फ़्रेंच इंडो-चाइना। एशिया के हर उस हिस्से में जहां ज़रा भी स्वायत्तता थी – थाईलैंड, जापान और अपने विलय से पहले मांडले और वियतनाम के राज्य – वहां स्थानीय शासकों ने अफ़ीम पर प्रतिबंध लगाने या इसे विनियमित करने के लिए शुरुआत में ही क़दम उठा लिए थे।[24] अठारहवीं शताब्दी में, सियामी समुद्री निरीक्षक 'बार-बार डच की अफ़ीम तस्करी पर संदेह व्यक्त करते थे, जिसके नतीजे में सियामी गश्ती दलों और डच रक्षा कार्रवाइयों के बीच टकराव होते रहे और अंततः जुलाई 1740 में डच ईस्ट इंडिया कंपनी (वीओसी) सियाम से वापस चली गई।[25] 1826 में सियाम के राजा राम तृतीय ने अंग्रेज़ों के साथ एक संधि में अफ़ीम के किसी भी तरह के व्यापार को स्पष्ट रूप से प्रतिबंधित कर दिया था।[26] लेकिन ब्रिटिश निजी व्यापारियों ने इस पर कुछ ख़ास ध्यान नहीं दिया और ये ड्रग ईस्ट इंडिया कंपनी और सियामियों के बीच टकराव का एक सतत कारण बन गई: प्रथम अफ़ीम युद्ध के बाद सियामी सरकार ने अफ़ीम पर प्रतिबंध को बढ़ाकर इसमें सज़ा-ए-मौत को भी शामिल कर दिया।[27] पश्चिमी ताक़तों द्वारा मजबूर किए जाने तक इस रुख़ में कोई बदलाव नहीं आया।

इसी तरह वियतनाम में, 1820 में, सम्राट ने अफ़ीम पर कठोर प्रतिबंध लगा दिया, जिसके तहत 'नशे की लत के शिकार लोगों के बेटों और छोटे भाइयों के लिए भी

आवश्यक था कि वो अपराधियों को अधिकारियों को सौंपें।'[28] लेकिन इस सबका भी कोई फ़ायदा नहीं हुआ क्योंकि ब्रिटिश और फ्रांसीसी नौसैनिक शक्ति ने ये सुनिश्चित किया कि अफ़ीम की विदेशी कश्तियों को ज़ब्त नहीं किया जा सकता था, और तस्करों को स्थानीय क़ानूनों के तहत सज़ा नहीं दी जा सकती थी। आख़िरकार सियाम और अन्य दक्षिण पूर्व एशियाई शक्तियों के पास इसके अलावा कोई चारा नहीं बचा कि ब्रिटिश और फ्रांसीसी औपनिवेशिक मॉडल को स्वीकार कर लिया जाए और अफ़ीम पर टैक्स लगाकर इसे राजस्व का एक स्रोत मान लिया जाए। वियतनाम में उपनिवेशीकरण के बाद फ्रांसीसियों ने एक अफ़ीम फ्रैंचाइज़ी स्थापित की जो उनके औपनिवेशिक शासन के आर्थिक स्तंभों में से एक बन गई।[29]

एशिया के अधिकांश हिस्सों में इसी पैटर्न को दोहराया गया, लेकिन जापान इसका एक दुर्लभ अपवाद था जहां देश के शासक अफ़ीम पर सख़्त प्रतिबंध लगाने और उसे बनाए रखने में सक्षम रहे। जापान इस मायने में भाग्यशाली रहा कि चीन के विपरीत, उसके निर्यात ब्रिटिश अर्थव्यवस्था के लिए आवश्यक नहीं थे, और इसलिए वो एक तरह से नज़रों में आने से बचा रहा। साथ ही, इस बात की व्यापक समझ ने कि अफ़ीम चीन के लिए विनाशकारी रही है, सुनिश्चित किया कि प्रतिबंध को व्यापक लोकप्रिय समर्थन हासिल हो। जैसा कि 1905 में एक अमेरिकी अधिकारी ने पुष्टि की: 'अफ़ीम के बुरे प्रभावों की वास्तविकता का इससे ज़्यादा पुख़्ता सुबूत नहीं मिल सकता कि चीन का पड़ोसी इसे कितनी ख़ौफ़ भरी नज़रों से देखता है।'[30]

बेशक, चीन ने भी अफ़ीम के आयात पर प्रतिबंध लगाने के लिए शुरू में ही क़दम उठाया था, और 1729 में पारित क़ानून दो बार फिर से लागू किए गए, एक बार अठारहवीं सदी के अंत में और फिर उन्नीसवीं सदी की शुरुआत में।[31] इन पाबंदियों के कारण ईस्ट इंडिया कंपनी औपचारिक या स्पष्ट रूप से ये स्वीकार नहीं कर सकती थी कि उसकी अफ़ीम चीनी बाज़ार के लिए थी: इसके लिए ऐसा करने का मतलब होता अपने व्यापारिक अधिकारों को खो देना और उसके बेहद आकर्षक चाय कारोबार का अंत हो जाना। इसलिए, अपने वाणिज्यिक विशेषाधिकारों का बचाव करने के लिए कंपनी ने एक चतुराई भरा छल किया। ग़ाज़ीपुर और पटना की फ़ैक्ट्रियों से अफ़ीम को भारी सुरक्षा वाले जहाज़ी

बेड़ों पर लादकर कलकत्ता भेजा जाता था, जहां इसे 'निजी व्यापारियों' को नीलाम कर दिया जाता था।[32] इसके बाद कंपनी अपने उत्पाद के लिए किसी भी ज़िम्मेदारी को ख़ारिज कर देती थी, और फिर इस माल को व्यापारी पर्ल नदी पर व्हैम्पोआ (हुआंग्पू) ले जाते थे, जहां वो इसे चीनी तस्करों को बेच देते थे।[33] जब चीनी प्रशासन ने व्हैम्पोआ के तस्करी नेटवर्क पर शिकंजा कसा, तो तस्कर थोड़ा आगे बढ़कर नदी के मुहाने पर लिनटिन द्वीप की ओर चले गए, जहां उन्होंने अफ़ीम के वितरण को सुगम बनाने के लिए रिसीविंग बोटें स्थापित कीं।[34] वहां से, चीनी तस्कर ड्रग को कई पतवारों वाली उन तेज़ रफ़्तार नावों में मुख्य भूमि पर ले जाते थे, जो 'फ़ास्ट क्रैब' या 'स्क्रैम्ब्लिंग ड्रैगन' के नाम से जानी जाती थीं।[35]

इसका मतलब ये था कि जब व्यापारियों के जहाज़ पहली चीनी सीमा शुल्क चौकी पर पहुंचते थे तो वो अफ़ीम से ख़ाली हो चुके होते थे और वो ये दावा कर सकते थे कि वो केवल वैध चीज़ों का व्यापार कर रहे थे।[36] फिर वो नदी में और आगे गुआंगज़ाउ के विदेशी एन्क्लेव में ईस्ट इंडिया कंपनी की फ़ैक्ट्री में जाते थे, जहां वो एक 'बिल' या वचन पत्र के बदले में अपने सिक्के सौंप देते थे, जिसे लंदन और कुछ अन्य प्रमुख शहरों में भुनाया जा सकता था।[37] इस चतुर प्रणाली के द्वारा भारतीय किसानों से जबरन उगाहे गए एक पादप उत्पाद को एक ऐसे आइटम में बदल दिया गया जिसका मूल्य चीन से पश्चिम की ओर भेजे जाने के साथ-साथ बढ़ता जाता था।[38] कंपनी द्वारा और लंदन के बेयरिंग ब्रदर्स जैसे बैंकों द्वारा जारी नोट, दास अफ़्रीकी-अमेरिकियों द्वारा उत्पादित कपास से लेकर भारतीय किसानों द्वारा सप्लाई की जाने वाली अफ़ीम तक वस्तु व्यापार की संपूर्ण प्रणाली को एक साथ बांधने वाले महत्वपूर्ण साधन थे। इस तरह, इस कथित रूप से मुक्त व्यापार की प्रणाली का संचालन दासता, जबरन मज़दूरी, तस्करी और काले बाज़ारों पर निर्भर था।[39]

चूंकि ये तथाकथित 'त्रिकोणीय व्यापार,' जिसके ज़रिए भारतीय अफ़ीम का चीनी चाय और ब्रिटिश बैंकों के बिलों के साथ आदान-प्रदान किया जाता था, तस्करी पर आधारित था और ये चिंग क़ानून का खुला उल्लंघन करके किया जाता था, इसलिए ईस्ट इंडिया कंपनी चीनी अधिकारियों के साथ बात-व्यवहार करते समय हमेशा ये दावा करने में सावधानी बरतती थी कि उसकी अफ़ीम ख़ासकर चीन के लिए *नहीं* थी। लेकिन, ये मानते हुए कि चीनियों को कभी इसका पता नहीं चलेगा, भारत और ब्रिटेन

के अंग्रेज़ समुदाय के लिए ये लगातार इसके बिल्कुल विपरीत दावा करती थी। शेरविल के प्रिंट के शीर्षक का यही कारण था, जिसका मूल ब्रिटिश साम्राज्य के प्रगति के चर्च के मिथक को बनाए रखने के उद्देश्य से सीधे तौर पर अफ़ीम व्यापार के बारे में फैलाया गया झूठ और छल था।

ये शायद इत्तेफ़ाक़ नहीं है कि इस तरह के राज्य-प्रायोजित कपट को अब अक्सर 'ऑर्वेलियन' कहा जाता है। बेशक, ये शब्द आमतौर पर साइंस-फिक्शन साहित्य में भविष्य के आतंकलोक के चित्रण के संदर्भ में इस्तेमाल किया जाता है। लेकिन एक अफ़ीम एजेंट के पुत्र और ख़ुद इंपीरियल पुलिस के एक अधिकारी के रूप में जॉर्ज ऑर्वेल ये जानने की अच्छी स्थिति में रहे होंगे कि उन्होंने भविष्य में जिस आतंकलोक की कल्पना की थी, उसके औपनिवेशिक तौर-तरीक़ों में भी कई अनुरूप थे।

1830 के दशक के अंत तक, वो अवधि जिसमें आइबिस त्रयी को सेट किया गया है, भारत से चीन की ओर अफ़ीम के झरने से बह रहे थे। चिंग राज्य ने अफ़ीम के धंधे पर प्रतिबंध लगाकर और तस्करों पर नकेल कसकर इस बहाव को रोकने की बार-बार कोशिश की। लेकिन इन उपायों का कोई ख़ास असर नहीं हुआ, इसलिए आख़िरकार दाओगुआंग सम्राट ने अपने वरिष्ठ अधिकारियों को रिपोर्ट ('स्मारक') लिखने का आदेश दिया कि इस ड्रग की तस्करी पर किस तरह क़ाबू पाया जा सकता है। वैधीकरण समेत कई उपायों पर विचार किया गया, लेकिन अंततः सम्राट ने फ़ैसला किया कि राज्य के पास तस्करी को दबाने के अलावा कोई चारा नहीं था। सम्राट ने इस उद्देश्य से चीन के सबसे योग्य और ईमानदार प्रशासनिक कर्मचारियों में से एक लिन ज़ेक्सू को विशेष शक्तियों के साथ उच्चायुक्त के रूप में गुआंगज़ाउ भेजा।

जनवरी 1839 में गुआंगज़ाउ पहुंचने पर लिन ज़ेक्सू ने तुरंत कार्रवाई करते हुए घोषणाएं जारी कीं, जिनके द्वारा न केवल अफ़ीम के व्यापार पर प्रतिबंध लगाया गया, बल्कि विदेशी व्यापारियों से अफ़ीम के अपने सारे भंडार भी सौंपने की मांग की गई।[40] उनके इंकार करने पर उसने उन्हें फॉरेन एन्क्लेव में नज़रबंद कर दिया।[41] इसने उन्हें अपना मन बदलने के लिए प्रेरित किया, और उन्होंने कुल 10,75,000 किलोग्राम अफ़ीम सौंपी, जिसे लिन ज़ेक्सू ने ख़ुद अपनी देखरेख में किए गए एक ऑपरेशन में नष्ट कर दिया।[42]

व्यापारियों का नुकसान ब्रिटिश सरकार के लिए युद्ध को भड़काने का कारण बन गया: इसने 1840 में चीन पर हमला कर दिया, जिससे प्रथम अफ़ीम युद्ध के रूप में मशहूर संघर्ष की शुरुआत हुई – एक ऐसा युद्ध जिसे लड़ना ज़रूरी था, जैसा कि एक ब्रिटिश अफ़ीम व्यापारी ने बड़े स्वाभाविक लहजे में समझाया, क्योंकि 'साठ लाख [पाउंड] स्टर्लिंग की राशि दांव पर है, जो ग्रेट ब्रिटेन और उसके भारतीय साम्राज्य के पूरे राजस्व का लगभग दसवां हिस्सा है।'[43]

कई बार भयानक पराजय झेलने के बाद चिंग राज्य ने 1842 में नानजिंग की संधि पर हस्ताक्षर किए, जिसके तहत उसे विदेशी अफ़ीम तस्करों को साठ लाख डॉलर का हर्जाना देने के लिए मजबूर होना पड़ा। अन्य शर्तों में विदेशी व्यापारियों (और तस्करों) के लिए चार अन्य बंदरगाहों को खोलना और हांगकांग द्वीप को ब्रिटिश उपनिवेश के रूप में सौंपना शामिल था। इसके बाद ये द्वीप चीन में अफ़ीम तस्करी का मुख्य केंद्र बन गया। इतिहासकार क्रिस्टोफर मन लिखते हैं, 'शुरुआती हांगकांग "ब्रिटिश भारतीय उत्पाद" के लिए "केंद्रीय गोदाम" बन गया और इसके पास अपने अस्तित्व के लिए अन्य व्यापार बहुत कम थे। अनुमान है कि 1840 के दशक के अंत तक भारतीय अफ़ीम की कुल फ़सल का तीन-चौथाई हिस्सा हांगकांग से होकर गुज़रता था।'[44]

प्रथम अफ़ीम युद्ध के परिणाम ने ये सुनिश्चित कर दिया कि बिहार में अफ़ीम की खेती का रक़बा चौंका देने वाली दर से बढ़ता रहेगा और ऐसा ही हुआ; इसमें पच्चीस साल में लगभग छह गुणा बढ़ोतरी हुई।[45]

सात

कल्पना की उड़ान

पटना अफ़ीम फ़ैक्ट्री की पेंटिंग्स बनाने वाले दोनों भारतीय कलाकारों का संबंध एक घराने से था, जिसका मूल स्थान राजस्थान का प्रतापगढ़ ज़िला था। जैसा कि भारत में संगीतकारों और शिल्पकारों के साथ अक्सर होता था, कलाकार एक ही जाति के आपस में जुड़े परिवारों के सदस्य होते थे – वो कायस्थ होते थे, जो पारंपरिक रूप से साक्षरता को बहुत महत्व देते थे, और उन्हें अक्सर रियासतों द्वारा मुंशी, मुनीम और मीरासी के रूप में नियुक्त किया जाता था। संभवतः इसी रास्ते से, राजस्थान के राजाओं और महाराजाओं द्वारा संचालित कई चित्रालयों में से किसी में रोज़गार पाकर प्रतापगढ़ के कलाकारों ने अपने व्यवसाय में प्रवेश किया था।

संगीतकारों की तरह कलाकार भी ऐसी जगहों पर चले जाते थे जहां उन्हें संरक्षण मिल सकता था। सत्रहवीं शताब्दी में प्रतापगढ़ घराने के कुछ सदस्य मुग़ल साम्राज्य के दरबारी शहरों में बस गए, जहां वो एक सदी से अधिक समय तक रहे और मुग़ल चित्रालयों की शैली में काम करते रहे। जब अठारहवीं सदी की शुरुआत में साम्राज्य का पतन होना शुरू हो गया, तो वो पूर्व की ओर बंगाल में ईस्ट इंडिया कंपनी के इलाक़ों की ओर बढ़ गए।

सीता राम के नाम से ज्ञात कलाकार ने चित्रकारी संभवतः बंगाल के मुर्शिदाबाद शहर में सीखी थी। दुर्भाग्य से, सीता राम के बारे में इसके अलावा बहुत कम जानकारी उपलब्ध है कि वो उन्नीसवीं सदी के शुरुआती दशकों में सक्रिय थे। उनके जीवनकाल

के बाद बहुत जल्द उनका काम नज़रों से ओझल हो गया और फिर 1970 के दशक तक दोबारा सामने नहीं आया। लेकिन सीता राम को उन्नीसवीं सदी के सबसे महान भारतीय कलाकारों में से एक के रूप में पहचान 1995 में मिली, जब ब्रिटिश लाइब्रेरी ने उनके चित्रों का एक बड़ा संग्रह हासिल किया।

सीता राम के काम पर इतने लंबे समय तक अंधकार की चादर पड़े रहने का एक बड़ा कारण ये था कि उनकी पेंटिंग्स डेढ़ सदी तक उनके प्रमुख संरक्षक लॉर्ड मोइरा (बाद में मार्क्वेस ऑफ़ हेस्टिंग्स) के पारिवारिक अभिलेखागार में दबी रहीं।[1] अमेरिकी क्रांतिकारी युद्ध के एक अनुभवी युद्धवीर मोइरा ने 1813 से 1823 तक भारत के गवर्नर जनरल के रूप में कार्य किया। उसके घटनापूर्ण कैरियर की एक प्रमुख घटना 1814 और 1815 के बीच अठारह महीने तक चलने वाला निरीक्षण दौरा था: इस दौरान वो कलकत्ता से पटना, कानपुर, लखनऊ और दिल्ली के दरवाज़ों तक पहुंचा। गवर्नर जनरल के साथ इस दौरे में 10,000 सैनिकों और अधिकारियों के साथ-साथ सीता राम भी उसके दल के सदस्य के रूप में गए थे। सीता राम को गवर्नर जनरल की यात्राओं का एक सचित्र रिकॉर्ड बनाने का काम सौंपा गया था, और सीता राम ने अस्सी विशाल वॉटरकलर बनाए, जिन्हें आगे चलकर दो खंडों में प्रस्तुत किया गया। इन खंडों को हाल ही में *सीता राम्स पेंटेड व्यूज़ ऑफ़ इंडिया* के शीर्षक से फिर से छापा गया है।[2]

वास्तव में सीता राम की पेंटिंग्स एक यात्रा के रिकॉर्ड से कहीं अधिक हैं; वो एक अद्भुत मौलिक निगाह की गवाह हैं, जो सबसे ज़्यादा इस तथ्य के लिए उल्लेखनीय है कि कलाकार ने किस तरह से भारतीय और यूरोपीय दोनों तरह की चित्रात्मक परंपराओं का इस्तेमाल किया है। पटना अफ़ीम फ़ैक्ट्री की सीता राम की दो पेंटिंग्स इसकी अच्छी मिसाल हैं। इनमें से एक, फ़ैक्ट्री और उसके विशाल परिसर का एक शब्दशः बर्ड-आई-व्यू जैसा दृश्य है: ऐसा लगता है जैसे कलाकार की आंख को पंख लग गए हैं, और फिर वो इतनी ऊंचाई तक उठती है कि वो दूर कहीं पृथ्वी की वक्रता को देख सकती है। अग्रभूमि में कलाकार ख़ुद है, जो किसी छत पर बैठा अपनी पेंटिंग पर कड़ी मेहनत कर रहा है (चित्र 4 देखें)।

शेरविल के प्रिंट्स की ही तरह, सीता राम के वॉटरकलर भी मुख्य रूप से इंग्लैंड के दर्शकों की नज़रों के लिए थे: उनका भी स्पष्टतया यही इरादा था कि फ़ैक्ट्री को जहां तक हो सके अच्छी रौशनी में पेश किया जाए। लेकिन शेरविल के विपरीत, सीता राम

ने ऐसा भारतीय लघु चित्रकला की परंपराओं से प्रेरणा लेते हुए किया। उन्होंने फ़ैक्ट्री को बरामदों, बग़ीचों, पैदल मार्गों और नदी के नज़ारों वाले मुग़ल या राजपूत महल जैसे रूप में बदलकर इसकी शोभा बढ़ाई। इसका परिसर किसी महल के मैदानों जैसा साफ़-सुथरा, हरियाली भरा और सुव्यवस्थित है और इसमें बस कुछेक ही आकृतियां दिखाई देती हैं। कल्पना की वही जादुई उड़ान जो सीता राम की आंखों को आसमान में उठा ले जाती है, उन्हें फ़ैक्ट्री की निरंतर गतिविधि से छुटकारा पाने और इसे इसके हज़ारों कर्मचारियों से ख़ाली कराने में भी मदद करती है।

मेरे विचार से, पटना फ़ैक्ट्री की सीता राम की दूसरी पेंटिंग और भी ज़्यादा उल्लेखनीय है, जो कि एक ऐसी चंचल कलाकृति है जो यूरोपीय और भारतीय चित्रात्मक परंपराओं को आश्चर्यजनक सजीवता और मौलिकता के साथ मिश्रित करती है।

ये तस्वीर एक गोदाम के अंदरूनी भाग की है, जिसे सीता राम ने आकृतियों, आकारों और आयतनों के समुच्चित चित्र के रूप में प्रस्तुत किया है, जो एक-दूसरे में इस तरह घुल जाते हैं कि ये भारतीय लघुचित्रों के स्थानिक व्याकरण की याद दिला देते हैं, जहां बाहरी और आंतरिक भाग अक्सर चित्रण की निरंतरता को बनाए रखने के लिए समकक्ष रखे जाते हैं। ये चित्र पिरानेसी की सबसे प्रसिद्ध नक़्क़ाशियों में से एक *द राउंड टॉवर* की भी इतनी याद दिलाता है कि मुझे यक़ीन है कि सीता राम का अपनी तस्वीर को पिरानेसी की व्यापक रूप से पुनरुत्पादित नक़्क़ाशी के साथ संवाद में रखने का पूरा इरादा रहा होगा, जिसे उन्होंने कलकत्ता में किसी अंग्रेज़ के घर में देखा होगा (चित्र 5 और 6 देखें)।

वास्तविकता यही है कि सीता राम और शेरविल दोनों ही एक असुविधाजनक भारतीय वास्तविकता को यूरोपीय सांचे में ढालने की कोशिश कर रहे थे; फ़र्क़ बस इतना था कि एक ने आधुनिकता की भाषा का सहारा लेकर ऐसा किया जबकि दूसरे ने पूरब के बारे में पश्चिमी अवधारणाओं और शास्त्रीय पुरातनता की मदद से ऐसा किया।

तो इस तरह पिरानेसी अफ़ीमसम के इतिहास में गूंजने वाली विलक्षण प्रतिध्वनियों में से एक के लिए ज़िम्मेदार हैं। पिरानेसी का काम अमेरिका में इक्कीसवीं सदी में अफ़ीमसम की महामारी के पीछे मौजूद वंश के पितामह आर्थर एम. सैकलर के लिए बहुत दिलचस्पी का कारण था। सैकलर ने उनके काम के एक अत्यंत महत्वपूर्ण संग्रह को जमा किया, और लिखा: 'पिरानेसी की जीनियस का लंबे समय तक जश्न मनाया जाएगा। उनकी उपलब्धि युगांतरकारी थी, इस बारे में उनकी एक अनूठी दृष्टि थी कि आगे क्या होगा...'[3]

एक पीढ़ी बाद पटना अफ़ीम फ़ैक्ट्री को फिर से राजस्थान के कायस्थ कलाकारों के एक और वंशज ने चित्रित किया: शिव लाल नामक एक चित्रकार, जिनके पूर्वज उस समय मुर्शिदाबाद से पटना चले गए थे, जब शहर को ईस्ट इंडिया कंपनी की बंगाल प्रेसिडेंसी में शामिल कर लिया गया था। पटना की बढ़ती ब्रिटिश आबादी से शहर के कलाकारों को एक तैयार बाज़ार मिल गया, जो इन नए संरक्षकों की मांग को पूरा करने में उतने ही कुशल साबित हुए जितने उनके पूर्वज राजस्थानी महाराजाओं और मुग़ल रईसों के लिए थे। इन चित्रकारों ने जल्द ही एक ऐसी तकनीक विकसित कर ली जिसमें भारतीय और पश्चिमी कला के तत्वों का मिश्रण किया गया था: उस दौर में औपनिवेशिक बस्तियों में विकसित की जा रही अन्य शैलियों के साथ आगे चलकर उनके काम को, कुछ हद तक अपमानजनक रूप से, 'कंपनी आर्ट' के रूप में जाना जाने लगा।

ये नाम भ्रामक है क्योंकि कंपनी भारतीय कलाकारों के लिए न तो चित्रालय चलाती थी और न ही उन्हें औपचारिक प्रशिक्षण देती थी: ये काम व्यक्तिगत सलाहकारों और संरक्षकों पर छोड़ दिया गया था।[4] अन्य जगहों की तरह पटना में भी ऐसे कई सलाहकार और संरक्षक थे। भारत में अंग्रेज़ उपनिवेशवादियों के बीच शौक़िया कलाकारों की भरमार थी, क्योंकि उस दौर में ड्रॉइंग और पेंटिंग की प्रतिभा को महिलाओं के लिए एक सामाजिक तमग़ा और सैनिकों व अधिकारियों के लिए एक मूल्यवान कौशल माना जाता था।[5] उपनिवेशवादी विभिन्न प्रकार की कलाकृतियों के उत्सुक ख़रीदार भी थे। उदाहरण के लिए, पोर्ट्रेट की बहुत मांग थी जिन्हें पटना के कलाकार इंग्लैंड में उनकी क़ीमत के एक अंश मात्र में बना सकते थे। स्मृति चिह्नों की भी बहुत मांग थी, ख़ासकर भारतीय प्राकृतिक नज़ारों और रोज़मर्रा की ज़िंदगी के दृश्यों के चित्रणों की। 'फ़िरक़ा' नामक पेंटिंग की विधा स्मृति चिह्नों का एक बेहद लोकप्रिय प्रकार थी, जिसमें भारतीयों को 'विशिष्ट' क़िस्म के काम करते हुए दिखाया जाता था।

शिव लाल, जो लगभग 1837 से 1887 तक सक्रिय थे, इन सभी शैलियों में सिद्धहस्त थे, और साथ ही एक सफल बिज़नेसमैन भी थे। उनके पोते, जो पटना घराने के आख़री पेशेवर कलाकार थे, का 1940 के दशक में कला इतिहासकार मिल्ड्रेड आर्चर ने एक तफ़्सीली इंटरव्यू लिया था।[6] उन्होंने बताया कि शिव लाल सोने के दो सिक्कों की

क़ीमत पर एक घंटे में पोर्ट्रेट बनाने में सक्षम थे। वो एक स्टूडियो भी चलाया करते थे और कभी-कभी ख़ुद एक बैलगाड़ी में पीछे रखकर अपनी पेंटिंग्स बेचते थे।[7]

शिव लाल के संरक्षकों में से एक पटना फ़ैक्ट्री का प्रभारी अफ़ीम एजेंट रॉबर्ट लायल था: इसी संपर्क के ज़रिए शिव लाल को अफ़ीम फ़ैक्ट्री के कड़े पहरे वाले परिसर में श्रमिकों की पेंटिंग बनाने के लिए आमंत्रित किया गया था। ऐसी उन्नीस पेंटिंग्स हैं और अब वो लंदन में विक्टोरिया एंड एल्बर्ट म्यूज़ियम के संग्रह में हैं। सीता राम के वॉटरकलर्स के विपरीत, ये सभी पेंटिंग्स अभ्रक पर प्राकृतिक वर्णकों (गूश) से पेंट की गई हैं, एक ऐसी सामग्री जिसे पटना और मुर्शिदाबाद घरानों के कलाकार अक्सर मुहर्रम के जुलूस जैसे सार्वजनिक अवसरों के लिए लालटेनें सजाने के लिए इस्तेमाल करते थे।

ऐसा लगता है कि लायल ने, शायद ब्रिटिश पर्यटकों के ज्ञानवर्धन के लिए, शिव लाल को अफ़ीम फ़ैक्ट्री की दीवारों पर भित्तिचित्र बनाने का काम सौंपा था।[8] लेकिन 1857 में गंगा के मैदानी इलाक़ों में बड़े पैमाने पर उपनिवेशवाद-विरोधी लड़ाई छिड़ने के बाद वो योजना धरी की धरी रह गई। सबसे ज़्यादा असंतोष पूर्वांचल के अफ़ीम उगाने वाले क्षेत्रों में था, जो बड़े लंबे समय से अफ़ीम विभाग के दमनकारी शासन के तहत खौल रहा था।[9] पटना इस संघर्ष के प्रमुख केंद्रों में से एक था और अफ़ीम फ़ैक्ट्री उन पहले ब्रिटिश संस्थानों में से एक थी जिन पर हमला हुआ। लायल एक मुठभेड़ के बीच फंस गया और गोली लगने से मारा गया। कहा जाता है कि उसकी मौत पर शिव लाल की आंखों में आंसू आ गए थे।

1857 का युद्ध बेहद हिंसक था और महिलाओं एवं बच्चों समेत बहुत से ब्रिटिश नागरिक भारतीय सैनिकों के हाथों मारे गए थे। भारतीय सेनाओं की हार के बाद अंग्रेज़ों का बदला भी बर्बरतापूर्ण था: सैनिकों को तोपों के मुंह से उड़ाया गया और दिल्ली को जाने वाली सड़कें सूली चढ़ी लाशों से पट गई थीं।[10] हार और उसके बाद होने वाले दमन और आतंक का असर इतना कहीं नहीं देखा गया जितना युद्ध के केंद्रों में, जिनमें से कई गंगा के मैदानी क्षेत्रों के बीचोबीच थे।

शिव लाल की पेंटिंग्स उस साल बनाई गई थीं जब युद्ध शुरू हुआ था और वो देश के माहौल के तीखे ध्रुवीकरण को कई तरीक़ों से दर्शाती हैं। सबसे उल्लेखनीय बात ये है कि किसी भी चित्र में कोई ब्रिटिश व्यक्ति नहीं है, हालांकि कहा जाता है कि कलाकार ने अपने शुरुआती ड्राफ़्ट में कुछ ब्रिटिश व्यक्तियों को शामिल किया था। उन्हें निकाल

देना शायद उपनिवेशवादी और उपनिवेशित के बीच की खाई के अचानक बढ़ जाने का संकेत है।

युद्ध ने शिव लाल के चित्रों में शायद एक अन्य चीज़ डालने में भी भूमिका निभाई होगी: एक सूक्ष्म, लगभग अनैच्छिक, विध्वंसकारिता जो 1857 में उनके द्वारा उपनिवेशवादियों के लिए प्रदर्शित की गई गहरी निष्ठाओं के साथ अजीब ढंग से बेमेल है। जहां एक ओर शेरविल और सीता राम दोनों ने ही, अपने-अपने तरीक़े से, अफ़ीम फ़ैक्ट्री को साम्राज्य के प्रमाण के रूप में चित्रित किया था, और इमारतों और उनकी विराटता को उजागर किया था, वहीं शिव लाल का ध्यान लगभग पूरी तरह से श्रमिकों और उनके द्वारा किए जाने वाले कामों पर केंद्रित है (चित्र 7 और 8 देखें)। ऐसा लगता है जैसे पृष्ठभूमि में कुछ दीवारों और दरवाज़ों को छोड़कर, निर्मित वातावरण का बमुश्किल ही कोई अस्तित्व है। इसे देखकर ऐसा प्रतीत होता है कि फ़ैक्ट्री का ज़्यादातर काम बाहर खुले में इस तरह की परिस्थितियों में हो रहा है जो भारत में बहुत भयावह ढंग से परिचित हैं।

शेरविल और सीता राम के विपरीत, शिव लाल ने फ़ैक्ट्री में हर समय मौजूद निगरानी पर भी ध्यान दिया है: उनकी एक पेंटिंग में फ़ैक्ट्री से बाहर निकलते समय मज़दूरों की जांच की जाती दिखाई गई है। शायद इससे भी ज़्यादा विध्वंसकारी फ़ैक्ट्री की रासायनिक प्रयोगशालाओं में काम करने वाले भारतीयों का उनका चित्रण है। जैसा कि चिल्डर्स ने अपने अंतर्दृष्टिपूर्ण लेख में कहा है, भारतीयों को प्रयोगशाला में काम करने वाले कुशल तकनीशियनों के रूप में चित्रित करना औपनिवेशिक परंपराओं का उल्लंघन करना था, जो आमतौर पर देसी लोगों को तकनीकी रूप से अनाड़ी मानती थीं। ये बात अफ़ीम फ़ैक्ट्रियों के संबंध में और भी स्पष्ट रूप से सच थी, जहां रासायनिक परीक्षणों का एक ख़ास नस्लीय आयाम था, जिसका मक़सद कम पारिश्रमिक पाने वाले भारतीयों को उत्पाद में मिलावट करने से रोकना था। इस प्रकार परीक्षणों की सफलता पूरी तरह से 'सख़्त यूरोपीय पर्यवेक्षण' पर निर्भर होती थी क्योंकि भारतीयों पर 'पूरी तरह से भरोसा नहीं किया जा सकता था।'[11]

शिव लाल की रचनाएं अपनी सादगी में फ़िरक़ा शैली की प्रतिनिधि हैं; इनमें किसी भी तरह से शेरविल और सीता राम की पेंटिंग की परिप्रेक्ष्यगत भव्यता या चित्रात्मक जटिलता को प्राप्त करने की आकांक्षा दिखाई नहीं देती है, भले ही शिव लाल के पास

तकनीकी दक्षता की कमी नहीं थी। पर फिर भी, शिव लाल के चित्रों की तुलना पटना और ग़ाज़ीपुर अफ़ीम फ़ैक्ट्रियों के बाद के चित्रों से करना बेहतर होगा।

उन्नीसवीं सदी के उत्तरार्ध से लेकर 1970 के दशक तक के इस तरह के कई चित्र हैं।[12] शिव लाल के चित्रों की तरह ही उनमें भी मुख्य रूप से मज़दूरों को गंदे, भीड़ भरे हालात में, नंगे बदन और धोती पहने बाहर काम करते हुए दिखाया गया है। पृष्ठभूमि में दिखाई देने वाली इमारतें किसी भी तरह से विराट नहीं हैं: वो नीचे सायबानों जैसी दिखती हैं, जैसी भारत में किसी भी कार्यशाला या कारख़ाने में देखी जा सकती हैं। इससे भी अजीब बात ये है कि सबसे हालिया तस्वीरों में भी उत्पादन की प्रक्रियाएं वैसी ही लगती हैं जैसी वो तब थीं जब शिव लाल ने उन्हें चित्रित किया था।

संक्षेप में, शिव लाल के चित्र भले ही निहायत सरल रहे हों, लेकिन वो शेरविल और सीता राम द्वारा बनाए गए अत्यंत परिष्कृत चित्रों की तुलना में अपने विषय के प्रति अधिक सच्चे थे।

शिव लाल की तस्वीरों या फ़ैक्ट्रियों की तस्वीरों को देखना इस तथ्य पर नए सिरे से चकित होना है कि जो लोग ब्रिटेन और अमेरिका जैसे तेज़ी से औद्योगिकीकृत होते देशों के लिए अथाह पूंजी पैदा कर रहे थे, वो हक़ीक़त में कम वेतन पाने वाले श्रमिकों की फ़ौज थी, जिनकी मेहनत ने उनकी मातृभूमि में कोई उन्नति लाने की बजाय अंततः उन समृद्ध स्थानों को ग़रीबी और कशमकश से भरे क्षेत्रों में बदल दिया।

और जिन इलाक़ों की ये बदनसीबी थी कि उन्हें अफ़ीम विभाग ने पोस्त उगाने के लिए चुना, उनका अफ़ीम के हाथों सचमुच यही हश्र हुआ। ब्रिटिश भारत में अफ़ीम की खेती के ऐतिहासिक परिणामों के एक श्रमसाध्य अध्ययन में अर्थशास्त्री जॉनैथन लैन ने दिखाया है कि जिन ज़िलों को आधिकारिक तौर पर पोस्त उगाने वाले क्षेत्रों के रूप में नामित किया गया था, उनके लिए दीर्घकालिक सामाजिक और आर्थिक परिणाम दूसरे पड़ोसी ज़िलों की तुलना में उल्लेखनीय ढंग से बदतर रहे हैं।[13] ये दीर्घकालिक प्रभाव आज भी बने हुए हैं: उन इलाक़ों में अब भी साक्षरता का स्तर स्पष्ट रूप से कम है और प्राथमिक विद्यालय और स्वास्थ्य सेवा सुविधाएं कम हैं जहां अतीत में पोस्त की खेती की जाती थी।

लैन इसके लिए इस तथ्य को ज़िम्मेदार मानते हैं कि अफ़ीम उगाने वाले क्षेत्रों में ब्रिटिश प्रशासनिक अधिकारी अफ़ीम विभाग में भी समवर्ती पदों पर आसीन होते थे। नतीजतन उनका ध्यान मुख्य रूप से राजस्व के लक्ष्यों को पूरा करने और चोरी और तस्करी की रोकथाम पर केंद्रित रहता था। इसलिए, स्वास्थ्य सेवा और शिक्षा पर ख़र्च, जो यूं भी बुरी तरह नाकाफ़ी था, अफ़ीम उगाने वाले क्षेत्रों में और भी मामूली था। जो थोड़ा-बहुत धन सार्वजनिक कामों पर लगाने के लिए होता भी था, उसे पुलिस के काम का भुगतान करने और जासूसों और मुख़बिरों को इनाम देने में ख़र्च कर दिया जाता था।

लैन का तर्क है कि इन दीर्घकालिक प्रभावों की तुलना उन प्रभावों से की जा सकती है जो आमतौर पर उस 'संसाधन अभिशाप' से जुड़े होते हैं जो अक्सर क़ीमती धातुओं और खनिजों के गहन खनन के नतीजे में उत्पन्न होते हैं। ये मिसाल उपयुक्त है लेकिन अपर्याप्त भी है, क्योंकि सोने और चांदी की खदानें नवीकरणीय संसाधन का उत्पादन नहीं करती हैं और आमतौर पर कुछ दशकों में चुक जाती हैं। जबकि दूसरी ओर, ब्रिटिश अफ़ीम का शासन डेढ़ सदी से अधिक समय तक चलता रहा: इस प्रणाली के ज़ुल्म के साथ-साथ इसकी लंबी अवधि से ये सुनिश्चित हो गया कि इसका प्रभाव गहरा और स्थायी रहेगा।

इसके अलावा, सोने की खदान को उसके परिवेश से अलग किया जा सकता है, और उसमें काम करने वाले खनिकों की परिसर के अंदर जाने और बाहर निकलने पर शारीरिक तलाशी ली जा सकती है। लेकिन अफ़ीम उगाने वाले क्षेत्रों में एक बहुमूल्य वस्तु का उत्पादन खुले खेतों में पारिवारिक श्रम के द्वारा किया जा रहा था: बाक़ी आबादी से न तो जगहों को अलग किया जा सकता था और न ही उन पर काम करने वाले लोगों को। ये तथ्य अपने आप में अराजकता की गारंटी था कि एक बेहद क़ीमती वस्तु का उत्पादन तेज़ी से ग़रीब होते जा रहे किसानों द्वारा घाटे में किया जा रहा था।[14] और वो क्षेत्र वाक़ई अपराध से ग्रस्त थे। इस प्रकार, निरंतर निगरानी केवल अफ़ीम फ़ैक्ट्रियों में काम करने वालों पर ही नहीं रखी जाती थी: पोस्त उगाने वाले क्षेत्रों में खेतों या पोस्त के रस तक पहुंच रखने वाले हर व्यक्ति को संभावित अपराधी माना जाता था। जासूसी और निगरानी का तंत्र आबादी के एक बड़े भाग पर दबाव बनाए रहता था, जिसमें किसान, बाज़ार व्यापारी, छोटे व्यापारी, बैलगाड़ी चालक वग़ैरा शामिल थे। वास्तव में, आबादी के एक बड़े हिस्से को या तो अपराधीकृत कर दिया गया था या लगभग मुजरिम मान लिया गया था। निगरानी और अपराधीकरण की इस प्रणाली के दीर्घकालिक प्रभाव आज भी बिहार,

उत्तर प्रदेश और झारखंड के अधिकांश हिस्सों में व्याप्त कलह और सामाजिक विश्वास की कमी के रूप में दिखाई देते हैं।

लैन लिखते हैं, 'इस तरह औपनिवेशिक अफ़ीम उत्पादन को ऐतिहासिक संसाधन अभिशाप का एक उदाहरण माना जा सकता है। अफ़ीम एजेंसियों के बंद होने के लंबे समय बाद भी इसके प्रतिकूल प्रभाव व्यापक अर्थव्यवस्था पर बने रहे हैं।'[15]

लेकिन गंगा के मैदानी इलाक़े ने औपनिवेशिक राज्य को जो संसाधन प्रदान किए, उनमें अफ़ीम अकेली नहीं थी: इसकी वास्तविक त्रासदी ये थी कि इसने प्रचुर मात्रा में एक अन्य महत्वपूर्ण संसाधन का भी योगदान किया – औपनिवेशिक सेनाओं के लिए जनशक्ति, ख़ासकर अठारहवीं सदी के मध्य और उन्नीसवीं सदी के आरंभ के बीच ब्रिटिश साम्राज्य के महत्वपूर्ण वर्षों में।[16] ईस्ट इंडिया कंपनी के उदय के दौर की सबसे महत्वपूर्ण सैन्य जीतें पूर्वांचल के लोगों द्वारा ही जीती गई थीं, जिनमें से बहुत से लोग उन्हीं ज़िलों से थे जहां किसानों को भारी क़ीमत चुकाते हुए अफ़ीम की खेती करनी पड़ती थी। इस इलाक़े का 1857 के युद्ध का केंद्र बनना निश्चित रूप से कोई संयोग नहीं था।

युद्ध के अंत में, विजेताओं ने कई तरीक़ों से बदला लिया: सामूहिक गोलीबारियां और फांसियां तो बस सबसे अधिक दिखाई देने वाले प्रतिशोध थे; एक अलग तरह के उपाय से कहीं अधिक हानिकारक दीर्घकालिक परिणाम सामने आए। 1857 के बाद औपनिवेशिक शासन ने अपनी सेना की जातीय संरचना को नए सिरे से संतुलित किया, और गंगा के इलाक़ों से सैनिकों की तादाद में भारी कमी कर दी: इससे पहले तक, पुरबिये सेना का लगभग आधा हिस्सा थे; कुछ ही दशकों में उनकी संख्या घटकर 11 प्रतिशत से भी कम रह गई।[17] इस तरह पुरबियों को, जिन्होंने भारत में एक ऐसे समय में अंग्रेज़ों द्वारा लड़ी गई सबसे अहम जंगों और लड़ाइयों में हिस्सा लिया था जब कंपनी की स्थिति कमज़ोर थी, सैन्य सेवाओं से लगभग बाहर कर दिया गया, जबकि वो समूह, जो औपनिवेशिक सेनाओं से उस समय जुड़े थे जब ब्रिटिश सत्ता वैश्विक स्तर पर शक्तिशाली हो चुकी थी, विजयी साम्राज्य द्वारा मिलने वाले पुरस्कारों के हक़दार बने।[18]

1857 के युद्ध में अंग्रेज़ों के जीतने का एक कारण ये भी था कि उनके लिए सैन्य जनशक्ति का एक नया स्रोत पंजाब में खुल गया था, जबकि विडंबना ये है कि पंजाब पर उन्होंने कुछ ही समय पहले पुरबियों की बटालियनों के सहारे विजय प्राप्त की थी। सिख राज्य की पराजय में पुरबियों की भूमिका से उत्पन्न कड़वाहट ने 1857 में सिख

पंजाबियों को अंग्रेज़ों का साथ देने के लिए खड़ा करने में काफ़ी बड़ी भूमिका निभाई थी।[19] इसके बाद पंजाब एक प्रमुख भर्ती स्थल बन गया, और पंजाबी सैनिकों की वफ़ादारी बनाए रखने के लिए औपनिवेशिक शासन ने बड़े पैमाने पर सिंचाई और भूमि सुधार परियोजनाएं शुरू करके दशकों तक इस क्षेत्र में भारी निवेश किया। पंजाब को ब्रिटिश शासन द्वारा गले लगाए जाने के कुछ अन्य, अधिक सूक्ष्म प्रभाव भी पड़े, जैसे शिक्षा तक बेहतर पहुंच और निर्माण, युद्ध प्रावधान और अर्थव्यवस्था के अन्य क्षेत्रों को इसी तरह के प्रोत्साहन। परिणामस्वरूप, वो इलाक़ा जो 1947 से पहले पंजाब हुआ करता था आज भी उपमहाद्वीप का शायद सबसे समृद्ध क्षेत्र बना हुआ है। इस प्रकार भारतीय उपमहाद्वीप का असंतुलित और असमान विकास, और इसी तरह आज भी भारतीय और पाकिस्तानी सेनाओं में पंजाबियों को अनुपातहीन महत्व मिलना सीधे तौर पर औपनिवेशिक नीतियों का नतीजा है।

गंगा के मैदानी इलाक़ों के लिए इन घटनाओं के दीर्घकालिक परिणाम विनाशकारी साबित हुए। भारत में सैन्य सेवा न केवल रोज़गार का एक महत्वपूर्ण स्रोत थी; ये सामाजिक गतिशीलता का प्रमुख मार्ग भी थी। ये दरवाज़ा अब उन लोगों के मुंह पर बंद कर दिया गया था जो इस पर सबसे ज़्यादा निर्भर थे। साथ ही इस इलाक़े के किसान अच्छा ख़ासा नुकसान झेलते और औपनिवेशिक अधिकारियों से कोई उचित निवेश न पाते हुए भी अफ़ीम का उत्पादन जारी रखने के लिए मजबूर थे। इसमें हैरत की कोई बात नहीं है कि ये अब भारत का सबसे ग़रीब क्षेत्र है, जिसका अक्सर देश के बीमारू भाग के रूप में उपहास किया जाता है। इसमें भी आश्चर्य की बात नहीं है कि इस क्षेत्र में सामाजिक ऊंच-नीच सबसे अधिक जड़ें जमाए हुए है और दमनकारी है। जैसा कि नोबेल पुरस्कार विजेता अर्थशास्त्री अभिजीत बनर्जी और उनकी सहयोगी लक्ष्मी अय्यर ने लिखा है, 150 साल पहले लागू की गई विभिन्न औपनिवेशिक नीतियों ने आज भी असमानता, स्वास्थ्य और शैक्षिक परिणामों तथा हिंसक अपराध के स्तरों के संबंध में भारत में क्षेत्रीय मतभेदों को प्रभावित करना जारी रखा है।[20]

इस तरह के प्रभावों का सदियों तक बने रहना उन लोगों को असंभव लग सकता है जिनका मानना है कि इतिहास के लंबे समय तक बने रहने वाले प्रभावों को क़ानून बनाकर या टैक्नॉलोजी की रफ़्तार ('प्रगति'!) को बढ़ाकर मिटाया जा सकता है। इस विश्वास को अमेरिका से ज़्यादा उत्साह के साथ कहीं नहीं माना जाता है, लेकिन अब वहां भी ये स्पष्ट

हो चुका है कि ग़ुलामी और मूल अमेरिकीयों के अधिकारों के हरण जैसी औपनिवेशिक प्रथाओं की कुछ विरासतें सदियों से आज तक क़ायम हैं, जिसने अमेरिका पर ढांचागत नस्लवाद के कुछ व्यापक नमूनों की छाप छोड़ी हुई है।

कभी-कभी अतीत की छाप रोज़मर्रा की ज़िंदगी के ताने-बाने में इतनी गहराई तक समा जाती है कि उसके निशान मिटा पाना नामुमकिन नहीं तो मुश्किल ज़रूर होता है।

आठ

परिवार की कहानी

मेरे लिए आइबिस त्रयी लिखने का सबसे अजीब और सबसे अप्रत्याशित नतीजा ये हुआ कि मुझे पता चला कि एक पौधे ने काफ़ी हद तक मेरे अपने परिवार के इतिहास को आकार दिया है। स्पष्ट है कि ये पौधा पोस्त ही था| और फिर ये खोज त्रयी को एक ऐसी दिशा में ले गई जिसकी मैंने उस समय कल्पना तक नहीं की थी, जब मैंने इस पर काम करना शुरू किया था।

जब मैंने *सी ऑफ़ पॉपीज़* लिखना शुरू किया तो मेरी रुचि मुख्य रूप से उन गिरमिटिया श्रमिकों की कहानियों में थी जो उन्नीसवीं सदी में भारत छोड़कर मॉरीशस, फ़िजी, गयाना और अन्य जगहों के बाग़ानों में काम करने गए थे। इनमें से अधिकांश नहीं तो अनेक श्रमिक पुरबिया थे, और बड़ी संख्या में बिहार के उस भाग से थे जिससे मेरा पैतृक संबंध है: सारण ज़िला जिसका मुख्यालय छपरा नामक शहर है। ये 100 साल से ज़्यादा तक मेरे पिता के परिवार का घर रहा था, हालांकि वो ख़ुद जातीय रूप से बिहारी नहीं थे। वो बंगाली प्रवासी थे जिनका मूल पूर्व में बहुत दूर वहां था, जहां अब बांग्लादेश है। कहा जाता है कि उन्नीसवीं सदी के मध्य में एक भयंकर बाढ़ की वजह से परिवार अपने पैतृक गांव से विस्थापित हो गया था, जिसके बाद वो पश्चिम की ओर बढ़ते चले गए और आख़िरकार छपरा में आकर बस गए।

छपरा को इस क्षेत्र के बाहर बहुत ज़्यादा नहीं जाना जाता है, लेकिन भोजपुरी बोलने वालों के लिए, जिनकी संख्या दुनियाभर में पांच करोड़ से अधिक है, ये काफ़ी सांस्कृतिक

महत्व वाला स्थान है।[1] भोजपुरी संस्कृति का एक विशिष्ट पहलू है आत्मसात करने की इसकी उल्लेखनीय क्षमता। मसलन, मॉरीशस में कई गिरमिटिया प्रवासी जातीय रूप से बंगाली थे, लेकिन अपने आगमन के एक-दो पीढ़ी के भीतर ही उन्होंने भोजपुरी संस्कृति को पूरी तरह से जज़्ब कर लिया। कुछ चीनी-मॉरिशियन परिवारों के लिए भी भोजपुरी पहली भाषा बन गई।

मेरे पिता और उनके भाई-बहनों के मामले में भी भोजपुरी की आत्मसात करने की शक्ति बंगाली भाषाई संकीर्णता पर हावी रही: वो छपरा में बड़े होने के दौरान और फिर बाद में जब वो बिहार छोड़कर कहीं और, मुख्य रूप से पश्चिम बंगाल में बस गए, तब भी एक-दूसरे से इसी भाषा में बात करते थे। मैं ख़ुद कलकत्ता में पैदा हुआ और मेरा बिहार से बस उतना ही संबंध है जो मेरे पिता के परिवार के माध्यम से है। फिर भी, भोजपुरी ने मुझ पर भी अपनी छाप छोड़ी: मैं अक्सर अपने पिता को मेरे चाचा-बुआओं के साथ इसमें बातें करते सुनता था, और मुझे इसकी सोंधी खनक से प्यार हो गया। हालांकि मैं ख़ुद कभी भोजपुरी बोलना नहीं सीख सका, लेकिन इसकी लय और छपरा में पले-बढ़े मेरे पिता की कहानियां बिहार से मेरा मुख्य जुड़ाव थीं। नतीजतन, इसने मेरे मन में गिरमिटिया प्रवासियों के संगीत और संस्कृति में दिलचस्पी जगा दी, जो भोजपुरी की लय से भरपूर है।

मेरे पिता की कहानियों में छपरा हमेशा बीते वक़्त की यादों से भरे एक प्रभामंडल से घिरा होता था। उनके अपने पिता, मेरे दादा, ज़िला अदालत में वकील थे। वो और उनके रिश्तेदार अन्य शिक्षित, पेशेवर परिवारों के साथ, जिनमें से कई बंगाली भी थे, अपेक्षाकृत उच्चवर्गीय दायरे में आते थे। मेरे पिता को इस बारे में कहानियां सुनाना बहुत अच्छा लगता था कि कैसे वो और उनके भाई शहर की सड़कों पर घूमते थे और किस तरह उत्सव के अवसरों पर वो अपने आंगन में बड़े-बड़े बर्तनों में खाना पकाते थे। मेरे दादा, जिनका देहांत मेरे जन्म से बहुत पहले ही हो गया था, के बारे में कहा जाता है कि वो एक परिष्कृत स्वाद वाले व्यक्ति थे जिन्हें अपने बग़ीचे में अनोखे पेड़ और फूल लगाना पसंद था। वो संगीत संध्याओं का भी आयोजन करते थे जिनमें मशहूर रसूलन बाई जैसी छपरा की कुछ प्रसिद्ध गायिकाएं और नर्तकियां भी शामिल होती थीं। इस तरह की कहानियां मुझे ख़ासतौर से आकर्षित करती थीं क्योंकि ये उस दौर की कहानियां थीं जब नाचने-गाने वाली महिलाएं आमतौर पर तवायफ़ें हुआ करती थीं; मेरे पिता का

परिवार इतना कट्टर रूढ़िवादी था कि मेरे लिए ये विश्वास करना कठिन होता था कि मेरे दादा, जो एक कट्टर शुद्धतावादी कुलपति के रूप में जाने जाते थे, अपने घर में वेश्याओं की मेज़बानी करते थे।

मेरे पिता के बचपन की पुरानी यादों से भरी, गुलाबी कहानियों में मेरी दिलचस्पी का एक और कारण ये था कि वो बिहार की उन छवियों से बिल्कुल मेल नहीं खाती थीं जो उन दिनों में भारत में प्रचलित थीं जब मैं बड़ा हो रहा था। 1970 के दशक में, बिहार की छवि आमतौर पर नकारात्मक थी; बिहार का नाम जब भी समाचारों में आता था तो इसका कारण लगभग हमेशा ही जाति या धार्मिक समूहों के बीच झगड़े या बाढ़ और अन्य प्राकृतिक आपदाएं होती थीं।

बेशक ऐसा नहीं था कि बिहार इस प्रतिष्ठा का बिल्कुल ही हक़दार नहीं था: ये प्रति व्यक्ति सबसे कम आय वाला और साक्षरता, पोषण, जीवन प्रत्याशा, स्वास्थ्य सेवा आदि तक पहुंच के लगातार कम होते स्तर वाले देश के सबसे ग़रीब राज्यों में से एक था और आज भी है।[2] लेकिन इसी के साथ बिहार के पास ज़बरदस्त जनसांख्यिकीय प्रभाव है; इसकी 9 करोड़ 90 लाख की आबादी मिस्र की आबादी के लगभग बराबर है। नतीजतन, इसका भारतीय राजनीति पर असंगत प्रभाव है; अनेक टिप्पणीकार आर्थिक और सामाजिक कल्याण के सूचकांक में भारत के हमेशा से ही ख़राब आंकड़े के लिए बिहार को दोषी ठहराते हैं।

संक्षेप में, बिहार को उन्नीसवीं सदी से ही पिछड़ा, ग़रीब और कम अवसरों वाला राज्य माना जाता रहा है। मैं अक्सर सोचता था कि मेरे पूर्वजों ने इसके बावजूद भी छपरा जैसी जगह पर बसने का फ़ैसला क्यों किया? निश्चित रूप से, अपनी मातृभूमि से इतनी दूर तक का सफ़र करने के बाद वो आगे बंबई, या दिल्ली, या किसी और अधिक आशाजनक जगह की ओर बढ़ सकते थे। यूं भी उन्नीसवीं सदी में तो लाखों लोग बिहार में अपने घर में टिके रहने के बजाय ख़ुद को गिरमिटिया बनाने का फ़ैसला करना पसंद कर रहे थे। तो फिर मेरे पूर्वजों ने जो ख़ुद भी कायस्थ जाति से थे, और जिनके वंशानुगत व्यवसाय मुंशी, क्लर्क और खातेदार के थे, उस ग़रीब इलाक़े को अपना गंतव्य क्यों चुना? क्या ऐसा इसलिए था कि उन्हें शायद उस बढ़ते उद्योग में काम मिल गया हो जो हज़ारों गिरमिटिया मज़दूरों को बिहार से बाहर भेज रहा था? बहुत से बंगाली लिपिकीय कर्मचारी वाक़ई उन औपनिवेशिक कार्यालयों में कार्यरत थे जो विदेशगमन की प्रक्रिया

का प्रबंधन करते थे, और उनमें से कुछ ने – जैसा कि मुझे बाद में मॉरीशस में पता चला – उस कहानी पर अपनी छाप छोड़ी है।

मॉरीशस में महात्मा गांधी संस्थान के अभिलेखागार में बड़े प्यार से संरक्षित एक बड़ा सा संग्रह है जिसमें भारत से प्रस्थान करने के समय अनुबंधित श्रमिकों को जारी किए गए इमिग्रेशन सर्टिफिकेट हैं।[3] सर्टिफिकेट दस पंक्तियों में विभाजित हैं, जिनमें हरेक प्रवासी का नाम, उम्र, क़द, जाति, गांव, और ऊंचे-नीचे दांत, तिल, छिदे हुए कान जैसे पहचान के चिह्न दर्ज हैं। प्रवासियों के नामों की अंग्रेज़ी स्पैलिंग अक्सर अजीब ढंग से उलझी हुई दिखाई देती है, शायद इसलिए कि उन्हें दर्ज करने वाले क्लर्क भर्ती किए जा रहे लोगों द्वारा बोली जाने वाली कुछ भाषाओं – अंगिका, मगही, थारू – को नहीं समझते होंगे।[4] या ये भी हो सकता है कि भर्ती किए जा रहे लोग ख़ुद भी ज़ोर से बोलने से डरते हों, न सिर्फ़ डेस्क के पीछे बैठे क्लर्कों के दबंग बर्ताव की वजह से, बल्कि इस कारण से भी कि सरकारी रिकॉर्ड में अपने नामों को दर्ज कराना भी उन लोगों के लिए कष्टकारी था, जो सरकार की शिकारी निगाहों से बचने के लिए हरसंभव प्रयास करने के आदी थे। इन पीले पड़ते और तार-तार हो रहे काग़ज़ों में एक पवित्रता की आभा है, जो कि होनी भी चाहिए, क्योंकि ये उन लोगों के वजूद के प्रमाण हैं जो अन्यथा इतिहास से पूरी तरह से मिट चुके होते। खुरदुरी तहों और पानी के दाग़ों वाले काग़ज़ के इन महीन टुकड़ों में कुछ बहुत ही मार्मिक है: हर सिलवट और धब्बा इस बात का सुबूत है कि अक्सर (*आइबिस* जैसे) भूतपूर्व दास जहाज़ों के तंग पेटों के भीतर उन अंतहीन यात्राओं के दौरान उन पर कितनी कड़ी सुरक्षा रखी जाती थी। बाद के कुछ इमिग्रेशन सर्टिफिकेट्स में प्रवासियों के फ़ोटो भी शामिल हैं। ये तस्वीरें भी अक्सर दिल को चीर डालने वाली होती हैं: उनमें दिखाई देने वाले लोग बहुत ही कम उम्र, महज़ बच्चे लगते हैं, जिनकी आंखें भ्रम, संदेह और पीड़ा से भरी होती हैं। इस बात की कल्पना भी कर पाना कठिन है कि अनजान मंज़िलों के सफ़र पर निकलने के लिए उन्हें कितनी हिम्मत जुटानी पड़ती होगी।

बहुत पहले, बारहवीं सदी के यहूदी व्यापारी अब्राहम बेन यीजू के पत्रों का अनुवाद करते समय, मुझे पता चला था कि कभी-कभी काग़ज़ के टुकड़ों के पीछे कुछ आश्चर्यजनक जानकारी छिपी हो सकती है।[5] और जब मैंने उन इमिग्रेशन सर्टिफिकेट्स को पलटकर देखा तो मुझे वाक़ई कुछ ऐसा मिला जिसका उल्लेख मैंने साहित्य में कभी नहीं देखा था, संभवतः इसलिए कि किसी ने इन काग़ज़ों को पलटकर देखने के बारे में

सोचा ही नहीं: कुछ सर्टिफिकेट्स के पीछे बंगाली लिपि में लिखा हुआ था! इन लिखाइयों में मुख्य रूप से ये कुछ टिप्पणियां होती थीं जिनमें संभावित प्रवासी को लाने के लिए ज़िम्मेदार भर्तीकर्ता (दफ़ादार) का नाम दर्ज होता था, संभवतः इसलिए कि दफ़ादार को एक शुल्क का भुगतान किया जाना होता था (जिसमें से, बेशक, क्लर्क भी अपना हिस्सा लेता था)।[6] ये एक बहुत ही बेचैन करने वाला अहसास था कि उनमें से कुछ लिखाइयां मेरे अपने पुरखों के हाथों की लिखी हुई होंगी।

मैं इस विश्वास के साथ मॉरीशस गया था कि जिस चीज़ ने मेरे पूर्वजों को छपरा की ओर खींचा था वो यही अनुबंध का उद्योग था। लेकिन जैसे-जैसे मैं *सी ऑफ़ पॉपीज़* के लिए अपने शोध की गहराई में उतरता गया, वैसे-वैसे मुझे अहसास होता गया कि मैं ग़लत राह पर जा रहा था। मुझे पता चला कि छपरा के आसपास का क्षेत्र गंगा के मैदानी इलाक़ों में सबसे ज़्यादा खेती किए जाने वाले अफ़ीम उत्पादक ज़िलों में से एक था। नतीजतन शहर की अदालतों और स्थानीय प्रशासन के लिए मुख्य काम अफ़ीम की खेती का प्रबंधन करना और इससे संबंधित फ़ैसले करना ही था। ज़िले का सबसे वरिष्ठ अंग्रेज़ अधिकारी अफ़ीम विभाग का प्रतिनिधि था, और उसके पास अनगिनत तानाशाही शक्तियों का एक पूरा ज़ख़ीरा था। ये शहर नदी के जहाज़ों के उन बेड़ों के लिए एक प्रमुख पड़ाव भी था जो गंगा के रास्ते कलकत्ता तक अफ़ीम ले जाते थे। संक्षेप में, छपरा के बारे में अपने शानदार विवरणों से मेरे पिता ने जो अहम बात निकाल दी थी, वो ये थी कि उन्नीसवीं सदी के मध्य में जब हमारे पूर्वज वहां जाकर बसे थे, तब शहर का मुख्य व्यवसाय अफ़ीम था।

भोजपुरी लेखक पांडेय कपिल, जिनका जन्म मेरे पिता के नौ साल बाद 1930 में छपरा में हुआ था, की एक असामान्य साहित्यिक कृति की पृष्ठभूमि यही रहस्यपूर्ण वास्तविकता है। इस किताब का नाम *फूलसुंघी* है और इसे 'सबसे ज़्यादा पसंदीदा भोजपुरी उपन्यास' कहा जाता है। *फूलसुंघी* पहली बार 1970 के दशक के मध्य में भोजपुरी में प्रकाशित हुआ था और हाल ही में डॉ. गौतम चौबे के एक बेहतरीन अनुवाद के साथ अंग्रेज़ी में छपा है।[7]

फूलसुंघी के लिखे जाने के समय बिहार माओवादी विद्रोह की चपेट में था और भारत इमरजेंसी के रूप में ज्ञात एक तानाशाही शासन के दौर से गुज़र रहा था। लेकिन इन घटनाओं ने किताब पर कोई प्रभाव नहीं डाला है: *फूलसुंघी* एक ऐतिहासिक उपन्यास है

जो 1830 के दशक से शुरू होकर नब्बे साल की अवधि को कवर करता है। दूसरे शब्दों में, पुस्तक की पृष्ठभूमि ठीक उसी दौर की है जब बिहार में अफ़ीम का उत्पादन अपने चरम पर था। वास्तव में, ये मेरी जानकारी में एकमात्र भारतीय उपन्यास है जिसमें अफ़ीम की मौजूदगी सर्वव्यापी है। लेकिन, पांडे कपिल को औपनिवेशिक अफ़ीम शासन का निजी रूप से कोई अनुभव नहीं हो सकता था: उनके बड़े होने तक बिहार में अफ़ीम की खेती बहुत कम हो गई थी, इसलिए उनकी किताब काफ़ी हद तक दूसरे लोगों की यादों पर आधारित रही होगी। वास्तव में, अफ़ीम अधिकारियों के नामों के बारे में कई त्रुटियों से ये स्पष्ट हो जाता है कि स्थानीय अफ़ीम व्यापार के बारे में लेखक का चित्रण सुनी-सुनाई बातों और कहानियों पर आधारित था।

इस कारण से उपन्यास में अफ़ीम की भारी मौजूदगी और भी अधिक चौंकाने वाली बात है। कहानी एक तरह का रोमांस है, और अधिकांश घटनाक्रम ब्रिटिश अफ़ीम एजेंट (जो वास्तव में सब-डिप्टी अफ़ीम एजेंट रहा होगा) के आलीशान बंगले में घटित होता है। न केवल ये कि उपन्यास का हर पात्र किसी न किसी तरह से अफ़ीम से जुड़ा हुआ है, बल्कि अक्सर उनके भाग्य का फ़ैसला इस ड्रग से उनकी निकटता ही करती है।

उपन्यास के केंद्र में हलीवंत सहाय नामक एक पात्र है, जो एक कायस्थ है, जो कहानी में पंद्रह साल के एक 'शर्मीले' अनाथ के रूप में प्रवेश करता है और जल्द ही हाल ही में विधुर हुए और निस्संतान अंग्रेज़ अफ़ीम एजेंट हेनरी रेवेल का प्रिय बन जाता है। रेवेल लड़के को गोद ले लेता है और, एक तरह से, उसे अफ़ीम के साम्राज्य की चाबियां सौंप देता है, जिसके बाद अंग्रेज़ की कहानी एक ऐसा रुख़ ले लेती है जो औपनिवेशिक मेलजोल के बारे में भारतीय कहानियों से मिलती-जुलती थी: वो अपनी अंग्रेज़ियत को त्याग देता है और इलाक़े का प्रिय संत रेवेल बाबा बन जाता है, जो दुनिया का परित्याग कर देने वाला एक साधु प्रवृत्ति का व्यक्ति है। इसके विपरीत, हलीवंत सहाय दूसरी दिशा में निकल जाता है, और अंग्रेज़ी तौर-तरीक़े अपना लेता है, अफ़ीम व्यापार का बंदोबस्त संभाल लेता है और इसी के साथ ज़मींदारी भी हासिल कर लेता है। जैसे-जैसे उसकी शक्ति बढ़ती है, वो अपनी नज़रें एक मशहूर तवायफ़ पर गड़ा देता है और उसे पिंजरे में बंद 'फूलसुंघी' में बदल देता है, जिससे एक ऐसे महान संगीतकार का दिल टूट जाता है जो उस पर मोहित था। संगीत और उसे बनाने में शामिल कई तरह के नशे उपन्यास के मुख्य विषयों में से हैं।

ये देखते हुए कि *फूलसुंघी* उपनिवेशवादियों द्वारा अफ़ीम उगाए जाने वाले युग के ख़त्म होने के बहुत बाद लिखी गई थी, उपन्यास में अफ़ीम की भूमिका बिहार के न केवल आर्थिक बल्कि सांस्कृतिक और कल्पनाशील जीवन में भी बहुत बड़ी उपस्थिति का संकेत है। जैसा कि अनुवादक ने टिप्पणी की है, उपन्यास में हर शख़्स अफ़ीम एजेंट द्वारा बनाए गए नैतिक ब्रह्मांड में रहता है, जो संत बनने से पहले से ही एक शानदार, देवतुल्य व्यक्ति है। समय बीतने के साथ सहाय भी इस देवत्व को साझा करने लगता है: 'एक सच्चे साहब की तरह वो हमेशा धरती पर रहने वाले नश्वर लोगों से दूर आसमान में तैरा करता था। वो बस अपनी निगाह भर से चीज़ों में आग लगा सकता था और लोगों को घबराहट में डाल सकता था, जैसा करने के लिए साहब लोग जाने जाते थे।' इस तरह सहाय सर चार्ल्स डीऑयली के नक़्शेक़दम पर चल रहा था, जो 1821 से 1831 तक पटना में अफ़ीम एजेंट था; वो एक विनोदपूर्ण सोशलाइट और निपुण कलाकार था, और उसे आतंक भरी नज़रों से देखा जाता था, और एक तेलुगु यात्री के शब्दों में, वो 'बलपूर्वक भी [अफ़ीम] इकट्ठी करने के लिए हथियारबंद लोगों की एक टोली के साथ देहात का दौरा करता था।'[8]

तो इस तरह, अफ़ीम कोई मामूली फ़सल नहीं थी: इसने हक़ीक़त में सर्वशक्तिमान, देवतुल्य, 'धरती पर रहने वाले नश्वर लोगों से दूर' प्राणियों का एक नया वर्ग बना दिया था। ये पोस्त की शक्ति का प्रमाण है कि औपनिवेशिक पोस्त उगाने के 150 साल के दौरान इस पौधे ने इस क्षेत्र की संस्कृति के साथ-साथ इसकी राजनीतिक अर्थव्यवस्था को भी बदल डाला था।

मेरे लिए *फूलसुंघी* इस मायने में भी रहस्य खोलने वाली किताब थी कि इसने मुझे वो संदर्भ दे दिया जिसकी मुझे छपरा की अपने पिता की कहानियों के लिए लंबे समय से ज़रूरत थी। मसलन, मुझे समझ में आया कि मेरे शुद्धतावादी दादाजी अपने घर पर तवायफ़ों की मेज़बानी क्यों किया करते थे: बज़ाहिर उनका संबंध एक ऐसे वर्ग से था जहां ये एक सामाजिक आवश्यकता थी। मुझे समझ में आया कि वो असामान्य पेड़-पौधे क्यों इकट्ठे करते थे: वो शायद अफ़ीम एजेंटों के तौर-तरीक़ों की नक़ल कर रहे थे, जिनके बीच बाग़बानी एक मनपसंद शग़ल था। पुस्तक में अफ़ीम एजेंट का वर्णन इस तरह किया गया है: 'रेवेल साहब एक शानदार शौक़ वाले आदमी थे... उनके बंगले के सामने का विशाल परिसर शाहबलूत और बॉटल के पेड़ों से सजा हुआ था। इसकी क़ालीन जैसी घास इतने प्यार से तराशी गई थी कि लोग उस पर पैर रखते भी कतराते थे।'[9]

लेकिन सबसे बढ़कर *फूलसुंघी* ने मेरे उस संदेह की पुष्टि कर दी जो आइबिस त्रयी के लिए किए हुए मेरे शोध ने मेरे मन में पहले ही डाल दिया था: मेरे पूर्वजों को छपरा लाने और उन्हें वहां बसाने का ज़िम्मेदार औपनिवेशिक अफ़ीम उद्योग ही था। अफ़ीम विभाग में बंगालियों की भूमिका इतनी महत्वपूर्ण थी कि उनके बारे में शिकायतें थीं कि वो 'सूबे के निवासियों की परिचित भाषा के बजाय बंगाली भाषा में खाते बनाते हैं।'[10] उस भाषा में साक्षर होने के कारण मेरे पूर्वजों को अफ़ीम विभाग में कोई नौकरी पाने में शायद बहुत परेशानी नहीं हुई होगी। हालांकि वो वैसे बंगाली अफ़ीम दीवान नहीं थे जिनके बारे में कहा जाता है कि उन्होंने ढेरों धन कमाया था, लेकिन वो इतने सफल ज़रूर रहे कि मेरे दादाजी क़ानून की पढ़ाई करने और छपरा में एक वकील के रूप में प्रैक्टिस शुरू करने में सक्षम हो गए। लेकिन एक वकील के रूप में भी मेरे दादाजी का काम अफ़ीम के साथ अटूट ढंग से जुड़ा रहा होगा: उनके ज़्यादातर नहीं तो बहुत से केस अफ़ीम उगाने वाली ज़मीनों इत्यादि के विवादों से संबंधित रहे होंगे। इस रौशनी में, ये बड़ी आसानी से समझा जा सकता है कि उत्पादन का एक ऐसा स्वरूप जिसने बड़ी तादाद में किसानों को इस हद तक ग़रीब बना दिया कि वो ख़ुद को बंधुआ बनाने के लिए मजबूर हो गए, उसी ने मुट्ठी भर ऐसे लोगों को सुविधापूर्ण ज़िंदगी भी दी जिनके पास तंत्र से लाभ उठाने योग्य कौशल था।

आज के दौर में बिहार को अक्सर परंपरा और पिछड़ेपन में डूबा हुआ बताया जाना वास्तविकता को पूरी तरह उलट देना है। जैसा कि *फूलसुंघी* ने बख़ूबी दर्शाया है, ये क्षेत्र वास्तव में जिस दलदल में फंसा हुआ है, वो 'परंपरा' नहीं है, बल्कि उस औपनिवेशिक आधुनिकता की एक ख़ास क़िस्म की नक़ल है, जो अफ़ीम के उत्पादन पर केंद्रित एक पूरी तरह से नई और आधुनिक औद्योगिक प्रणाली को लागू करती थी।[11]

लेकिन बेहद चौंकाने वाली बात दरअसल ये है कि अफ़ीम काल के नतीजे में होने वाली उथल-पुथल जो लाखों लोगों की ज़िंदगियों में भारी बदलाव लाई और जिसने मेरे परिवार की नियति को आकार दिया, उसके पीछे कोई स्थानीय या क्षेत्रीय कारण नहीं था। वो यूरेशियन भूभाग के दूर के सिरों पर स्थित दो विदेशी शक्तियों – ग्रेट ब्रिटेन और चीन – के बीच संघर्ष और प्रतिस्पर्धा के सदियों पुराने रिश्ते के अनपेक्षित परिणाम थे।

नौ

मालवा

मेरे पिता के परिवार को तीर्थयात्राओं से बहुत गहरा लगाव रहा था, तीर्थयात्राओं के प्रति भारतीय परिवारों को जितना लगाव होता है उससे भी ज़्यादा। हो सकता है कि मेरे पूर्वजों के छपरा में बसने में इसने भी कुछ भूमिका निभाई हो, क्योंकि छपरा दो सबसे महत्वपूर्ण हिंदू तीर्थ स्थलों – बनारस और गया – के एकदम बीच में स्थित है।

हिंदुओं का सबसे पवित्र शहर, बनारस, छपरा से लगभग 200 किलोमीटर के फ़ासले पर स्थित है। छपरा से बनारस का सफ़र, प्रवाह की विपरीत दिशा में नाव द्वारा तीन या चार दिन में पूरा किया जा सकता है| बनारस में एक विशेष रूप से पवित्र दिन महाशिवरात्रि है, जो इस शहर के साथ सबसे अधिक निकटता से जुड़े भगवान के लिए मनाई जाती है। अगर वर्ष का कोई एक ऐसा दिन होता जब मेरे पूर्वज बनारस में होना चाहते, तो वो यही दिन होता।

संयोग से, महाशिवरात्रि आमतौर पर सर्दियों के अंतिम भाग, फ़रवरी के अंत या मार्च के आरंभ में पड़ती है, जो कि ठीक वही समय होता है जब पोस्त के फूल खिलते होंगे। बनारस आते-जाते समय मेरे पर-परदादा-दादी ऐसे नज़ारों के बीच से गुज़रते होंगे जो सफ़ेद फूलों की बर्फ़ जैसी चादर से ढका होता होगा।

अन्य कई वानस्पतिक वस्तुओं की तरह ही अफ़ीम के उत्पादन में भी उपनिवेशवादी हमेशा मानकीकृत एकल फ़सल को तरजीह देते थे, इसलिए अफ़ीम विभाग के क्षेत्रों

में उगाई जाने वाली पोस्त समान रूप से एक ही रंग की होती थी: सफ़ेद। विभाग के अधिकारियों का दृढ़ विश्वास था कि सफ़ेद पोस्त से सबसे अच्छी अफ़ीम बनती है, इसलिए पूरे क्षेत्र में इसी क़िस्म की पोस्त बोई जाती थी (ग़ाज़ीपुर के आसपास के इलाक़ों में आज भी इसी क़िस्म की पोस्त की खेती की जाती है)।

लेकिन दूसरी जगहों पर ऐसा नहीं था, जैसा कि अगर तीर्थयात्रा के प्रति मेरे पूर्वजों का जुनून उन्हें कहीं और ले जाता, जैसे मध्य भारत में एक अन्य पवित्र नदी नर्मदा के तट पर स्थित ओंकारेश्वर के महान शिव मंदिर में। इन क्षेत्रों पर सीधे तौर पर औपनिवेशिक राज्य का शासन नहीं था, लेकिन वहां भी पोस्त उगाई जाती थी, हालाँकि बिहार से बिल्कुल अलग परिस्थितियों में। यहां लाल, गुलाबी और बैंगनी फूलों से सजे पोस्त के खेत होली के हुड़दंगियों के कपड़ों की तरह ही चटकीले रंगों के होते थे।[1]

बिहार के बर्फ़ जैसे सफ़ेद अफ़ीम के खेतों की एकरूपता के आदी किसी भी व्यक्ति के लिए इन जीवंत रंगों को देखना आश्चर्य की बात होती। बिहार के यात्री नर्मदा घाटी के किसानों का शायद मज़ाक़ भी उड़ाते, और ये मानते हुए उन्हें मूर्ख देहाती समझते कि उनके लिए सफ़ेद अफ़ीम की खेती करना बेहतर होता जिसे औपनिवेशिक विशेषज्ञ बेहतर मानते थे। लेकिन वो ग़लत होते: कंपनी की अफ़ीम की असाधारण गुणवत्ता का कारण फूल की वो क़िस्म नहीं थी जिसे वो प्राथमिकता देती थी, बल्कि इसका कारण उनकी मानकीकृत विनिर्माण प्रक्रियाएं और परीक्षण के तरीक़े थे, जो मध्य भारत में बनने वाले उत्पाद की तुलना में उच्च श्रेणी के उत्पाद को सुनिश्चित करते थे। वास्तव में, अफ़ीम विभाग के वैज्ञानिक भी कठोर परीक्षणों के ज़रिए इसी नतीजे पर पहुंचे थे कि मध्य और पश्चिमी भारत की रंगीन पोस्त इसकी सफ़ेद क़िस्म की तुलना में श्रेष्ठ स्तर की अफ़ीम पैदा करती है (शायद यही कारण है कि आज के अफ़ग़ानिस्तान में अफ़ीम के किसान रंगीन क़िस्म को ही तरजीह देते हैं)।[3] अफ़ीम विभाग का अपनी पसंदीदा क़िस्म के प्रति लगाव शायद सफ़ेद रंग के गुणों में इसकी गहरी आस्था के सिवाय कुछ नहीं था।

पूर्व से आने वाले यात्रियों के लिए नर्मदा घाटी में अफ़ीम की खेती के पैटर्न को दर्शाने के लिए फूलों का रंग ही हैरत की एकमात्र चीज़ नहीं होती। वो ये देखते कि अफ़ीम की खेती प्राथमिक फ़सल के रूप में नहीं बल्कि गन्ने और सर्दियों की अन्य फ़सलों के साथ खेतों के किनारों की मेड़ों पर की जाती है। इसके साथ ही उन्हें ये भी पता चलता कि उस क्षेत्र के अफ़ीम कृषक अपनी फ़सल को अफ़ीम विभाग या किसी अन्य औपनिवेशिक

एजेंसी को बेचने के लिए क़ानूनन बाध्य नहीं थे; बल्कि वो अपना उत्पाद स्थानीय व्यापारियों को बेचते थे, जो अफ़ीम को अपने छोटे-छोटे कारख़ानों में संसाधित और पैक करते थे। अफ़ीम व्यापार के एक उन्नीसवीं सदी के ब्रिटिश इतिहासकार ने लिखा था, 'यहां अफ़ीम की खेती और अफ़ीम का निर्माण सरकारी एजेंटों की ओर से किसी भी तरह के प्रतिबंध या हस्तक्षेप के बिना चावल और गेहूं की ही तरह स्वतंत्र रूप से किया जाता है। इसलिए किसानों के सामने सवाल केवल मुनाफ़े का होता है कि वो पोस्त की फ़सल उगाएंगे या चावल या गेहूं की।'[4]

अगर पूर्वी यात्री किसी पोस्त किसान के घर के अंदर जाते, तो वो और भी अचरज में पड़ जाते कि इस क्षेत्र में पोस्त के दूध को पूरब की तरह पानी के बर्तनों में नहीं बल्कि अलसी के तेल से भरे पात्रों में रखा जाता है।[5] अगर वो अपनी जिज्ञासा के हाथों मजबूर होकर किसी उत्पादन केंद्र में चले जाते, तो वो ये देखकर हैरान रह जाते कि ये जगह पटना या ग़ाज़ीपुर की तरह कोई विशाल क़िलेनुमा फ़ैक्ट्री नहीं, बल्कि एक छोटा सा शेड है, जहां छांव में सूखने के लिए चपटी टिकियां रखी हुई हैं। उन्हें पता चलता कि उत्पाद के तैयार होने में एक साल या इससे भी ज़्यादा का समय लगता है और इसे विदेश भेजने में दो साल तक लग जाते हैं। अफ़ीम विभाग की प्रक्रियाओं से परिचित किसी भी व्यक्ति को ये सबकुछ सिर्फ़ अजीब ही नहीं बल्कि चौंकाने वाला भी लगता।

लेकिन जो बात बहुत ही पैनी नज़र वाले किसी व्यक्ति के अलावा और कोई नहीं समझ पाता वो ये थी कि आगे चलकर उत्पादन के इन दो तरीक़ों में अंतर का उनके संबंधित क्षेत्रों पर बड़ा गहरा और दीर्घकालिक प्रभाव पड़ेगा।

इन सभी अंतरों का कारण दरअसल इस तथ्य में छिपा है कि अंग्रेज़ों ने पश्चिम की तुलना में बहुत पहले ही पूर्वी भारत में अपने क्षेत्र का विस्तार कर लिया था। 1765 तक, जब ईस्ट इंडिया कंपनी गंगा के अधिकांश मैदानी इलाक़ों पर नियंत्रण कर चुकी थी, तब तक पश्चिमी तट पर इसके क़ब्ज़े में बॉम्बे के बंदरगाह के अलावा बहुत कम इलाक़ा था। ये इस तट पर पुर्तगाली क्षेत्रों की तुलना में महज़ एक पांव टिकाने लायक जगह भर थी, क्योंकि पुर्तगाली इलाक़ों में न केवल गोवा बल्कि कैम्बे की खाड़ी में रणनीतिक रूप से स्थित दमन और दीव के उपनिवेश भी शामिल थे।

उस समय बॉम्बे के भीतरी इलाक़ों पर शक्तिशाली मराठा रियासतों का नियंत्रण था। इन राज्यों, जिनमें से सबसे महत्वपूर्ण की राजधानियां ग्वालियर, बड़ौदा, इंदौर और नागपुर थीं, की स्थापना सत्रहवीं शताब्दी में मराठा नायक शिवाजी भोसले द्वारा मुग़ल साम्राज्य से इस क्षेत्र को छीनने के बाद की गई थी। उनकी मृत्यु के बाद उनका साम्राज्य कई शक्तिशाली मराठा राजवंशों के बीच बंट गया था। गंगा के मैदानी इलाक़ों के राज्यों के उलट प्रमुख मराठा राज्य ईस्ट इंडिया कंपनी की सेनाओं से टक्कर लेने में सक्षम थे।[6] रणनीति और हथियारों दोनों में ही मराठा राजवंशों ने उस समय के नवीनीकरणों के साथ क़दम से क़दम मिलाए रखने के लिए बहुत मेहनत की और कुछ मामलों में तो उनके सैन्य सिद्धांत अंग्रेज़ों से आगे ही थे।[7]

सैन्य इतिहासकार रैंडॉल्फ़ कूपर लिखते हैं:

> युद्ध में मराठा तोपख़ाने को देखने वाले ब्रिटिश अधिकारियों के संस्मरणों से इसके उच्चस्तरीय होने के बारे में कोई संदेह नहीं रह जाता है। द्वितीय मराठा युद्ध [1803] के समय ऐसा माना जाता था कि फ्रांस के पास दुनिया का बेहतरीन तोपख़ाना है। जब ब्रिटिश अधिकारियों ने उस आग की मात्रा को देखा जो मराठा तोपें उगल रही थीं, तो उनमें से कुछ ने ये ग़लत दावा किया कि वो फ्रांसीसियों द्वारा संचालित थीं, लेकिन इस बात पर सभी सहमत थे कि उनका प्रभाव विनाशकारी था। एक और ग़लत धारणा ये थी कि भारत में तोपख़ानों और उनसे जुड़े साज़ो-सामान का उत्पादन फ्रांसीसियों द्वारा किया गया था, जबकि हक़ीक़त ये थी कि फ्रांसीसियों के पास बस नक़ल करने लायक़ सबसे आधुनिक उदाहरण था।[8]

पश्चिमी और मध्य भारत में अंग्रेज़ों के विस्तार की धीमी गति का एक और कारण ये था कि इस क्षेत्र में उनका मुख्य आधार, बॉम्बे, खड़े पहाड़ों की एक श्रृंखला और एक ऊबड़-खाबड़ पठार से घिरा हुआ था।[9] बंगाल के विस्तृत, सपाट मैदानों के विपरीत, जो पैदल सेना के पैंतरों के लिए एकदम सटीक थे, बॉम्बे से आगे का इलाक़ा गुरिल्ला-शैली की लड़ाई के लिए ज़्यादा अनुकूल था। इस इलाक़े की भौगोलिक बनावट का फ़ायदा उठाकर शिवाजी के मराठा योद्धाओं ने मुग़लों की सेनाओं को हराया था।

इसी के परिणामस्वरूप एक ऐसे समय में जब अंग्रेज़ गंगा के मैदानी इलाक़ों में हर विरोध को ख़त्म करने में सफल हो गए थे, तब भी उन्हें पश्चिमी और मध्य भारत में कठिन चुनौतियों का सामना करना पड़ा, विशेष रूप से मालवा में, जिसमें आज के दौर के मध्य प्रदेश का अधिकांश हिस्सा था, और इसी के साथ महाराष्ट्र, गुजरात और राजस्थान के कुछ हिस्सों में भी।[10]

मालवा में भी अफ़ीम की खेती सोलहवीं शताब्दी से लगातार बढ़ती रही थी। समय के साथ अफ़ीम आसपास के क्षेत्रों के व्यापारियों के लिए व्यापार की एक महत्वपूर्ण वस्तु बन गई, जिनके नेटवर्क तट से लेकर मालवा के सबसे अंदरूनी इलाक़ों के दुर्गों तक फैले हुए थे। इनमें विभिन्न धर्मों के उद्यमी व्यापारिक समुदाय शामिल थे – हिंदू, जैन और कई मुस्लिम संप्रदाय – जो सदियों से गेहूं, कपास, गन्ना आदि जैसी कृषि वस्तुओं का व्यापार और सट्टेबाज़ी करते रहे थे।[11] जैसे-जैसे अफ़ीम की खेती बढ़ी, अफ़ीम भी जैन और मारवाड़ी, बोहरा और इस्माईलियों के लिए व्यापार और सट्टे की एक महत्वपूर्ण वस्तु बन गई।

पश्चिमी और मध्य भारत की व्यापारिक दुनिया पर राज करने वाले सेठ और साहूकार इलाक़े के नवाबों और राजा-महाराजाओं से सहजीविता से जुड़े हुए थे, जो ऋण और वित्तपोषण के लिए उन पर निर्भर रहते थे। इसलिए, जहां बंगाल में ईस्ट इंडिया कंपनी ने देसी बैंकिंग प्रणालियों से लाभ उठाया, वहीं मालवा और गुजरात में स्थानीय व्यापारिक नेटवर्कों के समर्थन से देसी राज्यों को लाभ होता था, जो अच्छी तरह से सुसज्जित स्थायी सेनाओं को बनाए रखने के लिए उनसे संसाधन प्राप्त करते थे। नतीजतन, अपनी आंतरिक प्रतिद्वंद्विता और संघर्षों के बावजूद, ये राज्य ताक़त और सैन्य विशेषज्ञता जुटाने में इतने सक्षम थे कि उन्होंने अठारहवीं शताब्दी की अंतिम तिमाही में ईस्ट इंडिया कंपनी को कई बार हराया।

उन्नीसवीं सदी के आरंभ होने तक ईस्ट इंडिया कंपनी के नेतृत्व को ये अंदाज़ा नहीं हुआ था कि पश्चिमी और मध्य भारत के राज्य उनके लिए रणनीतिक ख़तरा पैदा करने के अलावा आर्थिक प्रतिद्वंद्वी भी बन सकते हैं। 1800 में, जब बंगाल की अफ़ीम की क़ीमत में इज़ाफ़े से कंपनी के ख़ज़ाने में भारी मुनाफ़ा आ रहा था, तब इसके अधिकारियों को ये व्याकुल करने वाला अहसास हुआ कि चीन में अफ़ीम के बाज़ार का विस्तार करने के इसके प्रयास पश्चिमी तट के चतुर व्यापारियों की नज़रों से नहीं बच पाए हैं: 1800 और

1803 के बीच निजी व्यापारियों द्वारा कंपनी के अपने बंदरगाह, बॉम्बे, के माध्यम से चीन को 63,500 किलोग्राम से अधिक अफ़ीम का निर्यात किया जा चुका था![12] और बात बस इतनी ही नहीं थी: गोवा, दमन और दीव की पुर्तगाली कॉलोनियों सहित पश्चिमी तट के कई अन्य बंदरगाहों से भी अफ़ीम का निर्यात किया जा रहा था। और इस तरह पश्चिमी भारत का अफ़ीम उद्योग कंपनी के तेज़ी से बढ़ते ड्रग के धंधे की बराबरी करने और यहां तक कि उससे आगे निकलने के लिए पूरी तरह तैयार था।[13]

ऐसे में कंपनी के सिरमौरों को लगा कि चीन और दक्षिण-पूर्व एशिया में अफ़ीम का बाज़ार सीमित है और आपूर्ति में बढ़ोतरी होने से इसकी क़ीमतों में गिरावट आ जाएगी।[14] इस नज़रिए से मालवा से अफ़ीम के निर्यात में वृद्धि कंपनी के मुनाफ़े के लिए एक गंभीर ख़तरा थी।

उस समय वैलिंगटन के भावी ड्यूक आर्थर वैल्ज़्ली का बड़ा भाई लॉर्ड वैल्ज़्ली कलकत्ता में गवर्नर जनरल था। ये मानते हुए कि मालवा के निर्यात में वृद्धि से बंगाल में अफ़ीम के एकाधिकार से होने वाले राजस्व पर 'हानिकारक प्रभाव' होंगे, लॉर्ड वैल्ज़्ली ने बॉम्बे में कंपनी के अधिकारियों को आदेश दिया कि वो इस व्यवसाय की तरक़्क़ी को रोकने और इसके पूर्ण विनाश के लिए कड़े से कड़े संभव उपाय करें।[15]

हुआ यूं कि जब गवर्नर जनरल ये चिट्ठी लिख रहा था, तब उसका भाई आर्थर वैल्ज़्ली, जो उस समय चौंतीस साल का था, एक अभियान पर पश्चिमी भारत की ओर जा रहा था जिसकी परिणति एक ऐसी लड़ाई के रूप में होने वाली थी जिसे वो अपने जीवन के अंत तक अपनी ज़िंदगी की सबसे महत्वपूर्ण सैन्य उपलब्धि के रूप में उद्धृत करता रहा। सितंबर 1803 में, वर्तमान महाराष्ट्र के अस्से में, भावी आयरन ड्यूक ने सिंधिया के नेतृत्व वाली एक कहीं बड़ी सहयोगी मराठा सेना को एक बहुत क़रीबी मुक़ाबले में हरा दिया। बाद में एक संवाददाता को लिखते हुए वैल्ज़्ली ने टिप्पणी की: 'मैंने भारत में जितनी भी पैदल सेनाएं देखी हैं, उनमें उनकी पैदल सेना सिवाय हमारी अपनी पैदल सेना के सर्वश्रेष्ठ है… मेरा विश्वास कीजिए कि उनकी गोलाबारी इतनी भीषण थी कि एक बिंदु पर तो मुझे संदेह होने लगा था कि क्या मैं अपनी सेना को आगे बढ़ने के लिए मना पाऊंगा।'[16]

छह सप्ताह बाद दिल्ली के पास लसवाड़ी में एक और सिंधिया सेना जनरल जेरार्ड लेक के नेतृत्व वाली ब्रिटिश सेना से मामूली अंतर से हार गई। रैंडॉल्फ़ कूपर लिखते हैं,

'चालीस साल की सैनिक सेवा में लेक ने विदेशी युद्ध के मैदानों में कई बार मौत का सामना किया था। उसने यॉर्कटाउन में जिस तरह की मार खाई थी, वो भी उस मार के बराबर नहीं थी जो उसे सिंधिया की बटालियनों के हाथों झेलनी पड़ी।'

गवर्नर जनरल को लिखे एक पत्र में, लेक, जिसने युद्ध के मैदान में अपने बेटे को खो दिया था, ने लिखा:

> ये [मराठा] बटालियनें बहुत ही सुसज्जित हैं, इनके पास तोपों की बहुत बड़ी संख्या है, इनके सैनिक बेमिसाल हैं, तोपची तब तक अपनी तोपों के साथ खड़े रहते हैं जब तक कि संगीन से मारे नहीं जाते। दुश्मन के तमाम सिपाहियों ने बहुत अच्छा व्यवहार किया... मैं अपने जीवन में कभी इतने गंभीर ख़तरे में नहीं रहा और मेरी भगवान से प्रार्थना है कि मैं फिर कभी ऐसी स्थिति में न पड़ूं। उनकी सेना हमारी सेना से अधिक व्यवस्थित है; कोई भी कसर बाक़ी नहीं रखी गई है, और हमारी हर तोप के मुक़ाबले में उनके पास तीन गुणा अधिक सैनिक हैं... ये लोग शैतानों की तरह लड़े, या यूं कहें कि नायकों की तरह... उन्होंने जिस तरह मोर्चा संभाला था, उससे मुझे वाक़ई लगता है कि हम नाकाम हो सकते थे।'[17]

दूसरे शब्दों में, मराठा सेनाएं कंपनी को हराने के बेहद क़रीब पहुंच गई थीं, और अगर भाड़े के यूरोपीय सैनिकों ने लड़ाई के अंतिम पलों में पाला बदलकर विश्वासघात न किया होता, तो वो वास्तव में कंपनी को हरा ही देतीं। उस समय जीत जाने से शायद भविष्य के हालात पर कोई असर नहीं पड़ता, क्योंकि उस समय तक अंग्रेज़ों की विजय की भूख इतनी अतृप्त हो चुकी थी कि वो निश्चित रूप से बार-बार हमला करते और अपने अपार वित्तीय संसाधनों की बदौलत आख़िरकार जीत ही जाते। लेकिन भले ही मराठे अंततः कंपनी को रोकने में नाकाम रहे, पर अपने दृढ़ प्रतिरोध के ज़रिए उन्होंने जिन परिस्थितियों को टाल दिया, उसने पश्चिमी भारत की नियति में बहुत बड़ा बदलाव ला दिया।[18]

इस प्रकार वर्ष 1803 भारत के औपनिवेशिक इतिहास में इस मायने में एक महत्वपूर्ण क्षण था कि इसने अंततः अंग्रेज़ों को मराठों के ख़िलाफ़ एक निर्णायक सैन्य बढ़त दिला

दी। अब आख़िरकार उसके पास मालवा अफ़ीम उद्योग का 'पूर्ण विनाश' करके कंपनी के बंगाल के एकाधिकार के महत्व को बढ़ाने का एक सुनहरा अवसर था! लॉर्ड वैल्ज़्ली के निर्देशों का पालन करते हुए कंपनी के बॉम्बे के अधिकारियों ने जल्द ही बॉम्बे से अफ़ीम के निर्यात पर पाबंदी लगाने और अपने नए क़ब्ज़े वाले क्षेत्रों पर पोस्त की खेती को प्रतिबंधित करने के आदेश जारी कर दिए।[19]

लेकिन कथनी से करनी कहीं ज़्यादा मुश्किल थी। अपनी हार के बाद भी मराठा राज्य किसी भी तरह अपंग नहीं हुए थे: अभी भी उनका भूमि के बड़े-बड़े टुकड़ों पर क़ब्ज़ा था और उनके पास मज़बूत सेनाएं थीं। इस तरह वो इतने शक्तिशाली थे कि कंपनी के लिए उनके राज्यों को उन क्षेत्रों में मिला लेने के बारे में सोचना असाध्य था, जिन पर उसका सीधे तौर पर शासन था। इसके बजाय, कंपनी ने उन्हें एक प्रकार के अप्रत्यक्ष शासन के तहत रखने का फ़ैसला किया, जिसके अंतर्गत समग्र नियंत्रण तो औपनिवेशिक शासन का रहा, लेकिन इसने ख़ुद को प्रशासनिक, वित्तीय और न्यायिक मामलों में शामिल नहीं किया: इसका अर्थ था कि खेती के तौर-तरीक़ों पर इसका कोई सीधा नियंत्रण नहीं था, क्योंकि ये राजस्व एकत्र नहीं करता था। इलाक़े के व्यापारिक नेटवर्क के लिए ये एक वरदान था, क्योंकि इससे उन्हें अफ़ीम का व्यापार जारी रखने और तट के साथ लगे बंदरगाहों पर गुप्त रूप से कारवां भेजने के लिए पर्याप्त कवर मिल गया, जहां से इसे दक्षिण पूर्व एशिया और चीन ले जाया जा सकता था। जब अंग्रेज़ एक बंदरगाह से इस प्रवाह को रोकने की कोशिश करते, तो व्यापारी दिशा बदल देते और अपने माल को दूसरी दिशा में भेजने लगते।[20]

ईस्ट इंडिया कंपनी के सामने अब वही संकट था जो पिछली सदी में इसके प्रतिद्वंद्वी डच वीओसी के लिए भी मुसीबत बना रहा था जब उसने लौंग और जायफल जैसे मसालों पर एकाधिकार जमाने की कोशिश की थी। वानस्पतिक वस्तुओं पर एकाधिकार जमाने की कोशिश में दिक़्क़त ये है कि किसी प्रजाति को किसी निश्चित क्षेत्र तक सीमित करना नामुमकिन नहीं तो मुश्किल ज़रूर है, ख़ासकर तब जबकि वो पौधे बहुत ज़्यादा मुनाफ़ा भी कमाते हों। अठारहवीं सदी में डच ने लौंग और जायफल की खेती को कुछ ख़ास द्वीपों तक सीमित करने की कोशिश की थी। लेकिन इस नीति को न केवल देसी लोगों के प्रतिरोध ने बल्कि ख़ुद पेड़ों ने भी कमज़ोर बना दिया: ये पेड़ मलूकू के जंगलों में इतनी बहुतायत में उगते थे कि उन्हें जड़ से उखाड़ना असंभव था।[21] ऐसा ही एक परिदृश्य उन्नीसवीं सदी के शुरुआती दशकों में पश्चिमी और मध्य भारत में भी सामने आया, जब

कंपनी ने देसी राज्यों पर अफ़ीम की खेती पर प्रतिबंध लगाने वाली संधियों को थोपने की कोशिश की। इस नीति के कार्यान्वयन से जुड़ा एक प्रमुख व्यक्ति एक अन्य वैल्ज़्ली था, जेराल्ड, जो (तब तक) भूतपूर्व हो चुके गवर्नर जनरल का बेटा और आयरन ड्यूक का भतीजा था। उसने कई साल इंदौर में बिताए जहां एक स्थानीय महिला से, जिसका नाम 'कुलू' दर्ज किया गया था, उसके तीन बच्चे हुए।[22]

इंदौर में रहने के दौरान जहां वो ब्रिटिश प्रतिनिधि ('रेज़िडेंट') था, वैल्ज़्ली ने सत्तारूढ़ होलकर और दूसरे राजपरिवारों को अफ़ीम व्यापार पर प्रतिबंध लगाने वाली संधियों पर हस्ताक्षर करने के बदले में मुआवज़ा देने की पेशकश करते हुए उनके साथ लंबी वार्ताएं कीं।[23] उनमें से सबसे शक्तिशाली ग्वालियर के महाराज ने साफ़ इंकार कर दिया, लेकिन कई राजाओं के पास हस्ताक्षर करने के अलावा कोई विकल्प नहीं था। मगर कई दूसरे राजघरानों की तरह इंदौर के होलकरों ने भी कम से कम प्रतिरोध की राह चुनी और एक ऐसी संधि पर हस्ताक्षर कर दिए जिसकी भाषा एकदम स्पष्ट थी: इसने अंग्रेज़ों को 'यहां प्रतिबंधित किसी भी ऐसी अफ़ीम को रोकने और ज़ब्त कर लेने की शक्ति दी जिसे वो महाराज के इलाक़ों से गुज़रते हुए पाएं।'[24]

वास्तव में संधि के लहजे की गंभीरता एक बहुत बड़ी कमज़ोरी को छिपाती थी: वैल्ज़्ली के पास इतने कर्मचारी नहीं थे कि वो उस सारी अफ़ीम पर नज़र रख सकें 'जिसे वो महाराज के इलाक़ों से गुज़रते हुए पाएं।' न ही महाराज या उनके किसी भी साथी राजा का इस संधि को लागू करने का कोई इरादा ही था: उन्होंने न केवल व्यापार को कमोबेश बेरोक-टोक जारी रहने दिया, बल्कि व्यापारिक नेटवर्क के साथ मिलकर इसे अंग्रेज़ों से छिपाने की साज़िश भी की।

जहां तक मालवा के व्यापारियों का सवाल था, उनके लिए इस समय तक ये ड्रग राजस्व का एक प्रमुख स्रोत बन चुकी थी। अंग्रेज़ों से मुक़ाबले के कारण अन्य वस्तुओं से उनका मुनाफ़ा बहुत कम हो चुका था, इसलिए पैसा कमाने के साधन के रूप में अफ़ीम उनके लिए महत्वपूर्ण हो गई थी। इसलिए अफ़ीम की खेती को दबाने की कंपनी की पूरी कोशिशों के बावजूद ये फ़सल उन क्षेत्रों में फलती-फूलती रही, जो सीधे तौर पर अंग्रेज़ों द्वारा प्रशासित नहीं थे।

स्थानीय नवाबों और राजा-महाराजाओं पर राजनीतिक दबाव डालने के साथ-साथ कंपनी ने बाज़ार का सबसे बड़ा ख़रीदार बनकर मालवा अफ़ीम उद्योग पर नियंत्रण करने की भी कोशिश की। लेकिन उनकी इस कोशिश को भी इलाक़े के व्यापारिक नेटवर्क ने नाकाम कर दिया। कंपनी के अधिकारियों को जल्द ही पता चल गया कि मालवा की अफ़ीम हर ख़रीदार के लिए उपलब्ध नहीं है, भले ही उसके पास इसे ख़रीदने के लिए पैसे हों। आपूर्ति पर एक व्यवसाय-संघ का नियंत्रण था, जिसके पास अपने ख़रीदारों को चुनने और बाज़ार से माल को रोक लेने का अधिकार था। इसका कारण अफ़ीम की मूलभूत विशेषताएं थीं: ये न सिर्फ़ एक ऐसी चीज़ थी जिसकी क़ीमत ज़्यादा और मात्रा कम थी, बल्कि ऐसा भी माना जाता था कि समय के साथ इसकी क्वालिटी बेहतर होती है, जिसके कारण व्यापारियों को अपने भंडार को बचाए रखने का प्रोत्साहन मिलता था।[25] अफ़ीम किसानों से सीधे तौर पर ख़रीदारी करने का भी कोई फ़ायदा नहीं था क्योंकि उनकी पूरी फ़सल आमतौर पर सट्टेबाज़ों द्वारा एक साल पहले ही ख़रीद ली जाती थी। इसके अलावा, कंपनी अफ़ीम के वायदा कारोबार में उस पैमाने पर सट्टा लगाने का जोखिम नहीं उठा सकती थी जितना बाज़ार पर क़ब्ज़ा करने के लिए ज़रूरी होता। कंपनी को इस बात से भी नुकसान पहुंचा कि जेराल्ड वैल्ज़्ली ने अपने आक्रामक रवैये से कुछ सबसे महत्वपूर्ण डीलरों को अलग-थलग कर दिया था। उन्होंने एक पत्र में लिखा, 'उन्होंने हमें इतना अपमानित और ज़लील किया है कि हमें लगभग ऐसा लगने लगा था कि [वो] हमें लूट लेंगे।'[26]

वास्तव में, जैसा कि इतिहासकार अमर फ़ारूक़ी लिखते हैं:

> भारतीय व्यापारियों ने पश्चिमी भारत में अफ़ीम पर बंगाल की तरह एकाधिकार स्थापित करने के ब्रिटिश भारतीय सरकार के प्रयासों को विफल कर दिया... उन्हें अपनी आक्रामकता में इस क्षेत्र के खंडित अधिकारों वाले भारतीय शासकों से लेकर सशस्त्र 'डाकुओं' तक के कई अन्य स्वदेशी समूहों के मौन या सक्रिय समर्थन से प्रोत्साहन मिला। यहां हम जो देखते हैं वो है... उपनिवेशवाद और भारतीय पूंजीपतियों के बीच एक गंभीर संघर्ष, जिसमें देसी व्यापारी उस महत्वपूर्ण क्षेत्र, बाज़ार, सहित विभिन्न स्तरों पर मुक़ाबला करने में सफल रहे थे।[27]

मूलतः औपनिवेशिक शासन ख़ुद अपने ही जाल में फंस गया था: कारोबार पर क़ब्ज़ा करने के ईस्ट इंडिया कंपनी के प्रयासों का विरोध करने में मालवा नेटवर्क अंग्रेज़ों के साथ वही कर रहा था जो वो ख़ुद चिंग साम्राज्य के साथ कर रहे थे। जिस तरह कंपनी अफ़ीम के प्रवाह को रोकने के चीनी प्रयासों को नाकाम करने के लिए हरसंभव छल का प्रयोग कर रही थी, उसी तरह मालवा के व्यापारी, शासक और किसान भी अपने मुनाफ़े को बनाए रखने, और व्यापार पर एकाधिकार हासिल करने के ब्रिटिश प्रयासों को विफल करने के लिए हरसंभव छल का इस्तेमाल कर रहे थे।

लेकिन इसके साथ ही, एक महत्वपूर्ण अंतर भी था। अंग्रेज़ सैन्य रूप से इतने शक्तिशाली थे कि वो चिंग को उस व्यापार को वैध बनाने के लिए मजबूर कर सकते थे जो सही मायनों में आपराधिकता से सना हुआ था। लेकिन उपनिवेशवादियों की तुलना में कहीं ज़्यादा कमज़ोर मालवा के शासकों और व्यापारियों के पास ऐसा कोई रास्ता नहीं था। सैन्य शक्ति में भारी विषमता होने के कारण उपनिवेशितों के पास ऐसे बहुत कम हथियार थे जिनका वो सहारा ले सकते थे: इस प्रकार अफ़ीम का गुप्त व्यापार प्रतिरोध का एक हथियार और औपनिवेशिक सत्ता द्वारा आमदनी के एक महत्वपूर्ण स्रोत को जबरन हड़पने से रोकने का एक साधन बन गया। जैसा कि फ़ारूक़ी ने अपनी सटीक शीर्षक वाली पुस्तक *स्मगलिंग ऐज़ सबवर्ज़न* में दिखाया है, मालवा अफ़ीम 'कमज़ोर लोगों का हथियार' बन गई थी, जिसका इस्तेमाल स्थानीय शासकों और व्यापारिक तंत्रों ने राजस्व के एक आकर्षक स्रोत पर अपनी पकड़ बनाए रखने के लिए किया। लेकिन, इस बात पर भी ध्यान दिया जाना ज़रूरी है कि ऐसा करने की उनकी नीयत बड़ी हद तक अवसरवादी और स्वार्थी थी।[28]

इस मामले में भी पश्चिमी भारत में अफ़ीम का इतिहास आने वाली शताब्दियों के लिए अनहोनियों से भरा पड़ा है, जिनमें ड्रग्स ने भारी सैन्य बल के मुक़ाबले में विद्रोही समूहों के वजूद को सुनिश्चित किया, जिसका सबसे हालिया उदाहरण अफ़ग़ानिस्तान में तालिबान के रूप में सामने आया।[29] वास्तव में, उन्नीसवीं सदी के मालवा और वर्तमान अफ़ग़ानिस्तान के अफ़ीम उद्योग के बीच कुछ विलक्षण समानताएं हैं। मालवा की ही तरह, 1980 के बाद ज़मींदारों और साहूकारों की नक़द अग्रिम राशियों ने अफ़ग़ानिस्तान में अफ़ीम की खेती के विस्तार में बड़ी भूमिका निभाई; वहां भी अक्सर फ़सल को उत्पादक संघों द्वारा एक साल पहले ही ख़रीद लिया जाता था; और वहां भी एक

अनिश्चितता भरे दौर में अफ़ीम अर्थव्यवस्था आमदनी और रोज़गार का एक महत्वपूर्ण स्रोत रही है।[30] परिणामस्वरूप, 2001 के बाद इस उद्योग का विनाश करने के अमेरिकी सेना के प्रयासों ने अमेरिका-समर्थित सरकार के ख़िलाफ़ भारी आक्रोश पैदा किया और आख़िरकार यही उसके पतन का कारण बना।[31]

क्रूर तथ्य यही है कि ये एक ऐसा फूल है जिसने मानव इतिहास की सबसे ताक़तवर सैन्य शक्ति को हरा दिया: पोस्त भले ही दिखती नाज़ुक सी हो, लेकिन ये उन सबसे शक्तिशाली प्राणियों में से एक है जिसका सामना मनुष्यों ने पृथ्वी पर बीते अपने समय में किया है। निश्चित रूप से, चाय, गन्ना, तंबाकू, रबर, कपास, *यर्सीनिया पेस्टिस* और कई अन्य पौधों और रोगाणुओं ने मानव इतिहास में प्रमुख भूमिकाएं निभाई हैं, कुछ ने तो कई सदियों तक। लेकिन आज वो सभी अपने प्रभाव में बहुत कमज़ोर हो चुके हैं, जबकि पोस्त पहले से कहीं अधिक शक्तिशाली है।

मालवा नेटवर्क की निरंतर चुनौती, और साथ ही कंपनी के भीतर आंतरिक बहस ने आख़िरकार ब्रिटिश अधिकारियों को अपने ड्रग्स के धंधे के तौर-तरीक़ों पर नए ढंग से सोचने के लिए प्रेरित किया। इस विचार को त्यागते हुए कि अफ़ीम एक सीमित बाज़ार वाली विलासिता की चीज़ है, उन्होंने इसे एक ऐसी व्यापक वस्तु मानना शुरू कर दिया जिसमें असीमित मुनाफ़ा पैदा करने की संभावना है।[32] इसके नतीजे में, 1830 में नीति में अचानक बदलाव आया: औपनिवेशिक शासन ने मालवा के राज्यों के साथ अपनी अफ़ीम संधियों को रद्द कर दिया, और पोस्त की खेती से सारे प्रतिबंध हटा लिए। अब उनकी योजना मालवा की अफ़ीम के बढ़ते व्यापार के नतीजे में पैदा हुए हालात से पूरा फ़ायदा उठाते हुए राजस्व कमाने की थी, इसलिए एक आदेश पारित किया गया कि अब इस ड्रग को कितनी भी मात्रा में बॉम्बे से बाहर भेजा जा सकता है, बशर्ते कि उस पर ट्रांज़िट ड्यूटी अदा कर दी गई हो।[33]

शुरू में शुल्क राशि इतनी कम रखी गई थी कि दूसरे बंदरगाहों की तुलना में बॉम्बे से अफ़ीम भेजना अधिक लाभदायक हो। लेकिन इससे सिंध के कराची, और गोवा व दमन के पुर्तगाली उपनिवेशों से अफ़ीम का भेजा जाना नहीं रुका।[34] चूंकि फ़्रांसीसियों के ख़िलाफ़ ब्रिटेन के वैश्विक संघर्ष में पुर्तगाली एक महत्वपूर्ण सहयोगी

थे, इसलिए गोवा और दमन का एक बेहद लाभदायक व्यापार बंद नहीं किया जा सकता था।[35] लेकिन कराची का मामला अलग था: इस शहर से प्रतिस्पर्धा इतनी व्याकुल करने वाली थी कि आख़िरकार कंपनी ने सिंध पर हमला कर दिया और बंदरगाह को अपने नियंत्रण में ले लिया।[36] इससे न केवल अफ़ीम व्यापार पर बॉम्बे का नियंत्रण सुनिश्चित हो गया, बल्कि कंपनी को अफ़ीम की प्रत्येक पेटी के मूल्य का 50 और यहां तक कि 70 प्रतिशत तक ट्रांज़िट ड्यूटी बढ़ाने का अवसर भी मिल गया।[37] सिंध पर विजय के छह साल के भीतर मालवा अफ़ीम से ब्रिटिश राजस्व लगभग चार गुणा बढ़ चुका था।[38]

इसके परिणामस्वरूप औपनिवेशिक शासन को छप्परफाड़ लाभ हुआ, और साथ ही भारत से चीन भेजी जाने वाली अफ़ीम की मात्रा में भी भारी वृद्धि हुई। 1830 के बाद के दशक में मालवा से निर्यात की जाने वाली अफ़ीम का सालाना औसत लगभग तीन गुणा बढ़ गया, और जल्द ही इसकी मात्रा कलकत्ता से भेजी जाने वाली अफ़ीम की मात्रा से दोगुनी से भी अधिक हो गई। इसका नतीजा ये हुआ कि पश्चिमी और पूर्वी भारत के बीच होड़ लग गई, और अफ़ीम विभाग ने गंगा के मैदानों के अपने क्षेत्रों में उत्पादन बढ़ा दिया।[39] लेकिन आपूर्ति में इस भारी वृद्धि से मांग में ज़रा भी कमी नहीं आई – बल्कि ठीक इसके उलट हुआ।

जैसा कि वोर्मर ने लिखा है, 1830 के दशक के बाद अफ़ीम औपनिवेशिक शासन का 'प्रमुख निर्यात था, जो 1880 के दशक तक कुल वार्षिक निर्यात का औसतन बीस से तीस प्रतिशत बढ़ गया। मध्य शताब्दी में सामान्य मंदी के दौरान ये विदेशी व्यापार की लगभग एकमात्र वस्तु बन गई, जो 1846-47 में सभी निर्यातों के आधे के बराबर थी। उत्पादन 1820 की प्रतिवर्ष चार हज़ार पेटियों से बढ़कर 1870 के दशक में नब्बे हज़ार पेटियों से ज़्यादा हो गया, जिससे ये "किसी एक वस्तु में उस समय का संभवतः सबसे बड़ा व्यवसाय" बन गया।'[40]

इस प्रकार मालवा और पूर्वांचल प्रथम अफ़ीम युद्ध से पहले के वर्षों में चीन के अंदर तक बहने वाली अफ़ीम की नदियों के दो स्रोत बन गए। इन दोनों क्षेत्रों से अंग्रेज़ों को होने वाली आमदनी के बीच मुख्य अंतर ये था कि पूर्व में अफ़ीम की बिक्री से वो अकेले मुनाफ़ा कमा रहे थे, जबकि पश्चिम में उनकी आमदनी सिर्फ़ ट्रांज़िट ड्यूटी से होती थी। लेकिन इसका ये मतलब नहीं है कि मालवा की अफ़ीम उपनिवेशवादियों के

लिए किसी भी तरह से कम आकर्षक थी। इसके विपरीत, मालवा का उत्पाद बंगाल की अफ़ीम से कहीं ज़्यादा मुनाफ़ेबख़्श था, जिसे बनाए रखने के लिए एक विशाल और महंगे नौकरशाही प्रतिष्ठान के रखरखाव की ज़रूरत पड़ती थी। बॉअर का अनुमान है कि पूर्वी भारत में अफ़ीम के उत्पादन की लागत उस सकल आय की एक तिहाई से भी अधिक थी जो अंग्रेज़ कमाते थे, जबकि पश्चिम में ट्रांज़िट टैक्स के प्रशासन की लागत मात्र 0.17 प्रतिशत थी। इसलिए, औपनिवेशिक शासन के लिए मालवा और बंगाल दोनों की अफ़ीम की प्रति पेटी पर लाभ समान था।[41]

एकाधिकार प्रणाली के प्रशासनिक ख़र्च के बावजूद भी उपनिवेशवादियों ने बंगाल में इसे क्यों जारी रखा? उन्होंने ऐसा क्यों नहीं किया कि विशाल नौकरशाही को हटाकर मालवा की तरह स्थानीय व्यापारियों को कारोबार करने देते और मालवा की ही तरह आकर्षक शुल्क वसूलते रहते? बॉअर ने इसके जो कारण बताए हैं वो ये हैं: अफ़ीम विभाग की नौकरशाही एक विशाल निहित स्वार्थ थी जो ख़ुद को आसानी से ख़त्म नहीं होने देती। साथ ही, इसकी उत्पादन प्रक्रियाओं की बदौलत गुणवत्ता के कुछ मानक निर्धारित हो गए थे। इसका उत्पाद मालवा अफ़ीम की तुलना में हमेशा उच्च श्रेणी का होता था जिसमें अक्सर मिलावट भी होती थी और इसलिए चीन में इसकी क़ीमत कम मिलती थी।[42] लेकिन सबसे महत्वपूर्ण कारण ये था कि बनारस और पटना अफ़ीम पर अफ़ीम विभाग की कड़ी पकड़ के कारण कंपनी आवश्यकतानुसार उत्पादन बढ़ा सकती थी, ख़ासकर 1830 के बाद, जब ब्रिटिश साम्राज्य ने चीन में अफ़ीम की बाढ़ लानी शुरू कर दी थी।[43]

लेकिन निश्चित रूप से, भारत की सारी ही अफ़ीम का निर्यात नहीं हो जाता था। जैसे-जैसे इसकी आपूर्ति बढ़ी, वैसे-वैसे भारत में भी अफ़ीम के उपयोग में भारी वृद्धि हुई, ख़ासतौर से वर्तमान आंध्र प्रदेश के कुछ ग्रामीण क्षेत्रों, ओडिशा, सिंध, गुजरात, मध्य पंजाब और विशेष रूप से असम में जहां अफ़ीम का मौखिक रूप से सेवन करने के बजाय इसका धूम्रपान किया जाता था।[44] 'असम के दयनीय निवासियों के बीच अफ़ीम के उपयोग की सर्वव्यापकता' पर टिप्पणी करते हुए, एक ब्रिटिश पत्रिका ने लिखा: 'अगर इस ज़हरीले नशे के चीन में प्रवेश से वही प्रभाव उत्पन्न होते, जैसा कि असम में उत्पन्न होने का दावा किया जाता है, तो सम्राट द्वारा इसे कितना भी बड़ा ख़तरा उठाकर दबा देने का दृढ़ संकल्प दिखाए जाने पर हमें आश्चर्य नहीं करना चाहिए, और हम उस पितृत्व

भावना की पर्याप्त प्रशंसा नहीं कर सकते जिसने इस अवसर पर उन्हें प्रेरित किया, और जिसके लिए चीनी राष्ट्र उनके प्रति असीम आभारी है।'[45]

बॉम्बे के लिए मालवा की अफ़ीम एक सौभाग्य, एक वरदान साबित हुई। जैसा कि फारूक़ी ने दर्शाया है, अठारहवीं सदी के अंत की ओर बॉम्बे अंग्रेज़ों द्वारा त्याग दिए जाने की कगार पर था क्योंकि ईस्ट इंडिया कंपनी को इससे बहुत कम आमदनी होती थी।[46] 1788 में गवर्नर जनरल लॉर्ड कॉर्नवालिस ने ब्रिटिश प्रधानमंत्री विलियम पिट को पत्र लिखकर ये सिफ़ारिश भी की थी कि बॉम्बे का दर्जा घटाकर इसे एक छोटी चौकी बना दिया जाए। 'मैंने बहुत गंभीरता से सोच-विचार किया है,' कॉर्नवालिस लिखता है, 'और बॉम्बे में नागरिक प्रतिष्ठान की उपयोगिता पर मैंने इस देश के सबसे समझदार लोगों से बातचीत की है, और मुझे पूरा विश्वास हो गया है कि कंपनी को इससे कोई लाभ नहीं होता है।'[47]

उस समय बॉम्बे का ख़र्च उसकी आय से इतना ज़्यादा था कि कलकत्ता और मद्रास को उसे भारी रिआयत देनी पड़ती थी।[48] बंबई की राजस्व की समस्या का हल मालवा की अफ़ीम ने ही किया: अंग्रेज़ों द्वारा लिया जाने वाला ट्रांज़िट टैक्स बेहतरीन क़िस्म की दुधारू गाय था, जो बहुत कम प्रशासनिक लागत पर भरपूर धन देता था। वास्तव में बॉम्बे के द्वीप मालवा की अफ़ीम के बढ़ते भंडारों की बदौलत ही बचे रहे थे।[49]

लेकिन मालवा की अफ़ीम ने कई और लोगों को भी लाभ पहुंचाया, जिसका मुख्य कारण ये था कि इसका उत्पादन पूर्वी भारत से एकदम भिन्न परिस्थितियों में किया जाता था। सबसे महत्वपूर्ण अंतर ये था कि मालवा अफ़ीम उद्योग के मुनाफ़ों का वितरण पूर्वी भारत के आधिकारिक, औपनिवेशिक एकाधिकार से होने वाले मुनाफ़े की तुलना में कहीं ज़्यादा समान रूप से किया जाता था। औपनिवेशिक शासन द्वारा अपना हिस्सा ले लिए जाने के बाद मालवा की अफ़ीम से होने वाला जो लाभ बचता था, वो सामाजिक श्रेष्ठता-क्रम के विभिन्न स्तरों पर भारतीयों के हाथों में रहता था: बेशक नवाब और महाराजा, सेठ और साहूकार सबसे ज़्यादा मुनाफ़ा कमाते थे, लेकिन कुछ लाभ छोटे व्यापारियों और किसानों तक भी पहुंच जाता था। दूसरे शब्दों में, अंग्रेज़ी शासन के ख़िलाफ़ दशकों तक किया गया जुझारू प्रतिरोध, जिसने पहले सैन्य प्रतिरोध का रूप लिया और फिर बाज़ार

के पैंतरों और गुप्त व्यापार के माध्यम से जवाबी हमले में बदल गया, अफ़ीम व्यापार के लाभ के एक बड़े हिस्से को ब्रिटिश हाथों से दूर रखने में सफल रहा।

इस तथ्य ने कि मालवा में अफ़ीम की खेती एक गुप्त उद्योग के रूप में शुरू हुई थी, ये सुनिश्चित कर दिया कि इस पर हमेशा रहस्य का पर्दा पड़ा रहेगा। 'इस उद्यम की सफलता इसे लोगों की नज़रों से दूर रखने में ही निहित थी,' फ़ारूक़ी लिखते हैं। 'चूंकि इसमें लगे देसी समूह बेहद राज़दारी से काम लेते थे, इसलिए भारतीय पक्ष से आने वाले दस्तावेज़ी साक्ष्य आसानी से उपलब्ध नहीं होते हैं।'[50] इसका मतलब ये है कि पश्चिमी भारत में अफ़ीम कहावत के अनुसार कमरे में मौजूद हाथी बन गई थी, जिसे आम सहमति से अदृश्य कर दिया गया था: ये अर्थव्यवस्था की मुख्य चालक थी और इसे यही माना भी जाता था, लेकिन इसने लोगों की यादों में पूर्वी भारत के अफ़ीम उद्योग से भी कम निशान छोड़े। उदाहरण के लिए, मालवा में उन वर्कशॉपों की भी कोई पेंटिंग या ड्रॉइंग नहीं है जहां इसे संसाधित और पैक किया जाता था। वास्तव में, मुझे मालवा क्षेत्र में अफ़ीम से जुड़ा एक भी चित्र नहीं मिल पाया है।

आज ये बात काफ़ी हद तक भुलाई जा चुकी है कि अफ़ीम ने कभी पश्चिमी भारत की अर्थव्यवस्था में महत्वपूर्ण भूमिका निभाई थी; इस तथ्य को भी कठोरतापूर्वक दबा दिया गया है कि कुछ अनुष्ठानों में इस नशे को एक मान्यताप्राप्त भूमिका प्राप्त थी। इस वर्जना की तीव्रता एक घटना से स्पष्ट होती है जो तब हुई जब मैं *सी ऑफ़ पॉपीज़* लिख रहा था। इसमें उस समय के एक प्रमुख राजनीतिक व्यक्ति शामिल थे: भाजपा के एक दिग्गज नेता जसवंत सिंह, जो रक्षा, विदेश मामलों और वित्त मंत्रालयों में मंत्री रह चुके थे। 2007 में ये आरोप लगाया गया कि जसवंत सिंह के बेटे की शादी में परंपरागत अमल परोसा गया था (जो कि उनके राजपूत समुदाय में आम बात थी), जिसमें कुछ मात्रा में अफ़ीम शामिल होती थी। रिवाज के अनुसार अफ़ीम का एक बहुत पतला घोल उपस्थित लोगों की हथेलियों में लगभग पवित्र जल की तरह दिया जाता था। अफ़ीम का सेवन करने के सारे तरीक़ों में से शायद ये इकलौता ऐसा तरीक़ा है जिसे अफ़ीम की शांति देने और नष्ट करने की असाधारण क्षमता का सम्मान करते हुए श्रद्धांजलि का कृत्य माना जा सकता है।

लेकिन, इस आरोप ने पूरे भारत में आक्रोश की लहर पैदा कर दी कि एक मंत्री ने इस प्रथा का पालन किया; हर क़िस्म के नेता का दावा था कि वो बुरी तरह हतप्रभ है; मुक़द्दमे दायर किए गए और सांसद पद से जसवंत सिंह के इस्तीफ़े की मांगें की जाने लगीं। कुछ

समय को ऐसा लगने लगा कि ये घटना एक प्रतिष्ठित राजनीतिक कैरियर को ख़त्म कर देगी। किसी ने ये याद करने की ज़हमत नहीं की कि अफ़ीम से तैयार कुछ चीज़ें सदियों से भारतीय अनुष्ठानों में इस्तेमाल की जाती रही हैं। ऐसा लगता था जैसे अफ़ीम कोई पूरी तरह से अज्ञात और अजनबी चीज़ हो, एक ऐसी घृणित चीज़ जिसका उल्लेख मात्र ही पवित्र संयमियों की भारत की आत्म-छवि को दूषित कर देगा (भले ही दुनिया के दो सबसे बड़े अफ़ीम-प्रोसेसिंग प्लांट इस देश में ही हैं)।

लेकिन ये जानी-बूझी विस्मृति इस हक़ीक़त को नहीं छिपा सकती कि आधुनिक मुंबई की नियति काफ़ी हद तक अफ़ीम, और चीन द्वारा तय की गई थी। जैसा कि फ़ारूक़ी ने लिखा है: 'एक महान वाणिज्यिक और औद्योगिक केंद्र के रूप में बॉम्बे की नियति का जन्म अनगिनत चीनियों को अफ़ीम के नशे में डुबोने में इसके सहयोगी बनने से हुआ, एक ऐसा उपक्रम जिसमें ईस्ट इंडिया कंपनी के साथ मिलकर भारतीय व्यापारी वर्ग ने बहुत उत्साह दिखाया था। बॉम्बे के औपनिवेशिक अतीत का ये एक घिनौना पहलू है।'[51]

आज, एक ऐसे समय में जब 'अर्थव्यवस्था' और 'व्यापार' को पृथक क्षेत्र माना जाता है जो अपने स्वयं के नियमों के अनुसार काम करते हैं, सौदागरों और व्यापारियों को उनकी चालाकी और उद्यमशीलता के लिए सम्मान देना आम हो गया है। लेकिन पश्चिमी भारत के व्यावसायिक जगत से सीखने योग्य वास्तविक सबक़ ये है कि आधुनिक युग में व्यापार और उद्यम के फलने-फूलने के लिए राजनीतिक और सैन्य समर्थन हमेशा महत्वपूर्ण रहा है। अगर निजी उद्यम पश्चिमी भारत में पनपने में कामयाब रहा, लेकिन पूरब में ऐसा नहीं हुआ, तो इसका कारण कुल मिलाकर यही था कि गंगा के मैदानी राज्यों की तुलना में मराठा राज्य अधिक समय तक परभक्षी औपनिवेशिक शक्ति से लड़ने में सक्षम रहे थे। पश्चिमी भारत के उद्यमशील कौशल का श्रेय अंततः न केवल इसके व्यापारियों की वित्तीय कुशलता को जाता है, बल्कि मराठा राज्यों के राजनीतिक और सैन्य नेतृत्व की दूरदर्शिता और पैनी नज़र को भी जाता है। जिन वर्षों में उन्होंने अंग्रेज़ों की अनवरत चढ़ाई को रोका, आख़िरकार उन्हीं वर्षों की बदौलत वो अपने क्षेत्र में बहुत बड़ा बदलाव ला पाए।

अंग्रेज़ों ने पूंजीवादी उद्यम के संबंध में सैन्य शक्ति के महत्व को बहुत अच्छी तरह से समझ लिया था, जिन्होंने 'मुक्त व्यापार' के गुणों का ढोल पीटते रहने के बावजूद

व्यापारिक अवसर पैदा करने और प्रतिस्पर्धियों को कुचलने के लिए लगातार अपने सशस्त्र बलों का इस्तेमाल किया।[52] आधुनिक साम्राज्यवाद के कामकाज के लिए ये तौर-तरीक़े आज तक आवश्यक बने हुए हैं। समकालीन वैश्विक अर्थव्यवस्था के संस्थापकों में से एक, डच उपनिवेशवादी यान पीटरशून कून ने ये प्रसिद्ध शब्द यूं ही नहीं कहे थे: 'युद्ध के बिना कोई व्यापार नहीं हो सकता, और व्यापार के बिना कोई युद्ध नहीं हो सकता।'

दस

पूरब और पश्चिम

अपने भिन्न इतिहासों के कारण पूर्वी और पश्चिमी भारत में अफ़ीम उद्योग पूरी तरह से भिन्न दिशाओं में विकसित हुआ – जिसका दोनों क्षेत्रों पर दीर्घकालिक प्रभाव पड़ा। अफ़ीम के सबसे प्रतिष्ठित इतिहासकारों में से एक जॉन एफ़. रिचर्ड्स के अनुसार पश्चिमी और मध्य भारत में अफ़ीम ने 'अनेक दलालों, व्यापारियों और कमीशन एजेंटों को भरोसेमंद मुनाफ़ा दिलाया।' इसके विपरीत पूर्वी भारत में 'बंगाल की अफ़ीम के मुनाफ़े का गुणक प्रभाव संकुचित था।'[1]

दूसरे शब्दों में, मालवा के अफ़ीम उद्योग से उत्पन्न धन बहुत गहराई तक जाता था, और मुनाफ़े का बड़ा हिस्सा देसी हाथों में रहता था। इसके फ़ायदे पूरे सामाजिक दायरे में महसूस किए जाते थे। उदाहरण के लिए, मालवा के कुछ अफ़ीम किसान अपने पूर्वी समकक्षों की तुलना में दो, कभी-कभी तो तीन गुणा अधिक कमाते थे।[2] इसके अलावा, वो अफ़ीम विभाग की कठोर निगरानी व्यवस्था के सभी दुष्प्रभावों से बचे रहे।

दूसरी ओर, छोटे-मोटे व्यापारियों और ग्रामीण साहूकारों ने अफ़ीम की प्रोसेसिंग और बिक्री से बहुत लाभ कमाया, हालांकि उतना नहीं जितना सामाजिक पिरामिड के शीर्ष पर बैठे लोग कमाते थे – यानी मध्य और पश्चिमी भारत के नवाब और राजा-महाराजा। कई 'रजवाड़े' तो अफ़ीम से होने वाले राजस्व से ही चलते थे। 'उन्नीसवीं सदी के अंत तक,' रिचर्ड्स लिखते हैं, 'लगभग नब्बे राज्य अफ़ीम के उत्पादन में लग चुके

थे। ये राज्य आकार में इंदौर, मेवाड़, भोपाल, जयपुर, मारवाड़, ग्वालियर, अलवर और बीकानेर जैसे क्षेत्रफल और जनसंख्या की दृष्टि से सबसे बड़े राज्यों से लेकर मालवा के सीतामऊ जैसे छोटे से राज्य तक थे जिसमें कुछ हज़ार लोग ही रहते थे और जहां केवल एक मुख्य शहर था।'[3]

मध्य प्रदेश, राजस्थान और गुजरात के इलाक़ों में बिखरे उन्नीसवीं सदी के शानदार महल इस बात के गवाह हैं कि इस क्षेत्र के शासक अफ़ीम से कितना भारी मुनाफ़ा कमाते थे। ये शायद उचित ही है कि उनमें से कई महल अब आलीशान होटलों में बदल दिए गए हैं, जहां विदेशी पर्यटकों को उस कल्पनालोक में ले जाया जा सकता है, जिसकी मार्केटिंग अब 'अतुल्य भारत' के रूप में की जा रही है।

लेकिन भारत के राजाओं और नवाबों के लिए वो उद्योग जो शुरू में प्रतिरोध के रवैये से पोषित हुआ था, आख़िरकार औपनिवेशिक शासन पर निराशाजनक निर्भरता का मार्ग बन गया। अफ़ीम से होने वाली आय धीरे-धीरे ब्रिटिश शासन के प्रति राजाओं की मौन स्वीकृति के लिए भुगतान में तब्दील हो गई। 1920 और 1930 के दशकों में, एक ऐसे दौर में जब उपमहाद्वीप में विभिन्न प्रकार के साम्राज्यवाद-विरोधी आंदोलन ज़ोर पकड़ने लगे थे, तब भारत के राजाओं को एक वर्ग के रूप में ब्रिटिश राज के सबसे वफ़ादार सहयोगियों के रूप में देखा जाने लगा था (हालांकि कुछ राज्य ऐसे भी थे जो उपनिवेशवाद-विरोधी संघर्ष के साथ न केवल सहानुभूति रखते थे बल्कि उसे वित्तपोषित भी करते थे)। इस धारणा के कारण उन शासक राजवंशों के प्रति उनके हमवतनों में ऐसा बैर पैदा हो गया जो उन राज्यों के स्वतंत्र भारत में विलय होने के बाद भी लंबे समय तक बना रहा। 1971 में जब इंदिरा गांधी ने स्वतंत्र भारत में विलय के बदले में राजाओं को दिए जाने वाले प्रिवी पर्स को बंद कर दिया, तो देश के अधिकांश हिस्सों में इस क़दम को सराहा गया।

रजवाड़ों के प्रति द्वेष ऐसा था कि आज़ादी के बाद के दशकों में उनके शासन के वास्तविक रिकॉर्डों को निष्पक्ष ढंग से नहीं देखा गया। भारतीय बुद्धिजीवी वर्ग ये मानने के लिए ज़रूरत से ज़्यादा इच्छुक था कि सारे ही स्वदेशी शासक समान रूप से पतित, पिछड़े और भ्रष्ट थे। इस विचार को अंग्रेज़ों ने दिलो-जान से प्रोत्साहित किया, जिन्हें ख़ुद को उपमहाद्वीप में 'प्रगति' के एकमात्र एजेंट के रूप में पेश करना पसंद था। लेकिन वास्तविकता में, जैसा कि अब तेज़ी से स्वीकार किया जा रहा है, कई भारतीय शासक

उन उपनिवेशवादियों की तुलना में सार्वजनिक कल्याण में अधिक रुचि रखते थे जिनकी मुख्य रुचि राजस्व को हड़पने में थी।[4] उदाहरण के लिए, अर्थशास्त्री लक्ष्मी अय्यर ने एक विस्तृत सांख्यिकीय विश्लेषण में दिखाया है कि कुछ देसी राज्यों ने 'सार्वजनिक कल्याण' के क्षेत्र में उससे कहीं ज़्यादा बड़ा निवेश किया था जितना ब्रिटिश उपनिवेशवादियों ने उन क्षेत्रों में किया था जिन पर उनका सीधे तौर पर शासन था: 'मसलन, मैसूर के देसी राज्य ने 1806 की शुरुआत में ही चेचक का टीकाकरण करवा लिया था। त्रावणकोर राज्य ने 1817 में मुफ़्त प्राथमिक शिक्षा की नीति की घोषणा की... बड़ौदा राज्य 1892 में अनिवार्य प्राथमिक शिक्षा शुरू करने वाला संभवतः पहला राज्य था, जबकि अंग्रेज़ों ने 1920 में नज़दीकी मध्य प्रांतों में अनिवार्य शिक्षा अधिनियम पारित किया था।'[5]

इसलिए, उपमहाद्वीप में 'प्रगति' का प्रमुख एजेंट होने का औपनिवेशिक शासन का दावा पूरी तरह से बेबुनियाद था।

मालवा के अफ़ीम व्यापार से फ़ायदा उठाने वाले सारे लोगों में किसी को भी इतना फ़ायदा नहीं हुआ था जितना कि पश्चिमी भारत के व्यापारिक नेटवर्कों को। फ़ारूक़ी लिखते हैं, 'इसमें कोई संदेह नहीं हो सकता कि उन्नीसवीं सदी के पूर्वार्ध में पश्चिमी भारत में स्वदेशी व्यापारियों और बैंकरों के लिए अफ़ीम पूंजी-संचय का मुख्य स्रोत थी।'[6]

बेशक, अफ़ीम न केवल भारतीयों के लिए बल्कि अनेक ब्रिटिश, अमेरिकी और यूरोपीय व्यापारियों के लिए भी पूंजी का एक प्रमुख स्रोत थी। लेकिन पश्चिमी उद्यमी भाग्यशाली थे कि उनकी पहुंच पूंजी के कई अन्य स्रोतों तक भी थी, जबकि औपनिवेशिक अर्थव्यवस्था की मजबूरियों के कारण भारतीय व्यापारियों के पास बहुत कम विकल्प बचे थे: उनके लिए या तो अफ़ीम थी या फिर बर्बादी। मध्य और पश्चिमी भारत के व्यापारिक समुदाय इस बात को बहुत अच्छी तरह समझते थे, और धर्म और जाति के अपने मतभेदों के बावजूद वो सभी पूरे जी-जान के साथ नशे के व्यापार में कूद पड़े।

ऐतिहासिक अभिलेखों में आने वाले नामों पर एक सरसरी नज़र डालने से ये स्पष्ट हो जाता है कि अफ़ीम के व्यापार में हर धर्म के व्यापारी शामिल थे। उदाहरणतः, एक शक्तिशाली दरबारी व्यक्ति अप्पा गंगाधर, जिसके क़ब्ज़े में अफ़ीम के बड़े-बड़े खेत थे, एक मराठा हिंदू था। इंदौर के दो सबसे प्रसिद्ध बीमा दलाल पूनाशाह मान सिंह और चमन

सिंह हरकचंद भी हिंदू थे, और इसी तरह एक प्रमुख गुजराती अफ़ीम एजेंट सेठ करमचंद ढोंगरशी, और कराची का सेठ नाओमल होतचंद भी हिंदू था। हिंदू सेठ केसरसिंग खुशालचंद की अहमदाबाद स्थित फ़र्म पूरे मालवा क्षेत्र की दूसरी सबसे महत्वपूर्ण अफ़ीम-व्यापारिक संस्थान थी।[7] दूसरी ओर, पश्चिमी तट के सबसे प्रसिद्ध अफ़ीम व्यापारियों में से एक सर रॉजर डी फ़ारिया एक गोअन कैथोलिक था, जबकि सट्टेबाज़ सेठ बहादुर मल जिसे कभी-कभी 'अफ़ीम का रॉथशिल्ड' भी कहा जाता था, कोटा का एक मारवाड़ी हिंदू था।[8] मालवा के प्रमुख अफ़ीम-व्यापारिक उपक्रम भी इसी तरह विविध थे: उदाहरण के लिए, उनमें बर्डमैन (वर्धमान) एंड मंसाराम के रूप में जानी जाने वाली एक फ़र्म, और साथ ही गिल्डर एंड डी सूज़ा नामक एक यूरोपीय कंपनी शामिल थी। माधोदास रणछोड़दास, मोतीचंद अमीचंद और अमीचंद सुकुरचंद जैसे नामों वाले गुजराती और मारवाड़ी हिंदुओं ने, और इसी तरह आग़ा मुहम्मद सुआस्त्री और मुहम्मद अली रोगे जैसे बोहरा और मेमन संप्रदायों के मुसलमानों ने मालवा के अफ़ीम उद्योग में महत्वपूर्ण भूमिका निभाई। लेकिन, इस व्यापार में सबसे प्रमुख लोग वाडिया परिवार के वंशजों और पहले भारतीय बैरोनेट (चित्र 10 देखें) सर जमशेदजी जीजीभॉय जैसे पारसी व्यापारी शहज़ादे थे। लेकिन ये विचार एक मिथक है कि अफ़ीम व्यापार का नियंत्रण पारसियों के हाथों में था।[9] इतिहासकार जेनी रोज़ लिखती हैं, 'लगभग 1803-1830 के बीच अफ़ीम का कारोबार करने वाली 120 भारतीय-नियंत्रित कंपनियों में से केवल 49 कंपनियों के मालिक पारसी थे।'[10] और उन्नीसवीं सदी के अंत के वर्षों में पश्चिमी भारत में अफ़ीम के व्यापार पर बग़दादी यहूदियों के एक परिवार, सैसून, का प्रभुत्व हो गया था।[11]

अगर अफ़ीम व्यापार की पहचान पारसी और यहूदी व्यापारियों से होने लगी थी, तो इसका मुख्य कारण ये है कि वो उद्योग के सबसे प्रमुख क्षेत्र – विदेशी शिपिंग – से जुड़े थे। दूसरी ओर, इसका अंतर्देशीय प्रवाह, और इसी तरह उद्योग के इस क्षेत्र पर दबदबा रखने वाले मारवाड़ी, गुजराती, सिंधी और बोहरा व्यापारी आमतौर पर लोगों की नज़रों से छिपे रहते थे। इस प्रकार, किसी न किसी रूप में अफ़ीम पश्चिमी और मध्य भारत के हर व्यापारिक समुदाय के व्यापारियों की सफलता के लिए महत्वपूर्ण थी: वास्तव में, बिल्कुल स्पष्ट रूप से ऐसा कहा जा सकता है कि उस दौर में इस क्षेत्र के बहुत कम व्यापारिक घराने, कारोबारी परिवार और वाणिज्यिक फ़र्में ऐसी थीं जो किसी न किसी तरह से अफ़ीम से जुड़ी *नहीं* थीं।

लेकिन पूंजी अकेली चीज़ नहीं थी जो अफ़ीम ने पश्चिमी भारत के व्यापारिक घरानों को प्रदान की; इसने उन्हें कई अन्य लाभ भी दिए, जिनमें से कुछ अमूर्त थे: इसमें भाग लेने वाले व्यापारियों को उद्यमशीलता का कौशल प्राप्त हुआ और उन्होंने सूचना और ऋण के दूर-दराज़ के नेटवर्कों में प्रवेश हासिल किया; उन्होंने वैश्विक व्यापार की बारीकियों के बारे में सीखा और उन्हें विदेशी मुद्राओं के साथ लेनदेन करने का कौशल प्राप्त हुआ; उन्होंने नए उद्योगों के उद्भव को देखा और वो नई तकनीकों से निपटने और उन्हें अपनाने के आदी हो गए। मालवा के व्यापारी अफ़ीम व्यापार के अंतर्राष्ट्रीय आयामों से इतनी अच्छी तरह वाक़िफ़ थे कि 1830 के दशक तक राजस्थान के दिल में बसे मारवाड़ी सेठों को चीनी बाज़ार के बारे में गहरी जानकारी हो गई थी।[12] मालवा का सबसे बड़ा अफ़ीम व्यापारी सेठ बहादुर मल राजस्थान में रहता था, लेकिन उसके सूचना चैनल बॉम्बे और कलकत्ता से लेकर चीन तक फैले हुए थे। 1830 में उसने अपनी अफ़ीम के लिए बेहतर क़ीमत पाने की उम्मीद में गुआंगज़ाउ में अपने दूत तक भेजे थे।

मादक पदार्थों की दुनिया के सबसे शक्तिशाली राज्य, ब्रिटिश साम्राज्य, को उसके ही खेल में मात देने के बाद पश्चिमी भारत के व्यापारियों में आत्मविश्वास की ऐसी भावना आ गई थी जिसने उन्हें औपनिवेशिक राज्य पर मनोवैज्ञानिक निर्भरता विकसित करने से बचा लिया।[13] इतिहासकार मारिका विक्ज़ियानी के शब्दों में: 'कलकत्ता के विपरीत ये बॉम्बे का सौभाग्य रहा कि यूरोपीय फ़र्मों का प्रभुत्व एक लंबे समय के बाद बढ़ा, जिसके दौरान भारतीय व्यापारियों ने विदेशी व्यापार में हिस्सेदारी की। इस अनुभव से कई प्रमुख भारतीय व्यापारियों को पूंजी और वाणिज्यिक कौशल हासिल हुआ, जिससे वो अपनी इस क्षमता को विदेशी व्यापार से स्थानीय उद्योग में स्थानांतरित कर पाए।'[14]

अगर आज इस सबको स्वीकार या याद नहीं किया जाता है, तो इसका कारण ये है कि अफ़ीम से जुड़ी हर चीज़ की तरह इन संबंधों को भी वर्षों से व्यवस्थित रूप से दबाया जाता रहा है। शोधकर्ताओं को आज भी चुप्पी की उन दीवारों को भेदने में अक्सर कठिनाइयों का सामना करना पड़ता है जो अफ़ीम के इर्द-गिर्द खड़ी हैं। भारतीय व्यापार की अग्रणी इतिहासकार आसिया सिद्दीक़ी अपने अनुभव इस तरह बयान करती हैं:

> हममें से ज़्यादातर लोग नहीं जानते कि इस [अफ़ीम के] धंधे का कभी वजूद भी था और हममें से बहुत से लोग ऐसा चाहते भी नहीं कि उन्हें इस बारे में याद

दिलाया जाए। जब मैंने पहली बार इस बारे में खोज शुरू की, तो बॉम्बे के एक प्रमुख व्यापारिक घराने के प्रतिनिधि ने मुझसे कहा, 'आप इन तथ्यों को क्यों खोदना चाहती हैं?' लगभग डेढ़ सदी की अवधि में भारतीय बंदरगाहों से चीन को भेजी गई अफ़ीम की दसियों लाख पेटियों के कारण ये विषय संवेदनशील है।[15]

पूर्वी भारत में अफ़ीम उद्योग की विरासत बिल्कुल ही अलग क़िस्म की थी। अफ़ीम विभाग के एकाधिकार के कारण ड्रग के धंधे का लाभ पहले औपनिवेशिक शासन को मिलता था, और फिर कुछेक सट्टेबाज़ों और व्यापारियों को जिनमें से बहुत कम इस क्षेत्र के मूल निवासी थे: लाभान्वित होने वाले अधिकांश लोग प्रवासी थे, चाहे वो भारतीय हों या पश्चिमी।[16] हालांकि कलकत्ता इस व्यापार का वैश्विक केंद्र था, लेकिन शहर के सबसे प्रमुख परिवारों के बस मुट्ठी भर मूल निवासी बंगाली ही अपने लाभ के लिए पर्याप्त मात्रा में अफ़ीम खरीदने और निर्यात करने में सक्षम थे। इनमें द्वारकानाथ टैगोर, मोतीलाल सील, कोनीलाल मलिक, और, एक अरब रुपये की संपत्ति के साथ इन सभी में सबसे अमीर रामदुलाल डे, जैसे व्यापारी सेठ शामिल थे।[17] लेकिन इन बेहद अमीर बंगाली व्यापारियों को भी ऐसी प्रतिकूल परिस्थितियों का सामना करना पड़ता था, जिसके कारण वो पश्चिमी भारत के अपने समकक्षों की तुलना में घाटे में रहते थे। पहली बात तो ये कि अपने क्षेत्र में अफ़ीम की आपूर्ति श्रृंखला तक उनकी पहुंच नहीं थी, जो कि पूरी तरह से अंग्रेज़ों के हाथों में थी। न ही वो पश्चिम की आपूर्ति तक पहुंच बना सकते थे, क्योंकि उस पर मालवा के व्यापारिक नेटवर्कों का क़ब्ज़ा था। दूसरे, उन्हें एक 'गुप्त बहिष्करण नीति' का सामना करना पड़ता था, जिसे बनाया ही इसलिए गया था कि वो ब्रिटिश निजी व्यापारियों से निचले दर्जे पर रहें। उदाहरण के लिए, जब बंगाली व्यापारी कलकत्ता की नीलामी में अफ़ीम ख़रीदते थे, तो उन्हें वो तीन महीने की छूट की अवधि नहीं दी जाती थी, जो ब्रिटिश निजी व्यापारियों को अपनी ख़रीद की क़ीमत की भरपाई करने के लिए नियमित रूप से दी जाती थी: उन्हें तुरंत भुगतान करना पड़ता था। उन्हें अपनी अफ़ीम को चीन भेजने के लिए शिपिंग बीमा से भी वंचित रखा जाता था। इन चालबाज़ियों ने ये सुनिश्चित कर दिया था कि

बंगाली व्यापारी कलकत्ता के सबसे महत्वपूर्ण उद्योग के हाशिये पर धकेल दिए गए।[18] जैसा कि वोर्मर ने टिप्पणी की है:

> उन्नीसवीं सदी के अंत में पश्चिमी भारत में देसी व्यापारिक समूहों की स्वतंत्र ताक़त बंगाल की परिस्थितियों से स्पष्ट रूप से भिन्न थी। वहां प्रमुख बैंकिंग घराने और 'बनियान' के नाम से जाने जाने वाले ब्रिटिश व्यापारियों के स्थानीय एजेंट दोनों ही 1780 के दशक में कलकत्ता में कंपनी के विनिमय बिलों का बाज़ार बनने के साथ आकार ले रही पदानुक्रमित और नस्लीय रूप से स्तरीकृत वाणिज्यिक व्यवस्था में एक अधीनस्थ भूमिका में पहुंच गए थे।[19]

जहां तक आम कलकत्तावासियों का सवाल था, तो वो न तो उस व्यवसाय के बारे में कुछ जानते थे जो शहर की अर्थव्यवस्था का आधार बन चुका था, और न ही उस वस्तु के बारे में जिसने इसे विदेशी जहाज़ों के लिए एक प्रमुख गंतव्य बना दिया था। अफ़ीम से जुड़ी हर चीज को शहर के स्थानीय लोगों की नज़र से सावधानीपूर्वक छिपाया जाता था; अफ़ीम विभाग के माल के आने-जाने की जानकारी भी बहुत कम लोगों को हुआ करती थी। अफ़ीम स्थानीय आबादी की नज़रों में आए बिना कलकत्ता के बीच से एक भूतिया नदी की तरह बहती थी: हर साल अफ़ीम विभाग की मुहर लगी आम की लकड़ी की हज़ारों पेटियां ग़ाज़ीपुर और पटना की फ़ैक्ट्रियों से कड़ी सुरक्षा वाली नावों के बेड़ों (और बाद में विशेष ट्रेनों) में पूर्व की ओर भेजी जाती थीं। कलकत्ता पहुंचने पर अफ़ीम की पेटियां क़िलेनुमा गोदामों में ग़ायब हो जाती थीं, जहां नीलामी के लिए रखी जाने से पहले कुछ चुनिंदा व्यापारियों को उनका निरीक्षण करने के लिए आमंत्रित किया जाता था। बोली लगने और बिकने के बाद उन्हें सीधे उन व्यापारी जहाज़ों में लदवा दिया जाता था जो उन्हें चीन और ईस्ट इंडीज़ ले जाते थे।

इसके विपरीत बॉम्बे में उन्नीसवीं सदी के अधिकांश समय में अफ़ीम का व्यापार तेज़ और सार्वजनिक था। बॉम्बे के उन्नीसवीं सदी के मराठी इतिहासकार गोविंद नारायण शहर के अफ़ीम बाज़ार का वर्णन इस तरह करते हैं: 'अगर कोई मुंबादेवी चौराहे पर पूर्व की ओर मुड़े, तो उसे बड़े साहूकारों के लेखा गृह दिखाई देते हैं… कुछ ही आगे अफ़ीम

व्यापारी हैं, जो मुख्य रूप से मारवाड़ी और अन्य प्रकार के गूजर हैं, और जो सड़कों पर अपना शोरगुल और हो-हल्ले वाला व्यापार करते हैं।'[20]

बॉम्बे के अफ़ीम बाज़ार से थोड़ी सी पैदल दूरी पर क़िले का चहल-पहल भरा परिसर था, जहां कितने ही शिपिंग एजेंट हुआ करते थे जो नियमित रूप से गुजराती प्रेस में विज्ञापन देते थे, जिनमें चीन जाने वाले जहाज़ों के प्रस्थान की घोषणा की जाती थी। किसी भी उद्यमी युवा व्यापारी को बस इतना करना होता था कि पैसा जुटाकर यात्रा का टिकट ख़रीद ले।

1910 में सोलह वर्षीय पारसी युवा नरीमन करकरिया चीन के लिए ठीक इसी तरह रवाना हुए थे। नवसारी में अपने घर से भागकर बॉम्बे आने के बाद उन्होंने संयोग से एक पारसी द्वारा चलाए जा रहे गुजराती अख़बार *जामे जमशेद* को उठाया। वो अपनी आत्मकथा में लिखते हैं:

> अख़बार के पन्ने पलटते-पलटते संयोग से मेरी नज़र विज्ञापनों पर पड़ गई। रूबातीनो शिपिंग लाइन कंपनी का स्टीमर *केप्री* मंगलवार, 13 अगस्त 1910 को चीन के लिए रवाना होने वाला था। जब मैंने ये पढ़ा, तो मेरे दिमाग़ में चीन जाने का एक अजीबोग़रीब विचार कौंध गया। मैं बार-बार चीन की शानो-शौकत के बारे में सुनता था और मैंने अक्सर लाल रंग की बड़ी-बड़ी पगड़ी, *खोबा,* पहने चीन के सेठियों को देखा था।

करकरिया आख़िरकार हांगकांग पहुंच गए, जहां उन्होंने कई पारसी फ़र्मों में नौकरी की।[21]

इसके विपरीत, कलकत्ता में अफ़ीम के ब्रिटिश सत्ता के केंद्र (अब ये इमारत हांगकांग और शंघाई बैंकिंग कॉर्पोरेशन के क़ब्ज़े में है जो कि उचित ही है) के बहुत क़रीब, डलहौज़ी स्क्वायर में राजस्व बोर्ड के परिसर में बेहद रस्मी तरीक़े के साथ आयोजित नीलामी में बिना किसी की नज़रों में आए ही अफ़ीम का निपटान कर दिया जाता था।[22] ये नीलामी हर महीने की 11 तारीख़ को होती थी और बोली लगाने वालों के पास नीलामी कक्ष में प्रवेश के लिए विशेष टिकट होना ज़रूरी होता था। टिकट धारकों का सर्वदेशीय समूह इतना

मशहूर होता था कि अंग्रेज़ सैलानी नीलामी कक्ष के सामने की दीर्घा से उन्हें देखने के लिए इकट्ठा होते थे: 'यहूदियों और ग़ैर-यहूदियों के तौर-तरीक़े आक्रामक हैं; और यूनानी, आर्मेनियाई, और फ़ारसी कई बोलियां बोलने वाले मूल भारतीयों के साथ घुलमिल जाते हैं; और अंग्रेज़, और यूरोप, एशिया और अफ़्रीका महाद्वीपों के सभी प्रतिनिधि, तीखी नीलामी से अत्यधिक रोमांचित और उत्तेजित हो जाते हैं।'[23]

नीलामी के रोमांच का दारोमदार पहले कुछ मिनटों पर होता था, जब बोली लगाने वाले ये जानने को बेचैन होते थे कि 'पिछले महीने की बिक्री के बाद चीन से आई किसी अच्छी या बुरी ख़बर की वजह से अफ़ीम की क़ीमतों में कोई बदलाव आया है या नहीं।' इसके बाद सारी नज़रें अत्यधिक धनी व्यापारियों पर जा टिकती थीं, जो वास्तव में क़ीमतें निर्धारित करते थे: 'प्रतिद्वंद्वी करोड़पति नीलामीकर्ता की ओर ख़ामोशी से सिर हिलाकर प्रतिस्पर्धा करते हैं। दिन के लिए तय क़ीमत उनके बीच जल्द ही तय हो जाती है, क्योंकि वो अच्छी तरह जानते हैं कि वो सुरक्षित रूप से किस हद तक जा सकते हैं।' बड़ी मछलियों के दावत उड़ाने के बाद ही छोटी मछलियों को बचे हुए हिस्से को कुतरने का मौक़ा मिलता था। और इस तरह 'एक घंटे के भीतर नीलामी कक्ष ख़ाली हो जाता है'।[24]

संक्षेप में, बॉम्बे का अफ़ीम व्यापार एक भारतीय बाज़ार की तरह ही शोर-शराबे के साथ लगता था और मुनाफ़े का एक बड़ा हिस्सा मामूली कारोबारियों, छोटे व्यापारियों और इस क्षेत्र के मूल निवासी अन्य लोगों की जेब तक पहुंचता था। जबकि कलकत्ता में, अफ़ीम की ख़रीदो-फ़रोख़्त किसी कला-नीलामी के आडंबर भरे समारोह की तरह की जाती थी और मुनाफ़ा पहले औपनिवेशिक शासन और फिर धनी व्यापारियों को जाता था जो या तो विदेशों से या फिर भारत के अन्य हिस्सों से होते थे।

राजस्व बोर्ड के परिसर से कुछ ही दूर, डलहौज़ी स्क्वायर के आसपास की भीड़ भरी गलियों में अफ़ीम का एक और बहुत भिन्न बाज़ार मौजूद था। मेरे उपन्यास *फ़्लड ऑफ़ फ़ायर* में स्त्रैण हो गए गुमाश्ते बाबू नोब किसिन पैंडर के मार्गदर्शन में युवा अमेरिकी नाविक ज़ैकरी रीड की ड्रग के कारोबार की दीक्षा इन्हीं गलियों में शुरू होती है।

बाजार में ज़ैकरी दंग रह जाता है क्योंकि वहां बिक्री के लिए कोई सामान ही नहीं दिखाई देता है। इसके बजाय वो 'लैंपों से रौशन स्टॉलों का एक छोटा सा समूह' देखता

है, जिसमें पगड़ीधारी आदमी कपड़े से ढके काउंटरों पर पालथी मारे और अपनी गोद में बड़े-बड़े बहीखाते रखे बैठे हुए हैं। बाबू नोब किसिन को उसे समझाना पड़ता है कि दरअसल ये सही मायनों में अफ़ीम का बाज़ार नहीं है; ये एक ऐसा बाज़ार है जहां लोग 'एक अनदेखी और अनजानी चीज़ का व्यापार करते हैं: वो क़ीमतें जिन पर निकट या दूर के भविष्य में अफ़ीम बिकेगी।' दूसरे शब्दों में, ये एक ऐसा बाज़ार था जहां व्यापारी अफ़ीम के वायदा बाज़ार में सट्टा लगाते थे।

कृषि वायदा में व्यापार भारत में एक पुरानी व्यापारिक प्रथा थी, जो अफ़ीम के एक प्रमुख वस्तु के रूप में उभरने से पहले से मौजूद थी। लेकिन जैसे-जैसे अफ़ीम का व्यावसायिक महत्व बढ़ता गया, सट्टेबाज़ों ने इस पर भारी राशियां दांव पर लगानी शुरू कर दीं। चूंकि कलकत्ता की मासिक नीलामी देशभर में बाज़ार दर निर्धारित करने में सहायक होती थी, इसलिए मालवा के बड़े व्यापारिक नेटवर्क बेसब्री से उस पर नज़र रखते थे, और उन्होंने इसकी सूचना को यथासंभव जल्दी पाने के लिए विस्तृत संचार प्रणाली विकसित कर ली थी। जैसे ही कलकत्ता में क़ीमत तय होती थी, संदेशवाहक पूरी रफ़्तार से कोटा, उज्जैन और मध्य तथा पश्चिमी भारत के अन्य प्रमुख व्यापारिक केंद्रों तक ख़बर पहुंचाने के लिए दौड़ पड़ते थे।

कलकत्ता में अपने एजेंटों के माध्यम से मालवा के व्यापारी भी प्रत्येक नीलामी के परिणाम पर बड़ी-बड़ी बाज़ियां लगाते थे। बाज़ार-उपकरण दो तरह के थे जिनके ज़रिए बाज़ियां लगाई जाती थीं, और इन दोनों को ही चिट्ठी के रूप में जाना जाता था। पहले प्रकार को ताज़ी चिट्ठी कहा जाता था और ये बुल्स के लिए होती थी। दूसरे प्रकार को मंडी चिट्ठी कहा जाता था और ये बियर्स के लिए होती थी, ताकि वो शॉर्ट सैलिंग कर सकें। बुल ताज़ीवालों के नाम से और बियर मंडीवालों के रूप में जाने जाते थे।[25] चिट्ठियां एक महीने से लेकर कई वर्षों तक की किसी भी अवधि के लिए लिखी जा सकती थीं।

कुल मिलाकर, ये एक उल्लेखनीय रूप से आधुनिक बाज़ार था, जिसकी अपनी ट्रेडिंग स्क्रिप और प्रोटो-ब्लूमबर्गियन सूचना प्रणाली होती थी। बाज़ार में हर लेन-देन की गोपनीयता को सुनिश्चित करने के लिए इसकी अपनी एन्क्रिप्शन प्रणाली भी थी। इससे अनभिज्ञ लोगों के लिए इस प्रणाली को काम करते देखना विस्मयकारी होता था।

फ़्लड ऑफ़ फ़ायर में, ज़ैकरी हैरानी से बाबू नोब किसिन को एक वायदा व्यापारी के साथ सौदा करते देखता है:

> बिना एक भी शब्द ज़ोर से बोले, दोनों आदमियों ने अपने हाथों और उंगलियों से तेज़ी से इशारे करना शुरू कर दिया। अचानक बाबू ने अपने हाथ उस शॉल के नीचे डाल दिए जो दलाल की गोद पर लिपटी हुई थी। उनकी छिपी हुई उंगलियां एक दूसरे में घुसीं और टेढ़ी-मेढ़ी होती हुई एक गुप्त डांस करने लगीं, तो शॉल उछलना और हिलना शुरू हो गई। धीरे-धीरे ये हरकतें अपने चरम तक पहुंचीं और दोनों के बीच आपसी समझ की एक कपकपी बन गई; फिर उनके हाथ शॉल के नीचे बेजान से गिर पड़े और उन्होंने ख़ामोश मुस्कान का आदान-प्रदान किया।[26]

इन अनौपचारिक बाज़ारों की कार्यप्रणाली अक्सर पश्चिमी आगंतुकों को चकित कर देती थी: 'वो [भारतीय व्यापारी] सहज भाव से स्टॉक एक्सचेंज के सारे झमेलों को समझते हैं; वो आश्चर्यजनक चतुराई के साथ बाज़ार को उतनी ही आसानी से चढ़ाते-उतारते हैं, जितनी आसानी से पश्चिम के सबसे अनुभवी बुल और बियर ऐसा करते हैं।'[27]

अफ़ीम वायदा बाज़ार से पैदा हुई विशाल धनराशि में से बहुत कम ही बंगाली या बिहारी व्यापारियों तक पहुंचती थी। चूंकि पूर्वी भारत की सारी अफ़ीम आपूर्ति का नियंत्रण औपनिवेशिक शासन के हाथों में था, इसलिए इस क्षेत्र के व्यापारिक समुदायों के पास व्यापार करने के लिए अपनी आपूर्ति थी ही नहीं, और इस कारण वो प्रभावी रूप से वायदा बाज़ार से भी बाहर हो गए थे।

दूसरी ओर, पश्चिमी और मध्य भारत के व्यापारिक नेटवर्कों के लिए कलकत्ता के औपचारिक और अनौपचारिक दोनों ही अफ़ीम बाज़ार इतने अहम थे कि उनके लिए वहां एक भारी-भरकम उपस्थिति बनाए रखना ज़रूरी था। और इस तरह पोस्त एक और प्रवासी आंदोलन की उत्प्रेरक बन गई: जिस तरह इसने बंगालियों को बिहार की ओर खींचा था, उसी तरह इसने मारवाड़ियों को लगातार बढ़ती तादाद में बंगाल की ओर आकर्षित किया।

इतिहासकार थॉमस टिमबर्ग लिखते हैं, 'अफ़ीम मारवाड़ियों के लिए एक स्वाभाविक चीज़ थी। वो मालवा और अपने वतन में इसका व्यापार करते रहे थे, और ख़ासतौर से इसकी क़ीमत पर सट्टेबाज़ी करते थे... बंगाल की अफ़ीम की तुलना में मालवा के महत्व में वृद्धि ने अफ़ीम व्यापारियों के रूप में उनके महत्व को भी बढ़ा दिया।'[28]

समय के साथ कलकत्ता मारवाड़ियों के लिए एक प्रमुख केंद्र बन गया जो शहर के ताने-बाने का एक अभिन्न अंग बन गए, और इसके सांस्कृतिक और सामाजिक जीवन में भरपूर योगदान देने लगे। लेकिन बंगाल की अर्थव्यवस्था को आकार देने वाली ऐतिहासिक परिस्थितियों के कारण इस समुदाय ने स्थानीय अर्थव्यवस्था पर इस हद तक नियंत्रण हासिल कर लिया जिसकी पूरे भारत में कोई तुलना नहीं की जा सकती। मारवाड़ी देशभर में हर जगह कारोबार में अग्रणी हैं, लेकिन कहीं भी वो पूर्वी भारत की तरह पूरी तरह से हावी नहीं हैं। दक्षिण में भी स्थानीय उद्यमी व्यापार जगत में प्रमुखता से शामिल हैं। केवल बंगाल ही ऐसा है जहां ऐसा नहीं है।

क्या इस सबके लिए पोस्त को ज़िम्मेदार माना जा सकता है? क़तई नहीं। उदाहरण के लिए, मराठा साम्राज्यों की स्थापना में अफ़ीम की कोई भूमिका नहीं थी, और पूर्वी और पश्चिमी भारत के व्यापारिक जगत के बीच पहले से ही कई अंतर थे। फिर भी, ये स्पष्ट है कि पूर्वी और पश्चिमी भारत के अफ़ीम उद्योगों के अलग-अलग तौर-तरीक़ों ने 'पश्चिमी भारत में पूर्व की तुलना में कहीं अधिक गतिशील अर्थव्यवस्था की नींव रखी, जो कुछ हद तक कलकत्ता की तुलना में बॉम्बे के वर्तमान विकास के लिए ज़िम्मेदार है।'[29]

बेशक, त्रासदी ये है कि औपनिवेशिक शासन के लिए बिहार और इसके लगातार ग़रीब होते अफ़ीम किसानों की बदौलत ही अपने नशे के उस धंधे को स्थापित करना संभव हो पाया था जो बाद में पश्चिमी भारत के अफ़ीम उद्योग के लिए मुनाफ़े का सौदा बन गया। लेकिन, दुख की बात ये है कि आज के मुंबई में पूर्वी उत्तर प्रदेश और बिहार के प्रवासियों को अक्सर तरह-तरह की बदसुलूकियों और भेदभाव का निशाना बनाया जाता है। हाल के वर्षों में शहर में मराठी कट्टरपंथियों द्वारा बिहारी प्रवासी श्रमिकों पर छठ पूजा के मौक़े पर हिंसक हमले भी किए गए हैं जबकि ये उनका पूरे साल का सबसे महत्वपूर्ण धार्मिक उत्सव होता है।[30] फिर भी, जैसा कि फ़ारूक़ी का कहना है: 'आधुनिक बॉम्बे की उत्पत्ति एक तरह से बिहार के अफ़ीम के खेतों में ही हुई है।'[31]

पूरे औपनिवेशिक युग में, कलकत्ता और बॉम्बे भारतीय अर्थव्यवस्था के दो विपरीत ध्रुव बने रहे। अफ़ीम ने इन दोनों शहरों को मद्रास पर अपेक्षाकृत काफ़ी बड़ा लाभ प्रदान किया

था, जो कि भारत में सबसे पुरानी ब्रिटिश बस्ती था, और जो कभी अपने व्यावसायिक महत्व में बॉम्बे से कहीं आगे था। लेकिन जैसे-जैसे कलकत्ता और बॉम्बे फले-फूले, मद्रास, जहां अफ़ीम उत्पादक क्षेत्र नहीं थे, धीरे-धीरे पीछे छूटता गया और 'साम्राज्य का पिछड़ा क्षेत्र' बन गया।[32]

इन तीनों शहरों में से बॉम्बे का उत्थान एकदम अचानक हुआ था। 1820 के दशक की शुरुआत में इसका निर्यात कलकत्ता के निर्यात से एक चौथाई से भी कम था, लेकिन मालवा अफ़ीम उद्योग में उछाल के बाद बॉम्बे ने इतनी तेज़ी से तरक़्क़ी की कि सदी के मध्य तक इसने कलकत्ता की बराबरी कर ली। अफ़ीम युद्धों के बाद जब ब्रिटिश साम्राज्य के ड्रग-धंधे के जाल से सारे बंधन हट गए, तो बॉम्बे के अफ़ीम निर्यात का मूल्य दस गुणा बढ़ गया। जैसा कि इतिहासकार क्लॉड मार्कोविट्स का कहना है: 'इस तरह भारत का "मैनचेस्टर" बनने से पहले बॉम्बे इसका "मेडेलिन" बन गया।'[33]

लेकिन भले ही कलकत्ता और बॉम्बे दोनों अफ़ीम व्यापार का केंद्र थे, लेकिन दोनों शहरों में व्यापार करने के तरीक़े पूरी तरह से अलग थे। कलकत्ता पूरी उन्नीसवीं सदी के दौरान ब्रिटिश भारत की राजधानी था, और यहां गोरों की आबादी देश के किसी भी शहर से ज़्यादा थी। ब्रिटिश सत्ता की राजधानी होने के कारण इसकी अर्थव्यवस्था पर मुख्य रूप से श्वेत व्यापारिक समुदाय का नियंत्रण था, जिसके भारत में औपनिवेशिक अधिकारियों के साथ घनिष्ठ संबंध रहते थे, जिनमें से कई अपनी बचत उनके पास निवेश करते थे। श्वेत व्यापारिक समुदाय के भीतर भी बहिष्कार के कई घेरे थे, जिनमें स्कॉटिश मूल के परस्पर जुड़े व्यापारियों का एक समूह प्रमुख भूमिका में था। इस तरह जाति और समुदाय कलकत्ता के आर्थिक जीवन की प्रमुख विशेषताएं थीं, जहां कुछ स्कॉटिश फ़र्मों ने व्यापारिक दुनिया के कुछ हिस्सों पर कुलीनतंत्रीय नियंत्रण किया हुआ था। मारवाड़ी उनके एकमात्र महत्वपूर्ण प्रतिस्पर्धी थे।

दूसरी ओर, बॉम्बे में बहुत सी भिन्न पृष्ठभूमियों के व्यवसायी अधिक समान शर्तों पर काम कर सकते थे। और ये कोई संयोग नहीं था: बल्कि ये अंग्रेज़ों के हमले के ख़िलाफ़ मराठों के लंबे प्रतिरोध की एक और विरासत थी, जिसके कारण 'पश्चिमी भारत पर अंग्रेज़ों ने पूर्वी भारत की तुलना में बाद में विजय प्राप्त की, और इस तरह वो उस निर्लज्ज शोषण के दौर से बच गए, जिसकी बंगाल के स्वदेशी व्यापारियों को भारी क़ीमत चुकानी पड़ी।' नतीजतन,

> बंबई के व्यापारिक जगत की जातीय और सांप्रदायिक विविधता चौंकाने वाली थी: इसमें गुजरात के कई समुदायों के व्यापारी शामिल थे, जिनमें पारसी, हिंदू वानिया और भाटिया, मुस्लिम बोहरा, ख़ोजा और मेमन के साथ-साथ भारत के अन्य प्रांतों (सिंध, मारवाड़) के व्यापारी, बग़दादी यहूदी (प्रसिद्ध सैसून परिवार की विभिन्न शाखाएं), ग़ैर-ब्रिटिश यूरोपीय (वोल्कार्ट्स की स्विस फ़र्म), जापानी (टोयो मेनका काइशा) और विभिन्न मूल के ब्रिटिश शामिल थे। कलकत्ता के तेज़ी से ध्रुवीकृत होते और कुलीनतंत्रीय स्थान के साथ ये अंतर स्पष्ट था जहां केवल दो समुदाय मायने रखते थे: स्कॉट और मारवाड़ी।[34]

इस तथ्य का कि बॉम्बे के देसी व्यापारी निर्यात व्यापार में सीधे तौर पर भाग लेते थे और चीन में लंबे-लंबे समय तक रहा करते थे, ये भी मतलब था कि उनका बाहरी दुनिया से कहीं अधिक संपर्क रहता था, इसलिए जब उन्नीसवीं सदी के अंत में ड्रग व्यापार की विस्फोटक वृद्धि धीमी पड़ गई, तो वो कपड़ा, धागा निर्माण, इस्पात, सीमेंट, होटल और इसी तरह के अन्य उद्योगों में क़दम रखने में सक्षम रहे। जिलियन टिंडल लिखती हैं, 'कलकत्ता के विपरीत, ब्रिटिश बॉम्बे कभी भी मूल रूप से एक औपनिवेशिक शहर नहीं था। बॉम्बे का वास्तविक जीवन हमेशा… एक अधिक महानगरीय और समतावादी सैटिंग में जिया जाता था; गोदामों में… लेखा गृहों में, ऐसे स्थानों में जहां कच्चे कपास या अफ़ीम या रेशम या हाथीदांत या जड़ाऊ काम के नमूने एक हाथ से दूसरे हाथ तक पहुंचाए जाते थे।'[35]

इसलिए, इधर जब बॉम्बे फल-फूल रहा था, तो उधर कलकत्ता की अर्थव्यवस्था नस्लीय और सांप्रदायिक पदानुक्रमों के इर्द-गिर्द संरचित, और कम मेहनताना पाने वाले और बुरी तरह शोषित श्रमिकों द्वारा मिट्टी से निचोड़कर निकाली गई अफ़ीम, जूट और चाय जैसे कृषि उत्पादों पर निर्भर रही, और मूल रूप से औपनिवेशिक बनी रही।

ये विरासतें आज भी क़ायम हैं। कोलकाता में आज तक भी व्यापारियों और कॉर्पोरेट अधिकारियों का सामाजिक जीवन नीरस और पुराने तर्ज़ के औपनिवेशिक क्लबों के इर्द-गिर्द घूमता है, जो किसी दौर में बड़े पैमाने पर, बल्कि विशेषत: भी, शहर की श्वेत आबादी को सेवाएं प्रदान करते थे। आज भी इन क्लबों के पसंदीदा लिबास पश्चिमी हैं, और उनमें से कुछ क्लब तो अपने परिसर में कुर्ते और अन्य भारतीय परिधान पहनने की

इजाज़त भी नहीं देते हैं। मुंबई के व्यापारी कोलकाता के व्यापारियों से कहीं ज़्यादा रंगीले और दिखावटी हैं, लेकिन इस शहर का सामाजिक जीवन एक अजीब ढंग से समतावादी है, जहां अरबपति और मामूली फेरीवाले (और यहां तक कि लेखक भी) सौहार्दपूर्ण ढंग से कंधे से कंधा मिलाए पार्टियों में मौजूद होते हैं।

दोनों शहरों में ये अंतर नए नहीं हैं। 1939 में भी रवींद्रनाथ टैगोर इन्हें देखकर चौंक गए थे:

> मैंने बॉम्बे शहर में एक और बात देखी। और ये स्थानीय लोगों की समृद्धि थी। मैंने कितने ही पारसी, मुस्लिम और गुजराती व्यापारियों के नाम बंगलों की दीवारों पर चमकते हुए देखे! इतनी मुखरता से लिखे हुए इतने सारे नाम कलकत्ता में कहीं नहीं देखे जा सकते... हमारे क्षेत्र के लोग समृद्धि का उपभोग नहीं कर पाए हैं, इसलिए उनकी कंजूसी भद्दी है, जबकि उनकी फ़िज़ूलख़र्ची का ख़्याल और भी भयावह है। मुझे ये देखकर खुशी हुई कि हालांकि यहां के अमीर लोगों की जीवनशैली सरल है, लेकिन वो अपनी संपत्ति के साथ उदारता बरतते हैं।[36]

दोनों शहरों के बीच इतने अंतर थे कि मुंबई देश की आर्थिक और वित्तीय महाशक्ति बन गई, जबकि कलकत्ता भारत के अतिवाद का अड्डा, और साथ ही अर्थशास्त्र के अकादमिक अनुशासन का केंद्र भी बन गया। ऐसा कहा जा सकता है कि मुंबई को अर्थव्यवस्था मिली, जबकि कलकत्ता को अर्थशास्त्री मिल गए।

जहां तक अतिवाद का प्रश्न है, ग़रीबी और असमानता की पश्चिम बंगाल की विरासत ने सुनिश्चित किया कि इस क्षेत्र में कम्युनिस्ट विचारधाराओं के प्रति व्यापक आकर्षण रहेगा। और इसीलिए 1960 के दशक में पश्चिम बंगाल लंबे समय तक चलने वाले माओवादी विद्रोह का पालना बन गया। फिर 1977 में राज्य में कम्युनिस्टों के नेतृत्व वाले एक गठबंधन को सत्ता हासिल हो गई और फिर वो तब तक एक के बाद एक चुनाव जीतता गया जब तक कि आख़िरकार 2012 में उसे चुनावी हार नहीं मिल गई। अन्य जगहों के संग्रहालयों में ग़ायब हो जाने के काफ़ी समय बाद तक भी शहर की दीवारों पर हथौड़े-और-हंसिये का चिह्न एक आम दृश्य बना रहा।

वो कौन सी चीज़ है जो बंगाल की पूंजीवाद-विरोधी परंपरा को इसकी गहराई और ताक़त देती है? व्यक्तिगत रूप से, मुझे इस बात में कोई संदेह नहीं है कि पूर्वी भारत की अफ़ीम अर्थव्यवस्था की अजीबोग़रीब स्थितियों ने बंगाल की संस्कृति के इस तत्व को परवान चढ़ाने में कुछ भूमिका ज़रूर निभाई है। स्थानीय व्यवसायियों और छोटे व्यापारियों को इस क्षेत्र के सबसे आकर्षक उद्योग से बाहर रखे जाने का सीधा सा अर्थ था कि स्थानीय पूंजीवादी वर्ग उस गति से विकसित नहीं हो सकता था जिस गति से बॉम्बे प्रेसिडेंसी में हुआ था। जिन लोगों को औपनिवेशिक अफ़ीम एकाधिकार से बाहर रखा गया था, उन्हें स्पष्ट रूप से ऐसा लगता होगा कि बाज़ारों में हमेशा धांधली होती है और कि उन पर भरोसा नहीं किया जा सकता।

लेकिन इन दृष्टिकोणों ने कुछ अन्य, और बिल्कुल ही भिन्न, विश्वासों को भी पोषित किया: यदि बाज़ारों में धांधली होना स्वाभाविक है, तो इसका मतलब ये है कि पैसा बनाने के लिए आपको बस ऐसे खिलाड़ियों को ढूंढ़ना है जिन्हें उनमें धांधली करना आता हो। और इस तरह कलकत्ता भारत की पोंज़ी स्कीम राजधानी भी बन गया, और लंबे समय से बना हुआ है: शहर के निवासी शमा पर परवानों की तरह उन वित्तीय घोटालों की ओर आकर्षित होते हैं, जिन्हें स्थानीय रूप से 'चिट फ़ंड' के रूप में जाना जाता है। बार-बार, दशक दर दशक, बंगालियों ने अपने जीवन की बचत को बर्बाद करने के लिए ख़ुद को उन ठगों द्वारा शुरू की गई पिरामिड योजनाओं पर अजीबोग़रीब ढंग से प्रवृत्त दिखाया है, जो ख़ुद भी आमतौर पर बंगाली होते हैं। इन योजनाओं के निश्चित विध्वंस ने मध्यम-वर्ग और निम्न-मध्यम-वर्ग के लाखों साधारण लोगों को बर्बाद किया है, जिनमें से अधिकांश आमतौर पर काफ़ी समझदार होते हैं।

ऐसे ही एक व्यक्ति मेरे अपने पिता थे, जो व्यापक रूप से यात्रा कर चुके और दूसरे विश्व युद्ध में शिरकत कर चुके थे। सेवानिवृत्ति के बाद कलकत्ता में रहने के दौरान, शहर पर सामूहिक भ्रम की अक्सर आने वाली लहरों में से एक में बहकर उन्होंने अपनी बचत का एक बड़ा हिस्सा संचयिता नामक चिट फ़ंड में लगा दिया। जैसा कि होना ही था, ये फ़ंड एक-दो साल के अंदर ही डूब गया, जिससे लगभग 130,000 लोग बर्बाद हो गए और मेरे परिवार के लिए हालात मुश्किल हो गए। सौभाग्य से, मेरे पिता ने एक और, शायद उतना ही जोखिमपूर्ण, निवेश किया था, जिसमें उन्होंने अपनी मामूली कमाई का एक बड़ा हिस्सा मुझे ऐसी स्कूली शिक्षा देने पर लगाया

था जो उनकी हैसियत से कहीं ज़्यादा थी। सौभाग्य से ये दांव उनके चिट फ़ंड उद्यम से बेहतर साबित हुआ।

अब पीछे मुड़कर देखने पर मुझे लगता है कि मेरे पिता द्वारा मेरी शिक्षा में निवेश करने के फ़ैसले के पीछे शायद उनके विस्थापित पूर्वजों के अनुभवों का बहुत बड़ा हाथ था। अगर उन्होंने अपने पुश्तैनी गांव को खोने से कुछ सीखा था, तो वो ये था कि बाढ़ और आग से बचने का एकमात्र पक्का उपाय, एकमात्र ऐसी चीज़ जो खोई या छीनी नहीं जा सकती, शिक्षा है।

लगता है कि अफ़ीम के व्यापार में लगे भारतीयों के लिए ये तथ्य कि वो एक ऐसे पदार्थ की तस्करी में भागीदार बन रहे थे जो चीन में अवैध था, और इस तरह वो लाखों चीनियों को बर्बाद कर रहे थे, ब्रिटिश और अमेरिकी अफ़ीम व्यापारियों से भी कहीं कम चिंता का विषय था। जैसा कि फ़ारूक़ी का कहना है, ऐसे किसी भी भारतीय व्यापारी के बारे में नहीं जाना जाता जिसने अपनी गतिविधियों पर कोई पछतावा व्यक्त किया हो। लेकिन एक पारसी दादाभाई नौरोजी उन सबसे महत्वपूर्ण भारतीय आवाज़ों में से एक बने जिन्होंने औपनिवेशिक अफ़ीम व्यापार के ख़िलाफ़ आवाज़ उठाई। नवसारी में एक ग़रीब पारसी परिवार में जन्मे नौरोजी भारत और ब्रिटेन दोनों में एक गणितज्ञ, विद्वान और सार्वजनिक व्यक्ति बन गए। उन्होंने अपने जीवन का एक बड़ा भाग लंदन में बिताया और 1892 से 1895 तक संसद के लिए भी चुने गए।[37]

1901 में लिखे अपने एक लेख, *पॉवर्टी एंड अन-ब्रिटिश रूल इन इंडिया* में नौरोजी लिखते हैं:

> अफ़ीम का व्यापार दुनिया के लिए कितना बड़ा तमाशा है! इंग्लैंड में कोई भी राजनीतिज्ञ ये प्रस्ताव रखने की हिम्मत नहीं करता कि अफ़ीम को हर गली के नुक्कड़ पर सार्वजनिक गृहों में उसी तरह बेचने की अनुमति दी जाए जैसे बीयर या शराब बेची जाती है। इसके विपरीत, पूरे राष्ट्र का प्रतिनिधित्व करते हुए संसद स्पष्ट रूप से अधिनियम बनाती है कि 'अफ़ीम और/या "पोस्त" से बने सभी उत्पाद, "ज़हर" की तरह, केवल प्रमाणित रसायनज्ञों द्वारा बेचे जाएंगे, और

> प्रत्येक बॉक्स, बोतल, बर्तन, रैपर या कवर जिसमें ऐसा ज़हर होगा, उस पर वस्तु का नाम और "ज़हर" शब्द और ज़हर बेचने वाले का नाम और पता स्पष्ट रूप से लिखा होना चाहिए।' लेकिन दुनिया के दूसरे छोर पर ये ईसाई, अत्यधिक सभ्य और मानवीय इंग्लैंड एक 'विधर्मी' और 'बर्बर' शक्ति को इस 'ज़हर' को लेने के लिए मजबूर करता है, और एक विशाल मानव नस्ल को इसका उपयोग करने और इस 'ज़हर' से ख़ुद को पतित और अनैतिक बनाने के लिए लुभाता है! ...समझ नहीं आता कि इंग्लैंड की अंतरात्मा इसे कैसे स्वीकार करती है। ये अफ़ीम व्यापार इंग्लैंड के माथे पर एक कलंक है, और इसका ज़रिया बनने के लिए भारत के माथे पर अभिशाप है।[38]

दादाभाई नौरोजी की ही तरह औपनिवेशिक अफ़ीम व्यापार के ख़िलाफ़ अभियान चलाने वाले कई कार्यकर्ता बंबई के अंदरूनी इलाक़ों से थे, जिनमें पंडिता रमाबाई और सुंदरबाई पोवार जैसी महिलाएं सबसे उल्लेखनीय थीं।[39] और पश्चिमी भारत के एक प्रतिष्ठित जननेता गोपाल कृष्ण गोखले ने 1907 में कहा था: 'मुझे इस [अफ़ीम] राजस्व के बारे में सोचकर हमेशा गहरी शर्मिंदगी महसूस होती है, जो वास्तव में चीन के लोगों के अपमान और नैतिक पतन से प्राप्त होता है।'[40]

अच्छा होगा कि जब भी भारतीय चीन को लेकर शिकायतों से भरे हों, तो वो इन शब्दों को याद रखें।

ग्यारह

प्रवासी

औपनिवेशिक अफ़ीम व्यापार को औचित्य मुक्त बाज़ार पूंजीवाद की उस विचारधारा ने दिया था जो कि मुक्त व्यापार के सिद्धांत में सन्निहित है। ब्रिटेन ने उन्नीसवीं सदी में चीन के ख़िलाफ़ अपने दोनों युद्ध इसी सिद्धांत के नाम पर शुरू किए थे। और निश्चित रूप से ये भी एक हक़ीक़त है कि आज जिस विश्व बाज़ार को हम जानते हैं उसकी नींव रखने में अफ़ीम व्यापार ने एक प्रमुख भूमिका निभाई थी। लेकिन ये उभरता हुआ बाज़ार एक ऐसा खुला अखाड़ा होने के पूरी तरह विपरीत था जिसमें लोग अपनी योग्यताओं और क्षमताओं के आधार पर स्वतंत्र रूप से प्रतिस्पर्धा कर सकते हों: ये एक बंद और अनन्य क्षेत्र था, जिस पर विभिन्न प्रकार के रहस्यपूर्ण और बेहद क़बायली क़िस्म के समूहों का वर्चस्व था। वो चाहे यूरोपीय हों या एशियाई, वो सभी एक साझा जातीयता, नस्ल या जाति द्वारा एक साथ बंधे होते थे। मुक्त होने के बजाय, इस बाज़ार के तौर-तरीक़े उस भुतहा रसातली क्षेत्र जैसे थे जो हमेशा पूंजीवाद को परेशान करता रहा है: अंडरवर्ल्ड।

जिन अनेक समूहों से मिलकर ये रहस्यपूर्ण दुनिया बनती थी, उनमें से कुछ सबसे महत्वपूर्ण व्यापारी समुदाय वो थे जिन्हें युद्ध, अत्याचार या राजनीतिक संघर्ष के कारण अपनी मूल भूमि से विस्थापित होना पड़ा था। ऐसा ही एक समूह आर्मेनियाई प्रवासियों का था, जिसका अपनी मातृभूमि से बिखरना ग्यारहवीं शताब्दी में सल्जूक़ तुर्कों द्वारा उनके क्षेत्र पर विजय पाने के साथ शुरू हुआ था।[1] भौगोलिक रूप से यूरेशिया के व्यापार

मार्गों पर होने के कारण आर्मेनिया के व्यापारियों को दूर-दराज़ के इलाक़ों के साथ कारोबारी कामकाज की गहन समझ थी। इससे उन्हें समुद्री और महाद्वीपीय व्यापार मार्गों पर दूर-दूर तक फैलने में मदद मिली, और उन्होंने न केवल पश्चिम में एम्स्टर्डम और पूर्व में गुआंगज़ाउ जैसे प्रमुख बंदरगाह शहरों में, बल्कि एशिया और अफ़्रीका के अंदरूनी इलाक़ों, तिब्बत और इथियोपिया में भी संपन्न बस्तियां स्थापित कर लीं।[2]

जिन इलाक़ों में आर्मेनियाई व्यापारी सबसे अधिक सक्रिय थे, उनमें उस्मानिया, सफ़वी और मुग़ल साम्राज्य शामिल थे।[3] भारत में आर्मेनियाई लोगों का ख़ासतौर से स्वागत होता था: सम्राट अकबर, जिसकी पत्नियों में से एक, मरियम बेगम साहेबा, आर्मेनियाई थीं, ने ख़ुद उन्हें मुग़ल राजधानी आगरा में बसने के लिए आमंत्रित किया था। वहां पहला आर्मेनियाई चर्च 1562 में स्थापित किया गया था, और इस समुदाय को जल्द ही मुग़ल अभिजात वर्ग में समाहित कर लिया गया और उन्होंने न्यायाधीशों, सूबेदारों और सिपहसालारों की हैसियत से काम किया। साम्राज्य के कुछ भागों, जैसे बंगाल, में आर्मेनियाइयों ने अपने समृद्ध क्षेत्र स्थापित कर लिए: कलकत्ता में सबसे पुरानी आर्मेनियाई क़ब्र, ईस्ट इंडिया कंपनी द्वारा शहर की औपचारिक स्थापना से कई दशक पहले, 1630 की है।[4] वास्तव में, आर्मेनियाई मध्यस्थों ने मुग़लों से ईस्ट इंडिया कंपनी को भूमि दिलाने में महत्वपूर्ण भूमिका निभाई थी, जिससे कंपनी के लिए बंगाल में उपनिवेश स्थापित करना संभव हो सका।[5]

संक्षेप में: आर्मेनियाई प्रवासी एशिया के उन सारे भागों में सक्रिय थे जहां पंद्रहवीं और सोलहवीं शताब्दियों में अफ़ीम का उपयोग फैल रहा था, और आर्मेनियाई अक्सर उस दरबारी अभिजात वर्ग के सदस्य भी होते थे जो उस दौर में अफ़ीम का उपयोग करना शुरू कर रहे थे। इससे अंदाज़ा होता है कि आर्मेनियाई व्यापारी यूरोपीय औपनिवेशिक शक्तियों के हिंद महासागर में आने से पहले से ही अफ़ीम का धंधा कर रहे थे: वो संभवतः उन कारोबारियों और व्यापारियों के कई समूहों में से थे जो न केवल पूर्व-औपनिवेशिक भारत में बल्कि पूरे दक्षिण-पूर्व एशिया में भी मसालों और अन्य औषधीय पदार्थों के साथ-साथ छोटी-छोटी मात्राओं में अफ़ीम भी बेचते थे।

जब तक ब्रिटिश साम्राज्य ने बिहार में अपने अफ़ीम कारोबार को बढ़ाना शुरू किया, तब तक आर्मेनियाई व्यापारी पूर्वी भारत में एक महत्वपूर्ण उपस्थिति बना चुके थे, इसलिए ये तय था कि वो इस बेहद मुनाफ़ेबख़्श व्यापार में शामिल होंगे।

यूरोपीय और अमेरिकी 'निजी व्यापारियों' की तरह, आर्मेनियाई व्यापारी और जहाज़ मालिक भी उस गुप्त कन्वेयर बेल्ट का भाग थे जिसका ईस्ट इंडिया कंपनी चीन और दक्षिण-पूर्व एशिया में अपनी ड्रग्स की तस्करी करने के लिए सहारा लेती थी। डच ईस्ट इंडीज में, ख़ासतौर से जावा में, ऐसे कई आर्मेनियाई 'एजेंसी हाउस' थे जो अफ़ीम का थोक कारोबार करते थे। इतिहासकार जेम्स रश लिखते हैं, 'जिन आर्मेनियाई फ़र्मों के सुराबाया में ऑफ़िस थे, उनका इस धंधे पर प्रभुत्व था। वो अपने चीनी ग्राहकों के लिए तुर्की, भारत और सिंगापुर में एजेंटों के ज़रिए अफ़ीम ख़रीदते थे और उसे बाली में डिलीवर करते थे।'[6]

आर्मेनियाई नेटवर्क अक्सर इंडोनेशियाई द्वीपसमूह में अफ़ीम पर पूर्ण नियंत्रण स्थापित करने के डच शासन के प्रयासों को नाकाम करने में भी मदद करते थे। मिलीभगत और व्यवस्था को भंग करने की ये दोहरी भूमिका (काफ़ी हद तक मालवा व्यापारिक नेटवर्कों की तस्करी गतिविधियों की तरह), डच और ब्रिटिश जैसी अत्यधिक सैन्यीकृत और हिंसा-प्रवण औपनिवेशिक शक्तियों और आर्मेनियाई प्रवासियों जैसे राज्यविहीन व्यापारी समुदायों, जिनके पास न तो अपनी कोई सशस्त्र सेना थी और न ही कोई साम्राज्यवादी महत्वाकांक्षा, के बीच संबंधों की एक स्पष्ट विशेषता थी। ये संबंध मात्र सहयोग का नहीं था: आर्मेनियाई अक्सर उपनिवेशवादियों का शिकार बन जाते थे, जो उनके माल और जहाज़ों को ज़ब्त करने से हिचकते नहीं थे।[7] उपनिवेशवादियों की शक्ति के ख़िलाफ़ राज्यविहीन प्रवासियों के पास भी अपने कुछ शक्तिशाली पत्ते होते थे, जिनमें से शायद सबसे महत्वपूर्ण पत्ता था सूचना तक उनकी पहुंच: वो न केवल यूरोपीय तौर-तरीक़ों और संस्थानों से वाक़िफ़ थे, बल्कि उनके पास स्वदेशी नेटवर्कों के काम करने के तरीक़ों की भी अच्छी जानकारी थी, और वो अक्सर इसका उपयोग अपने फ़ायदे के लिए करते थे।

आर्मेनियाइयों की तरह, लेकिन कई शताब्दियों पहले, ज़रथुष्ट्री पारसी भी युद्ध और पराधीनता के कारण फ़ारस में अपने पैतृक स्थान से विस्थापित हो गए थे: आठवीं शताब्दी के बाद से पारसियों के समूहों ने गुजरात में शरण लेनी शुरू कर दी थी, और बारहवीं शताब्दी में उन्होंने सूरत के पास नवसारी में एक ऐसी जगह स्थापित की जो

आगे चलकर पारसी संस्कृति और धर्म का ऐतिहासिक केंद्र बन गई। सैकड़ों साल बाद जब सूरत यूरोपीय व्यापारियों के लिए एक प्रमुख केंद्र बन गया, तो आर्मेनियाइयों की तरह पारसी भी अनुवादकों और मध्यस्थों के रूप में काम करने लगे।

हर क़िस्म के व्यापारी समुदायों में काफ़ी कुछ समान होता है, और ये शायद पारसियों और आर्मेनियाइयों के विषय में ख़ासतौर से सच था, जिनके पैतृक देशों की सीमाएं एक-दूसरे से मिलती थीं। वो उपनिवेशित और उपनिवेशवादी के बीच एक अंतरालीय दर्जा साझा करने में भी समान थे – अंग्रेज़ उन्हें ज़रूरी मध्यस्थों के रूप में देखते थे, लेकिन साथ ही उन्हें संभावित प्रतिद्वंद्वी और प्रतिस्पर्धी भी मानते थे। बेशक आर्मेनियाई प्रवासियों का नेटवर्क पुराना और ज़्यादा व्यापक था, और उन्हें ईस्ट इंडिया कंपनी सहित यूरोपीय शक्तियों के साथ विशेषाधिकारों पर बातचीत करना अच्छी तरह आता था, जिसके साथ उन्होंने 1688 में ही एक विशेष संधि कर ली थी।

तो इसमें आश्चर्य की कोई बात नहीं है कि आर्मेनियाइयों ने पारसियों के लिए नए रास्ते खोलने में एक अहम भूमिका निभाई, जिसमें संभवतः चीन का मार्ग भी शामिल था। वास्तव में, चीन की यात्रा करने वाले पहले पारसी, हीरजी जीवनजी रेडीमनी नामक एक व्यापारी, 1756 में दरअसल एक आर्मेनियाई जहाज़ पर ही सवार होकर गए थे।[8] पारसियों और आर्मेनियाइयों के बीच संबंध कई पीढ़ियों तक चलता रहा, और बीसवीं सदी तक भी क़ायम रहा।

आइबिस त्रयी में भी एक आर्मेनियाई और एक पारसी चरित्र के बीच घनिष्ठ संबंध है: बहराम मोदी का सबसे अंतरंग विश्वासपात्र आर्मेनियाई घड़ीसाज़ ज़दीग करबेदियान है।

त्रयी में, कई पारसी हस्तियों की तरह बहराम मोदी भी नवसारी का मूल निवासी है, जो एक ऐसे समृद्ध परिवार में पैदा हुआ था जो अब मुश्किलों से जूझ रहा है। लेकिन उसके जीवन का ये अध्याय एक दूर की कहानी है, जो उपन्यासों की समयरेखा से बहुत पहले के दौर की है। यही कारण था कि *रिवर ऑफ़ स्मोक*, वो उपन्यास जिसमें बहराम मोदी पहली बार दिखाई देता है, लिखते समय मुझे नवसारी जाने की ज़रूरत महसूस नहीं हुई। अजीब बात है कि वो किताब ख़ुद ही मुझे उस शहर में ले गई: उपन्यास के प्रकाशन के तुरंत बाद, 2011 में मुझे नवसारी के सबसे प्रतिष्ठित पारसी संस्थानों में से एक मेहरजिराना

लाइब्रेरी में बोलने के लिए आमंत्रित किया गया था। 1872 में स्थापित ये लाइब्रेरी अब ज़रथुष्ट्रवाद और पारसी इतिहास पर विद्वता का एक प्रमुख केंद्र है।

मेहरजिराना लाइब्रेरी में ऐसे दर्शकों के सामने बोलना एक चुनौतीपूर्ण काम था जिनमें कई प्रमुख पारसी इतिहासकार और विद्वान शामिल थे, ख़ासकर इसलिए कि मुझे अपने भाषण में ये बताना था कि उन्नीसवीं सदी की शुरुआत में एक युवा पारसी व्यापारी को गुआंगज़ाउ के बारे में कैसा महसूस हुआ होगा। *रिवर ऑफ़ स्मोक* लिखते समय मैंने इस बारे में काफ़ी विचार किया था, और उपन्यास में एक दृश्य है जहां बहराम मोदी एक चीनी व्यापारी के देहाती एस्टेट में आयोजित एक भव्य भोज के पलों को याद करता है:

> उसे याद था कि किस तरह वो मुंह खोले, बिना किसी शर्म के शानदार मंडप, नक़्क़ाशीदार भित्तिचित्र, सीढ़ीदार बग़ीचे और सुंदर झीलों को घूरता रह गया था– तब उसने ऐसी चीज़ें देखी थीं जिनके अस्तित्व की वो कल्पना भी नहीं कर सकता था। उसे याद था कि किस तरह उसने खाने पर हमला बोल दिया था, और अनजान ख़ुशबुओं और अपरिचित ज़ायक़ों का मज़ा लिया था; उसे चावल की शराब का सुरूर भरा स्वाद याद था, और कि किस तरह उसे ऐसा लगा था जैसे उस शराब ने उसे सपने में पहुंचा दिया हो: ऐसा कैसे संभव था कि वो, नवसारी का एक ग़रीब छोकरा, भटककर ऐसी जगह पहुंच गया हो जो किसी शानदार फ़िरदौस का हिस्सा लगती थी? उसे ऐसा लग रहा था कि वो ख़ुशी-ख़ुशी अपना वर्षों का अनुभव, दुनिया का अपना सारा ज्ञान देने को तैयार हो जाएगा, बस उस दीप्तिमान विस्मय के एक क्षण के बदले में – वो क्षण जिसमें इतनी सारी नई और आश्चर्यजनक चीज़ों के बीच भी इससे ज़्यादा असाधारण चीज़ कोई नहीं थी कि वो, गुजरात के गांव का एक ग़रीब लड़का, एक चीनी बाग़ तक पहुंच गया था।

इस अंश को लिखते समय मेरा ख़्याल था कि उन्नीसवीं सदी की शुरुआत में जब पारसी व्यापारी बड़ी संख्या में पूर्व की ओर यात्रा करना बस शुरू कर ही रहे थे, तब नवसारी का एक लड़का उस सबके लिए तैयार नहीं होगा जो वो चीन में देखेगा, कि ये अनुभव पूरे समुदाय के लिए एकदम नया होगा, और कि युवा बहराम ने अपने बड़े रिश्तेदारों से मलक्का या गुआंगज़ाउ के बारे में कहानियां नहीं सुनी होंगी। लेकिन मेरी ये सारी धारणाएं

उस समय ढह गईं जब मैं नवसारी में जन्मे चीन के दो असली व्यापारियों के जन्मस्थानों को देखने गया, जो बॉम्बे की कारोबारी दुनिया के दिग्गज बन गए थे: सर जमशेदजी जीजीभॉय (1783-1859), और दुनिया के सबसे बड़े कॉर्पोरेट समूहों में से एक टाटा सन्स के संस्थापक, सर जमशेदजी टाटा (1839-1904)।

इन दोनों रईसों के जन्मस्थान, जो लगभग आधी सदी के अंतर पर पैदा हुए थे, एक दूसरे से केवल कुछ सौ मीटर की दूरी पर हैं, और अब दोनों की देखरेख परिवार के ट्रस्टों के हाथों में है। ये घर बहुत हद तक एक जैसे हैं: संकरे अग्रभागों वाले पंक्तिबद्ध घर जो कभी दोनों तरफ़ एक जैसे ढांचों से घिरे रहे होंगे। लेकिन अब वो अपने क़िस्म के बचे हुए आख़री घरों में से हैं। घरों की छतें आगे से पीछे की ओर ढलानदार हैं, जिनके नीचे दो फ़्लोर हैं। ऊपरी फ़्लोर हर घर की लंबाई तक फैली हुई अटारियों या भंडारण मचानों जैसे हैं, और ज़ीनों से नहीं बल्कि सीढ़ियों से निचली मंज़िल से जुड़े हुए हैं।

दोनों घरों के ग्राउंड फ़्लोर पर गलियारों से जुड़े कई छोटे कमरे हैं जो छोटी-छोटी तंग रसोइयों और पानी के कुंडों से गुज़रते हुए छोटे, सफ़ेद दीवारों वाले आंगनों में खुलते हैं जहां शौचालय हैं। दोनों घर इतने मामूली से हैं कि ये सोचकर चकित हुए बिना नहीं रहा जा सकता कि दुनिया के कुछ सबसे बड़े दौलतमंदों की जड़ें यहां हैं।

लेकिन मेरे लिए इन घरों के बारे में सबसे चौंकाने वाली बात ये थी कि इनका नक़्शा भारतीय स्थानीय निर्माण की किसी भी आम शैली से मेल नहीं खाता है: वास्तुकला की दृष्टि से ये मलक्का, सिंगापुर और गुआंगज़ाउ के 'दुकानघरों' जैसे ज़्यादा प्रतीत होते हैं। इससे अंदाज़ा होता है कि इनका डिज़ाइन उन शुरुआती समुद्री संबंधों से प्रभावित था जो कभी हिंद महासागर के तटीय क्षेत्रों को जोड़ते थे, जिससे वो प्रत्यक्ष और संरचनात्मक निरंतरताएं बनती थीं, जिनके कारण ये क्षेत्र अपने भीतरी इलाक़ों की तुलना में एक-दूसरे के साथ अधिक समान थे।

चूंकि सर जमशेदजी जीजीभॉय का जन्म 1783 में हुआ था, इसलिए इसका मतलब ये होना चाहिए कि तटीय गुजरात में पूर्वी एशिया के वास्तुशिल्प के प्रभाव उनके जन्म से पहले ही आ चुके थे। इन परिस्थितियों में पले-बढ़े किसी भी उद्यमी नौजवान के लिए शायद औपनिवेशिक अफ़ीम व्यापार के पूरी तरह से शुरू होने से पहले ही उपमहाद्वीप में गहराई तक जाने के बजाय विदेश जाना स्पष्ट विकल्प प्रतीत होता होगा। दूसरे शब्दों में, इस बात की काफ़ी संभावना है कि मेरी धारणाओं के विपरीत उन्नीसवीं सदी के शुरुआती

वर्षों में नवसारी में पले-बढ़े बहराम मोदी जैसे लड़के के आसपास ऐसे लोग रहे होंगे जो चीन और दक्षिण-पूर्व एशिया के बारे में बहुत सी कहानियां सुनाते होंगे।

तो क्या गुआंगज़ाउ के बारे में बहराम की युवावस्था की पहली धारणाओं के बारे में मैं ग़लत था? ज़रूरी नहीं है। किसी दास्तानी शहर को देखने पर हमें जो आश्चर्य होता है, वो आमतौर पर उसके बारे में सुनी गई बातों से और गहरा हो जाता है। दरअसल हम अप्रभावित तो किसी ऐसी जगह जाने पर रहते हैं जिसके बारे में हमारे पास कोई कल्पनाशील संदर्भ नहीं होता है।

हालांकि पश्चिमी भारत के सभी व्यापारिक समुदाय चीन के साथ व्यापार में शामिल थे, मगर इसमें एक महत्वपूर्ण मामले में पारसियों की भूमिका अन्य समूहों से अलग थी। आमतौर पर चीन को माल भेजने में भारतीय व्यापारियों की भागीदारी तट से आगे नहीं बढ़ी थी: वास्तव में, कुछ हिंदू व्यापारिक जातियों के लिए समुद्र पार करने पर प्रतिबंध थे, और जो लोग उन प्रतिबंधों का उल्लंघन करते थे, वो या तो जाति से बाहर हो जाते थे या फिर उन्हें शुद्धिकरण के विस्तृत अनुष्ठानों से गुज़रना पड़ता था। इसलिए, ये व्यापारी ख़ुद चीन जाने के बजाय अपना माल ऐसे एजेंटों या 'एजेंसी हाउसों' को सौंप देते थे जिनके गुआंगज़ाउ में प्रतिनिधि होते थे जिन्हें चीनियों के साथ व्यापार करने का अनुभव होता था। ये एजेंट मुनाफ़े के एक निश्चित प्रतिशत के बदले में माल को चीन ले जाते थे और बिक्री के पैसे को वापस लाते थे। इसे खेप प्रणाली के नाम से जाना जाता था और ज़्यादातर भारतीय खेप एजेंसियां पारसियों द्वारा चलाई जाती थीं, जो आमतौर पर जार्डीन मैथेसन एंड कंपनी या रसेल एंड कंपनी जैसी बड़ी ब्रिटिश और अमेरिकी फ़र्मों से कम शुल्क लेती थीं।[9] इसकी बदौलत बॉम्बे के कई छोटे सट्टेबाज़ों को अफ़ीम के व्यापार में भाग लेने का मौक़ा मिल गया: 'हर रसोइया, नौकर, मजदूर इस ड्रग में सट्टा लगाता है,' जमशेदजी जीजीभॉय ने 1845 में शिकायत की थी, 'उनमें से कुछ अच्छा मुनाफ़ा कमा रहे हैं।'[10]

बॉम्बे के अफ़ीम व्यापार में भागीदारी इतनी व्यापक थी कि 1842 में कम से कम 163 व्यक्तियों और फ़र्मों ने औपनिवेशिक सरकार से उस हर्जाने में से हिस्सा पाने के लिए अर्ज़ी दायर की थी, जो प्रथम अफ़ीम युद्ध के ख़त्म होने पर चीन को देना पड़ा था। इन अर्ज़ीगुज़ारों में, जैसा कि माधवी थम्पी और शालिनी सक्सेना ने अपने उत्कृष्ट अध्ययन,

चाइना एंड द मेकिंग ऑफ बॉम्बे में बताया है, 'एक तिहाई से भी कम पारसी थे, जबकि नामों से अंदाज़ा होता है कि बाक़ी लोग जैन या मारवाड़ी और अन्य हिंदू थे।'[11]

तो, अफ़ीम व्यापार में पारसी भूमिका की विशिष्टता इस तथ्य में छिपी हुई है कि प्रथम अफ़ीम युद्ध से पहले के वर्षों में गुआंगज़ाउ में मौजूद ग़ैर-पश्चिमी व्यापारियों में से अधिकांश पारसी थे। कई बार तो उनकी तादाद अन्य राष्ट्रीयताओं के व्यापारियों से भी अधिक हो जाती थी। उदाहरण के लिए, 1831 में गुआंगज़ाउ के विदेशी एन्क्लेव में इक्तालीस पारसी थे, जबकि बत्तीस अंग्रेज़ और इक्कीस अमेरिकी व्यापारी थे।[12] इस प्रकार, उन्नीसवीं सदी में भारत-चीन संबंधों में जो मानवीय चेहरा था, वो पारसियों का था। यही कारण है कि वो उपमहाद्वीप के उन कुछ समूहों में से एक हैं जिन्होंने चीन से जुड़ी एक स्पष्ट सामूहिक स्मृति को बनाए रखा है।

लेकिन ऐसा नहीं है कि गुआंगज़ाउ के विदेशी एन्क्लेव में उपमहाद्वीपीय दल में केवल व्यापारी ही शामिल थे: मसलन, 1831 में वहां मौजूद इक्तालीस पारसियों में पांच क्लर्क और पंद्रह नौकर थे। शहर में बड़ी संख्या में लस्कर भी घूमते थे, और ब्रिटिश और अन्य कारख़ानों के कर्मचारियों में कई एकाउंटेंट, नौकर, श्रॉफ़, गार्ड और गेटकीपर भी हिंदुस्तान से थे। वास्तव में, अगर संख्यात्मक रूप से कहें, तो बहुत संभव है कि उन्नीसवीं सदी की शुरुआत में गुआंगज़ाउ में विदेशियों का सबसे बड़ा समूह भारतीय थे।

प्रथम अफ़ीम युद्ध से पहले के दौर में गुआंगज़ाउ एक बड़ा ही अजीबोग़रीब बंदरगाह था। ये एकमात्र चीनी बंदरगाह था जहां विदेशियों को व्यापार करने की अनुमति थी, लेकिन उन पर जो शर्तें लगाई गई थीं, वो बहुत सख़्त थीं। अजीब बात ये है कि ये पारसी व्यापारियों के लिए फ़ायदेमंद था।

वो प्रणाली जिसे 'कैंटन सिस्टम' कहा जाता रहा है, अठारहवीं सदी की शुरुआत में एक ऐसे समय में धीरे-धीरे विकसित हुई थी जब यूरोपीय इरादों के बारे में चीनियों की आशंकाएं लगातार बढ़ती जा रही थीं। दक्षिण पूर्व एशिया में चीनी प्रवासियों के साथ अपने संपर्क के कारण चिंग अधिकारी ये जानते थे कि यूरोपीय उपनिवेशवादियों का काम करने का तरीक़ा ये था कि वो पहले छोटी-छोटी, मामूली सी दिखने वाली व्यापारिक चौकियां स्थापित करते थे और वहां वो अपने बीवी-बच्चों के साथ रहने लगते थे। फिर

वो धीरे-धीरे अपनी बस्तियों को मज़बूत करते थे और इलाक़े को फ़तेह करने के लिए उन्हें कमांड सेंटर में बदल देते थे।[13]

वास्तव में डच ने पर्ल रिवर पर भी ऐसा करने का प्रयास किया था। जब वो 1601 में पहली बार गुआंगज़ाउ पहुंचे, तो चीनियों ने उन पर भरोसा करते हुए उन्हें गोदाम के रूप में उपयोग करने के लिए शहर के सामने एक छोटा सा द्वीप दे दिया। लेकिन डच ने पीपों में छिपाकर तोपों की तस्करी करके द्वीप को एक क़िलेबंद अड्डे में तब्दील करने की कोशिश की: उनकी साज़िश तब बेनक़ाब हो गई जब एक पीपा टूट गया और एक तोप निकलकर बाहर गिर गई। फिर स्थानीय अधिकारियों ने उन्हें बाहर निकाल दिया, लेकिन बलपूर्वक नहीं, बल्कि 'प्रतिबंधों' द्वारा – उनके खाने और पानी पर रोक लगाकर।[14]

कभी-कभी अंग्रेज़ भी चीनियों के साथ अपने व्यवहार में इतने आक्रामक हो जाते थे कि वो अपने बर्ताव से 'बुल इन चाइना शॉप' वाले मुहावरे की छाप छोड़ देते थे।[15] मिसाल के तौर पर, 1637 में, कैप्टन जॉन वेडेल पर्ल रिवर तक जा घुसा और उसने गुआंगज़ाउ पर बमबारी भी कर डाली।[16]

इन घटनाओं को भुलाया नहीं गया, और चीनी अधिकारियों ने भविष्य में इस तरह की गड़बड़ियों को रोकने के लिए कई क़दम उठाए। 1757 में, चिंग राजवंश के उत्कर्ष के समय शासन करने वाले चियानलोंग सम्राट ने आदेश दिया कि चीन के साथ विदेशी व्यापार केवल गुआंगज़ाउ के रास्ते से किया जाएगा, जो दक्षिण चीन सागर से 100 किलोमीटर अंदर है।[17] और गुआंगज़ाउ में भी कोहोंग संघ के रूप में ज्ञात सिर्फ़ कुछ लाइसेंसधारी चीनी व्यापारियों को ही विदेशियों के साथ व्यापार करने की इजाज़त थी।[18] इसके अलावा, परदेसियों (जिन्हें अक्सर 'फ़ैन-क्वी' कहा जाता था) को केवल एक छोटे से एन्क्लेव में रहने की अनुमति थी जो गुआंगज़ाउ की चारदीवारी के दक्षिण-पश्चिमी कोने से 180 मीटर बाहर था, और इसलिए इसे शहर का हिस्सा नहीं माना जाता था। उन्हें केवल व्यापारिक सत्र (लगभग सितंबर से मार्च) के दौरान वहां रहने की अनुमति थी और वो शहर में प्रवेश नहीं कर सकते थे।[19] उन्हें हथियार रखने या पालकी का इस्तेमाल करने की इजाज़त नहीं थी, और प्रत्येक विदेशी को भोजन, नौकर आदि की आपूर्ति के लिए एक स्थानीय ख़िदमतगार को काम पर रखना पड़ता था।[20] और भी कई तरह के प्रतिबंध थे, लेकिन उनमें शायद सबसे अहम प्रतिबंध ये था कि विदेशी अपने बीवी-बच्चों को गुआंगज़ाउ नहीं ला सकते थे – इस क़दम का मक़सद उन्हें स्थायी निवास स्थापित करने

से वंचित करना था। हालांकि, सैद्धांतिक रूप से, ख़िदमतगारों को विदेशियों के लिए 'लड़कों या वेश्याओं' का इंतज़ाम करने की अनुमति नहीं थी, लेकिन (बहराम मोदी सहित) कई व्यापारियों के पास चीनी रखैलें या पत्नियां हुआ करती थीं।[21]

विदेशी एन्क्लेव की शारीरिक पाबंदियां भी इन क़ानूनी प्रतिबंधों जैसी ही थीं।[22] ये इलाक़ा तटीय क्षेत्र में एक चौथाई मील की लंबाई और इसकी आधी चौड़ाई पर बसा था। ज़मीन की इस पतली सी पट्टी को थर्टीन फ़ैक्ट्रीज़ के नाम से जाना जाता था, क्योंकि यहां तेरह बड़ी इमारतें ('फ़ैक्ट्रियां') थीं, जिनमें से हर इमारत दरअसल मकानों का एक परिसर थी जो आवास और व्यापार दोनों के काम आती थी।[23] अठारहवीं सदी के चीनी लेखक शेन फ़ू के अनुसार, दिखने में वो 'बिल्कुल एक विदेशी पेंटिंग की तरह थीं।'[24] हालांकि, सिद्धांत रूप में, ये फ़ैक्ट्रियां कोहोंग संघ की थीं, लेकिन आगे चलकर उनमें से ज़्यादातर किसी ख़ास झंडे से जुड़ गईं – ब्रिटिश, फ्रेंच, डेनिश, ऑस्ट्रो-हंगेरियन, स्वीडिश, अमेरिकी वग़ैरा (चित्र 9 देखें)।[25] फ्रांसीसी फ़ैक्ट्री पर कुछ समय तक अमेरिकियों का क़ब्ज़ा रहा, लेकिन बाद में उनमें से ज़्यादातर को स्वीडिश फ़ैक्ट्री में बसा दिया गया।[26] हरेक फ़ैक्ट्री की अपनी परंपराएं और उपयोग थे; निवासी अपरिहार्य रूप से एक-दूसरे के पास-पास ही रहते थे और काफ़ी समय एक दूसरे के साथ बिताते थे, और अक्सर एक ही मेज़ पर खाना खाते थे।

उस समय में गुआंगज़ाउ में रहना एक शानदार, केवल पुरुष हरम – अमेरिकी इतिहासकार जैक्स एम. डाउन्स के यादगार वाक्यांश को उधार लेते हुए – एक 'गोल्डन गेटो' के भीतर क़ैद होने जैसा था।[27] गुआंगज़ाउ में नए-नए आए एक युवा अमेरिकी व्यापारी ने न्यूयॉर्क में अपने भाई को लिखे एक पत्र में फ़ैक्ट्रियों का वर्णन इस प्रकार किया:

> [ये] बहुत विशाल और आरामदेह इमारतें हैं, भोजन कक्ष और बैठकें दूसरी मंज़िल पर हैं, और बहुत बड़ी और अच्छे ढंग से सुसज्जित हैं, और सुंदर चित्रों से भरी हैं, अगली मंज़िल पर शयन-कक्ष हैं... लेखा कक्ष बेहतरीन शैली में व्यवस्थित हैं, सामने वाले साझेदारों के लिए और पीछे वाले क्लर्कों के लिए, हर किसी के पास अपनी डेस्क है, और अगर आपको किसी चीज़ की आवश्यकता हो तो आपको बस अपनी घंटी बजानी है, और आपका लड़का आपके पास मौजूद होगा।[28]

इस गेटो में जीवन बहुत ही विलासितापूर्ण होता था। व्यापारी दिन की शुरुआत एक शानदार टब-स्नान के साथ करते थे; उसके बाद टहलना और नाश्ता करना, जिसमें चावल, केक, टोस्ट, करी, अंडे और मछली शामिल होती थी। दोपहर के समय भोजन कक्ष में हल्का लंच परोसा जाता था। डिनर, जो लगभग साढ़े छह बजे परोसा जाता था, एक ज़बरदस्त सामाजिक अवसर होता था: हमेशा कई तरह की वाइन, बीयर और जौ की शराब के साथ कई तरह के व्यंजन होते थे, और भोजन का अंत ब्रांडी और लंबे काले मनीला सिगारों के साथ होता था।[29]

थर्टीन फ़ैक्ट्रीज़ में सामाजिक जीवन मौज-मस्ती और परंपरा, उल्लास और संयम का एक विचित्र मिश्रण होता था।[30] 'कैंटन में यूरोपीय उतनी आसानी से एक-दूसरे के साथ मेलजोल नहीं रखते हैं जितनी कि उनसे उम्मीद की जा सकती है,' गुआंगज़ाउ में पहले अमेरिकी वाणिज्यदूत मेजर सेमुअल शॉ ने कहा था, 'विभिन्न फ़ैक्ट्रियों के लोग अधिकतर ख़ुद तक ही सीमित रहते हैं, और कुछेक मामलों को छोड़कर, बहुत ही औपचारिक और संयमित बर्ताव करते हैं।'[31] लेकिन साथ ही, ये व्यापारी नियमित रूप से एक-दूसरे के साथ डांस भी करते थे – वो महिलाओं के न होने के कारण इसके लिए मजबूर थे। एक तरह से यही कमी उनके परंपराओं का पालन करने का कारण थी। जैसा कि एक विदेशी व्यापारी ने लिखा: 'हम जैंटलमेन और नाविकों का एक अजीब सा मिश्रण हैं और हम सभी अनिवार्य रूप से कुंआरे हैं| चीनी कहते हैं कि हममें से कई लोग हैं – "आधे जंगली आदमी", और ये बनने से बचा रहने के लिए एक निश्चित शिष्टाचार बहुत आवश्यक है|'[32]

किसी लंबे मस्तूल वाले जहाज़ की तरह विदेशी एन्क्लेव की अपनी रस्में और पदानुक्रम थे, और उस दौर के ज़्यादातर समुद्री जहाज़ों की तरह इस पर भी यूरोपियों का बोलबाला था – यहां पर अंग्रेज़ों का, जो उस समय तेज़ी से नस्लवादी विचारधाराओं के प्रभाव में घिरते जा रहे थे। इसकी कल्पना करना बहुत मुश्किल नहीं है कि एक उपमहाद्वीपीय व्यापारी को ऐसी जगह पर अपने पांव जमाने में किन मुश्किलों का सामना करना पड़ता होगा। विदेशी एन्क्लेव में ज़िंदगी की सबसे मामूली चीज़ों में भी किसी न किसी समस्या का सामना करना पड़ता होगा। मसलन ये कि बॉम्बे के व्यापारी कहां रहेंगे?[33] गुआंगज़ाउ में हिंदुस्तानियों की काफ़ी बड़ी तादाद के बावजूद वहां कोई भारतीय फ़ैक्ट्री नहीं थी। कहा जाता है कि सत्रहवीं शताब्दी के सूरत से जुड़े संबंधों के

कारण व्यापार के शुरुआती सालों में पारसियों को डच फ़ैक्ट्री में रहने की जगह दी गई थी।[34] बाद में, जब बॉम्बे के व्यापारियों की संख्या बढ़ने लगी, तो वो एक ख़ास फ़ैक्ट्री, फ़ुंगताई की ओर आकर्षित हो गए, जिसे 'चाउ-चाउ' (या विविध) फ़ैक्ट्री के रूप में जाना जाने लगा।[35]

बॉम्बे के व्यापारी कुछ मामलों में नुकसान में ज़रूर थे, लेकिन उनके पास एक बहुत शक्तिशाली कार्ड था: देसी व्यापारिक नेटवर्कों तक उनकी पहुंच जिसकी बदौलत वो मालवा की अफ़ीम सबसे अच्छी संभव क़ीमतों पर ख़रीद सकते थे।[36] इससे कुछ ऐसे पारस्परिक रूप से लाभकारी हित पैदा हो गए जिन्होंने कुछ दुर्जेय सामाजिक बाधाओं को पार किया और कई आकर्षक साझेदारियों की नींव रखी: जमशेदजी जीजीभॉय और जार्डीन मैथेसन एंड कंपनी के विलियम जार्डीन के बीच पनपा संबंध इसका बस एक उदाहरण है।[37]

पारसियों के लिए गुआंगज़ाउ में सफलतापूर्वक काम कर पाने की एक वजह उनके साथ ऐसी अनेक वर्जनाओं और आहार संबंधी प्रतिबंधों का न होना था, जिनके कारण रूढ़िवादी हिंदुओं और मुसलमानों के लिए विदेशियों के साथ मेलजोल बना पाना कठिन होता था। वास्तव में, आहार संबंधी पूर्वाग्रह शायद लंबे समय से भारतीयों और चीनियों के बीच बाधाएं खड़ी करने में एक महत्वपूर्ण, हालांकि बड़ी हद तक नज़रअंदाज़ की गई, भूमिका निभाते रहे हैं। भले ही आज भारत में कुछ 'भारतीय चीनी' व्यंजन बहुत लोकप्रिय हैं, लेकिन चीनी व्यंजनों के कुछ पहलू आज भी, ख़ासकर उच्च जाति के और अधिकतर शाकाहारी, उन राजनयिकों और नौकरशाहों के मन में अत्यधिक घृणा पैदा करते हैं जो भारत के नीति निर्धारक हलक़ों पर हावी हैं। लेखिका पल्लवी अय्यर का तो यहां तक सोचना है कि बहुत से भारतीयों में चीन के प्रति जो घृणा है, वो इस विचार से उपजी है कि 'वो सबकुछ खा जाते हैं।'[38]

इस तरह के रवैयों ने निश्चित रूप से गुआंगज़ाउ के विदेशी एन्क्लेव में एक ऐसी खाई पैदा की होगी, जिसे पार नहीं किया जा सका| विदेशी एन्क्लेव वो जगह थी, जहां व्यापार करने के लिए भोजन पर एक दूसरे के साथ सामाजिकता अनिवार्य थी। ऐसे भोजन में लगभग हमेशा ही मांस शामिल होता होगा, जो अपने आपमें उन रूढ़िवादी हिंदू व्यापारियों को बाहर करने का काम करता होगा जिनमें से कई शाकाहारी हुआ करते थे: उनके लिए ऐसे घर में प्रवेश भर करने का मतलब भी जाति को खो देना था

जहां गोमांस परोसा जाता हो। सूअर के मांस, शराब और ऐसी कई अन्य चीज़ों के संबंध में, जिन्हें पश्चिमी और चीनी दोनों ही बहुत पसंद करते थे, इसी तरह के प्रतिबंध मुस्लिम व्यापारियों पर लागू होते होंगे।

इसके विपरीत, पारसियों के लिए आहार के ऐसे कोई प्रतिबंध नहीं थे और वो विदेशी एन्क्लेव के सहभोजिता के अनुष्ठानों में पूरे दिलो-जान से भाग ले सकते थे, जैसे कि ब्रिटिश और अमेरिकी व्यापारियों द्वारा नियमित रूप से आयोजित की जाने वाली भव्य दावतें और कोहोंग व्यापारियों द्वारा अपने देश के एस्टेट में कई कोर्स और घंटों तक चलने वाले वो भोज जिन्हें आयोजित करना वो पसंद करते थे। कई पारसी व्यापारी ख़ुद भी बहुत अच्छे मेज़बान थे: 'कैंटन की जातियों में पारसी सबसे उल्लेखनीय हैं,' एक अमेरिकी यात्री ने लिखा था। 'वो दावतें देते हैं, और वाइन पीते हैं, पूरे ज़ोर-शोर के साथ चीयर करते हैं और ख़ुशमिज़ाज होते हैं।'[39] इसका नतीजा ये हुआ कि कई पारसी व्यापारियों की प्रमुख चीनी व्यापारियों के साथ घनिष्ठ साझेदारियां विकसित हो गईं। उदाहरण के लिए, सर जमशेदजी जीजीभॉय का सबसे महत्वपूर्ण कोहोंग व्यापारी वू बिंगजियान (जिन्हें विदेशी हाउक्वा के रूप में जानते थे) के साथ बहुत अच्छा संबंध था, जो उस समय संभवतः दुनिया का सबसे अमीर व्यक्ति था।[40]

लेकिन इसी के साथ दक्षिण चीन के पारसी व्यापारियों का इस बात पर पूरा ज़ोर रहता था कि वो अपनी विशिष्ट पहचान को बनाए रखें। उदाहरण के लिए, वो हमेशा पारसी लिबास और सिर पर टोपी पहनते थे, जिसके कारण उन्हें 'व्हाइट हैट एलियंस' उपनाम मिल गया था। अपने ब्रिटिश और अमेरिकी समकक्षों के साथ भी उनके संबंध हमेशा ही मधुर नहीं रहते थे। दरअसल, यहूदियों और आर्मेनियाइयों की तरह पारसियों की स्थिति भी कुछ ऐसी थी जो विशेषाधिकार प्राप्त तो थी, लेकिन कुछ मामलों में हाशिए पर भी थी। इसी कारण श्वेत नस्लवाद से रूबरू होने पर वो बेहद आक्रामक और यहां तक कि तुनकमिज़ाज भी हो गए। एक सामाजिक कार्यक्रम में, जो शायद अपने दौर का सबसे मशहूर कार्यक्रम था, इसी वजह से लगभग हाथापाई तक की नौबत आ गई थी।

ये 1839 के अफ़ीम संकट की शुरुआत से ठीक पहले आयोजित किया गया एक बहुत बड़ा, शोर-शराबे भरा समारोह था: ये विलियम जार्डीन के सम्मान में था जो विदेशी व्यापारियों द्वारा जमा की गई एक बहुत बड़ी संचय निधि के साथ इंग्लैंड के लिए रवाना

हो रहा था, जिसका उद्देश्य ब्रिटिश राजनेताओं और पत्रकारों को चीन के ख़िलाफ़ युद्ध का समर्थन करने के लिए रिश्वत देना था (एक ऐसा मक़सद जिसमें जार्डीन उम्मीद से कहीं ज़्यादा सफल रहा)।[41] चूंकि बॉम्बे के व्यापारियों के साथ जार्डीन की साझेदारी उसके बिज़नेस के लिए ज़रूरी थी, इसलिए आमंत्रित लोगों में कई पारसी भी शामिल थे और उन्होंने उसे एक राजसी उपहार भेंट किया: 1,000 गिनी क़ीमत का एक चांदी का डिनर सेट।[42] पूरी शाम के दौरान कई जाम उठाए गए, और जाम उठाने वालों में से एक ने मुख्य अतिथि को, जो उस समय अपने पचास के दशक के मध्य में था, एक ऐसी पत्नी खोजने के लिए शुभकामनाएं दीं जो 'हसीनों में हसीन' हो। जार्डीन ने जवाब दिया कि उसे इस बात पर बहुत संदेह है कि उसकी उम्र का आदमी किसी 'हसीनों में हसीन' का हक़दार है, और कि वो 'किसी मोटी, सुंदर और चालीस वर्षीय महिला' से भी संतुष्ट रहेगा।[43] इसका ज़ोरदार घोष के साथ स्वागत किया गया और वरिष्ठ व्यापारी नाच में शामिल होने के लिए उठ खड़े हुए जो पहले से ही जारी था। जार्डीन ने ख़ुद ही नेतृत्व संभाला और अपने क़रीबी दोस्त विलियम वैटमोर के साथ जहाज़ के बैंड द्वारा दिए जा रहे संगीत पर वाल्ट्ज़ करने लगा।[44]

एक अमेरिकी व्यापारी रॉबर्ट बैनेट फ़ोर्ब्स द्वारा अपनी पत्नी को लिखे गए एक पत्र के अनुसार, रात में लगभग 3 बजे, '[एक] स्कॉटिश नौजवान चिल्लाया – "चलो मेज़ साफ़ करें और उन... पारसियों को घर भेजें और फिर हम खाना खाएं!!!"' इससे पारसी इतना क्रोधित हो गए कि अगर फ़ोर्ब्स ने हस्तक्षेप न किया होता और उन सबको हाथ मिलाने के लिए मजबूर न किया होता तो मारपीट शुरू हो जाती: '[बेशक] तब सद्भावना और मेल-मिलाप के लिए विदाई का एक जाम पीना तो बनता था।'[45]

अन्य राष्ट्रीयताओं के व्यापारियों की तरह पारसी गुआंगज़ाउ के अलावा मकाउ में भी अच्छी ख़ासी संख्या में बसे हुए थे, जहां पहला पारसी संगठन 1822 में बनाया गया था। पर्ल रिवर डेल्टा में पारसियों की इतनी बड़ी तादाद थी कि व्हैम्पोआ के पास उनका अपना एक क़ब्रिस्तान था।[46] इसका निर्माण 1847 के आसपास हुआ था और ये 1923 तक उपयोग में रहा।[47] अब ये क्षेत्र एक बड़ी शिपिंग कंपनी के परिसर में है, और इसे देखने की अनुमति प्राप्त करना मुश्किल है। लेकिन 2011 में प्रतिष्ठित इतिहासकार तानसेन सेन,

जो भारत-चीन संबंधों के प्रमुख विशेषज्ञों में से एक हैं, हमारे लिए क़ब्रिस्तान का दौरा करने की व्यवस्था करने में कामयाब हो गए।

क़ब्रिस्तान बेतरतीब हरे-भरे पेड़ों से भरी एक ऊंची पहाड़ी की चोटी पर छिपा हुआ है, जिसके सामने की ओर शिपयार्ड की क्रेनें मंडराती दिखाई देती हैं: वहां तक पहुंचने के लिए हमें घनी हरियाली के बीच से होकर गुज़रना पड़ा। ये आलीशान, सपाट-शीर्ष वाली ग्रेनाइट की क़ब्रें हैं, जिनमें से कुछ पर गुजराती और अंग्रेज़ी के अक्षर खुदे हुए हैं, जो अब इतने घिस चुके हैं कि उन्हें समझ पाना मुश्किल है। जिन क़ब्रों के लेख ज़्यादा आसानी से पढ़े जा सकते थे, उनमें से एक पर लिखा है: 'बॉम्बे के पारसी निवासी बुर्जोरजी एडलजी कोतवाल की याद को समर्पित, जिन्होंने 1 अगस्त 1850 और यज़्देज़र्द 1219 के 11वें महीने के 9वें दिन कैंटन में, अपनी उम्र के 36वें साल में इस ज़िंदगी से कूच किया।'

हांगकांग में पारसियों की उपस्थिति और भी ज़्यादा थी, और यहां एक अग्यारी भी थी जो कॉज़वे बे पर आज भी मौजूद है। यहां का पारसी क़ब्रिस्तान 1852 में हैप्पी वैली में बनाया गया था, और ये शहर की बेतहाशा भागदौड़ के बीच अब भी एक ख़ूबसूरती से देखरेख किया जा रहा शांति स्थल है।[48] हांगकांग के पारसी मुख्य रूप से विंडहैम स्ट्रीट के आसपास रहते थे, जिसे कभी चीनी लोग 'इस पर हर जगह भारतीयों की मौजूदगी के कारण "मलक्का" के रूप में जानते थे।'[49] हालांकि अब हांगकांग का पारसी समुदाय केवल 200 सदस्यों तक सिमटकर रह गया है, लेकिन पारसी नाम अब भी पूरे शहर में बिखरे हुए हैं। एक प्रमुख सड़क का नाम सर होर्मुसजी नौरोजी मोदी के नाम पर रखा गया है, जो एक पूर्व अफ़ीम नीलामीकर्ता थे और बाद में एक रियल एस्टेट टाइकून और परोपकारी बन गए, और जिन्होंने हांगकांग यूनिवर्सिटी और कई अन्य महत्वपूर्ण संस्थानों की स्थापना में मदद की। सर होर्मुसजी के व्यापारिक साझेदार कलकत्ता के एक आर्मेनियाई सर कैचिक पॉल चेटर थे, जो हांगकांग के सबसे रईस व्यापारियों में से एक बन गए थे। दोनों पुराने दोस्तों, चेटर और मोदी, के पास कोंड्यूट रोड पर आलीशन घर थे और वो उस भूमि के एक भाग के पुनर्ग्रहण के लिए ज़िम्मेदार थे जिस पर अब शहर खड़ा है। एक और पारसी नाम जो अक्सर हांगकांग की सड़कों पर देखा जाता है, वो है कोतवाल जो एक प्रमुख व्यवसायी और विधायक सर रॉबर्ट होर्मुस कोतवाल के कारण है। हालांकि सर रॉबर्ट कोतवाल को अपना नाम अपने पारसी पिता से मिला था, लेकिन वास्तव में, वो एक अलग समूह के सदस्य थे: दक्षिणी चीन का चीनी-भारतीय

समुदाय। कई पारसी व्यापारियों की चीनी रखैलें हुआ करती थीं, जिनसे उन्होंने बच्चे पैदा किए। हालांकि उनकी ज़िंदगी के इस हिस्से को आमतौर पर बॉम्बे में उनके परिवारों से छिपाया जाता था, लेकिन ये व्यापारी किसी भी तरह अपने बच्चों के प्रति लापरवाही नहीं बरतते थे। उनमें से कई को उनकी फ़र्मों में शामिल कर लिया जाता था और वो उनकी व्यावसायिक गतिविधियों का एक अनिवार्य अंग बन जाते थे।

समय के साथ दक्षिण चीन के चीनी-भारतीयों का एक कहीं बड़े यूरेशियाई समुदाय में विलय हो गया, जिसने हांगकांग को एक जीवंत और महानगरीय शहर बनाने के लिए बहुत कुछ किया है। वास्तव में (जैसा कि मुझे ये लिखते समय पता चला), सर रॉबर्ट कोतवाल के वंशजों में हॉलीवुड स्टार मैक्स मिंगेला भी शामिल हैं, जिनकी मां कैरोलिन जेन चोआ हांगकांग से हैं, और जिनके पिता *दि इंग्लिश पेशेंट* और *द टैलेंटेड मिस्टर रिप्ली* के निर्देशक स्वर्गीय एंथनी मिंगेला थे।

कई पारसी व्यापारियों ने चीन में बहुत सारा पैसा ज़रूर कमाया, लेकिन ऐसा नहीं है कि ये उनके वहां बिताए समय का सबसे मूल्यवान हिस्सा था।[50] पश्चिमी और चीनी व्यापारियों के साथ अपने संबंधों के ज़रिए उन्होंने उन आर्थिक और औद्योगिक परिवर्तनों के बारे में भी सीखा जो उस दौर में यूरोप और अमेरिका में हो रहे थे। इसके नतीजे में, जब नए व्यवसायों में क़दम रखने की बात आई तो उन्हें अन्य भारतीय व्यापारिक समुदायों की तुलना में काफ़ी लाभ मिला, और उन्होंने बड़े उत्साह के साथ नए व्यवसाय शुरू किए। चूंकि उनमें से कई व्यापारी चीन से भारी पूंजी लेकर लौटे थे, इसलिए भी वो कई नए उद्यम शुरू कर सके। इस प्रकार पारसी उद्यमी भारतीय उद्योग और वाणिज्य के अग्रदूत बन गए, और वो बैंकिंग और बीमा क्षेत्रों में कूद पड़े, और उन्होंने कपड़ा मिलों, इस्पात संयंत्रों और अलग-अलग प्रकार की कई फ़ैक्ट्रियों और विनिर्माण इकाइयों की स्थापना की। उन्होंने जीवाश्म ईंधन अर्थव्यवस्था को अपनाने में भी जल्दी की, और वो लकड़ी, कपास और शिपिंग उद्योगों में भाप के उपयोग में अग्रणी बन गए। पारसियों ने बॉम्बे स्टीम नेविगेशन कंपनी की स्थापना की, जिसके पास स्टीमरों का एक बेड़ा था जो कराची से कोलंबो तक उपमहाद्वीप के पूरे पश्चिमी तट पर चलता था।[51] और हांगकांग की प्रतिष्ठित स्टार फ़ेरीज़ की स्थापना भी एक पारसी ने ही की थी।

नवाचार और उद्यमशीलता की इस पारसी परंपरा ने एक स्थायी विरासत छोड़ी है, जो कोविड-19 महामारी के दौरान साफ़ दिखाई दी, जब अचानक सामने आया कि एस्ट्राज़ेनेका के कोविशील्ड वैक्सीन की दुनिया की सबसे बड़ी निर्माता पुणे में पारसी स्वामित्व वाली एक छोटी सी कंपनी थी। कुछ समय तक ऐसा लगा कि मानवता के एक बड़े हिस्से का भाग्य पारसी उद्यमी साइरस पूनावाला द्वारा स्थापित इस कंपनी सीरम इंस्टीट्यूट ऑफ़ इंडिया के हाथों में है।

इस तरह बॉम्बे और उसके भीतरी इलाक़ों ने मालवा की अफ़ीम से कई तरह से लाभ उठाया। न केवल ये कि इस क्षेत्र के अफ़ीम किसानों द्वारा पैदा किया गया धन अधिक लोगों की जेबों में गया, बल्कि अफ़ीम पर चीन से लाए गए मुनाफ़े ने नवाचार और उद्यमशीलता की संस्कृति को भी बढ़ावा दिया। दूसरी ओर, कलकत्ता से निर्यात की गई अफ़ीम से शहर या इसके भीतरी इलाक़ों को ऐसा कोई लाभ नहीं हुआ: इसके बजाय इस व्यापार ने ब्रिटेन, अमेरिका और यूरोप को मुनाफ़ा पहुंचाया।

बंबई की सफलता का श्रेय मुख्य रूप से पश्चिमी भारत की वाणिज्यिक संस्कृति को देना आकर्षक लगता है। लेकिन ये याद रखना ज़रूरी है कि वास्तव में ब्रिटिश साम्राज्य के प्रति मराठा राज्यों के दृढ़ प्रतिरोध ने ही इस क्षेत्र के व्यापारियों की सफलता की बुनियाद रखी। इस बात को भी नहीं भुलाया जा सकता कि उस सफलता का बोझ दक्षिण पूर्व एशिया और चीन के अफ़ीम उपयोगकर्ताओं और नशेड़ियों ने उठाया था।

बेशक, अफ़ीम एकमात्र वस्तु नहीं थी जिसका बॉम्बे के व्यापारी निर्यात करते थे: चीन के साथ उनके व्यापार में कपास की भी बहुत महत्वपूर्ण भूमिका थी।[52] लेकिन अफ़ीम उनके व्यापार की 'मुख्य वस्तु' थी, और इतिहासकार जैक्स एम. डाउन्स ने चीन में अमेरिकी व्यापारियों के बारे में जो कहा है, वो भारतीयों पर भी कम लागू नहीं होता: '...चीन का पूरा व्यापार अफ़ीम की तस्करी पर आधारित था... अफ़ीम के बिना ये कल्पना कर पाना कठिन है कि चीन के साथ वैध व्यापार किस तरह विकसित होता।'[53]

एक अन्य प्रवासी समूह जो औपनिवेशिक अफ़ीम व्यापार में बहुत अधिक महत्वपूर्ण बन गया था, वो बग़दादी यहूदियों के रूप में जाना जाने वाला समुदाय था। ये नाम इस समुदाय के अधिकांश सदस्यों द्वारा बेबीलोनियाई (या बग़दादी) संस्कारों का पालन

करने से लिया गया है, न कि उनकी मूल जगहों से, जिनमें वास्तव में मध्य पूर्व के कई भागों से लेकर उत्तरी अफ़्रीका और मध्य एशिया तक अत्यंत विविध जगहें शामिल थीं।[54] लेकिन ये समुदाय हमेशा से ही बहुत नन्हा सा था, और इसकी संख्या कभी भी 8,000 से आगे नहीं बढ़ी।

बग़दादी यहूदी सबसे पहले 1700 के दशक में भारत आए थे, लेकिन उन्हें बाहर निकलने के लिए मजबूर उन्नीसवीं सदी की शुरुआत में उस्मानिया शासन के बढ़ते उत्पीड़न के कारण होना पड़ा था। ऐसे ही एक व्यक्ति, जो समुदाय के कुलपति बने, डेविड सैसून थे, जो एक धनी परिवार के वंशज थे, और जिन्होंने वास्तव में 1832 में चालीस वर्ष की आयु में बॉम्बे आने से पहले बारह साल तक बग़दाद के कोषाध्यक्ष के रूप में काम किया था। कुछ ही दशकों के भीतर डेविड सैसून मालवा की अफ़ीम बिक्री पर नियंत्रण हासिल करने में सफल हो गए, जिसका इस्तेमाल उन्होंने कलकत्ता में अफ़ीम की नीलामी में क़ीमतें तय करने के लिए किया। ये काम उन्होंने इतने प्रभावी ढंग से किया कि '1871 तक सैसून ने भारत के दोनों तरफ़ के अफ़ीम बाज़ारों पर नियंत्रण प्राप्त कर लिया।'[55] पारिवारिक फ़र्म डेविड सैसून एंड कंपनी ने जल्द ही सिंगापुर, हांगकांग और शंघाई में ऑफ़िस खोलकर अफ़ीम के पारगमन मार्गों पर अपनी शाखाएं फैला लीं। भारतीय अफ़ीम पर अपना एकाधिकार बनाए रखते हुए, फ़र्म ने कई अन्य उद्योगों में भी व्यापार आरंभ किया – एक ऐसी कहानी जिसे अनगिनत किताबों में बख़ूबी सुनाया गया है।[56]

पूरब के रॉथशिल्ड के रूप में जाने जाने वाले सैसून परिवार ने आख़िरकार प्रसिद्ध बैंकिंग वंश – और कई अन्य कुलीन परिवारों में विवाह किए, और अंततः पूरी तरह से ब्रिटिश उच्च वर्ग में समावेशित हो गया। एशिया में सैसून नाम आज भी अफ़ीम व्यापार के हर प्रमुख केंद्र में, बंबई, कलकत्ता, सिंगापुर, हांगकांग और शंघाई में परिवार द्वारा स्थापित अनगिनत इमारतों, गोदियों, पुस्तकालयों, फ़ैक्ट्रियों, यहूदी पूजास्थलों, अस्पतालो और अन्य संस्थानों में जीवित है।[57]

भले ही पारसी और बग़दादी अफ़ीम व्यापारी प्रतिद्वंद्वी और प्रतिस्पर्धी थे, लेकिन वो अक्सर नए उद्यम स्थापित करने में एक दूसरे का सहयोग भी करते थे। शायद उनकी सबसे महत्वपूर्ण, और निश्चित रूप से सबसे लंबे समय तक चलने वाली साझेदारी 1865 में स्थापित की गई हांगकांग एंड शंघाई बैंकिंग कॉर्पोरेशन थी। संस्थापक समिति के चौदह सदस्यों में से तीन पारसी थे और एक डेविड सैसून एंड कंपनी का

प्रतिनिधि था।[58] कहने की ज़रूरत नहीं है कि अफ़ीम व्यापार में वित्तपोषण करने के कारण बैंक का तेज़ी से विस्तार हुआ।[59] ये तथ्य कि ये कंपनी जिसे एचएसबीसी के नाम से बेहतर जाना जाता है आज दुनिया के सबसे बड़े बैंकों में से एक है, इस बात का संकेत है कि आधुनिक वैश्वीकृत पूंजीवाद की संस्थाओं की बुनियादें किस हद तक अफ़ीम पर खड़ी हैं।

अफ़ीम ने बॉम्बे से भी ज़्यादा सिंगापुर को ज़िंदा रखा। जैसा कि कार्ल ट्रॉकी कहते हैं, सिंगापुर की स्थापना 'भारत-चीन अफ़ीम व्यापार के गौण परिणाम' के रूप में हुई, इसलिए ये शहर 'अपने ख़ून में ही अफ़ीम लेकर पैदा हुआ।'[60] लेकिन सिंगापुर मुक्त बाज़ार का एक प्रयोग भी था – व्यापार पर कोई कर नहीं था और आयात-निर्यात पर भी कोई शुल्क नहीं था – जो केवल अफ़ीम के कारण ही संभव हो पाया था, जो आमतौर पर शहर के राजस्व का लगभग आधा हिस्सा प्रदान करती थी। हर साल भारत की अफ़ीम का कम से कम बीस प्रतिशत हिस्सा सिंगापुर पहुंचता था: हालांकि इसके अधिकांश भाग का इस पूरे क्षेत्र में वितरण हो जाता था, लेकिन इसके एक बड़े भाग की शहर में भी खपत होती थी। वास्तव में, 'अफ़ीम व्यापार की लय ही उन्नीसवीं सदी के सिंगापुर के आर्थिक विकास को कमोबेश नियंत्रित करती थी।'[61]

दक्षिण पूर्व एशिया के अधिकांश हिस्सों की तरह सिंगापुर को भी अफ़ीम तथाकथित 'फ़ार्म' प्रणाली के ज़रिए पहुंचाई जाती थी, जिसके तहत कच्ची अफ़ीम को आयात करने का अधिकार केवल औपनिवेशिक प्रशासन के पास था; इस ड्रग को संसाधित करने और बेचने के अधिकार समय-समय पर स्थानीय बोलीदाताओं को नीलाम किए जाते थे। सबसे बड़ी बोली लगाने वाले व्यापारी या अधिक सामान्य रूप में सिंडिकेट को 'फ़ार्मर' के रूप में जाना जाता था, और उन प्रसंस्करण केंद्रों और ठिकानों के नेटवर्क को 'फ़ार्म' कहा जाता था जहां कच्ची अफ़ीम को शुद्ध करके धूम्रपान करने योग्य चंडू में परिवर्तित किया जाता था। सिंगापुर के आसपास के ब्रिटिश क्षेत्रों में ऐसे बहुत से फ़ार्म थे। जावा द्वीप पर भी कई फ़ार्म और फ़ार्मर थे, और उनकी बोलियों से 'द्वीप के डच प्रशासन को भारी राजस्व प्राप्त होता था।'[62] लेकिन आधिकारिक फ़ार्म उस क्षेत्र से होकर गुज़रने वाली अफ़ीम के केवल एक हिस्से को ही संभालते थे: शक्तिशाली तस्करी नेटवर्कों के

कारण एक सक्रिय काला बाज़ार भी मौजूद था, जिसने वास्तव में शायद वैध फ़ार्मों के मुक़ाबले कहीं ज़्यादा अफ़ीम को नियंत्रित किया हो।[63]

पूरे दक्षिणपूर्व एशिया में अफ़ीम के खेतों का प्रबंधन हमेशा ही प्रवासी चीनी व्यापारियों और सिंडिकेटों के हाथों में रहा था।[64] अधिकांश क्षेत्र में उपभोक्ता – आमतौर पर बाग़ान मज़दूर और खनिक – भी ज़्यादातर चीनी ही होते थे, लेकिन कुछ स्थानों पर, जैसे जावा में, अफ़ीम का सेवन स्थानीय लोग भी व्यापक रूप से करते थे।[65] जावा में डच औपनिवेशिकों के बीच एक आम कहावत थी: 'जावाई लोग खेत जोतते और बुवाई करते हैं। चीनी फ़सल लेते हैं। और यूरोपीय इसे ले जाते हैं।'[66]

अफ़ीम के फ़ार्म चलाने वाले चीनियों में से अनेक इस क्षेत्र में गहराई से बसे एक प्रवासी समूह पेरानेकन समुदाय से थे।[67] पारसियों और आर्मेनियाइयों की तरह दक्षिण-पूर्व एशिया में अनगिनत शुरुआती चीनी प्रवासियों को अपनी मातृभूमि में युद्ध, विद्रोह और राजनीतिक उथल-पुथल के कारण विस्थापित होना पड़ा था, ख़ासकर मिंग और चिंग राजवंशों के बीच कोलाहलपूर्ण परिवर्तन काल के दौरान। जिस तरह भारत में पारसी आत्मसात हुए, उसी तरह पेरानेकन भी धीरे-धीरे दक्षिण पूर्व एशियाई संस्कृति का भाग बन गए: पारसियों की ही तरह वो भी न सिर्फ़ स्थानीय भाषाएं बोलने और स्थानीय परिधानों के अनुकूल कपड़े पहनने लगे, बल्कि उनकी ही तरह उन्होंने एक संकर और बहुत ही परिष्कृत भोजन भी विकसित कर लिया। बहुत से पेरानेकन आदमियों ने दक्षिण पूर्व एशियाई स्त्रियों से शादियां कर लीं; कुछ ने बहुसंख्यक धर्म इस्लाम को भी अपना लिया। साथ ही, पेरानेकन ने अपनी विशिष्ट पहचान भी बनाए रखी और उन्होंने ध्यान रखा कि चीन के अपने मूल क्षेत्रों के साथ उनके संबंध क़ायम रहें। इसके अलावा, पारसियों की ही तरह पेरानेकन भी सांस्कृतिक रूप से लचीले थे और वो ब्रिटिश, डच और फ्रेंच औपनिवेशिक शासनों के साथ बहुत अच्छी तरह से तालमेल बिठाने में सक्षम रहे, जिनके लिए उन्होंने मूल रूप से आवश्यक वार्ताकारों और मध्यस्थों के रूप में काम किया।

दक्षिण पूर्व एशिया में बहुत से बाग़ान और खदानें पेरानेकन व्यापारियों के नियंत्रण में थीं, जिनमें हज़ारों ग़रीब चीनी प्रवासी बहुत ख़राब परिस्थितियों में काम करते थे: इनमें से अधिकांश श्रमिकों के लिए दिन गुज़ारने के लिए अफ़ीम ज़रूरी थी। 'उनकी वास्तविक पीड़ा को कम करते हुए अफ़ीम उन्हें इस बात के प्रति भी असंवेदनशील बना देती थी

कि उनका थका डालने वाला श्रम उनके शरीर को किस तरह का दीर्घकालिक नुकसान पहुंचा रहा था। वो सचमुच बिना बहुत दर्द महसूस किए काम कर-करके मर सकते थे।'[68]

ये मज़दूर जिन ठिकानों और दुकानों से अफ़ीम ख़रीदते थे, उनके मालिक अक्सर वो व्यापारी और सिंडिकेट हुआ करते थे जो खदानों और बाग़ानों को चलाते थे।[69] कई मामलों में, मालिकों के मुनाफ़े का बड़ा हिस्सा खदान या बाग़ान से ज़्यादा अफ़ीम के फ़ार्म से पैदा होता था। इस तरह, अफ़ीम दक्षिण-पूर्व एशिया में प्रवासी चीनी अभिजात वर्ग के लिए पूंजी संचय का एक बहुत महत्वपूर्ण स्रोत बन गई।

पेरानेकन के अलावा कई अन्य प्रवासी चीनी समूह भी, ख़ासकर वो समाज और सिंडिकेट जिन्हें कोंगसी (या 'गुप्त समाज', वो ठप्पा जो औपनिवेशिक अधिकारी उन पर चस्पां करना पसंद करते थे) के रूप में जाना जाता था, फ़ार्मिंग सिस्टम के माध्यम से आर्थिक और सामाजिक सीढ़ी चढ़ने में सफल रहे।[70] इस प्रकार, अफ़ीम हर मायने में दक्षिण पूर्व एशिया की आधुनिक अर्थव्यवस्था के निर्माण के लिए महत्वपूर्ण थी, जो न केवल इस क्षेत्र के सबसे अहम शहर सिंगापुर को पोषण प्रदान करती थी, बल्कि उद्यमियों और उद्योगपतियों के लिए भी बीज पूंजी की व्यवस्था करती थी। उन्नीसवीं सदी के सिंगापुर के अधिकांश प्रमुख और सम्मानित परिवार प्रत्यक्ष या अप्रत्यक्ष रूप से अफ़ीम के फ़ार्मों से जुड़े थे: वास्तव में, फ़ार्म-मालिकों के नाम सही मायनों में 'सिंगापुर के प्रतिष्ठित चीनियों' की फ़हरिस्त है।[71]

जैसे-जैसे यूरोपीय औपनिवेशिक शक्तियों का आत्मविश्वास बढ़ता गया और वो स्थानीय आबादी पर अपनी पकड़ मज़बूत करती गईं, वैसे-वैसे 1880 के दशक तक दक्षिण-पूर्व एशिया के अधिकांश हिस्सों में फ़ार्मिंग सिस्टम बंद हो गया (सिंगापुर, जिसने 1910 तक अपने अफ़ीम के फ़ार्म बरक़रार रखे, इसका एक अपवाद था)।[72] फ़ार्मिंग की जगह राज्य के एकाधिकार ने ले ली, जिसने प्रसंस्करण के साथ-साथ अफ़ीम की खुदरा बिक्री को भी अपने हाथों में ले लिया।[73] इन एकाधिकारों का औचित्य राजस्व में वृद्धि करते हुए उपयोग को सीमित करना था, लेकिन जब तक अफ़ीम औपनिवेशिक शासन के लिए राजस्व का एक प्रमुख स्रोत बनी रही, तब तक इसके अधिकारियों पर अनिवार्य रूप से बढ़ा हुआ मुनाफ़ा दिखाने का दबाव था।[74] तो 'अफ़ीम के ख़तरों के बारे में चिंता की आधिकारिक डच अभिव्यक्तियां सिद्धांत रूप में भले ही अच्छी हों, लेकिन व्यवहार में बड़ी हद तक कपटपूर्ण [थीं]।'[75] आधिकारिक एकाधिकार मुख्य रूप से औपनिवेशिक

शासन द्वारा अफ़ीम से प्राप्त होने वाले मुनाफ़े को बढ़ाने में सफल रहा था।[76] जैसा कि एक डच अधिकारी ने स्पष्ट रूप से स्वीकार किया: 'अफ़ीम शासन की प्रणाली में उन मात्राओं को कम करने की कोई जगह नहीं है जो बेची जा सकती हैं; हर ख़रीदार की मदद करना आवश्यक है।'[77]

हालांकि फ़ार्म सिस्टम का अंत प्रवासी चीनी व्यापारियों और सिंडिकेटों के लिए नुकसानदेह था, लेकिन इसके उन्मूलन के समय तक उनमें से कई अन्य उद्योगों में अपने पांव पसारना शुरू कर चुके थे। भारत में पारसियों की तरह ही, अफ़ीम ने कई आधुनिक दक्षिण-पूर्व एशियाई उद्यमों के लिए शुरुआती पूंजी प्रदान की थी: अधिकांश पुराने बेतहाशा अमीर दक्षिण-पूर्व एशियाई परिवारों की क़िस्मत अफ़ीम से ही बनी थी।

होश उड़ा देने वाली सच्चाई ये है कि कई ऐसे शहरों की ज़िंदगी, जो अब आधुनिक वैश्विक अर्थव्यवस्था के स्तंभ हैं – मुंबई, सिंगापुर, हांगकांग और शंघाई – शुरू में अफ़ीम से ही चलती थी। दूसरे शब्दों में, वैश्विक अर्थव्यवस्था की नींव वास्तव में मुक्त व्यापार या बाज़ार के स्वायत्त क़ानूनों ने नहीं रखी थी: ये बुनियाद एशिया के ग़रीब किसानों द्वारा औपनिवेशिक सरकार के संरक्षण में उत्पादित एक ड्रग के एकाधिकार व्यापार ने रखी थी, एक ऐसा पदार्थ जो लत पैदा करता है, यानी जो स्वतंत्रता के एकदम उलट है। जैसा कि ट्रॉकी का कहना है, ये औपनिवेशिक व्यवस्था का मूल विरोधाभास था: 'अपने क़ानूनों और न्याय प्रणाली पर बेहद गर्व करने वाली एक सत्तारूढ़ शक्ति अपने टैक्स आधार को क़ायम रखने के लिए सामाजिक नियंत्रण की एक "अवैध" और वस्तुतः सर्वसत्तावादी प्रणाली पर निर्भर थी।'[78]

बारह

बॉस्टन ब्राह्मण

ब्रिटेन के बाद वो देश, जिसने चीन के व्यापार – और इसलिए अफ़ीम की वैश्विक तस्करी – से सबसे ज़्यादा फ़ायदा उठाया, और कोई नहीं बल्कि अमेरिका था। और ब्रिटेन के विपरीत अमेरिका में ये बात अच्छी तरह से स्थापित है कि लाभार्थियों में देश के कई विशिष्ट परिवार, संस्थान और व्यक्ति शामिल थे।

इसका ये मतलब नहीं है कि अफ़ीम से कम संख्या में ब्रिटिश नागरिकों को फ़ायदा हुआ था; बल्कि इसका उलट था। वैश्विक ड्रग तस्करी के पीछे मुख्य प्रेरक के रूप में अफ़ीम के साथ ब्रिटेन की संलिप्तता स्पष्ट रूप से अमेरिका की तुलना में कहीं ज़्यादा बड़े पैमाने पर थी: न केवल भारत में ब्रिटिश औपनिवेशिक तंत्र दुनिया की अधिकांश अफ़ीम के उत्पादन और वितरण की देखरेख कर रहा था, बल्कि ब्रिटेन चीन में अफ़ीम की तस्करी में संलिप्त 'निजी व्यापारियों' के सबसे बड़े और सबसे अमीर समूह का ठिकाना भी था। ये संभव है कि ब्रिटिश व्यापारियों द्वारा लाई गई समृद्धि के मार्गों को उसी तरह खोजा जा सकता हो जिस तरह से हाल के वर्षों में ग़ुलामी से हासिल किए गए वैभव के प्रसार की खोज की गई है। लेकिन ये काम आसान नहीं होगा क्योंकि अफ़ीम का पैसा उन्नीसवीं सदी के ब्रिटेन में इतनी गहराई तक घुस गया था कि सर्वव्यापकता के कारण ये अदृश्य हो गया था। जो भी हो, ये काम किया नहीं गया है, संभवतः इसकी अंतर्निहित कठिनाइयों के कारण, या इसलिए कि ये ब्रिटेन के साम्राज्यवादी अतीत के बारे में सुहाने

मिथकों को ख़तरे में डाल देगा, या इसलिए कि ऐसा कोई घरेलू संघ मौजूद नहीं है जो उस तरह की जांच के लिए दबाव डालना चाहता हो जैसी कि ग़ुलामी के लिए की गई थी।

दूसरी ओर, भले ही उन्नीसवीं सदी के अफ़ीम व्यापार में अमेरिका की संलिप्तता ब्रिटेन की तुलना में बहुत कम स्तर पर थी, लेकिन इस पर काफ़ी गहराई से खोज की गई है कि अमेरिकी निजी व्यापारियों को इससे हासिल हुए पैसे का क्या हुआ। इसका मुख्य कारण शायद ये है कि उस पैसे का नए-नए आज़ाद हुए देश में बहुत अधिक प्रभाव हुआ था क्योंकि उसकी अर्थव्यवस्था ब्रिटेन की तुलना में बहुत छोटी थी।

अमेरिका पर चीन के व्यापार का प्रभाव ऐसा था कि अमेरिकी स्मृति में इसकी जगह ब्रिटिश या भारतीय स्मृति से बहुत अलग है। इसका एक संकेत ये है कि ब्रिटेन के पास चीनी चीज़ों, किताबों और कलाकृतियों का एक विशाल संग्रह है, लेकिन जहां तक मैं जानता हूं, उसके पास कोई ऐसा संग्रहालय नहीं है जो पूरी तरह से चीन के व्यापार को समर्पित हो: इसकी चीनी कलाकृतियां ज़्यादातर ब्रिटिश संग्रहालय और विक्टोरिया व एल्बर्ट संग्रहालय जैसे उन संस्थानों में रखी गई हैं जिनका दायरा वैश्विक है। इसके विपरीत, अमेरिका में एक ऐसा संग्रहालय मौजूद है जो पूरी तरह से चीन के व्यापार को समर्पित है। और ये ऐसा अकेला संग्रहालय नहीं है; मैसाचुसेट्स के सेलम में स्थित प्रभावशाली और अच्छी तरह से वित्तपोषित पीबॉडी एसेक्स संग्रहालय जैसे कई अन्य संग्रहालय भी हैं जिनमें चीन व्यापार प्रमुखता से दिखाई देता है।

अमेरिका पर चीन के व्यापार के प्रभाव का एक और संकेत ऐसे अमेरिकी क़स्बों और शहरों की विशाल संख्या है, जिनका नाम 'कैंटन' है: ये तादाद तीस से ज़्यादा है, जो लंदन के नाम पर रखे गए शहरों की संख्या से दोगुनी है। फिर भी, जहां एक ओर अनेक अमेरिकी कैंटन हैं, वहीं कोई 'गुआंगज़ाउ' या, यहां तक कि, 'व्हैम्पोआ' नहीं है: शायद ये नाम देश के भीतर चीन की अदृश्य उपस्थिति को असहज रूप से वास्तविक बना देते। तो इस तरह 'कैंटन' ने अमेरिकी स्मृति में एक बहुत ही ख़ास मुक़ाम बनाने का काम किया, जिसमें चीन को घरेलू और अंग्रेज़ीकृत बनाया गया था, और जहां अफ़ीम व्यापार की असहज करने वाली वास्तविकताओं को सहनीय बनाया गया था।

वो वास्तविकताएं कई उत्कृष्ट अध्ययनों का विषय रही हैं, जिनमें जॉन आर. हैडाड की *अमेरिकाज़ फ़र्स्ट एडवेंचर इन चाइना*, डेल ए. नॉरवुड की *ट्रेडिंग फ़्रीडम* और जैक्स एम. डाउन्स की *द गोल्डन गेटो: द अमेरिकन कमर्शियल कम्युनिटी एट कैंटन एंड द*

शेपिंग ऑफ़ अमेरिकन चाइना पॉलिसी, 1784-1844 शामिल हैं। डाउन्स की कृति उनके जीवन भर के काम का नतीजा थी: उन्होंने सारे प्रमुख व्यापारियों के अभिलेखों को खंगाला, जो एक साथ मिलकर एक विशाल संग्रह बनाते हैं, जिसका 'न्यू इंग्लैंड और फ़िलाडेल्फ़िया के लोगों ने संरक्षण किया था – वो लोग जो कभी भी किसी चीज़ को त्यागते नहीं हैं, चाहे वो कोई दस्तावेज़ हो, कपड़े हों, टूटा फ़र्नीचर हो या पुराने संस्थान हों।'[1] लेकिन फिर भी, ये संग्रह भले ही आकार में विशाल हो, पर इससे अतीत में झांकने में मदद नहीं मिलती है: सामान्य रूप से व्यापारी अपने व्यवसायों की वास्तविक प्रकृति को छिपाने को लेकर बहुत सावधान रहते थे, यहां तक कि वो अपने देश में मौजूद अपने परिवारों को भी चेतावनी देते थे कि वो उनकी चिट्ठियों के बारे में कुछ भी सार्वजनिक न करें।[2] कुछ मामलों में व्यापारियों के वंशजों ने चुन-चुनकर उन काग़ज़ात को नष्ट कर दिया था जिनमें अफ़ीम की ख़रीदो-फ़रोख़्त का उल्लेख था।

लेकिन किसी भी तौर पर ये नहीं कहा जा सकता कि व्यापारी केवल अफ़ीम का ही कारोबार करते थे, मगर उनके अन्य उद्यम पूरी तरह से अफ़ीम पर ही आधारित होते थे: वो इससे होने वाली अपनी कमाई का इस्तेमाल चाय, पोर्सिलेन, सिल्क, कलाकृतियां और अन्य बहुत सी चीज़ें ख़रीदने के लिए करते थे। उदाहरण के लिए, कमिश्नर लिन ज़ेक्सू द्वारा अफ़ीम व्यापार बंद किए जाने के तुरंत बाद लिखे गए एक पत्र में एक युवा अमेरिकी व्यापारी रॉबर्ट बैनेट फ़ोर्ब्स ने कहा था कि चीन के साथ विदेशी व्यापारियों के व्यापार का कोई भी और हिस्सा अफ़ीम के बिना कारगर नहीं रह सकता: 'अफ़ीम व्यापार बंद हो जाने के कारण पैसा नहीं है... इस तरह अफ़ीम व्यापार यहां व्यापार करने वाले हर व्यक्ति को, और हमें भी प्रभावित करता है... हमें चाय ख़रीदने के लिए पैसा नहीं मिल पा रहा है और इसलिए हमें अपना कमीशन नहीं मिल रहा है।'[3]

फ़ोर्ब्स और उसके भाई जॉन जैसे व्यापारी, जैसा कि डाउन्स ने लिखा है, ये बात अच्छी तरह समझते थे कि: 'पूरा चीन व्यापार अफ़ीम की तस्करी पर आधारित था।'[4] इसीलिए, ये बात ज़हन में रखना ज़रूरी है कि एक वैध कारोबार के रूप में अमेरिका के 'चीन व्यापार' का अस्तित्व 1784 से 1804 तक सिर्फ़ 20 साल तक रहा। कारोबार के बाद वाले रूपों पर लागू किए जाने पर 'चीन व्यापार' अभिव्यक्ति एक विनम्र व्यंजना के अलावा और कुछ नहीं है, लगभग ठीक उसी तरह जैसे पाब्लो एस्कोबार के कोकीन के धंधे को 'एंडियन व्यापार' कहा जाता है।

अमेरिका और चीन का 'युग्मन' कोई नई घटना नहीं है, जैसा कि बहुत से अमेरिकी पंडित मानते हैं। इतिहासकार डेल ए. नॉरवुड ने अपनी किताब *ट्रेडिंग फ़्रीडम* में बताया है, ये संबंध गणतंत्र के शुरुआती दिनों से ही वजूद में है। ब्रिटेन की ही तरह अमेरिका में भी शुरुआती संबंध चाय ने ही बनाए। अमेरिकी भी चाय पीने के शौक़ीन थे, जिसका 'नए राष्ट्र की राजनीतिक कल्पना में एक ख़ास स्थान था, क्योंकि ये शिष्टाचार के प्रदर्शन से जुड़ी थी।'[5] लेकिन औपनिवेशिक काल के दौरान अमेरिकियों के लिए चीन के साथ व्यापार करना पूरी तरह प्रतिबंधित था, क्योंकि ये केवल ईस्ट इंडिया कंपनी का विशेषाधिकार था। इसका नतीजा ये था कि अमेरिकी जो चाय पीते थे, उसे ब्रिटेन के रास्ते लाना पड़ता था, जिसकी वजह से ये और महंगी हो जाती थी। इससे उत्पन्न आक्रोश 1773 में बॉस्टन टी पार्टी के साथ फूट पड़ा, जिसने अमेरिकी स्वतंत्रता संग्राम की चिंगारी को भड़काने में मदद की।[6]

1783 में युद्ध के अंत में, नया राष्ट्र स्वतंत्र तो हो गया लेकिन इसने ख़ुद को घिरा हुआ पाया: 'जिस बच्चे ने अपने माता-पिता को छोड़ दिया था, उसके पास जाने को कोई जगह नहीं थी।'[7] नज़दीकी ब्रिटिश उपनिवेशों के व्यापार के लिए बंद होने के कारण, चीन उन कुछ अहम गंतव्यों में से एक था जो अमेरिकी जहाज़ों के लिए खुले हुए थे और इसके व्यापारियों के लिए एक संभावित जीवन रेखा थे।[8] 'चीन को फ़ौरन जहाज़ भेजिए,' जॉन एडम्स ने 1783 में कांग्रेस से कहा, 'ये व्यापार हमारे लिए उतना ही खुला है जितना किसी भी अन्य देश के लिए।'[9] एडम्स की इच्छा जल्द ही पूरी हो गई: चीन के लिए रवाना होने वाला पहला अमेरिकी जहाज़, *हैरियट* नाम का एक मस्तूल वाला छोटा सा पोत, उसी वर्ष अंग्रेज़ों के जाने के कुछ ही सप्ताह बाद न्यूयॉर्क से रवाना हो गया। लेकिन *हैरियट* कभी चीन नहीं पहुंच सका: इसके माल को, जिसमें मुख्य रूप से जिनसेंग की जड़ें थीं, केप ऑफ़ गुड होप में ईस्ट इंडिया कंपनी के एक जहाज़ के कप्तान ने असामान्य रूप से ज़्यादा क़ीमत पर ख़रीद लिया।[10] ऐसा शायद अमेरिकियों को चीन के साथ सीधे तौर पर व्यापार शुरू करने से रोकने की उम्मीद में किया गया था – लेकिन दौड़ अब शुरू हो चुकी थी और इसे रोकना मुमकिन नहीं था।

हैरियट के दो महीने बाद उससे एक बहुत बड़ा जहाज़ चला, जिसका मक़सद उसके नाम से ही स्पष्ट होता था: *एंप्रेस ऑफ़ चाइना*। इसका सुपरकार्गो (व्यापार एजेंट) क्रांतिकारी युद्ध का अनुभवी सेमुअल शॉ था, जो बाद में चीन के साथ अमेरिका के व्यापार संबंधों का विस्तार करने का एक उत्साही समर्थक बन गया।[11]

न्यूयॉर्क से रवाना होने के छह महीने बाद *एंप्रेस* व्हैम्पोआ में लंगर डालने वाला पहला अमेरिकी जहाज़ बन गया, जो पर्ल नदी पर गहरे पानी का अंतिम लंगरगाह था।[12] चीनी व्यापारियों ने अमेरिकियों का गर्मजोशी से स्वागत किया, और *एंप्रेस* का माल, जिसमें रम, फ़र और 'चीनी बाज़ार में लाई गई अब तक की सबसे बड़ी मात्रा में जिनसेंग' शामिल थी, अच्छे दामों पर बिका। वापसी में ये जहाज़ चाय, पोर्सिलेन और वस्त्रों से लदा हुआ था; इसमें शंघाई के कुछ मुर्ग़े भी थे, जिन्हें अमेरिकी नस्लों के साथ संकर करने पर एक नई प्रजाति – 'बक्स काउंटी चिकन' – पैदा हुई जो जल्द ही अमेरिका में बेहद लोकप्रिय हो गई।[13] इन आयातों से *एंप्रेस* के मालिकों को 30,000 डॉलर की कमाई हुई, जो उनके निवेश पर 25 प्रतिशत का ठोस मुनाफ़ा था।[14] जहाज़ की सफल यात्रा की ख़बर पूर्वी तट पर तेज़ी से फैल गई, और जल्द ही बॉस्टन, सेलम, प्रॉविडेंस, न्यूयॉर्क और बाल्टिमोर के व्यापारी और जहाज़ मालिक भी चीन की यात्राओं के लिए जहाज़ों को तैयार करने लगे। *एंप्रेस ऑफ़ चाइना* के सफ़र के कुछ ही सालों के अंदर दर्जनों अमेरिकी जहाज़ हर साल गुआंगज़ाउ के दौरे कर रहे थे।[15]

लेकिन अमेरिकी व्यापारी जल्द ही उसी समस्या से घिर गए जिसका सामना उनसे पहले अन्य व्यापारियों को करना पड़ा था: उन्हें चीनी चाय के लिए स्पेनी चांदी के डॉलर से भुगतान करना पड़ता था और सोने-चांदी के अलावा ऐसी कम ही चीज़ें थीं जिनकी चीनियों को उनसे ज़रूरत थी।[16] जिनसेंग एक ऐसी चीज़ थी जिसकी चीन में कुछ मांग थी, लेकिन अमेरिकी उत्पाद को घटिया दर्जे का माना जाता था और इसकी मात्रा बस इतनी ही थी जिसकी बाज़ार में खपत हो जाती थी।[17] तो फिर और क्या? कुछ समय तक इसका जवाब फ़र और सील की खाल रही और इस तरह अमेरिका के सबसे प्रमुख फ़र विक्रेता जॉन जैकब एस्टर के साथ मैसाचुसेट्स के दो परिवार – डेलानो और पर्किन्स – चीन के व्यापार में शामिल हुए।[18] लेकिन, चीनियों के हाथ फ़र बेचने में उनकी शुरुआती सफलता के बावजूद उन्हें जल्द ही एक दुर्गम चुनौती का सामना करना पड़ा: मारे जाने लायक़ सील और समुद्री ऊदबिलाव की तादाद इतनी कम रह गई कि उनका शिकार करना आर्थिक

रूप से संभव नहीं रहा। अगला समाधान चंदन की लकड़ी बनी और प्रशांत महासागर के कई द्वीपों को तब तक खसोटा गया जब तक कि वहां के चंदन के पेड़ पूरी तरह ख़त्म नहीं हो गए; फिर बारी आई साधारण समुद्री ककड़ी (बेश डे मेर) इत्यादि इत्यादि की।[19] इस सबके दौरान अमेरिकियों के सामने अठारहवीं सदी के अंत में अंग्रेज़ों द्वारा तैयार किया गया समाधान लटका हुआ था: अफ़ीम, जिनसेंग के विपरीत एक ऐसी वस्तु जो आपूर्ति और मांग के कथित नियमों का पालन नहीं करती थी।[20]

लेकिन अमेरिकी नुकसान में थे, क्योंकि अफ़ीम की तस्करी के शुरुआती वर्षों में उन्हें कलकत्ता में ईस्ट इंडिया कंपनी की नीलामी से बाहर रखा गया था।[21] लेकिन ब्रिटिश अफ़ीम-विक्रय की सफलता ने अमेरिकी व्यापारियों को इसके अन्य स्रोतों की तलाश करने के लिए प्रेरित किया, और उन्हें इज़मिर (स्मिर्ना) में एक अच्छा स्रोत मिल गया, जो तुर्की के आंतरिक भाग में अफ़ीम उगाने वाले प्रमुख क्षेत्र का आउटलेट था।[22]

तुर्की के ड्रग के व्यापार में अग्रणी थे फ़िलाडेल्फ़िया के एक प्रमुख परिवार के दो भाई जेम्स स्मिथ विलकॉक्स और बेंजमिन च्यू विलकॉक्स।[23] विलकॉक्स बंधु 1805 में तुर्की अफ़ीम ले जाने वाले पहले अमेरिकी जहाज *पेन्सिलवेनिया* पर सुपरकार्गो के रूप में सवार थे। इस जहाज़ ने चीन पहुंचने से पहले ही इज़मिर अफ़ीम की अपनी पचास पेटियों को बेच लिया था; ये माल जकार्ता में बिक गया था।[24] इस शुरुआती प्रयास की कामयाबी ने न्यूयॉर्क के जॉन जैकब एस्टर, सेलम के जॉज़ेफ़ पीबॉडी और फ़िलाडेल्फ़िया के स्टीफ़न गिरार्ड जैसे प्रमुख अमेरिकी व्यापारियों के बीच 'अफ़ीम की होड़' पैदा कर दी।[25] गिरार्ड एक स्व-निर्मित व्यक्ति था जो फ्रांस से केबिन बॉय के रूप में अमेरिका आया था और अंततः एक बेहद अमीर दास-प्रवर्तक, बैंकर और शिपिंग व्यवसायी बन गया था। तुर्की के अफ़ीम मार्ग के बारे में जानकारी मिलने पर उसने तुरंत भूमध्य सागर में अपने एजेंटों को लिखा: 'मैं अफ़ीम में भारी निवेश करने के पक्ष में हूं।'[26] जब 1831 में गिरार्ड की मृत्यु हुई, तो वो अमेरिका का सबसे धनी आदमी था, और आज भी उसकी गिनती इतिहास के सबसे धनी अमेरिकियों में होती है; यही बात एस्टर और पीबॉडी पर भी लागू होती है।

जल्द ही इज़मिर में अमेरिकी व्यापारियों की इतनी बड़ी संख्या हो गई कि चीन को तुर्की अफ़ीम भेजने पर उनका एकाधिकार हो गया।[27] लेकिन तुर्की उद्योग के उत्पादन की मात्रा बहुत ज़्यादा नहीं थी, और भारत में अवसर इतने विशाल थे कि उन्हें छोड़ा नहीं जा सकता था। इसलिए तुर्की अफ़ीम के व्यापार को स्थापित करने के दौरान ही कुछ

अमेरिकियों की नज़र बंगाल में ईस्ट इंडिया कंपनी की नीलामी पर भी थी। 1804 में बॉस्टन के स्वामित्व वाले एक जहाज़ के कप्तान चार्ल्स कैबोट ने घोषणा की, 'मेरा इरादा कंपनी की बिक्री से अफ़ीम ख़रीदने और पूर्व की ओर बढ़ने का है, जहां मुझे बाज़ार में सबसे पहले पहुंचने में कोई संदेह नहीं है।'[28]

भारतीय बाज़ार का लाभ उठाने के शुरुआती प्रयास पहले नेपोलियन के युद्धों और फिर 1812 के ब्रिटिश-अमेरिकी युद्ध से उत्पन्न बाधाओं के कारण नाकाम हो गए।[29] लेकिन 1815 में युद्ध ख़त्म होने के बाद अमेरिकियों ने अफ़ीम के अपने कारोबार को तेज़ी से विस्तार देना शुरू कर दिया।[30] जॉन जैकब एस्टर ने तुर्की से आपूर्ति को पूरा करने के लिए किसी और स्रोत को खोजने के प्रयास में फ़ारस की खाड़ी में एक जहाज़ भी भेजा।[31] इस अवधि में अफ़ीम में एस्टर की सट्टेबाज़ी इतनी बड़ी थी कि उसके प्रतिद्वंद्वियों में घबराहट बढ़ने लगी। 'हम एस्टर के अलावा किसी और को नहीं जानते जिससे हम डरते हों,' उस समय तुर्की बाज़ार पर हावी बॉस्टन फ़र्म ने घोषणा की।[32]

कुछ अनुमानों के अनुसार 1818 तक चीन में खपत होने वाली कुल अफ़ीम के एक तिहाई भाग की तस्करी अमेरिकी कर रहे थे, जिससे बाज़ार पर ईस्ट इंडिया कंपनी के वर्चस्व के लिए एक बड़ी चुनौती पैदा हो गई थी।[33] वास्तव में, इसके तुरंत बाद कंपनी द्वारा बिहार में अपना उत्पादन बढ़ाने के पीछे मौजूद कारणों में से एक अमेरिकियों, और उनकी तुर्की अफ़ीम से प्रतिस्पर्धा भी थी।

इस बीच भारत अफ़ीम व्यापार में मुनाफ़े का सबसे बड़ा स्रोत बना रहा और अमेरिकी व्यापारियों की भारतीय व्यापार में अपनी पहुंच बढ़ाने की उत्सुकता बनी रही: उन्हें इससे बाहर रखे जाने से उनकी भूख और बढ़ गई थी। और ऐसा नहीं था कि अमेरिकियों के पास अपनी जीत के लिए कुछ तुरुप के पत्ते नहीं थे। चीन में तुर्की अफ़ीम का विपणन करके वो भारतीय व्यापारियों के लिए एजेंट के रूप में काम करने की अच्छी स्थिति में आ गए थे; वो व्यापार के तौर-तरीक़ों के बारे में सबकुछ जानते थे और तस्करी नेटवर्कों के भीतर व्यापक संपर्क बना चुके थे। उनके पास पर्ल नदी पर लिनटिन द्वीप पर अपने स्वयं के रिसीविंग पोत भी थे, जहां वो बड़े ब्रिटिश तस्करी नेटवर्कों की तुलना में अपने साझेदारों की अफ़ीम की खेपों को कम दरों पर भंडार करने के प्रस्ताव दे सकते थे।[34] इसके अलावा, बॉम्बे और कलकत्ता के व्यापारिक जगत के साथ उनके संबंध बहुत

पुराने थे; ये संबंध 1783 में अमेरिकी स्वतंत्रता की औपचारिक मान्यता के तुरंत बाद के वर्षों से चले आ रहे थे।

1780 के दशक के अंतिम वर्षों तक न्यू इंग्लैंड के अनेक व्यापारी बॉम्बे में पारसी और गुजराती दलालों के साथ काम करना शुरू कर चुके थे, क्योंकि वो अंग्रेज़ एजेंटों की तुलना में बेहतर दर और अधिक विश्वसनीय सेवाएं देते थे।[35] उस समय बॉम्बे का प्रमुख निर्यात कपास था, जबकि जिन अमेरिकी उत्पादों को वहां बाज़ार मिला, वो थे जिन, रम, लोहा और रस्से।[36] उस समय ब्रिटिश नियमों के कारण अमेरिकियों के लिए भारतीय सामान को चीन ले जाना मुश्किल बना हुआ था, लेकिन 1815 के बाद नियम बदल गए, और यही वो समय था जब न्यू इंग्लैंड के व्यापारियों ने मालवा अफ़ीम की तस्करी में पूरे ज़ोर-शोर के साथ प्रवेश कर लिया।[37]

जल्द ही कई अमेरिकी व्यापारी, जिनमें से ज़्यादातर सेलम से थे, बॉम्बे में रहने लगे जहां उनके रहने-खाने का प्रबंध उनके पारसी साझेदार करते थे।[38] अमेरिकियों को वाडिया, दादीसेठ और रेडीमनी जैसे बड़े पारसी व्यापारी परिवारों में साझेदार मिले तो ज़रूर, लेकिन ज़्यादातर बड़ी कंपनियों के साथ पहले ही जार्डीन मैथेसन एंड कंपनी और डेंट एंड कंपनी जैसी ब्रिटिश दिग्गज कंपनियां साझेदारियां बना चुकी थीं। परिणामस्वरूप, उनके साथ काम करने के लिए अक्सर छोटी पारसी फ़र्में ही ज़्यादा उत्सुक रहती थीं। अमेरिकियों के साथ पार्टनिरशिप करने वाली गुजराती फ़र्मों में सबसे महत्वपूर्ण अहमदाबाद की हुथीसिंह खुशालचंद थी, जो मालवा अफ़ीम की सबसे बड़ी आढ़तों में से एक थी।

फ़िलाडेल्फ़िया का अनथक बेंजमिन च्यू विलकॉक्स अफ़ीम के क्षेत्र में अमेरिकी-भारतीय साझेदारी स्थापित करने वाले प्रवर्तकों में से एक था। 1824 तक विलकॉक्स बॉम्बे के होर्मुज़जी दोराबजी के साथ सालाना 1,00,000 चांदी के डॉलर का व्यापार कर रहा था और 1827 में उसके रिटायरमेंट तक ये लगातार बढ़ता रहा, जब उसने अपनी कंपनी को एक रिश्तेदार जॉन आर. लैटिमर को सौंप दिया, जिसने पारसी व्यापारियों ख़ासकर कोवास्जी, फ्रामजी और होर्मुज़जी परिवारों के साथ फ़र्म के संबंधों को और विकसित किया।[39]

फ़िलाडेल्फ़िया के व्यापारियों के ठीक बाद बॉस्टन के बड़े अफ़ीम-व्यापारिक ख़ानदान थे – पर्किन्स, स्टर्जिस, रसेल और फ़ोर्ब्स परिवार, जो दक्षिणी इटली के माफ़िया

कुनबों की तरह ही बड़े पेचीदा ढंग से आपस में जुड़े हुए थे। ये ख़ुद को 'बॉस्टन कंसर्न' कहते थे और आगे चलकर इनकी फ़र्मों का विलय होने के बाद वो चीन में सबसे बड़ा अफ़ीम-व्यापार नेटवर्क बन गए।[40] अफ़ीम व्यापार से उन्हें जो धन प्राप्त हुआ, उसने उन्हें उस कुलीन दायरे के प्रमुख सदस्यों के रूप में स्थापित कर दिया, जिसे ओलिवर वेंडेल होम्स ने 'बॉस्टन ब्राह्मण' कहा था, जो अमेरिका में कुलीनतंत्र का सबसे क़रीबी समकक्ष था।[41]

डाउन्स लिखते हैं, 'लगभग बिना किसी अपवाद के, पुराने चीन व्यापार की अंतिम चौथाई सदी के दौरान, अफ़ीम से जुड़े अमेरिकी केवल कुछ वर्षों के व्यापार के बाद ही ढेर सारा धन लेकर घर लौटे।'[42]

ये ख़ुशनसीब अमेरिकी कौन थे? ये कोई संयोग नहीं है कि उनके नाम पूर्वोत्तर के उच्चवर्गीय लोगों की सूची जैसे लगते हैं: एस्टर, कैबोट, पीबॉडी, ब्राउन, आर्चर, हैथअवे, वेब्स्टर, डेलानो, कूलिज, फ़ोर्ब्स, रसेल, पर्किन्स, ब्रायंट इत्यादि। इनमें से ज़्यादातर श्वेत उपनिवेशी समाज के अधिक विशेषाधिकार प्राप्त तब्क़े से थे, और ब्रिटिश मूल के उन परिवारों से थे जो लंबे समय से उत्तर पूर्व में बसे हुए थे।[43] उनमें से कई ने बॉस्टन लैटिन स्कूल, मिल्टन अकैडमी, फ़िलिप्स अकैडमी एंडोवर, फ़िलिप्स एक्सेटर अकैडमी वग़ैरा जैसे कुलीन स्कूलों में शिक्षा प्राप्त की थी, और कई हार्वर्ड, येल, पेनसिल्वेनिया विश्वविद्यालय और ब्राउन (प्रॉविडेंस, रोड आईलैंड के एक प्रमुख दास-व-अफ़ीम-व्यापारी परिवार के नाम पर) जैसे विश्वविद्यालयों में पढ़े थे।[44]

उन्नीसवीं सदी की शुरुआत में पूर्वोत्तर के किसी उच्चवर्गीय परिवार से संबंधित होना यूरोप या यहां तक कि अमेरिकी दक्षिण के अन्य श्वेतों जैसा कुलीन होने से भिन्न था। पूर्वोत्तर का अभिजात वर्ग मूल रूप से ज़मींदार समूह नहीं था, बल्कि ये मुख्य रूप से एक पेशेवर और व्यापारिक वर्ग था, जो एक नई और अनिश्चित अर्थव्यवस्था के उतार-चढ़ावों के अधीन था। बिज़नेस इतनी बार नाकाम होते थे कि बड़े-बड़े संबंधों वाले परिवार भी काफ़ी हद तक अनिश्चितता में रहा करते थे।

इसका एक उदाहरण *रिप वान विंकल, द लीजेंड ऑफ़ स्लीपी हॉलो* और अन्य क्लासिक अमेरिकी कहानियों के लेखक वॉशिंगटन इर्विंग का परिवार है। वो और उनके

भाई पूर्वोत्तर के उन परिवारों में से थे जिनके सबसे बड़े-बड़े लोगों के साथ संबंध थे, और जिनके दोस्तों में वो लोग शामिल थे जिनके उपनाम अब मैनहैटन और ब्रुकलिन की सड़कों पर चमकते दिखाई देते हैं: शेरमेरहॉर्न, शूयलर, वैन रेंससेलेयर, लिविंगस्टन इत्यादि। उनका पारिवारिक घर 3, ब्रिज स्ट्रीट पर था जो निचले मैनहैटन के केंद्र में एक बहुत महंगी जगह थी, और उनके पास कई देहाती कॉटेज भी थे। लेकिन परिवार की ख़तो-किताबत से ये स्पष्ट है कि युवा इर्विंग्स अक्सर पैसे की चिंता में डूबे रहते थे। लेखक के भतीजे थियोडोर इर्विंग ने शिकायत की, 'मेरे कंधों पर क़र्ज़ का भयानक बोझ है, जिसे चुकाने के बाद ही मैं चैन की सांस ले सकूंगा।'[45] कहीं-कहीं तो इस युवक की शिकायतें आज के बीसेक वर्षीय अविवाहित न्यूयॉर्कवासियों जैसी लगती हैं:

> मैं आहें भरता था और ख़ुद से कहता था कि बेशक न्यूयॉर्क जैसी कोई जगह नहीं है – लेकिन तब पैसे की कमी मेरे दिमाग़ में कभी नहीं आती थी। पैसा— पैसा – पैसा! – जिसे इस समाज में हर कोई, और सृष्टि के बेहद ख़ूबसूरत पक्ष से ज़्यादा तो कोई नहीं पूजता। हां – ये एक दुखद तथ्य है कि यहां की महिलाएं अमीर पुरुषों को प्रणाम करती हैं।[46]

लेकिन, परिवार के हालात सुधारने की ख़ातिर गुआंगज़ाउ जाने के लिए थियोडोर को नहीं, बल्कि उसके छोटे भाई विलियम – रिश्तेदारों के लिए विल – को चुना गया: ख़ुद वॉशिंगटन इर्विंग ने अपने भतीजे को चीन में अफ़ीम का धंधा करने वाली सबसे बड़ी अमेरिकी फ़र्म, रसेल एंड कंपनी में क्लर्क का पद दिलाने के लिए जुगाड़ किए थे। 1833 में बाईस वर्षीय विल इसी उम्र के एक अन्य युवक एबिएल एबट लो के साथ चीन के लिए रवाना हुआ, जो ख़ुद भी रसेल एंड कंपनी को जॉइन करने के लिए गुआंगज़ाउ जा रहा था। एबट लो, जिस नाम से वो आमतौर पर अपने दोस्तों के बीच जाना जाता था, सेलम के एक परिवार से था जो हाल ही में ब्रुकलिन में बसा था। यात्रा के दौरान वो और विल अच्छे दोस्त बन गए और गुआंगज़ाउ पहुंचने पर उन्होंने मिलकर एक नाव ख़रीदी और वो अक्सर पर्ल नदी पर नौकायन के लिए जाने लगे।[47]

लगभग इर्विंग और लो के समय पर ही, वॉरेन डेलानो जूनियर नाम के एक और युवा अमेरिकी ने भी रसेल एंड कंपनी को जॉइन किया था। तीनों लोगों ने गुआंगज़ाउ के

विदेशी एन्क्लेव में फ़र्म के ऑफ़िस में क्लर्क के तौर पर शुरुआत की, जहां विल को हर कोई 'वॉशिंगटन इर्विंग के भतीजे' के रूप में जानता था।[48] लेकिन जहां लो और डेलानो ने तरक़्क़ी की, वहीं विलियम इर्विंग ज़्यादा प्रगति नहीं कर पाया और फ़र्म में अपनी संभावनाओं को लेकर निराश होने लगा। उसके परिवार ने उसे प्रोत्साहित करने के लिए हरसंभव कोशिश की।

> मुझे तुम्हारा उदास रहना पसंद नहीं है, [उसके भाई थियोडोर ने लिखा] तुम्हें ख़ुश रहना चाहिए – आने वाले कुछ वर्षों को सुख-समृद्धि की ओर ले जाने वाला शुद्धि-स्थल समझो – क्योंकि फ़र्म में तुम्हारी संभावनाएं चाहे जो भी हों, तुम निश्चित रूप से सट्टा लगाकर कुछ जमा कर सकते हो... अगर पैसा कमाया जा सके तो मैं कल वहां तुम्हारे पास आ जाऊंगा – क्योंकि ये मनहूस ग़रीबी एक गंदी चीज़ है।[49]

लेकिन विल की उदासी लगातार जारी रही, जिस पर उसके भाई ने ये लिखकर दिलासा दिया: 'मैं ऐसा नहीं चाहता कि तुम ढेर सारा पैसा जमा कर लो, मैं बस ये उम्मीद करता हूं कि तुम लगभग 20 या 40 हज़ार डॉलर कमा लो, और युवावस्था में ही अपने वतन वापस लौट आओ – मैं नहीं चाहता कि तुम दस साल से ज़्यादा दूर रहो।'[50]

लेकिन जब विल अपने कैरियर के बारे में शिकायतें करता था, तब वो गुआंगज़ाउ में दूसरे अमेरिकियों द्वारा कमाई जा रही भारी-भरकम रक़मों के बारे में भी बताता था। उसके पिता ने लिखा, 'शायद हमारा ये उम्मीद लगाना ग़लत था कि तुम जल्द ही [फ़र्म में] भागीदार बन जाओगे, लेकिन पार्टनर्स में लगातार हो रहे बदलावों से हम जितना समझ सकते हैं, उसके अनुसार हमें अभी भी लगता है कि तुम्हारी संभावनाएं अच्छी हैं। तुम कहते हो कि मि. हर्ड *तीन साल में* 150,000 डॉलर जमा करके इस वसंत में जा रहे हैं।'[51]

ऐसा लगता है कि विल इस निष्कर्ष पर पहुंच गया था कि रसेल एंड कंपनी में आगे बढ़ने में उसकी नाकामी का कारण ये था कि एबट लो और वॉरेन डेलानो जूनियर के विपरीत उसके पास अफ़ीम पर सट्टा लगाने के लिए पैसा नहीं था। इसलिए उसने अपने रिश्तेदारों को उसके लिए पैसा जुटाने के लिए लिखा, और उन्होंने बड़ी उदारता के साथ ऐसा ही किया, उन्होंने एक छोटा सा पारिवारिक कोष बनाया जिसमें वॉशिंगटन इर्विंग,

जो कैंटन में अफ़ीम के कारोबार के बारे में आश्चर्यजनक रूप से अच्छी जानकारी रखते थे, ने भी निवेश किया। भाई थियोडोर ने लिखा, 'तुम्हारे पास सट्टा लगाने के बहुत अच्छे अवसर होंगे, अंकल वॉशिंगटन ने पिताजी को पैसा देने के लिए कहा है, ताकि तुम सट्टा लगा सको।'[52]

इसके बावजूद, तरक़्क़ी विलियम से दूर ही रही और उदासी भरी चिट्ठियां जारी रहीं। हमेशा की तरह थियोडोर उसे ख़ुश करने की पूरी कोशिश करता रहा:

> जब तुम व्यस्त नहीं होते हो तो उन दिनों मकाउ नहीं जाते हो? मिसेज़ ओलिफ़ैंट ने हमें बताया था कि ये प्रचलन है। *महिलाओं* को फिर से देखना बहुत मज़ेदार रहेगा, और अगर वहां की पुर्तगाली लड़कियां पुर्तगाल में अपनी माताओं से हीन नहीं हुई हों, तो उन्हें तकना अच्छा लगेगा। अपने पत्रों में हर छोटी-छोटी बात लिखना – तुम कल्पना भी नहीं कर सकते कि उस जंगली और लगभग अनजान क्षेत्र को छू पाने में सबकुछ कितना दिलचस्प लगता है। मुझे मकाउ और उसकी महिलाओं के बारे में सबकुछ बताना।[53]

लेकिन विल की उदासी बढ़ती ही गई: शायद उसे ड्रग्स का कारोबार नापसंद था; या शायद उसका दिमाग़ बिज़नेस वाला नहीं था; या शायद आगे बढ़ने में उसकी नाकामी का कारण ये था कि डेलानो और लो के विपरीत, जो मैसाचुसेट्स के परिवारों से थे, बॉस्टन की उन फ़र्मों में उसके कोई क़रीबी रिश्तेदार नहीं थे जो रसेल एंड कंपनी की सबसे क़रीबी पार्टनर थीं। अंतिम उपाय के रूप में, इर्विंग परिवार ने विल के भविष्य के बारे में अपनी उम्मीदें अच्छे संपर्कों वाले एक अन्य अमेरिकी, जॉज़ेफ़ कूलिज के हाथों में रख दीं।

आला ख़ानदान का यांकी और हार्वर्ड से ग्रेजुएट कूलिज की शादी थॉमस जेफ़रसन की पसंदीदा पोती एलेन वेल्स रैंडॉल्फ़ से हुई थी। जेफ़रसन ने ख़ुद मॉन्टिचेलो में विवाह संपन्न कराया था। अपनी शादी से कुछ साल पहले कूलिज यूरोप के एक ग्रैंड टूर पर गया था और पेरिस से गुज़रते समय उसने वॉशिंगटन इर्विंग से मिलने की कोशिश की, जो उस समय वहां मौजूद थे। लेखक को लड़का पसंद आया और उन्होंने उसका परिचय लॉर्ड बायरन से कराया, जो उस समय रैवेना में रह रहे थे। कूलिज कवि से मिलने गया और उसे तोहफ़े में बायरन की सबसे हालिया कृति *मैरीनो फ़ेलिएरो, डॉजे ऑफ़ वेनिस* की

एक प्रति भेंट की गई। इस मुलाक़ात का कूलिज पर बहुत गहरा प्रभाव पड़ा; उसने शायद अपनी ज़िंदगी के बाक़ी समय में अक्सर इसके बारे में बात की होगी क्योंकि साठ साल बाद उसके मृत्युलेख में भी इसका उल्लेख किया गया था: 'तुलनात्मक रूप से बहुत कम लोग... जानते थे कि यहां बॉस्टन में एक व्यक्ति थे जो लॉर्ड बायरन से व्यक्तिगत रूप से परिचित थे, और जिनका आधुनिक समय के कई बहुत उल्लेखनीय व्यक्तियों के साथ परिचय और घनिष्ठ संबंध थे।'[54]

शायद वॉशिंगटन इर्विंग के माध्यम से ही कूलिज को अफ़ीम व्यापार में प्रवेश मिला। लेखक ने शायद बॉस्टन कंसर्न के लिए उसकी सिफ़ारिश करके उस पर एक और अहसान किया था, संभवतः इस उम्मीद में कि युवा विल के कैरियर में कूलिज उसकी मदद करेगा। लेकिन ये एक बड़ी ग़लती थी: हालांकि कूलिज आकर्षक और पढ़ा-लिखा था, लेकिन वो दरअसल एक झगड़ालू और ग़ैरभरोसेमंद आदमी था, जिसने गुआंगज़ाउ में अपने छोटे से कैरियर के दौरान अपने से वास्ता पड़ने वाले लगभग हर शख़्स को नाराज़ कर लिया था।[55] विल के कैरियर को आगे बढ़ाना तो बहुत दूर, कूलिज ने वास्तव में एक घृणित झगड़ा शुरू करके उसका अंत ही कर दिया। विवाद किस बात को लेकर था ये तो पता नहीं, लेकिन ये इतना भद्दा था कि विल अपना संदूक़ और अपने धुलाई के कपड़े लिए बिना तुरंत गुआंगज़ाउ छोड़कर चला गया। उसका सामान बाद में एबट लो ने उसे मनीला भेजा, जिसने उस आख़री अफ़ीम को भी बेचा जो विल ने अपने परिवार द्वारा भेजे गए पैसे से ख़रीदी थी। लेकिन ये सौदा भी अच्छा नहीं रहा क्योंकि ये बिक्री घाटे में गई।

और इस तरह विलियम इर्विंग का बदनसीबी भरा उद्यम समाप्त हो गया, जो अपनी तकलीफ़ों के नतीजे में बहुत कम इनाम के साथ न्यूयॉर्क लौट गया: वो अपने वर्ग के उन विरले अमेरिकियों में से एक था जो गुआंगज़ाउ में अपने भाग्य को चमकाने में नाकाम रहे थे।

विलियम इर्विंग का कैरियर भले ही सामान्य रास्ते से अलग हो गया हो, लेकिन ये ठीक उसी तरह का था जैसा उस दौर के अमेरिकी अफ़ीम तस्करों का हुआ करता था क्योंकि वो एक विशेषाधिकार प्राप्त वर्ग का कम संपन्न सदस्य था। चीन के साथ अमेरिकी संबंध स्थापित करने वाले बहुत से यांकी इसी तरह अमीर व्यापारियों के परिवारों की ज़्यादा ग़रीब शाखाओं से थे: आमतौर पर अमीर या प्रभावशाली लोगों के भतीजे,

जिन्हें इस बिज़नेस में प्रवेश सही मायनों में भाई-भतीजावाद के माध्यम से मिलता था।[56] उदाहरण के लिए, ये रसेल एंड कंपनी के संस्थापक सेमुअल रसेल के बारे में सच था: उसने मिडलटाउन, कनेक्टिकट में एक 'अर्ध-अनाथ' श्वेत लड़के के रूप में शुरुआत की थी, जिसने सिर्फ़ 'साधारण स्कूली शिक्षा' प्राप्त की थी। लेकिन प्रॉविडेंस में उसके चाचा थे जो चीन के साथ व्यापार करते थे और शुरू में उन्होंने ही उसे गुआंगज़ाउ भेजा था और उसकी कंपनी को स्थापित करने में मदद की थी।[57] वो अपने पारिवारिक संबंधों के बिना अपना भाग्य नहीं चमका सकता था।[58] उसके बारे में ये माना जाना कि वो एक 'सेल्फ-मेड' आदमी था, इस बात का संकेत है कि कैसे ये कथन अक्सर कई प्रकार के विशेषाधिकारों को छिपा लेता है।

इस समय चीन जाने का मतलब था बरसों अपने घर से दूर रहना, इसलिए इस सफ़र पर जाने वाले नौजवानों के लिए ज़रूरी था कि उनमें बहुत भूख और प्रेरणा हो। इसलिए इसमें ताज्जुब की कोई बात नहीं है कि वहां जाने वाले अक्सर अमीर लोगों के ग़रीब रिश्तेदार थे, ऐसे लड़के धन के आसपास पले-बढ़े थे, अपनी तंगी से त्रस्त थे और अपने हालात को बेहतर बनाने के लिए अवसर की तलाश में थे।[59] लेकिन सिर्फ़ समझदार, महत्वाकांक्षी और श्वेत होना ही काफ़ी नहीं था: एक ख़ास तरह का वर्ग-विशेषाधिकार आवश्यक था। गुआंगज़ाउ में सफल होने के लिए एक युवा अमेरिकी के पास शिक्षा के साथ-साथ पारिवारिक संबंध होने भी ज़रूरी थे, ताकि उसे न केवल किसी अच्छी फ़र्म में क्लर्क की नौकरी मिल सके, बल्कि पूंजी तक उसकी पहुंच भी हो, जो आमतौर पर रिश्तेदारों से मिलती थी, जैसा कि विल इर्विंग के मामले में था। किसी पिछड़े इलाक़े से संबंध रखने वाले एक ग़रीब श्वेत लड़के के लिए, चाहे वो कितना भी बुद्धिमान, मेहनती या महत्वाकांक्षी क्यों न हो, रसेल एंड कंपनी में जगह पाने की बहुत कम संभावना रहती थी, किसी यहूदी या अश्वेत आदमी की तो बात ही छोड़ दीजिए।

युवावस्था एक और विशेषता थी जो कई अमेरिकी चीन व्यापारियों में समान थी, और ये कभी-कभी उनके लिए फ़ायदेमंद भी साबित होती थी। जैसा कि बॉस्टन के सबसे धनी व्यापारियों में से एक थॉमस हैंडैसिड पर्किन्स के ग़रीब भतीजे जॉन पर्किन्स कुशिंग के साथ हुआ था।[60] ख़ुद थॉमस एच. पर्किन्स ने गुआंगज़ाउ की शुरुआती यात्रा अपने जीजा के जहाज़ *एस्ट्रिया* पर सुपरकार्गो के रूप में की थी, और वो इस बात से आश्वस्त होकर वापस लौटा था कि अमेरिकी व्यापार का भविष्य चीन में है।[61] 1803

में, उसने गुआंगज़ाउ में एक ऑफ़िस स्थापित करने के लिए दो प्रतिनिधि भेजे; इनमें से एक था एक वरिष्ठ पार्टनर और दूसरा पर्किन्स का सोलह वर्षीय भतीजा जॉन कुशिंग।[62] इनमें से वृद्ध व्यक्ति बीमार पड़ गया और गुआंगज़ाउ पहुंचने के तुरंत बाद उसकी मृत्यु हो गई, और कमउम्र अनुभवहीन लड़का अचानक अकेला रह गया, जिस पर अब एक बहुत बड़ी ज़िम्मेदारी आ पड़ी। सौभाग्य से, कोहोंग सिंडिकेट के सबसे धनी और सबसे शक्तिशाली सदस्य ने उसे अपने संरक्षण में ले लिया।[63] ये कोई और नहीं बल्कि बेहद अमीर वू बिंगजियान (हाउक्वा) थे, जो बहुत बुद्धिमान और दूरदर्शी व्यक्ति थे।[64] वू बिंगजियान के चित्रों (जो कि अनेक हैं) में वो एक ऐसे लंबे और कमज़ोर से व्यक्ति के रूप में दिखाई देते हैं, जिसकी मुस्कान कोमल है और आंखों में एक स्नेहपूर्ण चमक है (चित्र 12 देखें)। जब जॉन कुशिंग के साथ उनकी पहली मुलाक़ात हुई, उस समय उनकी उम्र तीस से कुछ ही ऊपर थी और उन्होंने हाल ही में एक सोलह वर्षीय बेटे को खोया था: शायद यही कारण था कि उन्हें लड़के की बदहाली से हमदर्दी हो गई। जो भी हो, जॉन कुशिंग जल्द ही वू बिंगजियान के लिए 'एक बेटे जैसा' बन गया, जिन्होंने बिज़नेस को स्थापित करने में लड़के का मार्गदर्शन किया और उसे ब्याज मुक्त ऋण दिए। वो यांकी लड़का जो कभी कंगाल हुआ करता था, वू बिंगजियन की मदद से करोड़पति बन गया और बॉस्टन लौटने पर उसे देश के सबसे योग्य कुंवारे लोगों में गिना जाने लगा। 'ये बात इस जोड़ी की महान दोस्ती का ही प्रतीक थी कि कभी-कभी अन्य बॉस्टनवासी कुशिंग को मज़ाक़ में मि. हाउक्वा कहने लगे थे।'[65]

कुशिंग के गुआंगज़ाउ से जाने के बाद रसेल एंड कंपनी में उसकी जगह पर्किन्स के एक अन्य ग़रीब रिश्तेदार जॉन मरी फ़ोर्ब्स ने ले ली। जॉन मरी ने अपने भाई रॉबर्ट बैनेट फ़ोर्ब्स के साथ मिलकर चीन में ढेर सारा पैसा कमाया और वो बहुत बड़ा अमेरिकी उद्योगपति बन गया, जो इतने लंबे समय तक चलने वाली विरासत छोड़ गया कि आज भी इस परिवार का नाम अमेरिकी पूंजीवाद का प्रतीक है।[66]

जॉन फ़ोर्ब्स की सफलता का मार्ग उसके चाचा जॉन कुशिंग के जैसा ही था। उसकी परवरिश भी मुश्किल हालात में हुई, लेकिन एक ऐसे परिवार में जिसके व्यावसायिक और शैक्षिक संबंध महत्वपूर्ण लोगों के साथ थे: उसके एक चाचा बॉस्टन के व्यापारी थॉमस हैंडैसिड पर्किन्स, और एक और चाचा फ़िलिप्स एक्सेटर अकैडमी के प्रमुख थे।[67] 1830 में, सत्रह साल की उम्र में गुआंगज़ाउ पहुंचने पर उसे उसके परिवार द्वारा रसेल

एंड कंपनी में घुसा दिया गया। जल्द ही, उसके और उसके भाई के वू बिंगजियान और उनके कुटुंब के साथ अर्ध-पारिवारिक संबंध बन गए। वर्षों बाद जॉन फ़ोर्ब्स ने लिखा:

> हाउक्वा, जो कभी भी कोई काम आधा-अधूरा नहीं करते थे, ने मुझे तुरंत मि. कुशिंग का उत्तराधिकारी मान लिया और… मुझे अपना पूरा भरोसा दिया। उनके सारे विदेशी पत्र, जिनमें से कुछ लगभग राष्ट्रीय महत्व के होते थे, मुझे दिए जाते थे ताकि मैं उन्हें पढ़ूं और उनके निर्देशों के अनुसार उनके उत्तर तैयार करूं… मेरे अठारह का होने से पहले उनके लिए ये सामान्य था कि वो मुझे एक या एक से अधिक जहाज़ों को किराए पर लेने और उन्हें लोड करने का आदेश दें। चालान मेरे नाम से बनाए जाते थे, और बिक्री और वापसी के बारे में निर्देश इस तरह दिए जाते थे जैसे कि खेपें मेरी अपनी संपत्ति हों, और एक समय में मेरे पास इस तरह से आधा मिलियन डॉलर तक हो गए थे।[68]

दोनों फ़ोर्ब्स बंधु आख़िरकार अमेरिका में वू बिंगजियान के निवेश प्रबंधक बन गए। वू वंश ने उन्नीसवीं सदी के मध्य में उनके माध्यम से अमेरिकी अर्थव्यवस्था में लाखों डॉलर का निवेश किया।[69] ये सब कुछ विश्वास की बुनियाद पर, बिना किसी लिखित अनुबंध के किया गया था, लेकिन फिर भी 1843 में वू बिंगजियान की मृत्यु के लंबे समय बाद तक भी दोनों परिवार एक-दूसरे के प्रति अपने दायित्वों का सम्मान करते रहे।

गुआंगज़ाउ में बहुत से अमेरिकी व्यापारी 'ग़रीब रिश्तेदार' थे, लेकिन वहीं कुछ ऐसे भी थे जो धनवान परिवारों में पैदा हुए थे। ऐसा ही एक व्यक्ति था ऑगस्टीन हर्ड, जो मैसाचुसेट्स के इप्सविच के एक प्रमुख व्यापारी का बेटा था। हर्ड ने फ़िलिप्स एक्सेटर में स्कूली पढ़ाई की और बाद में वो चीन गया, पहले एक सुपरकार्गो के रूप में, फिर एक जहाज़ के कप्तान के रूप में और अंत में रसेल एंड कंपनी के सदस्य के रूप में। प्रथम अफ़ीम युद्ध के शुरू में वो एक वरिष्ठ पार्टनर था, जब ब्रिटिश व्यापारी शहर से चले गए थे और उन्होंने बंदरगाह का बहिष्कार कर दिया था। चीन में सबसे वरिष्ठ ब्रिटिश अधिकारी चार्ल्स एलियट ने अमेरिकियों को भी धमकियों और अनुनय-विनय के ज़रिए शहर छोड़ने के लिए मनाने की कोशिश की, लेकिन उन्होंने उनकी बात नहीं मानी। सौभाग्य से, ये चाल बहुत कामयाब रही: हालांकि कभी-कभी दंगों और अन्य गड़बड़ियों से उनके कामों

में बाधाएं पड़ती थीं, लेकिन इस दौरान कई अमेरिकियों ने ख़ूब पैसा कमाया, क्योंकि यूरोप और अमेरिका में चाय की मांग लगातार जारी रही, और वो अकेले व्यापारी थे जो चाय की सप्लाई कर सकते थे। हर्ड ने दूसरों से ज़्यादा समृद्धि हासिल की, क्योंकि उसकी कंपनी ने जार्डीन मैथेसन के पूरे व्यवसाय को संभालना शुरू कर दिया, जो 10 मिलियन डॉलर प्रतिवर्ष का था।

जल्द ही, हर्ड के साथ एक और बहुत ही विशेषाधिकार प्राप्त बॉस्टनवासी जॉर्ज बेसिल डिक्सवेल भी जुड़ गया, जिसका परिवार सत्रहवीं शताब्दी के उन तीन न्यायाधीशों में से एक का वंशज था जिन्होंने चार्ल्स प्रथम को सज़ा-ए-मौत सुनाई थी।[70] डिक्सवेल परिवार अकैडमी के साथ-साथ बिज़नेस में भी सफल था: जॉर्ज डिक्सवेल के भाइयों में से एक बॉस्टन के प्रसिद्ध लैटिन स्कूल में हेडमास्टर था, जो अमेरिका में अभी तक मौजूद सबसे पुराना स्कूल है। ख़ुद जॉर्ज डिक्सवेल भी एक प्रतिभाशाली भाषाविद् था, जिसने बंगाली के साथ-साथ चीनी भी सीख ली थी। डिक्सवेल ने अंततः हर्ड की फ़र्म का कार्यभार संभाल लिया और चीन में भारतीय अफ़ीम के परिवहन और वितरण के लिए जहाज़ों का एक बेड़ा तैयार कर लिया, और इस तरह वो 'अफ़ीम में हर्ड की फ़र्म के अत्यधिक मुनाफ़ेबख़्श व्यापार का मुख्य निर्माता' बन गया।[71]

हर्ड, डिक्सवेल, कुशिंग, फ़ोर्ब्स बंधुओं और उनके रिश्ते के कई भाई-बहनों और अंकलों जैसे लोग शायद उस व्यवस्था के अग्रदूत रहे हों जिसे आगे चलकर पूंजीवाद कहा गया, लेकिन अपने सामाजिक जीवन और व्यापार के संचालन में वो काफ़ी हद तक किसी भी भारतीय व्यावसायिक जाति जैसे ही थे। डाउन्स के शब्दों में, वो

> उस समय के अधिकांश अमेरिकी परिवारों की तुलना में कहीं ज़्यादा समृद्ध और बेहतर रूप से शिक्षित थे, वो आमतौर पर कारोबार या व्यवसायों में थे, और विस्तारित परिवार एक इकाई के रूप में काम करता था। कम से कम बॉस्टन परिवारों में समूह बनाने की प्रवृत्ति थी। वो अक्सर शहर के एक ही ब्लॉक या किसी छोटे शहर में घर बनाते थे, दिन का ज़्यादातर समय साथ बिताते थे, साथ में यात्राएं करते और छुट्टियां मनाते थे, एक ही राजनीतिक दल और सामाजिक क्लब से जुड़ते थे, और एक ही स्कूल और चर्च में जाते थे... विभिन्न पारिवारिक व्यवसाय आपस में जुड़े होते थे, और लड़कों की प्रवृत्ति इन फ़र्मों में अपेक्षित

जीवन भूमिकाएं निभाने की होती थी। अपने स्थानीय सामाजिक समूह के बाहर की तुलना में इसके भीतर ही विवाह करना अधिक आम था, और रिश्तेदारी में विवाह पर कोई पाबंदी नहीं थी।[72]

इस मामले में, 'विस्तारित परिवार की बेड़ियां' (मैक्स वेबर के शब्दों में) तोड़ने से दूर, प्रोटेस्टैंट नैतिकता ने वास्तव में उन संबंधों को और भी मज़बूती प्रदान कर दी, जिससे उनमें किसी चीनी कारोबारी क़बीले या भारतीय व्यापारिक जाति के समान एकजुटताएं पैदा हो गई।[73]

लेकिन इस वर्ग का सदस्य होना ही सफलता की गारंटी नहीं थी, जैसा कि विलियम इर्विंग के मामले से स्पष्ट है। लेकिन लेशमात्र भी महत्वाकांक्षा और योग्यता होने पर उस पृष्ठभूमि का व्यक्ति वाक़ई गुआंगज़ाउ में समृद्धि प्राप्त कर सकता था। बेशक इनमें से कई लोग बेहतरीन बिज़नेसमेन थे, लेकिन इनमें से किसी के बारे में भी ये नहीं कहा जा सकता कि उसकी सफलता पूरी तरह से उसके उद्यमशीलता कौशल के कारण, या, मैक्स वेबर के मुताबिक़, 'एकल व्यक्ति के अभूतपूर्व आंतरिक अकेलेपन' के कारण थी।[74]

तेरह

अमेरिकी कहानियां

अमेरिकी उन्नीसवीं सदी के अफ़ीम व्यापार में कई महत्वपूर्ण नई खोजों के लिए ज़िम्मेदार थे, जिनमें चीन और तुर्की के बीच एक स्थिर परिवहन मार्ग की स्थापना और अफ़ीम की तस्करी को आसान बनाने के लिए लिनटिन द्वीप पर 'तैरते गोदामों' का उपयोग करने की प्रणाली विकसित करना भी शामिल था।[1] एक अन्य खोज थी एक पोत का डिज़ाइन जिसने कुछ दशकों तक अफ़ीम व्यापार में बहुत महत्वपूर्ण भूमिका निभाई: बाल्टिमोर क्लिपर।[2]

क्लिपर बाल्टिमोर कश्तीनिर्माताओं की एक संस्था का योगदान था, जिसकी विशेषता छोटे सुव्यवस्थित जहाज़ों का निर्माण थी जो ब्रिटिश युद्धपोतों को चकमा देने के लिए पर्याप्त तेज़ हुआ करते थे।[3] ये जहाज़ असाधारण रूप से फुर्तीले होते थे और उनके कप्तान और चालक दल उन्हें बहुत पसंद करते थे। 'वो एक बत्तख़ की तरह तैरते थे और एक मछली की तरह चलते थे,' एक अफ़ीम क्लिपर *फ़ाल्कन* के कैप्टन ने लिखा था। 'चालक दल के बीच एक आम जुमला था कि "वो बोलने के अलावा सबकुछ कर सकता है।"'[4] ज़रूरत पड़ने पर क्लिपर व्यापारी जहाज़ों पर हमला भी कर सकते थे, जो कि बाल्टिमोर के जहाज़ मालिकों के लिए एक उपयोगी गुण था, जिनके लिए निजीकरण (शत्रु देशों के जहाज़ों पर क़ब्ज़ा कर लेना) एक बड़ा बिज़नेस था।[5]

बाल्टिमोर के कई क्लिपर आगे और पीछे पाल वाली कश्तियां थीं, और *आइबिस*, जिसके नाम पर मेरी उपन्यास त्रयी का नाम रखा गया है, ऐसी ही एक कश्ती है। त्रयी में शामिल कश्ती बज़ाहिर बाल्टिमोर के सबसे प्रसिद्ध कश्ती-निर्माताओं विलियम और जॉर्ज गार्डनर द्वारा बनाई गई है, जिनका कारख़ाना फ़ैल्स पॉइंट बंदरगाह पर था। गार्डनर बंधुओं की कई कश्तियों की तरह *आइबिस* को भी मूल रूप से ग़ुलामों के जहाज़ के रूप में बनाया गया था।

अगर गार्डनर बंधुओं को आज भी याद किया जाता है, तो इसका कारण उनके जहाज़ कारख़ाने उतना नहीं हैं जितना कि उनके एक कर्मचारी फ्रेडरिक डगलस हैं, जो आगे चलकर उन्नीसवीं सदी के सबसे प्रसिद्ध अफ़्रीकी अमेरिकियों में से एक बने। उस दौर में, जहाज़ निर्माण उन कुछ उद्योगों में से एक था जिसमें काले लोगों को रोज़गार मिल सकता था। लेकिन 1830 के दशक में ब्रिटेन और आयरलैंड से भारी तादाद में कामगारों के आने से नस्लीय तनाव बढ़ गया और 1836 में एक दिन – जैसा कि डगलस ने अपनी आत्मकथा में स्पष्ट रूप से वर्णन किया है – उन्हें श्वेत श्रमिकों की एक भीड़ ने इतनी बुरी तरह पीटा कि उनकी एक आंख जाते-जाते बची।[6]

सी ऑफ़ पॉपीज़ में, एक श्वेत दास व्यापारी और एक ग़ुलाम मां के बेटे ज़ैकरी रीड ने इस घटना को देखा था। गोरी चमड़ी वाले आज़ाद व्यक्ति ज़ैकरी को महसूस होता है कि उसके लिए ख़तरा हो सकता है, और वो हाल ही में भारत में स्थित एक ब्रिटिश व्यापारी द्वारा ख़रीदी गई *आइबिस* के चालक दल में शामिल होकर बाल्टिमोर से भाग जाता है: वो इस कश्ती के बढ़ई के रूप में कलकत्ता जाने के लिए इससे जुड़ जाता है।

उन्नीसवीं सदी की शुरुआत में ज़ैकरी के जैसे सफ़र असामान्य नहीं थे, क्योंकि बाल्टिमोर के क्लिपर जैसे तेज़, सुव्यवस्थित जहाज़ों की भारत से चीन तक अफ़ीम के परिवहन के लिए बहुत मांग थी। इससे पहले तक जहाज़ों को उस मार्ग पर जाने के लिए मानसूनी हवाओं के रुख़ बदलने का इंतज़ार करना पड़ता था। लेकिन आगे और पीछे पाल वाले क्लिपर हवा के विपरीत चलने में सक्षम थे, और इस तरह अफ़ीम का व्यापार एक मौसमी मामला न रहकर साल भर चलने वाला व्यापार बन गया, जिसमें रफ़्तार बहुत अहमियत रखती थी।[7] जो जहाज़ दूसरों से पहले अपना माल बाज़ार में पहुंचा सकता था, उसे अपने माल की बेहतर क़ीमत मिलती थी, और फिर वो वापस मुड़कर, आमतौर पर सोना-चांदी लेकर, बॉम्बे या कलकत्ता वापस जा सकता था। कभी-कभी क्लिपर साल

में दो या तीन बार भारत और चीन के बीच अफ़ीम पहुंचाते थे।[8] जहाज़ अक्सर एक-दूसरे से रेस लगाते थे, और जो कैप्टन तेज़ी से यात्रा पूरी करते थे, उन्हें उनके नाविक-कौशल के लिए अच्छा इनाम मिलता था।

जार्डीन मैथेसन एंड कंपनी और डेंट एंड कंपनी जैसी बड़ी अफ़ीम-व्यापारिक कंपनियों के दर्जनों जहाज़ लगातार भारत और चीन के बीच चलते रहते थे। रसेल एंड कंपनी और ऑगस्टीन हर्ड एंड कंपनी जैसी प्रमुख अमेरिकी फ़र्में भी बड़े-बड़े बेड़ों की मालिक थीं। ये जहाज़ न्यूयॉर्क, बॉस्टन या फ़िलाडेल्फ़िया से रवाना होकर अफ़ीम के माल के साथ चीन जाने से पहले अपना माल (जिसमें कभी-कभी न्यू इंग्लैंड के तालाबों की बर्फ़ भी शामिल होती थी) बेचने के लिए बॉम्बे या कलकत्ता जाते थे।[9] कभी-कभी अमेरिकी स्वामित्व वाले जहाज़ अमेरिका वापस जाने से पहले दो या तीन साल तक भारत और चीन के बीच चलते थे।

बाल्टिमोर की कश्तियां एक अन्य यातायात के लिए बहुत उपयुक्त थीं जो 1830 के दशक में ज़ोर पकड़ रहा था। इसी दौर में, साम्राज्य में दास प्रथा पर प्रतिबंध लगने के बाद भारत से गिरमिटिया श्रमिकों को ब्रिटिश उपनिवेशों में ले जाना जहाज़ मालिकों के लिए एक मुनाफ़ेबख़्श व्यवसाय बनता जा रहा था। *आइबिस* जैसा एक पूर्व ग़ुलाम जहाज़ इस उद्देश्य के लिए एकदम सही था: भले ही गिरमिटिया मज़दूरों की स्थिति ग़ुलामों से भिन्न थी, लेकिन जिन हालात में उन्हें ले जाया जाता था, वो काफ़ी हद तक समान थे।[10]

सी ऑफ़ पॉपीज़ में, *आइबिस* बाल्टिमोर से एक बदज़बान बॉस्टन आयरिशमैन की कप्तानी में उन्नीस लोगों के चालक दल के साथ रवाना होती है, जिनमें ज़ैकरी समेत नौ लोग अश्वेतों के रूप में सूचीबद्ध हैं। चालक दल के कई सदस्यों और अधिकारियों के बीमार पड़ने या दुर्घटनाओं में मर जाने के कारण ये सफ़र जल्द ही एक आपदा में बदल जाता है। हालांकि ज़ैकरी एक नाविक नहीं बल्कि जहाज़ का बढ़ई है, लेकिन परिस्थितियों के कारण वो सैकंड मेट की भूमिका निभाने को मजबूर हो जाता है।

आइबिस के केप टाउन पहुंचने पर चालक दल रातोंरात ग़ायब हो जाता है, और 'भूखों मारने वाली तन्ख़ाह देते तैरते नर्क' की बात फैल जाती है। कोई भी श्वेत नाविक कश्ती से जुड़ने को तैयार नहीं होता, इसलिए कैप्टन को मजबूरन लस्करों का एक दल लेना पड़ता है। ज़ैकरी को अब पता चलता है कि लस्कर कोई क़बीला या देश नहीं हैं, कि 'वो अलग-अलग जगहों के होते हैं, और उनमें हिंद महासागर के अलावा कोई समानता

नहीं होती है; उनमें चीनी और पूर्वी अफ़्रीकी, अरब और मलय, बंगाली और गोअन, तमिल और अराकनी सब होते हैं।' ज़ैकरी को नंगे पैर रहने वाले और लुंगियां और लंगोट पहने लस्कर शुरू में तो हास्यास्पद लगते हैं, लेकिन उसे जल्द ही अहसास हो जाता है कि वो कुशल नाविक हैं, जो अच्छी तरह से काम करने में सक्षम हैं।

केप टाउन से निकलने के बाद *आइबिस* को एक और नुकसान होता है: कैप्टन पेचिश का शिकार हो जाता है। कश्ती पर सवार आख़री अमेरिकी होने के नाते ज़ैकरी स्वतः कैप्टन बन जाता है। लस्करों के अगुआ सेरंग अली के लिए, जो कि एक अराकनी नाविक है, ज़ैकरी की अचानक तरक़्क़ी एक सपने के सच होने जैसा है। उन्नीसवीं सदी के शुरू में, जहाज़ के संचालन में पूरी तरह से सक्षम अनुभवी लस्कर भी अपनी नस्ल के कारण जहाज़ के अफ़सर के रूप में काम नहीं कर सकते थे। पश्चिमी शैली के हर व्यापारी जहाज पर, यहां तक कि भारतीय व्यापारियों के स्वामित्व वाले जहाज़ों पर भी गोरे लोगों को ही अफ़सर रखा जाता था, जबकि चालक दल के सदस्य ज़्यादातर लस्कर होते थे। आश्चर्यजनक रूप से ये नस्लीय संरचना बीसवीं सदी के अधिकांश समय में भी बनी रही, जिसमें अगर ज़्यादातर नहीं, तो कई व्यापारी जहाज़ों के कैप्टन यूरोपीय और अमेरिकी हुआ करते थे, जबकि चालक दल के सदस्य ज़्यादातर दक्षिण एशियाई या फ़िलिपिनो होते थे।

ख़ुद लस्करों का भी अपना एक वरिष्ठता-क्रम था: सबसे वरिष्ठ 'पैटी ऑफ़िसरों' को सेरंग और टिंडल कहा जाता था (ये पद भारतीय नौसेना और मर्चेंट मेरीन में आज भी मौजूद हैं)।[11] सेरंग और टिंडल अक्सर जहाज़ पर सबसे ज़्यादा जानकार और सक्षम व्यक्ति होते थे, लेकिन फिर भी उन्हें अनुभवहीन या बदज़बान गोरे अधिकारियों की ओर से बहुत हस्तक्षेप सहना पड़ता था, जिनमें से कुछ तो किशोरावस्था में ही होते थे। सेरंग अली के लिए ज़ैकरी एक वरदान सा है क्योंकि वो एक गोरे रंग का अमेरिकी है: चूंकि जहाज़ का कैप्टन कोई श्वेत आदमी ही हो सकता था, इसलिए ये अच्छी बात थी कि वो व्यक्ति ज़ैकरी जैसा मिलनसार, उपकारी और अनुभवहीन था। तो, हर्मन मेलविल के लघु उपन्यास *बेनिटो सेरेनो* के एक तरह से उलट, जिसमें एक जहाज़ के श्वेत कप्तान को ग़ुलाम विद्रोही महज़ नाम के सरदार में बदल देते हैं, सेरंग अली और उसके लस्कर दल ने धीरे-धीरे ज़ैकरी को एक साहब और ऑफ़िसर में बदल दिया, वो भूमिकाएं जो अफ़ीम के व्यापार में तरक़्क़ी करने के दौरान उसे पसंद आने लगती हैं।

चूंकि अफ़ीम को मुख्य रूप से पानी के जहाज़ द्वारा ले जाया जाता था, इसलिए इसमें आश्चर्य की कोई बात नहीं है कि जहाज़निर्माण और बढ़ईगीरी ऐसे रास्ते बन गए थे जिन पर चलकर कई प्रमुख परिवार इस व्यापार से जुड़ गए। मसलन, ये बात वाडिया परिवार के मामले में सच थी, जो एक पारसी परिवार था जिसने गुजरात में जहाज़निर्माता के रूप में शुरुआत की थी।[12] वाडिया द्वारा निर्मित जहाज़ *मिंडेन* के डैक से ही फ्रांसिस स्कॉट की ने 13 सितंबर 1814 को बाल्टिमोर पर बमबारी होते देखी थी, जिसने उन्हें वो कविता लिखने के लिए प्रेरित किया जो अमेरिका का राष्ट्रगान, 'द स्टार-स्पैंगल्ड बैनर' बनी।[13]

जहाज़निर्माण और समुद्री यात्रा के रास्ते अफ़ीम व्यापार तक पहुंचने वाले अनेक अमेरिकी परिवारों में एक परिवार ऐसा था जो असाधारण रूप से प्रसिद्ध हुआ: डेलानो वंश। मूल रूप से फ़्लेमिश मूल के इस परिवार की अमेरिकी शाखा का संस्थापक फ़िलिप डी लैनॉय, ('डेलानो' को इस नाम का संक्षिप्त रूप माना जाता है) 1621 में उन्नीस वर्ष की आयु में न्यू इंग्लैंड में आकर बसा था, और शुरू में एक अंकल के साथ रहा था जो एक साल पहले *मेफ़्लॉवर* पर सवार होकर आए थे। उसने पेक्वॉट क़बीले के नरसंहार में भाग लिया और उसने न्यू इंग्लैंड में ज़मीन के बड़े-बड़े टुकड़े हासिल कर लिए। उसके वंशजों में से एक सेमुअल डक्सबैरी, मैसाचुसेट्स में एक जहाज़निर्माता था, और वो पोतनिर्माता और माहिर नाविक अमासा डेलानो का पिता था, जिसने अपने असाधारण रूप से घटनापूर्ण जीवन के दौरान कई बार गुआंगज़ाउ की यात्रा की और वहां निवास किया। वो विश्व की अपनी तीन समुद्री यात्राओं पर आधारित एक प्रसिद्ध समुद्री संस्मरण: *ए नैरेटिव ऑफ़ वॉयेजेज़ एंड ट्रैवेल्स इन द नॉर्दर्न एंड सदर्न हेमिस्फ़ियर्स* का लेखक भी था।[14] इसी संस्मरण में मेलविल को *बेनिटो सेरेनो* के लिए सामग्री मिली: जिस घटना पर ये कहानी आधारित है वो 1805 में घटित हुई थी, जब सील की खाल को चिली से चीन ले जाते समय अमासा डेलानो का सामना एक बहते हुए स्पेनिश ग़ुलाम जहाज़ *ट्रायल* से हुआ था। डेलानो और कोई नहीं बल्कि वास्तविक जीवन में कहानी का वाचक था।

लेकिन अफ़ीम व्यापार के साथ परिवार का संबंध जोड़ने वाला अमासा नहीं, बल्कि परिवार की एक अन्य शाखा का वॉरेन डेलानो जूनियर था जो उसी साल गुआंगज़ाउ पहुंचा था, जब विल इर्विंग वहां पहुंचा था, और वो जल्दी ही शहर में रसेल एंड कंपनी

के कार्यालयों का प्रमुख बन गया। वहां उसके साथ उसका सौतेला भाई एडवर्ड भी शामिल हो गया, जो कंपनी में भागीदार बन गया। कई दशकों तक सबसे बड़ी अमेरिकी अफ़ीम-व्यापार कंपनी में दोनों डेलानो भाइयों की बहुमत की हिस्सेदारी रही। वॉरेन डेलानो जूनियर के नेतृत्व में रसेल एंड कंपनी ने अफ़ीम स्वामित्व में बाक़ी सभी अमेरिकी कंपनियों को पीछे छोड़ दिया। एक तेज़-तर्रार बिज़नेसमैन होने के अलावा, डेलानो एक अच्छा पार्टीबाज़ होने में भी बहुत आगे था। जनवरी 1839 में विलियम जार्डीन के मशहूर विदाई डिनर के दौरान डेलानो एक साथी व्यापारी के साथ वाल्ट्ज़ कर रहा था कि उसे 'उसके साथी ने छोड़ दिया और वो एक फूलदान से जा टकराया जिससे उसके सिर में एक इंच लंबा घाव हो गया।'[15] कुछ माह बाद, जब लिन ज़ेक्सू ने विदेशी व्यापारियों को अपने स्वामित्व की अफ़ीम को जमा करने को मजबूर किया, तो अमेरिकियों द्वारा सौंपी गई कुल अफ़ीम का 93 प्रतिशत रसेल एंड कंपनी का था, जो उसके निकटतम अमेरिकी प्रतिद्वंद्वी से सौ गुणा अधिक था।

प्रथम अफ़ीम युद्ध के दौरान वॉरेन डेलानो ने गुआंगज़ाउ में अमेरिका के मानद वाणिज्यदूत के रूप में काम किया, जो एक ऐसा पद था जिस पर आसीन होने के लिए वो न केवल एक व्यापारी के रूप में अपनी प्रमुखता के कारण सुयोग्य था, बल्कि इसलिए भी कि वो चीनी उद्देश्यों के प्रति असहानुभूतिपूर्ण नहीं था। इस मामले में डेलानो अकेला नहीं था: कई अन्य अमेरिकी भी चीन पर ब्रिटिश हमले को नापसंद करते थे और उनकी दिली इच्छा थी कि चीनी कुछ बेहतर ढंग से प्रतिरोध करें। वॉरेन डेलानो जूनियर ने चीनी रक्षा बलों को उनके एकमात्र पश्चिमी जहाज़ *कैम्ब्रिज* को हासिल करने में भी मदद की।[16] उसने रसेल एंड कंपनी के अन्य सदस्यों के साथ मिलकर वू बिंगजियान के ख़ानदान की भी उन्हें हमलों के बारे में चेतावनी देकर, उन्हें ये बताकर कि उन्हें कब जगहें ख़ाली कर देनी चाहिएं और उन्हें उनके माल पर होने वाले नुकसान से बचाकर मदद की।

लेकिन डेलानो बंधु उन लोगों में से भी थे जिन्होंने अफ़ीम युद्ध से सबसे ज़्यादा फ़ायदा उठाया, और गुआंगज़ाउ से ब्रिटिश सेना के हटने के बाद उन्हें बेतहाशा मुनाफ़ा हासिल हुआ।[17] और भले ही रसेल एंड कंपनी ने वू बिंगजियान के आग्रह पर कुछ समय के लिए अफ़ीम व्यापार को छोड़ दिया था, लेकिन युद्ध ख़त्म होने के बाद वो फिर से इसकी तस्करी के धंधे में लग गई। अपने कई हमवतन अमेरिकियों की तरह अपनी निजी आपत्तियों के बावजूद डेलानो बंधु उन शर्तों का फ़ायदा उठाने के लिए बेचैन थे जो अंग्रेज़ों

1. अन्नदा मुंशी (1905-85) ने चाय पीने की औपनिवेशिक प्रथा के लिए भारतीय राष्ट्रीय आंदोलन के प्रतीकवाद का उपयोग करते हुए एक नया संदर्भ बनाया, जैसे चरख़ा और साड़ी पहने एक आकृति जो 'भारत माता' की याद दिलाती है। जैसा कि गौतम भद्र ने उल्लेख किया है, इस छवि के साथ 'चाय को गांधीवादी आत्मनिर्भरता और राष्ट्रवादी आंदोलन के मुहावरों के भीतर ले आया गया।' (गौतम भद्र, फ्रॉम एन इंपीरियल प्रोडक्ट, 19.) विज्ञापन की कल्पना के माध्यम से टी को मूल रूप से भारतीय पेय चाय में बदल दिया गया।

2. ऊंची-ऊंची रैक्स और स्तंभों के कारण पटना अफ़ीम फ़ैक्ट्री का स्टैकिंग रुम किसी चर्च जैसा भव्य दिखाई देता है। (डब्ल्यू.एस. शेरविल, सौजन्य येल सेंटर फ़ॉर ब्रिटिश आर्ट।)

3. *सी ऑफ़ पॉपीज़* में, दीती ग़ाज़ीपुर अफ़ीम फ़ैक्ट्री के मिक्सिंग रुम में प्रवेश करती है, जहां उसे एक चौंकाने वाला दृश्य देखने को मिलता है: 'बहुत से काले, बिना टांगों के धड़ लगातार घूम रहे थे, जैसे ये राक्षसों की कोई दास प्रजाति हो। इस दृश्य—और साथ में तेज़ गंध—ने उसे मतवाला सा बना दिया, और बेहोश होने से बचने के लिए, उसने धीरे-धीरे आगे बढ़ना शुरु कर दिया। जब उसकी आंखें अंधेरे की थोड़ी आदी हुई, तो उसे उन घूमते धड़ों का रहस्य पता चला: वो नंगे बदन आदमी थे, जो अफ़ीम के टैंकों में कमर तक धंसे उस कीचड़ को मुलायम करने के लिए उसे रौंद रहे थे। उनकी आंखें ख़ाली और फटी-फटी सी थीं, पर फिर भी शहद में फंसी चीटियों की तरह धीरे-धीरे वो किसी तरह चलते जा रहे थे।' पटना फ़ैक्ट्री का मिक्सिंग रुम भी ऐसा ही होता, लेकिन शेरविल ने मिक्सिंग के पात्रों से अफ़ीम निकालकर उसे साफ़ कर दिया है। (डब्लू.एस. शेरविल, सौजन्य से येल सेंटर फ़ॉर ब्रिटिश आर्ट।)

4. सीता राम पटना अफ़ीम गोदाम के इस दृश्य को परिप्रेक्ष्य के अभ्यास के रूप में प्रस्तुत करते हैं, क्योंकि वो जानते हैं कि उनके दर्शकों को मैदान में चारों ओर उमड़ी हुई श्रमिकों की भीड़ में कोई दिलचस्पी नहीं होगी। (सीता राम, ब्रिटिश लाइब्रेरी, लंदन, यूके © ब्रिटिश लाइब्रेरी बोर्ड।)

5 और 6. दाईं ओर की पेंटिंग (6) में, सीता राम ने अफ़ीम के गोदाम को ख़ाली कर दिया है और इसके अंदरुनी भाग को आयतनों और आकृतियों के दिलचस्प खेल में बदलकर पिरानेसी की प्रसिद्ध राउंड टॉवर की याद दिला दी है (5)। (जियोवानी बतिस्ता पिरानेसी, फ़िलाडेल्फ़िया म्यूज़ियम ऑफ़ आर्ट, और सीता राम, ब्रिटिश लाइब्रेरी, लंदन, यूके © ब्रिटिश लाइब्रेरी बोर्ड के सौजन्य से।)

7. अफ़ीम विभाग के ब्रिटिश अधिकारियों का मानना था कि उनके भारतीय कर्मचारी 'स्वाभाविक रूप से ग़ैरभरोसेमंद और भ्रष्ट' थे और आंशिक रूप से उन्हें नियंत्रित रखने के लिए रासायनिक परीक्षण शुरू कर दिए गए थे (वोर्मर, 239)। लेकिन शिव लाल ने प्रयोगशाला में काम कर रहे भारतीय तकनीशियनों के इस चित्रण में उन धारणाओं को तोड़ दिया है। (शिव लाल © विक्टोरिया और एल्बर्ट म्यूज़ियम, लंदन।)

8. अफ़ीम फ़ैक्ट्रियों की निर्माण प्रक्रियाएं किसी ग्रामीण कुटीर उद्योग जैसी थीं, जहां सारा काम हाथ से किया जाता था। साथ ही, निगरानी और प्रबंधन की प्रणालियां, और उत्पाद को इकट्ठा करने की प्रक्रियाएं, औद्योगिक क्रांति के साथ अस्तित्व में आई फ़ैक्ट्रियों की तरह थीं। ये आधुनिकता की एक ख़ास क़िस्म की औपनिवेशिक पुनरावृत्ति थी। (शिव लाल © विक्टोरिया और एल्बर्ट म्यूज़ियम, लंदन।)

9. गुआंगज़ाउ के विदेशी एन्क्लेव की 'फ़ैक्ट्रियों' में सबसे भव्य फ़ैक्ट्री ईस्ट इंडिया कंपनी की थी, जिसमें एक लंबा-चौड़ा बरामदा और उससे जुड़ा बाग़ था। इसके बग़ल में डच फ़ैक्ट्री थी, जो बस कुछ ही कम भव्य थी। अठारहवीं शताब्दी में, पारसी व्यापारियों को डच फ़ैक्ट्री में ठहराया जाता था। कई अमेरिकी व्यापारियों का ठिकाना स्वीडिश फ़ैक्ट्री में था। (विलियम डैनियल, सौजन्य येल सेंटर फ़ॉर ब्रिटिश आर्ट, पॉल मेलन संग्रह।)

10. सर जमशेदजी जीजीभॉय, एक अज्ञात चीनी कलाकार द्वारा बनाया गया। सर जमशेदजी के कई विद्यमान चित्रों में से यह एक ऐसा है, जो मेरे विचार में, बैठने वाले के व्यक्तित्व को सबसे बेहतर ढंग से दर्शाता है। (सौजन्य parsitimes.com.)

11. थर्टीन फ़ैक्ट्रीज़: अग्रभूमि में फ़्लोटिंग सिटी और जैकास पॉइंट है, जो विदेशी एन्क्लेव का मुख्य घाट है। चौराहे के पार, इंग्लिश फ़ैक्ट्रीज के ठीक बग़ल में, फ़ुगताई फ़ैक्ट्री है जहां बहराम मोदी की रिहाइश थी। (गुआंगज़ाउ में कलाकार, सौजन्य पीबॉडी एसेक्स म्यूज़ियम।)

12. उन्नीसवीं सदी में चीन के सबसे धनी व्यक्तियों में से एक, वू बिंगजियान (हाउक्वा) को विश्व प्रसिद्ध कंपनियों के कई संस्थापकों के साथ घनिष्ठ संबंध रखने के लिए जाना जाता था, जिनमें सर जमशेतजी जीजीभॉय, विलियम जार्डीन, जेम्स मैथेसन और एबिएल एबट लो शामिल थे। (गुआंगज़ाउ में कलाकार, सौजन्य पीबॉडी एसेक्स म्यूज़ियम।)

13. हैरियट लो की डायरी और पत्राचार से दक्षिणी चीन में ब्रिटिश और अमेरिकी व्यापारियों के सामाजिक दायरे की एक जीवंत तस्वीर सामने आती है। लोज़ मूल रुप से सेलम, मैसाचुसेट्स के रहने वाले थे, इसलिए यह पूरी तरह से उचित है कि बहुत यात्रा करने वाली हैरियट लो के इस चित्र को पीबॉडी एसेक्स म्यूज़ियम में ठिकाना मिल गया है। (जॉर्ज चिनरी, सौजन्य पीबॉडी एसेक्स म्यूज़ियम।)

14. गुआंगज़ाउ का 1865 में चित्रित ये दृश्य शहर की पुरानी दोहरी दीवारों को दर्शाता है (उन्हें 1920 के दशक में ढहा दिया गया था)। ये दीवारें माउंट यूएक्सिउ (यूएक्सिउशान, उत्तरी पहाड़) के चारों ओर घूमती हैं जो ज़ेनहाई टॉवर पर अभिसरित होती हैं। अब इस टॉवर में गुआंगज़ाउ शहर का म्यूज़ियम है। हवलदार केसरी सिंह और बंगाल वालंटियर्स बटालियन द्वारा क़ब्ज़ा किया गया छोटा सा क़िला ज़ेनहाई टॉवर के दूर वाली साइड पर स्थित था। सान्युआनली गांव बाई ओर नदी और शहर की सबसे बाहरी दीवार के बीच लगभग आधे रास्ते पर है। (यी चोंग, सौजन्य पीबॉडी एसेक्स म्यूज़ियम।)

15. खूबसूरत बग़ीचों वाले, इस तरह के विला अमेरिकी, ब्रिटिश और पारसी व्यापारियों के लिए आदर्श बन गए। (फोटो: हल्टन आर्काइव/गेटी इमेजेज़)

16. एक पारसी गारा साड़ी पर चीनी रुपांकन, जिसमें अग्रभूमि में एक रिक्शा भी शामिल है। (फ़ोटोग्राफ़ी लेखक द्वारा।)

17. गुआन चियाओचांग प्रथम अफ़ीम युद्ध से पहले गुआंगज़ाउ में सबसे महत्वपूर्ण कलाकार थे। (लामक्वा, सौजन्य पीबॉडी एसेक्स म्यूज़ियम।)

18 और 19. जॉर्ज चिनरी और गुआन चियाओचांग की शैलियों में अंतर इन दो चित्रों से ज्यादा स्पष्ट कहीं नहीं है। दांई ओर (19) चिनरी की डॉ. थॉमस कोलेज की उनकी ऑप्थेल्मिक सर्जरी में बनाई गई पेंटिंग है (सौजन्य पीबॉडी एसेक्स म्यूज़ियम)। बाई ओर (18) गुआन चियाओचांग की डॉ. पीटर पार्कर की तस्वीर है (सौजन्य विकिपीडिया)।

20. गुआंगज़ाउ के शामियन द्वीप पर पारसी इमारत। कोने पर लगी पत्रिका पर लिखा है: 'नंबर 2, 4, 6, 8, 10 साउथ शामियन स्ट्रीट, राजपत्रित भवन (बी)। चिंग के अंत से लेकर गणतंत्र काल के आरंभिक काल तक भारतीय नागरिकों के निवास के रूप में निर्मित।' (फ़ोटोग्राफ़ी लेखक द्वारा।)

21. ये उन नाविकों और जहाज़ों के कप्तानों के चित्रों का एक अच्छा उदाहरण है जो गुआंगज़ाउ के स्टूडियोज़ में भारी संख्या में बनाए जाते थे। ब्रिटिश और अमेरिकी घरों की दीवारों पर लटके उन्नीसवीं सदी के कई चित्र वास्तव में 'मेड इन चाइना' थे। (स्पॉइलम, सौजन्य पीबॉडी एसेक्स म्यूज़ियम।)

22. इस उत्कृष्ट चीनी सिलाई टेबल को देखकर मुझे लगा कि टेबल पर लगी उन सिंगर सिलाई मशीनों के लिए, जैसी मेरी मां के पास भी थी, इसी तरह की चीज़ें मॉडल थीं। (गुआंगज़ाउ में कलाकार, सौजन्य पीबॉडी एसेक्स म्यूज़ियम।)

23. इस तरह की चीनी सिर हिलाने वाली गुड़ियां शायद मेरे परिवार के डिस्प्ले केस में मौजूद आकृतियों की प्रतिकृतियां थीं। (गुआंगज़ाउ में कलाकार, सौजन्य पीबॉडी एसेक्स म्यूज़ियम।)

ने चीन पर हिंसक ढंग से थोपी थीं। ऐसे ही एक व्यापारी के शब्दों में: 'अफ़ीम का धंधा व्यापार की वो शाखा है जिसे हमें सबसे ज़्यादा प्रोत्साहन देना चाहिए, ये अब तक का सबसे सुरक्षित और सबसे ज़्यादा मुनाफ़ेबख़्श काम है।'[18]

डेलानो या उसके किसी भी हमवतन को इस बात में क़तई संदेह नहीं था कि चीन के और आमतौर पर ग़ैर-पश्चिमी देशों के संबंध में अमेरिकियों और यूरोपियों को, चाहे उनके आंतरिक मतभेद कैसे भी हों, एक गुट के रूप में काम करना चाहिए। हालांकि पश्चिमी लोग हमेशा एक-दूसरे के साथ युद्ध में लगे रहते थे, लेकिन वो हर क़ीमत पर श्वेत वर्चस्व बनाए रखने की आवश्यकता पर पूरी तरह सहमत थे।[19] जहां तक चीनियों का सवाल था, तो वो दो अंग्रेज़ी भाषी देशों के बीच संबंधों को बहुत अच्छी तरह समझते थे और अक्सर अमेरिकियों को अंग्रेज़ों का 'छोटा भाई' कहा करते थे।

1843 में एक बेहद अमीर आदमी के रूप में अमेरिका लौटने के बाद वॉरेन डेलानो जूनियर ने मैसाचुसेट्स के एक प्रतिष्ठित परिवार की बेटी कैथरीन लाइमैन से शादी कर ली। इस दंपती के कई बच्चे हुए, जिनमें एक लड़की सैरा भी थी जिसका इकलौता बेटा फ्रैंकलिन डेलानो रूज़वेल्ट अमेरिका का बत्तीसवां राष्ट्रपति बना। वॉरेन डेलानो जूनियर अपने भाइयों और अपने बच्चों के रिश्ते से एस्टर और अमेरिका के कई सबसे प्रमुख परिवारों से भी जुड़ा था, जिनमें राष्ट्रपति कैल्विन कूलिज का परिवार भी शामिल था।

1857 में वॉरेन डेलानो जूनियर ने एक वित्तीय घबराहट में अपनी बहुत सी संपत्ति खो दी, इसलिए अपने से पहले के कई दूसरे अमेरिकी सट्टेबाज़ों की तरह वो वापस अफ़ीम के व्यापार में लौट आया और जल्द ही उसने ढेर सारा पैसा कमा लिया। फ्रैंकलिन और एलेनोर रूज़वेल्ट का विवाह न्यूयॉर्क स्थित उसकी आलीशान एस्टेट एल्गोनैक में हुआ था।

दोनों देशों के बीच बहुत अधिक दूरी होने के बावजूद चीन अमेरिका के लिए, और भारत के लिए भी, आकर्षण का एक ऐसा केंद्र था जो बड़ी हद तक अगोचर सा लेकिन बेहद शक्तिशाली प्रभाव डालता था। इस आकर्षण की अमेरिका के क्षेत्रीय विकास में भी भूमिका रही। उदाहरण के लिए, ये तर्क दिया जाता है कि थॉमस जेफ़रसन द्वारा क्षेत्र अधिग्रहण और पश्चिमी तट तक लुईस और क्लार्क के अभियान को प्रायोजित करने के

पीछे चीन के साथ व्यापार का विस्तार करने की इच्छा ही एक महत्वपूर्ण विचार था।[20] मेरिवर्थ लुईस ने अपनी रिपोर्टों में स्पष्ट रूप से स्वीकार किया है कि अभियान के मिशन का एक हिस्सा ऐसे ज़मीनी मार्गों की खोज करना था जिनके रास्ते चीन को फ़र और अन्य व्यापारिक सामान भेजना आसान हो सके।[21]

लेकिन लुईस और क्लार्क के प्रशांत महासागर के तट पर पहुंचने से बहुत पहले ही, चीन के साथ व्यापार करने के लिए फ़र की खोज बॉस्टन के समुद्रयात्री जॉन बोइट को प्रशांत के उत्तरपश्चिम की सबसे बड़ी नदी के मुहाने पर ले आई थी। उसने 1792 में अपने जहाज़ *कोलंबिया* के नाम पर ही नदी का नाम रखा। 1805 में जब लुईस और क्लार्क नदी के मुहाने पर पहुंचे, तब तक तट पर रहने वाले लोग 'कैंटन फ़र व्यापार की बदौलत थोड़ी-बहुत अंग्रेज़ी बोलने में सक्षम हो चुके थे।'[22] *कोलंबिया* की यात्रा उन पूरक साक्ष्यों में से एक थी, जिसने ब्रिटेन द्वारा ऑरेगन क्षेत्र के स्वामित्व पर विवाद खड़ा किए जाने पर अमेरिका के दावे को मज़बूत किया। अमेरिकी दावे को मज़बूती देने वाला एक और बिंदु भी चीन व्यापार से संबंधित था: 'वो कोलंबिया के मुहाने पर जॉन जैकब एस्टर द्वारा बसाई गई एस्टोरिया की बस्ती थी। एस्टर समझ गया था... कि अगर चीन व्यापार के लिए फ़र चाहिए, और अधिक फ़र उत्पादन के लिए पर्याप्त जानवर बचाए रखने हैं, तो फ़र इलाक़े के केंद्र में एक स्थायी चौकी का होना ज़रूरी होगा।'[23]

1867 में अलास्का के अधिग्रहण को लेकर भी ऐसी ही स्थिति उत्पन्न हुई। उस समय बहुत से अमेरिकियों ने इस ख़रीद का कड़ा विरोध किया, और 'सेवर्ड की मूर्खता' के रूप में इसका व्यापक रूप से मज़ाक़ उड़ाया गया। जिस तर्क को आख़िरकार स्वीकृति मिली वो ये था कि 'अलास्का की चीन से निकटता... इसे ख़रीदने का पर्याप्त कारण होगा।'[24]

लेकिन सबसे बढ़कर जिस साधन के द्वारा चीन ने अमेरिका पर अपनी छाप छोड़ी, वो अमेरिकी अफ़ीम व्यापारियों द्वारा देश में लाया गया पैसा था। कई 'कैंटन ग्रेजुएट' (डाउन्स के वाक्यांश के अनुसार) चीन से लौटने पर बीस से तीस साल की उम्र के थे: वो न सिर्फ़ जवान और हट्टे-कट्टे थे, बल्कि चीन में व्यापार करने के अपने अनुभव की बदौलत उन्हें अंतरराष्ट्रीय व्यापार और वित्त की ठोस समझ भी हासिल हो गई थी। उनमें से कई तेज़ी से फैलती अमेरिकी अर्थव्यवस्था के हर क्षेत्र में अपने अफ़ीम के पैसे को लगाकर सफल उद्यमी बन गए।

एक उद्योग जिसे अफ़ीम के पैसे से बहुत लाभ हुआ वो बैंकिंग था: फ़िलाडेल्फ़िया के स्टीफ़न गिरार्ड ने अमेरिका के सबसे शुरुआती बैंकों में से एक की स्थापना की, और बॉस्टन कंसर्न के पूर्व छात्रों ने भी वित्तीय और बीमा कंपनियों में भारी निवेश किया।[25] लेकिन अमेरिकी बैंकिंग में चीन का एकमात्र योगदान पूंजी नहीं थी; इसने एक महत्वपूर्ण नई वित्तीय पद्धति भी दी जो अमेरिकी और अंततः वैश्विक बैंकिंग प्रणालियों की आधारशिला बन गई: ये थी बैंक जमा राशि बीमा की संस्था, जो आज फ़ेडरल डिपॉज़िट इंश्योरेंस कॉरपोरेशन (एफ़डीआईसी) के माध्यम से अधिकांश अमेरिकियों की बचत की ज़िम्मेदारी लेती है।

1829 में न्यूयॉर्क जमा बीमा क़ानून बनाने वाला पहला राज्य था, और इसके लिए ज़िम्मेदार विधायक जॉशुआ फ़ॉरमैन ने स्पष्ट रूप से अपने प्रस्ताव को चीनी नज़ीरों पर आधारित किया था। उन्होंने राज्य विधानमंडल को बताया, 'बैंकों को एक-दूसरे के लिए उत्तरदायी बनाने का औचित्य कैंटन में हौंग व्यापारियों के विनियमन द्वारा सुझाया गया था, जहां एक दूसरे से अलग काम करते हुए, सरकार की इजाज़त से अनेक लोगों के पास विदेशियों के साथ व्यापार करने का विशेष अधिकार होता है, और नाकाम होने की अवस्था में प्रत्येक के ऋण के लिए सबको उत्तरदायी बनाया जाता है।'[26]

1933 में एक सदी पुराना न्यूयॉर्क क़ानून अमेरिका में राष्ट्रीय बैंक जमा बीमा के लिए प्रारूप बन गया। इतिहासकार फ्रेडरिक डेलानो ग्रांट लिखते हैं, 'तब से बैंक जमा बीमा दुनियाभर में फैल गया है, और अब लगभग सौ देशों में पाया जाता है।'[27] लेकिन वैश्विक व्यापार और वित्त के क्षेत्र में कई दूसरे ग़ैर-पश्चिमी योगदानों की तरह बैंक जमा बीमा को भी लगभग हमेशा ही एक अमेरिकी वित्तीय खोज बताया जाता है।

अमेरिकी अर्थव्यवस्था का एक और क्षेत्र जिसे अफ़ीम के पैसे से बहुत फ़ायदा हुआ, रेल उद्योग था। थॉमस हैंडैसिड पर्किन्स ने न्यू इंग्लैंड में कुछ सबसे शुरुआती रेलमार्ग बनाए, संभवतः सबसे पहले रेलमार्ग। लेकिन अपने समय के सबसे बड़े रेल उद्योगपतियों में से एक बना उसका भतीजा जॉन मरी फ़ोर्ब्स। वो 1836 में, तेईस साल की उम्र में 'लगभग गंजा' होकर चीन से लौटा, लेकिन उसके पास ख़ुद अपना 'मध्यम दर्जे का सामर्थ्य' था और साथ ही एक बहुत बड़ी राशि – 500,000 डॉलर—थी, जो वू बिंगजियान ने उसे अमेरिकी शेयर्स में निवेश करने के लिए दी थी।[28] चीन में निवास के दौरान फ़ोर्ब्स को रेलवे को लेकर संदेह थे, और उसने अपने भाई से रेलवे के शेयर्स

से बचने को कहा था: 'इंग्लिश रेलवे के बारे में जो कुछ भी मैं जान सका हूं, उससे मेरे पास ये मानने के अच्छे कारण हैं कि हमारा रेलवे पहले कुछ वर्षों के बाद नाकाम साबित होगा; टूट-फूट विनाशकारी साबित होती है। जो भी हो, इससे दूर ही रहना।'[29]

लेकिन अमेरिका लौटने के बाद उसका इरादा बदल गया, संभवतः अपने चाचा जॉन कुशिंग के प्रभाव में जो पहले ही वू बिंगजियान के पैसे को रेलमार्गों में निवेश करना शुरू कर चुका था।[30] उसके पदचिह्नों पर चलते हुए फ़ोर्ब्स ने भी अपने पास मौजूद धन का उपयोग मिशिगन सैंट्रल रेलमार्ग को ख़रीदने और उसे पूरा करने के लिए किया।[31] रेलमार्गों का निर्माण करने और उन्हें प्रोत्साहन देने में उसके भागीदारों में उसके गुआंगज़ाउ के दिनों का एक मित्र जॉन क्लीव ग्रीन था, जो रसेल एंड कंपनी का ही एक और पूर्व कर्मचारी था, और वो ख़ुद भी एक रेलमार्ग उद्योगपति बन गया था। जैक्स डाउन्स लिखते हैं:

> रेलमार्ग के क्षेत्र में चीन से लौटे व्यापारियों की प्रमुखता के कई स्पष्ट कारण थे। पहला, वो अमीर थे और वो इस तरह के अच्छे घरेलू निवेशों की तलाश में थे जिन पर वो विवेकपूर्ण नियंत्रण बनाए रख सकें। दूसरा, उनके अमेरिकी और विदेशी (विशेष रूप से ब्रिटेन में) पूंजीपतियों से संबंध थे और वो ऐसे संसाधनों का सहारा ले सकते थे जो दूसरों के पास उपलब्ध नहीं थे। तीसरा, वो लंबी दूरियों से व्यापार करने और अधिकार सौंपने में अनुभवी थे।[32]

ये सर्वविदित है कि अमेरिकी रेलवे की बुनियादी संरचना के निर्माण में चीनी श्रमिकों की अहम भूमिका रही थी; लेकिन ये कम ही लोग जानते हैं कि रेलमार्गों को वित्तपोषित करने वाली अधिकांश पूंजी भी चीन से ही आई थी।[33] लेकिन संभवतः यही कारण है कि अमेरिका के कई 'कैंटन' रेलवे लाइनों के क़रीब स्थित हैं।

कपड़ा, लौह-निर्माण, होटल व्यवसाय और निवेश दलाली कुछ अन्य उद्योग थे जिन्हें अफ़ीम के पैसे से लाभ हुआ। डाउन्स लिखते हैं, 'कैंटन ग्रेजुएट्स ने इन सभी क्षेत्रों में क़दम रखे और वो अमेरिका में आर्थिक क्रांति के बीज बन गए।'[34] या, जैसा कि हैडाड कहते हैं: 'अफ़ीम दरअसल वो रास्ता था जिससे अमेरिका चीन की आर्थिक शक्ति को अमेरिका की औद्योगिक क्रांति में स्थानांतरित करने में सक्षम हुआ।'[35]

उच्च वर्ग के यांकियों के एक छोटे, बारीकी से बुने हुए समूह ने तरह-तरह के उद्योगों में निवेश करके अफ़ीम के व्यापार से कमाई हुई संपत्ति को कई गुणा बढ़ा लिया। फिर उन्होंने उतने ही बड़े पैमाने पर अपने मुनाफ़े का एक हिस्सा परोपकारी कामों में लगाया, और उन्होंने विश्वविद्यालयों, कॉलेजों, स्कूलों, अस्पतालों, आश्रयस्थलों, पुस्तकालयों, ऐतिहासिक समाजों, चर्चों और संग्रहालयों की स्थापना की और उनका वित्तपोषण किया। एक कैंटन ग्रेजुएट ने अमेरिकी परोपकार में एक महत्वपूर्ण नया प्रचलन शुरू किया: इस शर्त पर धन देना कि अन्य स्रोतों से भी उतनी ही राशि जुटाई जाए।[36] जॉन क्लीव ग्रीन ने प्रिंसटन विश्वविद्यालय को बड़ी-बड़ी रक़में दीं, और उसे इसके विज्ञान व इंजीनियरिंग कार्यक्रमों के विकास में एक प्रमुख भूमिका निभाने का श्रेय दिया जाता है।[37] लेकिन आइवी लीग में पैसा लगाने वाला वो एकमात्र कैंटन ग्रेजुएट नहीं था: वास्तव में उत्तर-पूर्वी अमेरिका के पुराने और सम्मानित संस्थानों में बहुत कम ही ऐसे हैं जिन्हें किसी न किसी समय ऐसे पैसे से फ़ायदा न मिला हो जिसका संबंध अफ़ीम से जोड़ा सके।

अफ़ीम और परोपकार के बीच का संबंध आज तक भी क़ायम है। सैकलर परिवार के सदस्यों ने, जो पर्ड्यू फ़ार्मा के मालिक थे और जिन्होंने ऑक्सिकॉन्टिन और नुस्ख़े पर मिलने वाली कई अन्य अफ़ीमसमों से अरबों डॉलर कमाए थे, दुनियाभर के अस्पतालों, विश्वविद्यालयों और कला संग्रहालयों को इतना पैसा दान किया कि कभी-कभी उनकी तुलना फ़्लोरेंस के मेडीची परिवार से की जाती थी।[38] विडंबना देखिए कि इन्हीं संस्थाओं में से एक है पेकिंग विश्वविद्यालय में आर्थर एम. सैकलर म्यूज़ियम ऑफ़ आर्ट एंड आर्केयॉलोजी, जिसका नाम सैकलर वंश के उस संस्थापक के नाम पर रखा गया है जो चीनी कला और प्राचीन वस्तुओं का एक जुनूनी संग्रहकर्ता था।[39] इससे भी बड़ी विडंबना ये है कि चिंग साम्राज्य के ग्रीष्म ऋतु के महल युआनमिंग युआन के मैदान के एक हिस्से का नाम आर्थर सैकलर की पत्नियों में से एक के नाम पर रखा गया है, जिसे दूसरे अफ़ीम युद्ध के दौरान ब्रिटिश, फ़्रांसीसी और भारतीय सैनिकों ने नष्ट कर दिया था।

उन्नीसवीं सदी की शुरुआत से ही अफ़ीम से प्राप्त धन ने अमेरिकी स्थापत्य शैली, उपभोग के तरीक़ों, आंतरिक सज्जा, परोपकार और मनोरंजन के रूपों पर एक विशिष्ट छाप छोड़ी है। इन व्यापारियों के घर इतने आडंबरपूर्ण और नुमाइशी हुआ करते थे कि कैंटन ग्रेजुएट्स के बारे में कहा जा सकता है कि उन्होंने अमेरिका में ऐसे घरों के लिए अभी तक जारी शौक़ की बुनियाद रखी जो 'प्रत्यक्ष बैंक खातों' जैसे दिखाई देते हैं।[40]

रसेल एंड कंपनी के संस्थापक सेमुअल रसेल ने अपने लिए चौवालीस कमरों की एक ग्रीक रिवाइवल हवेली बनवाई, जो कि मिडलटाउन, कनेटिकट में एक पूरे सिटी ब्लॉक में फैली हुई थी: अब इसमें वैज़्लीयन यूनिवर्सिटी का फिलोसफी डिपार्टमेंट है।[41] जिस समय मैं आइबिस त्रयी का अंतिम खंड *फ़्लड ऑफ़ फ़ायर* लिख रहा था, तब मेरा बेटा वैज़्लीयन में अंडरग्रेजुएट था। उससे मिलने जाने के दौरान मैं अक्सर रसेल हाउस (जिस नाम से परिसर में इसे जाना जाता है) के पास से गुज़रता था, तो ये याद आने पर मुझे हमेशा एक बेचैनी भरा अहसास होता था कि ये हवेली भारतीय पोस्त किसानों और चीनी अफ़ीम उपभोक्ताओं द्वारा पैदा किए गए धन से बनाई गई थी।

सेमुअल रसेल के गुरु थॉमस हैंडैसिड पर्किन्स के पास बॉस्टन के टैंपल प्लेस में एक विशाल देहाती संपत्ति के साथ-साथ बीस फ़ायरप्लेस वाला एक चार-मंज़िला टाउनहाउस था। लेकिन उसे उसके भतीजे जॉन पर्किन्स कुशिंग ने पीछे छोड़ दिया, जिसने बॉस्टन के समर स्ट्रीट पर अपनी हवेली के चारों ओर एक पूरा सिटी ब्लॉक ख़रीद लिया और उसे गुआंगज़ाउ से आयात की गई 'पोर्सिलेन की दीवार' से घेर दिया। वो मैसाचुसेट्स के वॉटरटाउन में 200 एकड़ की एक संपत्ति का भी मालिक था, जिसमें एक हिरन पार्क, 20 एकड़ का लॉन और उस समय के प्रमुख वास्तुकारों में से एक एंड्रयू जैक्सन डाउनिंग द्वारा डिज़ाइन की गई एक हवेली थी।[42] बाद में इसी आर्किटेक्ट ने वॉरेन डेलानो जूनियर के घर एल्गोनैक को भी नए सिरे से बनाया, और उसमें एशियाई शैली के बरामदे और ढलवां छज्जे जोड़े गए।[43] जॉन मरी फ़ोर्ब्स के पास मिल्टन मैसाचुसेट्स में एक विशाल संपत्ति थी, और उसने 'मार्थाज़ वाइनयार्ड के बग़ल में नॉशोन का सात मील लंबा द्वीप भी ख़रीदा जो अभी भी उसके वंशजों के निजी स्वामित्व में है।'[44]

कैंटन ग्रेजुएट्स के द्वारा बनवाए गए घरों में चीनी शैली के डिज़ाइन आम थे, जो इस बात का संकेत हैं कि चीन से लौटे व्यापारियों की आकांक्षाएं, डाउन्स के शब्दों में, केवल 'बैरन स्तर के वैभव' या 'अठारहवीं सदी के ब्रिटिश कुलीनतंत्र की सुविधाओं' तक सीमित नहीं थीं।[45] उनकी आकांक्षाएं गुआंगज़ाउ के विदेशी एन्क्लेव में उनके द्वारा जिए गए ऐशो-आराम के जीवन की यादों, और धनी चीनी व्यापारियों की जिस तरह की देहाती संपत्तियां उन्होंने देखी थीं उससे बहुत प्रभावित थीं, जिनमें उनके पोर्सिलेन के संग्रह और कलाकृतियां हुआ करती थीं, और ख़ुशनुमा नज़ारों वाले बग़ीचे हुआ करते थे, जहां उस क्षेत्र की प्रसिद्ध नर्सरियों की अद्भुत वानस्पतिक संपदा देखने को मिलती थी

(चित्र 15 देखें)। इसलिए उन्होंने अपने घरों के अंदरूनी हिस्सों को चीन से प्रभावित उस कला और कलाकृतियों से भर दिया, जो उन्होंने गुआंगज़ाउ में जमा की थीं। उदाहरण के लिए, जॉन कुशिंग ने अपने दोनों घरों को 'चीनी वॉलपेपर्स और पोर्सिलेन से सजाया ताकि वो उसे कैंटन की याद दिलाते रहें।'[46] पेनसिल्वेनिया के प्रमुख व्यापारी जॉन लैटिमर ने अफ़ीम के व्यापार के ज़रिए ढेरों पैसा कमाया और फ़िलाडेल्फ़िया के 359, वॉलनट स्ट्रीट पर अपने लिए एक आलीशान घर बनवाया। आगंतुकों को इस घर में प्रवेश करते ही गुआंगज़ाउ के विदेशी एन्क्लेव में लगी आग को दर्शाती एक विशाल ऑयल पेंटिंग देखने को मिलती थी। लाइब्रेरी में वो देखते थे:

> चीनी पोर्सिलेन के चाय के कप, तश्तरियां, दूध और चाय के पॉट, शुगर डिश और स्टैंड, और एक चाय का कनस्तर – और हरेक पर एक रंग-बिरंगा 'कैंटन' या 'नानजिंग' बॉर्डर। पैंट्री की शेल्फ़ों में विलोवेयर डिनर सैटों का एक और भी बड़ा संग्रह था, जिसकी हर वस्तु एक छोटे से नदी द्वीप से उगते ओरिएंटल विलो वृक्ष को दर्शाती थी। डाइनिंग रूम में कोने की एक भव्य अलमारी लैटिमर परिवार के विभिन्न सदस्यों के कुलचिह्नों और मोनोग्रामों से सजे सेरेमिक के पात्रों के लिए आरक्षित थी। इस कमरे में बड़े-बड़े पदक-स्वरूप गुलदान और पेचीदा नक़्क़ाशी वाली चीनी शीशम की मेज़ों के दो स्थान भी दिखाई देते थे। धुंधली रौशनी वाले ऊपरी गलियारे में एक वॉशस्टैंड के ऊपर बैंगनी और सुनहरे रंग में चीनी रौग़न से चमकती प्रसाधन की चीज़ों को देखा जा सकता था।[47]

जैसा कि अक्सर होता है, अमीरों के शौक़ों की नक़ल अमेरिकी सामाजिक स्तर पर हर जगह की जाने लगी। एक अनुमान के मुताबिक़ उन्नीसवीं सदी की शुरुआत में बॉस्टन, सेलम या फ़िलाडेल्फ़िया जैसे प्रमुख अमेरिकी बंदरगाह शहरों के घरों में दस से पांचवें हिस्से तक चीज़ें चीनी मूल की होती थीं। और ये केवल अमीरों तक ही सीमित नहीं था। वास्तव में: 'शुरुआती पेनसिल्वेनिया को भेजी जाने वाली ज़्यादातर चीनी चीज़ें ग़रीब घरों में पाई जाती थीं।'[48] चीन से लौटने वाले क्लिपर आमतौर पर भारी मात्रा में पोर्सिलेन की ऐसी घटिया चीज़ें लेकर चलते थे जिन्हें अमेरिका में बहुत सस्ते दामों पर बेचा जा सके।

ऐसा सिर्फ़ आज के अमेरिका में ही नहीं है कि डॉलर स्टोर चीन में बनी चीज़ों से भरे पड़े हैं; उन्नीसवीं सदी में भी ग़रीब अमेरिकियों को सामान बेचने वाली दुकानें चीनी वस्तुओं से भरी होती थीं। और ये सभी वस्तुएं स्पष्ट रूप से चीनी मूल की भी नहीं होती थीं। आज की तरह तब भी बहुत सारा 'अमेरिकाना' चीन में बनता था। अमेरिकी घरों में टंगे जॉर्ज वॉशिंगटन के कई पुराने चित्र दरअसल गुआंगज़ाउ के स्टूडियो में बनाई गई नक़लें हैं। यही बात अमेरिका की प्राचीन वस्तुओं की दुकानों, और देश भर में बेड-एंड-ब्रेकफ़ास्ट की दीवारों पर पाए जाने वाले अनेक बॉटेनिकल वॉटर कलर्स, नज़ारों और चित्रों पर भी लागू होती है।

गुआंगज़ाउ और उसके कोहोंग व्यापारियों का प्रभाव बाग़बानी के प्रति उस दिलचस्पी में भी स्पष्ट है, जो कैंटन ग्रेजुएट्स अपने साथ लाए थे। उनमें से कई ने भव्य और बेहद महंगे बग़ीचे तैयार किए और वो अपने बाग़बानों को फूलों की नई क़िस्मों के साथ प्रयोग करने के लिए भी प्रोत्साहित करते थे, जैसा कि गुआंगज़ाउ की नर्सरियों में किया जाता था। जॉन कुशिंग ने एक बार अपने भतीजे जॉन मरी फ़ोर्ब्स को, जो उस समय कैंटन में था, निर्देश दिया कि 'मेरे लिए चीन में पाए जाने वाले सबसे सुंदर और दुर्लभ जैपोनिका और पियोनी के साथ-साथ दूसरे दुर्लभ और सुंदर फूल, पौधे या झाड़ियां और कई क़िस्म के फूलों के बीज इकट्ठा करना।'[49]

कैंटन ग्रेजुएट्स की मनोरंजन संबंधी रुचियों में भी गुआंगज़ाउ की छाप थी। सेलिंग, यॉटिंग, रोइंग और रेगाटा उन कुछ मनोरंजनों में से थे जिनकी गुआंगज़ाउ में उन्हें इजाज़त थी और अमेरिका लौटने पर उनमें से कई इन गतिविधियों के उत्साही समर्थक बन गए। जॉन कुशिंग की यॉट *सिल्फ़* ने 1832 में अमेरिका की पहली यॉट रेस जीती थी। इन कई तरीक़ों से 'चीन से रिटायर हो चुके व्यापारियों ने अमेरिकी अमीरों की जीवनशैली की विलासिता और उसके प्रदर्शन में बहुत योगदान दिया।'[50]

लेकिन अपनी दौलत के बावजूद कैंटन के कई ग्रेजुएट गुआंगज़ाउ के विदेशी एन्क्लेव में बिताए अपने शानदार जीवन के लिए तरसना छोड़ नहीं पाए।[51] कितना भी पैसा ख़र्च करके अमेरिका में उन जीवनशैलियों की नक़ल कर पाना नामुमकिन था। विशेष रूप से परेशान करने वाली समस्या कर्मचारियों की थी: अमेरिका में गुआंगज़ाउ जैसे कुशल नौकर और रसोइए मिलना असंभव था। कुछ कैंटन नवाबों ने इस समस्या का समाधान चीन से नौकरों को बुलाकर किया।

दूसरे शब्दों में, इन बड़े अमेरिकी उद्योगपतियों ने अपने देश वापस आकर एक ऐसी जीवनशैली का आविष्कार किया जिसे 'कैंटनीकृत' जीवनशैली कहा जा सकता था। उनकी सामाजिक प्रतिष्ठा के कारण इस शैली के तत्वों की व्यापक रूप से नक़ल की गई और आख़िरकार ये अमेरिकी सामाजिक जीवन के ताने-बाने में गहराई से समा गए।

अमेरिका पर अफ़ीम के पैसे के व्यापक प्रभाव को शायद व्यक्तिगत व्यापारियों और उनके परिवारों की कहानियों से सबसे अच्छी तरह से दर्शाया जा सकता है।

इसका एक बहुत अच्छा उदाहरण है एबट लो – एक ऐतिहासिक शख़्सियत जिसके साथ, समय और परिस्थितियों में दूरी के बावजूद, मैं एक अजीब तरह का जुड़ाव महसूस करता हूं। मेरी ही तरह एबट लो भी ब्रुकलिन में आ बसा था, और ब्रुकलिन हाइट्स में उस सड़क पर उसकी कई संपत्तियां थीं, जहां मेरे बच्चे स्कूल जाते थे। शायद इससे भी ज़्यादा सार्थक एक और कड़ी है एबट लो के नाम पर एक बिल्डिंग: कोलंबिया यूनिवर्सिटी की लो लाइब्रेरी, जिसके आसपास अमेरिका में अपने शुरुआती वर्षों में मैंने बहुत समय बिताया था।

एबट लो और कोई नहीं बल्कि वही सौम्य युवक था, जो बदनसीब विल इर्विंग के साथ एक ही जहाज़ पर गुआंगज़ाउ गया था। ये देखते हुए कि अफ़ीम के व्यापार में रिश्तेदारी कितनी मूल्यवान चीज़ हुआ करती थी, इसमें आश्चर्य की कोई बात नहीं है कि एबट लो के कैरियर ने अपने साथी यात्री से पूरी तरह से अलग रुख़ लिया था। विल के मुक़ाबले उसे इस मायने में एक बढ़त हासिल थी कि वो एक अधिक शक्तिशाली उपजाति से था: वो मूल रूप से सेलम में पैदा हुआ एक मैसाचुसेट्स यांकी था। उसके पिता अफ़्रीकी और दक्षिण अमेरिकी उत्पादों के विशेषज्ञ व्यापारी थे, जो 1828 में अपने परिवार को ब्रुकलिन (40, कॉनकॉर्ड स्ट्रीट) ले गए, जब 'ब्रुकलिन एक गांव हुआ करता था, और एक विशाल फ़ार्म-यार्ड जैसा था; क्योंकि सड़कों पर बड़ी संख्या में सूअर घूमते रहते थे।'[52] सेलम के उच्चस्तरीय परिवारों के प्रचलन के अनुसार एबट लो ने हार्वर्ड में पढ़ाई की और कुछ समय तक सेलम में एक आयात-निर्यात फ़र्म में क्लर्क के रूप में काम किया। ये लगभग निश्चित था कि एबट लो के कैरियर में अगला क़दम

चीन ही होगा क्योंकि उसके चाचा विलियम एच. लो उस समय गुआंगज़ाउ में रसेल एंड कंपनी के प्रमुख थे।

विलियम लो अपनी पत्नी एबिगेल को अपने साथ चीन ले गए थे, जो कि उस दौर के लिए एक असामान्य बात थी। चूंकि एबिगेल को कोई संतान नहीं थी और उनका स्वास्थ्य नाज़ुक हालत में था, इसलिए विलियम अपनी पसंदीदा भतीजी, एबट लो की बहन हैरियट, को भी साथ ले गए थे। एबिगेल और हैरियट चीन में रहने वाली पहली अमेरिकी महिलाएं थीं। लेकिन उनका निवास गुआंगज़ाउ में नहीं था जहां विदेशी महिलाओं का प्रवेश वर्जित था; उनका निवास मकाउ में था, जहां वो एक जीवंत सामाजिक मंडली के केंद्र में थीं, जिसमें चित्रकार जॉर्ज चिनरी भी शामिल थे, जो दक्षिण चीन में बसने से पहले कई वर्ष तक कलकत्ता में रहे थे (अपनी बंगाली रखैल से उनके दो बेटे थे, जिनमें से एक रॉबिन चिनरी आइबिस त्रयी में एक प्रमुख पात्र है)।[53] चिनरी और हैरियट अच्छे दोस्त बन गए और चिनरी ने हैरियट की एक ख़ूबसूरत तस्वीर भी बनाई, जिसमें उसके गुलाबी गालों वाले, मुस्कुराते हुए चेहरे पर लटें पड़ी हुई हैं और उसके हाथों में एक किताब है, जिससे उसकी मुख्य रुचि उजागर हो रही है (चित्र 13 देखें)।[54]

हैरियट लो ख़ुद एक अच्छी लेखिका थी: उसकी डायरी और पत्राचार में चीन में अमेरिकी और अंग्रेज़ प्रवासियों के सामाजिक जीवन का बहुत बारीकी से देखा गया वर्णन मिलता है। उसकी उत्साही प्रवृत्ति के नतीजे में कुछ उल्लेखनीय शरारतें सामने आईं: एक बार वो और उसकी चाची चोरी से गुआंगज़ाउ के विदेशी एन्क्लेव में घुस गईं, और चीनी अधिकारियों द्वारा खोजे जाने और बेदख़ल किए जाने से पहले वो वहां कुछ दिन बिताने में भी सफल रहीं।[55] उनके विदेशी एन्क्लेव में घुस आने को वहां के 'कट्टर कुंवारों' ने भी पसंद नहीं किया। 'कैंटन का क्या हाल हो जाएगा, और कुंवारों को कहां आराम मिलेगा?' एक व्यापारी बड़बड़ाया, जबकि 'एक चिड़चिड़े बूढ़े' को कहते सुना गया: 'उम्मीद करता हूं कि कैंटन में हमें फिर कभी महिलाएं परेशान नहीं करेंगी।'[56]

एक अन्य अवसर पर, एक नाकाम प्रेम संबंध से उबरने की कोशिश करते हुए हैरियट ने मकाउ छोड़ दिया और लिनटिन द्वीप पर रसेल एंड कंपनी की अफ़ीम रिसीव करने वाली कश्ती पर चली गई।[57] हालांकि वो अपने काग़ज़ों में अफ़ीम के बारे में बात करने से बचती है, लेकिन वो शायद उन कुछेक अमेरिकी महिलाओं में से थी जिन्होंने अफ़ीम व्यापार के कामकाज को अंदर से देखा था।

एबिगेल और हैरियट दोनों का बाद का जीवन बदनसीबी भरा रहा। एबिगेल लो के भाइयों फ़्रैंक और जॉज़ेफ़ नैप को 1830 में सेलम के एक प्रमुख जहाज़ मालिक और ग़ुलाम व्यापारी जॉज़ेफ़ व्हाइट की हत्या में उनकी भूमिका के लिए फांसी पर लटका दिया गया।[58] ये उन्नीसवीं सदी के अमेरिका के सबसे सनसनीख़ेज़ अपराधों में से एक था और इसका उल्लेख एडगर एलन पो और नेथेनियल हॉथॉर्न की रचनाओं में मिलता है।[59] जहां तक हैरियट लो का सवाल है, तो उसे उसके परिवार ने उसके सच्चे प्यार से शादी करने से वंचित कर दिया था, और आख़िरकार उसकी शादी एक बैंकर से हुई जिसका बिज़नेस कुछ ही सालों में डूब गया। अपना सारा पैसा गंवा देने के बाद, अंततः उसके भाई एबट लो ने ब्रुकलिन में उसका भरण-पोषण किया।[60]

एबट लो चीन में अपने परिवार के साथ बहुत कम वक़्त ही रहा, लेकिन जल्द ही वो रसेल एंड कंपनी के साथ सहज हो गया: उसके पत्रों से स्पष्ट है कि वो जल्द ही सर्वोत्तम संभव क़ीमतों पर अफ़ीम बेचने में माहिर हो गया था। अपने आगमन के पांच साल के भीतर ही उसने एक सहकर्मी को लिखा: 'हम पिछले और वर्तमान वर्ष में बहुत अच्छा कर रहे हैं, बहुत ही अच्छा, और शायद अगले साल में हम इससे भी बेहतर संभावनाओं के साथ प्रवेश करेंगे… इस सीज़न में भारत से आने वाली हमारी खेप मेरे यहां आने के बाद से किसी भी पिछले सीज़न से बड़ी है।'[61] ज़ाहिर है, भारत से आने वाली ये 'खेपें' अफ़ीम की थीं।

लेकिन ऐसा लगता है कि जब अफ़ीम तस्करों के प्रति चीनी दृष्टिकोण कठोर होने लगा, तो अपने बिज़नेस के बारे में लो के विचारों में बदलाव आ गया। 1839 में, जब उसे और गुआंगज़ाउ के सभी दूसरे अफ़ीम व्यापारियों को अपने अफ़ीम के भंडार कमिश्नर लिन ज़ेक्सू को सौंपने के लिए मजबूर कर दिया गया, तो उसने अपनी बहन हैरियट को एक लंबा पत्र लिखा जिसमें उसने बताया कि क्या हुआ था।

> कुल जितनी मात्रा जमा की गई है, हमने [रसेल एंड कंपनी ने] उसमें से 1407 पेटियां जमा की हैं! कमिश्नर के आने से कुछ समय पहले ही हमने अपने मित्रों को एक प्रतिनिधि भेजकर आगे [अफ़ीम की] खेपें लेने से मना कर दिया था; और कई कारणों से मैं ख़ुश हूं कि हम व्यापार की एक ऐसी शाखा से पूरी तरह कट चुके हैं जो पिछले कुछ समय से बहुत कुत्सित लगने लगी थी, एक ऐसा

> कारोबार जिसने हमारा संपर्क सबसे पतित चीनी लोगों से करा दिया था, और नतीजतन हमें उच्च वर्गों की नज़रों में गिरा दिया था।[62]

उपरोक्त अंश इस बारे में कोई संदेह नहीं छोड़ता है कि एबट लो, जो एक बहुत ही धार्मिक युवा प्रोटेस्टैंट था, का संपर्क सीधे तौर पर चीनी अपराध जगत के सबसे घटिया लोगों के साथ होता था, और उसे इस तथ्य का पूरी तरह से अहसास था। वास्तविकता ये है कि अफ़ीम की तस्करी में कैंटन ग्रेजुएट्स की भागीदारी न तो किसी भी तरह से अप्रत्यक्ष थी, और न ही ये बस किसी चीज़ पर बिना देखे सट्टा लगाने का मामला था: उनमें से कुछ लिनटिन में रिसीविंग जहाज़ों पर लंबे समय तक रुकते थे और सीधे तौर पर चीनी तस्करों को अफ़ीम की पेटियां बेचे जाने की देखरेख करते थे। रॉबर्ट बैनेट फ़ोर्ब्स ने एक रिसीविंग जहाज़ पर इतना समय बिताया कि वो 'अफ़ीम की भभक' से बीमार पड़ गया।[63]

एबट लो के लिए चीन में बिताए छह साल 'अच्छी-ख़ासी दौलत' कमा लेने के लिए काफ़ी थे: उसने गुआंगज़ाउ में अपना पड़ाव ख़त्म होने से दो साल पहले अपने पिता को चिट्ठी लिखकर घोषणा की कि चाहे जो हो जाए, वो 1840 में अमेरिका वापस आ जाएगा।[64] वो अपनी योजना पर क़ायम रहा और अपने इरादे के मुताबिक़ अंग्रेज़ों द्वारा चीन पर हमले से ठीक पहले वहां से चला गया, जिसके कारण वो उस ज़बरदस्त मुनाफ़े से चूक गया जो दूसरे अमेरिकी व्यापारियों ने गुआंगज़ाउ के ब्रिटिश बहिष्कार के दौरान कमाया था। न्यूयॉर्क पहुंचने पर उसने वॉरेन डेलानो जूनियर को एक उदासी भरा पत्र लिखा जो उस समय गुआंगज़ाउ में रसेल एंड कंपनी का प्रमुख था:

> कभी-कभी जब मैं सोचता हूं कि अगर मैं कैंटन में बस कुछ महीने और रुक जाता, तो मैं उतना पैसा कमा सकता था जितना उससे पिछले किसी भी समय में उतने ही वर्षों में कमाता, तो अफ़सोस की एक क्षणिक भावना आ जाती है; लेकिन इसके परिणामस्वरूप हमेशा एक चिंतन आ जाता है... अभी जो कुछ मेरे पास है, अगर मैं उससे संतुष्ट नहीं रह सकता, तो कितनी भी रक़म मुझे संतुष्टि नहीं दे सकती। मैं जीवन की उस तर्कसंगत योजना को पूरा करने का प्रयास करूंगा जिसे बनाने का श्रेय आपने मुझे बहुत समय पहले दिया था, यानी विवाह करने

> और एक बहुत शांत और सरल ढंग से घर बसाने की योजना – इस विषय पर कुछ महीने बाद और अधिक बातें करेंगे।[65]

लौटने के कुछ समय बाद ही 'ब्रुकलिन की एक हमदर्द लड़की' मिस एलेन डो से शादी करके एबट लो ने अपने 'जीवन की तर्कसंगत योजना' के पहले भाग का अक्षरशः पालन किया।[66] तब तक उसने ख़ुद अपनी एक फ़र्म ए.ए. लो एंड ब्रदर्स की स्थापना कर ली थी, जो जल्द ही अमेरिका की अग्रणी शिपिंग कंपनियों में से एक बन गई, जिसमें क्लिपर्स, बार्क और बार्केंटीन से युक्त सोलह कश्तियों का 'क्लिपर बेड़ा' था।'[67] उसके पहले जहाज़ों में से एक का नाम वू बिंगजियान के नाम पर हाउक्वा रखा गया था और इसकी कप्तानी कई साल तक उसके भाई चार्ल्स ने की।

शिपिंग के बाद एबट लो ने कई अन्य उद्योगों में भी हाथ आजमाया, और पहले ट्रांस-अटलांटिक केबल के साथ-साथ चैसापीक और ओहायो रेलवे में भी निवेश किया। अपनी विस्तारित फ़र्म को आवास प्रदान करने के लिए उसने वो इमारत भी बनवाई जो अब मैनहैटन में साउथ स्ट्रीट सीपोर्ट म्यूज़ियम है।

एबट लो ने इतनी ज़बरदस्त तरक़्क़ी की कि वो अपने 'जीवन की तर्कसंगत योजना' के दूसरे भाग पर क़ायम नहीं रह सका। 'बहुत शांत और सरल ढंग से घर बसाने' के बजाय उसने ब्रुकलिन हाइट्स में 3, पियरपॉन्ट प्लेस पर अपने लिए एक आलीशान महल बनवाया और 1857 में अपने परिवार के साथ रहने वहां चला गया। इस घर से न्यूयॉर्क के बंदरगाह का शानदार नज़ारा दिखता है, जिसके कारण परिवार अपने बेडरूम की खिड़कियों से स्टैच्यू ऑफ़ लिबर्टी को स्थापित होते देख सका होगा। एबट लो का मैंशन अभी भी मौजूद है, और 2015 में ये 40 मिलियन डॉलर की क़ीमत पर बाज़ार में आया था, जो ब्रुकलिन में अब तक की सबसे महंगी लिस्टिंग थी। इसे ख़रीदने में दिलचस्पी दिखाने वाले लोगों में अभिनेता मैट डेमन और उनकी पत्नी लूसियाना बरोसो शामिल थे।[68]

ब्रुकलिन में अपने आलीशान महल में रहते हुए लो परिवार ने न्यूयॉर्क में अपनी जड़ें गहरी जमा लीं। एबट लो के बेटों में से एक, सैठ लो, ब्रुकलिन का, और फिर ग्रेटर न्यूयॉर्क का मेयर बना। इस बीच उसने कोलंबिया यूनिवर्सिटी के प्रेज़िडेंट के रूप में भी काम किया: उसने ही यूनिवर्सिटी को अपने पिता की याद में लो लाइब्रेरी भेंट की थी।

ब्रुकलिन में जन्मे आर्थर एम. सैकलर ने 1962 में लो लाइब्रेरी के शानदार गोल कक्ष में चीनी कला और पुरावशेषों के अपने संग्रह का पहला बड़ा शो आयोजित किया। नशे की लत लगा देने वाली और व्यापक रूप से दुरुपयोग की गई दवा वेलियम की मार्केटिंग में भी आर्थर की ही महत्वपूर्ण भूमिका थी| बॉस्टन कंसर्न के कई सदस्यों की तरह आर्थर सैकलर भी चीनी कला का एक उत्साही संग्रहकर्ता था।[69] उसका भतीजा रिचर्ड सैकलर, जो आगे चलकर ऑक्सिकॉन्टिन के लॉन्च और मार्केटिंग के पीछे की ताक़त बना, उस समय कोलंबिया में छात्र था, और वो गर्व से अपने रूममेट को अपने चाचा के शो में ले गया। बाद में उस रूममेट ने याद किया कि पूरे परिवार को 'एशियाई कला और एशियाई सौंदर्य से एक ख़ास क़िस्म का लगाव था।'[70] बरसों बाद, एपालेचिया में ऑक्सिकॉन्टिन के साथ वेलियम के संयोजन को 'कैडिलैक हाई' के रूप में जाना गया।[71]

एबट लो के एक और बेटे एबट ऑगस्टस 'गस' लो का कैरियर और भी उल्लेखनीय रहा। वो एक आविष्कारक और उद्योगपति था, और एक समय में उसके पास थॉमस एडिसन के अलावा किसी भी अमेरिकी से ज़्यादा पेटेंट थे। अपने आविष्कारों के आधार पर उद्योग स्थापित करने के अलावा उसने एडिरॉन्डैक्स में, अपस्टेट न्यूयॉर्क में सेंट लॉरेंस काउंटी के आसपास, 46,000 एकड़ ज़मीन का एक बहुत बड़ा टुकड़ा भी ख़रीदा – जो लिकटेंस्टाइन की रियासत से भी काफ़ी बड़ा है (काउंटी प्रशासनिक केंद्र को 'कैंटन' कहा जाता है)। उस ज़मीन पर उसने ख़ुद कई बांध बनाकर जंगल से जुड़े उद्योगों का एक साम्राज्य बनाया। उसने मेपल सिरप और लकड़ी जैसे उत्पादों के परिवहन के लिए रेलवे लाइन भी बिछाई – लेकिन इस उद्यम का अंत अच्छा नहीं रहा क्योंकि कोयले के इंजन से निकली चिंगारियां जंगल में विनाशकारी आग भड़का देती थीं। लेकिन फिर भी, गस लो के निशान आज भी एडिरॉन्डैक्स के इलाक़े पर अंकित हैं। ब्लू माउंटेन लेक म्यूज़ियम की वेबसाइट पर लिखा है, 'जंगल में बने ए.ए. लो के बांधों ने एक स्थायी विरासत छोड़ी है। आज नाविक बॉग नदी पर निचले और ऊपरी बांधों के बीच तीन मील से अधिक दूरी तक बिना किसी बाधा के समतल पानी का आनंद लेते हैं।'[72]

ये बस कुछ उदाहरण हैं कि किन तरीक़ों से चीन से कमाकर लाया गया पैसा अमेरिका में पीढ़ियों तक बढ़ता रहा, धीरे-धीरे मिट्टी में समाता रहा और यहां तक कि भूभाग में भी बदलाव लाता रहा।

जिस समयकाल में अफ़ीम के पैसे के प्रभाव को महसूस किया गया वो उन प्रक्रियाओं के कामकाज का प्रमाण है जो भेदभाव के उन रूपों के बिल्कुल विपरीत हैं जिन्होंने बहुत से अफ़्रीकी अमेरिकियों, मूल अमेरिकियों और कामकाजी वर्ग के श्वेत अमेरिकियों को संरचनात्मक, पीढ़ीगत ग़रीबी के चक्र में जकड़ रखा है। कैंटन ग्रेजुएट्स को नस्ल, परिवार, वर्ग और शिक्षा के जो लाभ प्राप्त हुए वो उन प्रक्रियाओं के ठीक उलट थे और उनसे संरचनात्मक, पीढ़ीगत दौलत और विशेषाधिकार के पैटर्न को और मज़बूती मिली। और 'मुक्त बाज़ार' की मिथकीय कहानियों के विपरीत, उस दौलत का कमाया जाना वास्तव में रिश्तेदारी, वर्ग और नस्ल के उन ढांचों से संभव हुआ था जिसके नतीजे में कैंटन ग्रेजुएट्स को उन्नीसवीं सदी के अफ़ीम व्यापार के अमेरिकी हिस्से पर एकाधिकार पाने का अवसर मिला था।

वर्ग और नस्ल के ही कारण कैंटन ग्रेजुएट्स अफ़ीम की तस्करी से जुड़े कलंक से बचने में भी काफ़ी हद तक सफल रहे। ये विचार पूरी तरह से बेबुनियाद है कि उनकी गतिविधियों को इसलिए नज़रअंदाज़ किया गया कि ड्रग तस्करी के संबंध में 'तब रीति-रिवाज भिन्न थे।' हक़ीक़त तो ये है कि ड्रग्स बेचने का सामाजिक कलंक उस समय आज से भी ज़्यादा गहरा था।[73] कलंक और इसके कारण पैदा हुई ख़ामोशियां पीढ़ियों तक क़ायम रहीं। रॉबर्ट बैनेट फ़ोर्ब्स की पर-पर-परपोती और उनके अख़बारों की संपादक फ़िलिस फ़ोर्ब्स केर ने मैसाचुसेट्स के मिल्टन में फ़ोर्ब्स मैंशन के डिनर्स के बारे में बताया है, जहां उनके चाचा लोग उनकी दादी को चिढ़ाते थे। 'हम टेबल पर बैठते और वो फ़ोर्ब्स के बारे में कुछ बोलतीं और वो कहते, "ओह, आपका मतलब वो ड्रग डीलर," और वो बुरी तरह ग़ुस्सा हो जातीं।'[74]

तब जो चीज़ वास्तव में भिन्न थी वो ये थी कि गोरे लोगों द्वारा अन्य लोगों को बेहिसाब नुकसान पहुंचाना अनुचित नहीं माना जाता था, ख़ासकर अगर ये दूरदराज़ के स्थानों पर किया गया हो। एक ऐसे देश में जहां मूल अमेरिकियों को बेदख़ल किया जा रहा था और सामूहिक रूप से मारा जा रहा था, और जहां ग़ुलाम बनाए गए लाखों काले लोग बाग़ानों में काम कर रहे थे, वहां दूर मौजूद चीनियों को अफ़ीम बेचना शायद बहुत निंदनीय नहीं लगता था।

कैंटन ग्रेजुएट्स को इस प्रचलित धारणा के कारण भी सुरक्षा मिल गई कि देश के कुछ सबसे पुराने प्रोटेस्टैंट परिवारों के उच्च वर्ग के श्वेत पुरुषों का एक समूह, जो उद्योग

जगत का दिग्गज और अपने समुदायों का स्तंभ बन गया था, वो कोई भी निंदनीय काम नहीं कर सकता था। नस्ल और वर्ग के बारे में इस तरह की सोच ने इक्कीसवीं सदी के अमेरिका में भी काम करना बंद नहीं किया है। ये सोच अफ़ीमसम महामारी के दौरान फिर से उभरी, जब पर्ड्यू फ़ार्मा के शीर्ष अधिकारियों के साथ अक्सर क़ानून प्रणाली केवल इसलिए तरजीही व्यवहार करती थी कि वो ख़ुद को ऐसे सम्मानित श्वेत व्यवसायियों के रूप में पेश करते थे जो 'स्वभाव से ही ऐसे अपराध करने में असमर्थ हैं जिनके लिए किसी व्यक्ति को जेल जाना पड़े।'[75] और इसलिए, 2019 में, मैक्सिकन ड्रग लॉर्ड ह्वाकीन 'एल चापो' गुज़मैन को अमेरिका की अदालत ने उम्र क़ैद की सज़ा सुनाई, और उसके 12 बिलियन डॉलर ज़ब्त कर लिए, जबकि पर्ड्यू फ़ार्मा के प्रबंधकों को ग़ुंडागर्दी के तीन मामलों में दोषी ठहराए जाने के बावजूद जेल नहीं जाना पड़ा, और सैकलर्स का अपनी अधिकांश संपत्ति पर क़ब्ज़ा बना रहा।[76]

इस बात ने भी कैंटन ग्रेज़ुएट्स के पक्ष में काम किया कि नशे की लत को ऐसे लोगों से जुड़ी एक नैतिक कमज़ोरी माना जाता था जो स्वाभाविक रूप से कमज़ोर प्रकृति के होते थे और बुराई की ओर प्रवृत्त होते थे। ये धारणाएं भी समकालीन अमेरिकी संस्कृति में बहुत मज़बूती से जड़ें जमाए हुए हैं: अफ़ीमसम के निर्माता अफ़ीमसम के आदी लोगों को जन्मजात कमज़ोर, आत्म-संयम में असमर्थ और नशे की लत के शिकार के रूप में पेश करके लगातार उनका फ़ायदा उठाते रहे।[77] अगर इन आरोपों को अंततः आज के अमेरिका में सामान्य स्वीकृति नहीं मिली है, तो इसका कारण शायद ये है कि इस मामले में पीड़ित मुख्य रूप से श्वेत थे।

हालांकि कैंटन ग्रेज़ुएट्स की कहानी अधिकांश अमेरिकियों के लिए अज्ञात है, लेकिन अफ़ीम के बड़े-बड़े अमेरिकी व्यापारियों के वंशजों के लिए ये कोई रहस्य नहीं है। जब मैं आइबिस त्रयी के उपन्यासों के लिए अमेरिका में पुस्तक दौरों पर जाता था, तो मैं अक्सर देखा करता था कि जब भी मैं अफ़ीम व्यापार से लाभान्वित होने वाले अमेरिकी संस्थानों और परिवारों के नामों का ज़िक्र करता था, तो पश्चिम और मध्यपश्चिम के श्रोताओं की प्रतिक्रिया आश्चर्य और किसी हद तक सदमे भरी होती थी। लेकिन मैसाचुसेट्स में ऐसा कभी नहीं हुआ; इसके बजाय, वहां के दर्शक सिर हिलाते और एक असहज सी सहमति में मुस्कुरा देते थे। कभी-कभी लोग बाद में मेरे पास आते और कहते कि वो उन परिवारों से संबंधित हैं जिनके बारे में मैंने बात की

थी; कुछ ने तो मुझे उन स्रोतों के संदर्भ भी दिए जिनका मैंने इस अध्याय को लिखने में इस्तेमाल किया है।

कैंटन ग्रेजुएट्स की ज़िंदगियों की एक बहुत ख़ास बात ये थी कि अमेरिका लौटने पर वो ईमानदारी की प्रतिमूर्ति, और अपने तौर-तरीक़ों में 'लगभग दुखद रूप से सुशील' बन गए।[78] उनमें से अधिकांश नहीं तो बहुत से लोग धार्मिक थे और कुछ चर्च बनाने और उन्हें वित्तपोषित करने में बहुत उदार थे। उदाहरण के लिए, एबट लो ने ब्रुकलिन, न्यूयॉर्क में पियरपॉन्ट स्ट्रीट पर फ़र्स्ट यूनिटेरियन चर्च की स्थापना में अपने परिवार की मदद की जो आज भी फल-फूल रहा है।

कैंटन ग्रेजुएट्स बिज़नेस से संबंधित अपने बर्ताव में भी, चमक-दमक दिखाने वाले उद्यमी होने से कोसों दूर, बेहद सावधान थे: 'वो गिल्डेड एज के लालची समुद्री लुटेरों के कार्टूनों से ज़रा भी मेल नहीं खाते थे।'[79] उदाहरण के लिए, जॉन मरी फ़ोर्ब्स अपने रेलमार्ग प्रबंधन में बहुत ही नैतिक था, और 'बेईमानी से होने वाली ज़रा सी भी मुनाफ़ाख़ोरी को बर्दाश्त नहीं करता था।' लेकिन, जैसा कि डाउन्स ने लिखा है, 'रेलमार्ग क्षेत्र के सद्गुण की इन मिसालों में से एक-एक व्यक्ति कैंटन में अपनी जवानी के दिनों में अफ़ीम व्यापारी था।'[80]

कैंटन ग्रेजुएट्स की अच्छे नागरिक और अच्छे ईसाई बनने की इच्छा इतनी ज़्यादा स्पष्ट है कि ये पूछना तो बनता है कि अपनी मुजरिमाना गतिविधियों को उनके ज़मीरों ने कैसे गवारा किया। बेशक ये सवाल उस समय गुआंगज़ाउ में अफ़ीम का कारोबार करने वाले हर व्यक्ति से पूछा जा सकता है, लेकिन यांकी व्यापारियों के संबंध में ये दो कारणों से विशेष रूप से प्रासंगिक है। पहला ये कि बहुत से अमेरिकी लगातार अंतरात्मा के विषय पर ज़ोर देते रहे थे: 'कल चर्च गया था,' 1839 में रॉबर्ट बी. फ़ोर्ब्स ने उस समय लिखा जब अफ़ीम संकट गहरा रहा था, 'और मि. डिकिन्सन से अंतरात्मा के विषय पर एक आनंदप्रद उपदेश सुना – मुझे ख़ुशी है कि हमारे यहां अच्छे उपदेश होते हैं, क्योंकि चर्च से ज़्यादा शांति और कोई चीज़ नहीं देती और अगर हमारे यहां अच्छे उपदेश न हों तो मुझे नहीं जाना चाहिए।'[81] और दूसरा, 1844 में अमेरिका ने चिंग राज्य के साथ एक 'असमान संधि' पर हस्ताक्षर किए, जिसके मुताबिक़ अफ़ीम व्यापार को स्पष्ट रूप से

प्रतिबंधित कर दिया गया, जबकि अमेरिकी मिशनरियों को चीन में चर्च और अस्पताल बनाने का अधिकार दे दिया गया।[82] (अमेरिकी संधि उस संधि से भिन्न थी जो अंग्रेज़ों के साथ साइन की गई थी, क्योंकि अंग्रेज़ों के साथ साइन की गई संधि में चर्चों का कोई उल्लेख नहीं किया गया था और ये अफ़ीम के मुद्दे पर चुप थी – क्योंकि ब्रिटिश सरकार की रणनीति ये थी कि चीनियों पर अपनी मर्ज़ी से अफ़ीम को वैध बनाने के लिए दबाव डाला जाए।[83]

अमेरिकियों द्वारा धार्मिक प्रावधानों पर ये आग्रह दर्शाता है कि किसी भी अन्य विदेशी समुदाय की तुलना में उनमें मिशनरी उत्साह बहुत अधिक था। मगर फिर भी, 1844 के बाद बहुत जल्द ही रसेल एंड कंपनी के नेतृत्व में अधिकांश अमेरिकी फ़र्में अफ़ीम व्यापार में वापस लग गईं। लेकिन, एक बहुत ही महत्वपूर्ण अपवाद था: हुआ यूं कि गुआंगज़ाउ में अमेरिकी समुदाय में एक ऐसी फ़र्म भी थी जो अफ़ीम की तस्करी की लगातार और मुखर विरोधी थी। ये एक न्यूयॉर्क स्थित फ़र्म ओलिफ़ैंट एंड कंपनी थी, जो चीन के व्यापार से लाभान्वित हुई, भले ही इसने कभी अफ़ीम का कारोबार नहीं किया। धर्मनिष्ठ ईसाइयों द्वारा स्थापित ओलिफ़ैंट एंड कंपनी भी एक कुटुंबी समूह था, जिसके पार्टनर मुख्य रूप से अपनी पत्नियों के माध्यम से जुड़े हुए थे। वो मिशनरियों के बहुत बड़े हितैषी थे, और उनकी चीन यात्रा और वहां रहने का ख़र्च उठाते थे। वो कभी अपने साथी अमेरिकियों को ये याद दिलाने का मौक़ा नहीं चूकते थे कि अफ़ीम की तस्करी का किसी भी तरह से बचाव नहीं किया जा सकता।[84]

ओलिफ़ैंट एंड कंपनी के एक ख़ासतौर से उल्लेखनीय पार्टनर चार्ल्स डब्ल्यू. किंग नामक एक व्यापारी थे। वो ब्राउन विश्वविद्यालय के एक पूर्व छात्र थे, और चीन जाने के समय वो एक किशोर ही थे, जहां वो शायद शुरू से ही कुछ हद तक बेमेल से रहे। अमेरिकी समुदाय में वो 'मिस किंग' के नाम से जाने जाते थे, शायद इसलिए कि उनके रूप-रंग में कुछ ऐसा था जो उनके हमवतनों को स्त्रैण सा दिखाई देता था। 21 जून 1832 की अपनी डायरी प्रविष्टि में हैरियट लो ने लिखा है, 'किंग और पेरिट आज सुबह मिलने आए थे। किंग पहले से कहीं ज़्यादा नाज़ुक लगते हैं। पी शायद 18 साल के क़रीब का एक सुंदर लड़का है।' एक अन्य जगह उसने लिखा है कि किंग और उसके दो दोस्तों को 'उनके गोरे रंग और कुछ अन्य बातों के कारण' गुआंगज़ाउ के विदेशी एन्क्लेव में 'थ्री लेडीज़' के रूप में जाना जाता था।[85]

वो 'अन्य बातें' चाहे जो भी रही हों, मगर इन टिप्पणियों से इतना तो स्पष्ट है कि चार्ल्स किंग समुदाय के भीतर विभिन्न प्रकार के लांछनों का लक्ष्य थे, और अपने साथी व्यापारियों के प्रति उनके दृष्टिकोण को कठोर बनाने में इसकी भी कुछ भूमिका रही होगी। जो भी हो, उन्होंने उनकी तस्करी की गतिविधियों की निंदा करने में कोई कसर नहीं छोड़ी, जो कि ये देखते हुए वाक़ई उल्लेखनीय है कि ये एक बहुत ही घनिष्ठ और राज़दार समुदाय था, जहां असहमति दिखाना न केवल सामाजिक अपमान को, बल्कि वित्तीय बर्बादी को भी दावत देना था।

1830 के दशक के उत्तरार्ध में जब अफ़ीम संकट गहराता जा रहा था, तब किंग ने बार-बार विदेशी व्यापारी समुदाय से एक सार्वजनिक प्रतिज्ञा लेने का प्रयास किया:

> हम, अधोहस्ताक्षरित, ये मानते हुए कि चीन के साथ अफ़ीम व्यापार वाणिज्यिक, राजनीतिक, सामाजिक और नैतिक बुराइयों से भरा हुआ है; इससे इस देश की सरकार का अपमानित महसूस करना उचित है; ये प्रशासन और लोगों को हमारे व्यापार के विस्तार और हमारे निवास की स्वतंत्रता के ख़िलाफ़ पंक्तिबद्ध करता है; और ये सच्चे ईसाई सुधार की आशा को स्थगित करता है; एतदद्वारा घोषणा करते हैं कि हम मादक-पदार्थ की ख़रीद, परिवहन या बिक्री में भाग नहीं लेंगे, न तो नियंत्रक के रूप में और न ही एजेंट के रूप में।[86]

ओलिफ़ैंट एंड कंपनी के भागीदारों के अलावा एक भी विदेशी व्यापारी इस प्रतिज्ञा पर हस्ताक्षर करने का इच्छुक नहीं था।[87] लेकिन किंग को इससे कोई फ़र्क़ नहीं पड़ा: उन्होंने कैंटन चैंबर ऑफ़ कॉमर्स से निवेदन किया, ज्ञापन दिए, और यूनाइटेड स्टेट्स कांग्रेस में भी याचिका दायर की, हालांकि इस सबका कोई फ़ायदा नहीं हुआ। 1839 में जब ये स्पष्ट हो गया कि लिन ज़ेक्सू द्वारा तस्करी करके लाई गई अफ़ीम को ज़ब्त करने को अंग्रेज़ युद्ध के लिए उकसावे के रूप में देखने की योजना बना रहे थे, तो किंग ने एक खुला पत्र लिखा जो अफ़ीम व्यापार के ख़िलाफ़ आरोप के रूप में देखे जाने का हक़दार है। ब्रिटिश दूत चार्ल्स एलियट को संबोधित ये पत्र कहता है कि अफ़ीम की तस्करी पूरी तरह से 'ईस्ट इंडिया कंपनी की देन' है और ये चीन को इससे होने वाले नुक़सानों की फ़हरिस्त गिनाता है:

> लगभग चालीस साल तक ईस्ट इंडिया कंपनी की अगुआई में ब्रिटिश व्यापारी चीन साम्राज्य के उच्चतम क़ानूनों, और हितों की अनदेखी करते हुए एक व्यापार करते रहे हैं। इस तरीक़े को इतनी दूर तक ले जाया गया है कि उसने इसकी मुद्रा को पटरी से उतार दिया है, इसके अधिकारियों को भ्रष्ट कर दिया है और इसके अनेकानेक नागरिकों को बर्बाद कर दिया है। शर्मिंदगी और अपशकुनों के साथ तस्करी देश की राजनीति से, सज़ाए-मौत और क़ैद के साथ इसकी दंड संहिता से; संपत्ति, नैतिकता, सम्मान और सुख की तबाही के साथ लोगों के निजी जीवन से जुड़ गई है। सिंहासन पर बैठे सम्राट से लेकर मामूली सी झोंपड़ी में रहने वाले लोगों तक सबने इसके दंश को महसूस किया है।[88]

चार्ल्स किंग ने अपने पत्र में जो कुछ भी लिखा था, गुआंगज़ाउ के विदेशी व्यापारी वो सबकुछ अच्छी तरह जानते थे। बाहरी रूप से धर्मनिष्ठ उन युवा अमेरिकियों को, जो उस समय चीन में ड्रग्स की तस्करी कर रहे थे, इनमें से किसी भी बात पर आश्चर्य नहीं हुआ होगा: चिंग अधिकारी, ईसाई प्रचारक और वास्तव में, इंग्लैंड और अमेरिका में अनेक अफ़ीम-विरोधी कार्यकर्ता उनसे यही सारी बातें कहते रहे थे। निजी तौर पर, कई यांकी अफ़ीम तस्कर भी स्वीकार करते थे कि अफ़ीम व्यापार से चीन को बहुत नुकसान हो रहा था। उदाहरण के लिए, रॉबर्ट बी. फ़ोर्ब्स ने 1839 में गुआंगज़ाउ से अपनी पत्नी को लिखे पत्र में स्पष्ट रूप से स्वीकार करते हुए कहा कि अफ़ीम व्यापार से 'मैंने अपनी पहली दौलत कमाई,' और साथ ही ये भी स्वीकार किया कि ये धंधा 'मस्तिष्क के मनोबल को तोड़ता है, शरीर को नष्ट करता है, और देश [चीन] के पैसे को चूसता है।' लेकिन साथ ही, उसने अपनी पत्नी को समझाया कि अगर कभी इस विषय पर बात उठे, तो वो बहुत सावधानी से काम ले।[89]

ये बात कैंटन ग्रेजुएट्स की मौन संहिता का ही हिस्सा थी: जैसा कि डाउन्स बताते हैं, 'वो जब भी तस्करी के बारे में सार्वजनिक रूप से कुछ भी कहने के लिए मजबूर होते, तो वो इसके बारे में झूठ बोलते थे।'[90] इस मौन संहिता को उनके वंशजों ने भी बनाए रखा, और वो भी इस बारे में बताने में सावधानी बरतते थे कि उनके परिवारों ने पैसा किस तरह कमाया था। मिसाल के तौर पर, थॉमस हैंडैसिड पर्किन्स का बरसों तक तुर्की के अफ़ीम व्यापार पर प्रभुत्व बना रहा, लेकिन 'उनके दामाद द्वारा संकलित, और पर्किन्स की मृत्यु

के दो साल बाद 1856 में प्रकाशित एक संस्मरण में अफ़ीम का उल्लेख एक बार भी नहीं किया गया है।'[91] स्पष्ट रूप से कैंटन ग्रेजुएट्स और उनके परिवारों को अफ़ीम के धंधे को लेकर आशंकाएं तो थीं, लेकिन फिर भी, जैसा कि डाउन्स कहते हैं: 'ऐसी परिस्थितियों में, ये उल्लेखनीय है कि पत्राचार में अपराधबोध की बहुत कम अभिव्यक्तियां हैं, ख़ासकर इसलिए कि अक्सर ड्रग के व्यापारी नैतिक चरित्र वाले लोग थे।[92]

कथित तौर पर 'नैतिक चरित्र' वाले इतने सारे अमेरिकियों को अपने आपराधिक आचरण पर इतना कम पछतावा महसूस होने का एक कारण ये था कि उनके लिए ईसाई शिक्षाएं मुक्त व्यापार के सिद्धांत की तुलना में बहुत दूर के दोयम दर्जे का महत्व रखती थीं। उनका मानना था कि उनका पहला कर्तव्य अपने निवेशकों और शेयरधारकों के लिए मुनाफ़ा कमाना है। यही वो आधार था जिस पर रॉबर्ट बैनेट फ़ोर्ब्स ने गुआंगज़ाउ से चले जाने के ब्रिटिश अनुरोधों को ठुकरा दिया था: चार्ल्स एलियट को उसका सीधा जवाब था 'कि अपने मालिकों के प्रति उसका दायित्व किसी भी अन्य विचार से ऊपर है, चाहे उसका संबंध सम्मान से हो, देशभक्ति से हो या समुदाय के दीर्घकालिक लाभ से हो।'[93] मुक्त व्यापार के सिद्धांत की सबसे महत्वपूर्ण उपलब्धि का इससे स्पष्ट सार नहीं हो सकता – मुनाफ़ा कमाने के रास्ते में आने वाली सारी नैतिक बाधाओं का सफ़ाया।

अफ़ीम युद्धों के बाद के दौर में इन नज़रियों में और भी तीखापन आ गया। एक व्यापारी ने शंघाई में ब्रिटिश और अमेरिकी ड्रग विक्रय के बारे में चिंताओं को इन शब्दों में ख़ारिज कर दिया:

> बेशक भविष्य की बुराई की आपकी आशंकाओं की एक निश्चित बुनियाद है... लेकिन ये मेरा काम है कि मैं कम से कम समय का नुकसान करके दौलत कमाऊं... मैं उम्मीद करता हूं कि मैं ज़्यादा से ज़्यादा दो या तीन साल में दौलत कमा लूंगा और यहां से निकल जाऊंगा और अगर उसके बाद पूरा शंघाई आग या बाढ़ में ख़त्म हो जाए, तो मुझे उससे क्या फ़र्क़ पड़ता है।[94]

इस व्यापारी की 'भविष्य की बुराई की आशंका' का एक ठोस आधार था। बिल्कुल इसी तरह के शब्दों में दवा कंपनियों के प्रबंधकों ने कमज़ोर अमेरिकियों के लिए अफ़ीमसमों

की आक्रामक मार्केटिंग को उचित ठहराया था। ऐसे ही तर्कों से दुनिया की बड़ी-बड़ी ऊर्जा कंपनियां ख़ुद अपने ही जलवायु वैज्ञानिकों के निष्कर्षों को दबाने को ये जानते हुए भी न्यायोचित ठहराती हैं कि ऐसा करके वो ख़ुद को और अपने परिवारों सहित पूरी मानवता को आग और बाढ़ के हवाले कर रही हैं। वो परभक्षण जो किसी समय में दूर-दराज़ के देशों और अन्य जातियों के ख़िलाफ़ किया जाता था, उसने धीरे-धीरे लेकिन निश्चित रूप से शिकारियों का शिकंजा अपने ही देशवासियों और उनके रिश्तेदारों पर कस लिया है।

ये याद रखना महत्वपूर्ण है कि गुआंगज़ाउ में ब्रिटिश और अमेरिकी व्यापारियों के व्यवहार चाहे कितने भी शिष्ट क्यों न रहे हों, चाहे उनकी धार्मिक आस्था कितनी भी उत्साही क्यों न रही हो, लेकिन उनका संबंध एक ऐसे एंग्लो-अमेरिकन अभिजात वर्ग से था, जिसने दुनियाभर के लोगों को बेतहाशा नुकसान पहुंचाते हुए विभिन्न प्रकार की धार्मिकताओं की फुहारें छोड़ने को एक ललित कला का रूप दे दिया था। विशेष रूप से अंग्रेज़, जो अपनी अंतहीन नैतिकता के साथ, अक्सर लोगों को ये विश्वास दिलाने में सफल हो जाते थे कि वो जो कुछ भी करते हैं वो स्वतः सिद्ध सम्मानजनक है, चाहे बज़ाहिर वो कितना भी अक्षम्य क्यों न दिखता हो। ब्रिटिश मूल के अमेरिकियों की नज़र में, जो उस समय ख़ुद को अंग्रेज़ों का जूनियर पार्टनर मानते थे, ये तथ्य ही अफ़ीम व्यापार को वैध बना देता था कि ईस्ट इंडिया कंपनी दशकों से इसे प्रोत्साहित कर रही है।[95] रॉबर्ट बी. फ़ोर्ब्स ने अपने घर भेजे एक पत्र में लिखा था, '[अफ़ीम] व्यापार यहां के सबसे सम्मानित व्यापारियों द्वारा किया जाता रहा है और महान और सम्माननीय ईस्ट इंडिया कंपनी... भारत में इस मादक पदार्थ की उत्पादक रही है, इसलिए इस व्यापार से क्षोभ की कोई नैतिक भावना जुड़ी नहीं रही है।'[96] जैसा कि हैडाड ने लिखा है: 'जब वैश्विक व्यापार के ये आदर्श [ईआईसी] अफ़ीम के व्यापार पर अपनी संयुक्त चमक बिखेर रहे हैं, तो क्या वाक़ई ऐसी उम्मीद की जा सकती है कि कोई कमउम्र नौजवान इस व्यापार की नैतिकता पर सवाल उठाएगा?'[97] ये शायद ठोस बहानों वाली एकमात्र परिस्थिति है जो अमेरिकी, पारसी, आर्मेनियाई और बग़दादी व्यापारियों के पक्ष में रखी जा सकती है: वो तो केवल उस रास्ते पर चल रहे थे जिसे दुनिया की सर्वोच्च शक्ति ने तैयार किया था और जिसकी रक्षा की थी, दुनिया की वो शक्ति जो नैतिक वर्चस्व के अपने दावों को ज़बरदस्त सैन्य और नौसैनिक शक्ति के साथ लागू करती थी।

ब्रिटिश साम्राज्य के लिए अमेरिकी प्रशंसा समय के साथ और मज़बूत होती गई। 1920 में प्रकाशित एक पुस्तक में अमेरिकी लेखक एलेन न्यूबोल्ड ला मॉट ने लिखा:

> ऐसा... कैसे है कि अमेरिका में हम ग्रेट ब्रिटेन के अफ़ीम एकाधिकार के बारे में कुछ नहीं जानते? कि तथ्य हमारे लिए नए हैं और हमें चौंका देते हैं? एक कारण ग्रेट ब्रिटेन के लिए हमारी सराहना है... परिणामस्वरूप इंग्लैंड उन लोगों पर भरोसा कर सका है जो तथ्यों को जानते हैं, लेकिन या तो सराहना के कारण या डर के कारण चुप रहते हैं।[98]

जैसा कि इतिहासकार प्रिया सातिया ने दिखाया है, इस दौर में ब्रिटिश उपनिवेशवादियों ने 'अंतरात्मा के प्रबंधन' के लिए तकनीकों की एक पूरी श्रृंखला विकसित कर ली थी, जिसमें निरंतर प्रगति के मार्ग के रूप में 'इतिहास' की धारणा भी बहुत महत्वपूर्ण थी। बेशक, बहुत से कैंटन ग्रेजुएट्स ने भी ख़ुद को ये समझा लिया था कि अफ़ीम व्यापार एक आवश्यक बुराई थी, जिसे अमेरिका की तेज़ी से बढ़ती औद्योगिक अर्थव्यवस्था द्वारा न्यायोचित ठहरा लिया गया था।

इस तथ्य को भी नहीं भुलाया जाना चाहिए कि ख़ासतौर से अमेरिकी कैंटन ग्रेजुएट्स एक ऐसे देश से संबंधित थे जहां हिंसा और आपराधिकता के अनेक रूपों को कुछ विशिष्ट तरीक़ों से सामान्य मान लिया गया था। उनमें से अनेक ऐसे लोगों के वंशज थे जिन्होंने न्यू इंग्लैंड के मूल अमेरिकियों के ख़िलाफ़ पूरी तरह से विनाशकारी युद्धों में व्यक्तिगत रूप से भाग लिया था। वो युद्ध न्यू इंग्लैंड से बहुत कम फ़ासले पर उनके जीवनकाल में भी जारी थे। इसी तरह, अमेरिका के दक्षिण में दासता की जड़ें भी मज़बूती से जमी हुई थीं, और न्यू इंग्लैंड के कई जहाज़ मालिक उत्तर-पूर्व में दासता-उन्मूलनवादी भावना की बढ़ती लहर के बावजूद गुप्त रूप से मानव तस्करी में लगे हुए थे। ऐसी परिस्थितियों में परवरिश पाने वाले युवाओं को चीन में अफ़ीम की तस्करी करना शायद अपेक्षाकृत मामूली अपराध लगता हो। उनकी नज़रों में चीनी नशेड़ी सिर्फ़ एक और नष्ट होने योग्य लोगों का समूह थे।

बेशक, ऐसी कोई भी बात कभी सार्वजनिक रूप से स्वीकार नहीं की गई। कैंटन ग्रेजुएट्स ने न केवल अफ़ीम व्यापार से अपने संबंधों को छिपाने की हर मुमकिन कोशिश की, बल्कि उन्होंने सफ़ेद झूठ भी बोले, और जब प्रथम अफ़ीम युद्ध ने अमेरिका में

विवादों को जन्म दिया, तो उन्होंने दावा किया कि उनका अफ़ीम की तस्करी से या तो कोई संबंध ही नहीं है या बहुत कम संबंध है। नॉरवुड के अनुसार ये झूठ ज़रूरी थे, 'क्योंकि अफ़ीम के प्रभावों से हर तरह के अमेरिकी अच्छी तरह वाक़िफ़ थे।'[99]

कभी-कभी ये तर्क दिया जाता है कि इस काल में अमेरिकी और अंग्रेज़ अफ़ीम को अवैध नहीं मानते थे क्योंकि ये उनके अपने देशों में क़ानूनन प्रतिबंधित नहीं थी। ये निश्चित रूप से सच है कि यूरोप और अमेरिका में कई प्रकार के अफ़ीम-आधारित टॉनिकों और दवाओं का व्यापक रूप से उपयोग किया जाता था। लेकिन उन दवाओं में घटक के रूप में घटिया दर्जे की अफ़ीम का इस्तेमाल किया जाता था, न कि बुरी तरह नशे की लत लगाने वाले उस पदार्थ का जो चीन और दक्षिण पूर्व एशिया में प्रचलन में था: औषधीय अफ़ीम में चंडू स्तर के पदार्थ का मिश्रण करना कोडीन-आधारित खांसी की दवाई में मॉर्फ़ीन को मिलाने जैसा है।[100]

लेकिन इससे ज़्यादा महत्वपूर्ण बात ये है कि उन्नीसवीं शताब्दी के पूर्वार्ध में एंग्लो-अमेरिकन अभिजात वर्ग ने अफ़ीम पर प्रतिबंध लगाना ज़रूरी नहीं समझा क्योंकि उन्हें ऐसा नहीं लगता था कि उनके अपने देशों के लिए अफ़ीम की व्यापक लत कभी ख़तरा बन सकती है। इसके कारणों में पहला ये था कि अमेरिका और ब्रिटेन में चंडू स्तर की अफ़ीम बहुत कम प्रचलन में थी। दूसरा कारण ये था कि अफ़ीम को परिष्कृत करके चंडू बनाना और उसे पाइप में पीने की तकनीकें बेहद जटिल थीं, और पश्चिम में उनके बारे में बहुत कम जानकारी थी। तीसरा कारण, पश्चिम में एक आम धारणा ये थी कि इस पर औपचारिक पाबंदी ग़ैरज़रूरी थी क्योंकि श्वेत पुरुषों में स्वाभाविक रूप से ही अफ़ीम का धूम्रपान करने की ओर रुझान नहीं था।[101] और अंत में, क़ानूनी प्रतिबंध के बजाय, अमेरिका और ब्रिटेन में अफ़ीम धूम्रपान की प्रथा को नस्लीय सामाजिक कलंक ने ही दूर रखा था जो शायद किसी भी क़ानून से अधिक प्रभावी था। 'जिस तरह हॉगर्थ ने बीयर और जिन के बीच अंतर किया था, उसी तरह अमेरिकियों ने औषधीय और धूम्रपान करने वाली अफ़ीम के बीच अंतर कर लिया था; पहली फ़ायदेमंद और परम आवश्यक थी, दूसरी ख़तरनाक और ग़ैरज़रूरी थी।'[102]

परिणामस्वरूप, अमेरिका में 1850 से लेकर 1860 के दशक के अंत तक, अफ़ीम का धूम्रपान सिर्फ़ चीनी प्रवासी किया करते थे। 'कहा जाता है कि अमेरिका में अफ़ीम पीने वाला पहला श्वेत व्यक्ति क्लेंडेनिन नाम का खेलों से जुड़ा एक शख़्स

था। ऐसा 1868 में कैलिफ़ोर्निया में हुआ था।'[103] जब ये चलन फैलने लगा, तो स्थानीय स्तर पर क़ानूनी प्रतिबंध लगा दिए गए: 1875 में सैन फ़्रांसिस्को में और 1876 में वर्जीनिया सिटी में। संघीय सरकार ने भी इस प्रचलन को क़ाबू में रखने के लिए कई उपाय किए।[104]

इसी तरह, ब्रिटेन में भी जो अफ़ीम आम प्रचलन में थी, वो घटिया दर्जे की ड्रग थी, न कि 'धूम्रपान करने वाली अफ़ीम,' और 1868 में फ़ार्मेसी अधिनियम के पारित होने के बाद इसे भी सख़्ती के साथ 'ज़हर' के रूप में विनियमित कर दिया गया।[105] लेकिन अमेरिका की तरह ब्रिटेन में भी अफ़ीम के धूम्रपान को सामाजिक बदनामी के एक शक्तिशाली डर ने दूर रखा हुआ था। और अगर विदेशी व्यापारियों का कोई समूह इंग्लैंड में बड़ी मात्रा में मादक पदार्थों की तस्करी में लगा होता, तो निश्चित रूप से इस पर प्रतिबंध लगा दिया जाता।[106] ये उन कई सवालों में से एक था जो लिन ज़ेक्सू ने रानी विक्टोरिया को लिखी उस चिट्ठी में पूछे थे जो कभी पहुंची ही नहीं: 'फ़र्ज़ कीजिए कि किसी दूसरे देश से विदेशी लोग इंग्लैंड में अफ़ीम ले आएं और आपके देश के लोगों को इसे पीने के लिए बहकाएं, तो क्या आपको, उक्त देश की साम्राज्ञी को, इस तरह के कामों पर ग़ुस्सा नहीं आएगा और क्या अपने यथोचित आक्रोश में आप इसे ख़त्म करने का प्रयास नहीं करेंगी?'[107]

इसलिए ये धारणा कि पश्चिमी व्यापारी अफ़ीम को इस कारण से 'अवैध' नहीं मानते थे कि इसके ख़िलाफ़ कोई क़ानून नहीं था, केवल एक और कपटपूर्ण छल है। वो व्यापारी चीन के क़ानूनों से अच्छी तरह से परिचित थे और वो ये भी जानते थे कि अगर वो अपने देश में भारी मात्रा में उच्च गुणवत्ता वाली अफ़ीम को बेचते तो उनके परिवार और समकक्ष उन्हें धिक्कारते।

कुल मिलाकर, कैंटन ग्रेजुएट्स के लिए अपने झूठों और अपने अपराधों से बच निकलना इसलिए संभव हो पाया कि इसका दंश दूर देशों में रहने वाले अश्वेत लोगों ने झेला था। इस दौर के श्वेत अभिजात वर्ग के लिए अन्य जातियों के लोगों के लिए एकदम भिन्न मानक लागू करना पूरी तरह से सामान्य था। केवल नस्ल से उनके भिन्न होने का मतलब था कि वो अश्वेत लोगों को अपनी इच्छानुसार लूट सकते थे और उनके क़ानूनों को नज़रअंदाज़ कर सकते थे।[108] भले ही गुआंगज़ाउ के एंग्लो-अमेरिकन ड्रग तस्कर सारे इंसानों की बराबरी के ईसाई और ज्ञानोदय दोनों विचारों के वारिस थे, लेकिन

व्यवहार में उनका आचरण पूरी तरह से इसके विपरीत तर्क का पालन करता था। इसके बजाय, ये ज़िम्मेदारी चीनी लोगों पर थी, जो ख़ुद भी अपने विश्वासों में किसी भी तरह से समतावादी या सार्वभौमिक नहीं थे, कि वो अफ़ीम तस्करों के लिए अपनी धिक्कार को साझा मानवता की भाषा में नर्म बनाएं। जैसा कि चार्ल्स डब्ल्यू. किंग ने ब्रिटिश दूत को लिखे अपने पत्र में कहा था, कमिश्नर लिन के कई क़दम इस विश्वास पर आधारित थे कि 'ये विदेशी, हालांकि सभ्यता के दायरे से बाहर पैदा हुए और पले-बढ़े हैं, लेकिन *फिर भी इनके पास मानव हृदय* हैं।'[109]

दोनों अफ़ीम युद्धों के बाद जब ये स्पष्ट हो गया कि चीन पश्चिमी शक्तियों के सामने पूरी तरह से बेबस है, तो एंग्लो-अमेरिकन व्यापारियों का रवैया और भी तीखे ढंग से नस्लवादी हो गया। उदाहरण के लिए, गुआंगज़ाउ में विदेशी व्यापारी अपने प्रतिष्ठानों को शामियन द्वीप पर ले गए, जहां से चीनी लोगों को बाहर रखा गया। अंग्रेज़ों ने चीन पर न्यायिक अतिरिक्त देशीयता का जो सिद्धांत थोपा था, वो ये सुनिश्चित करता था कि श्वेत विदेशियों पर स्थानीय क़ानूनों के तहत मुक़द्दमा नहीं चलाया जा सकता, जिसके मायने ये थे कि वो दंड-मुक्ति के साथ व्यवहार कर सकते थे। एक ब्रिटिश ड्रग तस्कर ने कहा, 'हमने हमेशा रात में चीनी मछुआरा नावों को कुचलने की आदत बना ली है, क्योंकि वो हमारे रास्ते से हटते ही नहीं हैं।'[110]

इसका मूल कारण ये था कि उपनिवेशवाद ने सत्ता का एक ऐसा ढांचा बना दिया था जिसमें यूरो-वंश के अभिजात वर्ग के लोगों और यूरो-निकटस्थ प्रवासी समूहों में उनके सहयोगियों को पूर्ण प्रभुत्व प्राप्त था, और जिससे सदाचारी युवा अमेरिकी दूर देशों में अपने अपराध करके वापस आ सकते थे और अमेरिकी अर्थव्यवस्था के निर्माण में अपनी भूमिका के लिए हीरो के रूप में सम्मानित हो सकते थे। दूसरे शब्दों में, ये उस औपनिवेशिक विश्व-व्यवस्था के ही कारण था कि वो उस आकांक्षा को पूरा कर सके जिसकी लकी लूसियानो और पाब्लो एस्कोबार जैसे ड्रग लॉर्ड कामना करते थे: सफलतापूर्वक 'वैध' होने की।

अमेरिका के कैंटन ग्रेजुएट्स का प्रभाव उनके जीवनकाल से कहीं आगे तक फैला, जिसके नतीजे में उनकी गतिविधियां बहुत लंबे समय तक चलती रहीं। उनमें से एक गतिविधि थी आपराधिक नेटवर्कों के साथ सहयोग: ख़ुद इस बात से अनजान, गुआंगज़ाउ में एबट लो और उनके अमेरिकी सहयोगी एक नज़ीर क़ायम कर रहे थे जो

आगे चलकर उनके अपने ही देश के लिए मुसीबत बनने वाली थी। एल्फ़्रेड डब्ल्यू. मैककॉय ने बहुत विस्तार से बताया है कि बीसवीं सदी के अधिकांश समय में अमेरिका की ख़ुफ़िया सेवाओं को चलाने वाले उच्च वर्ग, आइवी लीग के अमेरिकी कैसे बार-बार अपराध जगत के अफ़ीम विक्रेता नेटवर्कों के साथ काम करते रहे, पहले सिसिली, दक्षिणी फ़्रांस और कोर्सिका जैसे यूरोप के कुछ हिस्सों में, और फिर दक्षिण पूर्व एशिया और लैटिन अमेरिका में।[111] बेशक इन अभिजात वर्ग के अमेरिकियों का ख़्याल था कि अपने बेहतर संसाधनों और कुशाग्रता के बल पर वो ड्रग अंडरवर्ल्ड को नियंत्रित करने में सक्षम रहेंगे और इसका इस्तेमाल अपने रणनीतिक उद्देश्यों के लिए करेंगे। लेकिन वो ये नहीं समझ पाए कि वो न केवल मानव अपराधियों के साथ बल्कि उन ग़ैर-मानव संस्थाओं के साथ भी गठजोड़ कर रहे थे जो पूरी तरह से भिन्न समयकाल पर काम करती हैं। उनके इस गठजोड़ का अनपेक्षित परिणाम अफ़ीम और कोका के पौधे को – और उन आपराधिक गिरोहों को जो उनका अवैध व्यापार करते थे – इस हद तक सशक्त बना देना था कि वो अमेरिका पर इतनी ज़बरदस्त पकड़ बनाने में सक्षम हो गए जिसके ख़िलाफ़ सारे मानवीय प्रयास नाकाम साबित हुए।

इस भयावह कहानी के साथ एक चेतावनी भी जुड़ी हुई है जिसे चार्ल्स डब्ल्यू. किंग ने ब्रिटिश दूत को लिखे अपने 1839 के पत्र में शामिल किया था:

> हमें बताया गया है कि इस मादक पदार्थ (अफ़ीम) का उपयोग पश्चिमी समाज के बीमार तब्क़े की आदतों में घुसपैठ करना शुरू कर चुका है... ख़ासकर ऐसे समाजों में जहां मनोबल पस्त हो, इस कहीं अधिक परिष्कृत, आसानी से छिपाए जा सकने वाले पदार्थ को लाने और इसके लिए जन-रुचि पैदा करने के लिए शायद कुछ करने की ज़रूरत नहीं होगी। इस तरह की रुचि अगर एक बार फैल जाए, और एक-दो पीढ़ियों में प्रसारित होकर ठोस हो जाए, तो उसे किस तरह मिटाया जा सकता है?[112]

ये शब्द बहुत ज़्यादा दूरदर्शी थे। 'पस्त' और निराश अमेरिकी समुदायों में सक्रिय रूप से अफ़ीम के लिए 'जन-रुचि' विकसित करके ही प्रेस्क्रिप्शन अफ़ीमसमों के उत्पादकों ने लाखों लोगों को प्रेस्क्रिप्शन अफ़ीमसमों की लत लगा दी थी। और काफ़ी हद

तक अफ़ीमसम संकट के पीछे मौजूद लोग – बेईमान डॉक्टर, फ़ार्मासिस्ट, सेल्समैन, अधिकारी और बड़े व्यापारी – अपने द्वारा पैदा की गई मुसीबत से उतने ही बेपरवाह थे जितने कि उन्नीसवीं सदी के उनके पूर्ववर्ती थे। 'वो लोग जो अमेरिका के राष्ट्रीय दुस्वप्न के लिए ज़िम्मेदार हैं,' क्रिस मैकग्रील लिखते हैं, 'किसी भी तरह का... अपराधबोध या पीड़ा नहीं दर्शाते। आज भी वो इस महामारी का इल्ज़ाम उन लोगों पर ही डालते हैं जो इसका शिकार बने थे।'[113] उन्नीसवीं सदी के ऊंचे तबके के अमेरिकी अफ़ीम व्यापारियों की तरह ही समकालीन 'अरमानी सूटधारी ड्रग डीलर' नशे के लतियों को ही दोष देते हैं। 'वो बार-बार ख़ुद को नशे का आदी बना लेते हैं,' रिचर्ड सैकलर ने लिखा था। 'वो पूरी, आपराधिक नीयत से इसमें रत होते हैं। वो हमारी हमदर्दी के हक़दार क्यों होने चाहिए?'[114] उनके लिए बदहाल ग्रामीण लोग जो अफ़ीमसम संकट से सबसे ज़्यादा ग्रस्त थे उसी तरह त्याज्य थे जिस तरह उन्नीसवीं सदी में अपने देशवासियों के लिए ग़रीब एशियाई नशेड़ी थे।

मेरे विचार में, ये पूरी तरह से सकारात्मक विकास है कि वर्तमान संकट ने पोस्त की असाधारण शक्तियों के साथ हिसाब-किताब बराबर करने पर विवश कर दिया है, और उन कंपनियों के ख़िलाफ़ बड़े पैमाने पर आक्रोश पैदा किया है जिन्होंने प्रेस्क्रिप्शन अफ़ीमसमों से बेपनाह मुनाफ़ा कमाया था। मगर ये ध्यान देने योग्य है कि इस हिसाब-किताब को अंजाम देने के लिए एक संकट की ज़रूरत पड़ी जिसने असमान रूप से श्वेत अमेरिकियों को प्रभावित किया था। उतना ही चौंकाने वाला ये तथ्य भी है कि प्रेस्क्रिप्शन अफ़ीमसमों के निर्माताओं के ख़िलाफ़ आक्रोश अफ़ीमसमों को बढ़ावा देने में पश्चिम की भूमिका से हिसाब-किताब बराबर करने की दिशा में नहीं गया: ये एक संकेत है, मुझे लगता है, कि नारकोटिक्स को अभी भी बहुत ज़्यादा भ्रामक तरीक़ों से 'अवैध एलियन्स' और दूसरे देशों के मत्थे मढ़ा जा रहा है। अगर अफ़ीम व्यापार के इतिहास में विशेषाधिकार प्राप्त, उच्चवर्गीय श्वेत अमेरिकियों द्वारा निभाई गई भूमिका की कहानी व्यापक रूप से ज्ञात होती तो निश्चय ही नारकोटिक्स से जुड़े मुद्दों पर विदेशियों के प्रति विकर्षण भरी, आप्रवासी-विरोधी धारणाएं थोपना अगर असंभव नहीं तो बहुत मुश्किल हो जाता, जैसा कि अभी भी अक्सर अमेरिका में किया जाता है।[115]

1997 में, हांगकांग की चीन में वापसी की पूर्व-संध्या पर, *न्यूयॉर्क टाइम्स* ने अपने संपादकीय पन्ने पर 'दि ओपियम वॉर्स सीक्रेट हिस्ट्री: सम ऑकवर्ड ट्रुथ्स फ़ॉर चाइना एंड अमेरिका' शीर्षक से एक दिलचस्प लेख प्रकाशित किया था। ये लेख जो चीन की निंदा करने और अफ़ीम व्यापार में अमेरिका की भागीदारी पर प्रायश्चित करने की बारीक रेखा पर चलने की कोशिश करता है, बस एक व्यापारी का नाम से उल्लेख करता है, वॉरेन डेलानो जूनियर:

> चीन का पुराना व्यापारी अफ़ीम को लेकर होंठ सिए हुए था, जैसे कि रसेल एंड कंपनी में उसके साझेदार थे। ये स्पष्ट नहीं है कि एफ़.डी.आर. को अपने दादा की संपत्ति के इस स्रोत के बारे में कितनी जानकारी थी। मगर राष्ट्रपति के हालिया जीवनी-लेखक ज्योफ़्री वार्ड वॉरेन की भागीदारी को न्यूनतम करने की डेलानो परिवार की कोशिशों को ख़ारिज कर देते हैं... परिवार की असहजता समझी जा सकती है। अब हम ये नहीं मानते हैं कि सामाजिक परिणामों की परवाह किए बिना वैश्विक बाज़ारों में कुछ भी चलता है।[116]

अंतिम वाक्य इस मायने में बहुत ही भ्रामक है कि ये अफ़ीम व्यापार को ये कहते हुए रफ़ा-दफ़ा करने की कोशिश करता है कि वो एक ऐसे समय में होता था जब 'सामाजिक परिणामों की परवाह किए बग़ैर वैश्विक बाज़ारों में कुछ भी होता था।' चीनी लोग यक़ीनन ये विश्वास नहीं करते थे कि मुनाफ़ा सामाजिक परिणामों पर हावी होता है। लिन ज़ेक्सू का भी यही मतलब था जब उन्होंने क्वीन विक्टोरिया को लिखे (मशहूर रूप से अप्रदत्त) अपने पत्र में लिखा था कि विदेशी अफ़ीम व्यापारी 'लाभार्जन की अपनी बेतहाशा तृष्णा के कारण उन हानियों की ओर से पूरी तरह बेपरवाह हैं जो वो हमें पहुंचा रहे हैं! और ऐसी स्थिति में, हम पूछना चाहेंगे उस अंतरात्मा का क्या हुआ जो ईश्वर ने सभी इंसानों के सीने में रोपी है?'[117]

क्वीन विक्टोरिया को लिखे अपने पत्र में और गुआंगज़ाउ के व्यापारिक समुदायों के लिए अपनी घोषणाओं में लिन ज़ेक्सू ये रेखांकित करने की कोशिश कर रहे थे कि लाभ के लिए इंसानी भूख को अगर कुछ निश्चित नैतिक सीमाओं से बांधा नहीं गया तो वो समाज के लिए भारी संकट पैदा कर सकती है। कभी ये धारणा आत्म-स्पष्ट प्रतीत हुई

होगी, और इसीलिए हर जगह के समाजों ने व्यापार और व्यापारियों के समुदायों पर कुछ विशिष्ट व्यावहारिक प्रतिबंध लगाए थे। मगर अठारहवीं सदी के उत्तरार्ध और उन्नीसवीं सदी के शुरुआती दौर में एडम स्मिथ, डेविड रिकार्डो और मुक्त व्यापार के हिमायतियों के प्रभाव में यही चीज़ बदल रही थी। ये सिद्धांत क्रांतिकारी था, इसलिए नहीं कि इसने वाणिज्य के नए रूप गढ़े (कई तरह के बाज़ारोन्मुख व्यापार उद्यम इसके काफ़ी पहले से ही मौजूद थे); इसमें वाक़ई नई बात ये थी कि इसने संदर्भ के अमूर्त ढांचों को खोजा, जैसे 'बाज़ार के नियम,' जिन्होंने उन सभी नैतिक सुरक्षाओं को ख़ारिज करने का काम किया जो पूर्व में व्यापार और वाणिज्य को नियंत्रित रखती थीं। ये इतिहास की सबसे बड़ी विडंबनाओं में से है कि शुद्धतावादी नैतिक दार्शनिक एडम स्मिथ ने अनजाने में ही एक मिथ्या नैतिक पैमाना स्थापित करने में मदद की जिसने आगे चलकर कथित रूप से उच्चस्तरीय निर्धारकों – बाज़ार के नियम – को लाकर, जिन्होंने मानवता, नैतिकता और न्याय के हर तर्क को दरकिनार कर दिया, व्यापारियों को अपने कामों के प्रति सारी ज़िम्मेदारियों से मुक्त कर दिया क्योंकि इंसान कथित रूप से उनकी अवहेलना करने में शक्तिहीन था।

इसलिए ये विचार कि 'वैश्विक बाज़ार में कुछ भी चलता है' विशेष रूप से मुक्त व्यापार की विचारधाराओं का उत्पाद है जो यूरोपीय 'ज्ञानोदय' के दौर में पश्चिम, ख़ासतौर से एंग्लोस्फ़ियर में हावी हो गई थीं, और ये वास्तव में उन सबके लिए एक क्रांतिकारी अवरोध का प्रतिनिधित्व करता है जिनमें आधुनिक युग से पहले मानवजाति विश्वास करती थी। इसका मतलब ये नहीं है कि आधुनिक काल से पहले लालच और आपराधिक मानसिकता का वजूद नहीं था। मगर मुक्त व्यापार पूंजीवाद की विचारधारा ने लाभ की दौड़ में अनैतिकता के पूरी तरह से नए स्तरों की छूट दी, और परिणामस्वरूप जो जिन्न पैदा हुए उन्होंने दुनिया को इस तरह से अपनी गिरफ़्त में ले लिया है कि शायद उन्हें अब कभी क़ाबू में नहीं किया जा सकेगा।

ऐसा भी नहीं है कि ये विचार कि 'वैश्विक बाज़ार में कुछ भी चलता है' अब प्रचलित नहीं है। जैसा कि नाओमी ऑरेस्केस एवं एरिक एम. कॉनवे ने अपनी किताब द *बिग मिथ* में दर्शाया है, कॉरपोरेशन और दक्षिणपंथी विचारक मंचों ने मुक्त बाज़ार कट्टरवाद (जो कि मुक्त व्यापार के सिद्धांत की आधुनिक पुनरावृत्ति से ज़्यादा कुछ नहीं है) को बढ़ावा देने में बेतहाशा धन का निवेश किया है।[118] इस तरह, आज के कॉरपोरेट जगत पर उन

विचारों की पकड़ उससे कहीं ज़्यादा मज़बूत हो गई है जितनी उन्नीसवीं सदी के ब्रिटिश और अमेरिकी व्यापारियों पर थी। विशाल ऊर्जा निकायों ने जलवायु परिवर्तन के मामले में मिथ्या जानकारी फैलाने के लिए जो भी किया है, उससे ये एकदम स्पष्ट होता है। उन्होंने दिखाया है कि वो वास्तव में 'कुछ भी चलता है' को सारी मानवजाति के लिए आपदा खड़ी कर देने के बिंदु तक ले जाने के लिए तैयार हैं, ठीक उसी तरह जैसे कभी अफ़ीम व्यापारी इस बहाने से लाखों लोगों को नशे की लत का शिकार बनने देने के लिए तैयार थे कि बाज़ार का एक नियम है जो इसकी इजाज़त देता है।

चौदह

गुआंगज़ाउ

हांगकांग से गुआंगज़ाउ तक 160 किलोमीटर की दूरी को एक तेज़ रफ़्तार ट्रेन से पार करने में एक घंटे से भी कम समय लगता है। ट्रेन ऐसे स्थानों से होकर गुज़रती है जहां लंबी-लंबी इमारतों के बीच एलिवेटेड एक्सप्रेस वे डामर के उलझे हुए रिबन्स की तरह घूमते, बल खाते नज़र आते हैं। ज़्यादातर रास्ते में रेलवे लाइन शेनज़ेन से होकर गुज़रती है जो 1981 में चीन का पहला विशेष आर्थिक क्षेत्र बना था। उस समय ये एक प्रांतीय नगर था, मगर इसने इतनी तेज़ी से विकास किया कि अब इसने क्षेत्र की ऐतिहासिक राजधानी गुआंगज़ाउ को भी पीछे छोड़ दिया है और चीन का तीसरा सबसे बड़ा शहर बन गया है। आज शेनज़ेन दुनिया का चौथा सबसे व्यस्त बंदरगाह है, जहां दुनिया के किसी भी शहर के मुक़ाबले दूसरे नंबर पर सबसे ऊंची गगनचुंबी इमारतें हैं, और यहां सैन फ्रांसिस्को से ज़्यादा अरबपति रहते हैं।

गुआंगज़ाउ में ट्रेन से उतरने पर ऐसा ज़बरदस्त अहसास होता है जैसे कि आप किसी ऐसे महानगर से गुज़रे हों जो अतीत के कण-कण को मिटाकर रातों-रात उठ खड़ा हुआ हो। लेकिन ये भ्रामक है: गुआंगज़ाउ में अतीत और वर्तमान हर जगह बहुत ही अप्रत्याशित तरीक़े से आपस में जुड़े हुए हैं – चमचमाती गगनचुंबी इमारतों और शहरी पुनर्विकास के लंबे-लंबे खंडों के बीच सुरक्षित हज़ार साल पुराने बौद्ध मंदिर, सदियों पुराने उपवन, सातवीं सदी की एक मस्जिद और ऐसे इलाक़े जो अठारहवीं सदी से कमोबेश अछूते रहे हैं।

सितंबर 2005 में इस शहर में पहली बार आने पर मैं शामियन द्वीप के एक होटल में रुका था, जो कि वो हिस्सा है जो अफ़ीम युद्धों के बाद गुआंगज़ाउ का नया विदेशी एन्क्लेव बना था। मूल रूप से एक छोटी सी बलुआ पट्टी रहे शामियन को पट्टे पर दिया गया, उसे वापस हासिल किया गया और बाद में अंग्रेज़ों ने उसका दुर्गीकरण कर लिया, जिन्होंने फिर 1861 में इसके भूखंड कई विदेशी व्यापारियों को नीलाम कर दिए। सबसे उत्साही बोली लगाने वालों में पारसियों का एक समूह था जो अत्यंत समृद्ध अंग्रेज़ व्यापारियों से ज़्यादा बोली लगाकर एक बेहतरीन कोना हासिल करने में कामयाब रहा था। (देखें चित्र 20)[1]

द्वीप के भूखंडों को बहुत से उपवनों, टेनिस कोर्ट्स, क्रोके लॉन्स और पैदल-पथों के साथ एक ज्यामितीय ग्रिड में बांटा गया था। इसे विशेष रूप से औपनिवेशिक चौकी बनाने के लिए डिज़ाइन किया गया था: जहां पुराने विदेशी एन्क्लेव के वास्तुशिल्प में चीनी और यूरोपीय तत्व शामिल थे, वहीं शामियन की इमारतों को पूरी तरह पश्चिमी रूपाकार में बनाया गया था।[2] शामियन पर, चीन को सख़्ती से दूर रखा गया था: चीनी लोग अंदर केवल तभी जा सकते थे जबकि वो नौकर-चाकर या सेवा प्रदाता हों; इसके अलावा, उन्हें द्वीप पर रहने, या संपत्ति बनाने, यहां तक कि रात बिताने तक का अधिकार नहीं था।[3] इन नियमों को शामियन के अपने सुरक्षा बल लागू करते थे, जिनमें पश्चिमी कैप्टन्स की कमान में गार्ड और गनबोट्स शामिल थीं। ये बल अक्सर गुआंगज़ाउ के नागरिकों के साथ अपने व्यवहार में आक्रामक होते थे: 1925 में एक घटना के दौरान उन्होंने प्रदर्शनकारियों की एक भीड़ पर गोलियां बरसा दी थीं, जिसमें बावन लोग मारे गए थे, जिसे बाद में शेकी नरसंहार कहा गया।[4]

आज शामियन वेनहुआ कल्चरल पार्क के लिए मशहूर है, और वहां रहने के दौरान मैंने विदेशी लोगों की भारी मौजूदगी पाई। इसकी वजह ये थी कि उन दिनों गुआंगज़ाउ उन विदेशियों के लिए एक लोकप्रिय स्थान था जो चीनी बच्चों को गोद लेने के इच्छुक थे: उनमें से ज़्यादातर शामियन द्वीप के होटलों में ठहरते थे।

मैंने अपनी डायरी में लिखा था:

> द्वीप के रास्तों पर ख़ूबसूरती से छायादार पेड़ लगाए गए हैं, और यहां बहुत से पार्क और खेल के मैदान हैं जो शाम में ज़िंदगी की चहल-पहल से भर उठते हैं। हर जगह बैडमिंटन और टेनिस कोर्ट हैं, जहां हर उम्र के लोग होते हैं, और

सब उल्लेखनीय रूप से एडवांस लेवल का खेल खेलते हैं, और हर कहीं लोग व्यायाम कर रहे होते हैं, जिनमें से ज्यादातर उम्रदराज़ लोग होते हैं। मेरे होटल के आसपास की सड़कें पश्चिमी लोगों, ख़ासकर स्ट्रॉलर लिए अमेरिकियों से भरी होती हैं। यहां हर तरफ़ लॉन्ड्री सर्विस और किराए पर स्ट्रॉलर का विज्ञापन करते छोटे-छोटे स्टॉल हैं। सब लोग मिलनसार और मददगार हैं।

यहां नदी किनारे एक भव्य पार्क है, जिसकी तेज़ रौशनियां मीलों तक फैली होती हैं: ये पर्ल नदी के किनारे है जहां से बहती हुई ये व्हाइट स्वान लेक में जा मिलती है। मैंने वहां एक कैफ़े में बीयर पी थी और जब मैंने वेटर को टिप देनी चाही तो उसने दृढ़ता से इंकार कर दिया। यहां कोई भी टिप मिलने की उम्मीद नहीं करता है, वो बैलबॉय भी नहीं जो मेरा सूटकेस ऊपर ले गया था। सोचकर अजीब लगता है कि उन्नीसवीं सदी के चीन के पश्चिमी विवरण में *कमशॉ* (उपदान) का उतना ही वजूद था, जितना भारत के विवरणों में बख़्शीश का था।

आज उस पुराने विदेशी एन्क्लेव का कोई चिह्न नहीं बचा है जहां वो बहुत सी घटनाएं हुई थीं जो पहले अफ़ीम युद्ध की वजह बनी थीं: युद्ध के दौरान उसे जला दिया गया था। तट का वो इलाक़ा जहां कभी एन्क्लेव हुआ करता था, वहां अब सड़कें, तटबंध और एक जेटी है। इस स्थान की उस रूप में कल्पना करना लगभग नामुमकिन ही है जैसा ये उन्नीसवीं सदी के शुरू के हिस्से में रहा होगा, ख़ासकर इसलिए कि गुआंगज़ाउ के नदी तट की वो सबसे स्मरणीय विशिष्टता, वो दृश्य जो विदेशी आगंतुकों को बेसाख़्ता मोह लेता था, अब मौजूद नहीं है: 'तैरता शहर,' जो सदियों से पर्ल नदी से व्हैम्पोआ और उसके आगे तक फैला हुआ था (देखें चित्र 11)।

इस विशाल जलीय उपनगर में हज़ारों सैंपन नावें और जंक जहाज़ इतना सटकर एक साथ बंधे होते थे कि वो तट का ही विस्तार बन जाते थे। 'कैंटन से एक-दो मील आगे तक नदी विभिन्न आकार की कश्तियों से अटी पड़ी है,' अठारहवीं सदी के एक यात्री की शिकायत थी, 'जिनमें सौ टन के जहाज़ों से लेकर एक फ़ैरी नाव तक शामिल है, जो सब गतिशील हैं और इतने पास-पास हैं कि आप बहुत बमुश्किल ही उनके पास से निकल सकते हैं।'[5] एक अन्य यात्री की हैरानी स्पष्ट थी:

> पाठक, 84,000 नावों की कल्पना कीजिए, ठहरी हुई, या सभी दिशाओं में चलती हुई, जिन पर सवार पुरुष, स्त्रियां और बच्चे, शिशुओं की पीठ पर लौकी बंधी हुई ताकि पानी में गिरने की सूरत में वो उन्हें बचा सकें, कम से कम डेढ़ लाख की तैरती आबादी हैं; इसकी कल्पना करें, तो आपको कैंटन के पास से गुज़रती पर्ल नदी का हल्का सा आभास हो पाएगा।[6]

मगर फिर भी, तैरते नगर की ग़ैरमौजूदगी में भी, जब गुआंगज़ाउ पर रात उतरती है तो नदी किनारे, और पहले ही की तरह आज भी, अठारहवीं सदी के चीनी लेखक शेन फ़ू के इन शब्दों को जीवंत करते हुए, मनोस्थिति में एक स्पष्ट बदलाव आ जाता है: 'जब हम शामियन में नदी पर पहुंचे, तो हर ओर गीत-संगीत था।'[7]

तब की तरह आज भी सूरज के ढलते ही, पर्ल नदी के आख़री टुकड़े पर व्हाइट स्वान लेक में आनंद-नौकाएं अलसाई सी तैरने लगती हैं, जहां वो गोल-गोल घूमती हैं और उनकी खिड़कियों और ऊपरी डैकों से स्वर-लहरियां गूंजने लगती हैं। तब शहर को एक प्राचीन यात्री की निगाह से देखना कहीं ज़्यादा आसान हो जाता है जिसने लिखा था कि रात

> शायद किसी अजनबी के लिए कैंटन आने का सबसे सही वक़्त है; क्योंकि तब विभिन्न आकार-प्रकार की ख़ूब जगर-मगर करती नावों और जहाज़ों का जमावड़ा; किनारे पर ऑयल-पेपर की ढेरों गोलाकार लालटेनों से सजे चॉपहाउस; हर ओर चीनी भाषा का कोलाहल; उनके घंटों की गूंज; उनके संगीत की तीखी स्वरलहरियां; और उनकी आतिशबाज़ी की चमक; सब मिलकर ऐसा अनदेखा और सुहाना नज़ारा बना देते हैं कि आपकी यादों में उसकी अमिट छाप बन जाती है।[8]

या, उस अमेरिकी मिशनरी का कथन जो रात में गुआंगज़ाउ आया था: 'नज़ारा हक़ीक़त से ज़्यादा जादुई था।'[9]

अगर पुरानी थर्टीन फ़ैक्ट्रीज़ का कोई चिह्न बाक़ी है तो वो है बस वो सड़क जो कभी एन्क्लेव की उत्तरी सीमा बनाती थी, शीशानहांग लू ('थर्टीन बिज़नेस स्ट्रीट'), जिसे पश्चिमी लोग थर्टीन फ़ैक्ट्री स्ट्रीट के नाम से जानते थे।[10] तब ये संकरी और लोगों एवं तरह-तरह के वाहनों से भरी होती थी। 'यहां हम कंधे पर रखे डंडे के दोनों ओर लटकी मछलियों की चपटी टोकरियां लिए आदमियों को; पालकियों को जिन्हें विदेशी इस्तेमाल नहीं कर सकते हैं; और छतरी लिए कुछ आदमियों को देखते हैं, जो सभी विपरीत दिशाओं में, लेकिन फिर भी टकराने से बचते जा रहे होते हैं।'[11]

आज भी सड़क को उसी, शीशानहांग लू, नाम से जाना जाता है, मगर अब ये गुआंगज़ाउ के कपड़ा उद्योग का रीटेल केंद्र बन गई है। हालांकि अब ये सड़क कहीं ज़्यादा चौड़ी है, मगर अभी भी गहमागहमी का नज़ारा पेश करती है – यहां तक कि मैंने भी जब पहली बार यहां क़दम रखा, तो चहल-पहल से भरे शहरों में परवरिश पाने के बावजूद, मैंने ख़ुद को हैरान-परेशान पाया – लेकिन हैरान-परेशान होना भी आसान नहीं था, क्योंकि आप चाहे कहीं भी खड़े हों, बस कुछ ही पलों के भीतर आप किसी न किसी के रास्ते में आ रहे होंगे। ये कोई ख़ूबसूरत नज़ारा नहीं था, मगर इसकी ऊर्जा और उद्यमशीलता एक ख़ास क़िस्म का विस्मय जगाती थी।

जब मैं उस सड़क के कोने पर, तेज़ी से आते-जाते, 'सभी विपरीत दिशाओं में, लेकिन फिर भी टकराने से बचते जा रहे' राहगीरों के बीच खड़ा था, तो मुझे समझ आने लगा कि जब उन्नीसवीं सदी के यात्री इस तरह की सड़कों पर क़दम रखते थे तो क्यों अक्सर आश्चर्य, विस्मय, और, कभी-कभी, अरुचि से भर जाते थे: गुआंगज़ाउ की उद्यमशीलता इतनी ज़बरदस्त है कि आगंतुकों को ऐसा महसूस होता है जैसे वो तमाम ज़िंदगी हाथ पर हाथ धरे बैठे रहे हों।

गुआंगज़ाउ में शीशानहांग लू ही अकेली ऐसी सड़क नहीं थी जिसने मेरे मन पर ऐसी छाप छोड़ी थी जैसे मैं किसी ऐसी चीज़ का समकालीन रूप देख रहा हूं जो सदियों पहले मौजूद थी। वास्तव में, ऐसा इतनी बार हुआ था कि मुझे लगने लगा था जैसे सारे राजमार्गों, गगनचुंबी इमारतों और जगमगाती रौशनियों के बावजूद, एक मायने में गुआंगज़ाउ ज़रा भी नहीं बदला है: ये आज भी वैसा ही है जैसा हमेशा से रहा है, वस्तुओं और अस्तित्वों की

विशाल धाराओं का उद्गम जिसके ज़रिए चीन दुनिया पर अपना प्रभाव छोड़ता है।

गुआंगज़ाउ में घूमते हुए, मैं लगातार ये देखकर चमत्कृत होता रहा था कि वहां पेड़-पौधों पर कितना ज़्यादा ध्यान दिया गया है। मैंने अपनी डायरी में लिखा था:

> शहर में हर जगह पेड़ों पर उनके वानस्पतिक नाम लिखे गए हैं, लैटिन में भी और चीनी में भी। बहुत सी सड़कों पर गूलर के छायादार पेड़ (Ficus Trees) हैं, जिनकी लटकती हुई हवाई जड़ें रिबन्स की तरह हवा में लहराती हैं। जहां भी आप देखते हैं वहां पौधे हैं, चिकनी खिड़कियों से अपने सिर निकालकर झांकते हुए, छोटी-छोटी तंग छतों पर प्रचुर मात्रा में फैले हुए, शानदार घरों की बालकनियों के ऊपर बिखरे हुए। ऐसा लगता है मानो यहां हर कोई बाग़बान है।

बाद में मुझे पता चला कि ये इस शहर का एक और ऐसा पहलू है जो सदियों से बदला नहीं है। 1790 के दशक में गुआंगज़ाउ आने वाले अंग्रेज़ वनस्पति-संग्रहकर्ता जेम्स मेन ने लिखा था, 'चीन के तट के पहले दृश्य से ही एक अनजान व्यक्ति इस नतीजे पर पहुंच जाता है कि ये बाग़बानों का देश है।'[12] मेन का मिशन असाधारण फूलों की खोज करना था, और इसमें उसे भरपूर कामयाबी मिली। उसने लिखा था, 'फूलों का शौक़ यूरोप से कहीं ज़्यादा चीन में फैला हुआ है।' उस दौर में किसी अमीर चीनी व्यापारी के लिए किसी दुर्लभ या असाधारण पौधे के लिए सौ चांदी के डॉलरों के बराबर राशि दे देना असामान्य बात नहीं थी।[13]

फूल यक़ीनन चीन द्वारा दुनिया को दिए गए सबसे बड़े तोहफ़ों में से हैं। उद्यान विशेषज्ञ पीटर वैल्डर के शब्दों में, चीन के उद्यानों के पौधों ने

> अंततः अधिकांश शेष दुनिया के बाग़ों को समृद्ध किया... इन पौधों में सबसे मशहूर कुछ नाम हैं आड़ू, पीयनी, गुलदाऊदी, कैमेलिया, गार्डेनिया, एज़ेलिया, फ़ोर्सीथिया, विस्टेरिया, और क्रैबएपल। और अगर तथाकथित मासिक गुलाबों

को चीनी बाग़ों से यूरोप नहीं लाया जाता तो आधुनिक बार-बार फूल देने वाले गुलाबों का विकास नहीं हुआ होता।[14]

और चीन के फूलों का जादू बरसों तक गुआंगज़ाउ के ज़रिए ही दुनियाभर में फैलता रहा था। ये फूल ऐसे पौधे नहीं थे जो जंगलों में उगते हों: वो बारीक शिल्प-कौशल के उत्पाद थे, इन क़िस्मों को ख़ास पौधशालाओं में विशिष्ट तरीक़ों से तैयार किया जाता था।

उन्नीसवीं शताब्दी में, गुआंगज़ाउ की सबसे महत्वपूर्ण पौधशालाएं विदेशी एन्क्लेव के ठीक सामने, पर्ल नदी के पार, होनम (दक्षिणी तट) द्वीप पर स्थित थीं।[15] आज ये द्वीप बहुमंज़िला इमारतों और एक्सप्रेसवे के जंगलों से अट गया है, मगर दो सौ साल पहले इसका ज़्यादातर हिस्सा कृषिभूमि था।[16] होनम की पौधशालाएं नदी और व्हाइट स्वान लेक के बीच, अपने सबसे उदार संरक्षकों – कोहौंग गिल्ड के रईस व्यापारियों – की देहाती संपत्तियों के समीप स्थित थीं।[17]

होनम पौधशालाओं को सामूहिक रूप से फ़ा-टी (हुआ दी या फूलों की धरती) गार्डन्स के नाम से जाना जाता था, और शहरी लोग छुट्टी के दिन एज़ेलिया, कैमेलिया, गुलाब और दूसरे फूलों वाले पौधे ख़रीदने वहां पहुंचा करते थे। इन पौधशालाओं में पौधों की संख्या और क़िस्में उत्तर के विद्वान चीनी आगंतुकों तक को हैरान कर देती थीं। अठारहवीं सदी के एक यात्री शेन फ़ू ने लिखा था, 'मैं सोचता था कि ऐसा कोई फूल नहीं है जिसके बारे में मुझे पता न हो, लेकिन यहां तो मैं दस में से बस छह या सात को ही पहचान सका। मैंने उनके नाम पूछे और पाया कि कुछ तो *हैंडबुक ऑफ़ कलेक्टेड फ्रेग्रैंसेज़* तक में दर्ज नहीं थे।'[18]

फ़ा-टी पौधशालाएं विदेशी व्यापारियों का पसंदीदा पड़ाव थीं; उन्होंने तो वहां चीनी नया साल मनाने का रिवाज तक बना लिया था।[19] गुआंगज़ाउ की बाक़ी बहुत सी चीज़ों की ही तरह, फ़ा-टी पौधशालाएं भी आडंबरहीन थीं: उनके पौधे मिट्टी के गमलों में प्रदर्शित किए जाते थे जिन्हें क़तारों में रखा जाता था।[20] कुछ पौधशालाएं 20वीं सदी तक क़ायम रहीं और क्रांति के बाद उन्हें हॉर्टिकल्चर समूहों में बदल दिया गया, हालांकि अभी भी उन्हें फ़ा-टी या हुआ दी नाम से ही जाना जाता है। 1981 में, यहां आए एक ब्रिटिश माली ने उनमें से एक की फ़ोटो प्रकाशित की थी; वो एकदम उन पौधशालाओं जैसी ही थीं जिन्हें आज के चीनी शहरों में देखा जा सकता है।[21]

फ़ा-टी की तस्वीरें इतनी साधारण हैं कि ये विश्वास करना मुश्किल हो जाता है कि नदी तट पर फैले इन आम से दिखने वाले संस्थानों ने, जो कि अब कांच की दीवारों वाले टॉवर्स के नीचे कहीं दब चुके हैं, दुनियाभर के उपवनों पर क्रांतिकारी प्रभाव डाला था। उनसे ही ऐसे अनेक फूल मिले थे जो आज भी इस धरती के छोटे-बड़े, शाही और आम बाग़ों-उपवनों की ख़ूबसूरती में चार चांद लगा रहे हैं।[22]

1760 के दशक के बाद, गुआंगज़ाउ ने ब्रिटिश वनस्पति-खोजियों के एक पूरे हुजूम को आकर्षित किया था। उनमें से कुछ मशहूर लोगों को सर जॉज़ेफ़ बैंक्स ने भेजा था, एक ऐसा शख़्स जो उस ज़माने में विज्ञान और साम्राज्यवाद के मेल की सटीक मिसाल था: चालीस साल तक रॉयल सोसाइटी के अध्यक्ष रहे सर जॉज़ेफ़ पौधों के एक उत्सुक संग्रहकर्ता थे, और साथ ही ब्रिटिश साम्राज्य के विस्तार के भी घोर समर्थक थे।[23] उनके मार्गदर्शन में, ईस्ट इंडिया कंपनी के अनेक कर्मचारी गुआंगज़ाउ में पेशेवर वनस्पति-खोजी का काम भी करते थे, जिनमें से एक वनस्पति-खोजी जॉन रीव्ज़ था जो बैंगनी विस्टेरिया की बेल (वो क़िस्म जिसे मैंने *रिवर ऑफ़ स्मोक* लिखने के दौरान ब्रुकलिन के अपने अहाते में लगाया था, वो उपन्यास जिसमें वनस्पति की खोज एक महत्वपूर्ण थीम है) से परिचित करवाने के लिए मशहूर था।[24]

सर जॉज़ेफ़ ने कुछ अंग्रेज़ मालियों को भी गुआंगज़ाउ भेजा था ताकि वो पौधों को वापस क्यू भेज सकें। उनमें से एक विलियम केर था जिसका गुआंगज़ाउ में वक़्त सुखद नहीं रहा था: हालांकि वो सर जॉज़ेफ़ को कई पौधे भेजने में कामयाब रहा था, मगर अपने माली के वेतन में वो बड़ी मुश्किल से गुज़र-बसर कर पाता था, और उसने शराब की लत पाल ली थी।[25] बैंक्स के गुलाब और टाइगर लिली जैसे केर द्वारा भेजे गए कुछ पौधे आज भी दुनियाभर के बाग़ों की पसंद हैं।[26] केर द्वारा क्यू भेजी गई एक खेप में एक युवा चीनी माली आह फ़े भी था जिसने लंदन में अपने आवास के दौरान भारी ध्यान खींचा था (*रिवर ऑफ़ स्मोक* में आह फ़े और विलियम केर भी कुछ समय को सामने आए हैं)।[27]

गुआंगज़ाउ में वनस्पति-खोजी दरअसल 'वनस्पति-ख़रीदार' अधिक होते थे, जो हाथ में हैट लिए इस उम्मीद के साथ फ़ा-टी जाते थे कि ख़ूब मोल-भाव करके वो कुछ नई क़िस्म के पौधे ख़रीद लेंगे। अफ़ीम युद्धों में अंग्रेज़ों द्वारा चिंग को हराए जाने के बाद ही पश्चिमी वनस्पति खोजी पूरे चीन में आराम से घूम-फिरकर मुक्त हाथ से वहां की

वानस्पतिक और बाग़बानी संपदा को हथियाने में कामयाब हो गए थे।[28] इनमें से बहुत से पौधे, जैसा कि उद्यान इतिहासकार जेन किल्पैट्रिक ने लिखा है, अब ब्रिटेन में इतने लोकप्रिय हो चुके हैं कि 'उनके चीनी मूल को पूरी तरह भुला दिया गया है और हम उन्हें अपना ख़ुद का मानने लगे हैं।'[29]

गुआंगज़ाउ की रेतीली, फूल-पौधों से क़तई दूर उद्यमिता को देखते हुए ये मान पाना मुश्किल लगता है कि वो दुनिया के अनेक सबसे लोकप्रिय उपवनी फूलों का स्रोत रहा होगा। ये विरोधाभास शायद उन्नीसवीं शताब्दी में और मुखर हो उठा था जब शहर एक ही समय में दुर्लभ फूलों के निर्यात का द्वार होने के साथ ही एक बहुत ही आम फूल, अफ़ीम, के उत्पादों के प्रतिबंधित व्यापार का केंद्र भी था।

रिवर ऑफ़ स्मोक में, ये विरोधाभास रॉबिन चिनरी को त्रस्त रखता है जो पहले अफ़ीम युद्ध की पूर्वसंध्या पर अपनी वनस्पति-शास्त्री दोस्त पॉलेट को लिखता है: 'ये सोचना भी अजीब है कि इस शहर ने, जिसने दुनिया की इतनी सारी बुराइयों को जज़्ब कर लिया है, बदले में इतनी सारी ख़ूबसूरती दी है... एक दिन बाक़ी सब भुला दिया जाएगा... (लेकिन) फूल रहेंगे... कैंटन के फूल अमर हैं और हमेशा खिलते रहेंगे।'

दुनिया के बाग़ों में गुआंगज़ाउ का योगदान महज़ फूलों तक ही सीमित नहीं था। मुझे इस बात का पता तब लगा जब एक बार ऑक्सफ़ोर्ड जाने से ठीक पहले मैं चीन की एक यात्रा पर गया था, जहां मैं बीजिंग के समर पैलेस के साथ ही सूज़ो भी गया था जहां से बहुत मशहूर बाग़ हैं, जिनमें हज़ार साल पुराना 'हंबल एडमिनिस्ट्रेटर्स गार्डन' भी है।

मुझे प्रख्यात जीवनीकार डॉ. हरमियोनी ली ने वोल्फ़सन कॉलेज, ऑक्सफ़ोर्ड में आमंत्रित किया था। मैं उनके ऑफ़िस में बैठा, कॉलेज के मैदान को निहार रहा था जो कि चेरवेल नदी के एक ख़ूबसूरती से तराशे गए भूखंड से मिला हुआ था। नदी का ये हिस्सा मुझे ऑक्सफ़ोर्ड में ग्रेजुएशन करने के अपने दिनों से याद था: वीपिंग विलो के पेड़ों की क़तारों वाला ये उपवन मुझे पूरी तरह से इंग्लिश लगता था। मगर उस दिन, जब मैं वहां बैठा उसे देख रहा था, तो अचानक ही मुझे अहसास हुआ कि अपने सिर झुकाए खड़े विलो वृक्षों और सावधानीपूर्वक तराशे गए 'वन्य प्रकृति' का आभास दिलाते रूप के साथ ये कथित रूप से इंग्लिश दिखने वाला उपवन दरअसल चीन से प्रेरित था।[30]

लेकिन चीनी और ठेठ इंग्लिश समझे जाने वाले बाग़ों के बीच समानता से चकित होने वाला मैं किसी भी तरह पहला इंसान नहीं था। 1755 में जब 'लैंडस्केप मूवमेंट' इंग्लैंड के बाग़ों का रूपांतरण कर रहा था, तब इतालवी दार्शनिक और कला-आलोचक काउंट फ्रांचेस्को एल्गारोती ने लिखा था, 'अंग्रेज़ों ने बाग़बानी की अपनी वर्तमान अभिरुचि चीनियों से पाई है। इंग्लैंड के विलाओं से अब फ्रांसीसी नियमितता बहिष्कृत कर दी गई है।'[31] दस साल बाद, एक फ्रांसीसी ने और अधिक मुखरता से घोषणा की: 'वर्तमान समय में अपने पार्क और बाग़ बनाने के तौर-तरीक़ों में अंग्रेज़ों के बीच प्रचलित ये पसंद चीन की देन है।'[32] इस अभिरुचि ने जल्द ही फ्रांस को भी अपनी गिरफ़्त में ले लिया, जहां इस शैली को *ज़ाह्दां आंग्लो-शिनुआ* कहा गया। इतिहासकार एल्डोस बर्ट्रैम लिखते हैं, 'जैसे-जैसे इस शैली को और आगे अपनाया गया, तो इसके नाम से जुड़ा चीनी संबंध और फ्रांसीसियों द्वारा पसंद किए जाने वाले अनेक चीनी भवन पेरिस से लेकर पूरे यूरोप में फैल गए।'[33]

इंग्लिश (और, इसलिए अमेरिकी भी) बाग़ों पर चीनी प्रभाव का संबंध अक्सर बाग़बानी की एक किताब से जोड़ा जाता है जिसे 1692 में नीदरलैंड्स के एक भूतपूर्व ब्रिटिश राजदूत सर विलियम टैंपल ने प्रकाशित करवाया था। *अपॉन द गार्डन्स ऑफ़ एपिक्युरस* शीर्षक की इस किताब ने उस दौर में यूरोप में प्रचलित कठोर रूप से सममितीय, ज्यामितीय उपवनों से हटने का मार्ग प्रशस्त किया था। सर विलियम ने लिखा था कि पौधे लगाने की उस शैली को चीनी नापसंद करते थे: इसके बजाय 'उनकी कल्पना की उड़ान ऐसी आकृतियां गढ़ने में लगती थी जिनमें सुंदरता चरम पर हो, और आंखों को लुभाए, मगर उनके अंगों में ऐसी कोई तरतीब या विन्यास न हो जिसे सामान्य रूप से या आसानी से देखा जा सके।'[34]

सर विलियम टैंपल ने कभी चीन की यात्रा नहीं की थी, इसलिए चीनी उपवनों की उनकी जानकारी शायद उन तीन डच दूतावासों में से एक के सदस्यों से हासिल रही होगी जिन्हें 1600 के दशक के उत्तरार्ध में चिंग दरबार में भेजा गया था।[35] तब तक ईसाई मिशनरियों के माध्यम से चीनी उपवनों की जानकारी काफ़ी समय से यूरोप में फैली हुई थी।[36] उसमें से ज़्यादातर उत्तरी चीन के ख़ूबसूरत बाग़ों पर आधारित थी, मगर अठारहवीं सदी के बाद के दौर में ये स्थिति बदल गई जब विलियम चैंबर्स नाम के एक अंग्रेज़ ने चीन के बाग़ों और भवनशिल्प पर दो पुस्तकें प्रकाशित कीं। चैंबर्स दो बार

गुआंगज़ाउ गया था, और उसकी सामग्री मुख्य रूप से उस पर आधारित थी जो उसने वहां देखा था।[37]

चैंबर्स ने गुआंगज़ाउ में जो बाग़ देखे थे, वो आमतौर पर अहातों की चारदीवारी के भीतर थे। इसने उन्हें आम अंग्रेज़ मालियों द्वारा नक़ल करने के लिए आदर्श मॉडल बना दिया, न केवल इसलिए कि वो आकार में छोटे थे बल्कि इसलिए भी कि वो उन शानदार नए फूलों को प्रमुखता से दर्शाने के लिए एकदम सटीक थे जो गुआंगज़ाउ से यूरोप पहुंच रहे थे। चैंबर्स को इस तरह के अहातों के बाग़ देखने वाला पहला अंग्रेज़ माली माना जाता है, जिनके मालिक मुख्य रूप से उस तरह के समृद्ध व्यापारी थे जो फ़ा-टी की पौधशालाओं को संरक्षण देते थे। 'अक्सर जुनूनी सटीकता के साथ सहेजे गए ये बाग़ सदियों से चीन भर के समृद्ध घरों की ऊंची दीवारों के अंदर बनाए जा रहे थे, जिससे ये काफ़ी हद तक यूरोपीय निगाहों से छिपे रहे थे।'[38]

चैंबर्स की किताबों ने 'चीनी मंडपों, घुमावदार पुलों और सर्पीले रास्तों' से परिचित करवाकर ब्रिटिश लैंडस्केपिंग और उपवनों के वास्तुशिल्प पर ज़बरदस्त प्रभाव डाला था।'[39] ये प्रभाव नवजात अमेरिका तक भी फैल गया, यहां तक कि इसने जॉर्ज वॉशिंगटन को भी माउंट वरनॉन पर सर्पीले मार्ग बनवाने के लिए प्रेरित किया।[40] इस तरह चैंबर्स और उसकी किताबों के ज़रिए गुआंगज़ाउ की बाग़बानी संस्कृति ने 'इस अवधारणा में प्रभावशाली योगदान दिया था कि अंग्रेज़ों ने चीन की नक़ल की थी।'[41]

बेशक, ये अवधारणा कि इंग्लैंड के बाग़ 'चीन के बाग़ों की नक़ल के अलावा कुछ नहीं' थे इंग्लैंड में रास नहीं आई, जहां कई सदियों से लेकर लगभग आज तक भी अतिउत्साही ब्रिटिश बाग़बान-राष्ट्रवादी मुखरता से किसी भी विदेशी प्रभाव को नकारते रहे हैं।[42] कुछ ने चतुराई के साथ वैकल्पिक वंशावलियों की दुहाई दी जिनका संबंध यूरोप के विभिन्न हिस्सों, यहां तक कि प्राचीन रोम तक भी – वास्तव में कहीं तक भी, बस चीन तक नहीं – जाती थीं! मगर कैंब्रिज का वो इतिहासकार अंतिम फ़ैसले का हक़दार है जिसने इस विशिष्ट समस्या पर निर्णायक रूप से कहा:

> इंग्लैंड के बाग़ चीन के वास्तविक उत्पादनों से किस हद तक भिन्न थे, ये इस तथ्य को देखते हुए अर्थहीन है कि... अनेक पर्यवेक्षकों ने (उनका) वर्णन 'चीनी' के तौर पर किया था। कम से कम साठ साल तक, चीनी बाग़ की अवधारणा एक

प्रेरणा, एक औचित्यपूर्ण नमूना, एक आदर्श मॉडल और लगातार अनुकूली कैनवस के रूप में क़ायम रही जिस पर इंग्लैंड के हर बदलते प्रचलन को उकेरा और इंग्लैंड के बाग़ों में देखा जा सकता था।[43]

गुआंगज़ाउ और फ़ा-टी की पौधशालाओं का भारतीय उपमहाद्वीप के दृष्टिक परिदृश्य पर भी बहुत गहरा असर पड़ा था। बहुत से फूल जो चीन से यूरोप गए थे बहुत जल्द ही भारतीय उपवनों की भी शोभा बन गए। कुछ उदाहरणों में, ब्रिटिश बाग़बान और वनस्पतिशास्त्रियों ने कुछ चीनी पौधों को यूरोप भेजने से पहले उन्हें भारत में उगाया (इनमें से कुछ को उनके वानस्पतिक नाम *इंडिका* के कारण ग़लती से भारत का माना जाने लगा)।[44]

बेशक, बहुत से भारतीय उपमहाद्वीप के देसी पौधों को भी – उदाहरण के लिए, बुरांश और कैमेलिया को – यूरोप ले जाया गया था। लेकिन फिर भी, असम में रोपी गई चाय की झाड़ियों की तरह ही, भारत में मौजूद यूरोपीय बाग़बानों को देसी पौधों की तुलना में चीनी पौधे कहीं अधिक भाते थे: परिणामस्वरूप, इन्हीं क़िस्मों ने भारतीय बाग़ों पर आधिपत्य हासिल कर लिया।

भारत के औपनिवेशिक बाग़ों पर चीन का प्रभाव केवल पौधों की क़िस्मों तक ही सीमित नहीं था। अठारहवीं सदी के अंतिम और उन्नीसवीं सदी के शुरुआती दौर के अंग्रेज़ों के बीच एक व्यापक विश्वास फैला हुआ था कि चीनी माली भारतीय मालियों से बेहतर होते हैं।[45] औपनिवेशिक एस्टेट और संपत्तियों के रखरखाव में अपनी भूमिका के ज़रिए चीनी बाग़बानों ने उपमहाद्वीप पर बहुत गहरा प्रभाव डाला था और संभवतः उन्हें ही समकालीन भारतीय बाग़ों की सबसे महत्वपूर्ण विशेषताओं में से एक को शुरू करने का श्रेय जाता है। और वो है मिट्टी के गमलों का व्यापक प्रयोग, जिन्हें अक्सर भारी तादाद में एक साथ रखा जाता है जो पश्चिम की फूलों की क्यारी के समान काम करते हैं।

चीन में बाग़बानी में गमलों का प्रयोग कम से कम 1500 साल पहले तांग वंश से चला आ रहा है, और बहुत मुमकिन है कि चीनी बाग़बान और पौधशालाओं के कर्मचारी अपने साथ इस चलन को गुआंगज़ाउ लाए हों। शहर की पौधशालाएं और बाग़ अक्सर पूरी तरह से गमलों में लगे पौधों से तैयार होते थे जिन्हें पक्के अहातों और आंगनों के

भीतर लगाया और फिर से संवारा जा सकता था – एक ऐसा प्रचलन जो स्पष्ट रूप से भारतीय परिस्थितियों के लिए पूरी तरह अनुकूल था।[46]

बेशक, भारतीय उपवनों ने अनेक संस्कृतियों से प्रेरणा ली थी, मगर प्रभावों का चक्र हमेशा वृत्ताकार रहा था; ये महज़ 'लोगों द्वारा अंग्रेज़ों के तौर-तरीक़ों की नक़ल करने' की बात नहीं थी, जैसा कि अनेक औपनिवेशवादियों का मानना था।[47] इस तरह की अवधारणाओं से कुछ अजीब से भ्रम पनपे थे। उदाहरण के लिए, वर्जीनिया वूल्फ़ की भाभी बैला ने एक बार उस भावना को व्यक्त किया था जिसे घर को याद करती अनेक उपनिवेशी महिलाएं महसूस करती थीं: 'उष्णकटिबंधीय क्षेत्रों में घर की याद जगाने के लिए बस एक प्रिमरोज़ ही काफ़ी है।'[48] लेकिन असल में, इंग्लैंड के बाग़ों के साधारण से साधारण प्रिमरोज़ भी दरअसल एशिया की देन थे।[49]

इस मायने में, समकालीन भारतीय बाग़ एशिया के इन दो हिस्सों के बीच संबंध की अजीब तरह से ठहरी हुई प्रकृति का अच्छा उदाहरण है: प्रचलनों के एक समूह को जो परिसंचारी आदान-प्रदान के एक जटिल पैटर्न से विकसित हुआ है, यूरोप से भारत लाए गए विस्तार के रूप में माना गया है।

सांस्कृतिक प्रभावों के परिसंचारी मार्ग की उस शिल्प से बेहतर मिसाल नहीं है जिसने भारत के कला-शिल्प पर गहरा प्रभाव डाला है: रिवर्स ग्लास पेंटिंग की तकनीक।[50] इस तरह की पेंटिंग दिलचस्प तकनीकी चुनौतियां पेश करती है क्योंकि तस्वीर को मिरर इमेज के रूप में कांच के उस तरफ़ पेंट किया जाता है जो देखने वाले के सामने होगा: इसका अर्थ है कि पेंटिंग का क्रम उल्टा कर दिया जाता है – मतलब फ़िनिशिंग टच पहले देने होंगे जबकि बैकग्राउंड सबसे बाद में बनाई जाएगी। कला-इतिहासकार पॉल वैन डोंजेन के शब्दों में, इन पेंटिंग्स को रंगों और रेखाओं के छोटे और बड़े क्षेत्रों से बनी पहेलियों के रूप में भी देखा जा सकता है, जिन्हें रूप और रंग की छोटी से छोटी बारीकी तक एक दूसरे के साथ मेल खाना और ज़बरदस्त सटीकता के साथ एक दूसरे में फ़िट हो जाना चाहिए।[51]

यूरोप में, सोलहवीं सदी में ये तकनीक बेहद मशहूर थी, मगर इसका उपयोग ज़्यादातर लोककला के रूप में किया जाता था, और संतों और पवित्र स्थलों के चित्र बनाने में

इसका प्रयोग होता था। शायद सत्रहवीं सदी के शुरू में फ्रांसीसी और इतालवी यीशूवादी इसे चीन में लाए थे और बहुत जल्दी ये वहां लोकप्रिय हो गई थी। कुछ ही दशकों में गुआंगज़ाउ में घरेलू और विदेशी बाज़ारों के लिए भारी तादाद में बहुत उम्दा ग्लास पेंटिंग्स बनाई जाने लगी थीं।[52]

अठारहवीं सदी के उत्तरार्ध में गुआंगज़ाउ से ये तकनीक जावा और भारत समेत एशिया के दूसरे हिस्सों में पहुंची। भारत में, ये तकनीक शायद अप्रवासी चीनी पेंटर लाए होंगे जो यहां इसलिए आए थे कि वो 'भारतीय (मुग़ल) अभिजात्य वर्ग से मिलने वाले सुलभ संरक्षण की संभावना से' आकर्षित थे।[53]

माना जाता है कि सबसे पहले ग्लास पेंटिंग्स बनाने वाले चीनी गुजरात के सूरत शहर में पहुंचे थे, जो कि उन बहुत से पारसी व्यापारियों का गढ़ था जो चीन के साथ व्यापार करते थे। हो सकता है कि उनमें से कुछ पारसी व्यापारियों के उकसावे पर चीनी रेशम बुनकरों द्वारा बनाए मार्ग से वहां पहुंचे हों।

लगता है कि रिवर्स ग्लास पेंटिंग की कोई बात भारतीय अभिरुचि को भा गई – शायद पारभासिता, या चमक-दमक, या जगर-मगर का पुट – और ये बेहद लोकप्रिय हो गई। कुछ शुरुआती पेंटिंग्स बहुत भव्य और जटिल थीं, मगर शीघ्र ही लोक-शैलियों ने भी इस तकनीक को अपना लिया और धार्मिक छवियां बनाने के लिए इसका व्यापक प्रयोग हुआ। हो सकता है कि रिवर्स ग्लास पेंटिंग कैलेंडर आर्ट की जननी रही हो जिसने उपमहाद्वीप की दृश्य-शब्दावली को बारीकी से आकार दिया है।

गुआंगज़ाउ के ज़रिए, चीन ने भारतीय कपड़ों एवं वस्त्र उद्योग पर भी बहुत सशक्त प्रभाव डाला था। कपड़ों की एक शैली – रेशमी ब्रोकेड का एक रूप जिसे 'गारो' या 'गारा' साड़ी कहा जाता है—के नमूनों में चीनी तत्वों को बुना जाता था जिन्हें पारसियों के साथ जोड़ा जाने लगा। जैसा कि माधवी थम्पी इंगित करती हैं, इस तरह की साड़ी 'चीनी और भारतीय सांस्कृतिक परंपराओं के मेल की ख़ूबसूरत मिसाल' पेश करती हैं।[54]

हालांकि इन वस्त्रों को साड़ियों की तरह बुना जाता था, मगर उन पर बनाए जाने वाले आलंकारिक नमूने मुख्य रूप से चीनी होते थे (देखें चित्र 16)। 'कुछ नमूने,' इतिहासकार

कल्पना देसाई लिखती हैं, 'जैसे कि सूरज, चांद, फूलदार पक्षी, बिखरी हुई जलीय घास, बाजरे के दाने प्राचीन मूल के हैं और वो उन बारह चांग या 'अलंकारों' की सूची में शामिल थे जिनसे सुंग वंश से भी पहले चीन में बलि के लिए कपड़े काढ़े जाते थे।'[55]

पारसियों के माध्यम से चीनी बुनाई का प्रभाव भारत में बहुत गहराई तक और इन रूपों में फैला कि उन्होंने भारतीय वस्त्रों पर ज़बरदस्त असर डाला। इसका बेहतरीन उदाहरण 'तनचोई' साड़ी है: ये बनारस के शानदार बुनाई केंद्रों के साथ इतनी बारीकी से जुड़ गए कि उन्हें सामान्य रूप से 'बनारसी' साड़ी के नाम से जाना जाता है। ये उस तरह की साड़ी है जिसे मेरी दादी, मां, और बहन ने अपनी-अपनी शादियों में पहना था; मेरी पत्नी ने भी 1990 में कोलकाता में हुई हमारी शादी में इसे पहना था। भारत के बहुत से दूसरे हिस्सों की तरह बंगाल में भी, यहां तक कि सामान्य आय वाले परिवारों में भी, कुछ ख़ास मौक़ों पर बनारसी साड़ी पहनना अनिवार्य सा है। मगर इस विशिष्ट रूप से भारतीय वस्त्र की खोज भारत में नहीं हुई थी: जैसा कि माधवी थम्पी बताती हैं, 'तनचोई बुनाई की कला... (भारत के) पश्चिमी तट के रास्ते चीन से भारत आई थी।'[56]

कल्पना देसाई इस कहानी को इस तरह बयान करती हैं:

> सूरत के जोशी परिवार के तीन बुनकर वर्ष 1856 में कभी दक्ष बुनकर चोई से चीनी रेशम की एक विशेष क़िस्म की बुनाई की कला सीखने शंघाई के लिए निकले। जब इस कला पर अच्छी-ख़ासी महारत हासिल करने के बाद वो वापस आए, तो उन्होंने अपने उस्ताद 'चोई' का नाम अपना लिया, और उन्होंने जो सामग्री बुनी, उसे सूरत के लोगों ने 'तनचोई' कहा, जिसका सामान्य अर्थ था कि इस कपड़े को तीन (तन) चोइयों ने बुना है।[57]

डॉ. देसाई आगे लिखती हैं: 'बीसवीं सदी के पहले क्वार्टर के तुरंत बाद ही तनचोई बुनाई प्रचलन से बाहर हो गई थी... जब इसका बाज़ार गिरने लगा, तो सूरत ने तनचोई का निर्माण करना बंद कर दिया और इस कला को जिलाने की ज़िम्मेदारी बनारस के बुनकरों ने ले ली।'[58]

चीनी वस्त्र उद्योग और परिधानों का प्रभाव सामग्रियों और रूपांकनों से भी आगे निकल गया: पारसियों के प्रारंभिक वस्त्र आभास देते हैं कि साड़ी के साथ पहने जाने

वाले ब्लाउज़ों जैसी विशिष्ट रूप से 'भारतीय' चीज़ों के विकास में भी चीनी डिज़ाइनों ने अहम भूमिका निभाई थी।[59]

ये भी अदृश्य हाथों द्वारा छोड़े गए निशान हैं जिन्होंने भारतीय आधुनिकता की दृष्टिक भाषा को आकार दिया था।

बेबाक तौर पर एक व्यापारिक शहर होने के नाते ये विचित्र बात थी कि गुआंगज़ाउ कला का भी एक बड़ा केंद्र था। शहर के सबसे बड़े आकर्षणों में से एक विदेशी एन्क्लेव में ओल्ड चाइना स्ट्रीट पर मौजूद अनेक स्टूडियो थे। वहां आने वाला जो भी व्यक्ति, यहां तक कि दिन भर की छुट्टी पर आए नाविक भी, अगर ख़र्च उठा सकते थे तो वो वहां अपनी 'समरूपता' पेंट करवाते थे, जो उस ज़माने में एक बड़ी विलासिता थी जब पोर्ट्रेट अति-साधारण लोगों की पहुंच से बाहर थे।[60] गुआंगज़ाउ में, नाविक एक घंटे के अंदर अपनी पोर्ट्रेट बनवा सकते थे, जबकि कोई समुद्री कैप्टन या अमीर व्यापारी शहर के सबसे मशहूर कलाकारों को अपनी बड़ी सी पोर्ट्रेट बनाने का काम दे सकते थे (देखें चित्र 21)। कैंटन ग्रेजुएट्स वापस आते समय हमेशा अपने साथ ऐसी अनेक पोर्ट्रेट लाते थे; उनमें से कुछ को आज भी उनके बंगलों की दीवारों पर देखा जा सकता है।

गुआंगज़ाउ के पेंटर जितने प्रतिभाशाली थे, उतने ही उदारमना भी थे। वो ख़ुशी से पोर्ट्रेट की अनेक प्रतियां बना देते थे, और अनेक आकारों में, यहां तक कि मिनिएचर भी जिन्हें लॉकेट में लगाया जा सकता था – अनेक मिनिएचर जो पीढ़ी दर पीढ़ी इंग्लिश, डच और अमेरिकी परिवारों में सौंपे जाते रहे हैं, वो दरअसल गुआंगज़ाउ में ही बनाए गए थे।[61] वो तो मिनिएचर को आदमक़द पोर्ट्रेट बनाने के लिए भी तैयार रहते थे, जो कि बहुत ही सुविधाजनक विकल्प था क्योंकि लॉकेटों को आसानी से समुद्री कैप्टन के सामान में ले जाया जा सकता था। एक काम जो पेंटर कभी नहीं करते थे, वो था चित्र बनवाने वाले की चापलूसी करना। कहा जाता है कि जब किसी ने ऐसा करने को कहा, तो एक पेंटर ने जवाब दिया: 'ख़ूबसूरत चेहरा कैसे बन सकता है, जबकि ख़ूबसूरत चेहरा है ही नहीं?'[62]

गुआंगज़ाउ के स्टूडियोज़ ने अपने पश्चिमी संरक्षकों के लिए बहुत सारी कलाकृतियां भी बनाई थीं। इनमें यूरोपीय कला के मशहूर शाहकारों की बेहतरीन नक़ल के साथ-साथ 'टिपिकल' चीनी दृश्यों की स्मृति-चिह्न रूपी पेंटिंग्स की भारी तादाद भी थी। 'अश्लील

क़िस्म' की तस्वीरें एक और महारत थी क्योंकि युवा नाविकों और व्यापारियों के बीच पोर्नोग्राफ़ी की बहुत मांग थी।[63]

गुआंगज़ाउ के कलाकारों की कुछ सबसे प्रभावशाली विशेषज्ञताएं 'प्राकृतिक इतिहास की पेंटिंग्स' थीं, यानी पशुओं और पौधों के चित्र।[64] इन पेंटिंग्स ने न केवल पश्चिमी वानस्पतिक कला की तकनीकों और शैलियों पर गहरा प्रभाव डाला, बल्कि उन्होंने अक्सर यूरोपीय वनस्पतिशास्त्रियों को चीन के फूलों से परिचित करवाने का काम भी किया।[65] पौधों और पक्षियों के अनेक सुंदर चित्र, जो अब इंग्लैंड और अमेरिका के आरामदायक बेड-एंड-ब्रेकफ़ास्ट की दीवारों पर टंगे होते हैं, चीन में बने थे, और जो नहीं भी बने थे वो भी गुआंगज़ाउ के कलाकारों के प्रभाव को दर्शाते हैं।[66]

गुआंगज़ाउ के स्टूडियो अद्भुत विविधता की हज़ारों तस्वीरें बना पाते थे, इसकी एक वजह ये थी कि वहां काम करने वाले कारीगर बहुत उत्कृष्ट कलाकार नहीं थे–यानी, वो स्क्रॉल पेंटिंग बनाने या चीनी कैलिग्राफ़ी करने वाले बहुत परिष्कृत विद्वान या सुशिक्षित क़िस्म के लोग नहीं थे। गुआंगज़ाउ के बहुत से कलाकार श्रमिक वर्ग से थे और उनका संबंध पोर्सिलेन भट्ठों से था। चीनी पोर्सिलेन निर्माताओं के पास यूरोपीय अभिरुचि को संतुष्ट करने का अनुभव था, और वो पश्चिमी डिज़ाइनों को फिर से बनाने के लिए स्टैंसिल्स का प्रयोग करने में दक्ष थे। गुआंगज़ाउ के कलाकार ऐसी ही कुछ दक्षताओं को अपने स्टूडियो में लाए – वहां भी स्टैंसिल्स का भारी प्रयोग होने लगा; वास्तव में, उनकी बहुत सी पेंटिंग्स और चित्र हर बार नए सिरे से बनाने की बजाय असेंबल किए हुए होते थे।[67] उस समय तस्वीर निर्माण एक वास्तविक उद्योग था – मशीनों के बिना मशीनी पुनरोत्पादन! ये परंपरा हमारे समय तक अटूट चली आ रही है: शेनज़ेन के पास दाफ़ेन गांव आज 'हाथ से चित्रित कला का दुनिया का सबसे बड़ा उत्पादन केंद्र, चीन का मॉडल आर्ट उद्योग, और पश्चिमी खुदरा व्यापारियों के लिए पश्चिमी शाहकारों की तैल-नक़लों का बेहतरीन स्रोत है।'[68]

गुआंगज़ाउ के स्टूडियोज़ में अनेक विभिन्न कौशल स्तर के कलाकार थे: उनमें से सर्वश्रेष्ठ उत्कृष्ट पेंटर और शिल्पकार थे, जो यूरोपीय और चीनी कला के अग्रणी मिश्रण का निर्माण करते थे। कुछ ने अपने जीवनकाल में ही पश्चिम में सराहना हासिल की। एक कलाकार तान चेत-क्वा ने, जिसे यूरोपीय चिटक्वा नाम से जानते थे, 1760 के दशक में ही लंदन की यात्रा की थी और रॉयल एकेडमी में अपनी तस्वीरों को प्रदर्शित किया

था जहां उसे बहुत सराहना मिली।[69] वो अनेक मशहूर हस्तियों से मिला जिनमें जोसिया वैजवुड और जेम्स बॉस्वेल शामिल थे, और बकिंघम पैलेस में किंग जॉर्ज तृतीय और क्वीन शार्लट ने उसका स्वागत किया था। उसे योहान ज़ोफ़ैनी की मशहूर पेंटिंग *दि एकेडेमीशियन्स ऑफ़ द रॉयल एकेडमी*[70] में भी शामिल किया गया था।

गुआंगज़ाउ के दूसरे कई कलाकारों ने भी उन्नीसवीं सदी के शुरू में लंदन और बॉस्टन में अपनी कलाकृतियों की प्रदर्शनी लगाई थी। मुंबई में ताज महल होटल के संस्थापक जमशेतजी टाटा जैसे पारसी व्यापारी बहुत सी पेंटिंग्स भारत वापस ले आए, जिनमें से कुछ को आज भी होटल की पुरानी बिल्डिंग में प्रांगण की ओर खुलने वाले गलियारों में देखा जा सकता है। सर जमशेतजी टाटा के पुत्रों सर दोराब और सर रतन टाटा ने भी चीनी कलाकृतियों और कलात्मक वस्तुओं का संग्रह किया था, जो अब मुंबई के सबसे प्रमुख म्यूज़ियम के संग्रह में हैं।[71]

इस काल के गुआंगज़ाउ के कलाकारों में सबसे उल्लेखनीय था गुआन चियाओचांग, जिसे पश्चिमी लोग लामक्वा के नाम से जानते थे (देखें चित्र 17)।[72] उसका काम इतना असाधारण था, और पश्चिमी तकनीकियों पर उसे इतनी महारत हासिल थी कि बहुत से विदेशी समझते थे कि उसने जॉर्ज चिनरी से शिक्षा पाई थी।[73]

वास्तव में गुआन चियाओचांग कलाकारों के एक प्रतिष्ठित परिवार से था (पटना घराने की तरह, गुआंगज़ाउ के अनेक कलाकार परिवारों द्वारा जुड़े होते थे), और ऐसा लगता है कि चिनरी के मकाउ आने से पहले ही वो एक स्थापित पेंटर बन चुका था।[74] हालांकि गुआन चियाओचांग निश्चित रूप से चिनरी को जानता था, और शायद उससे प्रभावित भी रहा हो सकता है, मगर इस बात का कोई प्रमाण नहीं है कि वो उसका शिष्य था – ख़ुद चिनरी ने इसका ज़ोरदार खंडन किया था।[75] और चिनरी के विपरीत, जिसकी विशेषता लैंडस्केप और सड़क के दृश्य थी, गुआन चियाओचांग की विशेषता पोर्ट्रेट थी, एक ऐसा क्षेत्र जिसमें वो निश्चित रूप से चिनरी से कहीं ज़्यादा दक्ष था।

इस संबंध में गुआन चियाओचांग और जॉर्ज चिनरी की काफ़ी कुछ समान विषयों पर बनी कुछेक पेंटिंग्स की तुलना करना दिलचस्प होगा (देखें चित्र 18 एवं 19)। चिनरी की पेंटिंग मकाउ के एक मशहूर इंग्लिश सर्जन डॉ. थॉमस कॉलेज की पेंटिंग है: वो डॉक्टर को गर्वीले अंदाज़ में दर्शाता है, और उसके पीछे एक शानदार पर्दा लहरा रहा है।

गुआन चियाओचांग की तस्वीर एक अमेरिकी सर्जन डॉ. पीटर पार्कर की है जो गुआंगज़ाउ के विदेशी एन्क्लेव में एक मुफ़्त क्लिनिक चलाता था: इसमें उसे एक कुर्सी पर सीधे दर्शक को देखते हुए उकेरा गया है जबकि उसका चीनी सहायक एक मरीज़ का ऑपरेशन कर रहा है। शेरविल और शिव लाल द्वारा पटना अफ़ीम फ़ैक्ट्री के एकदम विपरीत चित्रण की तरह ही यहां भी यूरोपीय पेंटर और एशियाई पेंटर की नज़र में ज़बरदस्त फ़र्क़ है: गुआन चियाओचांग की कृति कहीं ज़्यादा वास्तविक और 'स्वाभाविक' लगती है।

गुआन चियाओचांग की कुछ सबसे सशक्त पेंटिंग्स वास्तव में डॉ. पार्कर के कुछ मरीज़ों का अत्यंत बारीक चित्रण थीं, जिनमें से अनेक विकृत कर देने वाले रोगों से पीड़ित थे।[76]

गुआन चियाओचांग के चित्रों को, सीता राम और शिव लाल की तरह, अक्सर 'कंपनी आर्ट' कहा जाता है। लेकिन भारत और चीन की कंपनी आर्ट के बीच कुछ बहुत बड़े अंतर थे। भारतीय घरानों ने कभी भी गुआंगज़ाउ के स्टूडियोज़ की तरह औद्योगिक पैमाने पर चित्र नहीं बनाए; ना ही किसी भारतीय कंपनी पेंटर की शोहरत उपमहाद्वीप के बाहर गई। सीता राम असाधारण कलाकार थे और उन्हें कोलकाता में ब्रिटिश अधिकारियों ने सराहा हो सकता है, मगर तान चेत-क्वा के चित्रों की तरह उनकी कृतियों को कभी रॉयल एकेडमी में नहीं दर्शाया गया। ना ही कभी किसी भारतीय 'कंपनी कलाकार' ने इंग्लैंड में कोई ख्याति पाई। ऐसा क्यों था?

शायद ये प्रश्न पूछने वाला मैं पहला व्यक्ति नहीं हूं: सर जमशेतजी जीजीभॉय ने भी यही पूछा होगा, क्योंकि 1850 के दशक में उन्होंने बहुत उल्लेखनीय काम किया था – उन्होंने बॉम्बे में एक आर्ट स्कूल की स्थापना के लिए एक लाख रुपए की राशि दान की थी, जो कि उस समय के हिसाब से बहुत बड़ी राशि थी।[77] अब सर जे.जे. स्कूल ऑफ़ आर्ट के नाम से मशहूर इस स्कूल ने 1857 में अपने दरवाज़े खोले थे: तब से इसने ना केवल भारतीय कला और संस्कृति पर, बल्कि उपमहाद्वीप के सारे विज़ुअल लैंडस्केप पर बहुत भारी प्रभाव डाला है। स्कूल के बहुत से विद्यार्थियों ने अंतरराष्ट्रीय ख्याति अर्जित की, जैसा कि सर जमशेतजी जीजीभॉय ने चाहा होगा।[78]

सर जे.जे. स्कूल ऑफ़ आर्ट के अधिकांश प्रारंभिक शिक्षक और प्रिंसिपल ब्रिटेन के थे। जॉन ग्रिफ़िथ्स भी उनमें से एक थे जिन्होंने अजंता के भित्ति-चित्रों की नक़ल की

थी, और एक अन्य थे, मशहूर लेखक के पिता लॉकवुड किपलिंग। इन दोनों घोर अंग्रेज़ी नामों से ऐसा आभास हो सकता है कि सर जे.जे. स्कूल ऑफ़ आर्ट 'आंग्लीकरण' या 'पश्चिमीकरण' की कहानी का एक अध्याय था – मगर, वास्तव में, स्कूल की स्थापना का मूल एक बिल्कुल ही भिन्न दिशा में इशारा कर रहा था। इसकी स्थापना चीनी व्यापार में अर्जित धन से, भारत के चीनी व्यापारियों में सबसे प्रमुख व्यक्ति द्वारा की गई थी – वो व्यक्ति जो कभी केप ऑफ़ गुड होप से आगे नहीं गया था मगर चार बार गुआंगज़ाउ जा चुका था और जॉर्ज चिनरी समेत अनेक कलाकारों के सामने बैठकर चित्र बनवा चुका था। मेरे मन में इसे लेकर कोई संशय नहीं है कि गुआंगज़ाउ में सर जमशेतजी जीजीभॉय का अनुभव ही था – वो अनुभव जो उन्होंने अपने समुदाय के बहुत से लोगों के साथ बांटा था – जिसने उन्हें इस शानदार संस्थान की नींव डालने के लिए प्रेरित किया था: ये प्रेरणा उस तस्वीर में भी स्पष्ट है जो आज स्कूल की विकिपीडिया प्रविष्टि में सुशोभित है – ये अपने चीनी अकाउंटेंट के साथ सर जमशेतजी की एक पेंटिंग है जिसे चीन में जॉर्ज चिनरी ने बनाया था।

फ़र्नीचर गुआंगज़ाउ के कारीगरों की एक और विशेषता थी। शहर में अनेक वर्कशॉपें थीं जो पश्चिमी शैली के फ़र्नीचर की हूबहू नक़ल तैयार कर सकती थीं: कई चीज़ें जिन्हें आज चिपेनडेल, हैपलव्हाइट या शेकर के तौर पर चलाया जाता है, वो दरअसल पुनरोत्पादन हैं जिनका मूल गुआंगज़ाउ में तलाशा जा सकता है। लेकिन शहर से निकला सबसे शानदार फ़र्नीचर अक्सर वो होता था जिसे लोकल कारीगर स्वतंत्र रूप से संशोधित करके, डिज़ाइन के कई तत्वों को मिलाकर बनाते थे: उनके कुछ फ़र्नीचर अद्भुत ढंग से अपने समय से बहुत आगे के लगते हैं।[79]

हालांकि गुआंगज़ाउ के कलाकार कई माध्यमों में उत्कृष्ट वस्तुओं को बनाने में सक्षम थे, लेकिन वो सबसे ज़्यादा उल्लेखनीय अपनी अनुकूलनशीलता और आडंबरहीनता के लिए थे: अगर कोई ख़रीदार कोई सस्ती चीज़ चाहता था, तो वो उतनी ही तत्परता से उसे वो उपलब्ध करवा देते थे जितनी तत्परता से कोई महंगी या परिष्कृत वस्तु करवाते। दुनिया के दूसरे हिस्सों के कारीगर संभ्रांत वर्ग की मांगों को पूरा करते थे, मगर गुआंगज़ाउ के शिल्पकारों की निगाह हमेशा व्यापक बाज़ार पर रही प्रतीत होती है। इस मामले में

भी वो अपने समय से बहुत आगे थे। सदियों पहले आइकिया की प्रत्याशा करते हुए, शहर के बढ़इयों ने एक ऐसी प्रणाली तक विकसित कर ली थी जिसके द्वारा बड़े आकार के फ़र्नीचर उनकी वर्कशॉप से यूनिटों के रूप में जाते थे जिन्हें ख़रीदार रीअसेंबल कर सकता था।[80]

चीन की निर्यातित वस्तुओं, कलाकृतियों और फ़र्नीचर का शायद सबसे प्रभावशाली एकल संग्रह मैसाचुसेट्स के सेलम में पीबॉडी एसेक्स म्यूजियम में है (जो कि हैरत की बात नहीं है क्योंकि न्यू इंग्लैंड के अनेक कैंटन ग्रेजुएट्स चीनी वस्तुओं के उत्साही संग्रहकर्ता थे)। अनेक क़ीमती दुर्लभ वस्तुओं के अलावा, म्यूजियम में रोज़मर्रा की वस्तुओं का भी एक बड़ा संग्रह है। जब मैं वहां गया तो ये देखकर अचंभित रह गया था कि उनमें से कुछ उन चीज़ों की सुदूर पूर्वज थीं जो एक लंबे समय से, लेकिन भिन्न रूपों में, मेरी अपनी ज़िंदगी का हिस्सा रही थीं। अठारहवीं सदी के उत्तरार्ध की एक उत्कृष्ट रूप से लैकर्ड पाउडर कैबिनेट में, जिसमें क़ब्जों पर झूलता ऊपरी हिस्सा और आईना था, मैंने उन ड्रेसिंग टेबलों के पुरखों को देखा जो मेरी मां की ज़िंदगी का अभिन्न हिस्सा रही थीं।[81] एक शानदार काली और सुनहरी लैकर्ड सिलाई मेज़ में मुझे अपनी मां की मेज़ पर लगी सिंगर सिलाई मशीन की पूर्वज दिखाई दे रही थी (देखें चित्र 22)।[82] तब जाकर मुझे समझ में आया कि पुरानी सिंगर मशीनों में वो चमकीली काली आभा क्यों होती थी – स्पष्ट रूप से वो लैकर के काम की नक़ल की कोशिश थी।

वस्तुओं का एक और सेट जो पीबॉडी एसेक्स में प्रमुखता से प्रदर्शित किया गया है, वो थे स्मृति चिह्न, या छोटी-छोटी कलात्मक वस्तुएं (या जैसा कि ब्रुकलिन में कहते हैं 'चॉचकी'): हाथ से पेंट किए गए पंखे, नक़्क़ाशीदार हाउसबोट, लैकर्ड बॉक्स, सांचे में ढले मिट्टी के बुत और गुड़ियां जिनके सिरों को इस तरह संतुलित किया गया है कि वो छूते या फूंक मारते ही हिलने लगते हैं।

जैसा कि कलकत्ता के मध्यवर्ग में बहुत आम था, मेरे परिवार में भी हमेशा लिविंग रूम में एक सिरे पर एक शोकेस होता था जिसमें चॉचकी भरे होते थे: उनमें प्रमुख होते थे पेंटेड पंखे, सजावटी पोर्सिलेन, लैकर्ड बॉक्स, नक़्क़ाशीदार हाउसबोट और सिर हिलाती गुड़ियां (देखें चित्र 23)। मुझे याद है, बचपन में उन मुस्कुराते, अलग से रखे सिरों को हिलते देखना कितना अशांत कर देता था: कभी-कभी वो मेरे सपनों में आ जाते थे और मैं डरकर जाग जाता था।

अपनी ज़िंदगी में चीन की अनचीन्ही मौजूदगी का पहला अहसास शायद मुझे कलकत्ता और ब्रुकलिन के अपने दो अध्ययनों के दौरान हुआ था, मगर सेलम, मैसाचुसेट्स में मुझे ये समझ आया कि मेरा दृश्य और स्पर्श का संसार मेरे अनजाने ही डिज़ाइन के ऐसे तत्वों से भरा हुआ है जिसके तार गुआंगज़ाउ के कारीगरों से जुड़े हैं।

भारत में, पारसी उन संभ्रांत न्यू इंग्लैंडवासियों के समकक्ष थे जिन्होंने अमेरिका को चीनी तौर-तरीक़ों और उत्पादों से परिचित करवाया था। ये एक छोटा सा समुदाय है मगर इसका प्रभाव इसके आकार से पूरी तरह उलट है: चाहे वो राजनीति हो या उद्योग, विज्ञान हो या परोपकार, आधुनिक भारत को परिभाषित करने वाले अगर अधिकांश नहीं तो अनेक संस्थानों और तौर-तरीक़ों को पारसी मूल में तलाशा जा सकता है।[83] ये उपमहाद्वीप की सबसे प्रभावशाली लोकप्रिय संस्कृति तक के मामले में सच है: मसलन, बॉलीवुड फ़िल्म उद्योग की जड़ें उन्नीसवीं सदी के पारसी थिएटर (घुमंतू पारसी थिएटर मंडलियों ने मलेशिया और इंडोनेशिया तक में परफ़ॉर्मैंस की एक नई विधा गढ़ दी थी – वेयांग पाररी)[84] से जुड़ी हैं। इसी तरह, भारत में क्रिकेट को एक धर्म का दर्जा देने में भी पारसियों का ही हाथ था।

मेरा ये मानना है कि कैंटन में पारसियों के प्रारंभिक अनुभव ने समुदाय को एक और मामले में अपने समय से बहुत आगे ला खड़ा किया था, एक ऐसा पहलू जिसने समकालीन भारत पर एक गहरी छाप छोड़ी है, और इसने मेरे अपने व्यक्तित्व के भी कई पहलुओं को आकार दिया है। मैं इसे इस तरह समझाता हूं: जब मैं शहरी भारत की मध्यवर्गीय संस्कृति को देखता हूं, तो एक पहलू मुझे पूरी शक्ति के साथ महसूस होता है, जिसे किसी बेहतर शब्द के अभाव में मैं एक विशिष्ट शैली कहूंगा – एक तरह की सामाजिक और भाषाई अनुकूलता, भाषाओं, भाषा-प्रयुक्तियों, संस्कृतियों और यहां तक कि व्यक्तित्वों के बीच भी अदला-बदली की क्षमता। ये एक ऐसी शैली है जो वो गुण पैदा करती है जिसे होमी भाभा – हमारे दौर के सबसे प्रमुख पारसी बुद्धिजीवी – 'हाइब्रिडिटी' कहते हैं। ये एक संवादमूलक मोड है जो उन लोगों को एक विशिष्ट सर्वदेशीयता प्रदान करता है जो कभी घर से नहीं निकले हैं; ये युवा प्रोफ़ेशनल लोगों को विदेशों में चुनौतीपूर्ण कामकाजी माहौल में ख़ुद को ढालने में मदद करता

है, और इसने वैश्विक कंपनियों और संस्थानों में शीर्ष पर पहुंचने में अनेक भारतीयों की मदद की है।

मेरी निगाह में, ये शैली अपने आप में एक संस्कृति है: भारत के अंग्रेज़ीभाषी संस्थानों में शिक्षा प्राप्त करने के दौरान मुझे इसी में संस्कारित किया गया था। तो, अगर ये वाक़ई किसी क़िस्म की संस्कृति है तो ये पूछना जायज़ होगा: इसके पूर्ववर्ती कौन हैं? इसका मूल क्या है? इसका विकास कहां और कैसे हुआ?

भारतीय उपमहाद्वीप में, यूरोपियनों और भारतीयों ने बेशक अनेक विभिन्न रूपों में एक दूसरे के साथ तालमेल बिठाया था, मगर 1760 के दशक के बाद बात लगभग हमेशा ही प्रभुत्व के, शासक और शासित के संदर्भ में रही। सैन्य शिविर, जिन्हें छावनी कहा जाता है, इसका अच्छा उदाहरण हैं: यहां, और किसी भी संस्था से ज़्यादा, भारतीय और अंग्रेज़ एक दूसरे के साथ काफ़ी निकट संपर्क में रहते थे। लेकिन फिर भी छावनी कड़ाई से निर्मित जगह थी जहां भारतीय सिपाही और ब्रिटिश अफ़सर अलग-अलग रहते थे, दोनों समूह भिन्न तरह की इमारतों में रहते थे, भिन्न तरह का खाना खाते थे और भिन्न नियमों से संचालित होते थे: आपसी संपर्क का स्थान होने के बजाय छावनियां इस हद तक दूरी बरतने का स्थल बन गई थीं कि ये आम कहा जाता था कि 'वर्दी उतारते ही सिपाही अपने "स्वाभाविक" चरित्र में लौट जाते थे।'[85] इसलिए छावनी संस्कृतिकीकरण की जगह नहीं थीं: अगर ऐसा रहा होता, तो भारत के जिस हिस्से का सबसे पहले 'पश्चिमीकरण' हुआ होता, वो पूर्वांचल होता जिसने ईस्ट इंडिया कंपनी को उसके पहले सिपाही प्रदान किए थे। लेकिन स्पष्ट रूप से ऐसा नहीं था।

बड़े प्रेसिडेंसी शहरों में भी, समूहों और समुदायों के बीच बेहद स्पष्ट लक्ष्मण-रेखाएं थीं। 'हर ब्रिटिश हास्यास्पद रूप से एक अंग्रेज़ तुर्रम ख़ां होने पर घमंड करता था,' मारिया ग्राहम ने 1812 के भारत के अपने संस्मरण में लिखा था।[86] उन्नीसवीं सदी के मध्य का एक और ब्रिटिश पर्यवेक्षक 'स्थानीय लोगों के प्रति घोर घृणा से' चकित था, 'जो भारत में अंग्रेजों को चिह्नित करती है, जिसे शायद कलकत्ता से ज़्यादा और कहीं नहीं सहेजा जाता, केवल सरकारी भवनों में ही नहीं, बल्कि स्वतंत्र निवासियों के बीच भी, और जो एस्प्लेनेड पर शामों में बहुत मुखर होती है।'[87]

और असल में यही वजह थी कि 1840 से पहले का गुआंगज़ाउ इतना अनूठा और दिलचस्प था: ये एक ऐसा स्थान था जहां प्रमुख शक्ति एशियाई थे, न कि यूरोपियन;

ये एक ऐसा स्थान था जहां पश्चिमी, भारतीय और चीनी लोग निकट संपर्क में रहते थे, व्यापारिक, राजनीतिक और सामाजिक रूप से एक दूसरे पर निर्भर होते थे; इसके अलावा कैंटन के कारोबारी अधिकारी नहीं बल्कि व्यापारी थे, और वो समान शर्तों पर एक दूसरे के साथ व्यापार करने के आदी थे क्योंकि वो इसी तरह संपत्ति अर्जित करते थे।

शुरुआती औपनिवेशिक युग में, बहुत कम भारतीय यूरोप की यात्रा करते थे, लेकिन दक्षिण चीन की ओर नियमित रूप से अच्छी-ख़ासी संख्या में जाते थे। ये एक ऐसा समय था जब समुदाय – एशियाई और यूरोपियन समान रूप से – अपने-अपने रीति-रिवाजों से जुड़े रहने पर बहुत बल देते थे, पर फिर भी गुआंगज़ाउ का विदेशी एन्क्लेव ऐसा स्थान था जहां अनन्यता असंभव थी। वहां रहने वाले पारसियों को अनिवार्य रूप से सामाजिक आदान-प्रदान के ऐसे तरीक़े ईजाद करने पर मजबूर होना पड़ा जो उन्हें विभिन्न तरह के विदेशियों के साथ आसानी से रहने की इजाज़त देते थे – और ऐसा करने में वो शानदार ढंग से कामयाब भी रहे। शायद यही वजह है कि मुंबई आज भी, और हमेशा से ऐसा शहर रहा है जहां आधुनिक शहरी भारत की सांस्कृतिक शैलियों को बहुत ही सहज और सुगम तरीक़े से जिया जाता है।

तो क्या ये संभव है कि न तो भारत वो स्थान था और न ही यूरोप जहां सांस्कृतिक अनुकूलन की उपमहाद्वीपीय शैलियां खोजी गई थीं? क्या ये संभव है कि उन्हें वास्तव में चीन में खोजा गया हो? अगर ऐसा है, तो निश्चय ही संस्कृतिकरण की उस प्रक्रिया को जिसे 'पश्चिमीकरण' कहा जाता है, 'कैंटनीकरण' कहना चाहिए?

मेरा ऐसा कहने का कोई इरादा नहीं है कि उन्नीसवीं सदी में भारत का 'चीनीकरण' हो गया था: बल्कि मुद्दा ये है कि गुआंगज़ाउ ने एक प्रकार के वैश्वीकरण के विकास में बहुत अहम भूमिका निभाई थी जिसमें बहुत सारे अलग-अलग तरह के प्रभाव घुल-मिल गए थे।[88] कैंटनीकरण की अवधारणा पहली नज़र में बेतुकी लग सकती है – लेकिन तनचोई साड़ियों, बाग़ों, चाय पीने, हिलती गुड़ियों और सर जे.जे. स्कूल ऑफ़ आर्ट समेत बहुत सी दूसरी चीज़ों के मामले में ये विशेषीकरण स्वयं-स्पष्ट है।

पंद्रह

समुद्र को शांत करने वाली टॉवर

गुआंगज़ाउ के केंद्रीय ज़िले 900 साल तक एक विशाल दीवार से घिरे रहे थे जो सात मीटर से ज़्यादा ऊंची और छह मीटर से ज़्यादा चौड़ी थी और जिसमें सोलह मीनारदार गेट थे।[1] दस किलोमीटर लंबी दीवार पर्ल नदी के साथ-साथ जाती थी और फिर शहर की ओर घूमकर युएशो पर्वत (यूएशोशान, नॉर्थ हिल) के शिखर पर पहुंचती है जहां से नीचे मौजूद सारा मैदान दिखता है (देखें चित्र 14)।[2] चोटी पर दीवारें एक शानदार, पांच मंज़िला इमारत से जुड़ी हुई थीं जिसमें चौड़ी-चौड़ी बालकनियां और ऊपर को मुड़े छज्जों की झालरें सी थीं: ये ज़ेनहाई (शाब्दिक अर्थ में, 'समुद्र को शांत करने वाली') टॉवर थी।

पुराने शहर की दीवारों का आज लगभग कोई नामो-निशान नहीं है। उन्हें 1920 के दशक में, शहर के तत्कालीन मेयर सुन यात-सन के बेटे द्वारा छेड़े गए आधुनिकीकरण के दौरान गिरा दिया गया था।[3] पुरानी क़िलेबंदी का आज भी मौजूद एकमात्र खंड ज़ेनहाई टॉवर है जो एक बहुत बड़े और ख़ूबसूरती से संवारे गए पब्लिक पार्क के सामने है। टॉवर अब गुआंगज़ाउ का नगर म्यूज़ियम है, और इसकी पांचों मंज़िलों में अठारहवीं और उन्नीसवीं शताब्दी की वस्तुओं का एक बहुत बड़ा संग्रह है, जिनमें से अधिकांश अफ़ीम युद्धों से संबंधित हैं।

गुआंगज़ाउ की अपनी यात्राओं पर मैं अक्सर ज़ेनहाई टॉवर जाता था, और इसने अंतत: आइबिस त्रयी में एक अहम भूमिका निभाई। *रिवर ऑफ़ स्मोक* में, अर्ध-भारतीय

कलाकार रॉबिन चिनरी को टॉवर में ज्ञान-प्राप्ति का अनुभव होता है। ऊपरी मंज़िल तक चढ़कर जाने पर रॉबिन पाता है कि वो अपने नीचे फैले पूरे शहर को देख सकता है। जब उसको नज़ारे दिखाए जाते हैं, तो वो ये पाकर हैरान भी होता है और ख़ुश भी (जैसे मैं हुआ था) कि गुआंगज़ाउ के नक़्शे पर भारत की छाप कितनी गहरी है। शहर के दो सबसे पुराने और सबसे महत्वपूर्ण बौद्ध मंदिर भारतीय भिक्षुओं से जुड़े हैं – धर्मयास जो शायद कश्मीर के थे; और बोधिधर्म जो शायद दक्षिण भारत के थे। मंदिर चहल-पहल से भरे हैं, उपासकों की भीड़ रोज़ाना उनके परिसर में उमड़ी आती है। ज़ेनहाई टॉवर के पास ही नगर की संरक्षक देवी गुआनयिन का मंदिर है, जो कुछ किवदंतियों के अनुसार वास्तव में भारतीय बौद्ध भिक्षुणी थीं। रॉबिन ये सोचकर हतप्रभ रह जाता है (मेरी ही तरह) कि गुआंगज़ाउ की रक्षक देवी एक स्त्री थीं जो शायद कभी साड़ी पहना करती होंगी।

मई 1841 में हुए पहले अफ़ीम युद्ध के अंतिम दौर की पृष्ठभूमि में लिखी गई *फ़्लड ऑफ़ फ़ायर* में, ज़ेनहाई टॉवर बिल्कुल ही अलग तरह के दृश्यों में दिखाई देती है। इस समय तक ब्रिटिश अभियान बल की चीन में मौजूदगी को ग्यारह से कुछ कम माह हो गए थे। बल छोटा सा था, जिसमें लगभग चार हज़ार योद्धा थे जिनमें से क़रीब आधे भारतीय सिपाही थे।[4] लेकिन अभियान की नौसेना घातक रूप से शक्तिशाली थी, मुख्य रूप से अपने एक गुप्त हथियार की वजह से, जिसे पहले कभी इस दरिया में नहीं देखा गया था – कोयले से चलने, और लोहे के पेटे वाली गनबोट, जिसका नाम सटीक रूप से *नेमेसिस* रखा गया था।[5] गनबोट की अगुआई में बल ने चिंग सेनाओं को कई बार हराया, और अनेक शहरों पर छापे मारे और लूटपाट की। मगर छिटपुट प्रतिरोध जारी रहा, और चीन के शासक हार मानने के लिए तैयार नहीं थे: उन्होंने ब्रिटेन की मांगों का प्रतिरोध जारी रखा जिनमें विदेशी अफ़ीम तस्करों को हुए नुकसान के 'मुआवज़े' के तौर पर साठ लाख चांदी के डॉलर्स का भुगतान करने की मांग भी शामिल थी। चिंग शासन पर और ज़्यादा दबाव डालने के लिए अंग्रेज़ों की हाई कमान ने ज़ेनहाई टॉवर पर हमला करने और दीवारबंद शहर में सेंध लगाने की अपनी योजना को अंजाम देने का फ़ैसला किया जिसकी तैयारी लंबे अरसे से चल रही थी।[6]

हमले के लिए चुनी गई टुकड़ियों में से एक कंपनी 'बंगाल वॉलंटियर्स' की थी जिसमें 112 बिहारी सिपाही और चार ब्रिटिश अफ़सर थे। कंपनी का सबसे सीनियर सिपाही एक सार्जेंट, हवलदार केसरी सिंह था, जिसकी बहन दीती *सी ऑफ़ पॉपीज़* की प्रमुख किरदार है। ख़ुद केसरी सिंह *फ़्लड ऑफ़ फ़ायर* के मुख्य पात्रों में से है।

24 मई को केसरी सिंह और बंगाल वॉलंटियर्स की उसकी कंपनी गुआंगज़ाउ से 13 किलोमीटर दूर व्हैम्पोआ में एक सैनिक जहाज़ पर सवार होती है। वो एक ब्रिगेड का हिस्सा हैं जिसमें 37वीं मद्रास नेटिव इंफ़ैंट्री के 215 सिपाही और 49वीं हर्टफ़ोर्डशायर रेजिमेंट के 273 ब्रिटिश सैनिक हैं। ये ब्रिगेड उन चार ब्रिगेडों में से एक है जिन्हें उन चार छोटे क़िलों पर क़ब्ज़ा करने का काम सौंपा गया है जो ज़ेनहाई टॉवर के उत्तरी दिशा के पहाड़ों की सुरक्षा करते हैं।

इस बीच, एक ज़बरदस्त तूफ़ान पर्ल नदी डेल्टा की ओर बढ़ते हुए दक्षिण चीन के समुद्र में उमड़ रहा है, इसके आने की आशंका में गुआंगज़ाउ में मौसम दमघोंटू और भयंकर रूप से गर्म हो गया है। गर्मी में भुनते हुए, केसरी सिंह लड़ाई छिड़ने के लिए बेताब हो रहा था। मगर रानी विक्टोरिया का जन्मदिन है तो दोपहर में बंदूक़ों की सलामी होगी, टोस्ट होगा, जाम पिया जाएगा, और सैनिकों को पोर्टर और माल्ट शराबों का अतिरिक्त राशन दिया जाएगा।[7]

टोस्ट होने, और शराब पीने में उम्मीद से ज़्यादा वक़्त लग जाता है और जब तक *नेमेसिस* ने सैनिक जहाज़ों को नदी में खींचना शुरू किया, तब तक शाम के चार बज जाते हैं। योजना के मुताबिक़, कारवां गुआंगज़ाउ से, लुटे-पिटे विदेशी एन्क्लेव के सामने से निकलते हुए शहर के उत्तर में एक पहले से तयशुदा तट पर रुकता है। रात घिर आई है जबकि सैकड़ों हिंदुस्तानी छावनी सेवक कैंप लगाने और शाम के खाने की तैयारियों में जुट गए हैं। लेकिन अंधेरा होने के बावजूद वो जानते हैं कि उन पर निगाह रखी जा रही है क्योंकि जब-तब पास के गांवों से देहातों को रौशन करते हुए आसमान में रॉकेट छोड़े जा रहे हैं। देर रात गए कैंप के ठीक बाहर एक हिंदुस्तानी छावनी सेवक की लाश मिलती है: सिर ग़ायब है जिससे लगता है कि उसे इनाम पर दावा ठोकने के लिए ले जाया गया है। अब सैनिकों को पता है कि उनके सिरों पर इनाम है।

अगली सुबह मौसम फिर से घुटन और उमस भरा है। दूर से ही ख़तरनाक तैयारियां चलने के संकेत दिख रहे हैं; चीनी सिपाही दीवारबंद शहर से निकले चले आ रहे हैं और हमलावरों को निशाना बनाने के लिए तोपें लगा रहे हैं।

हमलावर सेनाओं और ज़ेनहाई टॉवर के बीच कोई पांच-छह किलोमीटर तक पानी से भरे लहलहाते धान के खेत हैं। सेनाओं, और उनके छावनी सेवकों (हर सैनिक पर चार-पांच आदमी) को अब अपनी भारी वर्दियों में तपते हुए, पीठों पर भारी बोझ लादे, और अपने तोपख़ानों और सामान की गाड़ियों को धान से लबालब खेतों को काटती

संकरी पगडंडियों पर खींचते हुए कीचड़ में से निकलना होगा। आगे बढ़ने की जद्दोजहद के बीच, चीनियों की ओर से उन पर लगातार गोलाबारी हो रही है, और उनके पिछले हिस्से को ग़ुस्साए किसानों के समूह परेशान कर रहे हैं।

केसरी की ब्रिगेड का लक्ष्य एक छोटे से क़िले पर धावा बोलना है जो ज़ेनहाई टॉवर के ठीक सामने है (अब इस स्थान पर एक स्मारक है)। जब तक वो अपने लक्ष्य पर पहुंचते हैं, सेनाएं थक चुकी हैं, मगर वो एकजुट होकर हमला करते हैं और दीवारों को फलांगने में कामयाब रहते हैं; अंदर मौजूद छोटी सी टुकड़ी को जल्दी ही हरा दिया जाता है। जब केसरी क़िले के शिखर पर चढ़ता है, तो उसे सामने फैले शहर का व्यापक नज़ारा दिखता है। सब कुछ अस्त-व्यस्त है; हज़ारों लोगों को शहर के गेटों से बाहर आते, अंग्रेज़ों के आसन्न हमले से भागते देखा जा सकता है।[8]

ज़ेनहाई टॉवर पर हमला अगली सुबह होना है लेकिन इससे पहले ही चीनी कमांडरों ने सफ़ेद झंडा फहरा दिया है। बातचीत शुरू होती है, और अंग्रेज़ अब शहर को बख़्शने के 'मुआवज़े' के तौर पर साठ लाख चांदी के डॉलर्स की मांग रखते हैं।[9] चीनी मान जाते हैं, मगर पैसा जुटाने के लिए वक़्त मांगते हैं। अंग्रेज़ सेनाएं क़िलों में जहां हैं वहीं रहती हैं, लेकिन जैसे-जैसे दिन खिंचते हैं, उनकी रसद कम होने लगती है। भोजन की तलाश में खोजी दलों को देहात में भेजा जाता है, और वो जहां भी जाते हैं, वहां उन्हें द्वेषपूर्ण भीड़ों का सामना करना पड़ता है। सैनिकों को लूटपाट न करने के आदेश हैं, मगर हालात ऐसे हैं कि वो बिना ताक़त का इस्तेमाल किए राशन नहीं जुटा सकते।[10]

ज्यों-ज्यों तनाव बढ़ता है, अनुशासन बिखरने लगता है।[11] अंग्रेज़ सैनिक एक मंदिर में घुसते हैं और दफ़्नाए जाने के लिए रखे कुछ ताबूतों को तोड़कर खोल देते हैं; बाद में ऑफ़िसर इन चार्ज दावा करता है कि वो तो बस स्थानीय शव-संस्कारों का अध्ययन कर रहा था। मगर चीनियों की निगाह में, मृतक की हड्डियों से छेड़छाड़ अक्षम्य अपराध है।[12] इसके बाद सान्युआनली गांव में यौन उत्पीड़न के आरोप लगते हैं; अंग्रेज़ पहले तो इन आरोपों से इंकार करते हैं और फिर दोष, हमेशा की तरह, सिपाहियों पर मढ़ देते हैं – लेकिन चीनी रिकॉर्ड दर्शाते हैं कि उत्पीड़न के दोषी अंग्रेज़ थे।[13] सैकड़ों लोग सैनिकों से भिड़ने के लिए बाहर जमा हो जाते हैं। बाद में, भारी तादाद में स्थानीय स्त्री-पुरुष एक मंदिर में जमा होते हैं और गांव की रक्षा करने और विदेशियों को खदेड़ देने की क़सम खाते हैं।[14] वो ख़ुद को 'धर्म के रक्षक' कहते हैं और सैकड़ों बैनरों पर ये शब्द पेंट कर देते हैं।[15]

दिन घिसटते जाते हैं और फिर आख़िरकार, शुरुआती हमले के पांच दिन बाद, साठ लाख डॉलर का मुआवज़ा चुका दिया जाता है। अगली सुबह जब अंग्रेज़ फ़ौजें पीछे हटना शुरू करती हैं, तो वो नीचे मौजूद मैदान में तलवारों, भालों, छड़ी-डंडों और हंसियों आदि से लैस हज़ारों आदमियों को देखते हैं। नागरिकों का प्रतिरोध उस सबसे कहीं ज़्यादा उग्र और दृढ़ है जिसका सेनाओं ने अब तक चीन में सामना किया है। पीछे हटते हुए हमलावरों को लगातार परेशान किया जाता है, और इसे क़िस्मत की मार ही कहें कि उसी समय तूफ़ान आ धमकता है; बारिश ऐसी मोटी चादर की तरह बरसती है कि कुछ भी दिखना मुहाल हो जाता है और धान के खेत 'जल-समुद्र' बन जाते हैं।[16] पीछे हटती सेनाओं के लिए ये विनाशकारी है, ख़ासकर हिंदुस्तानी सिपाहियों के लिए, क्योंकि उनके पास पुरानी 'हिंदुस्तानी तर्ज़' की ब्राउन बैस फ़्लिंटलॉक राइफ़लें हैं, जो नम या गीली परिस्थितियों में फ़ायर नहीं करतीं (दूसरी ओर अधिकांश ब्रिटिश सैनिकों को पर्कशन-फ़ायर्ड, हर मौसम के अनुकूल बंदूक़ें दी गई हैं)।[17] अपनी फ़्लिंटलॉक राइफ़लों के काम न करने से सिपाहियों को अब नागरिकों की फ़ौज से आमने-सामने की लड़ाई लड़नी पड़ती है: टख़नों तक गहरी कीचड़ में पैरों को जमाए रखने की कोशिश करते हुए वो अपनी संगीनें और तलवारें लहराते हैं। बारिश और हवा इतनी प्रचंड है कि ये देख पाना भी मुश्किल है कि वो कहां जा रहे हैं; वो रास्ता भटक जाते हैं और सान्युआनली के पास भीड़ उन्हें घेर लेती है।

बारिश के बीच, बेहद नज़दीक से हो रही लड़ाई अब भयंकर हो जाती है। एक रक्षात्मक वर्ग बनाकर सिपाही घंटों बेतहाशा संघर्ष करते रहते हैं, और किसी तरह तब तक अपने हमलावरों को रोके रखने में कामयाब रहते हैं जब तक कि देर शाम गए 26वीं कैमेरोनियन रेजिमेंट की एक टुकड़ी आकर अपनी सभी मौसमों के अनुकूल बंदूक़ों के द्वारा नागरिकों की फ़ौजों को खदेड़ नहीं देती है।[18] बहुत कुछ तो ये बस क़िस्मत की बात थी कि ज़्यादातर सिपाहियों की जान बच जाती है।[19]

और इस तरह सान्युआनली की लड़ाई ख़त्म हुई। सार्वजनिक तौर पर ब्रिटिश हाई कमान ने इसे मामूली सी मुठभेड़ कहते हुए दरकिनार कर दिया था – हालांकि उनके आंतरिक संवादों, और बाद में दी गईं तरक़्क़ियों से पता चलता है कि उन्होंने निजी तौर पर इसे एक अलग ही नज़र से देखा था।[20] नतीजतन, सान्युआनली के बारे में ना के बराबर ही

भारतीयों या ब्रिटेनवासियों ने सुना है। मगर चीन की ऐतिहासिक स्मृति में, सान्युआनली की लड़ाई ने बहुत अधिक प्रतीकात्मक महत्व हासिल कर लिया है, और इसे ऐसी घटना के रूप में देखा जाता है जिसने साम्राज्यवाद के ख़िलाफ़ जन-प्रतिरोध के आरंभ को चिह्नित किया था।[21] पहले अफ़ीम युद्ध के अग्रणी चीनी इतिहासकार माओ हैजियान ने उन मिथकों की आलोचना की है जो सान्युआनली की लड़ाई से जुड़ गए हैं, मगर वो ये मानते हैं कि, 'सान्युआनली में अंग्रेज़ों के ख़िलाफ़ प्रतिरोध उन रूपांतरणों की श्रृंखला में पहली कड़ी था जिन्होंने आधुनिक चीनी राष्ट्रवाद का निर्माण किया।'[22] चीन में, हर स्कूली बच्चा सान्युआनली का नाम जानता है।[23]

आज, सान्युआनली की लड़ाई और साथ ही अफ़ीम युद्धों की दूसरी घटनाओं को भी पर्ल रिवर के डेल्टा पर अनेक स्थलों पर बने कुछ बड़े और परिष्कृत संग्रहालयों में याद किया जाता है। कुछ में भारी भीड़ उमड़ती है।

ये कहा जाता है कि ये संग्रहालय, और आमतौर पर अफ़ीम युद्धों का स्मारिकीकरण, चीन की 'अपमान की शताब्दी' की यादें जीवित रखने की रणनीति है ताकि राष्ट्रवाद को हवा मिलती रहे। लेकिन ये सवाल पूछे जाने योग्य है: ऐसी किसी रणनीति के न होने पर क्या वो यादें धुंधला जातीं? एरेत्ज़ो के टस्कन शहर में लोग अभी भी अपने बच्चों को 1289 में हुए कैंपाल्डीनो के युद्ध की कहानियां सुनाते हैं जिसमें फ़्लोरेंस के हाथों उन्हें हार और शर्मिंदगी झेलनी पड़ी थी। सर्बिया में, 1389 की 'फ़ील्ड ऑफ़ ब्लैकबर्ड्स' की लड़ाई को आज भी याद किया जाता है और उसकी बातें होती हैं। अमेरिका में, गृह युद्ध से जुड़े स्थानों पर हर साल हज़ारों लोग जाते हैं। जहां तक दूसरे विश्व युद्ध की बात है, तो शायद अमेरिका और ब्रिटेन में शायद ही कोई ऐसा दिन जाता हो जब अख़बारों और टेलीविज़न पर इसका ज़िक्र न होता हो।

उन्नीसवीं सदी में चीन में जो हुआ था, उसकी भयावहता को देखते हुए क्या ये कल्पना की जा सकती है कि ऐतिहासिक मनोवृत्ति वाले चीन के लोग अफ़ीम युद्धों को याद नहीं रखेंगे?

आज सान्युआनली गुआंगज़ाउ के उपनगरीय फैलाव से घिरा, केबलों और बिजली के तारों के मकड़जालों के तले संकरी गलियों वाला एक और व्यस्त, भीड़ भरा

इलाक़ा है। मगर इस इलाक़े के अंदर कहीं उस मंदिर में, जहां 1841 में गांव वाले वो शपथ लेने के लिए जमा हुए थे, एक संग्रहालय है जो सान्युआनली की लड़ाई को याद करता है। गुआंगज़ाउ और उसके आसपास के दूसरे कई मंदिर परिसरों की तरह, इसका प्रांगण आश्चर्यजनक रूप से बहुत ही शांत है, और सुदूर किसी समय की याद दिलाता है।

सान्युआनली संग्रहालय अफ़ीम युद्ध के कुछ दूसरे संग्रहालयों की तुलना में छोटा है, और इसमें प्रदर्शित वस्तुएं साधारण हैं। उनमें लिन ज़ेक्सु की घोषणाएं, चीन में अफ़ीम की खपत के चार्ट, ज़ब्त की गई ब्रिटिश वर्दियां और नक़्शे प्रदर्शित हैं जिन पर युद्ध के बड़े-बड़े मोर्चे चिह्नित हैं। लेकिन यहां की सबसे अहम जगह उन हथियारों के संग्रह को दी गई है जिन्हें कथित रूप से लड़ाई के दौरान नागरिक सेना के स्त्री-पुरुषों ने इस्तेमाल किया था: छोटी तलवारें, हथौड़े, डंडे, भाले, हंसिये, त्रिशूल आदि।

एक प्रदर्शित वस्तु जिसे सान्युआनली समेत अनेक अफ़ीम युद्ध के संग्रहालयों में देखा जा सकता है, कांच की एक कैबिनेट है जिसमें अफ़ीम के पाइप और पात्र उन वस्तुओं के पास सजाकर रखे गए हैं जो तोप के काले गोलों जैसे दिखते हैं: ये मिट्टी के उन पेंट किए हुए पात्रों की नक़ल हैं जिनमें ग़ाज़ीपुर और पटना की फ़ैक्ट्रियों से अफ़ीम बाहर भेजी जाती थी।[24]

इन अजीबोग़रीब चीज़ों में कुछ सम्मोहन सा है: वो ब्लैक होल जैसी हैं जो आपको अपने अंदर खींच लेती हैं और हज़ारों किलोमीटर दूर बिहार के अफ़ीम के खेतों में पहुंचा देती है जहां केसरी के भाई-बहन बेतहाशा मेहनत से अफ़ीम की पकी हुई गांठों को फोड़ते हैं और उनका कच्चा गोंद जमा करते हैं जिसे बाद में वो ग़ाज़ीपुर की अफ़ीम फ़ैक्ट्री ले जाएंगे जहां उन्हें अपनी मेहनत का मामूली सा मुआवज़ा दिया जाएगा।

बहुत से बिहारी सिपाहियों की तरह केसरी भी किसान परिवार से है जिसे औपनिवेशिक अफ़ीम विभाग के तहत हर साल सर्दियों में अफ़ीम की खेती करनी पड़ती है। इसका मतलब ये है कि केसरी चीन में कई मोर्चों पर विभिन्न उद्देश्यों से लड़ रहा है। एक उद्देश्य है चीनियों को भारतीय अफ़ीम का आयात जारी रखने के लिए मजबूर करना। लेकिन, इसका अर्थ ये भी है कि वो अनजाने में ही ये सुनिश्चित कर रहा है कि उसके परिवार की तरह दूसरे परिवारों को भी अफ़ीम विभाग के दमनकारी शासन के तहत अफ़ीम की खेती करते रहनी होगी। इस मामले में, केसरी केवल अंग्रेज़ों की ही

नहीं, बल्कि अफ़ीम की भी औपनिवेशिक प्रजा है, क्योंकि वो एक ऐसे अभियान का हिस्सा है जिसे लड़ने का मक़सद ये पक्का करना है कि पौधा अपने प्रभाव को बढ़ाना जारी रखे। और चूंकि केसरी ईस्ट इंडिया कंपनी का सिपाही है, इसलिए इसका मतलब ये हुआ कि अनजाने में ही अंग्रेज़ भी अफ़ीम के सिपाही बन गए हैं: वो लोग जो ख़ुद को सबका मालिक समझते हैं, वो दरअसल एक ऐसे जीव के उद्देश्यों को पूरा करने में लगे हैं जिसकी जीवनशक्ति और ताक़त को समझ पाने में वो असमर्थ हैं। दूसरे शब्दों में, बिहार के अफ़ीम के खेतों को उपनिवेश बनाने के चक्कर में उपनिवेशक ख़ुद ही उपनिवेश बना दिए गए हैं – एक ऐसी मानवेतर इकाई के द्वारा जिसकी बुद्धि, धैर्य और चिरायुता इंसानों से कहीं ज़्यादा है।

ये लगभग ऐसा है जैसे इस नतीजे पर पहुंचने के बाद कि दोपाए इतने ख़तरनाक पशु हैं कि उन्हें जीवित नहीं छोड़ा जा सकता, वनस्पति राज्य के बुज़ुर्गों ने मनुष्यों को एक ऐसा तोहफ़ा दे दिया जिसका प्रयोग वो जानते थे कि बहुत ही निर्मम और शक्तिशाली मनुष्यों द्वारा ऐसी आर्थिक प्रणालियों का निर्माण करने के लिए किया जाएगा जो धीरे-धीरे, अनवरत रूप से, उनकी सभ्यताओं का अंत कर देंगी।

सान्युआनली संग्रहालय में प्रदर्शित चीज़ों में लड़ाई का दृश्य दर्शाने वाला एक रंगीन चित्र है जिसमें लाल-नीले कोट वाले सैनिकों को दो नागरिक सेनाओं के बीच फंसा दिखाया गया है। इस तस्वीर में चौंकाने वाली बात ये है कि इसे बनाने वाले चित्रकार को ये जानकारी होना प्रतीत नहीं होता कि सान्युआनली की लड़ाई बुनियादी तौर पर हिंदुस्तानी सिपाहियों और चीनी ग्रामीणों के बीच हुई थी। अग्रिम पंक्तियों में दिखाई देने वाले सारे चेहरे गोरे हैं; केवल पीछे की ओर कुछ आकृतियां है जो हिंदुस्तानी सिपाहियों की हो सकती हैं (या नहीं भी हो सकतीं)। दूसरे शब्दों में, हिंदुस्तानियों को मूल रूप से तस्वीर से बाहर पेंट किया गया है: इस चित्र में वो उतने ही अदृश्य हैं जितने कि इस वानस्पतिक युद्ध के दूसरे भागीदार हैं – पौधे।[25]

पहले अफ़ीम युद्ध के समय, हिंदुस्तानी सिपाही किसी भी रूप में चीनियों के लिए अदृश्य नहीं थे। इसके उलट, उन्होंने चिंग सैन्य लीडरों के बीच बहुत भारी उत्सुकता जगाई थी, जो ये अच्छी तरह समझ गए थे कि 'अश्वेत विदेशी श्वेत विदेशियों द्वारा दूसरों

को ख़तरे में झोंकने का एक ज़रिया हैं, और अगर वो एक दिन के लिए भी खो जाएं तो श्वेत विदेशी पाएंगे कि उनका बल कम हो गया है और उनका हौसला पस्त हो जाएगा।'[26]

पहले अफ़ीम युद्ध के चीन के स्मारिकीकरण से हिंदुस्तानियों को मिटाना केवल पश्चदृष्टि में हुआ होगा। इसे दो तरह से देखा जा सकता है: या तो ऐसा सोच-समझकर किया गया था, या ये ऐतिहासिक उदारता का एक भाव था जो ये मानता है कि युद्ध को हिंदुस्तानियों ने नहीं भड़काया था। जो भी हो, हिंदुस्तानियों को कहानी के हाशिये पर धकेल दिया गया है।

जब मैं सान्युआनली में घूम रहा था (जहां मुझे विनम्रता और गर्मजोशी के सिवा और कुछ नहीं मिला), तो मैंने कल्पना करने की कोशिश की कि लड़ाई के दौरान केसरी को ये सड़कें कैसी लगी होंगी। उस दिन उसकी मनोस्थिति कैसी रही होगी?

ये कल्पना करना कि लड़ाई के दौरान कोई सैनिक क्या महसूस करता है, किसी भी लेखक के लिए सबसे बड़ी चुनौतियों में से एक है। किसी हद तक ऐसा इसलिए है कि लड़ाई अपने आप में सबसे गहन साइकोएक्टिव है, एक चरम प्रकार का चेतना-परिवर्तनकारी अनुभव। इसीलिए, पूरे इतिहास में, सैनिकों द्वारा युद्ध के लिए आवश्यक मनोस्थिति पाने में मदद करने के लिए साइकोएक्टिव पदार्थों का सेवन किया जाता रहा है।[27] औपनिवेशिक ब्रिटिश सेना के लिए, अधिकृत रूप से स्वीकृत पदार्थ शराब थी, जिसे सेना के बीच बंदूकों और कारतूसों जैसी सावधानी के साथ बांटा जाता था।[28]

अंग्रेज़ सैनिकों की मनोस्थिति की कल्पना करने का काम इस बात ने आसान बना दिया था कि ऐसे हज़ारों पत्र मौजूद हैं जिन्हें लड़ाई में भाग लेने वाले आदमियों ने अपना निजी ब्योरा देते हुए लिखा था। उन्नीसवीं सदी के हिंदुस्तानी सिपाहियों के मामले में बस एक ही पत्र है और वो भी अप्रामाणिक है।[29] इस अवधि की दीर्घता को देखते हुए ये चुप्पी हैरान करती है: सत्रहवीं सदी से लेकर सैकड़ों साल की अवधि में लाखों हिंदुस्तानी आदमियों ने ब्रिटिश सेनाओं में काम किया था।[30] बहुत से ऊंची जातियों के शिक्षित पुरुष थे, लेकिन फिर भी 1902 में कहीं जाकर ऐसा हुआ कि ठाकुर गदाधर सिंह नाम के एक सैनिक ने युद्ध के अपने व्यक्तिगत अनुभव प्रकाशित करवाए: हिंदी में लिखी ये किताब चीन में बॉक्सर विद्रोह के ख़िलाफ़ ब्रिटिश अभियान के संबंध में है।[31]

दस्तावेज़ी सामग्री के अभाव को देखते हुए मेरे सामने हिंदुस्तानी सिपाहियों और छावनी सेवकों द्वारा बाद में लिखे वर्णनों पर भरोसा करने के अलावा और कोई विकल्प

नहीं था। मैंने अपने पिता की दूसरे विश्व युद्ध की कहानियों, और कंबोडिया और बर्मा सीमा पर गोलीबारी के बीच होने के ख़ुद अपने अनुभवों से भी मसौदा लिया। लेकिन ये भी उन्नीसवीं सदी के एक हिंदुस्तानी सिपाही की अंदरूनी ज़िंदगी की बहुत धुंधली सी तस्वीर ही बना पाते हैं। अनेक ऐतिहासिक अध्ययनों ने दर्शाया है कि हिंदुस्तानियों, हिंदू-मुस्लिम दोनों के लिए ही सिपाहीगीरी महज़ एक व्यवसाय नहीं, बल्कि रहस्यवादी अनुभवों से जुड़ा एक आध्यात्मिक आह्वान था।[32] वास्तव में, भारत के सबसे ख़ूंख़ार योद्धाओं में से कुछ विभिन्न संप्रदायों के सूफ़ी और साधु थे। अंग्रेज़ ये समझ गए थे और वो हमेशा हर बटालियन में आम पंडितों-मौलवियों के साथ ही किसी फ़क़ीर या साधु को भी रखते थे। बटालियन के साथ कूच करते हुए ये साधु-फ़क़ीर अक्सर नग्न रहने पर बल देते थे, जिससे ब्रिटिश अफ़सरों और उनकी पत्नियों को बहुत शर्मिंदगी होती थी। लेकिन रहस्यवादियों को बर्दाश्त करना होता था क्योंकि वो जानकारी जुटाने में असाधारण रूप से माहिर होते थे, और इसलिए कि पारंपरिक मौलवी-पंडितों के मुक़ाबले सिपाही उन पर ज़्यादा विश्वास करते थे।

क्या सान्युआनली की लड़ाई वाली रात को इन परंपराओं ने केसरी और उसकी सिपाही कंपनी को जीवित रहने में मदद की थी? ये जान पाना असंभव है, इसलिए मुझे इसे एक अपरिहार्य ख़ामी के रूप में स्वीकार करना पड़ा। इसी तरह ये सवाल न पूछना भी असंभव ही है: क्या केसरी आम चीनियों को अपने दुश्मन की तरह देखता होगा?

ठाकुर गदाधर सिंह के संस्मरण से पता लगता है कि ऐसा नहीं था: उन्हें असल में, कई मायनों में, चीनियों की तकलीफ़ों से हमदर्दी थी। वास्तव में, सारी उपलब्ध सामग्री यही दर्शाती है कि विदेशों में होने वाले युद्धों में भाग लेने वाले हिंदुस्तानी सिपाहियों को उन लोगों से कोई द्वेष नहीं होता था जिनसे वो लड़ रहे होते थे: देखा जाए तो उनके लिए ये टकराव व्यक्तिगत नहीं होते थे। ये अपने ब्रिटिश अफ़सरों और साथी सैनिकों के साथ उनके रिश्तों पर था कि उनकी भावनाएं गहरे जटिल रूपों में निवेशित होती थीं।

किसी भी दूसरे हिंदुस्तानी से ज़्यादा सिपाहियों को औपनिवेशिक वरिष्ठता-क्रम के दबावों को उनके सबसे व्यवस्थित रूपों में झेलना पड़ता था।[33] परिणामस्वरूप, वो अक्सर ही विद्रोह की कगार पर होते थे और छोटी-मोटी बग़ावतें आम थीं, ख़ासकर विदेशी युद्धों में तैनात यूनिटों में। इसे ध्यान में रखते हुए, पहले अफ़ीम युद्ध में ब्रिटिश अभियान बल के कमांडर मेजर जनरल सर ह्यू गॉफ़ ने ख़ासतौर से निवेदन किया था कि सिपाहियों को

नियमित रूप से विदेश में सेवा के लिए मिलने वाले अतिरिक्त वेतन, और 'उन्हें मिलने वाले सभी लाभों' की याद दिलाई जाती रहे।[34] विदेशों में सेवारत सिपाहियों को इस तरह के प्रलोभन दिया जाना आम था, लेकिन अवज्ञा और असंतोष को रोक पाने में ये हमेशा कामयाब नहीं रहते थे: उदाहरण के लिए, अफ़ीम युद्ध से एक साल पहले मलाका में 8वीं नेटिव इंफ़ैंट्री लगभग विद्रोह करने पर आमादा हो गई थी।[35] और जब सिपाहियों ने बड़ी संख्या में बग़ावत की लक्ष्मणरेखा पार की, जैसे कि 1857 में बिहार में, 1916 में सिंगापुर और 1942 में मलाया में, तो वो इस जुनून के साथ अंग्रेज़ों से लड़े थे कि इसमें संदेह की कोई गुंजाइश नहीं हो सकती कि उनके लिए ये टकराव वाक़ई बहुत ज़्यादा व्यक्तिगत थे।

केसरी सिंह जैसे सैनिक की अवचेतना के इस द्वंद्व को काग़ज़ पर उकेरने से ज़्यादा मुश्किल कुछ नहीं है| ऐसा अंदरूनी संघर्ष जो इतना शक्तिशाली है कि अंततः उसे, सान्युआनली के उस दिन के सोलह साल बाद, औपनिवेशवादियों के विरुद्ध बिहार के सिपाहियों के युद्ध में शामिल होने के लिए मजबूर कर देता है।[36]

इतिहासकार मैथ्यू मोस्का ने एक अहम अध्ययन में दर्शाया है कि चिंग अधिकारी बंदी बनाए गए हिंदुस्तानी लस्करों और छावनी सेवकों से कड़ी पूछताछ करते थे, और उन्हें ब्रिटिश सेनाओं में प्रचलित नस्लीय वरिष्ठता क्रम की अच्छी-ख़ासी जानकारी थी। उन्होंने इन तनावों को भुनाने की कुछ नाकाम कोशिशें तक की थीं। विद्रोह भड़काने की एक चीनी योजना में लिखा था:

> हर मुठभेड़ में लड़ाई का दंश उन्हें (अश्वेत आदमियों को) झेलना पड़ता है, जिससे उनमें से कई घायल हो जाते हैं या मारे जाते हैं; और इस बारे में वो उस लड़ाई के प्रति अपनी अनिच्छा दर्शाते हुए जिससे उन्हें रत्ती भर भी लेना-देना नहीं है, अक्सर आंसुओं के साथ शिकायत करते हैं। इसलिए, दुश्मन की सेना में बग़ावत भड़काने के लिए, हमें इन आदमियों के साथ नर्मी बरतनी होगी... इस गुप्त समझौते के साथ कि वो अपने कमांडिंग अफ़सर को हमें सौंप देंगे।[37] [सिपाहियों के अपने कमांडिंग अफ़सरों को सौंपने के बारे में सोच पाने से भी बहुत पहले ही अंग्रेज़ों को इस योजना का पता लग गया था।]

कभी-कभी, चिंग कमांडरों ने चीनी सैनिकों पर गोली न चलाने वाले सिपाहियों को क्षमादान का वादा करते हुए घोषणाएं भी जारी कीं। लेकिन ये लगभग नामुमकिन ही था कि सिपाही इन प्रस्तावों के बारे में कभी जान पाए होंगे क्योंकि सेना में असंतोष पनपने की संभावना के प्रति हमेशा सजग रहने वाले अंग्रेज़ बहुत सावधानी बरतते थे कि चीनियों के साथ सिपाहियों का संपर्क सीमित रहे।

सिपाहियों को लुभाने की चीनी कोशिशों का फूहड़पन ये देखते हुए आश्चर्यजनक है कि लिन ज़ेक्सू के पास ऐसे अनुवादकों और मुख़बिरों की एक बड़ी पलटन थी जिन्हें भारतीय भाषाओं पर अच्छी महारत थी और साथ ही वो उपमहाद्वीप के बारे में भी अच्छी जानकारी रखते थे।[38] अगर वो उनकी सलाह लेता तो शायद उन्होंने उसे बताया होता कि सिपाहियों से पाला बदलवाने की ख़ातिर सबसे पहले उन्हें अपने घरों को सुरक्षित वापसी का आश्वासन देना होगा। चीनी पक्ष के लिए इसका इंतज़ाम करना असंभव नहीं होता, ख़ासकर तिब्बत के रास्ते ज़मीनी मार्ग से। सिपाहियों को आर्थिक प्रलोभन भी चाहिए होते – आख़िरकार वो भाड़े के सिपाही थे, जिसके लिए उन्हें बहुत कम पैसा मिलता था। ये पहल थोड़ी महंगी तो साबित होती मगर निश्चय ही ये चिंग को उस अनकही लाखों की राशि से कहीं सस्ती पड़ती जो उन्हें मुआवज़े और नुकसान की भरपाई के तौर पर अंग्रेज़ों को देनी पड़ी थी। लेकिन सिपाहियों को अपनी बात अच्छी तरह से समझाने में सक्षम मध्यस्थों के ज़रिए सम्मानपूर्वक ऐसे प्रस्ताव रखने की बजाय चीनी अधिकारी अक्सर बंदी हिंदुस्तानियों के साथ उससे कहीं ज़्यादा क्रूर बर्ताव करते थे जितना वो गोरे बंदियों के साथ करते थे।[39]

एक और रणनीति अपनाकर चिंग नेतृत्व अफ़ीम युद्ध के विनाश को अगर रोक नहीं पाता, तो उसे कम तो कर ही सकता था। वो थी नेपाल के गोरखा राज्य के साथ मिलकर, जिसका उस समय चीन के साथ सहयोगात्मक संबंध था, बंगाल में ईस्ट इंडिया कंपनी पर पीछे से हमला करना।

नेपाल और तिब्बत एक लंबे समय तक चीन के लिए भारतीय उपमहाद्वीप की सूचना हासिल करने का प्रमुख स्रोत रहे थे। 1792 में जब चियानलोंग सम्राट ने तिब्बत के चिंग क्षेत्रों में चल रहे विभिन्न विवादों के कारण गोरखा राज्य पर चढ़ाई कर दी थी, तो उसके बाद नेपाल के लिए ये गतिविधि और भी महत्वपूर्ण हो गई थी।[40] जब मांचू का सेनापति फ़ूकांगन नेपाल में आगे बढ़ा तो गोरखों ने सेना और हथियारों के लिए ईस्ट इंडिया

कंपनी से मदद मांगी। लेकिन अंग्रेज़ों ने उनके निवेदन को ठुकरा दिया जिसका सबसे बड़ा मक़सद उस समय चीन की चाय तक अपनी पहुंच बनाए रखना था। गुआंगज़ाउ से निकाले जाने के डर से वो चिंग को नाराज़ करने का ख़तरा मोल नहीं ले सकते थे, इससे वो अपने राजस्व के एक बहुत महत्वपूर्ण स्रोत से हाथ धो बैठते।[41]

तो गोरखों को चिंग सेनापति के साथ संधि करनी पड़ी, और उसके बाद उन्होंने ईस्ट इंडिया कंपनी के ख़िलाफ़ चीन के साथ सैन्य समझौता करने की हर मुमकिन कोशिश की।[42] उन्होंने बार-बार चिंग को सावधान किया कि अंग्रेज़ों के 'इरादे नेक नहीं हैं और उन्होंने दक्षिण के समुद्र से लेकर उत्तर के पहाड़ों तक सारी भूमि पर क़ब्ज़ा कर लिया है; और हर जगह के राजाओं को अधीन बनाकर उन्हें अपने साथ शामिल किया जा रहा है।'[43] मगर चिंग तैयार नहीं हुआ और जब 1814 और 1816 के बीच गोरखों ने अंग्रेज़ों के साथ कई युद्ध किए तो उसने बीच में पड़ने से भी इंकार कर दिया। मगर युद्धरत पक्षों पर नज़र रखने के लिए बीजिंग ने तिब्बत में एक शाही आयुक्त और एक बड़ी सेना को भेजा था, और उस राजनयिक के कूटनीतिक हस्तक्षेपों ने ही अंततः इस टकराव को उन शर्तों पर हल करने में महत्वपूर्ण भूमिका निभाई थी जो तुलनात्मक रूप से नेपाल के पक्ष में थीं। चिंग के साथ राज्य के सहयोगात्मक संबंधों की वजह से अंग्रेज़ों ने गोरखा राज्य को अपेक्षाकृत स्वायत्त, और मुख्य क्षेत्रों पर उसके अधिकार को क़ायम रहने दिया था, वो भी एक ऐसे समय में जब ईस्ट इंडिया कंपनी विस्तारवादी अभियान पर थी, और उपमहाद्वीप के राज्यों को एक के बाद एक हड़पती जा रही थी।[44] नेपाल ने 1906 तक चीन को हर पांच साल में नज़राना भेजना जारी रखा।[45]

अगले कुछ दशकों में बीजिंग में मौजूद नेपाली राजदूतों ने बार-बार अंग्रेज़ों के इरादों के बारे में चिंग को चेतावनी दी, और उससे आग्रह किया कि गोरखा राज्य के साथ मिलकर अंग्रेज़ों पर पीछे से हमला करने की रणनीति अपनाए।[46] इस सलाह को तब भी दोहराया गया था जब चीनी पहले अफ़ीम युद्ध की लड़ाइयों में भारी हार का सामना कर रहे थे।[47] पहले अफ़ीम युद्ध के बाद भी गोरखे चीनियों से इस रणनीति पर चलने का आग्रह करते रहे। 1842 में चिंग सम्राट को संबोधित करके लिखे गए एक पत्र में राजा राजेंद्र ने विनती की थी:

> (हम) आपसे निवेदन करते हैं कि अंग्रेज़ों से लड़ने के लिए अपनी सेना भेजकर हमारी सहायता करें। चीनी सेना अगर पूर्वी रास्ते यानी सिक्किम से होकर आए तो बीस से पच्चीस दिन के अंदर कलकत्ता पहुंच सकती है, और पश्चिमी ओर यानी तकलाखार से दिल्ली पहुंचने में शाही सेना को पैंतीस से चालीस दिन लगेंगे। अगर इतनी दूर सेना भेजना मुमकिन न हो तो हमें लगभग सात से आठ करोड़ रुपए प्रदान करें ताकि हम ब्रिटिश रेज़िडेंट को अपने देश से बाहर निकाल सकें और भारत पर हमला कर सकें।[48]

क्या ये रणनीति कारगर हो सकती थी? ये कहना अनावश्यक है कि गोरखे बेहतरीन सैनिक होते हैं। जहां तक चीनी सैन्य बल की बात है, हालांकि समुद्र में तो उनका कोई मुक़ाबला ही नहीं था, मगर ज़मीन पर भी वो पूरी तरह से अप्रभावी नहीं थे। सामरिक रूप से भी, वक़्त मुनासिब था: हुआ ये था कि 1841 में, जब अफ़ीम युद्ध जारी था, अफ़ग़ानिस्तान में अंग्रेज़ों के एक आक्रमणकारी दल को मटियामेट कर दिया गया था। अगर चिंग ने गोरखों को पर्याप्त रूप से बड़ी सेना और ठीक-ठाक सामग्रीगत सहायता प्रदान कर दी होती, तो ऐसा हमला निश्चय ही अफ़ीम युद्ध में देरी करने के लिए इतना व्यवधान पैदा कर देता कि चिंग को तैयारी करने के लिए काफ़ी समय मिल जाता। बाद में चीनी अधिकारी वेई युआन ने अफ़सोस ज़ाहिर किया था, 'अगर हमारे मंत्रियों को भूगोल या विदेशी राजनीति के बारे में कुछ भी समझ होती, और वो (गोरखों को) व्यवधान पैदा करने देते, तो इंग्लैंड की हिंदुस्तानी सेनाएं अपने देश में ही व्यस्त हो जातीं, और चीन आ ही नहीं पातीं।'[49] जहां तक गोरखा राज्य की बात है, तो ज़्यादा से ज़्यादा शायद वो उत्तरी भारत में अपनी क्षेत्रीय मौजूदगी को बढ़ा सकता था, शायद दिल्ली में भी ख़ुद को स्थापित कर लेता।

मगर ये एक ऐसी चीज़ है जिसके बारे में हम बस कल्पना ही कर सकते हैं क्योंकि चिंग ने गोरखों के प्रस्तावों को दो टूक मना कर दिया, क्योंकि उसे अपने सहयोगियों द्वारा टकरावों में खींचे जाने को लेकर गहरी पैठी आपत्ति थी।[50] लेकिन फिर भी ये तथ्य कि नेपाल आज तक भी एक स्वतंत्र राज्य है, उन तरीक़ों का एक संकेत है जिनसे चाय, अफ़ीम और चीन के अनेक अदृश्य हाथों ने भारतीय उपमहाद्वीप के इतिहास को ही नहीं बल्कि राजनीतिक भूगोल को भी आकार दिया था।

सोलह

साम्राज्य का स्तंभ

'आप मार्केट के पीछे नहीं भागते, मार्केट बनाते हैं,' टीवी की मिनीसीरीज़ *डोपसिक* में सैकलर परिवार का एक सदस्य कहता है, जिससे इस कहानी का पता चलता है कि कैसे उनकी कंपनी पर्ड्यू फ़ार्मा ने ऑक्सिकॉन्टिन नाम की अफ़ीमसम-आधारित पेनकिलर के ज़रिए अरबों कमाए थे।[1]

1996 में, जब पर्ड्यू फ़ार्मा ने ऑक्सिकॉन्टिन निकाली थी तब इस दवा की बिक्री 48 मिलियन डॉलर की हुई थी। चार साल बाद इसकी बिक्री बढ़कर 1.1 बिलियन डॉलर हो गई, 2,192 प्रतिशत की बढ़ोतरी।[2] ईस्ट इंडिया कंपनी की अफ़ीम को थोपने के कार्यक्रम की सफलता भी इतनी शानदार नहीं थी, लेकिन फिर भी हैरतअंगेज़ थी। 1729 से 1830 के बीच के 101 साल में, चीन में कंपनी का अफ़ीम निर्यात 200 से 30,000 पेटी हो गया था, 14,900 प्रतिशत की बढ़ोतरी।[3] बाद के वर्षों में आंकड़े लगातार बढ़ते रहे, और 1840 में, पहले अफ़ीम युद्ध से ठीक पहले तक, ये लगभग 40,000 पेटी तक पहुंच गया था।[4] दूसरे शब्दों में, बस दस साल में, 1831 से 1840 तक, चीन में भारत से इतनी अफ़ीम पहुंची थी जितनी पिछली पूरी सदी में गई थी।[5] 1837 तक अफ़ीम चीन के कुल आयात का 57 प्रतिशत हो गई थी।[6] लेकिन ये तो बस शुरुआत थी। दोनों अफ़ीम युद्धों के बाद, 1880 में 105,507 पेटियों के चरम स्तर पर पहुंचने तक अंग्रेज़ों के अफ़ीम निर्यात का साम्राज्य लगातार बढ़ता गया।[7] इन निर्यातों का एक विशाल हिस्सा चीन पहुंचता था।

अंग्रेज़ों के औपनिवेशिक शासन के लिए ये छप्पर-फाड़ समृद्धि से कम नहीं था। 1790 के दशक में अफ़ीम से होने वाली सालाना आमदनी लगभग 200,000 स्टर्लिंग पाउंड थी। 1880 के दशक में ये बढ़कर एक करोड़ पाउंड से ज़्यादा हो गई थी।[8] रिचर्ड्स लिखते हैं:

> 1880 के दशक तक, अफ़ीम अंतरराष्ट्रीय व्यापार का सबसे क़ीमती उत्पाद बन गई थी। एक औसत साल में, कलकत्ता और बॉम्बे से निर्यात होने वाली अफ़ीम औसतन 90,000 पेटियों से ज़्यादा थी जिनमें 5,400 मीट्रिक टन से ज़्यादा अफ़ीम होती थी। ये हैरतअंगेज़ मात्रा चीन और दक्षिणपूर्व एशिया के 13 से 14 मिलियन उपभोक्ताओं की सालाना ज़रूरत को पूरा करती थी जो रोज़ाना के हिसाब से अफ़ीम का सेवन करते थे।[9]

संभवत: ब्रिटिश साम्राज्य द्वारा लागू की गई कोई एक आर्थिक नीति इतनी कामयाब नहीं रही थी जितना कि अफ़ीम योजना। कुछ ही दशकों के भीतर, जैसा अपेक्षित था, इसने ईस्ट इंडिया कंपनी की बक़ाया भुगतान की समस्या को हल कर दिया था: इंग्लैंड से चीन में चांदी का जाना ख़त्म हो गया, और इसके उलट दिशा में सोने-चांदी का भारी प्रवाह होने लगा था।[10] 1837 में एक चिंग अधिकारी का अनुमान था कि चीन से सालाना दो करोड़ पाउंड स्टर्लिंग के लगभग का सोना-चांदी बाहर जा रहा था।[11]

भारत के उपनिवेशवादियों के लिए अफ़ीम एक आर्थिक आधार था, प्रत्यक्षतः भूमि और नमक करों के बाद शासन की आय का तीसरा सबसे बड़ा स्रोत। मगर भूमि और नमक करों की आय के विपरीत, जिसके लिए बहुत महंगी नौकरशाही चाहिए होती थी, अफ़ीम से होने वाली आय सस्ते दामों में और आसानी से हासिल हो जाती थी: ये आसान पैसा था, जिसे उपनिवेशवादियों के लगातार जारी विस्तारवादी युद्धों को वित्तपोषित करने के लिए इस्तेमाल किया जा सकता था। 'सारी साम्राज्यवादी प्रणाली जिस पर ब्रिटेन का व्यापार बड़े नाज़ुक ढंग से टिका हुआ था उस राशि पर निर्भर थी जिसे वो कर या मुनाफ़े के रूप में अफ़ीम के ज़रिए अन्य उत्पादों के कारोबार से निकाल सकती थी। और जैसे-जैसे साम्राज्य का दायरा बढ़ा, वैसे-वैसे ये निर्भरता भी बढ़ी।'[12]

काग़ज़ पर, अधिकांश उन्नीसवीं शताब्दी में अफ़ीम का उत्पादन ब्रिटिश राज के राजस्व के 16 से 20 प्रतिशत के बीच कहीं था। लेकिन ये आंकड़े उन सभी गौण उद्योगों को ध्यान में नहीं रखते हैं जो अफ़ीम द्वारा समर्थित थे, जिनमें सबसे ज़्यादा उल्लेखनीय जहाज़रानी और परिवहन थे। इन उद्योगों ने न केवल कारोबारियों के लिए भारी मुनाफ़ा अर्जित किया, बल्कि उन पर लगे कर साम्राज्य के लिए भी भारी मुनाफ़ा कमाते थे। अगर इन दूसरे उद्योगों पर भी ध्यान दिया जाए तो अफ़ीम से होने वाली कुल आमदनी शायद उससे कहीं ज़्यादा रहेगी जितनी भूमि और नमक करों से हासिल होती थी। बेशक, चीनी-भारतीय इतिहासकार तैन चुआंग का अनुमान था कि 'चीन के कारोबार में ब्रिटेन ने इतना अधिक आर्थिक लाभ हासिल कर लिया था जो उसके भारतीय उपनिवेश के आधे मूल्य के बराबर रहा होगा।'[13] एशिया में दूसरे यूरोपीय साम्राज्य भी इसी तरह से अफ़ीम पर निर्भर थे: हालांकि डच ईस्ट इंडीज़ और फ़्रेंच इंडोचाइना अफ़ीम का उत्पादन नहीं करते थे, लेकिन ये ड्रग डच ईस्ट इंडीज़ के राजस्व का 35 प्रतिशत और फ़्रेंच इंडोचाइना के राजस्व का अकेला सबसे बड़ा स्रोत था।[14]

लेकिन इस ड्रग ने अपनी सबसे लंबी पारी एशिया की अफ़ीम के मूल स्रोत, औपनिवेशिक भारत, में खेली थी, और बीसवीं सदी में भी साम्राज्य का आधार बनी रही थी। रिचर्ड्स (जो किसी भी रूप में साम्राज्य के आलोचक नहीं थे) के शब्दों में: '1789-90 से… दूसरे विश्व युद्ध से ठीक पहले 1934-35 तक, अफ़ीम और भारतीय साम्राज्य साथ-साथ चलते थे।'[15]

ये बात आज आमतौर पर भुला दी गई है कि अफ़ीम ने एशिया में उपनिवेशवाद को बरक़रार रखने में महत्वपूर्ण भूमिका निभाई थी, क्योंकि यूरोपीय साम्राज्य ऐतिहासिक रिकॉर्ड की लीपापोती करने में आश्चर्यजनक रूप से सफल रहे हैं। मगर उस समय, औपनिवेशिक दिग्गज कहीं ज़्यादा स्पष्टवादी थे। जब ब्रिटिश विदेश सचिव लॉर्ड एबरडीन ने 1843 में संकेत दिया था कि वो शायद हांगकांग में अफ़ीम के व्यापार पर प्रतिबंध लगाने की अनुमति दे सकता है, तो भारत के तत्कालीन गवर्नर जनरल लॉर्ड एलनबरो ने उसे साफ़ मना कर दिया था, जिसने उसे चेतावनी दी थी कि वो ऐसा कुछ न करे जो 'हमारी अफ़ीम की आमदनी को ख़तरे में डाले। जहां तक अफ़ीम के निर्माण और चीन में उसकी बिक्री को रोकने की बात है, तो ये आपकी ताक़त से बाहर की बात है।'[16]

भारत में ब्रिटिश साम्राज्य के ड्रग के धंधे के पैरोकार अक्सर शराब और अफ़ीम के बीच समानताएं निकालते थे: तर्क ये होता था कि जैसे यूरोप में वाइन और स्प्रिट हैं, उसी तरह भारत में सदियों से अफ़ीम का इस्तेमाल किया जा रहा था, आमतौर पर कम मात्रा में, इसलिए ऐसी कोई वजह नहीं है कि इसे उसी तरह राजस्व के स्रोत के रूप में न देखा जाए जैसे शराब को देखा जाता था।[17] अफ़ीम पर एक निबंध में चार्ल्स डिकेन्स ने भी इसी तरह लिखा है: 'अगर आप इस ड्रग पर रोक या प्रतिबंध लगाएंगे, तो किसी दूसरी उत्तेजना के लिए लालसा उभरेगी, इंग्लैंड की तरह जहां संयम की असंयमित वकालत अक्सर किसी ऐसी चीज़ में गुप्त संलिप्तता की ओर ले जाती है जो शराब की तरह ही बुरी होती है।'[18] इसी तरह, जावा में, डच उपनिवेशियों का मानना था कि 'अगर हॉलैंड ने जावावासियों के लिए अफ़ीम को वर्जित कर दिया तो सीधे-सादे, विनम्र, और हानिरहित अफ़ीमची जल्द ही उपद्रवी और हंगामा मचाने वाले शराबी बन जाएंगे।'[19]

औपनिवेशिक राज का एक भारतीय कर्मचारी तो 1893-95 के रॉयल कमीशन ऑन ओपियम के सामने दी अपनी गवाही में और एक क़दम आगे निकल गया था:

> क्या शराब पीने में सालाना 200 करोड़ रुपए से ज़्यादा बहाने की बजाय हम इंग्लैंड के लोगों में अफ़ीम खाने की लत नहीं लगा सकते? कर समेत भी अफ़ीम आश्चर्यजनक रूप से सस्ती है; एक निश्चित उम्र के बाद ये आयु भी बढ़ाती है, और सच और गंभीरता के पूरे बल के साथ ये कहा जा सकता है कि शराब की जगह इसे लाने से... ग्रेट ब्रिटेन और आयरलैंड के हज़ारों परिवारों में ख़ुशियां वापस आएंगी जहां अभी कोई ख़ुशी नहीं है... अगर इंग्लैंड के लोग अफ़ीम लेने लगें, तो उसे बहुत लाभ होगा।[20]

इसी तर्ज़ पर, ब्रिटिश मेडिकल जरनल द *लांसेट* ने 1895 के रॉय कमीशन ऑन ओपियम पर व्यंग्यपूर्ण टिप्पणी की थी:

> मान लीजिए कि भारतवासी इस देश में शराब की समस्या – हमारी आबादी द्वारा प्रति व्यक्ति शराब पर ख़र्च की जाने वाली राशि, और उसके परिणामस्वरूप अमूमन होने वाले पतन, कष्ट और अपराध – की जांच करने के लिए एक आयोग

> यहां भेजते, तो क्या इसमें कोई तर्कसम्मत संदेह हो सकता है कि ऐसे किसी कमीशन को यहां शराब से जुड़ी बुराइयां अथाह लगतीं और उनकी तुलना में वहां भारत में अफ़ीम के कारण होने वाले दोष नगण्य प्रतीत होते।[21]

इन तर्कों ने तब भी कुछ लोगों को प्रेरित किया था, और आज भी कभी-कभी इतिहासकार ब्रिटिश साम्राज्य की अफ़ीम नीति को सही ठहराने के लिए इन्हें उद्धृत करते हैं। दूसरी ओर, आलोचकों का तर्क था, जैसा वो अभी भी कहते हैं, कि अफ़ीम की रासायनिक संरचना ऐसी है जो इसे शराब से कहीं अधिक मादक, और इसलिए अधिक ख़तरनाक बना देती है। एक विरोधी के शब्दों में: 'अफ़ीम अपने शिकारों को जिस दासता में धकेल देती है, उसकी तुलना पृथ्वी की किसी ग़ुलामी से नहीं की जा सकती।'[22]

इन दोनों ही तर्कों में जो बात समान है, वो ये आकलन है कि काल और स्थान चाहे जो भी हो, अफ़ीम और शराब जैसे पदार्थों के प्रभाव हर जगह समान होंगे। मगर शराब और अफ़ीम दोनों के साथ महत्वपूर्ण कारक इनकी रासायनिक संरचना नहीं बल्कि सामाजिक इतिहास है, यानी इन पदार्थों के प्रति लोगों के रुझान की अवधि, समय और ऐतिहासिक परिस्थितियां। चीन और दक्षिणपूर्व एशिया में 'अफ़ीम के धूम्रपान' की तरह अगर शराब भी 'कच्ची ज़मीन' पर गिरे, तो इसके भी विनाशकारी परिणाम हो सकते हैं, जैसे मूल अमेरिकियों और देसी आस्ट्रेलियाइयों के साथ हुआ था।[23] आज भी आदिवासियों में 8 से 10 प्रतिशत मौतों का कारण शराब है। पश्चिमी ऑस्ट्रेलिया में, '1981-1990 के बीच की अवधि में, शराब के कारण होने वाले रोगों के लिए अस्पताल में भर्ती होने की दर ग़ैर आदिवासी पुरुषों की तुलना में आदिवासी पुरुषों में 8.6 प्रतिशत और ग़ैर आदिवासी महिलाओं की तुलना में आदिवासी महिलाओं में 12.8 प्रतिशत अधिक थी।'[24]

ऑस्ट्रेलिया में, अठारहवीं शताब्दी के उत्तरार्ध में आने वाले प्रारंभिक ब्रिटिश उपनिवेशियों ने जल्द ही भांप लिया था कि देसी लोगों का शराब से कोई वास्ता नहीं रहा था, और उन्होंने उनके साथ अपने आचार-व्यवहार में शराबों का व्यापक प्रयोग किया। मूल निवासी विद्वान मार्सिया लैंग्टन लिखती हैं, 'ये कहना अतिशयोक्तिपूर्ण नहीं होगा कि ब्रिटिश उपनिवेश की शुरुआत से ही मूल निवासियों के साथ व्यवहार में शराब अत्यंत महत्वपूर्ण रणनीति थी… आर्थिक, राजनीतिक और सामाजिक रूप से आदिवासियों

को उपनिवेश के साथ जुड़ने को मनाने के लिए अंग्रेज़ों ने (शराब को) जाने-अनजाने एक उपकरण के तौर पर इस्तेमाल किया था।'[25]

ऐतिहासिक परिस्थितियों को देखते हुए, उन औपनिवेशिक अधिकारियों को जो शराब और अफ़ीम को समान मानते थे निश्चय ही पता होगा कि शराब सामाजिक और प्रशासनिक रूप से प्रबंधनीय है या नहीं: क्योंकि 'भोले-भाले' लोगों पर इसके प्रभाव घातक भी हो सकते थे, और इसलिए ये कभी-कभी जैविक-राजनीतिक हथियार के रूप में भी काम करती थी। ये विश्वास कर पाना मुश्किल है कि वो ये नहीं जानते होंगे कि चीन और दक्षिणपूर्व एशिया में अफ़ीम का भी समान रूप से घातक प्रभाव हो रहा था।

लेकिन चीन और दक्षिणपूर्व एशिया में अफ़ीम की तरह शराब को हथियार नहीं बनाया जा सकता था क्योंकि वो क्षेत्र बहुत लंबे समय से इससे परिचित थे। इसीलिए शराब, औपनिवेशिक अधिकारियों द्वारा समानताएं निकालने के बावजूद, कभी भी अफ़ीम के पैमाने के बराबर राजस्व अर्जित नहीं कर पाई। हालांकि दोनों पदार्थों को यूरोपीय औपनिवेशिक शासनों द्वारा लगभग समान तरीक़े से प्रबंधित किया जाता था, ख़ासकर दक्षिणपूर्व एशिया में, जहां उनके वितरण के अधिकारों को वार्षिक तौर पर अनुदानग्राहियों (या 'किसानों') को नीलाम किया जाता था, मगर शराब ने कहीं भी उतना राजस्व अर्जित नहीं किया जितना अफ़ीम करती थी, न ही ये औपनिवेशिक अर्थव्यवस्थाओं का आधार बनने के क़रीब भी आ पाई। सिंगापुर में, औपनिवेशिक प्रशासन द्वारा अफ़ीम के खेतों के लिए दिया जाने वाला वार्षिक किराया शराब के लिए दिए जाने वाले किराए से चार गुणा था; जोहोर में, ये आठ गुणा था।[26] शराब और अफ़ीम को समान मानने वाले औपनिवेशिक अधिकारी धूर्तता दिखा रहे थे; वो अच्छी तरह जानते थे कि कमाई के स्रोत के रूप में भी दोनों पदार्थों की विशिष्टताएं भिन्न थीं।[27] उदाहरण के लिए, इंडोनेशिया में, डच औपनिवेशिक शासन ने कुछ सालों में अफ़ीम से 742 प्रतिशत मुनाफ़ा कमाया; कोई अन्य उत्पाद अपनी लागत पर इतना भारी मुनाफ़ा कमाने के नज़दीक तक नहीं था।[28]

हालांकि दक्षिणपूर्व एशिया और चीन में एक लंबे समय से शराब प्रचलित थी, मगर अफ़ीम का मामला भिन्न था। इस नशे का अधिक प्रचलन न होने के कराण उन्होंने अफ़ीम के सेवन के लिए धूम्रपान के अलावा और कोई नियम-क़ायदा नहीं बनाया था। भारत में इसका कम नशीले रूपों में लंबे समय से सेवन होता रहा था, इसलिए

यहां निम्न स्तर की अफ़ीम बेचना चीन और दक्षिणपूर्व एशिया में धूम्रपान-स्तर की 'एक्सपोर्ट' अफ़ीम बेचने से एकदम भिन्न था, जहां इस नशीले पदार्थ के आकर्षण की एक बड़ी वजह इसके नएपन में थी, इस विचार में थी कि ये 'दुनिया में आई एकदम नई चीज़ है, जिसमें ऐसी कशिश है जिसका मुक़ाबला करने लायक़ और कोई चीज़ नहीं हो सकती।'[29]

विचित्र रूप से, किसी समाज के नशीले पदार्थों के संपर्क में रहने की अवधि के महत्व को अक्सर वो लोग भी मानते थे जो अफ़ीम को शराब के समकक्ष रखते थे। 'याद रखें,' डिकेन्स के निबंध में एक काल्पनिक अफ़ीम-विरोधी कार्यकर्ता कहता है, 'कि अफ़ीम का सेवन चीन में कोई प्राचीन लत नहीं है; तुलनात्मक रूप से ये नया है, और इसलिए इसे कहीं ज़्यादा आसानी से ख़त्म किया जा सकता है।' या एक और ब्रिटिश लेखक के शब्दों में: '(सौ) साल पहले चीन में अफ़ीम का इस्तेमाल केवल दवा के रूप में होता था। अगर कुछ लोगों ने इसे खाना या इसके कश खींचना सीखा था, तो बेशक उनकी संख्या बहुत कम रही होगी; क्योंकि उस काल में अफ़ीम की आयातित मात्रा कभी भी दो सौ पेटी सालाना से ज़्यादा नहीं रही थी। अब इसके आयात की मात्रा पैंसठ हज़ार के आसपास है।'[30]

इतनी ही चौंकाने वाली रिचर्ड्स के एक लेख की ये पंक्तियां हैं: 'जब कोई नया नशा पहली बार सामने आता है और किसी समाज में फैलता है, तो उसे अपनाने की एक अवधि होती है जो अक्सर विनाशकारी हो सकती है। चीनियों के मामले में भी ये सच है जिन्होंने 1700 के दशक के मध्य में पाइप से अफ़ीम पीना शुरू किया था।[31] मगर फिर, उसी लेख में आगे चीन में अफ़ीम के निर्यात को न्यायसंगत ठहराने की ख़ातिर रिचर्ड्स, बज़ाहिर हमदर्दी के साथ, ऐसे तर्क रखते हैं जो अफ़ीम और शराब को समान धरातल पर रखते हैं।

मेरे विचार में, इससे ऐसा आभास मिलता है कि रिचर्ड्स औपनिवेशिक अफ़ीम नीतियों के एशियाई पीड़ितों और ब्रिटिश साम्राज्य के लिए अपनी प्रशंसा के बीच फंसे हुए थे, जो कि उनकी पीढ़ी के एंग्लो-अमेरिकी इतिहासकारों के बीच एक आम रवैया था। उदाहरण के लिए, 2002 में प्रकाशित एक लेख में रिचर्ड्स ने कहा था कि इस नज़रिए

में 'बहुत अधिक सत्य' था कि औपनिवेशिक अफ़ीम व्यापार का इतिहास 'भारत में ब्रिटिश राज की सनक और लालच, और चीन के लोगों पर साम्राज्यवादी नीतियों द्वारा थोपे गए नुकसान' को दर्शाता है।[32] मगर 2007 में उन्होंने एक और लेख लिखा जिसमें वो ज़ोर देकर उन इतिहासकारों की आलोचना करते हैं जिन्होंने 'वैश्विक अफ़ीम कारोबार में भारत की भूमिका की कड़ी निंदा की है।' उन्होंने आगे लिखा है: 'मेरे दृष्टिकोण में, नैतिक आकलनों से लबालब ये निंदा आज के दौर के विश्व ड्रग युद्धों की घोर बयानबाज़ी द्वारा अफ़ीमसम का शैतानीकरण करने से निकली है।'[33]

मेरी राय में, रिचर्ड्स के दृष्टिकोण में बदलाव अफ़ीमसम के पुनर्स्थापन की दिशा में हो रहे एक व्यापक सांस्कृतिक बदलाव को दर्शाता है जो आंशिक रूप से अमेरिका की दशकों से चली आ रही 'ड्रग्स के ख़िलाफ़ ज़ंग' की विनाशकारी असफलता का परिणाम है, जिसने अमेरिकी जेलों को अश्वेत क़ैदियों से भर दिया और बहुत से देशों और हाशिये पर पड़े समुदायों पर भारी हिंसा करवाई। लेकिन इस बदलाव की वजह अकादमिक और मेडिकल दायरों के नज़रिए में आया बदलाव भी था। 1960 के दशक में घातक रोगों और पीड़ाहारी उपचार आंदोलन बेतहाशा तकलीफ़ में, ख़ासकर ऐसे मरीज़ों के लिए जो मरणासन्न थे, अफ़ीमसम के इस्तेमाल करने के सबसे पहले पैरोकारों में से थे।[34] इसके बाद, कई प्रभावशाली डॉक्टरों ने दर्द के इलाज में अफ़ीमसम के व्यापक प्रयोग के लिए सक्रिय अभियान चलाया।[35]

अफ़ीमसम के पुनर्स्थापन के प्रयास की इस पृष्ठभूमि में पर्ड्यू फ़ार्मा के प्रमुख रिचर्ड सैकलर ने प्रेस्क्रिप्शन अफ़ीमसम को प्रोत्साहित करने के लिए एक बड़ी मुहिम शुरू की; ये देखते हुए कि मेडिकल प्रतिष्ठान में शक्तिशाली अफ़ीमसमों के ख़िलाफ़ एक पूर्वाग्रह था, पर्ड्यू फ़ार्मा ने 'उस बाधा को हटाने और रास्ता साफ़ करने के लिए एक बेहतरीन रणनीति को अंजाम दिया।' सैकलर परिवार ने बहुत पहले ही मेडिकल एडवरटाइजिंग में महारत हासिल कर ली थी, और ये दावा कि अफ़ीमसम को 'अनुचित रूप से कलंकित' किया गया है, उनकी रणनीति का मुख्य आधार था।[36] रिचर्ड्स का 'अफ़ीमसम का शैतानीकरण' किए जाने का संदर्भ दर्शाता है कि पर्ड्यू फ़ार्मा के दुष्प्रचार का उन पर, अवचेतन रूप से ही सही, कुछ प्रभाव पड़ा होगा।

रिचर्ड्स ऐसे अकेले इतिहासकार नहीं थे जिन्होंने ऐसे समय में औपनिवेशिक अफ़ीम व्यापार को लेकर वैकल्पिक नज़रिया सामने रखा जब अमेरिका की ड्रग के ख़िलाफ़

जंग की भयावह असफलता पहले से कहीं ज़्यादा स्पष्ट हो रही थी; यही वो समय भी था जब मारिहुआना के वैधीकरण के लिए आंदोलन ज़ोर पकड़ने लगा था, जिसने बदले में अफ़ीमसम के पुनर्स्थापन की मुहिम को विश्वसनीयता प्रदान की।[37] लगभग उसी समय कई दूसरे विद्वानों ने भी ये तर्क देते हुए ब्रिटिश साम्राज्य की औपनिवेशिक नीतियों की संशोधनवादी फ़्रेमिंग प्रदान की कि अफ़ीम के प्रभाव उतने घातक नहीं थे जितना कि आलोचक दावा करते हैं; कि उपभोक्ताओं का बस एक छोटा सा प्रतिशत ही व्यसनी था; और कि वर्तमान में 'ड्रग्स' के पुनर्विचार के लिए अतीत का पुनर्मूल्यांकन भी ज़रूरी है, ख़ासकर चीनी निषेध नीतियों के संदर्भ में।[38] इसका निहितार्थ ये है कि उन्नीसवीं सदी के अफ़ीम व्यापार को अब कहीं अधिक उदारवादी चश्मे से देखना होगा जिसने ड्रग्स के ख़िलाफ़ पुराने पूर्वाग्रहों की जगह ले ली है।

एक और संशोधनवादी फ़्रेमिंग 'एजेंसी' शब्द पर टिकी है।[39] तर्क दिया जाता है कि एशियाई ड्रग व्यसनियों को औपनिवेशिक साज़िशों के असहाय शिकार के रूप में पेश करना अपनी आदतों और वरीयताओं को गढ़ने में उन्हें क्षमता और निजी चुनाव न देना है।

ये कोई इत्तफ़ाक़ नहीं है कि इस तरह की संशोधनवादी सोच ने ठीक उस समय अकादमिक दायरों में धरातल बनाना शुरू किया था जब अफ़ीमसम के पैरोकारों ने उसके ख़िलाफ़ जंग छेड़ी थी जिसे वो 'ओपियोफ़ोबिया' कहते थे।[40] वास्तव में, ये तथ्य कि इस प्रयास के पीछे मौजूद बलों ने डॉक्टरों और शिक्षाविदों जैसे उच्च शिक्षित लोगों के बीच 'ओपियोफ़ोबिया' जैसे नवनिर्मित शब्दों की करिश्माई ताक़त को समझ लिया था, अपने आप में उस बुद्धिमानी का सूचक है जिसके साथ ये मुहिम शुरू की गई थी। और इस बात ने भी अकादमिक लोगों के बीच ज़मीन बनाने में मदद की कि अफ़ीम पर इस तरह के संशोधनवादी दृष्टिकोण समाज में प्रचलित धारणाओं का खंडन करते थे: विशेषज्ञों और शिक्षाविदों – विशेषकर अर्थशास्त्रियों और आर्थिक इतिहासकारों – को आम धारणाओं का खंडन करने से ज़्यादा और कोई चीज़ नहीं भाती।

समकालीन चीन के बढ़ते दमन, और पश्चिम में तेज़ी से फैलते चीन-विरोधी रवैयों ने शायद अफ़ीम पर संशोधनवादी दृष्टिकोणों को विश्वसनीयता प्रदान करने में योगदान दिया था: चूंकि चीन कई मुद्दों पर ग़लत रहा है, इसलिए ये अफ़ीम व्यापार को ऐतिहासिक आपदा मानने के मामले में भी ग़लत रहा हो सकता है। इसके अलावा, सिंगापुर और

दूसरे एशियाई देशों में पश्चिमी युवाओं को थोड़ी सी मात्रा में भी गांजा-भांग रखने के लिए कठोर दंड दिए जाने की कहानियों ने भी ये प्रभाव पैदा किया कि ड्रग्स के प्रति एशियाई नज़रिया ज़रूरत से ज़्यादा नैतिकतावादी है (और ये किसी हद तक सच भी है, ख़ासकर जहां बात ज़मीनी स्तर की साइकोएक्टिव ड्रग्स से जुड़ी होती है)।[41]

लेकिन जहां एजेंसी का मसला जुड़ा होता है, तो वहां एक स्पष्ट सा सवाल ये होता है: उन एशियाई लोगों की विशाल संख्या की एजेंसी का क्या जो अफ़ीमसम के प्रतिबंध के लिए आवाज़ उठाते हैं? यक़ीनन अफ़ीम लेने वालों और व्यसनियों के मुक़ाबले उनकी तादाद कहीं ज़्यादा है। और, सबसे ज़्यादा, चीन, थाईलैंड, वियतनाम और असंख्य छोटे-छोटे एशियाई देशों की संप्रभुता की एजेंसी का क्या जिन्होंने अफ़ीम पर रोक लगाने की कोशिश की, मगर यूरोपीय बंदूक़ों और गनबोट्स ने बलपूर्वक उन्हें ऐसा करने से रोक दिया था? वो शासक और अधिकारी निश्चय ही अपने देशवासियों को पश्चिमी उपनिवेशवादियों से कहीं बेहतर समझते थे।

इसके विपरीत, हम पूछ सकते हैं, क्या अमेरिकी सरकार प्रेस्क्रिप्शन अफ़ीमसम की बिक्री पर प्रतिबंध लगाकर अमेरिकियों की एजेंसी का दमन कर रही है? या ये तथ्य कि प्रेस्क्रिप्शन अफ़ीमसम श्वेत आबादी को असमान रूप से प्रभावित करता है, मुद्दे की रंगत को पूरी तरह से बदल देता है?

इसकी कोई वजह नहीं है कि अमेरिका की ड्रग्स के ख़िलाफ़ जंग – दुनिया की सबसे शक्तिशाली सरकार द्वारा अपने हाथ में लिया गया एक राज्य प्रेरित उद्यम – को व्यसन की महामारियों से निबटने की एकमात्र सार्वजनिक रणनीति के रूप में देखा जाए। उन्नीसवीं और बीसवीं शताब्दी के शुरू के अफ़ीम विरोधी अभियान ड्रग्स के ख़िलाफ़ जंग जैसे क़तई नहीं थे। वास्तव में, वो लोकप्रिय नागरिक-समाज के आंदोलन थे जिनका मक़सद दुनिया के सबसे ताक़तवर साम्राज्य पर दबाव डालना था जो ड्रग व्यापार का वैश्विक प्रायोजक भी था। राजनीतिक रूप से देखें, तो दोनों मुहिमें एक दूसरे से एकदम उलट थीं। ड्रग्स के ख़िलाफ़ जंग उपभोक्ताओं के साथ-साथ उत्पादकों को भी लक्ष्य बनाती थी, तो अफ़ीम-विरोधी मुहिम मुख्य रूप से उत्पादकों और डीलरों पर निशाना साधती थी, उपभोक्ताओं या व्यसनियों पर नहीं।[42] पूरे एशिया में, डॉक्टर इस आंदोलन में सबसे आगे थे और, उपभोक्ताओं को अपमानित करने के बजाय, उन्होंने व्यसनियों के इलाज और पुनर्वास की ओर उत्सुकता दिखाई थी, शायद अपने व्यसनी मित्रों और परिवारजनों का

इलाज करने के अनुभवों की वजह से।[43] कई मायनों में उनका नज़रिया आज के दौर की हानि कम करने की योजनाओं के समान था।

संशोधनवादी तर्क में एक और अहम समस्या ये है कि वो ड्रग्स के ख़िलाफ़ जंग के सबसे दोषपूर्ण आधार को साझा करते हैं जो सारी साइकोएक्टिव ड्रग्स को एक ही लेबल के तहत रखता है। वास्तविकता में, कैनेबी, काट, कोका, पियोटी, साइलोसाइबिन मशरूम, कावा, पिटूरी आदि पदार्थों की विशिष्टताएं भिन्न होती हैं और, जन-स्वास्थ्य के नज़रिए से, हरेक का उसके गुणों के आधार पर मूल्यांकन किया जाना चाहिए। इसका किसी भी तरह से ये मतलब नहीं है कि अगर मारिहुआना या पियोटी को वैध कर दिया जाता है, तो यही प्रेस्क्रिप्शन अफ़ीमसम या फ़ेंटनिल के लिए भी सही होना चाहिए।

मेरे दृष्टिकोण में, बिना किसी शक के, मारिहुआना को वैध किया जाना एक ज़रूरी और समझदारी भरा क़दम है। न ही इस पर कोई संदेह किया जा सकता है कि बहुत सी दूसरी साइकोएक्टिव ड्रग्स, जैसे पियोटी और साइलोसाइबिन मशरूम, को वैध करने में भी समान रूप से समझदारी है। बेशक, जैसा मैंने पहले भी कहा है, 'ज़मीनी स्तर के साइकोएक्टिव पदार्थ' उन कुछेक बचावों में से हैं जिन्हें अफ़ीमसम या कोकीनसम के लगातार प्रसार के ख़िलाफ़ प्रभावी रूप से आज़माया जा सकता है। हक़ीक़त ये है कि अफ़ीमसम के प्रसार को थामने के बाक़ी सारे प्रयास नाकाम हो चुके हैं: पोस्त हमेशा उनकी काट निकाल लेती है।[44]

जन-नीति के रूप में वैधीकरण चीन में कारगर नहीं रहा था।[45] अफ़ीम वहां 1860 से 1906 के बीच लगभग आधी शताब्दी तक वैध रही थी, लेकिन न केवल उपयोगकर्ताओं और नशेड़ियों की तादाद, बल्कि जुर्म और भ्रष्टाचार भी बेतहाशा बढ़ता गया।[46] चिंग सरकार द्वारा टैक्स लगाने और अफ़ीम को खुलेआम बेचने की अनुमति देने के बावजूद अपराधी नेटवर्क ने कम दामों पर उसे नाजायज़ ढंग से बेचना जारी रखा।

अफ़ीम और उसके सहायक पदार्थ अपने आप में विशिष्ट हैं, ये अमेरिका के ऑक्सिकॉन्टिन संकट के बाद एकदम साफ़ हो गया है, जिसने, देश के अनेक हिस्सों को तबाह करने के बाद, कई फ़ार्मास्यूटिकल कंपनियों पर कई मुक़द्दमे दायर कर दिए थे। ध्यान दें कि ये केस अदालतों के सामने लगभग उसी समय आए थे जब अमेरिका के कई राज्यों में मारिहुआना को जायज़ बनाया जा रहा था। मगर अदालतों ने मारिहुआना के वैधीकरण को बरक़रार रखते हुए भी ऑक्सिकॉन्टिन और कुछ दूसरे प्रेस्क्रिप्शन अफ़ीमसमों पर

प्रतिबंध लगाने का निर्णय लिया। उन्होंने उन कंपनियों पर दंडात्मक जुर्माने भी लगाए जो प्रेस्क्रिप्शन अफ़ीमसम बानाती थीं। इन निर्णयों, और जन आक्रोश, जिन्होंने बहुत से संग्रहालयों, गैलरियों, और विश्वविद्यालयों को अपने परिसरों से सैकलर का नाम हटाने के लिए मजबूर कर दिया, स्पष्ट संकेत हैं कि हालांकि कुछ साइकोएक्टिव पदार्थों के लिए पब्लिक का रवैया भले ही ज़्यादा उदारवादी रहा हो, लेकिन अब अफ़ीमसम पर वो लागू नहीं होता था क्योंकि अमेरिका की नशे की महामारी ने एक बार फिर उनके ख़तरे स्पष्ट कर दिए थे।

प्रभावी रूप से, अब अमेरिका में न्यायिक रूप से ये स्थापित हो गया है कि अफ़ीमसम और उनके सिंथेटिक रूप दूसरे साइकोएक्टिव पदार्थों की तुलना में ज़्यादा ख़तरनाक हैं, और इनसे अलग तरीक़े से निबटा जाना चाहिए। अफ़ीम ने ख़ुद दुनिया को ये मानने पर मजबूर कर दिया है कि ये एक असाधारण पदार्थ है, और ये उस तरह की नस्लीय स्तर के विनम्र बर्ताव की मांग करती है जिसकी रॉबिन वॉल किमेरर ने मांग की है।

> अफ़ीम के ख़तरे और आनंद के मेल (हार्वर्ड के दो अर्थशास्त्री लिखते हैं) ने बार-बार नई खोज, लत, और सुधार के चक्रों को दोहराया है, जो तब शुरू होता है जब उद्यमी एक कथित रूप से सुरक्षित अफ़ीमसम का उत्पादन करते हैं। मगर, जब ख़रीदार नई ड्रग का सेवन शुरू करते हैं, तो वो पाते हैं कि ये नई ड्रग भी उतनी ही लत लगाने वाली और घातक है जितने कि अफ़ीम के पुराने रूप थे। नए उपभोक्ता ड्रग से बचते हैं या इसका इस्तेमाल करने से रोक दिए जाते हैं। मौजूदा उपभोक्ता दुनिया से कूच कर जाते हैं, और शौक़ ख़त्म हो जाता है – यहां तक कि यादें धुंधला जाती हैं और ये चक्र फिर से शुरू हो जाता है।[47]

दूसरे शब्दों में, अफ़ीम अपनी ख़ुद की सामयिकताएं गढ़ती है: जब अफ़ीमसम महामारियां दब जाती हैं, तो उसके बाद विस्मृति के दौर आते हैं जो कुछ दशकों बाद अफ़ीमसमों को नए सिरे से पांव जमाने में मदद करते हैं। ये चक्र अपने अलग अंदाज़ में एक ऐतिहासिक अभिनेता के रूप में अफ़ीम की ताक़त का एक और चिह्न हैं।

मुझे संदेह है कि रिचर्ड्स और दूसरे संशोधनवादी इतिहासकार इस नतीजे पर पहुंचे होंगे कि अफ़ीम की ताक़त का अनुचित रूप से शैतानीकरण ऐसे किसी चक्र के निम्न

बिंदु में किया गया था जब अफ़ीमसमों से होने वाले नुकसान की यादें अस्थायी रूप से धुंधला गई होंगी।[48] उदाहरण के लिए, जिसे आज अमेरिका के अफ़ीमसम संकट के रूप में जाना जाता है, क्या उसकी रौशनी में रिचर्ड्स 'नैतिक निर्णयों के भारी बोझ से दबा' होने के कारण पर्ड्यू फ़ार्मा पर लगाए गए प्रतिबंधों की निंदा करते? मुझे बहुत ज़्यादा संदेह है कि वो, या कोई भी और, अगर ये जानते होते कि डेविड कैसलर ने, जो उस समय अमेरिका के फ़ूड एंड ड्रग एडमिनिस्ट्रेशन के प्रमुख थे जब ऑक्सिकॉन्टिन को अनुमति दी गई थी, बाद में घोषणा की थी कि अफ़ीम-आधारित फ़ार्मास्यूटिकल्स की पुनर्स्थापना 'आधुनिक चिकित्सा की सबसे बड़ी ग़लतियों' में से थी, तो भी उसी तर्ज़ पर लिखते।[49]

इस बात को अब साइकोएक्टिव ड्रग्स के सबसे उदारवादी पैरोकार भी मानते हैं कि अफ़ीमसमों का अपना एक अलग वर्ग है। आज बहुत कम ही लोग बहस करेंगे कि ऑक्सिकॉन्टिन, हेरोइन या फ़ेंटनिल को खुलेआम उपलब्ध होना चाहिए (हालांकि, बेशक, हानि कम करने की रणनीतियों के पूरे दायरे को विस्तार देने के लिए बहुत उचित जन-स्वास्थ्य कारण मौजूद हैं जिनमें हेरोइन पर निर्भर हो चुके लोगों को साफ़ सूइयां वितरित करना भी शामिल है)। हार्वर्ड के दो अर्थशास्त्रियों के शब्दों में: 'पोस्त के फलों के हज़ारों साल के अनुभव से हमें ये सीखना चाहिए था कि अफ़ीमसम कभी भी सुरक्षित नहीं थे और शायद कभी होंगे भी नहीं।'[50]

कुछ लोग प्रतिवाद कर सकते हैं कि ब्रिटिश साम्राज्य चीन को जिस अफ़ीम का निर्यात कर रहा था, वो मॉर्फ़ीन या हेरोइन के समान लत लगाने वाली नहीं थी। देखा जाए तो ये सच है, इस मायने में कि भारत से चीन को निर्यात की जाने वाली अफ़ीम चंडू, वो पदार्थ जिसके धुएं के कश लिए जाते थे, बनाने के लिए और अधिक परिष्कृत करने की प्रक्रिया से गुज़ारना होता था और ये आमतौर पर उन जगहों पर ही किया जाता था जहां इसका उपभोग होता था। लेकिन अफ़ीम विभाग की 'प्रोविज़न' या निर्यात की जाने वाली अफ़ीम स्वयं उस अकबरी या आबकारी अफ़ीम से कहीं अधिक परिष्कृत होती थी जिसे भारत में औपनिवेशिक राज के दौरान बेचा जाता था।[51]

निर्यात की जाने वाली अफ़ीम को न केवल चंडू बनाने के लिए विशेष रूप से उपयुक्त बनाया जाता था, बल्कि अफ़ीम विभाग की प्रयोगशालाएं भी लगातार उस स्तर की अफ़ीम उपलब्ध करवाने के लिए प्रयोग करती रहती थीं जो 'चीन के बाज़ारों के लिए

सटीक' हो।[52] जैसा कि जेम्स रश इंगित करते हैं, 'जावा के अधिकांश धूम्रपान करने वालों द्वारा मामूली मात्रा में भी सेवन करने से' अफ़ीम की लत लग जाती थी।[53] जावा के एक नशेड़ी के शब्दों में: 'अगर मैं एक दिन भी कश न लगाऊं, तो मुझे कपकपी और थकान होने लगती है।'[54] दूसरे शब्दों में, आजकल की तरह ही 'डोपसिक' होने का गहरा डर पैदा करके अफ़ीमसम उन्नीसवीं सदी के एशियाई नशेड़ियों पर भी अपनी पकड़ बनाए रखते थे।

हर युग में अफ़ीमसम को बर्दाश्त करने की अपनी सीमा रही है: 1750 के दशक में भारत में एक युवा असावधान अंग्रेज़ ने बस पोस्त की एक गांठ का सिर चाटा भर था; जल्द ही वो कोमा में चला गया और मर गया।[55] उस दौर में जब अफ़ीमसम को क़िस्म-क़िस्म की दवाओं में मिलाया नहीं जाता था, तब मानव शरीर भी 'सीधे-सरल' हुआ करते थे और इसलिए अफ़ीम के रस को चखने भर से एक वयस्क आदमी की जान जा सकती थी, आज के दौर की फ़ेंटनिल की तरह।[56] चंडू या 'स्मोकिंग ओपियम' बाद में आए मॉर्फ़ीन, हेरोइन और फ़ेंटनिल जैसे गौण उत्पादों की तरह ही *अपने समय में* उच्च स्तर की अफ़ीमसम होती थी।

समाज पर अपने प्रभावों में चंडू अफ़ीम निश्चय ही ऑक्सिकॉन्टिन के मुक़ाबले खड़ी होती है। उच्च परिवार में जन्मी एक जावाई महिला द्वारा उन्नीसवीं सदी के उत्तरार्ध में लिखे इस अनुच्छेद पर विचार करें: 'हमारे यहां रोज़ाना हो रही हत्याएं, आगज़नी, लूटपाट, अफ़ीम के इस्तेमाल का सीधा-सीधा नतीजा नहीं हैं तो क्या हैं? ...भूख इंसान को चोर बनाती है, मगर अफ़ीम की भूख उसे हत्यारा बना देगी। यहां एक कहावत है - "पहले आप अफ़ीम को खाएंगे, लेकिन अंत में ये आपको निगल जाएगी।"'[57]

ये शब्द अतिशयोक्ति भरे लगते हैं जब तक कि इनकी तुलना अमेरिका में अफ़ीम की महामारी के प्रभावों के विवरण से न की जाए: '(ऑक्सिकॉन्टिन) ने लोगों की ज़िंदगियों पर क़ब्ज़ा कर लिया और उन्हें चोर बना दिया था जो एक सतत-आवश्यकता वाली आदत को पूरा करने का ख़र्च उठाने के लिए अपने परिवारों में और पड़ोसियों के यहां चोरी करते थे। इसने उनकी नौकरियां, कारें, घर, सम्मान और कभी-कभी उनके बच्चे तक छीन लिए।'[58]

उन्नीसवीं सदी में ग्रामीण चीन के कुछ हिस्सों के ब्योरे उतने ही भयावह हैं जितने छोटे एपालाचियन समुदायों के भयंकर विवरण हैं जो प्रेस्क्रिप्शन पेनकिलर संकट से सबसे बुरी

तरह से प्रभावित थे। चीन में: 'अफ़ीम की तबाही की सबसे नाटकीय तस्वीरें उस रूप में सामने आती हैं जिसे लेखकों ने "अफ़ीम गांवों" के रूप में वर्णित किया है, वो स्थान जो पहले से ही बेहद ग़रीब थे लेकिन... फिर "अफ़ीम द्वारा नष्ट कर दिए और उजाड़ दिए गए थे।" "सभी वर्ग, सभी आयुवर्ग, स्त्री-पुरुष दोनों" शिकार थे।'[59] ये असंदिग्ध रूप से इक्सीसवीं सदी में एपालाचिया में अफ़ीमसम महामारी के बैरी मायर के वर्णनों से मेल खाता है: 'परिवार अपने बेटे या बेटी की ड्रग की लत में अपने जीवन भर की बचत को फूंके जाते देखते थे। किसी नशेड़ी बच्चे द्वारा गिरवी रखी पारिवारिक धरोहरों की तलाश में माता-पिता गिरवी की दुकानों के चक्कर लगाते थे। ली काउंटी की जेल ड्रग से जुड़े अपराधों में गिरफ़्तार किए गए नौजवानों से पट गई थी। जल्द ही, स्थानीय शेरिफ़ का भतीजा भी उनमें शामिल हो गया था।'[60]

ये ध्यान रखना अहम है कि प्रेस्क्रिप्शन अफ़ीमसम के अमेरिका में ऐसे विनाशकारी प्रभाव थे जबकि इस दवा को लेने वाले लोगों के एक बहुत छोटे से प्रतिशत को ही इसकी लत लगी थी – शायद महज़ पांच से बारह प्रतिशत को।[61] उन्नीसवीं सदी के चीन में भी, असल नशेड़ियों की संख्या उन लोगों का एक अंश भर थी जो ड्रग लेते थे; अधिकांश उपयोगकर्ता सामान्य रूप से काम करने में सक्षम थे, जैसा वर्तमान अमेरिका में कोकीनसम और अफ़ीमसम के अधिकांश उपयोगकर्ताओं के साथ है। मगर इस लत की दर चीन में शायद ज़्यादा थी।[62] आख़िरकार, प्रेस्क्रिप्शन अफ़ीमसम अमेरिका में बस कुछ ही दशकों से वितरण में थे, जबकि चीन में अफ़ीम की समस्या डेढ़ सदी से ज़्यादा से चली आ रही थी।

अपनी एशियाई कॉलोनियों में ब्रिटिश और डच नीतियों को निर्देशित करने वाला प्रबल विचार हमेशा राजस्व रहा था, और अधिकारियों ने भी इसे खुलकर स्वीकार किया था। 1871 में एक वरिष्ठ उपनिवेशवादी सर सीसिल बीडन ने पूछा था, 'क्या हम अफ़ीम के शुल्क को पूरा या कुछ अंश में त्याग दें? मुझे ऐसा प्रतीत होता है कि भारतीय वित्त की वर्तमान स्थिति ऐसी है जो हमें इस सवाल का इसके अलावा और कोई भी उत्तर देने से रोकती है – कि हम अफ़ीम के राजस्व को बिल्कुल नहीं छोड़ सकते; हम ये जोखिम नहीं उठा सकते।'[63]

गोरे लोगों का बोझ वहन करने और देसी लोगों के लिए प्रगति लाने की डींगें हांकने वाले प्रशासनों के लिए ये मानना आसान नहीं था कि जन-स्वास्थ्य का महत्व राजस्व की तुलना में गौण है। लेकिन बहुत से उपनिवेशवादी उस नुकसान को अच्छी तरह जानते थे जो अफ़ीम एशिया के कुछ हिस्सों को पहुंचा रही थी, और वो इस बारे में बहुत स्पष्ट थे। मसलन, सिंगापुर के संस्थापक सर स्टैमफ़ोर्ड रैफ़ल्स ने अपनी 1817 की द *हिस्ट्री ऑफ़ जावा* में लिखा था:

> इस बात को स्वीकार करना और इस पर दुख जताना चाहिए कि अफ़ीम के प्रयोग... (ने) अपने दुष्प्रभाव को लोगों की नैतिकता तक भी फैला दिया है, और मुमकिन है कि जब तक यूरोपीय सरकार नीति और मानवता के हर विचार को अनदेखा करते हुए अपने वित्त में एक मामूली राशि जोड़ने को देश की आधारभूत समृद्धि और ख़ुशहाली के सभी सरोकारों पर वरीयता देती रहेगी, तब तक ये अपनी ताक़त उनके चरित्र को गिराने और उनकी शक्तियों को ख़त्म करने पर लगाती रहेगी।'[64]

मगर फिर भी, सिंगापुर मुख्य रूप से अफ़ीम राजस्व पर निर्भर एक विशिष्ट औपनिवेशिक अफ़ीम शहर बना, और ये राजस्व किसी भी मायने में 'मामूली' नहीं था।[65]

सिंगापुर के द *स्ट्रेट्स टाइम्स* के मालिक और संपादक जॉन कैमरून ने भी साफ़तौर पर ये माना था कि ब्रिटिश उपनिवेशवादियों के लिए जन कल्याण की अपेक्षा राजस्व कहीं बड़ा मुद्दा था। 1865 में उसने अपने अख़बार में लिखा था: 'ईस्ट इंडिया कंपनी में उनके शासन के तहत बड़ी तादाद में लोगों की नैतिक स्थिति से कहीं बड़ी चिंता का मुद्दा राजस्व था; और इसमें संदेह की कोई गुंजाइश नहीं हो सकती कि अफ़ीम की खेती के मूल में स्थानीय राजकोष की आवश्यकताएं थीं।'[66]

उन्नीसवीं सदी के बाद के दौर में, जब दुनियाभर में अफ़ीम-विरोधी आंदोलन मज़बूती पकड़ने लगा, तो इस तरह के विचार काफ़ी तीव्रता के साथ रखे गए। द *स्ट्रेट्स टाइम्स* ने 1881 में ऐलान किया, 'भावुक हठधर्मियों और काल्पनिक तथ्यों और झूठे तर्कों पर आधारित भ्रामक परोपकार की बातों में आकर (भारत) आठ मिलियन स्टर्लिंग के सालाना राजस्व को बलिदान करने का जोखिम नहीं ले सकता।'[67]

अफ़ीम औपनिवेशिक प्रोजेक्ट के लिए कितनी अहम थी, इसका इससे बेहतर संकेत और कुछ नहीं हो सकता कि ब्रिटिश सरकार ने बीसवीं सदी में भी दुनियाभर में हो रही ज़बरदस्त आलोचनाओं के बावजूद बहुत चालाकी और दुराग्रह के साथ अपने ड्रग-केंद्रित व्यापार का बचाव किया था।[68] इस आलोचना का एक बड़ा हिस्सा ख़ुद ब्रिटेन के अंदर से आया था, जहां दासता-विरोधी मुहिमों से मज़बूत संपर्कों के साथ लंबे समय से मुखर अफ़ीम-विरोधी आंदोलन चल रहा था।[69]

जब अंतरराष्ट्रीय दबाव ने, मुख्यत: चीन और अमेरिका की ओर से, ब्रिटेन को ड्रग-नियंत्रण वार्ताओं में शामिल होने के लिए मजबूर कर दिया, तो इसकी सरकार ने किसी भी प्रभावी कार्रवाई में देरी करने के लिए कूटनीति का प्रयोग करने में विशिष्ट चालाकी से काम लिया। वास्तव में, ये कहा जा सकता है कि अफ़ीम ने वो धरातल मुहैया करवाया था जिसे बाद में विनियमन में रुकावट डालने के लिए अन्य ख़तरनाक उद्योगों ने इस्तेमाल किया; ऐसे ही तरीक़े आज भी जीवाश्म ईंधन कंपनियां जलवायु परिवर्तन के संबंध में इस्तेमाल कर रही हैं। फ़र्क़ ये है कि अफ़ीम के मामले में, इन तिकड़मों को कोई कॉरपोरेशन नहीं बल्कि एक ऐसे देश की सरकार आज़मा रही थी जो उस समय विश्व का सबसे शक्तिशाली देश था।

इस संबंध में ब्रिटिश सरकार की सबसे चालाकी भरी रणनीतियों में से एक थी अपनी अफ़ीम नीतियों को उचित ठहराने के लिए भारतीय प्रवक्ताओं को उतारना। इन प्रवक्ताओं ने बहुत कौशल और विश्वास के साथ अपना काम किया। इसमें कोई हैरानी भी नहीं है। उन्नीसवीं सदी के अंत तक, अफ़ीम औपनिवेशिक ढांचे के लिए इतनी अहम हो गई थी कि बहुत से महत्वपूर्ण लोग, ब्रिटिश और भारतीय दोनों ही, प्रभावी रूप से ये मानते थे कि ये उद्योग 'इतना विशाल है कि इसका पतन नहीं हो सकता।' 1895 में द *हिंदू* अख़बार ने राय व्यक्त की थी, 'अफ़ीम एक महा-बुराई हो सकती है, मगर राष्ट्रीय दिवालियापन उससे भी बड़ी बुराई है।'[70]

अंतरराष्ट्रीय मंचों पर अंग्रेज़ों की अफ़ीम की धूर्तता का बचाव करते हुए उद्योग के प्रवक्ता अक्सर भारत के ग़रीब किसानों की दुर्दशा का हवाला देते थे जो अफ़ीम की खेती पर प्रतिबंध लगाए जाने की सूरत में बर्बाद हो जाते, या ऐसा उनका दावा था (इस पर ध्यान दिए बिना कि बहुत से किसान, उनके अपने विवरण के अनुसार, नुकसान उठाकर अफ़ीम की खेती कर रहे थे और किसी भी तरह इस बोझ से मुक्त होना चाहते थे)।[71]

प्रभावी रूप में, ये प्रवक्ता अपने वर्ग के हितों को बचाने के लिए भारत की ग़रीब जनता को ढाल के रूप में इस्तेमाल कर रहे थे।

यहां फिर से वर्तमान कॉरपोरेट 'जलवायु अस्वीकरण' के साथ चौंकाने वाली समानताएं हैं। एनर्जी कॉरपोरेशन, और उनके बचावकर्ता अक्सर जीवाश्म ईंधन उद्योगों के विस्तार को जारी रखने के कारण के तौर पर दुनिया के ग़रीब लोगों की ज़रूरतों का हवाला देते हैं। इस तथ्य को सुविधाजनक तरीक़े से दबा दिया जाता है कि जलवायु परिवर्तन के विनाशकारी प्रभावों को झेलने वाले ग़रीब ही होंगे, ठीक वैसे ही जैसे उन्नीसवीं सदी में अफ़ीम की खेती करने वाले बिहारी किसानों के विरोध को दबा दिया गया था।[72]

ब्रिटिश और डच औपनिवेशिक अधिकारी भारत में आबकारी केंद्रों के नेटवर्कों से लेकर ब्रिटिश सिंगापुर, फ़्रेंच इंडोचाइना और डच ईस्ट इंडीज़ की 'फ़ार्म' प्रणालियों तक अपनी विभिन्न अफ़ीम हुकूमतों का बचाव करने के लिए जिस एक तर्क का सहारा लेते थे, उनमें से एक था इन्हें अफ़ीम की खपत को नियंत्रित और कम करने के मक़सद से नियामक व्यवस्थाओं के रूप में पेश करना। इस तथ्य को भुला दिया गया या हाशिये पर धकेल दिया गया कि वो राजस्व भी उत्पन्न करते थे जो औपनिवेशिक राज्यों को बरक़रार रखने के लिए अनिवार्य था।

लेकिन, बढ़ते राजस्व के मक़सद को कभी भी पूरी तरह से नकारा नहीं गया। भारत में, 1878 में औपनिवेशिक व्यवस्था ने एक क़ानून पास किया जिसने अवैध अफ़ीम की तस्करी और उसे रखने को रोकने के लिए पहले से मौजूद सज़ाओं को और कठोर बना दिया।[73] दुरुपयोग को रोकने के लिए अफ़ीम का मूल्य भी बार-बार बढ़ाया गया।

लेकिन राजस्व बढ़ाना और ड्रग के इस्तेमाल को सीमित करना बुनियादी रूप से असंगत मक़सद थे जो नीति में कई विरोधाभास जोड़ते थे। उदाहरण के लिए, क्या तस्करी और अफ़ीम रखने के विरुद्ध बनाए गए क़ानूनों का मक़सद अफ़ीम के उपयोग को कम करना था, या इसकी बजाय इनका उद्देश्य शासन द्वारा अपनी अफ़ीम को, ड्रग की स्वीकृत क़िस्म को, बेचकर राजस्व में वृद्धि करना था? साथ ही, जब तक उच्च राजस्व एक बड़ा उद्देश्य रहा, तब तक अफ़ीम की लाइसेंसशुदा दुकानों के लिए अपनी बिक्री बढ़ाने के लिए हमेशा एक प्रोत्साहन था। अफ़ीम का प्रयोग कम करने की अपनी सार्वजनिक घोषणाओं के विपरीत, अफ़ीम विभाग के आंतरिक दस्तावेज़ 'दिखाते हैं कि अफ़ीम अधिकारियों द्वारा वैध अफ़ीम की बिक्री में बढ़ोतरी का हमेशा बहुत गर्व के

साथ उल्लेख किया जाता था।'[74] वास्तव में, इस्तेमाल को बढ़ाए बिना अफ़ीम से होने वाले मुनाफ़े को बढ़ाना नामुमकिन था। ये मायने नहीं रखता कि शासन के घोषित इरादे क्या थे, आंकड़े खुलासा करते हैं कि नए प्रतिबंधात्मक क़ानून लाए जाने के बाद भारत में अफ़ीम की खपत में धीरे-धीरे *बढ़ोतरी* हुई थी, और इसके साथ-साथ 1885 से 1920 तक राजस्व में भारी उछाल आया था।[75] (डच ईस्ट इंडीज़ में भी ऐसा ही हुआ था जहां कथित तौर पर अफ़ीम की खपत को रोकने के लिए लागू किए गए 'सुधारों' ने वास्तव में मुनाफ़े में बढ़ोतरी की और अफ़ीम को पहले से कहीं ज़्यादा स्थानों पर वैध रूप से उपलब्ध करवाया।[76])

न ही 1878 के सख़्त क़ानून अफ़ीम की तस्करी और इससे जुड़े अपराधों को रोकने में मदद कर पाए। जब तक पोस्त एक बड़ी फ़सल बनी रही और अफ़ीम का देश में व्यापक रूप से प्रयोग होता रहा, तब तक किसानों के ज़रिए इस नशे की, लाइसेंसशुदा और नाजायज़, भारी मात्रा उपभोक्ताओं तक पहुंचती रही, भले ही निगरानी और दमन की प्रणालियां कितनी भी कठोर रही हों। अफ़ीम विभाग उन किसानों पर भी कोई कार्रवाई नहीं कर पाता था जो अपनी फ़सल का एक हिस्सा अपने उपयोग के लिए, या काला बाज़ारी के लिए रख लेते थे। पोस्त की फ़सल के लिए बहुत कौशल और अनुभव की ज़रूरत होती थी, तो किसानों को जेल में डालने या उनके लाइसेंस छीन लेने से अफ़ीम विभाग के लिए अपने उत्पादन लक्ष्य को पूरा कर पाना बहुत मुश्किल हो जाता: 'औपनिवेशिक प्रशासन इस डर से अफ़ीम उगाने वाले किसानों को एक सीमा से ज़्यादा दंड नहीं दे सकता था कि कहीं सोने के अंडे देने वाली मुर्ग़ी ही हाथ से न निकल जाए।'[77]

ब्रिटिश अधिकारी अक्सर अपने निजी पत्र-व्यवहार में इस तथ्य को स्वीकार करते थे कि पोस्त उगाना आर्थिक और सामाजिक रूप से किसानों के लिए नुकसानदेह था। उदाहरण के लिए, यहां गुजरात के एक वरिष्ठ ब्रिटिश ज़िला अधिकारी द्वारा 1842 में अपने सहयोगी को लिखे एक ख़त का एक अंश है जो अपनी रिसर्च के दौरान मेरे हाथ लगा था:

> मैंने उनसे (किसानों से) दृढ़ शब्दों में कहा कि उन उत्पादों की खेती फिर से शुरू करें जिन्हें वो अफ़ीम संस्कृति के आने से पहले उगाते थे... ये वाक़ई

> होना चाहिए कि ज़िले से अफ़ीम के लुप्त होने के साथ ही वो ख़ुद भी धीरे-धीरे इसके उपयोग को भूल जाएं और इस उत्तेजक नशे की इच्छा महसूस न करें, ऐसी आदत जो इन इलाक़ों में इसकी फ़सल उगाए जाने के बाद से पहली बार सौ गुणा बढ़ चुकी है।[78]

अफ़ीम के ख़तरे निश्चय ही ब्रिटिश सरकार से छिपे नहीं थे। 1843 में, ब्रिटेन के सबसे प्रतिष्ठित पच्चीस डॉक्टरों ने ये कहते हुए एक बयान जारी किया था: 'औषधि के रूप में प्रयोग करने पर अफ़ीम चाहे कितनी भी मूल्यवान हो, लेकिन इस विषय से परिचित किसी भी व्यक्ति के लिए इस पर संदेह करना नामुमकिन है कि इसके आदतन प्रयोग के बेहद घातक परिणाम होंगे।[79]

ब्रिटिश साम्राज्य के कर्ता-धर्ता भली-भांति जानते थे कि अफ़ीम वास्तव में उन्नीसवीं सदी के चीन में 'बेहद ख़तरनाक परिणाम' पैदा कर रही थी। ब्रिटेन में बेशुमार आलोचकों, लगातार बढ़ते अंतरराष्ट्रीय अफ़ीम विरोधी आंदोलन और चीन में अनेक ब्रिटिश व्यापारियों ने उन्हें ये स्पष्ट बता दिया था।[80] और सबसे ज़्यादा तो इतनी सदियों में चीन की सरकार और असंख्य आम चीनी नागरिकों ने उनके सामने ये साफ़ कर दिया था। लेकिन फिर भी, साम्राज्य अपनी नीतियों पर अड़ा रहा जब तक कि बीसवीं सदी के शुरू में आख़िरकार इसे उन्हें छोड़ने पर मजबूर नहीं कर दिया गया।

मुझे क़ानून, शासनकला या नैतिकता के ऐसे किसी सिद्धांत के बारे में जानकारी नहीं है जो ये कहता हो कि किसी राज्य को एक ऐसे उत्पाद को अपने देश में आने से रोकने का अधिकार नहीं है जो उसके नागरिकों को ख़तरे में डालता हो: अगर आज ये फ़ेंटनिल के बारे में सच है, तो पहले के ज़माने में अफ़ीम के बारे में भी ये सच था। इस सिद्धांत को प्रथम अफ़ीम युद्ध के समय में ब्रिटिश विदेश सचिव लॉर्ड पामर्स्टन तक ने माना था। पहले अफ़ीम युद्ध के शुरू में उसने लिखा था, 'ब्रिटिश सरकार इस अधिकार को स्वीकार करती है कि हर स्वतंत्र राज्य जिस तरह से चाहे अपने नागरिकों के विदेशियों के साथ व्यापारिक मेलजोल को विनयमित कर सकता है; किसी भी उत्पाद को, जो उसकी अपनी ज़मीन या उद्योग से उत्पन्न हुआ है या जिसे विदेशी बंदरगाहों से लाया गया है, जैसे चाहे अनुमति दे सकता है या उसे प्रतिबंधित कर सकता है।'[81] मगर पामर्स्टन इतिहास में एक ऐसे शख़्स के तौर पर याद नहीं किया जाना चाहता था जिसने अफ़ीम

को ज़बरदस्ती बंदूक़ की नोक पर चीन पर थोपा हो। उसकी योजना, जो अपनी धूर्तता में बेहतरीन थी, पर्दे के पीछे से दबाव बनाकर चीनियों को *अपनी मर्ज़ी से* अफ़ीम को वैध घोषित करने के लिए मजबूर करना थी।[82] मगर चीनियों ने भी इस मुद्दे पर एक लंबे समय तक हार नहीं मानी। सम्राट ने कहा, 'ये सच है कि मैं बहते ज़हर का आना नहीं रोक सकता, मुनाफ़ाख़ोर और भ्रष्ट लोग मुनाफ़े और मौज-मस्ती की ख़ातिर मेरी इच्छा को परास्त कर देंगे; लेकिन कोई भी चीज़ मुझे अपनी प्रजा की बुराइयों और कष्ट से राजस्व कमाने के लिए मजबूर नहीं कर सकेगी।'[83] तो एक और युद्ध हुआ – और बीजिंग के समर पैलेस को जलाया गया, जो इतिहास में बर्बरता की सबसे बड़ी कारगुज़ारियों में से एक थी – उसके बाद ही ब्रिटिश साम्राज्य और उसके सहयोगी अपने अघोषित मक़सद को हासिल करने में सक्षम हो पाए।[84]

1839 में चीन पर हमले के समय, और उसके बाद दशकों तक, ब्रिटिश सरकार और उसके हिमायती इतिहासकार तर्क देते रहे कि ये युद्ध अफ़ीम को लेकर नहीं था; बल्कि असल मुद्दे तो विदेशियों के साथ चीन का बर्ताव – जैसा कि कैंटन में उनके ऊपर लगे प्रतिबंधों से ज़ाहिर था – पश्चिम की सरकारों के राजनयिकों को बीजिंग में प्रवेश देने से चिंग राज्य का इंकार, और भी बहुत कुछ जैसे पश्चिमी लोगों के लिए प्रयुक्त किए जाने वाले शब्द थे।[85] इस सबको देखते हुए, चिंग राज्य की 'धृष्टता' के कारण युद्ध अपरिहार्य हो गया था; इस संघर्ष में अफ़ीम तो लगभग अप्रासंगिक थी।[86] बेशक, इस तस्वीर से जो चीज़ नदारद थी, वो ये तथ्य था कि कैंटन प्रणाली, और विदेशियों पर लगाए गए प्रतिबंध बिना किसी सैन्य टकराव के एक सदी से ज़्यादा से जारी थे। ये तो जब चिंग राज्य ने अफ़ीम की तस्करी को ख़त्म करने की दृढ़ कोशिश की, तब ब्रिटेन ने 'उस रणनीति पर चलते हुए जो अफ़ीम के बड़े-बड़े तस्करों की घोषित ज़रूरतों को बहुत क़रीब से पूरा करती थी,' युद्ध छेड़ दिया।[87] ये संबंध इससे ज़्यादा स्पष्ट नहीं हो सकता, और ब्रिटिश प्लेनिपोटेंशियरी चार्ल्स एलियट ने इसे साफ़ शब्दों में कहा था, जिसने बाद में लिखा था: '1839 में चीन में युद्ध की असली वजह भारत से आने वाली अफ़ीम की सप्लाई में असाधारण रूप से बढ़ोतरी थी।'[88]

संक्षेप में, चाहे कितने भी कुतर्क किए जाएं, मगर वो इस सच को नहीं छिपा सकते कि ब्रिटिश साम्राज्य का अफ़ीम का गोरखधंधा एक आपराधिक उद्यम था, जो अपने समय के साथ-साथ हमारे समय के मापदंडों पर भी पूरी तरह से अक्षम्य है। इस बात से क़तई

इंकार नहीं किया जा सकता कि वर्तमान चीन अनेक निंदनीय कृत्यों और राजनीति के साथ एक मज़बूत और आक्रामक शक्ति बन गया है। मगर, इस तथ्य से अतीत के हमारे मूल्यांकन को प्रभावित नहीं होना चाहिए कि इस विशालकाय दानव के साथ इतिहास द्वारा अन्याय किए जाने की कल्पना करना भी मुश्किल है; इसके बजाय इससे हमें उन कारणों की श्रृंखला पर विचार करने के लिए प्रेरित होना चाहिए जिन्होंने चीन को वैसा बना दिया जैसा कि आज वो है। ऐसा करते हुए, इन चेतावनीपूर्ण शब्दों पर विचार करना उचित होगा जो चीनी राजनेता कू हुंग-मिंग ने 1921 में अंग्रेज़ी लेखक डब्ल्यू. सॉमरसेट मॉअम को संबोधित करते हुए कहे थे:

> क्या आप जानते हैं कि हमने एक ऐसा प्रयोग करने की कोशिश की थी जो दुनिया के इतिहास में अनूठा है? हमने इस महान देश को बल से नहीं, बुद्धि से चलाना चाहा था। और सदियों तक हम कामयाब भी रहे। फिर श्वेत लोग पीत लोगों से नफ़रत क्यों करते हैं? क्या मैं आपको बताऊं? क्योंकि उन्होंने मशीनगन की खोज की। ये है आपकी श्रेष्ठता। हम एक असहाय भीड़ हैं और आप हमें धूल में मिला सकते हैं। आपने हमारे दार्शनिकों के इस सपने को चूर-चूर कर दिया है कि दुनिया को क़ानून-व्यवस्था की ताक़त से चलाया जा सकता है। और अब आप हमारे नौजवानों को अपना राज़ सिखा रहे हैं। आपने अपने घिनौने आविष्कारों को हम पर थोप दिया है। क्या आप जानते हैं कि हमें यांत्रिकी में महारत है? क्या आप नहीं जानते कि इस देश में दुनिया के चार सौ मिलियन बहुत व्यावहारिक और मेहनती लोग रहते हैं? क्या आपको लगता है कि हमें इसे सीखने में देर लगेगी? और जब पीत लोग श्वेत लोगों जितनी ही अच्छी बंदूकें बनाने लगेंगे और उन पर सीधे फ़ायर करने लगेंगे तो आपकी श्रेष्ठता का क्या होगा? आपने मशीनगन से अपील की है और मशीनगन से ही आपका फ़ैसला होगा।[89]

सत्रह

समानताएं

1780 के बाद, एक सदी के भीतर, भारत से चीन को निर्यात होने वाली अफ़ीम की मात्रा सौ गुणा बढ़ गई थी, जो 1880 के दशक में अपने चरम पर थी।[1] केवल संख्या ने ही ये स्पष्ट कर दिया था कि इस उछाल में कोई बहुत ही असामान्य सी बात थी। जब हम इस बात पर ध्यान देते हैं कि चीन ने इस बीच अपना ख़ुद का विशाल अफ़ीम उद्योग खड़ा कर लिया था, तो ये और भी हैरानी की बात हो जाती है। ये उद्योग उन्नीसवीं सदी के शुरू में उभरा था जब किसानों ने चिंग द्वारा लगाए प्रतिबंधों की अवहेलना करते हुए अफ़ीम की खेती शुरू कर दी।[2] अफ़ीम की खेती में अग्रणी रहने वाले कुछ क्षेत्र ऐसे प्रांत थे जिनके बारे में कहावत मशहूर थी, 'आसमान बहुत ऊपर है, और सम्राट बहुत दूर।'[3]

ऐसा ही एक प्रांत था युन्नान, जो तब भी और आज भी अनेक जातीय समूहों से आबाद एक विभिन्नता भरा क्षेत्र था, जिनमें से कुछ लंबे समय से भारत, चीन और बर्मा की सीमाओं को चिह्नित करने वाली ढलवां वादियों और पहाड़ों के पार व्यापार करते रहे थे। उन्नीसवीं सदी के उत्तरार्ध में अफ़ीम के कारोबार से इनमें से कुछ समुदाय काफ़ी समृद्ध हो गए थे जैसा कि टाइगर लीपिंग गोर्ज के आसपास की वादी पर बसे इन सुदूर और बेहद हसीन गांवों और क़स्बों की यात्रा करने वाले किसी भी व्यक्ति को नज़र आ सकता है। इन गांवों की सूवेनियर शॉप्स में बेहतरीन नक़्क़ाशीदार पाइप और अफ़ीम पीने के दूसरे साज़ो-सामान को एंटीक के रूप में बेचे जाते देखना बहुत

आम बात है। जब मैं 2012 में अपने बेटे के साथ इस प्रांत की यात्रा पर गया था तो मैंने भी ढेर सारे सूवेनियर ख़रीदे थे। हालांकि अब वहां पोस्त की खेती नहीं होती है, लेकिन ये तथ्य पर्याप्त रूप से स्पष्ट है कि कभी ये एक बड़ा अफ़ीम उत्पादक क्षेत्र हुआ करता था।

युन्नान में पोस्त की खेती शायद 1830 के दशक में बढ़ना शुरू हुई होगी जब ब्रिटिश उपनिवेशवादी शासन का चीन को अफ़ीम निर्यात बहुत तेज़ी से बढ़ा था।[4] प्रथम अफ़ीम युद्ध में विनाशकारी हार के बाद, जिसने कमज़ोर पड़ गए चिंग राज्य को अफ़ीम की तस्करी से लड़ पाने में और अधिक अक्षम कर दिया था, केवल युन्नान में ही नहीं, बल्कि कई अन्य प्रांतों में भी चीन का अफ़ीम उद्योग बहुत तेज़ी से बढ़ने लगा था।[5] ये वृद्धि फ़ूजियान के तटीय क्षेत्र में विशेष रूप से तेज़ थी: 1845 तक राजधानी फ़ुज़ाउ में 100 से ज़्यादा अफ़ीम के अड्डे हो गए थे, और, एक चिंग अधिकारी के मुताबिक़, अस्सी प्रतिशत निवासी अफ़ीम पीते थे।[6]

1842 से 1858 के बीच के सालों में चीन में अफ़ीम उद्योग ऐसी स्थिति में था जिसे इतिहासकार पीटर थिली ने 'व्यवस्थागत अवैधता' कहा है क्योंकि चिंग ने पहले अफ़ीम युद्ध में अपमानजनक हार के बावजूद अफ़ीम के कारोबार को वैध बनाने से साफ़ इंकार कर दिया था।[7] लेकिन द्वितीय अफ़ीम युद्ध में एक और विनाशकारी हार के बाद चिंग प्रशासन – जो ताइपिंग विद्रोह द्वारा अंदरूनी हमले का भी शिकार था जिसने देश के बड़े हिस्सों को अपने नियंत्रण में ले लिया था – के पास 1860 में अंग्रेज़ों के साथ एक नई संधि पर हस्ताक्षर करने के अलावा और कोई रास्ता नहीं बचा था। चीन को प्रभावी रूप से अफ़ीम व्यापार को वैध करने के लिए मजबूर कर दिया गया था, और इस तरह उसने उस मॉडल को अपना लिया था जिसे यूरोपीय साम्राज्यों ने अपने एशियाई उपनिवेशों पर थोपा था जिसमें अफ़ीम राजस्व का एक वैध स्रोत थी। इस बीच, तटीय क्षेत्रों पर अफ़ीम की तस्करी में बहुत भारी बढ़ोतरी होने ने चिंग राज्य के सामने ये स्पष्ट कर दिया था कि अफ़ीम के कारोबार को दबाने की इसकी तमाम कोशिशें तब तक कामयाब नहीं होंगी जब तक अंग्रेज़ उसकी गर्दन पर चाक़ू रखे रहेंगे।[8] तो चिंग ने एक नई नीति अपनाई जो ब्रिटिश इंडिया और दक्षिणपूर्ण एशिया के औपनिवेशिक राज्यों के समान थी, जिसके द्वारा अफ़ीम उद्योग को राजस्व के स्रोत के रूप में लिया जाने लगा। इससे अफ़ीम की खेती में भारी विस्तार हुआ, जिसका मतलब अफ़ीम के इस्तेमाल में भी भारी विस्तार

था, क्योंकि जैसा कि स्पेंस ने लिखा है, 'अफ़ीम के उत्पादन ने यक़ीनन उत्पादकों को ख़ुद इसे पीने के लिए प्रोत्साहित किया।' ऐसा अनुमान लगाया जाता है कि पोस्त के चीनी किसान लगभग चौथाई अफ़ीम का सेवन ख़ुद करते थे।[9]

उन्नीसवीं सदी के बाद के दशकों में अफ़ीम चीन का एक बड़ा उद्योग बन गई, और इसका राजस्व लगभग उसी तरह चिंग प्रशासन के वित्त का आधार बन गया था जिस तरह ये पहले ही औपनिवेशिक भारत और दक्षिणपूर्व एशिया में था।[10] चिंग के तख़्तापलट के बाद भी अफ़ीम 'लगभग उन सभी जनरलों और रिपब्लिकन शासनों का वित्तीय संबल बनी रही जो 1950 के पहले तक की अवधि में चीन की सत्ता में रहे थे।'[11] कहने की ज़रूरत नहीं कि अफ़ीम ने चीन, ताइवान, और बाद में जापान में भी कई व्यापारियों के लिए भारी धन अर्जित किया था।[12]

विदेशी पर्यवेक्षक अक्सर चीन के फलते-फूलते घरेलू अफ़ीम उद्योग को चिंग राज के भ्रष्टाचार और चीनी अधिकारियों की आम निष्ठाहीनता के साक्ष्य के रूप में उद्धृत करते हैं।[13] एक ब्रिटिश पादरी द्वारा लिखे मध्य उन्नीसवीं शताब्दी के संस्मरण *फ़्रॉम लंदन टु लखनऊ* में एक पात्र कहता है, 'जॉन... दुनिया का सबसे बड़ा पाखंडी है। वो अपने देश में सालाना पचास से साठ हज़ार पेटी अफ़ीम उगाता है, लेकिन जब विदेश से देश में अफ़ीम लाई जाती है तो बदनाम किए जाने का नाटक करता है।'[14]

ये इसकी बहुत अच्छी मिसाल है कि किस तरह साम्राज्यवादी बयानबाज़ी का इस्तेमाल करके अक्सर इल्ज़ाम को ब्रिटिश साम्राज्य से हटाकर उसके पीड़ितों पर डाल दिया जाता था: अफ़ीम व्यापार को रोकने के चिंग के हर क़दम को बेकार करके उपनिवेशवादियों ने फिर चीन पर ही उंगली उठाई कि उसने – ब्रिटिश राज द्वारा निर्यात की जाने वाली अफ़ीम की निरंतर बढ़ती मात्रा का सेवन जारी रखने के बजाय – अपने घरेलू उद्योग को पनपने की अनुमति दी! ग़ज़ब का अहंकार है: ये ऐसा ही है जैसे कोई विदेशी ड्रग कार्टेल अमेरिका से कहे कि वो भांग को वैध क़रार दे मगर घरेलू स्तर पर उसका उत्पादन न करे।

ऐसे हालात में, चिंग ने एक ऐसा रास्ता चुना जो शायद ऐसी परिस्थिति में फंसी कोई भी सरकार चुनती: आयात का प्रतिस्थापन। अगर चीन को अफ़ीम का आयात जारी रखने के लिए बंदूक़ की नोक पर मजबूर ही किया जाना था, तो बेहतर होगा कि वो घरेलू स्तर पर उत्पाद को उगाए – इस तरह वो कम से कम विदेशी आयातकों को दी जानी वाली

राशि को कम कर सकता था। सुन यात-सेन जैसे चिंग प्रशासन के घोर आलोचकों ने भी इस विचार का समर्थन किया, जिसने तर्क दिया:

> भविष्य में, जब अफ़ीम उत्पादन व्यापक हो जाएगा, तो ये निश्चय ही भारतीय अफ़ीम से होने वाले मुनाफ़े को रोक देगा... जब हम भारतीय अफ़ीम से होने वाले मुनाफ़े को रोक देंगे तो ब्रिटिश स्वेच्छा से इसके आयात को रोक देंगे, और फिर हम इसे उगाना बंद कर सकते हैं। अगर उस समय हम अफ़ीम के सेवन पर प्रतिबंध लगाने का आदेश जारी करें, तो हम एक सदी से ज़्यादा से चले आ रहे इस रोग को ख़त्म कर सकते हैं। तो पोस्त की खेती को बढ़ावा देना वास्तव में अफ़ीम पर प्रतिबंध लगाने की शुरुआत है।[15]

आयात-प्रतिस्थापन नीति के पीछे की सोच तब समझ में आ सकती थी जब अफ़ीम दूसरे किसी उत्पाद, जैसे कपास या गन्ने की तरह समान क़ानूनों के अधीन होती। लेकिन इसके बजाय, इसके वैधीकरण के तीन दशक बाद भी चीन का भारत से अफ़ीम का आयात लगातार बढ़ता रहा, जो 1880 के दशक के उत्तरार्ध में अपने चरम पर था।[16] हालांकि इस समय के आसपास आयात स्थिर होने लगा था, मगर आश्चर्यजनक ढंग से, घरेलू उद्योग के अभूतपूर्व विकास के बावजूद, चीन उन्नीसवीं सदी के अंत तक तुर्किए और औपनिवेशिक भारत से भारी मात्रा में अफ़ीम का आयात करता रहा।[17] अब तक चीन का घरेलू अफ़ीम उद्योग भारत से कहीं बड़ा हो चुका था; बीसवीं सदी के शुरुआती दशकों में, वो अफ़ीम का दुनिया का अकेला सबसे बड़ा उत्पादक था, और पूरे विश्व की कुल सप्लाई में सात बटे आठ का योगदान देता था।[18] हालांकि चीन की अधिकांश अफ़ीम की खपत घरेलू स्तर पर हो जाती थी, मगर चीन अब न केवल अफ़ीम, बल्कि हेरोइन का भी दुनिया का सबसे बड़ा निर्यातक बन गया था, जिनकी भारी मात्रा औपनिवेशिक दक्षिणपूर्व एशिया, और यूरोप और अमेरिका के तटों तक भी पहुंचने लगी थी।[19]

केवल इस रौशनी में अनुमान लगाया जा सकता है कि सौ से कुछ ही ज़्यादा सालों में चीन में अफ़ीम के प्रयोग में कितनी तेज़ी आ गई थी। हालांकि देश में अफ़ीम के उपयोगकर्ताओं और व्यसनियों की सही-सही संख्या की गिनती कर पाना मुश्किल है, मगर एक संकीर्ण अनुमान के अनुसार बीसवीं सदी के शुरुआती दशकों तक, चीन की

तीन से दस प्रतिशत तक आबादी – लगभग 50 मिलियन लोग – अफ़ीम का सेवन कर रहे थे।[20] लेकिन दूसरे अनुमान कहते हैं कि ये संख्या कम से कम इसकी दोगुनी थी और शायद जनसंख्या के तीस से चालीस प्रतिशत के आसपास, संभवतः 200 मिलियन लोगों तक, रही हो सकती है।[21]

अफ़ीम के उत्पादन और खपत में इस विस्मयकारी बढ़ोतरी को कैसे समझाया जा सकता है?

इस मुद्दे पर दृष्टिकोण किसी न किसी तरह घूम-फिरकर मांग के सवाल पर ही आ जाते हैं। उन्नीसवीं सदी के अधिकांश पश्चिमी समीक्षक मानते थे कि आयात में बढ़ोतरी की वजह मांग बढ़ना थी। ये मुक्त-बाज़ार के सिद्धांतों के अनुसार था, जिनका मानना था कि बाज़ार का 'अदृश्य हाथ' आपूर्ति और मांग को संतुलित रखता है। ये विचारधाराएं, जो उन्नीसवीं सदी के उत्तरार्ध में उभरी थीं, जब अफ़ीम को बढ़ावा देने का ब्रिटिश कार्यक्रम अपने शैशवकाल में ही था, और जल्दी ही एंग्लो-अमेरिकन अभिजात्य वर्ग के बीच पूरी तरह से छा गई थीं। उन्होंने ये मान लिया था कि आपूर्ति और मांग के नियम काफ़ी कुछ प्रकृति के नियमों (या प्रोटेस्टैंट गॉड की अबूझ इच्छा) की तरह ही काम करते हैं।

मांग की कथित प्रधानता अफ़ीम व्यापार के लिए ब्रिटिश औचित्यों के सबसे अहम तर्कों में से एक प्रदान करती है: ये उन्नीसवीं सदी में अफ़ीम व्यापार पर लिखे ब्रिटिश लेखन में लगातार दिखता है। उदाहरण के लिए, यहां चार्ल्स डिकेन्स अफ़ीम पर लिखे अपने लेखों में से एक में कहता है: 'क़ानूनन प्रतिबंधित एक व्यापार में हाल में आई ज़बरदस्त बढ़ोतरी के लिए कुछ और नहीं बस चीन प्रशासन का बेतहाशा भ्रष्टाचार ही ज़िम्मेदार है; ये बढ़ोतरी जनप्रिय आदतों और अभिरुचियों के प्रतिकूल विनियमनों को लागू करने में आने वाली मुश्किलों के अनेक सुबूतों में से एक है।'[22]

ऐसा ही एक तर्क कहीं ज़्यादा हल्के अंदाज़ में *फ्रॉम लंदन टु लखनऊ* में दिया गया है।

> सच तो ये है (एक ब्रिटिश व्यापारी कहता है) कि चीनियों को अफ़ीम चाहिए थी, और वो इसे लेते ही। मगर पेकिंग में बैठे, चांद और सूरज के भाई, उनके बड़े पापा ने कहा, 'नहीं, मेरे बच्चो, तुम ये नहीं लोगे।' लड़कों ने कहा, 'हम इतने बड़े हो गए हैं कि अपने फ़ैसले ले सकें, प्यारे पापा; और हालांकि हम आपसे बहुत प्यार करते हैं, और तर्कसम्मत चीज़ों में आपकी आज्ञा मानने के लिए तैयार

> हैं, लेकिन हमें अपने पाइप चाहिए ही होंगे।' तो, हमने क्या किया? हमने बस ख़ामोशी से उनके पाइप भर दिए, और उनसे मुंह बंद रखने को कहा, और फिर बूढ़े गवर्नर को कुछ पता नहीं चला। मुझे तो इस लेनदेन में परोपकारिता और भाइयों सरीखी उदारता का स्पर्श सा दिखता है...[23]

इन अंशों का आशय ये है कि चीन में अफ़ीम की भारी मांग मौजूद थी, और उसके अनुरूप आपूर्ति तो होनी ही थी। अगर ये आपूर्ति भारत का औपनिवेशिक प्रशासन नहीं करता, तो कोई और करता; ये तो निश्चित था, प्रकृति के नियम का परिणाम, और इसमें बाधा डालने की कोई भी कोशिश मूर्खतापूर्ण (क्योंकि वो असफल होती ही) और ग़लत (नैतिक रूप से अनुचित होने के अर्थ में) थी।

जो लोग इस दृष्टिकोण को मानते थे कि ड्रग व्यापार में बढ़ोतरी का अनिवार्य कारक मांग है, उनके लिए इस मुद्दे का मूल ये समझाने में निहित था कि चीन में अफ़ीम की ज़रूरत इतनी ज़बरदस्त गति से क्यों बढ़ी थी। सुझाए गए कारणों में से कुछ अत्यंत दृढ़ कारण एक दूसरी विचारधारा में निहित थे जो तब पश्चिमी अभिजात्य वर्ग में प्रचलित थी: नस्ल और लिंग की अवधारणा। अक्सर ऐसा कहा जाता था कि नशीले पदार्थ लेने की प्रवृत्ति आमतौर पर 'एशियाइयों' और विशेष रूप से चीनियों की ख़ासियत थी क्योंकि वो स्वभाव से 'स्त्रैण' होते थे और इसलिए अफ़ीम की ओर उनका ज़्यादा रुझान होता था जो 'सक्रिय और जोशीले स्वभाव से जुड़ी' शराब की तुलना में निष्क्रियता पैदा करती है।[24] इतिहासकार कीथ मैकमोहन लिखते हैं, 'प्रबल यूरोपीय दृष्टिकोण में, अफ़ीम चीनी लोगों के लिए एकदम सटीक नशा थी, जिन्हें नशेड़ी और व्यसनों में लिप्त होने का आदी समझा जाता था।'[25] ब्रिटेन के एक अग्रणी नेता के शब्दों में, ये बस 'नस्लीय मुद्दा' था: 'जैसे आर्य जातियां शराब पसंद करती हैं, वैसे ही तूरानी अफ़ीम पीते हैं।'[26] इस तरह से अफ़ीम की मांग में बढ़ोतरी की वजह चीनी शरीरों, चीनी सोच, चीनी संस्कृति के दोषों, और 'चीनी समाज की अनैतिकता और आत्म-नियंत्रण में कमी' को दिया गया।[27]

इनके साथ ही, चीनी व्यवस्था का एक और पक्ष जिसे अक्सर दोष दिया जाता था चीनी राजनीतिक निकाय था जिसे परंपरागत रूप से भ्रष्टाचार और बेईमानी से भरा कहा जाता था। चार्ल्स डिकेन्स इस बारे में लिखता है:

> ये ज्ञात है कि क़रीब अठारह साल पहले, सम्राट और उनकी सभा ने अफ़ीम के सवाल पर पूरी चर्चा की थी; ये पाया गया कि व्यापारियों की स्वार्थ भरी ऊर्जा, मादक द्रव्य के प्रति चीनियों के बढ़ते प्रेम, और सम्राट के अधिकारियों के बिकाऊपन के कारण अंग्रेज़ों के साथ नाजायज़ व्यापार को रोकने की सभी कोशिशें व्यर्थ हो गई थीं।

या, सरल शब्दों में कहें: 'बाक़ी सब चीज़ों में अभेद्य चीनी रिश्वत के मामले में कभी अभेद्य नहीं हैं। वो पृथ्वी के सबसे ज़्यादा भ्रष्ट लोग हैं।'[28]

ये दृष्टिकोण चीन के प्रति पहले के पश्चिमी बर्ताव से दिलचस्प विरोधाभास दर्शाते हैं, जो कि सामान्यतया सम्मानपूर्ण और प्रशंसात्मक तक होता था।[29] उदाहरण के लिए, सत्रहवीं सदी के जर्मन विद्वान गॉटफ्रिड लीबनिज़ ने तो बिकाऊपन की व्यवस्था को ही उलट दिया था: 'जैसे-जैसे हमारे बीच बिना किसी रोकथाम के भ्रष्टाचार फैल रहा है, हमारे कामकाज की स्थिति से मुझे ऐसा लगता है कि हमें प्राकृतिक धर्म के प्रयोग और अमल को सिखाने के लिए चीनी मिशनरियों को हमारे यहां भेजा जाना लगभग आवश्यक है...'[30] उस युग में बहुत से यूरोपीय विचारक चीनियों को 'सबसे बढ़कर, प्रशासन की महान व्यावहारिक कला में माहिर' मानते थे।[31]

आगे चलकर यूरोपीय राज्यों ने वास्तव में प्रशासन के चीनी मॉडल से खुले हाथ से चीज़ें लीं। जैसा कि इतिहासकार स्टीफ़न आर. प्लाट ने लिखा है, 1806 में ईस्ट इंडिया द्वारा प्रतियोगितात्मक परीक्षा प्रणाली अपनाना 'काफ़ी हद तक उससे प्रेरित थी जिसे इसके व्यापारियों ने कैंटन में चीनी प्रणाली से सीखा था। जब उन्नीसवीं सदी के मध्य में ब्रिटिश सरकार ने अपनी सिविल सेवा परीक्षा की स्थापना की तो ये उसकी बुनियाद बनी।'[32] इस तरह वर्तमान में लाखों युवा भारतीयों को व्यस्त रखने वाली सिविल सेवा परीक्षाओं की जड़ें सीधे चीन तक जाती हैं। बेशक, जैसा वेन्ग्रो और ग्रेबर ने इंगित किया है, 'नौकरशाही... जिसके सदस्य प्रतियोगितात्मक परीक्षाओं में सफल हुए थे, द्वारा चालित व्यापक रूप से समान भाषा और संस्कृति की एक आबादी' के रूप में समकालीन राष्ट्र-राज्य की अवधारणा ही 'लगभग वही प्रणाली है जो सदियों से चीन में मौजूद थी।'[33]

अठारहवीं सदी के अंत में, जब यूरोपीय, और ख़ासतौर से ब्रिटिशर्स, दुनियाभर में लगातार हावी हो रहे थे, चीन के प्रति पश्चिमी रवैया बदलने लगा था।[34] मेरा मानना

है कि ये कोई संयोग नहीं था कि जैसे-जैसे चीन अफ़ीम की लगातार बढ़ती मात्रा को जज़्ब करता गया, वैसे-वैसे पश्चिमी नज़रिया भी लगातार नकारात्मक होता गया। ऐसा लगता है कि ये तथ्य ही कि कथित रूप से 'शक्तिशाली' चिंग साम्राज्य अफ़ीम व्यापार को प्रभावी रूप से रोकने में अक्षम था, इसे तिरस्कार योग्य बनाने के लिए काफ़ी था। इसी से जुड़ा तथ्य ये है कि चीनियों का सबसे ज़्यादा मज़ाक़ उड़ाने वाले अक्सर वही व्यापारी होते थे जो स्थानीय अधिकारियों को रिश्वत देने और क़ानून तोड़ने में सबसे ज़्यादा कामयाब होते थे।

ऐसा ही एक अफ़ीम व्यापारी सर जेम्स मैथेसन था जो चीन में जुर्म के ज़रिए बनाए कैरियर के बूते पर ब्रिटेन में दूसरा सबसे बड़ा भूस्वामी बन गया था, और उसने अपने लिए बैरोनेट की पदवी के साथ-साथ संसद में सीट भी हासिल कर ली थी।[35] 1836 में, चीन के साथ युद्ध की घोषणा करने के लिए ब्रिटेन को उकसाने की (अंततः सफल) लॉबी के हिस्से के रूप में मैथेसन ने एक किताब लिखी थी, जो इस तरह से शुरू होती है: 'विधाता ने प्रसन्नता से चीनियों को – जो अथाह रूप से मूर्खता, लालच, घमंड और हठधर्मिता से ग्रस्त हैं – पृथ्वी के सबसे ख़ूबसूरत हिस्सों का एक विशाल भाग, और मानवजाति की लगभग एक तिहाई के बराबर आबादी से नवाज़ा है।'[36]

इन रवैयों में समकालीन ड्रग-सरताजों के नज़रियों की गूंज है जो अक्सर उन कमज़ोर सरकारों के प्रति तिरस्कार भरे होते हैं जिनके क़ानून वो तोड़ते हैं। वो भी पश्चिम में ड्रग्स के लगातार बढ़ते उपयोग के लिए अक्सर भ्रष्ट अमेरिकी और यूरोपीय अधिकारियों को दोष देते हैं। मगर आज के ड्रग सरग़नाओं के विपरीत मैथेसन और उसके जैसे लोग अपने देशों में साम्राज्यवादी आदर्श की मिसाल बन गए।[37]

इसमें कोई शक नहीं है कि अफ़ीम व्यापार मुख्य रूप से चीन के आपराधिक नेटवर्कों की मिलीभगत पर निर्भर था, ठीक वैसे ही जैसे वर्तमान में पश्चिम, और दुनियाभर का ड्रग-कारोबार चलता है।[38] इसमें भी कोई संदेह नहीं हो सकता कि बड़े पैमाने पर अफ़ीम का आयात बढ़ने से पहले चीन में अधिकारी स्तर पर बहुत भ्रष्टाचार था। फिर भी, चीन के सबसे बड़े इतिहासकारों में से एक जॉनैथन स्पेंस के अनुसार, देश की 'क़ानून-व्यवस्था का मापदंड शायद उस समय के यूरोप या यूएस में मौजूद क़ानून-व्यवस्था की तुलना का था।'[39] लेकिन पैसा मज़बूत से मज़बूत संस्थाओं को भी भ्रष्ट कर सकता है और पश्चिम के ड्रग कारोबारियों के पास धन की कोई कमी नहीं थी। एक उदाहरण में,

1839 में, ब्रिटिश तस्करों ने चीन के दो निम्न ओहदे वाले अधिकारियों को नक़द और भेंट के रूप में 26,000 डॉलर दिए थे, जो कि उस क्षेत्र के हिसाब से 'बहुत भारी राशि थी' जहां 'एक स्पेनिश सिल्वर डॉलर का मूल्य एक साधारण नाविक के कई दिन के वेतन के समकक्ष था।'[40]

तो, मैथेसन जैसे व्यापारियों के दृष्टिकोण के बारे में असामान्य बात ये थी कि वो केवल अफ़ीम के व्यापार की मौजूदगी के लिए ही नहीं, बल्कि अपने ग़लत कामों ('देखो तुमने मुझसे क्या करवा दिया!') के लिए भी चीन के भ्रष्टाचार को ज़िम्मेदार ठहराते थे। अब विचार करने पर, ये साफ़ दिखता है कि कार्य-कारण का पैटर्न बहुत जटिल था, और ये कि ड्रग-कारोबारियों द्वारा सिस्टम में पहले से मौजूद कमज़ोरियों के दोहन ने उस काल में चीन के प्रशासनिक ढांचे में लगी ज़ंग को लगातार बढ़ाने में योगदान दिया था।

इसने भी दुनियाभर में पश्चिम द्वारा संसाधन निकाले जाने के लिए एक नमूना स्थापित किया: ग़रीब देशों में अधिकारियों को रिश्वत खिलाने में बहुत भारी राशि ख़र्च करने वाली खनन और ऊर्जा कंपनियां लगातार अपनी 'भ्रष्टाचार की संस्कृति' के लिए उन्हीं देशों को इल्ज़ाम देती हैं। (जब मैं ये वाक्य लिख रहा था, तो मेरे स्क्रीन पर एक हैडलाइन उभरी जिसमें लिखा था कि कमोडिटी ट्रेडिंग की विशाल कंपनी ग्लेनकोर ने अफ़्रीका में तेल ऑपरेशनों के संबंध में सात गुणा रिश्वत देने के सात मामलों में ख़ुद को दोषी मान लिया, और उसे जुर्माने के रूप में एक बिलियन डॉलर चुकाने होंगे।[41])

उन्नीसवीं सदी के चीन में अफ़ीम के बेतहाशा बढ़ते उपयोग के संभावित कारणों के बारे में हाल के वक़्त में बहुत कुछ लिखा गया है। मगर ये सारा साहित्य भी आमतौर पर लौट-फिरकर मांग में बढ़ोतरी के कारणों पर ही लौट आता है: विश्राम की, तनाव और एकाकीपन से जूझने की, कठिन शारीरिक मेहनत की थकान से जूझने आदि की आवश्यकता के लिए।[42]

कुछ विद्वानों ने मांग में वृद्धि के दूसरे कारणों पर भी बल दिया है, जैसे चीन के उच्च वर्ग और बुद्धिजीवियों द्वारा अफ़ीम के इस्तेमाल का निचले वर्गों पर प्रभाव, जिन्होंने इसके प्रयोग को सुरुचि और परिष्करण की भावना दी, जिससे इसे सामाजिक स्वीकृति

मिली और इसे देशभर में, ख़ासकर सामाजिक महत्वाकांक्षा रखने वाले लोगों ने बड़े पैमाने पर अपनाया। ये इसलिए भी संभव हुआ कि अफ़ीम पीने का मतलब, किसी भी रूप में, अपने आप लत पड़ना नहीं था। अफ़ीम पीने वालों का एक बड़ा हिस्सा उन लोगों का था जो सीमित मात्रा में इसका सेवन करते थे – उन लोगों की ही तरह जो आज के दौर में प्रेस्क्रिप्शन पेनकिलर लेते हैं लेकिन उनके लती नहीं बनते। तो, आजकल की तरह ही, लती होना नियम की जगह अपवाद था।[43] इसमें भी कोई संदेह नहीं हो सकता कि अफ़ीमसम उस समय, आज की ही तरह, उन लोगों के लिए वरदान थे जो सीमित मात्रा में उनका इस्तेमाल करने में सक्षम थे। वो थके लोगों को उत्तेजना, अवसाद भरे मन को उत्साह और शारीरिक और मानसिक पीड़ा से त्रस्त लोगों को सुकून दे सकते हैं। यही वो गुण थे जिन्होंने चीन में दवा-विक्रेताओं के लिए अफ़ीम को सभी तरह की बीमारियों के प्रभावी इलाज के रूप में बेचना मुमकिन बनाया था। उन्नीसवीं सदी के जावा में भी, 'अफ़ीम पीने वाले बहुत से लोगों ने सबसे पहले इसे कई परेशानियों – सिरदर्द; बुख़ार और जाड़ा लगने (मलेरिया समेत); पेटदर्द, दस्त, अतिसार और अस्थमा; टीबी ("ख़ूनी खांसी"); थकान और चिंता – के अंतिम उपाय के रूप में आज़माया था।'[44]

बेशक, अफ़ीमसम की लत बढ़ाने में डॉक्टरों और उपचारकों की भूमिका भी पुनरावृत्ति के उन अनेक सूत्रों में से एक है जो अफ़ीम के इतिहास के साथ जुड़े हैं। अफ़ीमसम के दुरुपयोग में चिकित्सा या चिकित्सकजन्य बढ़ोतरी, विशेष रूप से अमेरिका में अफ़ीमसम के इतिहास की ख़ासियत रही है, जो उन्नीसवीं सदी के मध्य के दौरान मॉर्फ़ीन के व्यापक निर्धारण से लेकर प्रेस्क्रिप्शन पेनकिलर्स तक जारी रही।[45]

बहुत से विद्वानों ने उन्नीसवीं सदी के चीन में अफ़ीम की लत को विभिन्न सामाजिक, राजनीतिक और आर्थिक संकटों से भी जोड़ा है जिन्होंने उस काल में चिंग साम्राज्य को हिला रखा था। वास्तव में, इस बहुआयामी संकट में सबसे आगे पश्चिम के साथ चीन का टकराव था, जिसके नतीजे व्यापार, वित्त, या जन-स्वास्थ्य के मुद्दों से भी कहीं आगे तक फैले थे। ये तथ्य केवल व्यापारिक नीति की विफलता नहीं था कि देश के शासक अफ़ीम के आने को रोकने में असमर्थ थे; इसने लगातार राज्य की मशीनरी और देश की प्रशासनिक प्रणाली की वैधता को भी कमज़ोर कर दिया था। ये सबकुछ पहले अफ़ीम

युद्ध के दौरान अपने चरम पर पहुंच गया था, जिसने ब्रिटिश साम्राज्य के संबंध में चीन की शक्तिहीनता को ज़बरदस्त ढंग से उजागर किया, देश के अनेक संकटों में तेज़ी ला दी और उसे सीधे ताइपिंग विद्रोह में ले गया जिसके नतीजे में 20-30 मिलियन लोगों की मौत हुई थी।

अपने मसीहाई, मिशनरी-प्रेरित आधारों के साथ ताइपिंग विद्रोह ने ये भी स्पष्ट कर दिया था कि चीन बहुत गहरे मायनों में सभ्यतागत चुनौती का सामना कर रहा था, जिसने दुनिया में देश के स्थान के बारे में लंबे समय से चले आ रहे दृष्टिकोणों पर, और प्रशासनिक मॉडल के रूप में इसकी ऐतिहासिक भूमिका पर सवाल उठाया था। कुछ ही दशकों के अंदर, वो सभी संस्थाएं जो कभी भरोसा जगाती थीं – राजशाही, नौकरशाही, क़ानून व्यवस्था – भरभराकर ढहने लगी थीं।[46] इसी के साथ, अफ़ीम पर निर्भरता के फैलाव ने भी कंफ़्यूशियन व्यवस्था—परिवार – की बुनियाद को अस्थिर कर दिया था, और माता-पिता अपने पारंपरिक कर्तव्यों को छोड़ने लगे थे और अपने नशे की ज़रूरतों को पूरा करने के लिए रिश्तेदार एक दूसरे के यहां चोरी करने लगे थे।

आस्था का ये संकट उस दौर की कई साहित्यिक कृतियों में स्पष्ट रूप से प्रतिबिंबित होता है। इनमें से एक उन्नीसवीं सदी के रसूख़दार अफ़ीमची ज़ैंग चैंगजी द्वारा लिखा एक छोटा सा दस्तावेज़ *ओपियम टॉक* है। जैसा कि कीथ मैकमोहन ने इस आलेख के अपने विश्लेषणात्मक अध्ययन में दर्शाया है, ज़ैंग का विश्वास था कि अफ़ीम ने उसे कुछ ऐसा दर्शाया है जिसे अफ़ीम न पीने वाले ठीक से समझने में असमर्थ थे: कि एक युग बीत चुका है और इतिहास एक नए चरण में क़दम रख चुका है जिसमें चीन के पुराने दार्शनिकों और संतों की शिक्षाएं अप्रासंगिक हो गई हैं। 'जब अफ़ीम मौजूद है, तो बाक़ी कुछ जानने योग्य नहीं है।'

चीनी भाषा में, 'अफ़ीम' और 'धुआं' शब्द लगभग समानार्थी हैं, जिससे अफ़ीम पीने की मुख्य अभिव्यक्ति 'ची यान,' का मतलब बनता है 'धुआं खाना।' ज़ैंग का कहना है कि इसी ने अफ़ीम को अभूतपूर्व बदलाव के दौर के साथ तालमेल बिठाने का साधन बनाया था – क्योंकि उसके लिए, ये नया युग विशिष्ट रूप से धुएं से परिभाषित होता था। आम आग के नहीं, बल्कि कोयले से चलने वाले जहाज़ों की चिमनियों से निकलने वाले धुएं से। इस तरह, कल्पना की विचित्र रूप से बोधगम्य उड़ान में, ज़ैंग ने जीवाश्म ईंधनों को नए युग के विशिष्ट गुण के रूप में पहचाना।

> जब पश्चिमी भाप के जहाज़ों की आग पर्याप्त रूप से भड़क जाती है, तो वो प्रचंड और अजेय हो जाते हैं और एक यात्रा में एक हज़ार मील तक चल सकते हैं। लेकिन जब आग बुझ जाती है, तो अपनी आगे बढ़ने की क्षमता को त्यागते हुए, जहाज़ पूरी ख़ामोशी में विश्राम करते हैं, सारी रात। अगर अगले दिन आप इसे चलाना चाहते हैं, तो आपको इसकी आग फिर से सुलगानी होगी। जितनी आग होगी, उतना ही ये चलेगा। अपनी पूरी क्षमता पर पहुंचने पर, ये फिर से बिना रुके दूसरी यात्रा पर चलने के लिए तैयार हो जाएगा।
> अफ़ीम पीने वालों के साथ भी यही है। जब उन्हें तलब उठती है, तो उनके शरीर कुम्हलाए और बेजान से हो जाते हैं, उनके जोड़ अकड़ जाते हैं। ख़ुद को भड़काने के लिए उन्हें अफ़ीम पर निर्भर रहना होगा। आग सुलगाने के शुरू में, वो कीड़ों की तरह बिलबलाते हैं। थोड़ी और आग और वो किसी बड़ी नदी की तरह बहने लगते हैं। ठीक-ठाक देर तक आग दिए जाने पर वो ऊर्जा से लबालब भर जाते हैं, और अपने हर अंग में तेज़ी आने के साथ वो अदम्य जोश के साथ आगे बढ़ते हैं। बीच रात तक उनके पास और भी अधिक ऊर्जा बची होती है।[47]

ज़ैंग द्वारा प्रयुक्त 'ऊर्जा' और 'आग' शब्दों में बढ़ते जलवायु परिवर्तन के इस युग की बेहद परेशानकुन गूंज सुनाई देती है जब कार्बन के जीवाश्व रूपों के जलने ने दुनिया को तीव्रता के विस्मयकारी नृत्य में डाल दिया है, और साथ ही किसी अफ़ीमची के शरीर की तरह इसे ऐसी कुंडलियों में जकड़ दिया है जिनसे ख़ुद को निकालने में ये कभी कामयाब नहीं हो सकता। आज ये तथ्य व्यापक रूप से स्वीकार किया जाता है कि जीवाश्म ईंधनों के साथ दुनिया का संबंध घातक और विनाशकारी लत के अलावा कुछ नहीं है। लेकिन ज़ैंग चैंगजी शायद इस संबंध को देखने वाला पहला व्यक्ति था।

उन्नीसवीं सदी में पश्चिमी लोगों के लिए चीन के सभ्यतागत संकट के लिए देश की अंतर्मुखी संस्कृति को दोष देना आम था, ख़ासकर 'मध्य राज्य' के विचार में निहित आत्म-महत्व की अतिशय भावना, और सांस्कृतिक (नस्लीय तक) श्रेष्ठता के

मिथ्याभिमान को, जिसके कारण अनेक चीनी विदेशियों को ऐसे शब्दों से संबोधित करते थे जिन्हें यूरोपीय आमतौर पर 'बर्बर' या 'शैतान' के रूप में अनूदित करते थे।[48]

ये एक ऐसा समय था जब पश्चिम के शिक्षित लोग काफ़ी उत्साह के साथ व्यक्तिवाद के विभिन्न संप्रदायों को मानने लगे थे, बहुत से लोग कंफ़्यूशियन मत के सामूहिकवाद को चीन की सबसे बड़ी कमज़ोरियों में से एक भी मानने लगे थे, जो कि आत्मलीनता और अहंकार का मूल कारण था। इसमें ये विश्वास निहित था कि वैयक्तिकवादी पश्चिमी समाजों में जहां संस्थाएं भागीदारी की प्रक्रियाओं के माध्यम से स्थापित की गई थीं, वहां संस्थाओं में इस तरह से व्यापक विश्वास-भंग नहीं हो सकता; न ही ऐसे समाजों में लोग कभी इतने भ्रमित होंगे कि ऐसा मानने लगें कि वो दुनिया का केंद्र हैं और दूसरे राष्ट्रों से ऊपर हैं। इसलिए चीन के संकट को एक विशिष्ट मामला माना गया, जो उन परिस्थितियों के कारण उत्पन्न हुआ था जो देश और उसकी संस्कृति के लिए अंतर्जात थीं।[49] आज भी, चीन के अनुभव को सामान्यतया व्यापक दुनिया के लिए अप्रासंगिक माना जाता है, जैसा कि इस तथ्य से स्पष्ट है कि अमेरिकी अफ़ीमसम संकट पर लिखे गए साहित्य में उन्नीसवीं सदी के चीन का उल्लेख बहुत कम होता है, और होता भी है तो बस सरसरी तौर पर।

बेशक, ये सच है कि चीन की दुर्दशा कई मायनों में अनूठी थी, और ये भी सच है कि अतीत कभी उसी रूप में ख़ुद को नहीं दोहराता है। लेकिन जैसा कि मार्क ट्वेन का प्रसिद्ध आकलन है, 'इतिहास ख़ुद को कभी दोहराता नहीं है, लेकिन अक्सर सुर-ताल मिलाता है।' ये अफ़ीम की ख़ुद को इंसान के मामलों में लिप्त करने की अनूठी क्षमता का प्रमाण है कि इसने अतीत और वर्तमान के बीच कई प्रतिध्वनियां और तालें पैदा की हैं।

मिसाल के तौर पर, उन औचित्यों पर विचार करें जो पर्ड्यू फ़ार्मा के मैनेजमेंट ने ऑक्सिकॉन्टिन और दूसरी अफ़ीमसम-आधारित दर्दनिवारकों की वकालत करने के लिए दिए थे: कि वो चमत्कारिक राहत प्रदान करती थीं; कि वो सुरक्षित थीं और उनकी आदत पड़ना बहुत ही असामान्य था; कि उनकी बहुत बड़ी अपूर्ण मांग थी; कि अफ़ीमसम के लती और दुर्व्यसनी आदतन ही नशे की ओर प्रवृत्त थे; कि असल समस्या शिथिल क़ानून प्रवर्तन में थी।[50] ये तर्क, जिन्हें किसी हद तक बस रहस्यमय ही कहा जा सकता है, उन व्यापारियों की आवाज़ों की प्रतिध्वनि हैं जिन्होंने उन्नीसवीं सदी में चीन और दक्षिणपूर्व एशिया में अफ़ीम बेचकर संपत्ति अर्जित की थी। इस पर भी विचार करें कि चीन की

तरह ही अमेरिका में अफ़ीमसम की मांग बहुत तेज़ी से बढ़ी थी: ऑक्सिकॉन्टिन 1996 में बाज़ार में आई थी और बस दो दशक बाद, 2019 में, 30 मिलियन लोग – जनसंख्या का लगभग तीन प्रतिशत – इसके लती हो चुके कहे जाते हैं। अकेले ओहायो में ही, 2016 तक, 2.3 मिलियन लोगों, जनसंख्या के लगभग बीस प्रतिशत, को अफ़ीमसम का प्रेस्क्रिप्शन मिल चुका था।[51] उस दौरान, बंदूक़ से जुड़ी मौतों और कार हादसों को पीछे छोड़ते हुए अफ़ीमसम की ओवरडोज़ अमेरिका में मृत्यु का सबसे बड़ा कारण बन गई थी: 2016 में, औसतन 175 अमेरिकी रोज़ाना ओवरडोज़ से मर रहे थे, जिसका वार्षिक योग 64,000 हुआ जो कि सैंटा फ़े और न्यू मैक्सिको जैसे आकार के शहरों की जनसंख्या के बराबर था। 2017 में, ओवरडोज़ से 72,000 मौतों के साथ दस प्रतिशत की बढ़ोतरी हुई।[52] बैरी मायर लिखते हैं, 'ये ऐसा था जैसे, इनमें से किसी शहर में कोई प्लेग फैल गया हो और वो एक-एक निवासी की जान ले रहा हो।'[53]

उन्नीसवीं सदी के एशिया, और बीसवीं सदी के अमेरिका में भी, अफ़ीमसम ने कठोर शारीरिक श्रम में लगे लोगों को राहत प्रदान की थी। चीनी आप्रवासियों की तरह जो दक्षिणपूर्व एशियाई खदानों में काम करते थे, अपालाचिया के खदानकर्मी भी अफ़ीमसम लेते थे क्योंकि ये चोटों और थकान के बावजूद उनके लिए काम करते रहना संभव बनाते थे। और जिस तरह दक्षिणपूर्व एशिया में अफ़ीम के रिटेलर विशेष रूप से उन खननकर्मियों को लक्ष्य बनाते थे, उसी तरह अमेरिकी फ़ार्मास्यूटिकल कंपनियां भी अपने प्रचार की कोशिशों के लिए अपालाचिया जैसे स्थानों पर फ़ोकस करती थीं जहां काम पर लगी चोटों से ग्रस्त लोगों की घनी आबादी होती थी।

'बिग फ़ार्मा और अफ़ीमसम दवाओं के बारे में मेरी एक राय है,' एक ठीक हो रहे उपयोगकर्ता रायन हैम्प्टन लिखते हैं। 'सरल शब्दों में कहें: वो बुरी हैं। मैं जानता हूं ऐसा कहना बहुत परिष्कृत नहीं है, मगर मैं सामने आकर ये कहना चाहता हूं।'[54] हमें यक़ीन है कि चीन में लाखों लोग होंगे जो चीनी और विदेशी व्यापारियों के बारे में यही बात कहते होंगे जो ड्रग डीलर्स को अफ़ीम बेचते थे।

अब ये पूरी तरह से स्पष्ट हो गया है कि अमेरिका में अफ़ीम की लत में आई तेज़ बढ़ोतरी बहुआयामी संकट से भी बहुत बारीकी से जुड़ी है। जिस अंदाज़ में पर्ड्यू फ़ार्मा और दूसरी फ़ार्मास्यूटिकल कंपनियां अपने अफ़ीमसम पेनकिलर्स के लिए फ़ेडरल अनुमति हासिल करने में, अपने वितरण अभियानों में डॉक्टरों और फ़िज़ीशियंस

को जोड़ने में; न्यायिक प्रणाली में हस्तक्षेप करने, राज्यीय और राष्ट्रीय स्तरों पर क़ानूननिर्माताओं का सह-चयन करने में सक्षम रहीं; और ये तथ्य भी कि कंपनी का शीर्ष प्रबंधन हल्की-फुल्की सज़ाएं पाकर बच निकला था – सब बहुत बड़े पैमाने पर भ्रष्टाचार की ओर संकेत करते हैं।[55] आज, अमेरिकी फ़ार्मास्यूटिकल कंपनियां राजनीतिक प्रभाव को ख़रीदने में किसी भी दूसरे इंडस्ट्री से ज़्यादा ख़र्च करती हैं।[56] जैसा कि पैट्रिक रैडेन कीफ़ ने *एंपायर ऑफ़ पेन* में लिखा है, 'अन्य बातों के साथ, अफ़ीमसम-संकट सार्वजनिक संस्थाओं को रौंदने की निजी उद्योग की अद्भुत क्षमता की कहानी है।'[57]

ये एकदम स्पष्ट है कि उन्नीसवीं सदी के चीन की तरह आज के अमेरिका में प्रशासनिक अधिकारी, डॉक्टर, वकील, पुलिस अफ़सर, क़ानून प्रवर्तक एजेंट और जीवन के अनेक क्षेत्रों की सार्वजनिक हस्तियों को पर्याप्त वित्तीय प्रलोभन देकर नज़र फेरने के लिए राज़ी किया जा सकता है। और, जैसा कि चीन के साथ है, अफ़ीमसम से मिलने वाले लाभ ऐसे होते हैं कि इन कामों के लिए असीमित धन का उपयोग किया जा सकता है। 2006 से 2015 के बीच ही, पर्ड्यू फ़ार्मा एवं अन्य दवा कंपनियों ने राजनीतिक प्रभाव ख़रीदने के लिए लगभग 700 मिलियन डॉलर ख़र्च किए थे, जो कि गन लॉबी द्वारा ख़र्च की गई राशि से आठ गुणा अधिक है।[58] ये समझने के लिए कि अफ़ीमसम और उनके विक्रेता किस तरह सिस्टम में पहले से मौजूद ख़ामियों को खोजने और उनका फ़ायदा उठाने में सक्षम हुए, हमें बस चिंग के चीन के उदाहरण को देखना होगा।

उन्नीसवीं सदी के चीन की ही तरह अमेरिका में भी अफ़ीमसम के प्रयोग में विस्तार उन आंकड़ों और संस्थाओं के प्रति भरोसे में लगातार हो रहे क्षरण के साथ आया था जिन्हें एक लंबे अरसे से अधिकार और सम्मान प्राप्त था। ऐसा कैसे था कि चार लाख जानें – दूसरे विश्व युद्ध में मारे गए कुल अमेरिकी सैनिकों की संख्या से कहीं ज़्यादा – इस महामारी में चली गईं और किसी ने ध्यान तक नहीं दिया? क्रिस मैकग्रील लिखते हैं:

> जब दुख की जगह क्रोध ने ली, तो मृतकों और जीवित बच गए लोगों के परिवार जानना चाहते थे कि अफ़ीमसम का नुस्ख़ा इतनी आसानी से कैसे दिया जा रहा था, और डॉक्टरों ने उनसे क्यों कहा कि ये गोलियां सुरक्षित थीं। उन्होंने पूछा कि ऐसा कैसे हुआ कि वो लोग जिनसे अमेरिकियों को उन्हें बचाने की अपेक्षा

> थी – चिकित्सा व्यवसायी, सरकार, फ़ेडरल विनायमक – निष्क्रिय खड़े रहे, जबकि साल-दर-साल लाशों के अंबार लगते रहे।[59]

छोटे शहरों के फ़ार्मेसिस्ट और डॉक्टरों का शामिल होना (*डोपसिक* के मुख्य पात्र की तरह) इस संबंध में विशेष रूप से चौंकाने वाला था क्योंकि पारंपरिक रूप से वो अपने समुदायों में सबसे ज़्यादा भरोसेमंद लोग होते हैं। रायन हैम्प्टन जिनकी ज़िंदगी में एक डॉक्टर के ऑफ़िस में लिखे नुस्ख़े ने उथल-पुथल मचा दी थी, लिखते हैं: 'मुझे एक डॉक्टर के ऑफ़िस में नुस्ख़ा दिया गया था, ऐसी जगह जिसमें हम सबको विश्वास करना सिखाया जाता है। मेरा "डीलर" एक ऐसा स्रोत था जिसके बारे में हमें ये विश्वास दिलाया जाता है कि उसके दिल में हमारे बेहतरीन हित होते हैं।'[60]

ग्रामीण डॉक्टरों और फ़ार्मेसिस्ट्स – जो अफ़ीमसम की वकालत करते थे और नुस्ख़े बांटते थे – की हरकतों ने नशे के आदी हो गए लोगों से भी कहीं ज़्यादा लोगों को प्रभावित किया था। ये क्षति समुदायों में गहरे उतर गई थी, अक्सर देश के उन हिस्सों में जहां, चीन की तरह, परिवारों को सामाजिक जीवन की सबसे अहम बुनियाद माना जाता था। जिस आसानी से अफ़ीमसम निर्धारित किए जाते थे और हासिल हो जाते थे, वो इन अमेरिकियों के लिए न केवल डॉक्टरों और फ़ार्मेसिस्ट्स की ओर से, बल्कि उन विज्ञानों की ओर से भी विश्वासघात था जिसने उन्हें उनके अधिकार दिए थे।[61] अफ़ीमसम पर अपनी मुहर लगाकर इन व्यापक रूप से विश्वसनीय व्यक्तियों ने अफ़ीमसम को सामाजिक स्वीकृति दिलाने में मदद की। यही फ़ूड एंड ड्रग एडमिनिस्ट्रेशन (एफ़डीए) के लिए भी कहा जा सकता है, जो एक लंबे समय से देश की सबसे विश्वसनीय संस्थाओं में से एक रहा था: इसने ऑक्सिकॉन्टिन को मंज़ूरी देने से पहले उसका बस दो हफ़्ते का, सतही सा परीक्षण किया था। बाद में, एफ़डीए की अनुमोदन प्रक्रिया में शामिल दो परीक्षणकर्ता पर्ड्यू फ़ार्मा में काम करने चले गए। 2002 में, जब एफ़डीए ने 'ऑक्सिकॉन्टिन के नुक़सानों की जांच करने के लिए विशेषज्ञों के एक दल का गठन किया, तो दस में से आठ के फ़ार्मास्यूटिकल फ़र्मों से संबंध थे।' विनियामक निकाय और उसकी निगरानी के तहत आने वाली कॉरपोरेशन्स के बीच की कड़ी 'विनियामक क़ब्ज़े' का प्रमुख उदाहरण थी।[62] इस सबके परिणाम में विश्वास टूटा जिसके कोविड-19 महामारी के दौरान बहुत बुरे नतीजे सामने आए।

ये याद रखना चाहिए कि अफ़ीमसम महामारी 2008 के वित्तीय संकट जैसी दूसरी भारी संस्थागत नाकामियों की पृष्ठभूमि में सामने आई थी। बाज़ार ढहने के बाद अफ़ीमसम के प्रयोग में तेज़ी आई थी, केवल इसलिए नहीं कि इसने भारी संख्या में लोगों को ग़रीबी के मुंह में धकेल दिया था, बल्कि ये सामने आने के कारण भी कि बैंक, जो कभी सबसे ज़्यादा विश्वसनीय संस्था और बहुत से छोटे समुदायों की रीढ़ थे, शिकारी बन गए थे और अपने ग्राहकों को सिलसिलेवार धोखा देकर मुनाफ़ा कमाना चाहते थे। खनन और विनिर्माण जैसे क्षेत्रों में, जिन्होंने पीढ़ियों से अमेरिकियों को सुरक्षित रोज़गार दिया था, बढ़ती असमानताएं और नदारद होती नौकरियों ने इस संकट को और गहरा दिया था।

पत्रकार सैम क्विनोन्स ने दर्शाया है, प्रेस्क्रिप्शन अफ़ीमसम से बुरी तरह प्रभावित हुए बहुत से समुदाय उन क्षेत्रों के हैं जिन पर उत्तर-औद्योगिक संकट के कारण फ़ैक्ट्रियां बंद होने, टैक्स का आधार कम होने और शहरों के परित्याग और उपेक्षा में डूब जाने से बहुत ख़राब असर पड़ा था। बदलती अर्थव्यवस्था और बेरोज़गारी की चरम दरों ने अमेरिका के केंद्रीय स्थानों में ग्रामीण आबादी को तबाह कर दिया था।[63] 2012 में ग्रामीण निवासियों के पंद्रह प्रतिशत के पास एक से अधिक अफ़ीमसम के नुस्ख़े थे।[64] ये भी कोई इत्तफ़ाक़ नहीं है कि इनमें से कुछ क्षेत्रों ने भारी तादाद में युवाओं को सेना में भेजा था, विदेश में युद्ध करने के लिए जहां से वो तन-मन से क्षत-विक्षत वापस आए थे। ओवरडोज़ से होने वाली मौतों को ऐसे ही 'हताशा की मृत्यु' नहीं कहा गया है।[65]

अमेरिका के कई हिस्सों में अफ़ीमसम संकट राजनीतिक संस्थाओं में आस्था घटने के साथ-साथ ही आया है, जिनमें चुनाव प्रक्रिया भी शामिल है जो लोकतांत्रिक शासन प्रणाली की बुनियाद है। 2000 से ही जब राष्ट्रपति के चुनाव का निर्णय 'हैंगिंग शैड्स' से हुआ, तभी से चुनाव प्रक्रिया में लगातार पतन आया है, जिसने 2016 और 2020 के चुनावों के बाद नए निम्नतम स्तरों को छुआ था। इसने बड़े पैमाने पर राजनीतिक दरारों को गहरा करने में योगदान दिया है, इस हद तक कि राजनीतिक पंडितों के लिए नए गृहयुद्ध की संभावनाओं पर विचार करना आम हो गया है। इस सबमें उन्नीसवीं सदी के चीन की प्रतिध्वनि सुनाई देती है।

समकालीन अमेरिकी अनुभव की उन्नीसवीं सदी के चीन की स्थिति के साथ एकरूपता एक और बहुत अहम तरीक़े से सामने आती है: लोगों का दुनिया में अपनी जगह का अहसास ख़त्म हो जाना, और विश्व की सर्वोच्च आर्थिक, राजनीतिक और सैन्य

शक्ति के रूप में ही नहीं बल्कि सुशासन के मॉडल के रूप में भी अपने देश की केंद्रीयता और प्रमुखता में लंबे समय से चले आ रहे विश्वासों को खो देना। ये समझ पाना आसान नहीं है कि ये भावना अमेरिका में व्यापक रूप से क्यों फैली है, क्योंकि अमेरिका आज भी, निर्विवाद रूप से, दुनिया की सबसे अग्रणी आर्थिक और भूराजनीतिक शक्ति है। फिर भी, ये तथ्य कि बहुत से अमेरिकी मानते हैं कि उनके देश का पतन हो रहा है उस नारे से स्पष्ट हो जाता है जो डोनाल्ड ट्रंप को सत्ता में लाया था: 'अमेरिका को फिर से महान बनाएं।'

ये कोई इत्तफ़ाक़ नहीं है कि अमेरिका की सतत सर्वोच्चता में विश्वास की ज़रूरत ठीक उन्हीं इलाक़ों में सबसे शिद्दत से महसूस की गई है जो अफ़ीमसम की समस्या का केंद्र हैं, जहां पतन की अवधारणा को राष्ट्रीय, और यहां तक कि नस्लीय, पहचान के लिए भी ख़तरे के तौर पर देखा जाता है। ज़ाहिरी तौर पर, व्यक्तिवाद की अमेरिका की सराहनीय परंपराओं के बावजूद अनेक अमेरिकियों के लिए श्रेष्ठता के सामूहिक अहसास की ज़रूरत शक्तिशाली है, कुछ-कुछ उसी तरह जैसे एक समय में असंख्य चीनियों को थी। वास्तव में, वर्तमान में अमेरिका जो महसूस कर रहा है, वो उस सभ्यतागत आघात की वापसी है जिसने उन्नीसवीं सदी में चीन को त्रस्त कर दिया था।

और भी बहुत सी समानताएं हैं। उन्नीसवीं सदी के चीन में, वर्तमान अमेरिका की तरह, अफ़ीमसम संकट से संबंधित नॉयर साहित्य की भरमार हो गई थी; वहां भी ड्रग्स को नाइटलाइफ़ और पार्टियों से जोड़ा जाता था। दोनों देशों में नशे की लत ने देश के सर्वोच्च परिवारों, मैंडरिन और सम्राटों, सेनेटर और राष्ट्रपतियों, तक को नहीं छोड़ा था। वर्तमान अमेरिका की तरह उन्नीसवीं सदी के चीन में भी अफ़ीमसम के प्रवाह को अक्सर सुरक्षा के लिए ख़तरे और राष्ट्रीय आपदा के रूप में देखा जाता था। लेकिन इस संकट का सबसे अजीब पहलू, चिंग के चीन और समकालीन अमेरिका में भी, यही था कि सतह पर सबकुछ सामान्य दिखाई देता था, तो आगंतुकों और जनसंख्या के बड़े-बड़े वर्गों के लिए किसी भी समस्या की मौजूदगी से पूरी तरह बेख़बर होना संभव था।

स्वयं अमेरिका में भी ये समानताएं पूरी तरह अनदेखी रह गई हैं, और ये भी एक और तरीक़ा है जिसमें समकालीन अमेरिका उन्नीसवीं सदी के चीन के साथ ताल मिला रहा है।

इसमें क़तई कोई संदेह नहीं हो सकता कि किसी समाज में नशे की लत की दर आर्थिक, राजनीतिक और सांस्कृतिक समस्याओं से क़रीब से जुड़ी होती हैं, इसलिए इसमें हैरानी की कोई बात नहीं है कि विद्वान उन मुद्दों पर फ़ोकस करने का फ़ैसला करें, ख़ासकर इसलिए कि उनसे कई तरह की काल्पनिक अटकलें लगाने का मौक़ा मिलता है।[66] लेकिन इस बात पर ध्यान देना अहम है कि मामले को इस तरह से गढ़ना अपने आप ही मांग पर ज़ोर डालता है, जबकि लंबे समय से बेशुमार लोगों के – ईस्ट इंडिया कंपनी के कर्नल वाटसन से लेकर चिंग सम्राटों और उनके मैंडरिन्स (नौकरशाहों) तक, पर्ड्यू फ़ार्मा को बंद करने की मुहिम चलाने वाले अमेरिकियों से लेकर उन मामलों का निपटान करने वाले जजों तक, या बेशक सैकलर वंशजों तक जिन्होंने कहा था, 'आप मार्केट के पीछे नहीं जाते हैं, आप मार्केट बनाते हैं' – सामने मुंह बाये खड़ा तथ्य ये है कि अफ़ीमसम का उपयोग बढ़ाने के लिए सबसे ज़्यादा ज़िम्मेदार कारक मांग नहीं बल्कि आपूर्ति है। जहां अफ़ीमसम की भारी मात्रा में आपूर्ति मौजूद है, तो वो अपनी ख़ुद की मांग पैदा करेंगे; और इसीलिए अफ़ीम, अपने तौर पर, इतिहास में एक ताक़त है।[67]

इस तथ्य को, जो लंबे समय से बहुतों के सामने स्पष्ट रहा है, हाल में हार्वर्ड के दो अर्थशास्त्रियों द्वारा अमेरिका की अफ़ीमसम महामारी पर किए गए अध्ययन ने मज़बूती प्रदान की है। उनके अध्ययन ने 'शारीरिक और मानसिक पीड़ा, हताशा, और समय की अवसर लागत – जो कि बेरोज़गारी और सामाजिक पृथक्करण से जुड़ी है – के लिए उपलब्ध उपायों' को देखा, और पाया 'कि अकेले मांग-पक्ष के कारकों, जैसे शारीरिक दर्द, अवसाद, हताशा से अफ़ीमसम के प्रयोग' और 1996 से 2012 तक होने वाली मौतों में बढ़ोतरी के एक छोटे से हिस्से को ही समझा सकता है।[68] वो इस निष्कर्ष पर पहुंचे थे कि: 'अफ़ीमसम से होने वाली मौतों पर आर्थिक बदलावों का सीधा प्रभाव बहुत मामूली है। अफ़ीमसम महामारी का पीड़ा और हताशा समेत मांग-पक्ष के कारकों में बदलाव से कहीं ज़्यादा संभावित कारण आपूर्ति में बदलाव प्रतीत होता है।'[69] ये निष्कर्ष बहुत से पत्रकारों और विद्वानों के कथ्य के साथ पूरी तरह से मेल खाते हैं: 'महामारी विज्ञान का डेटा बार-बार एक साधारण से सच की पुष्टि करता है: वो समूह जो, किसी भी कारण से, अफ़ीमसम के सबसे ज़्यादा संपर्क में रहे हैं, उनमें अफ़ीमसम की लत की सबसे ऊंची दरें पाई गई हैं।'[70] या जैसा कि लेखक विलियम एस. बरोज़ कहते हैं: 'नशे की लत उपलब्धता की बीमारी है। अमूमन नशीले पदार्थों तक जिनकी पहुंच होती है, वो नशेड़ी बन जाते हैं।'[71]

प्रभावी रूप में, पर्ड्यू फ़ार्मा ने अफ़ीमसम आधारित पेनकिलर की खोज की थी और फिर, चतुराई भरी मार्केटिंग के ज़रिए, उसकी मांग भी पैदा की।[72] जैसा कि कीफ़ लिखते हैं: 'ऑक्सिकॉन्टिन के आने से पहले, अमेरिका में अफ़ीमसम संकट नहीं था। ऑक्सिकॉन्टिन के आने के बाद हो गया।'[73]

इसी तरह, अर्थशास्त्रियों के एक और दल ने दिखाया कि जब 1996 में ऑक्सिकॉन्टिन जारी की गई, तो पांच अमेरिकी राज्यों ने नारकोटिक्स के लिए नुस्ख़े लिखने की डॉक्टरों की क्षमता पर अतिरिक्त विनियमन लगा दिए थे। उन राज्यों में ओवरडोज़ से होने वाली मौतों की बढ़ोतरी 'अद्भुत रूप से कम' रही जबकि अफ़ीमसम महामारी ने देश के दूसरे हिस्सों में तबाही मचा रखी थी।[74] इन पांच राज्यों – कैलिफ़ोर्निया, आइडाहो, न्यूयॉर्क, टैक्सस और इलिनॉइ – में भौगोलिक रूप से बहुत कम समानताएं हैं, तो स्पष्ट रूप से आपूर्ति की सीमा ने सुरक्षा की एक और परत प्रदान की।[75]

पर्ड्यू फ़ार्मा में ये अक्सर कहा जाता था कि ऑक्सिकॉन्टिन ख़ुद बिकेगी – और बिकी भी। एक सेल्स प्रतिनिधि के शब्दों में, 'शुरू से ही तुरंत बढ़ोतरी हुई थी। ज़बरदस्त बढ़ोतरी।'[76] ये शब्द शायद कलकत्ता में ब्रिटिश उपनिवेशी अधिकारियों ने कहे हो सकते थे: ईस्ट इंडिया कंपनी चीन को अफ़ीम की लगातार बढ़ी मात्रा भेजती थी और बाज़ार ने अनिवार्य रूप से अपना निर्माण किया।

तर्क दिया जा सकता है कि 1830 के दशक तक, जब मालवा में पोस्त की खेती बढ़ रही थी, तो औपनिवेशिक शासन के लिए भारत से अफ़ीम के प्रवाह को रोक पाना असंभव हो गया होगा। आख़िरकार, देसी व्यापारियों और कारोबारी नेटवर्क ने मालवा के कारोबार को नियंत्रित करने के ब्रिटिश प्रयासों को सफलतापूर्वक धता बता दिया था, और उन्होंने निश्चय ही भारत से अफ़ीम की तस्करी करने का कोई न कोई तरीक़ा निकाल लिया होगा। लेकिन, हालांकि भारतीय आपराधिक नेटवर्क ने चीन में ड्रग्स भेजने की कोशिश भले ही की हो, लेकिन अगर अंग्रेज़ों ने हथियारों की ताक़त से चिंग को नहीं हराया होता तो वो किसी भी तरह, अपने दम पर, चीनियों को अफ़ीम पर रोक लगाने की कोशिशें छोड़ने के लिए मजबूर नहीं कर सकते थे।

लेकिन बेशक, इसके उलट 1830 के दशक में या उसके बाद भी भारतीय अफ़ीम के निर्यात को रोकने में ब्रिटिश साम्राज्य की कोई दिलचस्पी नहीं थी। औपनिवेशिक अफ़ीम नीति के बचावकर्ताओं द्वारा अक्सर दिया जाने वाला ये तर्क कि चीन 'अगर

चाहता तो अफ़ीम के आयात को रोकने के लिए पूरी तरह से आज़ाद था,' पूरी तरह से कपटपूर्ण था। 'हमने एक बार इसे रोका था,' एक चीनी अधिकारी ने एक बार प्रतिवाद किया था, 'और इससे युद्ध छिड़ गया था।'[77] न केवल चिंग को बलपूर्वक अफ़ीम के प्रवाह को अवरुद्ध करने से रोक दिया गया, बल्कि उन्हें ड्रग तस्करों को मुआवज़े के तौर पर 21 मिलियन सिल्वर डॉलर, जो कि पांच मिलियन पाउंड स्टर्लिंग से ज़्यादा थे, देने के लिए भी मजबूर किया गया।[78]

कहा जा सकता है कि चीनी और अमेरिकी अफ़ीमसम महामारियों में एक बड़ा अंतर ये है कि अमेरिका का राज्यतंत्र काम करता था – आख़िर, पर्ड्यू फ़ार्मा को अंततः दिवालिया होना ही पड़ा। मगर, प्रेस्क्रिप्शन अफ़ीमसम महामारी पर लिखी गई लगभग सारी चीज़ों से ये स्पष्ट है कि अमेरिकी प्रणाली काम *नहीं* करती थी। सैकलर परिवार अपने धन की बदौलत न केवल हर स्तर पर क़ानूनी प्रक्रिया में हस्तक्षेप करने में, बल्कि अपनी संपत्तियों के एक अहम भाग को बचाने में भी सक्षम था: पर्ड्यू फ़ार्मा का दिवालियापन दरअसल उन संपत्तियों को बचाने की एक रणनीति था। अफ़ीम संकट का अध्ययन करने वाले कीफ़, क्विनोन्स, मैकग्रील और बाक़ी लोगों द्वारा बताई गई कहानी हर स्तर पर भ्रष्टाचार और संस्थागत पतन का भयावह बयान है। और संकट किसी भी रूप में ख़त्म नहीं हुआ है: भले ही प्रेस्क्रिप्शन पेनकिलर्स की सप्लाई में भारी कमी आई है, लेकिन अफ़ीमसम से जुड़ी मौतें कम नहीं हुई हैं। वास्तव में, पर्ड्यू फ़ार्मा के बंद होने से हेरोइन के इस्तेमाल में तेज़ी आई, और तब से आंकड़े बढ़ते ही गए हैं, जो कोविड-19 महामारी के दौरान नए चरम पर पहुंच गए थे।[79] बज़ाहिर, अफ़ीमसम की मांग की लहर को जिसे पर्ड्यू फ़ार्मा ने इतने शातिर ढंग से गढ़ा था अब लगातार संसाधन-संपन्न हो रहे आपराधिक नेटवर्क पूरा कर रहे हैं।

उल्लेखनीय रूप से, चीन में सिस्टम काम करता था – या करता, अगर ब्रिटिश हमला इसे पटरी से नहीं उतार देता। चिंग प्रशासनिक तंत्र ने वास्तव में जनवरी 1839, जब लिन ज़ेक्सु ने गुआंगज़ाउ के गवर्नर के रूप में पदभार संभाला था, और 1840 के बीच जब ब्रिटिश अभियान बल ने चीन के सुरक्षा-तंत्र को परास्त कर दिया था, सफलतापूर्वक अफ़ीम के आयात को बंद कर दिया था।

इतिहास में पोस्त की भूमिका के बारे में सोचते हुए एक बुद्धिमानी के कार्यरत होने के अहसास को दरकिनार कर पाना मुश्किल है। इसका अकेला सबसे अहम संकेतक है पोस्त की पुनरावृत्ति के चक्र बनाने की क्षमता, जो इसी तरह की घटनाओं के साथ ख़ुद को सामने लाते हैं। पोस्त की क्रियाएं स्पष्ट रूप से सांयोगिक नहीं हैं; ये ऐसी समरूपताएं बनाता है जो एक-दूसरे के साथ तालमेल में होती हैं।

ये समझना ज़रूरी है कि ये चक्र दोहराए जाते रहेंगे, क्योंकि पोस्त हाल-फ़िलहाल कहीं नहीं जाने वाला। उदाहरण के लिए मैक्सिको में उन्मूलन की पुरज़ोर कोशिशों के बावजूद पोस्त की खेती के दायरे का बढ़ते रहना जारी है।[80] वास्तव में, दुनियाभर में अतीत के किसी भी दौर से ज़्यादा अफ़ीम वर्तमान में पैदा की जा रही है।

पोस्त की ताक़त और बुद्धि को पहचानकर ही हम इसके साथ सामंजस्य बिठाना शुरू कर सकते हैं। मगर ऐसा करने का मतलब ऐसे बहुत से विचारों से दूर होना होगा जो लंबे समय से हावी रहे हैं, जैसे कि ये धारणा कि पृथ्वी निष्क्रिय है और इंसान इतिहास के एकमात्र एजेंट हैं। स्पष्ट रूप से और भी बहुत से जीव और इकाइयां हैं जिन्होंने न केवल इतिहास को आकार दिया है बल्कि अपने मक़सद के लिए इंसानों का इस्तेमाल भी किया है। मानवजाति के सबसे स्याह रुझानों के साथ ख़ुद को जोड़ने की अपनी अद्भुत क्षमता के साथ पोस्त, निस्संदेह, इनमें से सबसे शक्तिशाली इकाइयों में से एक है।

आज, एक ऐसी दुनिया में जहां जलवायु व्यवधान गहराते जा रहे हैं, और पहले स्थिर रही बहुत सी संस्थाएं ढह रही हैं, ये अधिकाधिक स्पष्ट होता जा रहा है कि अतीत के बारे में हमें जो भी पढ़ाया गया है, वो असत्य है। वास्तव में, उन्नीसवीं सदी के महान 'उत्थान' के बारे में नया ये था कि इसने एक ऐसी प्रणाली का निर्माण किया था जिसमें मानव-कष्ट के प्रति उदासीनता न केवल सत्तारूढ़ अभिजात्य वर्ग को स्वीकार थी बल्कि उसे न्यायसंगत भी साबित किया जा रहा था और झूठे उद्देश्यवादों और भ्रामक सिद्धांतों की प्रचुरता द्वारा बढ़ावा दिया जा रहा था। इसका परिणाम अधिकांशत: एक क़िस्म की 'धीमी हिंसा' थी, जो हथियारों से नहीं बल्कि अकर्मण्यता, और हस्तक्षेप के प्रति इंकारों से की जाती थी। ऐसी हिंसा ग़ैरइरादतन होने का आभास देती है – और वास्तव

में अमूमन होती भी है – क्योंकि ये मुख्य रूप से संस्थागत उदासीनता से पुष्ट की जाती है। इसी ने यूरोपीय साम्राज्यों के लिए चीन और दक्षिणपूर्व एशिया में अफ़ीम को आगे बढ़ाना मुमकिन बनाया, और यही आज समृद्ध और शक्तिशाली लोगों के लिए वैश्विक संकट की प्रत्याशा की ओर से आत्मघाती रूप से उदासीन होना संभव बनाता है।

ऐसी दुनिया में, क्या इस निराशाजनक और अप्रिय कहानी को लिखने से कोई उद्देश्य पूरा होता है?

ये सवाल मुझे तबसे ही मथ रहा है जब बहुत साल पहले मैंने पहली बार इस पर काम करना शुरू किया था। यही वजह थी कि एक बिंदु पर आकर मुझे लगा कि मैं अब और जारी नहीं रख सकता, हालांकि मैं अच्छी-ख़ासी मात्रा में सामग्री जुटा चुका था। तब मुझे ऐसा लगा कि टैगोर ने बिल्कुल सटीक कहा था: 'भारत-चीन अफ़ीम कारोबार में मानव स्वभाव इतनी घोर नीचता तक उतर गया था कि इस कहानी को इसके अंत तक जानना भी घृणित है।'

मैं इससे इतना आश्वस्त हो गया था कि मैंने इस प्रोजेक्ट को छोड़ देने का फ़ैसला कर लिया: मैंने उन सब अनुबंधों को रद्द कर दिया जिन पर मैंने साइन किए थे, और अपने प्रकाशकों की दी हुई एडवांस राशि लौटा दी।

अब सोचने पर मुझे अहसास होता है कि केवल कहानी की 'घोर नीचता' के कारण ही मैंने इस प्रोजेक्ट को नहीं छोड़ा था। इस तरह की कहानी को कहने में एक स्वाभाविक वैचारिक कठिनाई भी है: समस्या एक अ-मानवीय मुख्य किरदार, एक पौधे की अपरिहार्य मौजूदगी में है। मेरा मानना है कि ये भारत, चीन, ब्रिटिश साम्राज्य और अमेरिका द्वारा इस विषय से बचकर निकलने के मुख्य कारणों में से है: एक ऐसी कहानी को सुनाना बहुत ही मुश्किल है जिसमें एक वानस्पतिक इकाई साधन भी है और साधक भी।

ऐसा किसी वैचारिक सफलता की वजह से नहीं हुआ कि मैंने एक बार फिर इस चुनौती को स्वीकार करने का फ़ैसला किया। बल्कि पृथ्वी – या कहें गेया – की लगातार स्पष्ट होती जीवनशक्ति थी जिसने मुझे आगे बढ़ने का हौसला दिया। हाल के वर्षों की जलवायु-चरम की घटनाओं ने ये पूरी तरह से साफ़ कर दिया था कि बहुत तरह के बल – जैविक, भौगोलिक और वायुमंडलीय – हैं जिनमें महत्वपूर्ण, कारक गुण होते हैं। ये बल अस्थायी रूप से मानव नियंत्रण में होने का आभास दे सकते हैं, लेकिन एक निश्चित बिंदु के परे वो अपनी स्वतंत्रता और प्रभुता का दावा करने में पूरी तरह समर्थ

हैं। पोस्त की कहानी से बेहतर इसका और कोई उदाहरण नहीं है; ये मानव अहंकार के बारे में चेतावनी देती कहानी भी है और मानवजाति की सीमाओं और कमज़ोरियों के बारे में सबक़ भी है।

ऐसे समय में जब संभ्रांत कुटिल और ताक़तवर अरबपति सौर जियोइंजीनियरिंग के विचार को बेचने की कोशिश में लगे हैं, तो ये याद करना बहुत अहम होगा कि आपस में जुड़े सभी संकट जिनका मनुष्य अब सामना कर रहा है, वो उन लोगों के द्वारा की गई खोजों के ग़ैरइरादतन परिणाम हैं जो मानते थे कि उनकी श्रेष्ठ शिक्षा और विशेषाधिकार उन्हें सभी परंपरागत, सामान्य सूझबूझ के बंधनों को नज़रअंदाज़ करने का हक़ देते हैं।

दूसरी नस्लों और स्वयं पृथ्वी के संदर्भ में विनम्रता अपनाने का समय, अगर कभी होगा, तो वो अभी है।

अठारह

चेतावनियां

उन्नीसवीं सदी और वर्तमान युग में अफ़ीमसम के वितरण के तरीक़ों में काफ़ी भिन्नताएं हैं। उस समय अफ़ीम और कोकीन का वितरण करने वाली सप्लाई चेन औपनिवेशिक प्रशासनों के नियंत्रण में थीं, इसलिए जब, 1907 से 1920 के बीच, सबसे पहली बार अंतरराष्ट्रीय स्तर पर स्वीकृत मादक पदार्थ नियंत्रण उपाय लागू किए गए, तो उन प्रशासनों के लिए सप्लाई को कम करना संभव था। इसने निश्चय ही चीन की समस्या पर भारी प्रभाव डाला, हालांकि हल नहीं किया: अफ़ीम दशकों बाद भी देश में वितरित होती रही थी जब तक कि 1950 के दशक में कम्युनिस्ट पार्टी ने अफ़ीम-विरोधी कठोर उपाय लागू नहीं किए।[1]

मगर, आज अंतरराष्ट्रीय स्थिति पूरी तरह से भिन्न है। कोई भी सरकार ड्रग सप्लाई पर उस समय के मुक़ाबले कहीं सीमित प्रभाव ही डाल सकती है क्योंकि अब आपूर्ति पर आपराधिक नेटवर्कों का नियंत्रण है जो राज्य-नियंत्रण के बाहर से काम करते हैं। नई तकनीकों ने पोस्त की खेती को भी फलने-फूलने के लिए बहुत सारे नए क्षेत्र दिए हैं, जैसे तस्मानिया जिसे 'अफ़ीमसम बूम का ब्रेडबास्केट' कहा गया है, क्योंकि ये जेनेटिकली इंजीनियर्ड 'सुपर पोस्त' उगाता है जो 'बहुत बड़ी मात्रा में एक अल्कालॉइड थीबेइन' उगाता है, 'जो ऑक्सिकोडोन के लिए एक प्रमुख कैमिकल है।'[2] बस कुछ ही समय की बात है, फिर ये क़िस्म दुनिया के दूसरे हिस्सों, जैसे अफ़ग़ानिस्तान, में भी

पहुंच जाएगी जहां अफ़ीम-उत्पादन लगातार बढ़ रहा है। जब दुनियाभर में युद्ध और असफल राज्य दोगुनी-चौगुनी गति से बढ़ रहे हैं, तो ये बहुत मुमकिन है कि पोस्त की खेती, ख़ासकर जेनेटिकली इंजीनियर्ड क़िस्में, सीरिया, इराक़ और लीबिया जैसे संघर्षग्रस्त क्षेत्रों तक पहुंच जाएंगी। बर्मा में फिर से सुलगी नागरिक अशांति सीमावर्ती क्षेत्रों में पोस्त की खेती में एक नई तेज़ी ला सकती है जहां इसे हाल ही में दबाया गया था। एक ऐसी दुनिया में जो युद्ध, आंतरिक संघर्ष और जलवायु परिवर्तन से लगातार अस्थिर होती जा रही है, अफ़ीम और इसके गौण उत्पादों के वैश्विक प्रवाह को कम कर पाना बहुत मुश्किल होगा।

अफ़ीमसम और दूसरी ड्रग्स का वितरण करने वाली अधिकांश सप्लाई श्रृंखलाएं अब आपराधिक नेटवर्कों के नियंत्रण में हैं जिन्होंने ख़ुद को अमेरिका की भारी वित्तपोषित, बड़े पैमाने पर हथियारों से लैस और लगातार सैन्यीकृत हो रही क़ानून प्रवर्तन प्रणाली के सामने अपने दम पर खड़े होने में पूरी तरह सक्षम दर्शाया है। हालांकि अमेरिकी रवैया प्रतिकूल हो सकता है, लेकिन ये भी किसी तरह से स्पष्ट नहीं है कि कुछ यूरोपीय देशों के कम दमनकारी तरीक़े भी प्रभावी रहे हैं। भारी मात्रा में नाजायज़ पदार्थ अभी भी भूमध्य सागर से दक्षिणी यूरोप में पहुंचना जारी हैं।

एक और अप्रिय चेतावनी हाल के वर्षों में एडेरॉल और रिटालिन जैसी अन्य प्रेस्क्रिप्शन दवाओं के इस्तेमाल में आई तेज़ बढ़ोतरी है, जिन्हें आमतौर पर ध्यान में कमी जैसे विकारों के लिए दिया जाता है। ये ड्रग, जिन्होंने 'विश्वविद्यालयों में अफ़ीमसम के उत्थान की बुनियाद रखने में मदद' की हो सकती है, अब सत्रह साल से कम उम्र के कोई दस प्रतिशत अमेरिकियों को सामान्य रूप से दी जा रही हैं: ये जान पाना नामुमकिन है कि इनके दीर्घकालीन प्रभाव क्या होंगे।[3]

संचार प्रौद्योगिकियों में प्रगति ने समस्या को और गहरा दिया है। आज चीन हेरोइन बनाने के लिए आवश्यक फ़ेंटनिल और अग्रिम रसायनों का सबसे बड़ा उत्पादक है। इन पदार्थों को अक्सर इंटरनेट के ज़रिए बेचा जाता है और अमेरिकी डाक सेवा से डिलीवर किया जाता है: गंधहीन होने के कारण इन्हें जांच पाना बहुत मुश्किल होता है।[4] ऐसी दुनिया में जहां एल्गोरिद्म बिना किसी बाधा के पूरी पृथ्वी पर सामान भेजता है, वहां अवैध चीज़ों को खोज पाना तो और भी ज़्यादा मुश्किल होगा। 'बेशक, अमेज़न पर उपभोक्ता वस्तुएं बेचने से कहीं ज़्यादा क्रांतिकारी इंटरनेट पर फ़ेंटनिल के एशियाई सप्लायर से

संपर्क करने की क्षमता होगी।[5] आर्टिफ़िशियल इंटैलिजेंस और भ्रामक जानकारी के आने से, इस घालमेल का और भी ज़्यादा अस्थिर हो जाना तय है।

भारतीय उपमहाद्वीप और अफ़्रीका जैसे कमज़ोर क़ानून प्रवर्तन प्रणालियों वाले देशों में अफ़ीमसमों के आने को विनियमित कर पाना लगभग नामुमकिन ही होगा। अफ़ग़ानिस्तान से लगातार आने वाली सप्लाई के कारण पाकिस्तान में पहले से ही हेरोइन एक बड़ी समस्या है। भारत के पंजाब राज्य के बारे में भी ये सच है। निकट भविष्य में हालात और बिगड़ने की संभावना है, ख़ासकर अगर क्षेत्र में मौजूद विद्रोही अपने मक़सद को पूरा करने के लिए पोस्त की खेती या ड्रग का धंधा करने लगें।

संक्षेप में, हर रुझान यही सुझाता है कि अफ़ीमसम और कोकीन राष्ट्र-राज्यों के साथ-साथ ही अंतरराष्ट्रीय प्रशासन प्रणालियों को भी कमज़ोर करने में पहले से कहीं ज़्यादा शक्तिशाली हो जाएंगे। ये असंभाव्य सा है कि कोई भी देश उस तरह से ड्रग के इस्तेमाल को कम करने में सक्षम हो पाएगा जैसे 1950 के दशक में भारत, चीन और दूसरे एशियाई देशों ने किया था। वो सफलताएं गहरे पैठे उपनिवेश-विरोधी आंदोलनों से जनित थीं। ये नामुमकिन सा लगता है कि कोई भी देश फिर कभी उस तरह का जोश पैदा कर पाएगा, ख़ासकर गहराते जलवायु परिवर्तन के चलते।

तो ऐसा प्रतीत होता है कि आधुनिकता के निर्माण में एक बड़ा बल होने के बाद पोस्त इसके विनाश में भी साधन बनेगा, एक ऐसी भूमिका जिसे वो जीवाश्म ईंधनों के साथ साझा करेगा। दोनों ही मामलों में, इन पदार्थों के प्रयोग में अंतर्निहित ख़तरे लंबे समय से ज्ञात हैं, मगर या तो उन्हें नकार दिया जाता है या व्यवस्थित ढंग से दबा दिया जाता है।

जिन्हें ये विश्वास करना कठिन लगता है कि बड़े-बड़े ऊर्जा निगम इतने भ्रष्ट हो सकते हैं कि भावी पीढ़ियों के सामने खड़े जीवाश्म ईंधनों से होने वाले ख़तरों को छिपा लें – वो ख़तरे जिनका ख़ुलासा उनके अपने वैज्ञानिकों ने किया था – उन्हें ये याद रखना चाहिए कि इस तरह का भ्रष्ट आचरण सिस्टम में ही बना हुआ है और उसे बस एकजुट सामूहिक कार्रवाई से ही जीता जा सकता है।

इन भयावह चेतावनियों के बावजूद अफ़ीम का इतिहास विश्व पर्यावरण आंदोलनों के लिए आशा की एक महत्वपूर्ण किरण भी प्रदान करता है: वो नागरिक समाजों के

पारदेशीय, बहुजातीय, बहुनस्लीय गठबंधन के उदाहरण को देख सकते हैं जो ब्रिटिश साम्राज्य के, जो कि उस समय आज के विशाल ऊर्जा निकायों से भी ज़्यादा शक्तिशाली था, दृढ़ और कुशल प्रतिरोध के बावजूद अंततः अफ़ीम के व्यापार को काफ़ी हद तक कम करने में सक्षम रहा था।

ये विडंबना ही है कि अफ़ीम-विरोधी आंदोलन की सफलताओं का श्रेय बड़े पैमाने पर औपनिवेशिक शक्तियों ने हड़प लिया था, जो हमेशा से ऐतिहासिक आख्यान गढ़ने में माहिर रही हैं। उन्मूलन के साथ भी यही हुआ: जैसे हाल के दौर तक ग़ुलामी के प्रतिरोध में अश्वेत-भूमिका को प्रभावी कथानक से हटा दिया गया था, उसी तरह ड्रग्स के विनियमन की कहानी को आमतौर पर इस तरह प्रस्तुत किया गया जिसमें ईसाई मिशनरी और पश्चिमी राजनयिक मुख्य किरदार थे।[6] लेकिन जैसा कि इतिहासकार स्टेफ़न रिमर ने 2018 के अपने उत्कृष्ट अध्ययन *ओपियम्स लॉन्ग शैडो: फ़्रॉम एशियन रिवोल्ट टु ग्लोबल ड्रग कंट्रोल* में दिखाया है, ये चीन के नागरिक समाज समूहों के दृढ़ संकल्प के साथ-साथ चिंग प्रशासन के वरिष्ठता क्रम में कुछ लोगों की चतुर कूटनीति थी जिसने 'ड्रग नियंत्रण पर एक विश्वव्यापी अनुबंध' को सामने लाने में अहम रोल अदा किया था।[7] इसके अलावा, ये एक ऐसे समय पर हुआ था जब अफ़ीम कारोबार के मुख्य खिलाड़ियों यानी पश्चिमी औपनिवेशिक ताक़तों – का संपूर्ण दुनिया पर पूरा नियंत्रण था: विऔपनिवेशीकरण और प्रचुर मात्रा में स्वतंत्र राष्ट्र-राज्यों का उदय ऐसा आकाश-कुसुम था कि उनकी कल्पना तक बमुश्किल ही की जाती थी। मगर फिर भी, तमाम बाधाओं के बावजूद, ज़मीनी आंदोलनों के एक गठबंधन ने सफलतापूर्वक बलों को जोड़ा और, अंतरराष्ट्रीय जनमत को प्रेरित करके वो एक ऐसे कारोबार को जो एक लंबे समय से दुनिया के सबसे ताक़तवर राज्यों के संरक्षण में चल रहा था, एक ऐसी गतिविधि में बदल दिया जो प्रतिष्ठा को गंभीर नुकसान पहुंचाती थी।

इस लंबे संरक्षण की प्रमुख हस्तियों में से एक चिंग राजनयिक प्रिंस गौंग था (जिसे अंग्रेज़ी में प्रिंस कुंग और यिक्सिन भी कहते हैं)। शियानफ़ेंग सम्राट के सौतेले भाई प्रिंस गौंग ने अपने बीस के दशक में ही ऐसी असमान संधियां करवाने में एक अहम भूमिका निभाई थी जिसने दूसरे विश्व युद्ध में चीन की विनाशकारी हार के बाद अफ़ीम को वैध करवाया था। मगर जहां तक प्रिंस की बात थी, और बहुत से दूसरे चिंग राजनयिकों की भी, तो ये घृणित क़दम दबाव में उठाए गए एक क़दम के अलावा और कुछ नहीं था।

अपने अधिकांश देशवासियों की तरह वो भी यही मानते थे कि 'अफ़ीम का कारोबार अभी भी वैसा ही था जैसा कि 1860 से पहले था: अवधारणा में अनिष्टकारी, लोगों के लिए हानिकारक और प्रायः घातक, सामाजिक प्रभावों में विनाशकारी।'[8]

दूसरे अफ़ीम युद्ध की समाप्ति के शीघ्र बाद, प्रिंस गौंग ने चिंग राज्य के पहले विदेशी मामलात ब्यूरो की स्थापना की, जिससे प्रभावी रूप से वो चीन के विदेश मंत्री बन गए। इस क्षमता में, 1869 में ब्रिटिश राजनयिक रदरफ़ोर्ड एल्कॉक के साथ हुई एक मीटिंग में प्रिंस ने बहुत भावुक विरोध किया था जिसे बाद में एक लिखित ज्ञापन के रूप में भी जमा किया गया था:

> '(सब) कहते हैं कि इंग्लैंड अफ़ीम का व्यापार करता है क्योंकि वो चीन को तबाह कर देना चाहता है... चीनी व्यापारी आपके देश को अपनी बेमिसाल चाय और रेशम सप्लाई करते हैं जिससे उसे लाभ होता है, मगर अंग्रेज़ व्यापारी चीन को प्राणघाती अफ़ीम का ज़हर देते हैं। ऐसा आचरण अनैतिक है। इसे कौन न्यायसंगत ठहरा सकता है? फिर आश्चर्य की क्या बात है कि अधिकारी और लोग कहते हैं कि इंग्लैंड जानबूझकर चीन के विनाश के लिए काम कर रहा है...?'[9]

ये शब्द – ख़ासतौर से शुरुआती पंक्ति, 'सब कहते हैं कि इंग्लैंड अफ़ीम का व्यापार करता है क्योंकि वो चीन को तबाह कर देना चाहता है' – अख़बारों और पत्रिकाओं के ज़रिए दुनिया के सुदूर कोनों में गूंज उठी। चीन में अंतरराष्ट्रीय प्रेस की मौजूदगी तुलनात्मक रूप से एक नया विकास था जो पहले अफ़ीम युद्ध के बाद हुआ था: साम्राज्यवादी आक्रामकता की जिस प्रक्रिया ने चीन की अर्थव्यवस्था को तार-तार कर दिया था, उसी ने ये सुनिश्चित किया कि देश दुनिया की नज़रों से छिपा न रहे। अंततः प्रिंस गौंग की भी समझ में आ गया था कि अंतरराष्ट्रीय प्रेस उनके संदेश को कई गुणा बढ़ा सकती है; आगामी वर्षों में उनके विदेशी मामलात के ब्यूरो ने सक्रियता से दुनिया के दूसरे हिस्सों के कार्यकर्ताओं के साथ गठबंधन किए और अंतरराष्ट्रीय स्तर पर अफ़ीम के बारे में जानकारी फैलाने में अहम भूमिका निभाई। नतीजतन, प्रिंस के विरोध का 'प्रभावशाली, सतत और दीर्घकालिक परिणाम हुआ... एशिया से लेकर पश्चिमी यूरोप और उत्तरी अमेरिका तक लोगों द्वारा इसके ज़ोरदार और व्यापक

स्वागत ने इसे वैश्विक स्तर पर अफ़ीम-विरोधी भावना को गतिशील करने की दिशा में पहली प्रेरणा बना दिया था।'[10]

प्रिंस के शब्द ब्रिटेन और अमेरिका की अनुकूल ज़मीन पर पड़े जहां अफ़ीम-विरोधी भावना, और कहीं अधिक संगठित कार्यकर्ता समूह भी, काफ़ी अरसे से मौजूद थे। जल्द ही चीन में भी अफ़ीम-विरोधी संगठन बनने शुरू हो गए, जिनमें से बहुतों ने एक दूसरे के साथ नज़दीकी सहयोगात्मक संबंध बना लिए। दुनियाभर में इस मुद्दे पर बहुत-सी किताबें, पैम्फ़लेट और लेख भी प्रकाशित होने लगे थे। तो (विश्व पर्यावरण आंदोलन के विपरीत) एक व्यापक आधार वाला अंतरराष्ट्रीय प्रयास आकार लेने लगा था, कुछ ऐसा जिसे औपनिवेशिक ताक़तें नज़रअंदाज़ नहीं कर पाईं क्योंकि अब तक विश्व भूराजनीति में जनमत को लगातार अहम होते कारक की तरह मान्यता दी जाने लगी थी।

चीन की ही तरह, भारत में भी 1880 के दशक में अफ़ीम कारोबार के ख़िलाफ़ आवेग ज़ोर पकड़ने लगा था।[11] अमेरिका और अन्य जगहों की तरह, वहां औरतों ने इस मुहिम में एक बड़ी हिस्सेदारी निभाई (पर्यावरण आंदोलन का एक और पूर्वरूप)। भारतीय अभियान की एक बहुत ही महत्वपूर्ण शख़्सियत पंडिता रमाबाई थीं, शारदा सदन की संस्थापिका जिन्होंने हिंदू लड़कियों और विधवाओं को शिक्षा और आश्रय प्रदान किया था।[12] पंडिता रमाबाई ने दूसरे देशों में महिला संगठनों के साथ अनेक साझेदारियां स्थापित करके शारदा सदन को औपनिवेशिक अफ़ीम कारोबार के ख़िलाफ़ वैश्विक संघर्ष का एक बड़ा केंद्र बना दिया था। इस संदर्भ में एक अमेरिकी संगठन, विमेन्स क्रिश्चियन टैम्परेंस यूनियन (डब्ल्यूसीटीयू), विशेष रूप से महत्वपूर्ण था जिसने 1887 में अमेरिका में समर्थन जुटाने के लिए रमाबाई के लिए एक टूर प्रायोजित किया था। सबसे शुरुआती और सबसे अहम महिला संगठनों में से एक के रूप में डब्ल्यूसीटीयू का प्रभाव उस समय बेजोड़ था: 'अफ़ीम-विरोधी किसी पुरुष संगठन ने कभी भी अपनी आवाज़ बुलंद करने के लिए इसके समान संघर्ष नहीं छेड़ा था।'[13]

भारत के अफ़ीम-विरोधी आंदोलन का एक और बहुत महत्वपूर्ण नाम रमाबाई की गुरु, प्रतिष्ठित समाज-सुधारक सुंदरबाई एच. पवार थीं। 1892 में उन्होंने एक बहुत ही प्रभावशाली पैम्फ़लेट लिखा था जिसका शीर्षक था *एन इंडियन वुमैन्स इंपीचमेंट ऑफ़ दि ओपियम क्राइम ऑफ़ द ब्रिटिश गवर्नमेंट।* उनके वक्तव्यों को सुनकर उनकी श्रोता

इतनी विचलित हो जाती थीं कि एक सभा में एक औरत ने कहा: 'अंग्रेज़ सरकार से कहें कि अगर वो अफ़ीम के अभिशाप को बंद कर देंगे तो मैं और भारत की दूसरी औरतें अंग्रेज़ सरकार और उसके लोगों के लिए जूते बनाने के लिए ख़ुशी-ख़ुशी अपनी खाल उतार देंगी।'[14]

भारत के अफ़ीम-विरोधी अभियान की एक और बुलंद आवाज़ थे रवींद्रनाथ टैगोर, जिन्होंने अपने पूरे जीवनकाल में बार-बार इस विषय को उठाया था। साहित्य के लिए नोबेल पुरस्कार दिए जाने के बीस साल बाद, 1933 में, उन्होंने लिखा था: 'ये धीरे-धीरे स्पष्ट होता गया है कि यूरोप के बाहर यूरोपीय संस्कृति की मशाल का मक़सद रास्ता दिखाना नहीं, बल्कि आग लगाना है। इसीलिए, एक दिन, चीन के केंद्र पर तोप के गोले और अफ़ीम की गोलियां एक साथ बरसाई गई थीं। इतिहास में पहले कभी इतनी क्रूरता नहीं हुई है।'[15]

बर्मा, श्रीलंका और इंडोनेशिया में भी औपनिवेशिक शासन की अफ़ीम नीतियों के ख़िलाफ़ जनता का आक्रोश बढ़ रहा था।[16] मेनलैंड चीन के अफ़ीम-विरोधी कार्यकर्ताओं और समाज-सुधारकों से प्रभावित होकर जावा के पेरानेकन प्रभुत्व वाले चाइनीज़ चैंबर्स ऑफ़ कॉमर्स ने अफ़ीम-विरोधी प्रोपैगैंडा का प्रसार करने और अफ़ीम के प्रयोग को हतोत्साहित करने वाले कार्यक्रमों को प्रायोजित करने में अग्रणी भूमिका निभाई। जावाई लोगों में भी अफ़ीम का विरोध मुखर होने लगा था। 1899 में कार्तिनी नाम की एक जावाई संभ्रांत महिला ने हॉलैंड में डच प्रवक्ता को एक पत्र लिखा था:

> अफ़ीम जावा का घुन है। जी हां, अफ़ीम घुन से भी कहीं बदतर है... ये ज़्यादा से ज़्यादा फैलती जाती है, और हमें कभी छोड़ती नहीं, न ही कभी कम होती है – साफ़-साफ़ कहें तो – इसे सरकार का संरक्षण हासिल है! जावा में अफ़ीम का जितना आम इस्तेमाल होता है, राजकोष उतना ही ज़्यादा भरता है। अफ़ीम कर सरकार की आय के सबसे समृद्ध स्रोतों में से है – इससे क्या फ़र्क़ पड़ता है कि इससे लोगों का भला हो रहा है या बुरा? – सरकार तो समृद्ध हो रही है। लोगों के इस अभिशाप ने डच इंडियन सरकार के ख़ज़ाने में हज़ारों – ना, लाखों – भरे हैं... इतनी बुराई को देखना और उससे लड़ने में लाचार होना भयानक है।[17]

इस तरह के विरोधों को तैयार जनता मिल गई थी क्योंकि अफ़ीम-विरोधी भावना हॉलैंड में भी ज़ोर पकड़ने लगी थी, कुछ हद तक उन उपन्यासों से प्रेरित होकर जिनमें अफ़ीम व्यापार के ज़ुल्मों का विशद विवरण दर्शाया जाता था।[18] 1887 में ईस्ट इंडीज़ के सबसे महत्वपूर्ण डच अख़बार के संपादक ने औपनिवेशिक अफ़ीम नीतियों की घोर आलोचना की और हॉलैंड के राजनीतिज्ञों से अपील की कि 'राज्य की आय के लिए की जाने वाली जावावासियों की इस "नैतिक, शारीरिक और आर्थिक" बर्बादी पर रोक लगाएं।'[19] 1899 में एक प्रतिष्ठित डच वकील ने हॉलैंड का आह्वान किया था कि अपने उपनिवेशों की उपेक्षा करने के मुआवज़े में 'मान ऋण' चुकाए, इसे देश की शासक क्वीन विल्हेल्मिना ने भी दोहराया था, जिन्होंने ब्रिटेन के अपने समकक्ष के विपरीत सार्वजनिक रूप से '"जावा के लोगों के क्षीण होते कल्याण" पर दुख जताया था।'[20]

अमेरिका एक और देश था जहां उन्नीसवीं सदी के बाद के वर्षों में अफ़ीम को लेकर व्यापक रूप से चिंता फैल गई थी, केवल इसलिए नहीं कि उस समय वो ख़ुद अपनी नशे की समस्या से जूझ रहा था जिसकी वजह हाइपोडर्मिक सिरिंज की खोज और गृहयुद्ध के दौरान अफ़ीमसमों का भारी इस्तेमाल थी।[21] मॉर्फ़ीन पर निर्भरता को 'मॉर्फ़िनिज़्म' या 'सैनिकों की बीमारी' कहा जाने लगा, और जल्दी ही जर्मन फ़ार्मास्यूटिकल कंपनी बेयर लैबोरेट्रीज़ ने एक 'इलाज' निकाला जिसे 'नॉन-एडिक्टिव' कहा गया, हालांकि ये भी एक अफ़ीमसम ही था। ये और कोई नहीं बल्कि हेरोइन थी 'जिसका नाम "हीरोइक" के जर्मन शब्द पर रखा गया था।'[22] बैथ मेसी लिखती हैं, रंग-बिरंगे लेबलों वाली बोतलों में पैक की गई हेरोइन को 'व्यापक रूप से दवाइयों की दुकानों पर, बिना किसी प्रेस्क्रिप्शन के, न केवल युद्ध-सैनिकों को बल्कि मासिक-धर्म की पीड़ा झेलने वाली औरतों और हिचकियों से परेशान शिशुओं के लिए भी बेचा जाता था।'[23] बीसवीं सदी के शुरू में क़रीब तीन लाख अमेरिकी अफ़ीमसमों की लत का शिकार थे। इस समस्या से निबटने के लिए राष्ट्रपति थियोडोर रूज़वेल्ट ने 1908 में एक विशेष आयुक्त डॉ. हैमिल्टन राइट को नियुक्त किया था।[24]

जैसे-जैसे अफ़ीम के ख़िलाफ़ अभियान तेज़ हुआ, वैसे-वैसे ये उग्र भी होता चला गया, और भारत और इंडोनेशिया के उपनिवेशी शासनों ने – जलवायु-परिवर्तन की वर्तमान दुर्दशा के लिए एक और पूर्वरूप बनाते हुए – घोर दमन और कार्यकर्ताओं और आलोचकों को देशनिकाला और सज़ाएं देकर इसका प्रत्युत्तर दिया।[25] लेकिन इन क़दमों ने अफ़ीम-विरोधी आंदोलन को और ताक़तवर बनाने में ही मदद की।

तो, अनेक राष्ट्रीयताओं की शुरुआती नारीवादियों, लेखकों, सार्वजनिक हस्तियों, ईसाई मिशनरियों और धार्मिक सुधारकों के नेतृत्व में भारतीय अफ़ीम-विरोधी अभियान ने सार्वजनिक क्षेत्र में अपनी विचारधारा के बीज गहरे रोप दिए थे। इस संदर्भ में एक विशेष रूप से उल्लेखनीय व्यक्ति दादाभाई नौरोजी थे जो उन शुरुआती लोगों में से थे जिन्होंने अफ़ीम को ब्रिटिश साम्राज्य की अपनी आलोचना का केंद्र-बिंदु बनाया था। भारतीय राष्ट्रीय कांग्रेस के संस्थापक सदस्य के रूप में नौरोजी, और अन्य समान विचारधारा वाले लोगों, ने सुनिश्चित किया कि भारत के सबसे अहम राजनीतिक संगठन के कार्यक्रम में औपनिवेशिक ड्रग व्यापार का विरोध शुरू से ही शामिल कर लिया जाए।

1890 के दशक तक, यूरोप और अमेरिका के विधानमंडलों में अच्छे-ख़ासे प्रतिनिधित्व के साथ अफ़ीम-विरोधी भावना ने वैश्विक आंदोलन का रूप ले लिया था। इसके साथ ही अफ़ीमसम यूरोपीय औपनिवेशिक प्रशासनों के लिए भी चिंता का विषय बनते जा रहे थे क्योंकि चीन अब ख़ुद अफ़ीम और हेरोइन के दुनिया के सबसे बड़े उत्पादक के रूप में सामने आ रहा था: जो अपराधी नेटवर्क पहले चीन में ड्रग्स पहुंचाते थे, वो अब उनकी दक्षिणपूर्व एशिया, भारत और, निरंतर बढ़ोतरी करते हुए, यूरोप में तस्करी करने लगे थे।

इन सरोकारों के साथ ही क़रीब 240 अफ़ीम-विरोधी उद्देश्य के समर्थकों के संसद में चुनकर आने ने अंततः 1893 में प्रधानमंत्री विलियम ग्लैडस्टोन को अफ़ीम पर रॉयल कमीशन नियुक्त करने के लिए मजबूर कर दिया।[26] हालांकि अपनी युवावस्था में ग्लैडस्टोन पहले अफ़ीम युद्ध के घोर आलोचक थे और उन्होंने इसकी 'नैतिक रूप से अक्षम्य' कहकर निंदा की थी, मगर राजनीति में कई दशक रहने के बाद वो ब्रिटेन की साम्राज्यवादी वास्तविकताओं के प्रति कहीं ज़्यादा उदारवादी हो गए थे। कमीशन को इस तरह गठित किया गया था कि इसकी सदस्यता और कार्यप्रणाली के ज़रिए अंतिम परिणाम ब्रिटिश राज के अनुकूल रहना सुनिश्चित हो जाए।[27] और इसने पूरी दक्षता से इस मिशन को पूरा किया: सैकड़ों गवाहों से बातचीत करने के बाद कमीशन ने रिपोर्टों का एक मोटा पुलिंदा तैयार किया जो पूरी तरह ब्रिटिश साम्राज्य की अफ़ीम नीतियों का समर्थन करता था।

आयोग में मौजूद 'अफ़ीम-विरोधी दल' का एक व्यक्ति हेनरी जे. विल्सन नामक सांसद था; उसने असंतुष्टि का एक चौंका देने वाला नोट लिखा था जिसमें उसने इंगित

किया था कि जिन 722 लोगों ने आयोग के सामने गवाही दी थी, उनमें सिस्टम के आलोचकों की तुलना में उसके बचावकर्ता एक के मुक़ाबले दो की संख्या में थे।

> इस तरह की पूछताछ के कारण मुझे नहीं लगता कि हमारे सामने सारे तथ्य निष्पक्षता और संपूर्णता के साथ रखे गए थे। मेरे सहयोगियों द्वारा स्वीकृत रिपोर्ट मुझे हमारे द्वारा उठाए गए फ़ौरी सवालों पर न्यायिक मत रखने के बजाय ईस्ट इंडिया कंपनी, और वर्तमान भारत सरकार के अफ़ीम व्यापार का विस्तृत बचाव करने की प्रकृति धारण करती अधिक प्रतीत होती है।[28]

रॉयल कमीशन का शुरू से ही मक़सद ब्रिटेन में अफ़ीम-विरोधी आंदोलन को ख़ामोश करना था, और इसमें ये यक़ीनन सफल हुआ: इसके बाद वहां कई साल तक आंदोलन निश्चित रूप से निष्क्रिय रहा।[29] मगर बाक़ी जगहों पर अभियान ने मज़बूती पाना जारी रखा, जिससे अंत में कमीशन और इसकी रिपोर्ट 'एशिया और दुनियाभर में अफ़ीम-विरोधी ताक़तों का मुंह बंद करने की अंतिम और पूरी तरह निष्फल सरकारी कोशिश बनकर रह गई।'[30]

1894 में, जिस साल कमीशन ने अपनी रिपोर्ट प्रकाशित करना शुरू किया था, चीन को एक और बड़ी हार का सामना करना पड़ा था, इस बार पहले चीन-जापान युद्ध में। नतीजे में, चिंग शासन को ताइवान और दूसरे कुछ क्षेत्र विजेता को सौंपने के लिए मजबूर होना पड़ा। इसका ड्रग्स की राजनीति पर बहुत महत्वपूर्ण असर पड़ा: चूंकि जापान में अफ़ीम पूरी तरह प्रतिबंधित थी, इसलिए जापानी प्रशासकों का पहली बार ताइवान में बड़े पैमाने पर अफ़ीम की लत से साबक़ा पड़ा था। उन्होंने जो नीति अपनाई वो अफ़ीम पर सीधे-सीधे प्रतिबंध लगाने से ज़रा ही पीछे थी; इसकी जगह उन्होंने ड्रग को सख़्ती से विनियमित किया, और अफ़ीमचियों के इलाज और अफ़ीम-विरोधी शिक्षा के लिए प्रावधान बनाए गए। शायद सबसे महत्वपूर्ण रूप से, अफ़ीम को राजस्व के स्रोत की तरह मानने से इंकार करके जापानी एशिया में यूरोपीय औपनिवेशिक नीतियों से कट गए (हालांकि जब उन्होंने चीन में विस्तार किया, तो ये नीति बदल गई)।

इसके कुछ ही समय बाद, 1898 में, अमेरिका ने फ़िलीपींस पर क़ब्ज़ा कर लिया, जहां इसे अफ़ीम के व्यापक इस्तेमाल का सामना करना पड़ा, ख़ासकर आप्रवासी

चीनी लोगों के बीच। अपने नए उपनिवेश के लिए अफ़ीम की समुचित नीति बनाने की कोशिश में अमेरिकी प्रशासन ने पूर्व और दक्षिणपूर्व एशिया में अफ़ीम संचालन के बारे में तुलनात्मक जांच करने के लिए अपना ख़ुद का कमीशन बनाने का फ़ैसला किया।[31] फ़िलीपींस कमीशन इस नतीजे पर पहुंचा कि ब्रिटिश, फ्रेंच और डच द्वारा अपने उपनिवेशों में स्थापित की गई 'अफ़ीम फ़ार्म' प्रणाली ने विनियामक तंत्र होना तो दूर, जैसा कि औपनिवेशिक प्रशासन का दावा था, असल में अफ़ीम के प्रयोग को बढ़ाया ही था। अफ़ीम को राजस्व के स्रोत की तरह इस्तेमाल करने के यूरोपीय मॉडल को सिरे से नकारते हुए, कमीशन ने उसकी जगह जापानी मॉडल की सिफ़ारिश की।[32] इस तरह फ़िलीपींस कमीशन की रिपोर्ट यूरोप की औपनिवेशिक नीतियों के लिए स्थायी फटकार और अफ़ीम पर रॉयल कमीशन के नतीजों का खंडन बन गई। नतीजतन, 'ब्रिटेन पहले कभी भी से ज़्यादा एशिया में अफ़ीम का विलेन बनने के क़रीब पहुंच गया।'[33]

फ़िलीपींस कमीशन की रिपोर्ट 1905 में प्रकाशित हुई थी। तब तक हरेक दिशा से लगातार सूचनाओं के आवागमन के साथ अफ़ीम-विरोधी आंदोलन का इतना ज़्यादा अंतरराष्ट्रीयकरण हो चुका था कि इस रिपोर्ट ने चीन को भी प्रभावित किया। 1906 में, एक बड़ा क़दम उठाते हुए चिंग सम्राट गुआंगक्सू ने लगभग आधी सदी से प्रभावी वैधीकरण को ख़त्म कर दिया।[34] राजसी आदेश में कहा गया कि ड्रग की समस्या को सुलझाना तो दूर वैधीकरण ने इसे बढ़ा ही दिया था:

> जबसे अफ़ीम के इस्तेमाल पर लगी रोक हटाई गई है, इस पदार्थ के ज़हर ने लगभग सारे ही चीन को अपनी चपेट में ले लिया है। अफ़ीमची अपना समय बर्बाद करता है और काम की उपेक्षा करता है, अपना स्वास्थ्य ख़राब करता है और अपने परिवार को निर्धन बनाता है, और निर्धनता और कमज़ोरी जो पिछले कुछ दशकों से हमारे बीच लगातार बढ़ती जा रही हैं, वो निश्चय ही इसी कारण से हैं।[35]

चिंग राज्य के नए प्रतिबंध ने अफ़ीम के उत्पादन और खपत को धीरे-धीरे दस साल की अवधि में ख़त्म करने की कल्पना की थी, और उसने देश भर में अफ़ीम-विरोधी संस्थाएं स्थापित करने का भी आदेश दिया। दुनिया की आंखों के सामने फिर से अफ़ीम व्यापार

का अपराधीकरण किया गया था और इसने ब्रिटिश साम्राज्य की चालबाज़ियों के लिए कोई जगह नहीं छोड़ी, जो अपनी ड्रग सप्लाई गतिविधियों को न्यायसंगत ठहराने के लिए लंबे समय से चीन के वैधीकरण का उल्लेख करता आ रहा था। इस बीच, जैसा इतिहासकार डायना किम दर्शाती हैं, बहुत से औपनिवेशिक अधिकारियों का भी हृदय परिवर्तन हो चुका था।[36]

1907 में, ब्रिटेन ने चीन के साथ एक समझौते पर हस्ताक्षर किए, जिसमें वचन दिया गया कि वो दस वर्ष की अवधि में भारत से अफ़ीम के निर्यात को धीरे-धीरे ख़त्म कर देगा बशर्ते कि चीन भी अपने घरेलू ड्रग उद्योग के दमन के समान वार्षिक लक्ष्य को पूरा कर ले।[37] बेशक, अनेक ब्रिटिश औपनिवेशिक अधिकारियों का अनुमान था कि चीन अपने लक्ष्य को पूरा करने में नाकाम रहेगा, जिससे उन्हें भारत से निर्यात जारी रखने का बहाना मिल जाएगा।[38] लेकिन, इस मामले में, चीन ने अपने लक्ष्य से वास्तव में आगे निकलकर उन्हें निराश कर दिया।[39] सिचुआन जैसे कुछ इलाक़ों में कर्तव्यनिष्ठ अधिकारी महज़ चार साल में ही अफ़ीम को लगभग समाप्त करने में सफल रहे थे।[40] एक समकालीन अमेरिकी विश्लेषक ने लिखा था, 'अपनी जनता को अफ़ीम के अभिशाप से मुक्त कराने के चीन के धर्मयुद्ध को, इतिहास की सबसे बड़ी नैतिक उपलब्धियों में से एक माना जा सकता है – हमारी पश्चिमी दुनिया के लिए एक चुनौती।'[41]

1907 का चीन-ब्रिटिश समझौता अफ़ीम के लिए एक अंतरराष्ट्रीय विनियामक स्वरूप विकसित करने की दिशा में एक निर्णायक मोड़ था, जो अगले कुछ सालों में तेज़ी से आगे बढ़ा। 1911 में पटना अफ़ीम फ़ैक्ट्री बंद कर दी गई, और भारत में अफ़ीम की खेती का दायरा बहुत कम हो गया।[42] कुछ ही साल के भीतर चीन-भारत अफ़ीम संबंध प्रभावी रूप से समाप्त हो गया था।[43] हालांकि पहले विश्व युद्ध के कारण इस प्रक्रिया में बाधा पड़ी, मगर तब तक अफ़ीम-विरोधी आंदोलन ये सुनिश्चित करने लायक पर्याप्त मज़बूत हो गया था कि इस मक़सद को फिर से उठाया जाता – और लीग ऑफ़ नेशन्स ने यक़ीनन इसे एक बड़ी प्राथमिकता के रूप में लिया था। 1920 के दशक के मध्य तक, भारत से अफ़ीम के निर्यात पर कड़े प्रतिबंधों के साथ ये विनियामक स्वरूप सुरक्षित रूप से स्थापित हो गया था। 1930 में भारतीय उपमहाद्वीप में अफ़ीम के वितरण पर कठोर नियंत्रण लागू करने के लिए क़ानून बनाया गया (हालांकि एक विरोधाभासी पैंतरे के तौर पर, औपनिवेशिक शासन ने 1935 में नीमच अफ़ीम फ़ैक्ट्री भी खोली थी)।[44]

कहने की ज़रूरत नहीं है कि अफ़ीम के लिए विश्व विनियामक स्वरूप की स्थापना जिन्न को वापस बोतल में बंद करने में सफल नहीं हुई थी: दूर-दूर तक नहीं। 1920 और 1930 के दशकों में, जब जापान ने चीन के और अधिक क्षेत्रों पर क़ब्ज़ा किया, तो उसने अपनी उन नीतियों को छोड़ दिया जो उसने ताइवान में अपनाई थीं और ख़ुद भी ड्रग के कारोबार में पूरी तरह शामिल हो गया, जो पूरे दूसरे विश्व युद्ध तक जारी रहा।[45] युद्ध के तुरंत बाद, अफ़ीम ने वियतनाम के उपनिवेश-विरोधी संघर्ष के वित्तपोषण में अहम भूमिका निभाई थी। इसी तरह इंडोनेशिया में भी, नव-स्वतंत्र गणराज्य औपनिवेशिक शासन के बचे हुए अफ़ीम के भंडार को बेचने के लिए मजबूर था ताकि, 1945 से 1949 तक, डच के ख़िलाफ़ अपनी लड़ाई के लिए धन जुटा सके।[46]

युद्ध के बाद के दौर में, भारत और चीन 'अफ़ीम के विरुद्ध लड़ाई' के दो लीडरों की तरह उभरे।[47] भारत को 1947 में आज़ादी मिलने के दो साल बाद नई दिल्ली में एक राष्ट्रीय अफ़ीम संगोष्ठी आयोजित की गई जिसमें निर्णय लिया गया कि 'वैज्ञानिक और चिकित्सकीय उद्देश्यों के अलावा अफ़ीम के इस्तेमाल पर पूरी तरह रोक लगा देनी चाहिए।'[48] प्रत्येक राज्य से कहा गया कि ग़ाज़ीपुर फ़ैक्ट्री से अपनी अफ़ीम की ख़रीद को सालाना दस प्रतिशत कम कर दें। आगामी सालों ने देश भर में अफ़ीम की खपत में ज़बरदस्त गिरावट देखी। भारत में 1936 में 2,22,700 किलोग्राम अफ़ीम की कुल खपत 1951 में 1,56,784 रह गई थी।[49] 1950 के बाद,

> मौखिक उपभोग के लिए जारी अफ़ीम की मात्रा 150 टन से गिरते हुए 1966 में 2.5 टन रह गई थी। इसी के साथ-साथ पंजीकृत नशेड़ियों की संख्या भी 1956 में 200,000 से 1963 के अंत तक घटकर 124,904 हो गई थी। अफ़ीम पीने वालों की तादाद भी 1953 में 2,504 से 1966 में 1,822 रह गई थी। इनमें से कुछ आंकड़े एकदम सटीक नहीं होंगे मगर ये निश्चय ही कम से कम संभव समय में ब्रिटिश अफ़ीम नीति के दुष्प्रभावों को दूर करने के स्वतंत्र भारत की सरकार के संकल्प को दर्शाते हैं।[50]

भारतीय सरकार का संकल्प निश्चय ही इतना मज़बूत था कि 1947 में अफ़ीम की खेती का जो कुल क्षेत्रफल था, वो घटकर उसका मात्र दसवां भाग रह गया था; भारत के अंदर

अफ़ीम के वितरण की औपनिवेशिक संरचना को भी भंग कर दिया गया।[51] औपनिवेशिक समर्थकों की विश्वासपूर्ण भविष्यवाणियों के उलट, भारत की ग्रामीण अर्थव्यवस्था चरमराई नहीं, बिहारी किसान अफ़ीम उत्पादन के बचाव में खड़े नहीं हुए, और न ही सुदूर गांवों में घातक बीमारियों में अचानक कोई बढ़ोतरी हुई।

इस बीच, एशिया में अन्य जगहों पर, अफ़ीम एक बार फिर रणनीतिक दांवपेंचों में फंस गई। जैसा कि एल्फ्रेड मैककॉय दर्शाते हैं, 1955 और 1975 के बीच, फ़्रांसीसी और अमेरिकी गुप्तचर सेवाओं ने वियतनाम युद्धों और अन्य संघर्षों के दौरान अफ़ीम का भारी प्रयोग किया था। जब वापस लौटे सैनिकों ने मध्य अमेरिका के केंद्र में नशे की समस्या को आरोपित किया, तो अंकुशपूर्ण राज्य की वृद्धि में तेज़ी लाते हुए, ड्रग्स के ख़िलाफ़ जंग के रूप में अमेरिका के हिंसक और ग़लत रवैये ने लैटिन अमेरिका के काफ़ी बड़े हिस्सों में और देश में अल्पसंख्यकों के लिए विनाशकारी परिणाम पैदा किए।

भारत में भी अफ़ीम के प्रसार को कम करने में मिली शुरुआती सफलताएं दो दशक के भीतर ही पलट गईं। इसकी वजह मुख्य रूप से ये थी कि चीन के विपरीत भारत ने अफ़ीम को आय का स्रोत मानने की औपनिवेशिक नीति को पूरी तरह से नहीं छोड़ा था: दो सरकारी फ़ैक्ट्रियों ने अंतरराष्ट्रीय बाज़ार के लिए अफ़ीम का उत्पादन जारी रखा।[52] अंतरराष्ट्रीय अनुबंधों के ज़रिए 1960 और 1970 के दशकों में ये वैध अफ़ीम का दुनिया का इकलौता सबसे बड़ा स्रोत बना रहा। जल्द ही इतिहास ने ख़ुद को दोहराया, और काफ़ी मात्रा में 'वैध' अफ़ीम आपराधिक नेटवर्कों के हाथों में पहुंचने लगी, जिन्होंने इसका इस्तेमाल हेरोइन बनाने में किया। अंतत: अफ़ीमसम एक बार फिर उन्हीं बंदरगाहों के ज़रिए भारत से बाहर जाने लगे जिन्हें कभी पुराने मालवा तस्करी नेटवर्क इस्तेमाल करते थे।[53] 1988 तक, यूनाइडेट स्टेट्स हाउस कमेटी ऑन फ़ॉरेन अफ़ेयर्स के अनुसार, 'भारत में वैध माल का विचलन "एक अरब डॉलर" की स्ट्रीट हेरोइन बना रहा था।'[54]

तभी से पूरे भारतीय उपमहाद्वीप में हेरोइन के उत्पादन में बहुत तेज़ी आई है, और अफ़ग़ानिस्तान पर 2001 के अमेरिकी आक्रमण के बाद बेतहाशा उछाल आया, जिसने पूरे क्षेत्र में अफ़ीमसम की नई लहरें दौड़ा दीं। आज, भारत के बहुत से हिस्से, पाकिस्तान, नेपाल और बांग्लादेश नशे की नई महामारियों से जूझ रहे हैं, और इस क्षेत्र की राजनीति में ड्रग्स एक बड़ा कारक बन गई हैं।[55] एक इतिहासकार ने अनिष्टसूचक ढंग से कहा है कि 'अंतरराष्ट्रीय पर्यवेक्षकों ने अफ़ीम के उत्पादन और तस्करी को भारत की सामाजिक

संरचना, सुरक्षा और क्षेत्रीय महाशक्ति के मुक़ाम के लिए सबसे बड़े ख़तरों में से एक के रूप में दर्ज किया है... पाकिस्तान में ड्रग्स देश के भविष्य के लिए एक तात्कालिक ख़तरा हैं।'[56]

कुल मिलाकर, अफ़ीम-विरोधी आंदोलन यक़ीनन अफ़ीम के वैश्विक प्रवाह को रोक पाने में अंततः सफल नहीं हुआ। मगर, ये भी सच है कि बीसवीं सदी के शुरुआती दशकों में ये एक ऐसे उद्योग के ख़िलाफ़ जीतने में समर्थ रहा था जिसने दुनिया के कुछ सबसे शक्तिशाली राज्यों के लिए बेहिसाब मुनाफ़ा कमाया था।

नागरिक समाज संगठनों और धार्मिक समूहों का, जिनमें से अनेक किसी भी मामले पर एक दूसरे के साथ रज़ामंद नहीं होते थे, अंतरराष्ट्रीय गठबंधन बनाने में अफ़ीम-विरोधी आंदोलन की सफलता बताती है कि आज ऊर्जा निकायों के संबंध में भी इस तरह की रणनीति कारगर हो सकती है। मगर इसे हासिल करने के लिए पर्याप्त लोगों को ये सुनिश्चित करने के लिए संगठित रूप में एक साथ आना होगा कि जीवाश्म ईंधन को बेचने से प्रतिष्ठा की हानि उसके मुनाफ़े से कहीं ज़्यादा होगी। बेशक, यही वो रणनीति है जिसे अपने अभियान में अपनाकर कार्यकर्ता संस्थाओं ने विश्वविद्यालयों, चर्चों, पेंशन फ़ंडों, और सरकारों तक से ऊर्जा निकायों में विनिवेश करवाया है। पर्याप्त आवेग के साथ मुमकिन है कि जीवाश्म ईंधनों की तस्करी से प्रतिष्ठा को होने वाला नुकसान उनके इस्तेमाल में काफ़ी कमी ले आए।

एक लगातार स्याह होते जा रहे क्षितिज पर ये एक असाधारण, मगर दमकती हुई, आशा की किरण है।

आभार

ये पुस्तक उस कार्य-चक्र को एक अंत पर पहुंचाती है जो आइबिस त्रयी के साथ शुरू हुआ था। उन उपन्यासों को लिखने के दौरान मैं अनेक लोगों और संस्थाओं का ऋणी हुआ, जिनका उल्लेख मैंने हर पुस्तक के आभार में किया है। मैं उन उपन्यासों, या इस पुस्तक को, विद्वानों और इतिहासकारों द्वारा की गई रिसर्च के व्यापक काम के बिना नहीं लिख सकता था: मैं उन सबका अगाध ऋणी हूं।

लेकिन इस पुस्तक को लिखने में मैंने अपने ऊपर कुछ नए ऋण भी लिए हैं। मैं विशेषकर स्रोतों को ढूंढ़ने में मदद करने के लिए सुकांत चौधरी, मनन अहमद, अमीश मुल्मी, अजय सकारिया, पार्थ श्रृंगारपुरे, राहुल श्रीवास्तव, और जैफ़रसन-मैडिसन रीजनल लाइब्रेरी, सैंट्रल ब्रांच, शार्लट्सविले, वर्जीनिया के स्टाफ़ के प्रति अपना आभार व्यक्त करना चाहता हूं। राज पटेल ने अनेक उपयोगी सुझाव और टिप्पणियां प्रदान कीं; मैसाचुसेट्स में सेलम के पीबॉडी एसेक्स म्यूजियम की कैरीना कॉरिगन तस्वीरें उपलब्ध करवाने में भारी मददगार साबित हुईं; और हार्परकॉलिन्स इंडिया में मेरे संपादक उदयन मित्रा, और उनकी सहयोगी शतरूपा घोषाल ने आलेख पर बहुत महत्वपूर्ण काम किया: मैं उन सबका दिल से आभारी हूं।

मैं क्रिस क्लार्क के प्रति भी विशेष आभार व्यक्त करना चाहता हूं जो संप्रति कैंब्रिज यूनिवर्सिटी में इतिहास के रीजियस प्रोफ़ेसर सर क्रिस्टोफ़र क्लार्क के प्रतिष्ठित पद

पर पहुंचने से बहुत पहले से ही मेरे क़रीबी मित्र रहे हैं। इतने बरसों के दौरान वो मेरी पांडुलिपियों के बेहद धैर्यवान और छिद्रान्वेषी पाठक रहे हैं, और इस पुस्तक के तो और भी ज़्यादा। यहां तक कि अगर मेरे मन में जो आवाज़ लगातार संयम बरतने को कहती है, तो वो आवाज़ उन्हीं की होती है। उनके प्रति मेरा ऋण अकथनीय है।

सबसे ज़्यादा ऋणी मैं डेबोरा बेकर का हूं, जो हमारे समय की बेहतरीन लेखकों में से एक होने के साथ-साथ मेरी पत्नी भी हैं। उनके बिना मैं ये पुस्तक कभी शुरू ही नहीं कर पाता, पूरी करना तो दूर की बात है।

कॉपीराइट आभार

अन्नदा मुंशी रचित पोस्टर

गौतम भद्र, *From an Imperial Product to a National Drink: The Culture of Tea Consumption in Modern India*, p. 18: (https://archive.org/details/ fromanimperialproducttoanationaldrinkcultureofteaconsumptioninmodernindia gautambhadra_17_I/page/18/mode/2up)

भंडारण कक्ष, अफ़ीम फ़ैक्ट्री, पटना, भारत एवं द मिश्रण कक्ष, अफ़ीम फ़ैक्ट्री, पटना, भारत

कैप्टन वॉल्टर एस. शेरविल द्वारा बनाए गए रेखाचित्रों के आधार पर चीनी बाज़ार के लिए भारतीय अफ़ीम तैयार करने के तरीक़े के चित्र। लिथोग्राफ़, हाथ से रंगे। (लंदन: जेम्स मैडेन, 1851)। येल सेंटर फ़ॉर ब्रिटिश आर्ट, पॉल मेलन संग्रह के सौजन्य से।

पटना के अफ़ीम गोदाम का ऊपर से लिया गया विहंगम दृश्य

सीता राम (कार्यकाल 1814-23)

ब्रिटिश लाइब्रेरी, लंदन, यूके © ब्रिटिश लाइब्रेरी बोर्ड। सर्वाधिकार सुरक्षित/ ब्रिजमैन इमेजेज़। बीएल7393108।

राउंड टॉवर (1749), जियोवानी बतिस्ता पिरानेसी

(इटैलियन, 1720-78)

1876 में जॉन एस. फ़िलिप्स की विरासत से पेंसिल्वेनिया अकेडमी ऑफ़ द फ़ाइन आर्ट्स को प्राप्त म्यूरियल एंड फ़िलिप बर्मन गिफ़्ट, साथ में म्यूरियल और फ़िलिप बर्मन द्वारा वित्तीय योगदान दिया गया, लीसा नॉरिस एलकिंस, ब्रायंट डब्ल्यू. लैंग्स्टन, सेमुअल एस. व्हाइट तृतीय और वेरा व्हाइट के उपहारों (विनिमय द्वारा) के साथ जॉन हॉवर्ड मैकफ़ैडेन, जूनियर, थॉमस स्केल्टन हैरिसन और फ़िलिप एच. और ए. एस. डब्ल्यू. रोज़ेनबाक फ़ाउंडेशन, 1985 द्वारा अतिरिक्त वित्तीय योगदान दिया गया। परिग्रहण संख्या: 1985-52-1301

पटना का अफ़ीम गोदाम अंदर से

सीता राम (कार्यकाल 1814-23)

ब्रिटिश लाइब्रेरी, लंदन, यूके © ब्रिटिश लाइब्रेरी बोर्ड। सर्वाधिकार सुरक्षित/ ब्रिजमैन इमेजेज़। बीएल7393109

अफीम की शुद्धता जांच

शिव लाल, पटना, भारत, मध्य उन्नीसवीं शताब्दी © विक्टोरिया एंड एल्बर्ट म्यूज़ियम, लंदन, 2006AY5524

गोलियां बनाकर पीतल के प्यालों में रखी जाती अफ़ीम

शिव लाल, पटना, भारत, मध्य उन्नीसवीं शताब्दी © विक्टोरिया एंड एल्बर्ट म्यूज़ियम, लंदन, 2006BB8373

कैंटन में यूरोपीय फ़ैक्ट्रियों का एक दृश्य

विलियम डैनियल, 1769-1837, ब्रिटिश

द यूरोपियन फ़ैक्ट्रीज़ एट कैंटन, चीन, 1806

कैनवस पर तैल चित्र, 34 X 50 इंच (86.4 X 127 सेमी)

B1981.25.210. येल सेंटर फ़ॉर ब्रिटिश आर्ट, पॉल मेलन संग्रह के सौजन्य से।

जमशेदजी जीजीभॉय, अज्ञात चीनी कलाकार द्वारा

पारसी टाइम्स: https://parsi-times.com/2018/04/sir-jamsetjee-jejeebhoy-visionary- of-education/

द थर्टीन फ़ैक्ट्रीज़

गुआंगज़ाउ, चीन के कलाकारों द्वारा निर्मित
ए व्यू ऑफ़ द फ़ॉरेन फ़ैक्ट्री साइट, गुआंगज़ाउ, 1830 का दशक
कैनवस पर तैल चित्र
मैडेलीन ए. किडर की भेंट, 1981।
M20558, पीबॉडी एसेक्स म्यूजियम के सौजन्य से।

हाउक्वा का पोर्ट्रेट

गुआंगज़ाउ, चीन के कलाकारों द्वारा निर्मित
वू बिंगजियान, हाउक्वा के नाम से मशहूर, लगभग 1835
कैनवस पर तैल चित्र
रेबेका बी. चेज़, एन बी. मैथियास, रॉबर्ट एच. ब्रैडफ़ोर्ड, एवं चार्ल्स ई. ब्रैडफ़ोर्ड द्वारा अपने माता-पिता रेबेका ब्राउन ब्रैडफ़ोर्ड एवं रॉबर्ट फ़िस्क ब्रैडफ़ोर्ड की स्मृति में भेंट, 1990
M23228, पीबॉडी एसेक्स म्यूजियम के सौजन्य से।

हैरियट लो का पोर्ट्रेट

जॉर्ज चिनरी, 1774-1852
पोर्ट्रेट ऑफ़ हैरियट लो, 1833
कैनवस पर तैल चित्र, 9 3/4 x 8 9/16 इंच (24.765 x 21.749 सेमी)
ली एवं जूलियट फ़ोल्गर फ़ंड, जोएन वॉन इनग्रैहम, एवं एक गुमनाम दानकर्ता के सहयोग से म्यूजियम द्वारा क्रीत, 2001.
M18709, पीबॉडी एसेक्स म्यूजियम के सौजन्य से।

गुआंगज़ाउ का विहंगम दृश्य

यी चियौंग, सक्रिय 1880 का दशक

शामियन द्वीप के साथ गुआंगज़ाउ (कैंटन) का विहंगम दृश्य, लगभग 1880

पैनल पर तैल चित्र, 25 1/4 x 41 1/2 इंच (64.135 x 105.41 सेमी)

फ़ैलोज़ एंड फ़्रेंड्स फ़ंड के सहयोग से म्यूज़ियम द्वारा ख़रीदा गया, 1961

M10867, पीबॉडी एसेक्स म्यूज़ियम के सौजन्य से।

चीनी व्यापारी का घर

कैंटन (गुआंगज़ाउ), चीन के उपनगर में एक चीनी व्यापारी कॉन्सेक्वा का आवास, 1845। टी. एलम के रेखाचित्र से एस. ब्रैडशॉ द्वारा उत्कीर्णित। (फ़ोटो: हल्टन आर्काइव/गैटी इमेजेज़)

लाम्क्वा का आत्म-चित्र

लामक्वा, लगभग 1801 - लगभग 1860

आत्म-चित्र, 1851 से पूर्व

कैनवस पर तैल चित्र, 10 5/8 × 8 15/16 inches (27 × 22.7 cm)

रॉबर्ट एस. स्टर्जिस दवारा भेंट, 1983.

M20158, पीबॉडी एसेक्स म्यूज़ियम के सौजन्य से।

डॉ. पीटर पार्कर

विकिपीडिया: https://en.wikipedia.org/wiki/File:Dr._Peter_Parker.jpg

डॉ. थॉमस कॉलेज

जॉर्ज चिनरी, 1774-1852

डॉ. थॉमस रिचर्डसन कॉलेज और उनका असिस्टेंट एफ़न अपने ऑप्थल्मिक हॉस्पिटल, मकाउ में, 1833

कैनवस पर तैल चित्र, 33 1/8 x 33 1/4 inches (84.138 x 84.455 cm)

सिसिलिया कॉलेज द्वारा अपने पिता लॉयनेल कॉलेज, एफ़आरसीएस, की स्मृति में भेंट, 2003
M23017, पीबॉडी एसेक्स म्यूजियम के सौजन्य से।

एक अमेरिकी व्यापारी का पोर्ट्रेट
स्पॉइलम, सक्रिय 1765-1810
कैप्टन रिचर्ड व्हीटलैंड का चित्र, लगभग 1803
कैनवस पर तैल चित्र, फ्रेम 27 1/4 x 21 5/8 x 2 इंच (69.215 x 54.928 x 5.08 सेमी)
रिचर्ड व्हीटलैंड द्वितीय, एलिस वैलमैन, मैरी श्ली एवं सैरा रिचर्ड्स द्वारा भेंट, 1991
M22878, पीबॉडी एसेक्स म्यूजियम के सौजन्य से।

सिलाई मेज़
गुआंगज़ाउ, चीन के कलाकार
सिलाई मेज़, लगभग 1837
लैकर्ड लकड़ी, हाथी दांत, एवं स्वर्ण, पुनरोत्पादन रेशमी थैली के साथ
फ्रांसिस बी. लॉथ्रोप द्वारा भेंट, 1970
E82997. पीबॉडी एसेक्स म्यूजियम के सौजन्य से।

सिर हिलाती गुड़ियों का जोड़ा
गुआंगज़ाउ, चीन के कलाकार
सिर हिलाती गुड़ियों का जोड़ा, लगभग 1803
अनपकी मिट्टी और मानव केश, 26 1/4 x 12 5/8 x 9 1/2 इंच (66.675 x 32.068 x 24.13 सेमी)
कैप्टन रिचर्ड व्हीटलैंड द्वारा भेंट, 1803
E7098 and E7097. पीबॉडी एसेक्स म्यूजियम के सौजन्य से।

नोट्स

1: यहां ड्रैगन बसते हैं

1. ये शब्द 'संभवत: *गुआंगडौंग* का पुर्तगाली अपभ्रंश है जिसका प्रशासनिक केंद्र गुआंगज़ाउ था जहां 16वीं सदी के उत्तरार्ध में पुर्तगाली यात्रियों को रखा जाता था…' (ग्रैहम ई. जॉनसन एवं ग्लेन डी. पीटरसन, *हिस्टॉरिकल डिक्शनरी ऑफ़ गुआंगज़ाउ (कैंटन) एंड गुआंगडौंग* (लैनहैम, एमडी, एवं लंदन: 'द स्केयरक्रो प्रेस, 1999), पृ. xi.
2. हिमालय श्रृंखला के दक्षिणी हिस्से के भू-राजनीतिक महत्व के लिए देखें जॉन डब्ल्यू. गार्वर, *प्रोट्रैक्टेड कंटेस्ट: साइनो-इंडियन राइवलरी इन द ट्वेंटिएथ सेंचुरी* (सिएटल, डब्ल्यूए: यूनिवर्सिटी ऑफ़ वॉशिंगटन प्रेस, 2001)। चीन के दृष्टिकोण के लिए देखें लिन ज़ुएचेंग, द *साइनो-इंडियन बॉर्डर डिस्प्यूट एंड साइनो-इंडियन रिलेशंस* (न्यूयॉर्क, एनवाई: यूनिवर्सिटी प्रेस ऑफ़ अमेरिका, 1994).
3. अवतार सिंह भसीन, *नेहरू, तिब्बत एंड चाइना* (गुड़गांव: पेंगुइन रैंडम हाउस इंडिया, 2021), पृ. 319.
4. भारत के भूतपूर्व विदेश सचिव श्याम सरन के शब्दों में: 'मुख्य रूप से चीनी संस्कृति और उसके सोचने के तरीक़ों से अनजान होने के परिणामस्वरूप भारत ने ख़ुद को हथियारों के अप्रत्याशित टकराव में पाया। भारतीय नेता उन इशारों और अप्रत्यक्ष संकेतों को समझने में असमर्थ रहे जिन्हें अगर भलीभांति समझ लिया जाता तो अपमानजनक हार के बजाय कुछ और ही नतीजा निकलता।' (भसीन, *नेहरू, तिब्बत एंड चाइना*, पृ. 318 पर उद्धृत).
5. अंतरराष्ट्रीय संबंधों और सामरिक अध्ययनों के विशेषज्ञों ने इन मुद्दों पर बहुत कुछ लिखा है। उदाहरण के लिए देखें कांति बाजपेई, *इंडिया वर्सस चाइना: व्हाई दे आर नॉट फ्रेंड्स*

(नई दिल्ली: जगरनॉट बुक्स, 2001); ज़ोरावर दौलत सिंह, *पॉवरशिफ़्ट: इंडिया-चाइना रिलेशंस इन ए मल्टीपोलर वर्ल्ड* (नई दिल्ली, पैन मैकमिलन पब्लिशिंग इंडिया, 2020); एवं श्याम सरन, *हाउ चाइना सीज़ इंडिया एंड द वर्ल्ड* (नई दिल्ली: जगरनॉट बुक्स 2022 (हालांकि ये मुद्दे महत्वपूर्ण हैं, मगर इस किताब पर इनका अप्रत्यक्ष प्रभाव है).

6. देखें *रटलेज हैंडबुक ऑफ़ द चाइनीज़ डायसपोरा,* संपा. ची-बेंग तैन (लंदन: रटलेज, 2012) में ज़ैंग ज़िंग एवं तानसेन सेन, 'द चाइनीज़ इन साउथ एशिया,' पृ. 206; तानसेन सेन, *इंडिया, चाइना एंड द वर्ल्ड: ए कनेक्टेड हिस्ट्री* (लंदन: रोमैन एंड लिटिलफ़ील्ड पब्लिशर्स, 2017), पृ. 271; *इंडिया एंड चाइना इन द कोलोनियल वर्ल्ड,* संपा. माधवी थम्पी (नई दिल्ली: सोशल साइंस प्रेस, 2005) में रामकृष्ण चटर्जी, 'द चाइनीज़ कम्युनिटी ऑफ़ कैलकटा: दियर अर्ली सैटलमेंट एंड माइग्रेशन,' पृ. 55-65; एवं जयनी जीन बौनर्जी, 'नेबरहुड, सिटी, डायसपोरा: आइडेंटिटी एंड बिलाँगिंग फ़ॉर कैलकटाज़ एंग्लो-इंडियन एंड चाइनीज़ कम्युनिटीज़' (क्वीन मेरी, यूनिवर्सिटी ऑफ़ लंदन के डिपार्टमेंट ऑफ़ ज्योग्राफ़ी में ज्योग्राफ़ी में पीएचडी की डिग्री के लिए आवश्यकता की आंशिक पूर्ति के रूप में जमा थीसिस, 2010), पृ. 10.
7. सेन, *इंडिया, चाइना एंड द वर्ल्ड,* 271.
8. देखें, उदाहरण के लिए, *पेंटेट एन्काउंटर्स: पारसी ट्रेडर्स एंड द कम्युनिटी,* संपा. फ़ेरोज़ा जे. गोदरेज एवं फ़ीरोज़ा पंथेकी मिस्त्री (नई दिल्ली: नेशनल गैलरी ऑफ़ मॉडर्न आर्ट, 2016), पृ. 10.
9. संजय सुब्रह्मण्यम, 'हियरिंग वॉयसेज़: वीन्येट्स ऑफ़ अर्ली मॉडर्निटी इन साउथ एशिया, 1400-1750,' *डैडेलस*, वॉल्यूम 127, सं. 3 (1998): 100.
10. देखें *सेलिंग टु द पर्ल रिवर: डच एंटरप्राइज़ इन साउथ चाइना 1600-2000*, संपा. काइ हौंगशेंग, लियोनर्ड ब्लूसे आदि, (गुआंगज़ाउ: गुआंगज़ाउ पब्लिशिंग हाउस, 2004) में क्रिश्चियन जे.ए. यर्ग, 'पोर्सिलेन: चाइना इन द नीदरलैंड्स,' पृ. 17-19.
11. सुचेता मज़ूमदार, *शुगर एंड सोसाइटी इन चाइना: पीज़ैंट्स, टैक्नॉलोजी एंड द वर्ल्ड मार्केट* (कैंब्रिज: हार्वर्ड यूनिवर्सिटी प्रेस, 1998), पृ. 109; एवं तैन चुंग, 'द ब्रिटिश-चाइना-इंडिया ट्रेड ट्रायंगल, 1771-1840,' *प्रोसीडिंग्स ऑफ़ दि इंडियन हिस्ट्री कांग्रेस 34* (1973): 429.
12. रॉबिन वॉल किमेरर, *ब्रेडिंग स्वीटग्रास: इंडीजिनस विज़डम, साइंटिफ़िक नॉलेज, एंड द टीचिंग्स ऑफ़ प्लांट्स* (मिनियापोलिस, एमएन: मिल्कवीड एडीशंस, 2013) पृ. 346.

2: बीज

1. एरिका रैपापोर्ट, *ए थर्स्ट फ़ॉर एंपायर: हाउ टी शेप्ड द मॉडर्न वर्ल्ड* (प्रिंसटन, एनजे: प्रिंसटन यूनिवर्सिटी प्रेस, 2017) पृ. 27.

2. एंड्रयु बी. लियू, टी वॉर*: ए हिस्ट्री ऑफ़ कैपिटलिज़्म इन चाइना एंड इंडिया* (न्यू हैवन, सीटी: येल यूनिवर्सिटी प्रेस, 2020), पृ. 31; एवं रैपापोर्ट, *ए थर्स्ट फ़ॉर एंपायर,* 35। किसी अंग्रेज़ द्वारा चाय पीने का पहला दर्ज वाक़ेआ 1637 का है, जब पीटर मंडी नाम के एक व्यापारी ने पर्ल नदी पर 'चा' नाम का पेय चखा था, (स्टीफ़न आर. प्लाट, *इंपीरियल ट्वाइलाइट: दि ओपियम वॉर एंड दि एंड ऑफ़ चाइनाज़ लास्ट गोल्डन एज* [न्यूयॉर्क, एनवाई: नॉफ़, 2018], पृ. 12).
3. मध्य अठारहवीं सदी से मध्य उन्नीसवीं सदी तक चाय पर ब्रिटिश कस्टम्स ड्यूटी 75 प्रतिशत, 127 प्रतिशत और 100 प्रतिशत के बीच रही (हालांकि कभी-कभी ये 12.5 प्रतिशत तक भी गिर गई)। 1835 से 1858 तक ये ड्यूटी ब्रिटेन के पूरे कस्टम्स राजस्व का 20.95 प्रतिशत और कुल राजस्व का 8.68 प्रतिशत थी। ये आंकड़े जे.वाई. वौंग की *डैड्ली ड्रीम्स: ओपियम, इंपीरियलिज़्म एंड दि एरो वॉर (1856-1860) इन चाइना* (कैंब्रिज: कैंब्रिज यूनिवर्सटी प्रेस, 1998), पृ. 346-60 से लिए गए हैं।
4. रैपापोर्ट, *ए थर्स्ट फ़ॉर एंपायर,* 42.
5. माइकल ग्रीनबर्ग, *ब्रिटिश ट्रेड एंड दि ओपिनिंग ऑफ़ चाइना* (कैंब्रिज: कैंब्रिज यूनिवर्सिटी प्रेस 1951), पृ. 3; एवं प्लाट, *इंपीरियल ट्वाइलाइट,* 12.
6. लियू, *टी वॉर,* 32.
7. वौंग, *डैड्ली ड्रीम्स,* 343.
8. वही, 342-43.
9. तैन चुंग, 'द ब्रिटिश-चाइना-इंडिया ट्रेड ट्रायंगल, 1771-1840,' *दि इंडियन इकोनॉमिक एंड सोशल हिस्ट्री रिव्यू,* वॉल्यूम 11, सं. 4 (1974): 416; एवं ग्रीनबर्ग, *ब्रिटिश ट्रेड,* 3.
10. वौंग, *डैड्ली ड्रीम्स,* 350-55.
11. वही, 357.
12. हैरी जी. गैल्बर, 'चाइना एज़ "विक्टिम"? दि ओपियम वॉर दैट वाज़न्ट' (वर्किंग पेपर सीरीज़ 136, सेंटर फ़ॉर यूरोपियन स्टडीज़, हार्वर्ड यूनिवर्सिटी, 2019) पृ. 5.
13. जॉनैथन स्पेंस, द *सर्च फ़ॉर मॉडर्न* चाइना (न्यूयॉर्क, एनवाई: डब्ल्यू. डब्ल्यू. नॉर्टन 1990), पृ. 122; एवं प्लाट, *इंपीरियल ट्वाइलाइट,* 43. चीनी कस्टम्स के ब्रिटिश डाइरेक्टर के शब्दों में: 'चीनियों के पास दुनिया का बेहतरीन भोजन, चावल; बेहतरीन पेय, चाय; बेहतरीन वस्त्र, रेशम और फ़र, हैं। इन मुख्य वस्तुओं और इनकी बेशुमार देसी गौण वस्तुओं के साथ उन्हें कहीं से धेले भर का भी सामान ख़रीदने की ज़रूरत नहीं है...' (ग्रीनबर्ग, *ब्रिटिश ट्रेड,* 5)। रजत कांत रे चीन की आत्मनिर्भरता का श्रेय चीन के मौसमों की भारी विविधता को देते हैं: 'द राइज़ ऑफ़ द बाज़ार, 1800-1914,' *मॉडर्न एशियन स्टडीज़,* वॉल्यूम 29, सं. 3 [1995]: 474).

14. 'चीनी आत्मनिर्भर और विदेशी विज्ञान और उत्पादों से अप्रभावित रहते थे। दूसरे शब्दों में, उनमें एक अन्य श्रेष्ठ नस्ल के सभी चिह्न मौजूद थे।' (कीथ मैकमोहन, *द फ़ॉल ऑफ़ द गॉड ऑफ़ मनी: ओपियम स्मोकिंग इन नाइनटीन्थ-सेंचुरी चाइना* [लैनहैम, एमडी: रोमैन एंड लिटिलफ़ील्ड पब्लिशर्स, 2002], पृ. 11).
15. देखें मैथ्यू वोर्मर, 'ओपियम, इकोनॉमिक थॉट, एंड द मेकिंग ऑफ़ ब्रिटेन्स फ्री ट्रेड एंपायर, 1773-1839' (पीएचडी डिज़., स्टैनफ़ोर्ड यूनिवर्सिटी, स्टैनफ़ोर्ड, सीए, 2022), पृ. 206, फ़ुटनोट 2. इस थीसिस की ओर मेरा ध्यान खींचने के लिए मैं डॉ. प्रिया सातिया का आभारी हूं।
16. डेविड एडवर्ड ओवेन, *ब्रिटिश ओपियम पॉलिसी इन चाइना एंड इंडिया* (न्यू हैवेन, सीटी: येल यूनिवर्सिटी प्रेस, 1934), पृ. 61.
17. *द ब्रिटिश एंपायर एंड द नेचुरल वर्ल्ड: एन्वायरनमेंटल एन्काउंटर्स इन साउथ एशिया*, संपा. दीपक कुमार, विनीता दामोदरन एवं रोहन डी'सूज़ा (नई दिल्ली: ऑक्सफ़ोर्ड यूनिवर्सिटी प्रेस, 2011) में जयीता शर्मा, 'मेकिंग गार्डन, इरेज़िंग जंगल: द टी एंटरप्राइज़ इन कोलोनियल असम,' पृ. 119-41.
18. देखें फ़िलिप लुट्गेनडॉर्फ़, 'मेकिंग टी इन इंडिया: चाय, कैपिटलिज़्म, कल्चर,' *थीसिस इलेवन*, वॉल्यूम 113, सं. 1 (2002): 13-21; गौतम भद्र, *फ्रॉम एन इंपीरियल प्रोडक्ट टु ए नेशनल ड्रिंक: कल्चर ऑफ़ टी कंज़म्पशन इन मॉडर्न इंडिया* (कोलकाता: टी बोर्ड, डिपार्टमेंट ऑफ़ कॉमर्स, 2005): https://archive.org/details/fromanimperialproducttoanationaldrinkcultureofteaconsumptioninmodernindiagautambhadra_17_I.
19. रैपापोर्ट, *ए थर्स्ट फ़ॉर एंपायर*, 33.
20. शर्मा, 'मेकिंग गार्डन, इरेज़िंग जंगल,' 122.
21. वही, 121.
22. आज, इस पौधे की दो क़िस्मों को मान्यता दी गई है: कैमेलिया साइनेन्सिस (क़िस्म साइनेन्सिस) एवं कैमेलिया साइनेन्सिस (क़िस्म एसेमाइका), लियू, *टी वॉर*, पृ. 27.
23. रैपापोर्ट, *ए थर्स्ट फ़ॉर एंपायर*, 92-103.
24. शर्मा, 'मेकिंग गार्डन, इरेज़िंग जंगल,' 123.
25. विलियम एस. रशेंबर्गर, *नैरेटिव ऑफ़ ए वॉयेज अराउंड द वर्ल्ड, ड्यूरिंग द ईयर्स 1835, 36 एंड 37 (लंदन: रिचर्ड बेंटली, 1838), पृ. 252। साथ ही देखें*: स्टैन नील, 'ओपियम एंड माइग्रेशन: जार्डीन मैथेसन्स इंपीरियल कनेक्शंस एंड द रीक्रूटमेंट ऑफ़ चाइनीज़ लेबर फ़ॉर असम, 1834-39,' *मॉडर्न एशियन स्टडीज़*, वॉल्यूम 51, सं. 5 (2017): 1-30.
26. लियू, *टी वॉर*, पृ. 82.

27. वही
28. अंग्रेज़ी अनुवाद का प्रकाशन सन् 2018 में पैन मैकमिलन, नई दिल्ली ने किया था।
29. रैपापोर्ट, *ए थर्स्ट फ़ॉर एंपायर,* 28। साथ ही देखें रशेंबर्गर, *नैरेटिव ऑफ़ ए वॉयेज,* 244.
30. रैपापोर्ट, *ए थर्स्ट फ़ॉर एंपायर,* 103-04.
31. लियू, टी *वॉर,* पृ. 117। साथ ही देखें शर्मा, 'मेकिंग गार्डन, इरेज़िंग जंगल,' 127.
32. चाय, जैसा कि एरिका रैपापोर्ट आकलन करती हैं, 'विशेषकर औपनिवेशिक परिस्थितियों में फली-फूली... क्योंकि औपनिवेशिक राज्यों ने सस्ती ज़मीन, श्रम, और अन्य आवश्यकताओं के साथ इस उद्योग को बढ़ावा दिया।' (118).
33. लियू, टी *वॉर,* 132-35.
34. उदाहरण के लिए ग्रीनपीस मीडिया द्वारा प्रकाशित इस सूची को देखें: https://media.greenpeace.org/archive/Owner-of-Makaibari-Tea-Estate-in-Darjeeling-27MZIF3DABH5.html
35. रैपापोर्ट, *ए थर्स्ट फ़ॉर एंपायर,* 8.
36. लियू, टी *वॉर,* 1.
37. वही. 9.
38. वही, 5.
39. इस पर और अधिक जानकारी के लिए मेरी पुस्तक द *नटमेग्स कर्स: पैराबल्स फ़ॉर ए प्लैनेट इन क्राइसिस* (गुरुग्राम: पेंगुइन रैंडम हाउस, 2021) देखें।
40. डेविड ग्रेबर एवं डेविड वेन्ग्रो, द *डॉन ऑफ़ एवरीथिंग: ए न्यू हिस्ट्री ऑफ़ ह्यूमैनिटी* (न्यूयॉर्क, एनवाई: फ़ैरार, स्ट्रॉस एंड जिरू, 2021), पृ. 17-20, 30-37. इमैनुएल कांट पर चीनी विचारधारा के अप्रत्यक्ष प्रभाव के लिए देखें यू लियू, सीड्स ऑफ़ ए डिफ़रेंट ईडेन: चाइनीज़ गार्डनिंग आइडियाज़ एंड ए न्यू इंग्लिश एस्थेटिक आइडियल (कोलंबिया एससी: यूनिवर्सिटी ऑफ़ साउथ कैरोलाइना प्रेस, 2008), पृ. 159.

3: 'अपने आप में एक किरदार'

1. देखें डेविड टी. कोर्टराइट, *फ़ोर्सेज़ ऑफ़ हैबिट: ड्रग्स एंड द मेकिंग ऑफ़ द मॉडर्न वर्ल्ड* (कैंब्रिज, एमए: हार्वर्ड यूनिवर्सिटी प्रेस, 2001), पृ. 31.
2. मार्टिन बूथ, *ओपियम: ए हिस्ट्री* (न्यूयॉर्क, एनवाई: सेंट मार्टिन्स प्रेस, 1999), पृ. 4.
3. कार्ल ए. ट्रॉकी, *ओपियम, एंपायर एंड द ग्लोबल पोलिटिकल इकोनॉमी: ए स्टडी ऑफ़ द एशियन ओपियम ट्रेड, 1750-1950* (न्यूयॉर्क, एनवाई: रटलेज, 1999),पृ. 16.
4. बूथ, *ओपियम,* 15-16.

5. रूडी मैथी, द *पर्सूट ऑफ़ प्लैज़र: ड्रग्स एंड स्टिमुलैंट्स इन ईरानियन हिस्ट्री, 1500-1900* (प्रिंसटन, एनजे: प्रिंसटन यूनिवर्सिटी प्रेस, 2009), पृ. 97.
6. नेथन एलन, *दि ओपियम ट्रेड; इंक्लूडिंग ए स्केच ऑफ़ इट्स हिस्ट्री, एक्सटैंट, इफ़ेक्ट्स एटसेट्रा एज़ कैरीड ऑन इन इंडिया एंड चाइना* (लॉवेल, एमए: जेम्स पी. वॉकर, 1853), पृ. 6.
7. डेविड एम. कटलर एवं एडवर्ड एल. ग्लैसर, 'व्हैन इनोवेशन गोज़ रॉंग: टैक्नोलॉजिकल रीग्रेस एंड द ओपियोइड एपिडेमिक,' द *जरनल ऑफ़ इकोनॉमिक पर्सपेक्टिव्ज़,* वॉल्यूम 35, सं. 4 (2021): 174.
8. देखें, उदाहरण के लिए, गनेल सीडरलॉफ़, 'पुअर मैन्स क्रॉप: इवेडिंग ओपियम मोनोपॉली,' *मॉडर्न एशियन स्टडीज़*, वॉल्यूम 53, सं. 2 (2019): 645.
9. बैरी मायर, पेन किलर: एन एंपायर ऑफ़ डिसीट एंड दि ओरिजिन ऑफ़ अमेरिकाज़ ओपियोइड एपिडेमिक (न्यूयॉर्क, एनवाई: पेंगुइन रैंडम हाउस, 2018) पृ. 64 पर उद्धृत। ये विडंबना ही है कि पर्ड्यू फ़ार्मा ने अपनी प्रेस्क्रिप्शन पेनकिलर ऑक्सिकॉन्टिन के मार्केटिंग प्रचार में इस उद्धरण का व्यापक इस्तेमाल किया। साथ ही देखें डेविड टी. कोर्टराइट, *डार्क पैराडाइज़: ए हिस्ट्री ऑफ़ ओपिएट एडिक्शन इन अमेरिका* (कैंब्रिज, एमए: हार्वर्ड यूनिवर्सिटी प्रेस, 2001), पृ. 43.
10. मीना भार्गव, 'नारकोटिक्स एंड ड्रग्स: प्लैज़र, इन्टॉक्सिकेशन ऑर सिंपली थेरेप्युटिक - नॉर्थ इंडिया, सिक्सटीन्थ-सेवेंटीन्थ सेंचुरीज़,' द *मिडीवल हिस्ट्री जरनल,* वॉल्यूम 15, सं. 1 (2012): 104। नारकोटिक पिटूरी का प्रयोग जनजातीय ऑस्ट्रेलियन करते हैं (देखें *डेज़र्ट चैनल्स: दि इम्पल्स टु कंज़र्व,* संपा. लिबी रॉबिन, क्रिस डिकमैन एवं मैंडी मार्टिन [क्लेटन: सीएसआईआरओ पब्लिशिंग, 2010], पृ. 61-79 पर माइक लैटनिक एवं ल्यूक कियोग, 'पिटूरी कंट्री'
11. कोर्टराइट, *फ़ोर्सेज़ ऑफ़ हैबिट:* 91. कोर्टराइट इस विश्लेषण का श्रेय एंड्रयु वील को देते हैं।
12. वही, 139.
13. इन दूसरे साइकोएक्टिव्ज़ के विपरीत, क्वाट का इस्तेमाल भी तुलनात्मक रूप से हाल ही में शुरू हुआ था। देखें हैन्स डर्क्स, *हिस्ट्री ऑफ़ दि ओपियम प्रॉब्लम: दि एसॉल्ट ऑन द ईस्ट, सीए. 1600-1950* (लीडेन: ब्रिल, 2012), पृ. 29.
14. देखें डर्क्स, *हिस्ट्री ऑफ़ दि ओपियम प्रॉब्लम,* 343। साथ ही देखें स्टीफ़ेन रिमनर, *ओपियम्स लॉंग शैडो: फ़्रॉम एशियन रिवोल्ट टु ग्लोबल ड्रग कंट्रोल* (कैंब्रिज, एमए: हार्वर्ड यूनिवर्सिटी प्रेस, 2018), पृ. 232.
15. द *पो: एन एलेजी फ़ॉर इटैलीज़ लॉंगेस्ट रिवर* (लंदन: हाउस ऑफ़ ज़ियुस, 2022), में टोबायस जोन्स लिखते हैं कि 1870 में 'बलोनी और फ़ेरारा प्रांतों में सारी कृषि-योग्य भूमि

का लगभग 15 प्रतिशत भांग की खेती के लिए निर्धाररित था…' (पृ. 111)। मगर, बीसवीं सदी से पहले पीमौंटे में कैनेबिस सैटिवा का साइकोएक्टिव पदार्थ के रूप में प्रयोग किए जाने का कोई रिकॉर्ड नहीं है…' (पृ. 222).

16. कोर्टराइट, *फ़ोर्सेज़ ऑफ़ हैबिट,* 39.
17. ट्रॉकी, *ओपियम, एंपायर,* 91.
18. सफ़वी पर्शिया के दरबारों में अफ़ीम के इस्तेमाल के विस्तृत वर्णन के लिए देखें मैथी, द *पर्सूट ऑफ़ प्लैज़र,* 97-116. दक्षिणपूर्ण एशियाई कुलीनों द्वारा अफ़ीम अपनाए जाने के लिए देखें ट्रॉकी, *ओपियम, एंपायर,* 52। चीन के लिए, देखें ज़ैंग यांग्वेन, द *सोशल लाइफ़ ऑफ़ ओपियम इन चाइना* ((कैंब्रिज, एमए: हार्वर्ड यूनिवर्सिटी प्रेस, 2005), पृ. 48-55; *कंफ़्लिक्ट एंड कंट्रोल इन लेट इंपीरियल चाइना*, संपा. फ्रेडरिक वेकमैन जू. एवं कैरोलिन ग्रांट (बर्कली, सीए: यूनिवर्सिटी ऑफ़ कैलिफ़ोर्निया प्रेस, 1975), में जॉनैथन स्पेंस, 'ओपियम स्मोकिंग इन चिंग चाइना,' पृ. 229-231; एवं पीटर ली, *ओपियम कल्चर: दि आर्ट एंड रिचुअल ऑफ़ द चाइनीज़ ट्रेडीशन* (रोचेस्टर, वीटी: पार्क स्ट्रीट प्रेस, 2005), पृ. 11-17.
19. पैट्रिक रैडेन कीफ़, *एंपायर ऑफ़ पेन: द सीक्रेट हिस्ट्री ऑफ़ द सैकलर डाइनेस्टी* (न्यूयॉर्क, एनवाई: डबलडे, 2021), पृ. 37.
20. महुआ के इतिहास के लिए देखें डेविड हार्डीमैन, द *कमिंग ऑफ़ द देवी: आदिवासी एसर्शन इन वैस्टर्न इंडिया* (नई दिल्ली: ऑक्सफ़ोर्ड यूनिवर्सिटी प्रेस, 1987); एवं अजय सकरिया, *हाइब्रिड हिस्ट्रीज़: फ़ॉरेस्ट, फ्रंटियर्स एंड विल्डरनेस इन वैस्टर्न इंडिया* (नई दिल्ली: ऑक्सफ़ोर्ड यूनिवर्सिटी प्रेस, 1999), पृ. 46-48.
21. अफ़ीमसम के लुभावने चित्रण पर और अधिक जानने के लिए देखें लूसी इंगलिस, *मिल्क ऑफ़ पैराडाइज़: ए हिस्ट्री ऑफ़ ओपियम* (न्यूयॉर्क, एनवाई: पेगेसस बुक्स, 2019), पृ. 330.
22. बैथ मेसी, *डोपसिक: डीलर्स, डॉक्टर्स, एंड द ड्रग कंपनी दैट एडिक्टेड अमेरिका* (बॉस्टन, एमए: लिटिल, ब्राउन एंड कं., 2018) पृ. 58-59.
23. एल्फ्रेड डब्ल्यू. मैकक्कॉय, द *पॉलिटिक्स ऑफ़ हेरोइन: सीआईए कॉम्प्लिसिटी इन द ग्लोबल ड्रग ट्रेड, अफ़ग़ानिस्तान, साउथईस्ट एशिया, सैंट्रल अमेरिका, कोलंबिया* (शिकागो, आईएल: लॉरेंस हिल बुक्स, 2003), पृ. 3.
24. पूर्वी केंटकी से एक उदाहरण के लिए देखें टैरेंस रे, 'यूनाइटेड इन रेज: हाफ़-ट्रुथ्स एंड मिथ्स प्रोपेल्ड केंटकीज़ वॉर ऑन ओपियोइड्स,' द *बैफ़लर,* सं. 58 (2021).
25. *ड्रग्स एंड एंपायर्स: एसेज़ इन मॉडर्न इंपीरियलिज़्म एंड इन्टॉक्सिकेशन, सी. 1500-1930,'* संपा. जेम्स एच. मिल्स एंड पैट्रीशिया बार्टन (न्यूयॉर्क, एनवाई: पाल्ग्रेव मैकमिलन, 2007) में विलियम बी. मैकएलिस्टर, '"वोल्फ़ बाइ द ईयर्स": द डिलेमाज़ ऑफ़ इंपीरियल ओपियम पॉलिसीमेकिंग इन द ट्वेंटीएथ सेंचुरी,' पृ. 216.

26. मैथी, द *पर्सूट ऑफ़ प्लैज़र,* 97. साथ ही देखें भार्गव, 'नारकोटिक्स एंड ड्रग्स,' 105.
27. एस.पी. सेंगर, 'इन्टॉक्सिकैंट्स इन मुग़ल इंडिया,' *इंडियन जरनल ऑफ़ हिस्ट्री ऑफ़ साइंस,* वॉल्यूम 16, सं. 2 (1981): 202.
28. एन.पी. सिंह, *दि ईस्ट इंडिया कंपनीज़ मोनोपोली इंडस्ट्रीज़ इन बिहार विद पर्टिकुलर रेफ़्रेंस टु ओपियम एंड साल्टपेट्रे, 1773-1833* (मुज़फ़्फ़रपुर: सर्वोदय वांग्मय, 1980), पृ. 11.
29. जैसा कि डेविड कोर्टराइट आकलन करते हैं, 'बीमारियों और मादक पदार्थों के आदान-प्रदान में बहुत क़रीबी समानताएं हैं।' (*फ़ोर्सेज़ ऑफ़ हैबिट*, 3).
30. मैथी, द *पर्सूट ऑफ़ प्लैज़र,* 110.
31. वही, 12. 'सफ़वी समाज के फ़्रांसीसी पर्यवेक्षकों ने ये तर्क देते हुए अफ़ीम के प्रयोग की तुलना अपने देश में शराब के उपभोग से की थी कि ईरानियों को इसे संभालना आता था और वो आमतौर पर इसकी लत पड़ने की विशिष्टता का शिकार नहीं होते थे।'
32. इतिहासकार एन.पी. सिंह लिखते हैं: '1709 के *बहादुर शाहनामा* से हम जानते हैं कि मुग़ल काल के दौरान अफ़ीम की खेती को बढ़ावा देने या प्रतिबंधित करने की कोई कोशिश नहीं की गई थी।' (*दि ईस्ट इंडिया कंपनीज़ मोनोपोली इंडस्ट्रीज़,* 12).
33. इतिहासकार रिचर्ड न्यूमैन लिखते हैं, 'भारतीय समाज औषधीय मौखिक अफ़ीम को सामान्य और अनमोल, मगर मौज-मस्ती के लिए अफ़ीमसम के कश लेने को विकृति मानता था।' (*ड्रग्स एंड एंपायर्स: एसेज़ इन मॉडर्न इंपीरियलिज़्म एंड इन्टॉक्सिकेशन, सी.1500-सी.1930,* संपा. जेम्स एच. मिल्स एवं पैट्रीशिया बार्टन [न्यूयॉर्क, एनवाई: पालग्रेव मैकमिलन, 2007], में रिचर्ड न्यूमैन, 'अर्ली ब्रिटिश एन्काउंटर्स विद दि ओपियम ईटर' पृ. 69).
34. कीथ मैकमोहन, द *फ़ॉल ऑफ़ द गॉड ऑफ़ मनी: ओपियम स्मोकिंग इन नाइनटीन्थ-सेंचुरी चाइना* (लैनहैम, एमडी: रोमैन एंड लिटिलफ़ील्ड पब्लिशर्स, 2002), पृ. 4; डर्क्स, *हिस्ट्री ऑफ़ दि ओपियम प्रॉब्लम,* 194; और *ओपियम रिजीम्स: चाइना, ब्रिटेन, एंड जापान, 1839-1952,* संपा. टिमोथी ब्रुक एवं बॉब टडाशी वाकाबायशी (बर्कली, सीए: यूनिवर्सिटी ऑफ़ कैलिफ़ोर्निया प्रेस, 2000) में ग्रेगरी ब्लू, 'ओपियम फ़ॉर चाइना: द ब्रिटिश कनेक्शन,' पृ. 37. उन्नीसवीं सदी के अमेरिका में अफ़ीम की खपत के पैटर्न के लिए देखें कोर्टराइट, *डार्क पैराडाइज़।*
35. देखें जेम्स एच. मिल्स, 'ड्रग्स, कंज़म्प्शन, एंड सप्लाई इन एशिया: द केस ऑफ़ कोकीन इन कलोनियल इंडिया, सी. 1900-सी. 1930,' द *जरनल ऑफ़ एशियन स्टडीज़*, वॉल्यूम 66, सं. 2 (2007): 345-62.
36. मैथी, द *पर्सूट ऑफ़ प्लैज़र,* 110. एक और लोकप्रिय कंपाउंड था *मादक*, देखें रॉल्फ़ बॉअर, द *पीज़ैंट प्रोडक्शन ऑफ़ ओपियम इन नाइनटीन्थ-सेंचुरी इंडिया* (लीडन: ब्रिल, 2019), पृ. 46; एवं कोर्टराइट, *फ़ोर्सेज़ ऑफ़ हैबिट,* 33.

37. डब्ल्यू.एम. थैक्स्टन जू, अनु., द *बाबरनामा: मैमॉयर्स ऑफ़ बाबर, प्रिंस एंड एंपरर* (न्यूयॉर्क, एनवाई: पेंगुइन रैंडम हाउस, 2002), पृ. 443. साथ ही देखें, मैथी, द *पर्सूट ऑफ़ प्लैज़र,* 42.
38. हुमायूं की बहन ने उसके शासन के बारे में अपने वर्णन में एक घटना दर्ज की है जब उसने अपनी महिला रिश्तेदारों द्वारा दी गई एक दावत में जाने में नाकाम रहने की वजह बताते हुए कहा था कि वो अफ़ीम का लती है (गुलबदन बेगम, *हुमायूंनामा* [दिल्ली: इदारा-ए-अदबियाते-देहली, 1972] फ़ारसी आलेख, पृ. 131). इस संदर्भ के लिए मैं डॉ. लीसा बालाबनलीलर का अहसानमंद हूं।
39. न्यूमैन, 'अर्ली ब्रिटिश एन्काउंटर्स,' 58.
40. बिहार में अफ़ीम उत्पादन का सबसे शुरुआती अनुमान 1688 का है, जब डच प्रतिनिधियों ने अनुमान लगाया था कि वहां 4,350 पेटी अफ़ीम का उत्पादन हुआ था (*दि इंडियन इकोनॉमिक एंड सोशल हिस्ट्री रिव्यू,* वॉल्यूम 24, सं.1 [1987] में ओम प्रकाश, 'ओपियम मोनोपोली इन इंडिया एंड इंडोनेशिया इन द एटीन्थ सेंचुरी,' 71)। लेकिन एक अन्य डच स्रोत 2,96,235 किलोग्राम (8,700 मन, एक मन 34.05 किलोग्राम के बराबर होता है) का कहीं कम अनुमान प्रदान करता है। (ओम प्रकाश, द *डच ईस्ट इंडिया कंपनी एंड दि इकोनॉमी ऑफ़ बंगाल, 1630-1720* (न्यू जर्सी, एनजे: प्रिंसटन यूनिवर्सिटी प्रेस, 1985), पृ. 57. ये अफ़ीम की 3,936.31 पेटियों के समकक्ष है, और प्रत्येक पेटी में अनुमानतः 75.257 किलोग्राम (160 पाउंड) अफ़ीम होती थी, जैसा कि अमर फ़ारूक़ी द्वारा 'बंगाल' की अफ़ीम का अनुमान लगाया गया था ('ओपियम एंटरप्राइज़ एंड कलोनियल इंटरवेंशन इन मालवा एंड वैस्टर्न इंडिया, 1800-1824,' *दि इंडियन इकोनॉमिक एंड सोशल हिस्ट्री रिव्यू,* वॉल्यूम 32, सं.4 [1995]:451. फ़ुटनोट)। ये संभाव्य संख्या है क्योंकि अधिकांश अठारहवीं सदी में बिहार का कुल उत्पादन 4,000 पेटियों के आसपास रहा था। लेकिन ये ध्यान रखना चाहिए कि 1688 तक बढ़ी हुई डच मांग ने बिहार में अफ़ीम के उत्पादन को बढ़ा दिया था, इसलिए सदी के शुरु में ये कम रहा होगा। इन आंकड़ों में मदद करने के लिए मैं रॉल्फ़ बॉअर का शुक्रगुज़ार हूं। इनसे, या उनकी पुस्तक से निकाले गए मेरे निष्कर्षों के लिए वो किसी भी रूप में उत्तरदायी नहीं हैं।
41. डर्क्स, *हिस्ट्री ऑफ़ दि ओपियम प्रॉब्लम,* 187. जनसंख्या अनुमानों के लिए, द *कैंब्रिज इकोनॉमिक हिस्ट्री ऑफ़ इंडिया, सी. 1200-सी. 1750*, संपा. तपन रायचौधरी एवं इरफ़ान हबीब (कैंब्रिज: कैंब्रिज यूनवर्सिटी प्रेस, 1982) में देखें इरफ़ान हबीब, 'पॉपुलेशन,' अध्याय VI; एवं शीरीं मूसवी एवं रोलैंड लार्डिनोइस, उने एस्तीमेशन दे ला पॉपुलेशन दे ल'इंदी एन 1601,' पॉपुलेशन (फ्रांसीसी संस्करण), वॉल्यूम 39 (1984): 9-25.
42. डर्क्स, *हिस्ट्री ऑफ़ दि ओपियम प्रॉब्लम,* 188.

43. जॉन एफ़. रिचर्ड्स, 'दि ओपियम इंडस्ट्री इन ब्रिटिश इंडिया,' *दि इंडियन इकोनॉमिक एंड सोशल हिस्ट्री रिव्यू*, वॉल्यूम 39, सं. 2-3 (202): 159-61.

4: दोस्त-दुश्मन

1. ऐसा अनुमान लगाया गया है कि कच्ची अफ़ीम के एक 'गोले' (लगभग 1.6 किलोग्राम) की समकक्ष पैदावार के लिए एक किसान को 387 मानव-घंटे श्रम करना पड़ता था। कार्ल ए. ट्रॉकी, *ओपियम, एंपायर एंड द ग्लोबल पोलिटिकल इकोनॉमी: ए स्टडी ऑफ़ दि एशियन ओपियम ट्रेड, 1750-1950* (न्यूयॉर्क, एनवाई: रटलेज, 1999), पृ. 68. *ईस्ट इंडिया कंपनीज़ मोनोपोली इंडस्ट्रीज़ इन बिहार विद पर्टिकुलर रेफ़्रेंस टु ओपियम एंड साल्टपेट्रे, 1773-1833* (मुज़फ़्फ़रपुर: सर्वोदय वांग्मय, 1980) पृ. 23 में एन.पी. सिंह लिखते हैं: 'पोस्त की खेती को बिल्कुल पसंद नहीं किया जाता था क्योंकि ये कहीं अधिक श्रमसाध्य और परेशानी भरी थी।'
2. हैन्स डर्क्स, *हिस्ट्री ऑफ़ दि ओपियम प्रॉब्लम: दि एसॉल्ट ऑन द ईस्ट, सीए. 1600-1950* (लीडेन: ब्रिल, 2012), पृ. 430.
3. सिंह, *ईस्ट इंडिया कंपनीज़ मोनोपोली इंडस्ट्रीज़*, 23-24.
4. डर्क्स, *हिस्ट्री ऑफ़ दि ओपियम प्रॉब्लम*, 177.
5. ओम प्रकाश, *द डच ईस्ट इंडिया कंपनी एंड दि इकोनॉमी ऑफ़ बंगाल, 1630-1720* (न्यू जर्सी, एनजे: प्रिंसटन यूनिवर्सिटी प्रेस, 1985), पृ. 47. साथ ही देखें डर्क्स, *हिस्ट्री ऑफ़ दि ओपियम प्रॉब्लम*, 150,159, 229.
6. डर्क्स, *हिस्ट्री ऑफ़ दि ओपियम प्रॉब्लम*, 208.
7. '1663 के बाद डच ने मालाबार तटीय क्षेत्र में अफ़ीम को एक बड़े पैमाने पर एक वाणिज्यिक उत्पाद बना दिया था।' (वही, 236).
8. प्रकाश, *द डच ईस्ट इंडिया कंपनी*, 145.
9. जे.एफ़. स्केलटमा, 'दि ओपियम ट्रेड इन द डच ईस्ट इंडीज़,' *अमेरिकन जरनल ऑफ़ सोशियोलोजी*, वॉल्यूम 13, सं.1 (1907): 80.
10. वही, 80-81
11. प्रकाश, *द डच ईस्ट इंडिया कंपनी*, 145.
12. डर्क्स, *हिस्ट्री ऑफ़ दि ओपियम प्रॉब्लम*, 231.
13. वही, 208-13.
14. वही, 200.
15. ओम प्रकाश, 'ओपियम मोनोपोली इन इंडिया एंड इंडोनेशिया इन द एटीन्थ सेंचुरी,' *दि इंडियन इकोनॉमिक एंड सोशल हिस्ट्री रिव्यू*, वॉल्यूम 24, सं.1 (1987): 64.

16. देखें वोर्मर, 'ओपियम, इकोनॉमिक थॉट, एंड द मेकिंग ऑफ़ ब्रिटेन्स फ्री ट्रेड एंपायर, 1773-1839' (पीएच.डी. डिज़., स्टैनफ़ोर्ड यूनिवर्सिटी, स्टैनफ़ोर्ड, सीए, 2022), पृ. 32.
17. *कंफ़्लिक्ट एंड कंट्रोल इन लेट इंपीरियल चाइना*, संपा. फ्रेडरिक वेकमैन जू. एवं कैरोलिन ग्रांट (बर्कली, सीए: यूनिवर्सिटी ऑफ़ कैलिफ़ोर्निया प्रेस, 1975), में जॉनैथन स्पेंस, 'ओपियम स्मोकिंग इन चिंग चाइना,' पृ. 213-4; प्रकाश, द डच *ईस्ट इंडिया कंपनी,* 145; भूमिका *ओपियम रिजीम्स: चाइना, ब्रिटेन, एंड जापान, 1839-1952,* संपा. टिमोथी ब्रुक एवं बॉब टडाशी वाकाबायाशी (बर्कली, सीए: यूनिवर्सिटी ऑफ़ कैलिफ़ोर्निया प्रेस, 2000), पृ. 6; एवं तानसेन सेन, *इंडिया, चाइना एंड द वर्ल्ड: ए कनेक्टेड हिस्ट्री* (लंदन: रोमैन एंड लिटिलफ़ील्ड पब्लिशर्स, 2017), पृ. 232-33.
18. शिन-पाओ चैंग, *कमिश्नर लिन एंड दि ओपियम वॉर* (कैंब्रिज, एमए: हार्वर्ड यूनिवर्सटी प्रेस, 1964) पृ. 16. साथ ही देखें सेन, *इंडिया, चाइना एंड द वर्ल्ड,* पृ. 233.
19. पीटर ली, *ओपियम कल्चर: दि आर्ट एंड रिचुअल ऑफ़ द चाइनीज़ ट्रेडीशन* (रोचेस्टर, वीटी: पार्क स्ट्रीट प्रेस, 2005), पृ. 8-9.
20. ज़ैंग यांगवेन, द *सोशल लाइफ़ ऑफ़ ओपियम इन चाइना* (कैंब्रिज: कैंब्रिज यूनिवर्सटी प्रेस, 2005), पृ. 81-86. साथ ही देखें बैटी पेह-ताई वेई, *रुआन युआन, 1764-1849: द लाइफ़ एंड वर्क ऑफ़ ए मेजर स्कॉलर-ऑफ़िशियल इन नाइनटीन्थ-सेंचुरी चाइना बिफ़ोर दि ओपियम वॉर* (हांगकांग: हांगकांग यूनिवर्सिटी प्रेस, 2006), पृ. 155-58.
21. होज़िया बैलू मोर्स, *दि इंटरनेशनल रिलेशंस ऑफ़ द चाइनीज़ एंपायर; वॉल्यूम 1, द पीरियड ऑफ़ कंफ़्लिक्ट 1834-1860* (लंदन: लॉंगमैन्स, 1910), पृ. 173. साथ ही देखें फ्रेडरिक वेकमैन जू. *स्ट्रेंजर्स एट द गेट: सोशल डिसऑर्डर इन साउथ चाइना 1839-1861* (बर्कली, सीए: यूनिवर्सिटी ऑफ़ कैलिफ़ोर्निया प्रेस, 1966), पृ. 32: राजशाही प्रशासन ने 1729 में अफ़ीम पीने पर प्रतिबंध लगा दिया था, लेकिन प्रतिबंध की इतनी उपेक्षा की गई कि 1796 और 1800 में और राजाज्ञाएं जारी की गईं, और आख़िरकार इस मादक पदार्थ के किसी भी प्रकार के आयात पर पूरी तरह रोक लगा दी गई।' साथ ही देखें शिन-पाओ चैंग, *कमिश्नर लिन,* 19; एवं स्टीफ़न आर. प्लाट, *इंपीरियल ट्वाइलाइट: दि ओपियम वॉर एंड दि एंड ऑफ़ चाइनाज़ लास्ट गोल्डन एज* (न्यूयॉर्क, एनवाई: नॉफ़, 2018), पृ. 224.
22. कीथ मैकमोहन, *द फ़ॉल ऑफ़ द गॉड ऑफ़ मनी: ओपियम स्मोकिंग इन नाइनटीन्थ-सेंचुरी चाइना* (लैनहैम, एमडी: रोमैन एंड लिटिलफ़ील्ड पब्लिशर्स, 2002), पृ. 36.
23. डेविड टी. कोर्टराइट, *डार्क पैराडाइज़: ए हिस्ट्री ऑफ़ ओपिएट एडिक्शन इन अमेरिका* (कैंब्रिज, एमए: हार्वर्ड यूनिवर्सिटी प्रेस, 2001), पृ. 35-36.
24. स्पेंस, 'ओपियम स्मोकिंग इन चिंग चाइना,' पृ. 233.
25. आँग ताइ-हाइ, *द चाइनामैन एब्रॉड, ऑर, ए डेज़ल्टरी एकाउंट ऑफ़ द मलयन आर्किपेलगो, पर्टिकुलरली ऑफ़ जावा* (शंघाई: मिशन प्रेस, 1849), पृ. 18-19. इसी तरह, एक वरिष्ठ चिंग

अधिकारी ने सम्राट के प्रति अपने संस्मरण में लिखा था: 'यू वानी द्वारा लिखित फ़ॉर्मोसा के इतिहास में कहा गया है कि जावावासी मूल रूप से चुस्त, हल्के-फुल्के, युद्ध में माहिर थे: लेकिन जब (यूरोपीय)... उनके बीच आए, तो उन्होंने अफ़ीम बनाई और उन्हें उसका उपभोग करने के लिए लुभाया; इसके पश्चात उन्हें वश में किया गया, अपने अधीन किया गया और उनके देश पर क़ब्ज़ा कर लिया गया।' (ह्वांग त्सेओत्से का मेमोरियल, जिसमें अफ़ीम के उपभोक्ताओं की सज़ाओं में सख़्ती बढ़ाने की सिफ़ारिश की गई थी; और राजसी प्रत्युत्तर,' द *चाइनीज़ रिपोज़िटरी*, वॉल्यूम VII [एलिब्रॉन क्लासिक्स रीप्रिंट्स, 2005], पृ. 277).

26. देखें जेम्स आर. रश, *ओपियम टु जावा: रेवेन्यु फ़ार्मिंग एंड चाइनीज़ एंटरप्राइज़ इन कलोनियल इंडोनेशिया*, 1860-1910 (इंडोनेशिया: इक्विनॉक्स पब्लिशिंग, 2007) पृ. 237-41.
27. देखें, उदाहरण के लिए डर्क्स, *हिस्ट्री ऑफ़ दि ओपियम प्रॉब्लम,* 276.
28. वही, 213.
29. वही, 247.
30. वही, 226-27.
31. वही, 331-33.
32. वही, 286.
33. वही, 245.
34. प्रकाश, 'ओपियम मोनोपोली इन इंडिया एंड इंडोनेशिया,' 75.
35. डर्क्स, *हिस्ट्री ऑफ़ दि ओपियम प्रॉब्लम,* 239-54.
36. वही, 307-13.
37. वही, 317.
38. देखें ज़ैक बोरेन, एलेक्ज़ेंडर सी. कॉफ़मैन एंड लॉरेंस कार्टर, 'रिवील्ड: बीपी एंड शैल बैक एंटी-क्लाइमेट लॉबी ग्रुप्स डेस्पाइट प्लैजेज़,' *हफ़िंग्टन पोस्ट*, 28/09/2020: https://www.huffingtonpost.co.uk/entry/bp-shell-climate_n_5f6e3120c5b64deddeed6762; बेंजमिन फ्रैंटा, 'शैल एंड एक्सॉन्स सीक्रेट 1980ज़ क्लाइमेट चेंज वार्निंग्स,' द *गार्डियन,* 19/9/2018: https:// www.theguardian.com/environment/climate-consensus-97-per-cent/2018/ sep/19/shell-and-exxons-secret-1980s-climate-change-warnings; एवं स्कॉट वॉल्डमैन, 'शैल ग्रैपल्ड विद क्लाइमेट चेंज 20 ईयर्स एगो, डॉक्युमेंट्स शो,' *साइंटिफ़िक अमेरिकन,* 5 अप्रैल 2018: https://www.scientificamerican.com/article/shell-grappled-with-climate-change-20-years-ago-documents-show/

39. वही, 310.
40. वही, 295-305.
41. वही, 236.
42. देखें एलिसन गेम्स, *इन्वेंटिंग दि इंग्लिश मैसेकर: एम्बोयना इन हिस्ट्री एंड मेमोरी* (न्यूयॉर्क, एनवाई: ऑक्सफ़ोर्ड यूनिवर्सिटी प्रेस, 2020); एवं एडम क्लूलो, *एम्बोयना 1623: फ़ियर एंड कॉन्सपिरेसी ऑन द एज ऑफ़ एंपायर* (न्यूयॉर्क, एनवाई: कोलंबिया यूनिवर्सिटी प्रेस, 2019).
43. ब्रिटिश पूर्ववासियों को 'पूरबिया' कहते थे। देखें टी.ए. हीथकोट, *द मिलिट्री इन ब्रिटिश इंडिया: द डेवलपमेंट ऑफ़ ब्रिटिश लैंड फ़ोर्सेज़ इन साउथ एशिया 1600-1947* (मैनचेस्टर, एंड न्यूयॉर्क, एनवाई: मैनचेस्टर यूनिवर्सिटी प्रेस, 1995), पृ. 29.
44. *द कैंब्रिज इकोनॉमिक हिस्ट्री ऑफ़ इंडिया, सी. 1200-सी. 1750,* संपा. तपन रायचौधरी एवं इरफ़ान हबीब (कैंब्रिज: कैंब्रिज यूनवर्सिटी प्रेस, 1982) में देखें तपन रायचौधरी, 'द स्टेट एंड इकोनॉमी,' चैप्टर VII, पृ. 179, साथ ही देखें डी.एच.ए. कॉल्फ़, *नौकर, राजपूत, एंड सिपॉय: द एथ्नोहिस्ट्री ऑफ़ द मिलिट्री लेबर मार्केट ऑफ़ हिंदुस्तान, 1450-1850* (कैंब्रिज: कैंब्रिज यूनवर्सिटी प्रेस, 2002), पृ. 3-5. हीथकोट लिखते हैं: 'उत्तर भारत में सैकड़ों साल के युद्ध ने एक ऐसे समाज के विकास को प्रोत्साहित किया था जिसमें मामूली से प्रभाव वाला व्यक्ति भी अस्त्र रखता था।' (*द मिलिट्री इन ब्रिटिश इंडिया,* 29). इसी प्रकार बिशप हीबर ने 1824 में पंजाब की अपनी यात्राओं के बारे में लिखा था, 'हम जिस भी यात्री से मिले, यहां तक कि बाज़ार जा रहे आम लोगों से भी, तो वो या तो तलवार-ढाल, और भाले लिए होते थे या मैच-लॉक गन।' (डी.एच.ए. कॉल्फ़, *ग्रास इन दियर माउथ्स: दि अपर दोआब ऑफ़ इंडिया अंडर द कंपनीज़ मैग्ना चार्टा,* 1793-1830 [लीडन: ब्रिल, 2010], पृ. 439.
45. कॉल्फ़, *नौकर, राजपूत, एंड सिपॉय,* 185-87.
46. हीथकोट, *द मिलिट्री इन ब्रिटिश इंडिया,* 76; एच. डॉडवेल, *सिपॉय रिक्रूटमेंट इन दि ओल्ड मद्रास आर्मी* (कलकत्ता: इंडियन हिस्टॉरिकल रिकॉर्ड्स कमीशन, 1922), पृ. 14 एवं राजेश राय, 'सिपॉयज़, कन्विक्ट्स एंड द "बाज़ार" कॉन्टिंजेंट: दि एमर्जेंस एंड दि एक्सक्लूज़न ऑफ़ "हिंदुस्तानी" पायनियर्स एट द सिंगापोर फ्रंटियर," *जरनल ऑफ़ साउथईस्ट एशियन स्टडीज़,* वॉल्यूम 35, सं.1 (2004): 9.
47. इतिहासकार इमदादुल हक़ कहते हैं कि प्लासी का युद्ध (1757) एवं बक्सर का युद्ध (1764) मुख्य रूप से अफ़ीम के व्यापार पर नियंत्रण हासिल करने के लिए लड़े गए थे (हक़, *ड्रग्स इन साउथ एशिया: फ़्रॉम दि ओपियम ट्रेड टु द प्रेज़ेंट डे* [न्यूयॉर्क, एनवाई: सेंट मार्टिन्स प्रेस, 2000], पृ. 16).
48. वही, 20.

49. जे.एफ़. रिचर्ड्स, 'दि इंडियन एंपायर एंड पीज़ेंट प्रोडक्शन ऑफ़ ओपियम इन द नाइनटीन्थ सेंचुरी,' *मॉडर्न एशियन स्टडीज़,* वॉल्यूम 15, सं.1 (1981): 63.
50. सिंह, *ईस्ट इंडिया कंपनीज़ मोनोपोली इंडस्ट्रीज़,* 26.
51. सेन, *इंडिया, चाइना एंड द वर्ल्ड,* 253.
52. देखें डर्क्स, *हिस्ट्री ऑफ़ दि ओपियम प्रॉब्लम,* 245.
53. कंपनी के कुछ अधिकारियों को संदेह था कि चीनी बाज़ार का विस्तार नहीं किया जा सकता। ब्रिटिश अधिकारियों और व्यापारियों के बीच वाद-विवाद के विस्तृत ब्योरे के लिए देखें वोर्मर, 'ओपियम, इकोनॉमिक थॉट,' 79-82, 179.
54. सेमुअल वॉरेन, *दि ओपियम क्वेश्चन* (लंदन: जेम्स रिजवे, 1840), पृ. 51. वॉरेन एक पूर्ववर्ती लेख को उद्धृत करते हैं जिसमें इस भूमिका में कर्नल वॉटसन का ज़िक्र किया गया है, तो स्पष्ट है कि ब्रिटिश व्यापारियों के दायरे में व्यापक रूप से ये माना जाता था कि उसने सबसे पहले इस विचार को रखा था।
55. नेथन एलन, *दि ओपियम ट्रेड; इंक्लूडिंग ए स्केच ऑफ़ इट्स हिस्ट्री, एक्सटैंट, इफ़ेक्ट्स एटसेट्रा एज़ कैरीड ऑन इन इंडिया एंड चाइना* (लॉवेल, एमए: जेम्स पी. वॉकर, 1853), पृ. 12. साथ ही देखें द *चाइनीज़ रिपोज़िटरी*, वॉल्यूम VII (एलिब्रॉन क्लासिक्स रीप्रिंट्स, 2005), पृ. 609.
56. दिलीप के. बसु, 'एशियन मर्चैंट्स एंड वैस्टर्न ट्रेड: ए कंपैरेटिव स्टडी ऑफ़ कैलकटा एंड कैंटन 1800-1840 (पीएच.डी. डिज़., यूनिवर्सिटी ऑफ़ कैलिफ़ोर्निया, बर्कली, सीए, 1975), पृ.116.
57. वही, 118.
58. 1839 में, सत्तर वर्ष से ज़्यादा समय बाद, द *चाइनीज़ रिपोज़िटरी* के एक लेख ने कर्नल वॉटसन को वो पहला व्यक्ति होने का श्रेय दिया जिसने बंगाल से चीन को और अधिक अफ़ीम निर्यात करने का सुझाव दिया था (वॉल्यूम VII, पृ. 609).
59. वोर्मर लिखते हैं: 'कंपनी के अगुआ इसे लेकर कि लाभकारिता एकाधिकार नियंत्रण पर निर्भर करती है, इतने ज़्यादा आश्वस्त थे कि उन्होंने पुराने मुग़ल शासन के तहत "अनंत काल में" ऐसी ही समकक्ष संस्था के अस्तित्व को तलाशने के लिए एक गहन, भले ही निरर्थक खोज शुरू कर दी थी।' ('ओपियम, इकोनॉमिक थॉट,' 67).
60. रॉल्फ़ बॉअर, द *पीज़ैंट प्रोडक्शन ऑफ़ ओपियम* इन *नाइनटीन्थ-सेंचुरी इंडिया* (लीडन: ब्रिल, 2019), पृ. 12 एवं सिंह, *ईस्ट इंडिया कंपनीज़ मोनोपोली इंडस्ट्रीज़,* 28.
61. डर्क्स, *हिस्ट्री ऑफ़ दि ओपियम प्रॉब्लम,* 56.
62. इमदादुल हक़ ने मुग़लों के कथित एकाधिकार पर विस्तार से चर्चा की है और निष्कर्ष निकाला है कि ये मनगढ़ंत बात है (*ड्रग्स इन साउथ एशिया,* 17-19).

63. इस पर और अधिक चर्चा के लिए मेरी पुस्तक द *नटमेग्स कर्स: पैराबल्स फ़ॉर ए प्लैनेट इन क्राइसिस* (गुरुग्राम: पेंगुइन रैंडम हाउस, 2021), चैप्टर 4 देखें.
64. देखें प्रिया सातिया, *टाइम्स मॉन्स्टर: हाउ हिस्ट्री मेक्स हिस्ट्री* (कैंब्रिज, एमए: हार्वर्ड यूनिवर्सिटी प्रेस, 2020), पृ. 3-8.
65. देखें प्रिया सातिया, *एंपायर ऑफ़ गन्स: द वॉयलेंट मेकिंग ऑफ़ द इंडस्ट्रियल रिवॉल्युशन* (स्टैनफ़ोर्ड यूनिवर्सिटी, स्टैनफ़ोर्ड, सीए, 2019), पृ. 154.

5: अफ़ीम विभाग

1. रॉल्फ़ बॉअर लिखते हैं: 'जब मैं किसी को अपनी रिसर्च के बारे में बताता हूं तो मैं सबसे पहली चीज़ों में ये पूछता हूं कि क्या वो अमिताभ घोष की आइबिस त्रयी से वाक़िफ़ हैं... इन उपन्यासों में इतना गहन शोध किया गया है और इन्हें इतने बेहतरीन तरीक़े से लिखा गया है कि मैं इन्हें इस विषय पर उपलब्ध बेहतरीन सामग्री मानता हूं।' (द *पीज़ैंट प्रोडक्शन ऑफ़ ओपियम इन नाइनटीन्थ-सेंचुरी इंडिया* [लीडन: ब्रिल, 2019], पृ. 1).

   मैथ्यू वोर्मर लिखते हैं: 'इस व्यापार के हालिया दौर के सबसे प्रमुख इतिहासकार और ऐतिहासिक उपन्यासकार अमिताभ घोष के शब्दों में अफ़ीम "पूंजीवाद के जन्म का दोषी रहस्य है।"...ये डिज़र्टेशन इस दावे को अपने शुरुआती बिंदु के रूप में लेता है।' ('ओपियम, इकोनॉमिक थॉट, एंड द मेकिंग ऑफ़ ब्रिटेन्स फ़्री ट्रेड एंपायर, 1773-1839' (पीएचडी डिज़., स्टैनफ़ोर्ड यूनिवर्सिटी, स्टैनफ़ोर्ड, सीए, 2022), पृ. 206).

   ये कहना अनावश्यक है कि इन दोनों में से कोई भी उन निष्कर्षों के लिए किसी भी रूप में उत्तरदायी नहीं है जो मैंने इनके कार्य के आधार पर निकाले हैं।

   'राउंडटेबल: हिस्ट्री मीट्स फ़िक्शन इन दि इंडियन ओशन: ऑन अमिताभ घोषेज़ आइबिस ट्रिलोजी,' दि अमेरिकन हिस्टॉरिकल रिव्यू, वॉल्यूम 121, सं. 5 (2016): 1521-22.
2. मेरा अपना शोध व्यापक रूप से पहले अफ़ीम युद्ध के सैन्य इतिहास पर केंद्रित था, मगर अक्सर अफ़ीम के उत्पादन से संबंधित दस्तावेज़ मेरे हाथ लग जाते थे। निम्नलिखित ऐसे फ़ोल्डर्स के बस दो उदाहरण हैं: ब्रिटिश लाइब्रेरी; इंडिया ऑफ़िस रिकॉर्ड्स, बोर्ड्स कलेक्शन्स 8675 टु 8750, 1812-13, वॉल्यूम 359 (एफ़/4/359) एवं बोर्ड्स कलेक्शन्स 19297 टु 19375, 1823-24, (एफ़/4/710).
3. देखें वोर्मर, 'ओपियम, इकोनॉमिक थॉट,' 49-51. अफ़ीम के प्रबंधन पर कंपनी की अंदरूनी बहसों की विस्तृत चर्चा के लिए देखें वोर्मर, 65-69.
4. वही, 31.
5. जॉन एफ़. रिचर्ड्स, 'दि इंडियन एंपायर एंड पीज़ैंट प्रोडक्शन ऑफ़ ओपियम इन द नाइनटीन्थ सेंचुरी,' *मॉडर्न एशियन स्टडीज़,* वॉल्यूम 15, सं.1 (1981): 64.

6. बॉअर, *पीज़ैंट प्रोडक्शन ऑफ़ ओपियम,* 133.
7. एन.पी. सिंह, *दि ईस्ट इंडिया कंपनीज़ मोनोपोली इंडस्ट्रीज़ इन बिहार विद पर्टिकुलर रेफ़्रेंस टु ओपियम एंड साल्टपेट्रे, 1773-1833* (मुज़फ़्फ़रपुर: सर्वोदय वांग्मय, 1980), पृ. 138.
8. वोर्मर, 'ओपियम, इकोनॉमिक थॉट,' 220.
9. वही.
10. जॉन हेनरी रिवेट-कारनैक, *मेनी मेमोरीज़ ऑफ़ लाइफ़ इन इंडिया, एट होम, एंड एब्रॉड* (एडिनबरा: विलियम ब्लैकवुड, 1910) पृ. 327.
11. वही, 329.
12. वही, 330.
13. बॉअर, *पीज़ैंट प्रोडक्शन ऑफ़ ओपियम,* 72.
14. रिवेट-कारनैक, *मेमोरीज़,* 306.
15. वही, 307.
16. कभी-कभी *कूटीज़* भी लिखा जाता है (सिंह, *दि ईस्ट इंडिया कंपनीज़ मोनोपोली इंडस्ट्रीज़,* 49).
17. रिवेट-कारनैक, *मेमोरीज़,* 308.
18. डार्सी मूर, *द डायरीज़ ऑफ़ हेनरी ऑज़्बर्न (पार्ट I),* 2018: http://www. darcymoore. net/2018/04/23/diaries-henry-osborne-part/
19. डार्सी मूर, *द डायरीज़ ऑफ़ हेनरी ऑज़्बर्न (पार्ट II),* 2018: http://www. darcymoore. net/2018/05/12/diaries-henry-osborne-part-2/
20. देखें ऑरवेल का निबंध 'सच, सच वर द जॉयज़,' *पार्टीज़न रिव्यू*, सितंबर-अक्तूबर 1952 में प्रकाशित, लेकिन शायद पहले लिखा गया।
21. देखें डार्सी मूर, 'ऑरवेल एंड दि अपील ऑफ़ ओपियम,' *जॉर्ज ऑरवेल स्टडीज़,* वॉल्यूम 3, सं. 1, संपा. रिचर्ड लांस कीबल (सफ़ॉक: अब्रामिस एकेडेमिक, 2018).
22. इनमें से कुछ शब्द अक्सर आइबिस त्रयी में आते हैं, और 'क्रेस्टोमैथी' में दर्ज हैं: http://amitavghosh.com/chrestomathy.html
23. बॉअर, *पीज़ैंट प्रोडक्शन ऑफ़ ओपियम,* 72-76.
24. वोर्मर, 'ओपियम, इकोनॉमिक थॉट,' 84, 218.
25. वही, 210-11.
26. द *चाइनीज़ रिपोज़िटरी*, वॉल्यूम VIII (एलिब्रॉन क्लासिक्स रीप्रिंट्स, 2005), पृ. 519
27. वोर्मर, 'ओपियम, इकोनॉमिक थॉट,' 121.
28. वही, 123.
29. कार्ल ए. ट्रॉकी, *ओपियम, एंपायर एंड द ग्लोबल पोलिटिकल इकोनॉमी: ए स्टडी ऑफ़ दि एशियन ओपियम ट्रेड, 1750-1950* (न्यूयॉर्क, एनवाई: रटलेज, 1999),पृ. 66-68.

30. बॉअर, *पीज़ैंट प्रोडक्शन ऑफ़ ओपियम,* 160.
31. देखें वोर्मर, 'ओपियम, इकोनॉमिक थॉट,' 125; एवं बॉअर, *पीज़ैंट प्रोडक्शन ऑफ़ ओपियम,* 160। बॉअर ने एक पूरा अध्याय ही अफ़ीम उत्पादन की लागत की गणना को दिया है (पृ. 132-62).
32. बॉअर, *पीज़ैंट प्रोडक्शन ऑफ़ ओपियम,* 162.
33. सिंह, *दि ईस्ट इंडिया कंपनीज़ मोनोपोली इंडस्ट्रीज़,* 52.
34. बॉअर, *पीज़ैंट प्रोडक्शन ऑफ़ ओपियम,* 177.
35. देखें इमदादुल हक़, *ड्रग्स इन साउथ एशिया: फ्रॉम दि ओपियम ट्रेड टु द प्रेज़ेंट डे* (न्यूयॉर्क, एनवाई: सेंट मार्टिन्स प्रेस, 2000), पृ. 24; एवं सिंह, *दि ईस्ट इंडिया कंपनीज़ मोनोपोली इंडस्ट्रीज़,* 52 एवं 81-84.
36. ए.एस. थेलवॉल, द *इनीक्विटीज़ ऑफ़ दि ओपियम ट्रेड विद चाइना; बींग ए डेवलपमेंट ऑफ़ द मेन कॉज़ेज़ व्हिच एक्सक्लूड द मर्चैंट्स ऑफ़ ग्रेट ब्रिटेन फ्रॉम द एडवांटेजेज़ ऑफ़ एन अनरेस्ट्रिक्टेड कमर्शियल इंटरकोर्स विद दैट वास्ट एंपायर* (लंदन: डब्ल्यू.एच. एलन एंड कं., 1839), 25-29.
37. 1777 में, भयंकर अकाल से बंगाल में मची तबाही के कुछ साल बाद, एक अधिकारिक पत्र लिखता है कि 'गया के इलाक़े में ज़मीन के एक काफ़ी बड़े भाग पर हरी मकई फैली हुई थी जो एक महीने से छह हफ़्ते के अंदर काटने के लिए तैयार हो जाती: इस मकई को अचानक ही काट दिया गया ताकि ज़मीन को तुरंत पोस्त रोपने के लिए तैयार किया जा सके।' (सिंह, *दि ईस्ट इंडिया कंपनीज़ मोनोपोली इंडस्ट्रीज़,* 81 में उद्धृत).
38. बॉअर, *पीज़ैंट प्रोडक्शन ऑफ़ ओपियम,* 90.
39. वोर्मर, 'ओपियम, इकोनॉमिक थॉट,' 216.
40. सिंह, *दि ईस्ट इंडिया कंपनीज़ मोनोपोली इंडस्ट्रीज़,* 170-72.
41. अनिरुद्ध देशपांडे, 'एन हिस्टॉरिकल ओवरव्यू ऑफ़ ओपियम कल्टिवेशन एंड चेंजिंग स्टेट एटिट्यूड्स टुवर्ड्स द क्रॉप इन इंडिया, 1878-2000 ए.डी.,' *स्टडीज़ इन हिस्ट्री,* वॉल्यूम 25, सं. 1 (2009): 109-43.
42. एल.सी. रीड, द कलेक्टर ऑफ़ कायरा टु द रेवेन्यु कमिश्नर: बोर्ड्स कलेक्शन्स, 83888 टु 84180, 1841-42, वॉल्यूम 1938 (इंडिया ऑफ़िस: एफ़/4/1938).
43. देशपांडे, 'एन हिस्टॉरिकल ओवरव्यू,' 118.
44. बॉअर द्वारा उद्धृत, *पीज़ैंट प्रोडक्शन ऑफ़ ओपियम,* 89.
45. देशपांडे, 'एन हिस्टॉरिकल ओवरव्यू,' 117 में उद्धृत.
46. वोर्मर, 'ओपियम, इकोनॉमिक थॉट,' 223.
47. वही, 238.

48. देखें बंगाल अफ़ीम की पेटियों की बिक्री और खेती के क्षेत्र में होने वाली समान वृद्धि के लिए बॉअर के चार्ट। (*पीज़ैंट प्रोडक्शन ऑफ़ ओपियम,* 24).
49. शिन-पाओ चैंग, *कमिश्नर लिन एंड दि ओपियम वॉर* (कैंब्रिज, एमए: हार्वर्ड यूनिवर्सटी प्रेस, 1964) पृ. 19। साथ ही देखें द *चाइनीज़ रिपोज़िटरी*, वॉल्यूम VIII (एलिब्रॉन क्लासिक्स रीप्रिंट्स, 2005), पृ. 609.
50. जॉनैथन स्पेंस, *द सर्च ऑफ़ मॉडर्न चाइना* (न्यूयॉर्क, एनवाई: डब्ल्यू. डब्ल्यू. नॉर्टन, 1990) पृ. 129.
51. देखें ट्रॉकी, *ओपियम, एंपायर,* 59.
52. सेलिना बी. रीयलुयो, 'द न्यू ओपियम वॉर: ए नेशनल इमर्जेंसी,' *प्रिज़्म: द जरनल ऑफ़ कॉम्प्लेक्स ऑपरेशंस,* 8:1 (2019): 133 https://cco.ndu.edu/News/Article/1767465/the-new-opium-war-a-national-emergency/
53. देखें रूथ विल्सन गिल्मोर, *सेड्रिक जे. रॉबिन्सन: ऑन रेशियल कैपिटलिज़्म, ब्लैक इंटरनेशनलिज़्म, एंड कल्चर्स ऑफ़ रेज़िस्टेंस*, संपा. एच.एल.टी. क्वान (लंदन: प्लूटो प्रेस, 2019) का प्राक्कथन, पृ. xi-xiv.

6: बिग ब्रदर

1. रुडयार्ड किपलिंग, 'इन एन ओपियम फ़ैक्ट्री,' 1899, http://www.telelib.com/authors/K/KiplingRudyard/prose/FromSeaToSea/opiumfactory.html
2. जे. डब्ल्यू. एस. मैकआर्थर, *नोट्स ऑन एन ओपियम फ़ैक्ट्री* (कलकत्ता: थैकर, स्पिंक एंड कंपनीज़ प्रेस, 1865) पृ. 1.
3. एक अन्य फ़ैक्ट्री जिसे अब वर्तमान मध्य प्रदेश के नीमच में दि ओपियम फ़ैक्ट्री और एल्कलॉयड वर्क्स के नाम से जाना जाता है 1930 के दशक में औपनिवेशिक शासन द्वारा बनाई गई थी। आज ये एशिया का सबसे बड़ा अफ़ीम प्रसंस्करण संयंत्र है। विकिपीडिया के अनुसार यहां दुनिया का सबसे बड़ा अफ़ीम गोदाम है, जो 'बैकयार्ड के स्विमिंग पूल' जैसा दिखता है और जहां '1992 में 36 अरब अमेरिकी डॉलर की क़ीमत की 450 टन अफ़ीम है;' https://en.wikipedia.org/wiki/ Opium_and_Alkaloid_Works
4. उत्पादन प्रक्रिया के विभिन्न चरणों को मैकआर्थर ने *नोट्स* में विस्तार से बताया है। जैसा कि केटलिन रोज़ेन्थाल ने *एकाउंटिंग फ़ॉर स्लेवरी: मास्टर्स एंड मैनेजमेंट* (कैंब्रिज, एमए: हार्वर्ड यूनिवर्सिटी प्रेस, 2018) में दर्शाया है, फ्रेडरिक डब्ल्यू. टेलर के 'वैज्ञानिक प्रबंधन' के बीज प्लांटेशन दासता में थे। ईस्ट इंडिया कंपनी की अफ़ीम फ़ैक्ट्रियों की श्रम प्रक्रियाएं भी टेलरनुमा वैज्ञानिक प्रबंधन का पूर्वानुमान थीं।

5. मैकआर्थर, *नोट्स,* 2.
6. भोजपुरी के एक प्रतिष्ठित विद्वान और पांडे कपिल के प्रख्यात भोजपुरी उपन्यास *फूलसुंघी* के अनुवादक प्रोफ़ेसर गौतम चौबे के अनुसार, ग़ाज़ीपुर और पटना की अफ़ीम फ़ैक्ट्रियों के 'विषय पर किसी ने भी नहीं लिखा,' न भोजुपरी में और न हिंदी में: 'कोई लघुकथा तक नहीं। नील व्यापार के बारे में तो काफ़ी कुछ है, शायद इसलिए कि ये गांधी जी की याद दिलाता है और स्थानीय इतिहास की एक अति-रोमांटीकृत घटना का प्रतीक है, अफ़ीम फ़ैक्ट्रियां अनजानी रह गईं।' (व्यक्तिगत संवाद).
7. मैथ्यू वोर्मर, 'ओपियम, इकोनॉमिक थॉट, एंड द मेकिंग ऑफ़ ब्रिटेन्स फ्री ट्रेड एंपायर, 1773-1839' (पीएचडी डिज़., स्टैनफ़ोर्ड यूनिवर्सिटी, स्टैनफ़ोर्ड, सीए, 2022), पृ. 210.
8. देखें एमिली इडेन, *अप द कंट्री: लैटर्स टु हर सिस्टर फ़्रॉम द अपर प्रॉविंसेज़ ऑफ़ इंडिया* (लंदन: रिचर्ड बैंटली, 1867), पृ. 14.
9. 'सरकारी दस्तावेज़ दिखाते हैं कि अफ़ीम फ़ैक्ट्री में कुशल श्रमिकों या आधिकारिक पदों के बारे में विचार-विमर्श भारतीय कामगारों की अविश्वसनीयता में व्यापक विश्वास पर टिका होता था।' होप मैरी चिल्डर्स, 'स्पैक्टेकल्स ऑफ़ लेबर: आर्टिस्ट्स एंड वर्कर्स इन द पटना ओपियम फ़ैक्ट्री इन द 1850ज़,' *नाइनटीन्थ-सेंचुरी कॉन्टेक्स्ट्स,* वॉल्यूम 39, सं.3 (2017): 184.
10. वही, 178.
11. डब्ल्यू.एस. केन, 'मि केन्स लैटर्स ऑन इंडिया,' *टाइम्स ऑफ़ इंडिया,* 19 मार्च 1889, पृ. 7.
12. देखें 'ग़ाज़ीपुर में गुरुदेव,' gajipur.blogspot.com, 9 May 2011: https:// gajipur.blogspot.com/2011/05/blog-post.html?m=1। इस लेख को मेरी जानकारी में लाने के लिए मैं डॉ. गौतम चौबे का आभारी हूं।
13. स्वर्णकुमारी देवी: *ग़ाज़ीपुर पत्र।* इस लेख की ओर मेरा ध्यान आकर्षित करने के लिए मैं डॉ. सुकांत चौधरी का आभारी हूं।
14. इस लेख का शीर्षक था 'चीने मारानेर ब्यबसा।' देखें स्टेफ़न रिमर, *ओपियम्स लाँग शैडो: फ़्रॉम एशियन रिवोल्ट टु ग्लोबल ड्रग कंट्रोल* (कैंब्रिज, एमए: हार्वर्ड यूनिवर्सिटी प्रेस, 2018), पृ. 107.
15. इस लेख का अंग्रेज़ी में 'द डैथ ट्रैफ़िक' शीर्षक से अनुवाद किया गया था और *मॉडर्न रिव्यू,* वॉल्यूम 37, मई 1925 में प्रकाशित किया गया था।
16. चिल्डर्स, 'स्पैक्टेकल्स ऑफ़ लेबर,' 173.
17. डब्ल्यू.एस. शेरविल, *इलस्ट्रेशंस ऑफ़ द मोड ऑफ़ प्रिपेयरिंग इंडियन ओपियम इंटेंडेड फ़ॉर द चाइनीज़ मार्केट* (लंदन, 1851).

18. जिन मूल प्रतियों को मैंने देखा था, वो येल सेंटर फ़ॉर ब्रिटिश आर्ट, न्यू हैवन, सीटी के संग्रह में हैं। अपना समय और कौशल देने के साथ ही उनकी उदारता के लिए भी मैं सेंटर और इसके स्टाफ़ के प्रति आभारी हूं।
19. देखें डेनियल जे. राइक्रॉफ़्ट, *रीप्रेज़ेंटिंग रेबेलियन: विज़ुअल आस्पेक्ट्स ऑफ़ काउंटर-इंसर्जेंसी इन कॉलोनियल इंडिया* (नई दिल्ली: ऑक्सफ़ोर्ड यूनिवर्सिटी प्रेस, 2006), पृ. 17-43.
20. चिल्डर्स, 'स्पैक्टेकल्स ऑफ़ लेबर,' 177.
21. वही, 183.
22. कथा इतिहासकार होप मैरी चिल्डर्स इन प्रिंटों के बारे में लिखती हैं कि वो 'ब्रिटिश औद्योगिक क्रांति के प्रारंभिक, उत्सवी चित्रणों को प्रतिध्वनित करते हैं जिनमें संरचनाओं का सीधा रैखिक क्रम ही नहीं, बल्कि ऐसी एकरूपता और दोहराव भी है जो एक शीतल, यांत्रिक अहसास भी उत्पन्न करता है।' (वही, 173).
23. एनेट एस. बेवरिज, चिल्डर्स के 'स्पैक्टेकल्स ऑफ़ लेबर' में उद्धृत, पृ. 178.
24. कार्ल ए. ट्रॉकी, *ओपियम, एंपायर एंड द ग्लोबल पोलिटिकल इकोनॉमी: ए स्टडी ऑफ़ द एशियन ओपियम ट्रेड, 1750-1950* (न्यूयॉर्क, एनवाई: रटलेज, 1999),पृ. 89-90.
25. रिमर, *ओपियम्स लॉंग शैडो*, 20.
26. डायना एस. किम, *एंपायर्स ऑफ़ वाइस: द राइज़ ऑफ़ ओपियम प्रॉहिबिशन एक्रॉस साउथईस्ट एशिया* (प्रिंसटन; एनजे: प्रिंसटन यूनिवर्सिटी प्रेस, 2020), पृ. 32.
27. 1839 में अफ़ीम पर सख़्त प्रतिबंध भी लागू किया गया था। द *चाइनीज़ रिपोज़िटरी*, वॉल्यूम VIII (एलिब्रॉन क्लासिक्स रीप्रिंट्स, 2005), पृ. 125.
28. रिमर, *ओपियम्स लॉंग शैडो*, 20; एवं किम, *एंपायर्स ऑफ़ वाइस*, 32.
29. एल्फ्रेड डब्ल्यू. मैककॉय, द *पॉलिटिक्स ऑफ़ हेरोइन: सीआईए कॉम्प्लिसिटी* इन द *ग्लोबल ड्रग ट्रेड, अफ़ग़ानिस्तान, साउथईस्ट एशिया, सैंट्रल अमेरिका, कोलंबिया* (शिकागो, आईएल: लॉरेंस हिल बुक्स, 2003), पृ. 110-11.
30. रिमर, *ओपियम्स लॉंग शैडो*, 179.
31. *ओपियम रिजीम्स: चाइना, ब्रिटेन, एंड जापान, 1839-1952*, संपा. टिमोथी ब्रुक एवं बॉब टडाशी वाकाबायशी (बर्कली, सीए: यूनिवर्सिटी ऑफ़ कैलिफ़ोर्निया प्रेस, 2000) में ग्रेगरी ब्लू, 'ओपियम फ़ॉर चाइना: द ब्रिटिश कनेक्शन,' पृ. 32-33। ब्रिटिश अधिकारियों को प्रतिबंध के बारे में जानकारी थी (देखें उदाहरण के लिए जॉन बैरो, *ट्रैवेल्स इन चाइना फ़्रॉम पीचिंग टु कैंटन* [लदंन, 1806], पृ. 344).
32. तैन चुंग, 'द ब्रिटिश-चाइना-इंडिया ट्रेड ट्रायेंगल, 1771-1840,' *प्रोसीडिंग्स ऑफ़ दि इंडियन हिस्ट्री कांग्रेस*, वॉल्यूम 34 (1973): 422; शिन-पाओ चैंग, *कमिश्नर लिन एंड दि ओपियम वॉर* (कैंब्रिज, एमए: हार्वर्ड यूनिवर्सटी प्रेस, 1964) पृ. 18-19.

33. होज़िया बैलू मोर्स, *दि इंटरनेशनल रिलेशंस ऑफ़ द चाइनीज़ एंपायर; वॉल्यूम 1, द पीरियड ऑफ़ कंफ़्लिक्ट 1834-1860* (लंदन: लाँगमैन्स, 1910), पृ. 173। साथ ही देखें डाएल ए. नॉरवुड, *ट्रेडिंग फ्रीडम: हाउ ट्रेड विद चाइना डिफ़ाइंड अर्ली अमेरिका* (शिकागो: यूनिवर्सिटी ऑफ़ शिकागो प्रेस, 2022), पृ. 66.
34. पीटर वार्ड फ़े, *दि ओपियम वॉर: 1840-42* (चैपेल हिल, एनसी: यूनिवर्सिटी ऑफ़ नॉर्थ कैरोलाइना प्रेस, 1975), पृ. 45-46.
35. चार्ल्स सी. स्टैल, 'अमेरिकन ट्रेड इन ओपियम इन चाइना, 1821-39,' *पैसिफ़िक हिस्टॉरिकल रिव्यू*, वॉल्यूम 10, सं. 1 (1941): 62। कैंटनी लोकाचार की भाषा में इन्हें 'पंखों पर चिपके' के रूप में भी जाना जाता था *कंफ़्लिक्ट एंड कंट्रोल इन लेट इंपीरियल चाइना*, संपा. फ्रेडरिक वेकमैन जू. एवं कैरोलिन ग्रांट [बर्कली, सीए: यूनिवर्सिटी ऑफ़ कैलिफ़ोर्निया प्रेस, 1975], में जॉनैथन स्पेंस, 'ओपियम स्मोकिंग इन चिंग चाइना,' पृ. 246).
36. 'लिनटिन सिस्टम' के विस्तृत विवरणों के लिए देखें मोर्स, *दि इंटरनेशनल रिलेशंस,* 178-80; नॉरवुड, *ट्रेडिंग फ्रीडम,* 66; एवं जैक्स एम. डाउन्स, द *गोल्डन गेटो: द अमेरिकन कमर्शियल कम्युनिटी एट कैंटन एंड द शेपिंग ऑफ़ अमेरिकन चाइना पॉलिसी, 1784-1844* (बैथेलहेम: लीहाई यूनिवर्सिटी प्रेस, 1997) पृ. 170-72.
37. जैक्स एम. डाउन्स, 'अमेरिकन मर्चैंट्स एंड द चाइना ओपियम ट्रेड, 1800-1840,' द बिज़नेस हिस्ट्री रिव्यू, वॉल्यूम 42, सं. 4 (1968): 433। साथ ही देखें ट्रॉकी, *ओपियम, एंपायर,* 52.
38. बिल मूलतः अफ़ीम की बिक्री को बढ़ावा देने के लिए क्रेडिट का उपयोग करने की एक प्रणाली थी। पूरे विवरण के लिए देखें जॉन आर. हैडाड, *अमेरिका'ज़ फ़र्स्ट एडवेंचर इन चाइना: ट्रेड, ट्रीटीज़, ओपियम, एंड साल्वेशन* (फ़िलाडेल्फ़िया: टैंपल यूनिवर्सिटी प्रेस, 2013), किंडल संस्करण, लॉक्स. 1188-1214.
39. नॉरवुड, *ट्रेडिंग फ्रीडम,* 65.
40. पूर्ण दस्तावेज़ जे. लुइस शक, *पोर्टफ़ोलियो चाइनेसिस; ऑर, ए कलेक्शन ऑफ़ ऑथेंटिक चाइनीज़ स्टेट पेपर्स इलस्ट्रेटिव ऑफ़ द हिस्ट्री ऑफ़ द प्रेज़ेंट पोज़ीशन ऑफ़ अफ़ेयर्स इन चाइना* (मकाओ, 1840), पृ. 1-127 में पुनर्प्रस्तुत किए गए हैं। साथ ही देखें द *चाइनीज़ रिपोज़िटरी*, वॉल्यूम VII (एलिब्रॉन क्लासिक्स रीप्रिंट्स, 2005), पृ. 639-41। इस काल में लिन ज़ेक्सु की कार्रवाइयों के विषद वर्णन के लिए देखें ए. हॉसमान, 'ए फ्रेंच एकाउंट ऑफ़ द वॉर इन चाइना,' *यूनाइटेड सर्विस मैगज़ीन,* वॉल्यूम 1, सं. 71 (1853): 54.
41. अमेरिकी व्यापारी विलियम हंटर ने व्यापारियों की नज़रबंदी का विस्तृत विवरण लिखा है: ई.डब्ल्यू. एल्सवर्थ, डब्ल्यू.सी. हंटर, जे.एल. क्रैन्मर-बिंग एवं लिंड्से टी. राइड, 'जरनल ऑफ़ अकरेंसेज़ एट कैंटन: ड्यूरिंग द सीज़ेशन ऑफ़ ट्रेड एट कैंटन 1839,' *जरनल ऑफ़*

द हांग कांग ब्रांच ऑफ़ द रॉयल एशियाटिक सोसाइटी, वॉल्यूम 4 (1964)। साथ ही देखें स्टीफ़न आर. प्लाट, *इंपीरियल ट्वाइलाइट: दि ओपियम वॉर एंड द एंड ऑफ़ चाइना'ज़ लास्ट गोल्डन एज* (न्यूयॉर्क, एनवाई: नॉफ़, 2018), पृ. 370-72.

42. देखें आर्थर वेली, *दि ओपियम वॉर थ्रू चाइनीज़ आइज़* (लंदन: जॉर्ज एलन एंड अनविन लिमिटेड, 1958), पृ. 23-38; जूलिया लवेल, *दि ओपियम वॉर: ड्रग्स, ड्रीम्स एंड द मेकिंग ऑफ़ चाइना* (न्यूयॉर्क, एनवाई: ओवरलुक प्रेस, 2014), पृ. 55-72; एवं जैक बीचिंग, *द चाइनीज़ ओपियम वॉर्स* (न्यूयॉर्क, एनवाई: हारकोर्ट ब्रेस, 1976), पृ. 74-81.
43. सेमुअल वॉरेन, *दि ओपियम क्वेश्चन* (लंदन: जेम्स रिजवे, 1840), पृ. 5.
44. *ओपियम रिजीम्स: चाइना, ब्रिटेन, एंड जापान, 1839-1952,* संपा. टिमोथी ब्रुक एवं बॉब टडाशी वाकाबायशी (बर्कली, सीए: यूनिवर्सिटी ऑफ़ कैलिफ़ोर्निया प्रेस, 2000) में क्रिस्टोफ़र मन, 'द हांग कांग ओपियम रेवेन्यु 1845-1885,' पृ. 107। साथ ही देखें बीचिंग, *द चाइनीज़ ओपियम वॉर्स*, 159.
45. रॉल्फ़ बॉअर, *द पीज़ैंट प्रोडक्शन ऑफ़ ओपियम इन नाइनटीन्थ-सेंचुरी इंडिया* (लीडन: ब्रिल, 2019), पृ. 24.

7: कल्पना की उड़ान

1. देखें जे.पी. लॉस्टी, 'द रीडिस्कवरी ऑफ़ एन अननोन इंडियन आर्टिस्ट: सीता राम्स वर्क फ़ॉर द मार्केस ऑफ़ हेस्टिंग्स,' ब्रिटिश लाइब्रेरी 'एशियन एंड अफ़्रीकन स्टडीज़' ब्लॉग, 4 जन 2016: https://blogs.bl.uk/asian-and-african/2016/01/the-rediscovery-of-an-unknown-indian-artist-sita-rams-work-for-the-marquess-of-hastings.html
2. जे.पी. लॉस्टी, *सीता राम: पिक्चरेस्क व्यूज़ ऑफ़ इंडिया - लॉर्ड हेस्टिंग्स' जर्नी फ़्रॉम कैलकटा टु द पंजाब, 1814-15* (नई दिल्ली: रोली बुक्स, 2015)। साथ ही देखें, *सीता राम्स पेंटेड व्यूज़ ऑफ़ इंडिया* (लंदन: थेम्स एंड हडसन, 2015).
3. See: http://www.sackler.org/piranesi/
4. देखें पैट्रिक कॉनर, *चाइनीज़ व्यूज़ - वैस्टर्न पर्सपेक्टिव्ज़ 1770-1870: द श़्ज़े युआन तांग ऑफ़ चाइना कोस्ट पेंटिंग्स एंड द वॉलेन कलेक्शन ऑफ़ चाइना कोस्ट शिप पोर्ट्रेट* (एशिया हाउस, 1997), पृ. 13.
5. देखें मिल्ड्रेड आर्चर, *नेचुरल हिस्ट्री ड्रॉइंग्स इन दि इंडिया ऑफ़िस लाइब्रेरी* (लंदन: हर मैजेस्टी'ज़ स्टेशनरी ऑफ़िस, 1962), पृ. 72.
6. देखें पी.सी. मानुक, 'द पटना स्कूल ऑफ़ पेंटिंग,' *जरनल ऑफ़ द बिहार रिसर्च सोसाइटी,* XXIX: 143-69.

7. देखें मिल्ड्रेड आर्चर, *पटना पेंटिंग* (लंदन: डेविड मारलो लि. 1948).
8. नील रेखा, ''द पटना स्कूल ऑफ़ पेंटिंग: ए ब्रीफ़ हिस्ट्री (1760-1880),' *प्रोसीडिंग्स ऑफ़ दि इंडियन हिस्ट्री कांग्रेस,* वॉल्यूम 72, पार्ट-1 (2000): 1000.
9. इतिहासकार इमदादुल हक़ कहते हैं: 'अपनी पुस्तक *रैमिनिसेंसेज़ ऑफ़ द ग्रेट म्युटिनी 1857-59* में विलियम फ़ोर्ब्स-मिचेल ने, एक सार्जेंट जिसने यूपी में विद्रोह को दबाने में हिस्सा लिया था, लिखा कि बलात् अफ़ीम की खेती करवाने ने क्षेत्र में जन विद्रोह भड़काया था।' (*ड्रग्स इन साउथ एशिया: फ्रॉम दि ओपियम ट्रेड टु द प्रेज़ेंट डे* [न्यूयॉर्क, एनवाई: सेंट मार्टिन्स प्रेस, 2000], पृ. 25).
10. हेदर स्ट्रीट्स, *मार्शियल रेसेज़: द मिलिट्री, रेस एंड मैस्कुलिनिटी इन ब्रिटिश इंपीरियल कल्चर, 1857-1914* (मैनचेस्टर: मैनचेस्टर यूनिवर्सिटी प्रेस, 2004), पृ. 38-45.
11. मैथ्यू वोर्मर, 'ओपियम, इकोनॉमिक थॉट, एंड द मेकिंग ऑफ़ ब्रिटेन्स फ्री ट्रेड एंपायर, 1773-1839' (पीएचडी डिज़., स्टैनफ़ोर्ड यूनिवर्सिटी, स्टैनफ़ोर्ड, सीए, 2022), पृ. 239.
12. ग़ाज़ीपुर फ़ैक्ट्री का 1888 का एक फ़ोटोग्राफ़ यहां देखा जा सकता है: https:// www.nationalgalleries.org/art-and-artists/10557/ghazipur-opium-factory.
13. जॉनैथन लैन, 'एन ओपियम कर्स? द लॉंग-रन इकोनॉमिक कॉन्सीक्वेंसेज़ ऑफ़ नारकोटिक्स कल्टिवेशन इन ब्रिटिश इंडिया,' पेरिस स्कूल ऑफ़ इकोनॉमिक्स का प्रकाशन, 10 जून 2018 http://barrett.dyson.cornell.edu/NEUDC/ paper_364.pdf. Accessed 7/26/2021
14. एन.पी. सिंह, *दि ईस्ट इंडिया कंपनीज़ मोनोपोली इंडस्ट्रीज़ इन बिहार विद पर्टिकुलर रेफ़्रेंस टु ओपियम एंड साल्टपेट्रे, 1773-1833* (मुज़फ़्फ़रपुर: सर्वोदय वांग्मय, 1980), पृ. 1370-72.
15. लेहने, 'एन ओपियम कर्स?', 27 .
16. डी.एच.ए. कॉल्फ़, *नौकर, राजपूत, एंड सिपॉय: द एथ्नोहिस्ट्री ऑफ़ द मिलिट्री लेबर मार्केट ऑफ़ हिंदुस्तान, 1450-1850* (कैंब्रिज: कैंब्रिज यूनवर्सिटी प्रेस, 2002), पृ. 176-8-; एवं चन्ना विक्रमसेकरा, *'बैस्ट ब्लैक ट्रूप्स इन द वर्ल्ड': ब्रिटिश परसेप्शंस एंड द मेकिंग ऑफ़ द सिपॉय, 1746-1805* (नई दिल्ली: मनोहर, 2002), पृ. 96-105.
17. कौशिक रॉय, 'रीक्रूटमेंट डॉक्ट्रीन्स ऑफ़ द कोलोनियल इंडियन आर्मी: 1859-1913,' *दि इंडियन इकोनॉमिक एंड सोशल हिस्ट्री रिव्यू*, वॉल्यूम 34, सं. 3 (1997): 345.
18. पंजाबियों और कुछ अन्य समूहों की भरती करने के पीछे धारणा 'योद्धा नस्लों' की थ्योरी थी। (इस विषय की पूर्ण जानकारी के लिए देखें हेदर स्ट्रीट्स, *मार्शियल रेसेज़*।).
19. देखें स्ट्रीट्स, *मार्शियल रेसेज़,* 65-67.
20. अभिजीत बनर्जी एवं लक्ष्मी अय्यर, 'हिस्ट्री, इंस्टीट्यूशंस, एंड इकोनॉमिक परफ़ॉर्मैंस: द लेगेसी ऑफ़ कोलोनियल लैंड टैन्योर सिस्टम्स इन इंडिया,' अमेरिकन इकोनॉमिक रिव्यू, वॉल्यूम 95, सं. 4 (2005): 1210.

8: परिवार की कहानी

1. हालांकि अब भोजपुरी को हिंदी की एक बोली के रूप में माना जाने लगा है, मगर अनेक भाषाविदों के मत में ये अपने आप में एक अलग भाषा है, जिसका अपना विशिष्ट साहित्य, लोक-साहित्य और संस्कृति है।
2. देखें लतिका चौधरी, 'टैक्सेशन एंड एजुकेशनल डेवलपमेंट: एविडेंस फ्रॉम ब्रिटिश इंडिया,' एक्स्प्लोरेशंस इन इकोनॉमिक हिस्ट्री, वॉल्यूम 47, सं. 3 (2010): 279-93। ज़िला स्तर के डेटा का उपयोग करके चौधरी दिखाती हैं कि बिहार में साक्षरता का भारी और सतत अभाव रहा है।
3. सर्टिफिकेट दस ख़ानों में बांटे गए हैं: संख्या; नाम; पिता का नाम; जाति; आयु; लंबाई (फ़ुट और इंच में); गांव; पेगुना (परगना); ज़िला; टिप्पणी। इनके नीचे एक मुद्रित पंक्ति होती है: 'मैं एतद्द्वारा प्रमाणित करता हूं कि उपरोक्त व्यक्ति मेरे सामने पेश हुआ है, और मैंने 15 जनवरी 1842 के महारानी के आदेश से जुड़ी कार्यसूची की खंड 3 के अनुरूप मॉरीशस जाने वाले प्रवासी के रूप में उससे संबंधित मामलात उसे समझा दिए हैं।' प्रत्येक सर्टिफिकेट पर तारीख़ के साथ हस्ताक्षर होते हैं और तीन अधिकारियों: चिकित्सा; कोषाध्यक्ष एवं सहायक प्रवासन एजेंट, के प्रति-हस्ताक्षर होते हैं।
4. सर्टिफिकेट संख्या 28989 एक ऐसे आदमी को जारी किया गया था जिसका नाम कुरूआ दर्ज किया गया था। उसे गया ज़िले के बीस वर्षीय, 5'5" भूया: 'स्वस्थ दांत, पीठ पर बाईं ओर एक मस्सा' के रूप में वर्णित किया गया था। लेकिन पीछे लिखे गए नोट से उसका नाम 'केहुआ' ज़ाहिर होता है। इसी तरह, सर्टिफिकेट संख्या 28986 एक ऐसे आदमी को जारी किया गया था जिसका नाम काबुल दर्ज किया गया है, मगर पीछे दर्ज टिप्पणी में उसका नाम केबन दर्ज है।
5. ये कहानी मैंने अपनी पुस्तक *इन एन एंटीक लैंड* में लिखी है।
6. मिसाल के लिए, आरा ज़िले के गूगरपुर के रामकुरन एम. को जारी सर्टिफिकेट संख्या 28956 [18/9/43] में लिखा है कि उसके 'दांत टेढ़े-मेढ़े, माथे पर एक छोटा सा निशान; बाईं टांग पर एक निशान' था। पीछे बंगाली में उसे भरती करने वाले दफ़ादार का नाम लिखा है: 'ठाकरी।'
7. कपिल पांडे, *फूलसुंघी,* अनु. गौतम चौबे (गुरुग्राम: पेंगुइन रैंडम हाउस इंडिया, 2020).
8. मैथ्यू वोर्मर, 'ओपियम, इकोनॉमिक थॉट, एंड द मेकिंग ऑफ़ ब्रिटेन्स फ्री ट्रेड एंपायर, 1773-1839' (पीएचडी डिज़., स्टैनफ़ोर्ड यूनिवर्सिटी, स्टैनफ़ोर्ड, सीए, 2022), पृ. 221 पर उद्धृत।
9. पांडे, *फूलसुंघी,* पृ. 4.
10. वोर्मर, 'ओपियम, इकोनॉमिक थॉट', 227.
11. जैसा कि मार्क गिल्बर्ट ने कहा है, राज के समर्थकों के लिए भी 'ये कहना मुश्किल था कि अफ़ीम की खपत में कोई भी बढ़ोतरी भारत पर ब्रिटिश प्रभुत्व से संबद्ध नहीं थी, क्योंकि

अफ़ीम के उत्पादन और व्यापार ने उनके राज के उत्थान और विस्तार में भारी योगदान दिया था...' (*ड्रग्स एंड एंपायर्स: एसेज़ इन मॉडर्न इंपीरियलिज़्म एंड इन्टॉक्सिकेशन, सी. 1500-1930,* संपा. जेम्स मिल्स एंड पैट्रीशिया बार्टन [बेसिंग्स्टोक: पाल्ग्रेव मैकमिलन, 2007] में मार्क जेसन गिल्बर्ट, 'एंपायर एंड एक्साइज़: ड्रग्स एंड ड्रिंक रेवेन्यु एंड द फ़ेट ऑफ़ स्टेट्स इन साउथ एशिया,' पृ. 117).

9: मालवा

1. ये खंड लगभग पूरी तरह से अमर फ़ारूक़ी, *स्मग्लिंग एज़ सबवर्ज़न: कोलोनियलिज़्म, इंडियन मर्चैंट्स एंड द पॉलिटिक्स ऑफ़ ओपियम* (लैनहैम, एमडी: रोमैन एंड लिटिलफ़ील्ड पब्लिशर्स, 2005) के तीसरे चैप्टर पर आधारित है। साथ ही देखें फ़ारूक़ी, 'ओपियम एंटरप्राइज़ एंड कोलोनियल इंटरवेंशन इन मालवा एंड वैस्टर्न इंडिया, 1800-1824,' *दि इंडियन इकोनॉमिक एंड सोशल हिस्ट्री रिव्यू 32:4* (1994): 456
2. मैथ्यू वोर्मर, 'ओपियम, इकोनॉमिक थॉट, एंड द मेकिंग ऑफ़ ब्रिटेन्स फ्री ट्रेड एंपायर, 1773-1839' (पीएचडी डिज़., स्टैनफ़ोर्ड यूनिवर्सिटी, स्टैनफ़ोर्ड, सीए, 2022), पृ. 159.
3. उन्नीसवीं सदी के चीन में पैदा की जाने वाली ख़सख़स बहुरंगी 'गुलाबी, हल्की बैंगनी और सफ़ेद' भी होती थी। एक ब्रिटिश यात्री के शब्दों में: 'सीढ़ीदार पहाड़ियों पर दूसरी फ़सलों के बीच ख़सख़स की क्यारियां बहुत सुंदर लगती हैं।' (थॉमस डब्ल्यू. ब्लैकिस्टन, फ़ाइव मंथ्स ऑन द यैंग-त्ज़े [लंदन: मरी, 1862], पृ. 148).
4. नेथन एलन, *दि ओपियम ट्रेड; इंक्लूडिंग ए स्केच ऑफ़ इट्स हिस्ट्री, एक्सटैंट, इफ़ेक्ट्स एटसेट्रा एज़ कैरीड ऑन इन इंडिया एंड चाइना* (लॉवेल, एमए: जेम्स पी. वॉकर, 1853), पृ. 11। साथ ही देखें एन.पी. सिंह, *दि ईस्ट इंडिया कंपनीज़ मोनोपोली इंडस्ट्रीज़ इन बिहार विद पर्टिकुलर रेफ़्रेंस टु ओपियम एंड साल्टपेट्रे, 1773-1833* (मुज़फ़्फ़रपुर: सर्वोदय वांग्मय, 1980), पृ. 153.
5. वोर्मर, 'ओपियम, इकोनॉमिक थॉट', 160.
6. देखें जोया चटर्जी, *शैडोज़ एट नून: द साउथ एशियन ट्वैंटीएथ सेंचुरी* (लंदन: द बोड्ली हैड, 2023), पृ. 209.
7. देखें रैंडॉल्फ़ जी.एस. कूपर, 'वैलिंग्टन एंड द मराठाज़ इन 1803,' *दि इंटरनेशनल हिस्ट्री रिव्यू,* वॉल्यूम 11, सं. 1 (1989): 31-38.
8. वही, 34.
9. लक्ष्मी सुब्रमण्यम, *थ्री मर्चैंट्स ऑफ़ बॉम्बे: बिज़नेस पायनियर्स ऑफ़ द नाइंटींथ सेंचुरी* (गुड़गांव: पेंगुइन रैंडम हाउस, 2011), पृ. 97.
10. देखें वोर्मर, 'ओपियम, इकोनॉमिक थॉट', 167-68.
11. फ़ारूक़ी, 'ओपियम एंटरप्राइज़,' 468-70.

12. वही, 451.
13. एलेक्ज़ेंडर क्लिमबर्ग, 'कार्ल ए. ट्रॉकी की पुस्तक *ओपियम, एंपायर एंड द ग्लोबल पोलिटिकल इकोनॉमी* पर कुछ शोध टिप्पणी, *बुलेटिन ऑफ़ द स्कूल ऑफ़ ओरियंटल एंड अफ़्रीकन स्टडीज़,* वॉल्यूम 64, सं. 2 (2001): 264.
14. वोर्मर, 'ओपियम, इकोनॉमिक थॉट', 52.
15. फ़ारूक़ी, 'ओपियम एंटरप्राइज़,' 450.
16. कूपर, 'वैलिंग्टन एंड द मराठाज़,' 37.
17. रैंडॉल्फ़ जी.एस. कूपर, *द एंग्लो-मराठा कैंपेन्स एंड द कॉन्टेस्ट फ़ॉर इंडिया: द स्ट्रगल फ़ॉर कंट्रोल ऑफ़ द साउथ एशियन मिलिट्री इकोनॉमी* (कैंब्रिज: कैंब्रिज यूनिवर्सिटी प्रेस, 2003), पृ. 293.
18. अमर फ़ारूक़ी के शब्दों में: 'ये समझना होगा कि ऐतिहासिक रूप से पश्चिमी और मध्य भारत में शक्ति-संतुलन वैसा नहीं था जैसा पूर्वी और उत्तर भारत में बन गया था। फलस्वरूप, बंगाल के एकाधिकार को पश्चिमी और मध्य भारत में बढ़ाने के बजाय औपनिवेशिक प्रशासकों को मालवा अफ़ीम को लेकर अपनी रणनीतियों में लगातार संशोधन करते रहना पड़ा था...' (ओपियम एंटरप्राइज़,' 455).
19. वही, 451.
20. औपनिवेशिक शब्दावली में, इन नेटवर्कों को आमतौर पर 'तस्करों' के रूप में वर्गीकृत किया जाता था, लेकिन जैसा केट बोम लिखती हैं, 'कई मामलों में, य स्थापित पूर्व-औपनिवेशिक नेटवर्कों और व्यापारिक तरीक़ों का पुनर्नामकरण मात्र था।' (केट बोम, *'स्मगलिंग इंडिया: डीकंस्ट्रक्टिंग वैस्टर्न इंडिया'ज़ इलिसिट एक्सपोर्ट ट्रेड, 1818-1870' जरनल ऑफ़ द रॉयल एशियाटिक सोसाइटी,* वॉल्यूम 25, सं. 4 [2015]: 701).
21. देखें द *नटमेग्स कर्स: पैराबल्स फ़ॉर ए प्लैनेट इन क्राइसिस* (गुड़गांव: पेंगुइन रैंडम हाउस, 2021), पृ. 74-75.
22. मारग्रेट मेकपीस, 'जेराल्ड वैल्सली'ज़ सीक्रेट फ़ैमिली,' ब्रिटिश लाइब्रेरी 'अनटोल्ड लाइव्ज़' ब्लॉग, 20 अप्रैल 2017: https://blogs.bl.uk/untoldlives/2017/04/gerald-wellesleys-secret-family.html.
23. सिंह, *ईस्ट इंडिया कंपनीज़ मोनोपोली इंडस्ट्रीज़,* 159.
24. सी.यू. एचिसन, ए *कलेक्शन ऑफ़ ट्रीटीज़, एंगेजमेंट्स एंड सनद्स रिलेटिंग टु इंडिया एंड नेबरिंग कंट्रीज़,* वॉल्यूम III (कलकत्ता: गवर्नमेंट ऑफ़ इंडियन सैंट्रल पब्लिकेशन ब्रांच, 1876), पृ. 349.
25. देखें जॉन फ़िप्स, ए प्रैक्टीकल ट्रीटाइज़ ऑन द चाइना एंड ईस्टर्न ट्रेड (कलकत्ता: डब्ल्यू थैकर एंड कं. 1836), पृ. 225.

26. फ़ारूक़ी, *स्मग्लिंग एज़ सबवर्ज़न,* 61.
27. वही, 10.
28. देखें क्लॉड मार्कोविट्स, ‘द पोलिटिकल इकोनॉमी ऑफ़ ओपियम स्मगलिंग इन अर्ली नाइनटीन्थ सेंचुरी इंडिया: लीकेज ऑर रेज़िस्टेंस?’ *मॉडर्न एशियन स्टडीज़,* वॉल्यूम 43, सं. 1 (2009): 103.
29. जैसा एल्फ्रेड मैकक्कॉय ने लिखा है: ‘वॉशिंगटन के विशाल सैन्य अभियान के चक्के को एक छोटे से गुलाबी फूल - पोस्त - ने रोक दिया है।’ (हाउ द हेरोइन ट्रेड एक्सप्लेन्स द यूएस-यूके फ़ेल्योर इन अफ़ग़ानिस्तान,’ द *गार्जियन,* 9 जन 2018: https://www.theguardian.com/news/2018/jan/09/how-the-heroin-trade-explains-the-us-uk-failure-in-afghanistan?s=03).
30. डेविड मैन्सफ़ील्ड, *ए स्टेट बिल्ट ऑन सैंड: हाउ ओपियम अंडरमाइन्ड अफ़ग़ानिस्तान* (लंदन: सी. हर्स्ट एंड कं., 2016), पृ. 104-5 एवं 109.
31. जैसा मैलिसा मैकॉले ने चिंग चीन और समकालीन अफ़ग़ानिस्तान दोनों के संदर्भ में लिखा है, ‘ड्रग-तस्करी के नेटवर्क ने ऐतिहासिक रूप से राज्य-निर्माताओं के केंद्रीय प्रशासनिक प्राधिकरण को स्थानीय क्षेत्र में विस्तारित करने की कोशिशों को नाकाम कर दिया है।’ (‘स्मॉल टाइम क्रुक्स: ओपियम, माइग्रेंट्स, एंड द वॉर ऑन ड्रग्स इन चाइना, 1819-1860,’ *लेट इंपीरियल चाइना,* वॉल्यूम 30, सं. 1 [2009]: 2).
32. देखें वोर्मर, ‘ओपियम, इकोनॉमिक थॉट’, 202 .
33. रॉल्फ़ बॉअर, द *पीज़ैंट प्रोडक्शन ऑफ़ ओपियम इन नाइनटीन्थ-सेंचुरी इंडिया* (लीडन: ब्रिल, 2019), पृ. 22.
34. बोम, *‘स्मगलिंग इंडिया,’* 701.
35. मार्कोविट्स, ‘द पोलिटिकल इकोनॉमी ऑफ़ ओपियम स्मगलिंग,’ 92.
36. सिंध की ब्रिटिश विजय में अफ़ीम की भूमिका पर विस्तृत चर्चा के लिए देखें जे.वाई. वौंग, *डैड्ली ड्रीम्स: ओपियम, इंपीरियलिज़्म एंड द एरो वॉर (1856-1860) इन चाइना* (कैंब्रिज: कैंब्रिज यूनिवर्सिटी प्रेस, 1998), पृ. 417-25। साथ ही देखें मार्कोविट्स, ‘द पोलिटिकल इकोनॉमी ऑफ़ ओपियम स्मगलिंग,’ 90.
37. बॉअर, द *पीज़ैंट प्रोडक्शन ऑफ़ ओपियम,* 33; एवं वौंग, *डैड्ली ड्रीम्स,* 420.
38. वौंग, *डैड्ली ड्रीम्स,* 420.
39. सिंह, *ईस्ट इंडिया कंपनीज़ मोनोपोली इंडस्ट्रीज़,* 139.
40. वोर्मर, ‘ओपियम, इकोनॉमिक थॉट’, 204। अंतिम उद्धरण जॉन एफ़. रिचर्ड्स, ‘दि ओपियम इंडस्ट्री इन ब्रिटिश इंडिया,’ *दि इंडियन इकोनॉमिक एंड सोशल हिस्ट्री रिव्यू,* वॉल्यूम 39, सं. 2-3 (202): 166.

41. बॉअर, द *पीज़ैंट प्रोडक्शन ऑफ़ ओपियम,* 37.
42. ये समस्या अंततः इतनी गंभीर हो गई कि मालवा के बड़े अफ़ीम कारोबारी को सैमसिंग नाम के एक चीनी विशेषज्ञ को बॉम्बे आकर अपने उत्पाद को प्रमाणित करने के लिए पैसा देना पड़ा था (देखें थॉमस एन. लेटन, द *वॉयेज ऑफ़ द फ़्रॉलिक: न्यू इंग्लैंड मर्चैंट्स एंड दि ओपियम ट्रेड,* [स्टैनफ़ोर्ड, सीए: स्टैनफ़ोर्ड यूनिवर्सिटी प्रेस, 1997], पृ. 99.
43. बॉअर, द *पीज़ैंट प्रोडक्शन ऑफ़ ओपियम,* 38-39। साथ ही देखें सिंह, *ईस्ट इंडिया कंपनीज़ मोनोपोली इंडस्ट्रीज़,* 139.
44. अनिरुद्ध देशपांडे, 'एन हिस्टॉरिकल ओवरव्यू ऑफ़ ओपियम कल्टिवेशन एंड चेंजिंग स्टेट एटिट्यूड्स टुवर्ड्स द क्रॉप इन इंडिया, 1878-2000 ए.डी.,' *स्टडीज़ इन हिस्ट्री*, वॉल्यूम 25, सं. 1 (2009): 120-21.
45. द *चाइनीज़ रिपोज़िटरी*, वॉल्यूम VIII (एलिब्रॉन क्लासिक्स रीप्रिंट्स, 2005), पृ. 513
46. साथ ही देखें माधवी थम्पी, *इंडियंस इन चाइना, 1800-1949* (नई दिल्ली: मनोहर, 2005), पृ. 51.
47. अमर फ़ारूक़ी, *ओपियम सिटी: द मेकिंग ऑफ़ अर्ली विक्टोरियन बॉम्बे* (गुड़गांव: थ्री एसेज़ कलेक्टिव, 2016) पृ. 7.
48. वही, 8-9.
49. जैसा कि व्यापार-इतिहासकार लक्ष्मी सुब्रमण्यम लिखती हैं: 'वो वाक़ई अफ़ीम ही थी जिसने बॉम्बे और उसके उल्लेखनीय कारोबारी पुरुषों का भाग्य रचा।' सुब्रमण्यम, *थ्री मर्चैंट्स,* 103)
50. फ़ारूक़ी, *स्मग्लिंग एज़ सबवर्ज़न,* 10.
51. फ़ारूक़ी, *ओपियम सिटी,* 17-18.
52. उदाहरण के लिए, लॉर्ड पामर्स्टन ने इन शब्दों में समझाया कि ब्रिटेन को चीन के ख़िलाफ़ युद्ध क्यों करना था: 'यूरोपीय निर्मताओं की प्रतिद्वंद्विता तेज़ी से हमारे उत्पादों को यूरोप के बाज़ारों से निकाल रही है, और हमें दुनिया के दूसरे हिस्सों में अपने उद्योग के लिए नए रास्ते खोजने के लिए लगातार कोशिश करनी होगी… अगर हम अपने चीन अभियान में सफल रहे तो अबीसीनिया, अरब, सिंधु प्रांत के देश और चीन के नए बाज़ार बहुत जल्द ही हमें अपने विदेशी वाणिज्य की सीमा में बेहद अहम विस्तार प्रदान करेंगे।' (जैक बीचिंग, द *चाइनीज़ ओपियम वॉर्स* [न्यूयॉर्क, एनवाई: हारकोर्ट ब्रेस, 1976], पृ. 95).

10: पूरब और पश्चिम

1. जॉन एफ़. रिचर्ड्स, 'दि ओपियम इंडस्ट्री इन ब्रिटिश इंडिया,' *दि इंडियन इकोनॉमिक एंड सोशल हिस्ट्री रिव्यू*, वॉल्यूम 39, सं. 2-3 (202): 173-74.

2. एन.पी. सिंह, *दि ईस्ट इंडिया कंपनीज़ मोनोपोली इंडस्ट्रीज़ इन बिहार विद पर्टिकुलर रेफ़्रेंस टु ओपियम एंड साल्टपेट्रे, 1773-1833* (मुज़फ़्फ़रपुर: सर्वोदय वांग्मय, 1980), पृ. 155; एवं क्लॉड मार्कोविट्स, 'द पोलिटिकल इकोनॉमी ऑफ़ ओपियम स्मगलिंग इन अर्ली नाइनटीन्थ सेंचुरी इंडिया: लीकेज ऑर रेज़िस्टेंस?' *मॉडर्न एशियन स्टडीज़,* वॉल्यूम 43, सं. 1 (2009): 92.
3. रिचर्ड्स, 'दि ओपियम इंडस्ट्री,' 173-74.
4. उदाहरण के लिए देखें, मनु एस. पिल्लई की *फ़ॉल्स एलाइज़: इंडिया 'ज़ महाराजाज़ इन द एज ऑफ़ रवि वर्मा* (नई दिल्ली: जगरनॉट बुक्स, 2021) .
5. लक्ष्मी अय्यर, 'डाइरेक्ट वर्सेस इनडाइरेक्ट कोलोनियल रूल इन इंडिया: लाँग-टर्म कॉन्सीक्वेंसेज़,' *द रिव्यू ऑफ़ इकोनॉमिक्स एंड स्टेटिस्टिक्स,* वॉल्यूम 92, सं. 4 (2010): 707.
6. अमर फ़ारूक़ी, *स्मग्लिंग एज़ सबवर्ज़न: कोलोनियलिज़्म, इंडियन मर्चेंट्स एंड द पॉलिटिक्स ऑफ़ ओपियम* (लैनहैम, एमडी: रोमैन एंड लिटिलफ़ील्ड पब्लिशर्स, 2005), पृ. 221। इसी तरह रिचर्ड्स ने उल्लेख किया है, 'मेरा अनुमान है कि उन्नीसवीं सदी की बंबई में भारतीय निवेशकों, व्यापारियों और उद्योगपतियों द्वारा अर्जित, अगर अधिकांश नहीं, तो काफ़ी सारी पूंजी मालवा या पश्चिमी अफ़ीम के कारोबार का नतीजा थी।' ('दि ओपियम इंडस्ट्री,' 180).
7. थॉमस एन. लेटन, *द वॉयेज ऑफ़ द फ़्रॉलिक: न्यू इंग्लैंड मर्चेंट्स एंड दि ओपियम ट्रेड,* [स्टैनफ़ोर्ड, सीए: स्टैनफ़ोर्ड यूनिवर्सिटी प्रेस, 1997], पृ. 73-76.
8. दिलीप कुमार बसु, 'एशियन मर्चेंट्स एंड वैस्टर्न ट्रेड: ए कंपैरेटिव स्टडी ऑफ़ कैलकटा एंड कैंटन 1800-1840 (पीएच.डी. डिज़., यूनिवर्सिटी ऑफ़ कैलिफ़ोर्निया, बर्कली, सीए, 1975), पृ. 129। तानसेन सेन उनके नाम को 'बहादुर मलशेट' के रूप में उद्धृत करते हैं (*इंडिया, चाइना एंड द वर्ल्ड: ए कनेक्टेड हिस्ट्री* [लंदन: रोमैन एंड लिटिलफ़ील्ड पब्लिशर्स, 2017], पृ. 254-55).
9. अमर फ़ारूक़ी, 'ओपियम एंटरप्राइज़ एंड कोलोनियल इंटरवेंशन इन मालवा एंड वैस्टर्न इंडिया, 1800-1824,' *दि इंडियन इकोनॉमिक एंड सोशल हिस्ट्री रिव्यू 32:4* (1994): 471; एवं मार्कोविट्स, 'द पोलिटिकल इकोनॉमी ऑफ़ ओपियम स्मगलिंग,' 107-09.
10. जेनी रोज़, *बिटवीन बॉस्टन एंड बॉम्बे: कल्चरल एंड कमर्शियल एन्काउंटर्स ऑफ़ यैंकीज़ एंड पारसीज़, 1771-1865* (चैम: पाल्ग्रेव मैकमिलन, 2019), पृ. 153.
11. रजत कांत रे, 'एशियन कैपिटल इन द एज ऑफ़ यूरोपियन डॉमिनेशन: द राइज़ ऑफ़ द बाज़ार, 1800-1914,' *मॉडर्न एशियन स्टडीज़,* वॉल्यूम 29, सं. 3 (1995): 484.
12. अमर फ़ारूक़ी, *स्मग्लिंग एज़ सबवर्ज़न,* 198.
13. देखें मार्कोविट्स, 'द पोलिटिकल इकोनॉमी ऑफ़ ओपियम स्मगलिंग,' 107-09.

14. माधवी थम्पी एंड शालिनी सक्सेना, *चाइना एंड द मेकिंग ऑफ़ बॉम्बे* (मुंबई: के.आर. कामा ओरियंटल इंस्टीट्यूट, 2009), पृ. 70-71.
15. *इंडिया एंड चाइना इन द कोलोनियल वर्ल्ड*, संपा. माधवी थम्पी (नई दिल्ली: सोशल साइंस प्रेस, 2010) में आसिया सिद्दीक़ी, 'पाथवेज़ ऑफ़ द पॉपी: इंडिया'ज़ ओपियम ट्रेड इन द नाइनटीन्थ सेंचुरी,' पृ. 21.
16. देखें फ़ारूक़ी, 'ओपियम एंटरप्राइज़'
17. देखें जेम्स डब्ल्यू फ़रेल, *'द टैगोर फ़ैमिली: ए मेमॉयर* (नई दिल्ली: रूपा एंड कं., 2004), पृ. 14-19.
18. बसु, 'एशियन मर्चैंट्स एंड वैस्टर्न ट्रेड,' 233-36.
19. मैथ्यू वोर्मर, 'ओपियम, इकोनॉमिक थॉट, एंड द मेकिंग ऑफ़ ब्रिटेन्स फ्री ट्रेड एंपायर, 1773-1839' (पीएचडी डिज़., स्टैनफ़ोर्ड यूनिवर्सिटी, स्टैनफ़ोर्ड, सीए, 2022), पृ. 169.
20. गोविंद नारायण, *गोविंद नारायण्स मुंबई: एन अर्बन बायोग्राफ़ी फ़्रॉम 1863,* संपा. एवं अनु. मुरली रंगनाथन (न्यूयॉर्क, एनवाई: एंथेम प्रेस, 2009), पृ. 122-23.
21. नरीमन करकरिया, द *फ़र्स्ट वर्ल्ड वॉर एडवेंचर्स ऑफ़ नरीमन करकरिया: ए मेमॉयर,* अनु. मुरली रंगनाथन (गुरुग्राम: हार्परकॉलिन्स इंडिया, 2021), पृ. 6-7.
22. देखें परनीला स्टॉल, द *ट्रायम्फ़ल आर्क ऑफ़ मोगोदिशु: कोलोनियल आर्किटेक्चर एंड अर्बन प्लानिंग,* अनु. बेंजामिन हाइन एंड कैटरीना ट्रॉडेन (2022), पृ. 33.
23. ई.एच. नोलन, द इलस्ट्रेटेड *हिस्ट्री ऑफ़ द ब्रिटिश एंपायर इन इंडिया एंड द ईस्ट: फ़्रॉम द अर्लिएस्ट टाइम्स टु द सप्रेशन ऑफ़ द सिपॉय म्युटिनी इन 1859* (लंदन: वर्च्यु एंड कं.).
24. द *लिविंग एज*, वॉल्यूम 168, संपा. एलियाकिम लिटेल एंड रॉबर्ट एस. लिटेल (1886) में सी.टी. बकलैंड, 'दि ओपियम-पॉपी कल्टिवेशन ऑफ़ बैंगाल,' पृ. 31.
25. रिचर्ड्स, 'दि ओपियम इंडस्ट्री,' 150। रिचर्ड्स ये भी सुझाते हैं कि 'ताज़ी' 'तेजी' (तेज़, शक्तिशाली) थी, जिसने इस शब्द को एक बिल्कुल ही अलग अर्थ दे दिया।
26. *फ़्लड ऑफ़ फ़ायर (गुरुग्राम: पेगुइन रैंडम हाउस, 2015), पृ. 272.*
27. नोलन, द इलस्ट्रेटेड *हिस्ट्री*
28. *ट्रेड एंड फ़ाइनेंस इन कोलोनियल इंडिया, 1750-1860,* संपा. आसिया सिद्दीक़ी (नई दिल्ली, ऑक्सफ़ोर्ड यूनिवर्सिटी प्रेस, 1995) में थॉमस ए. टिमबर्ग, 'हिएटस एंड इन्क्यूबेटर: इंडीजिनस ट्रेड एंड ट्रेडर्स, 1837-1857,' पृ. 258-59। इसी तर्ज पर जॉन रिचर्ड्स ने दर्ज किया है: 'उन्नीसवीं सदी के शुरू में मारवाड़ के व्यापारी, जैसे कि अग्रवाल, गंगा नदी के रास्ते के साथ-साथ उत्तरी भारत के बाज़ारों में पहुंचने लगे थे। 1830 के दशक तक वे कलकत्ता पहुंच गए थे और एजेंट, दलाल के रूप में सक्रिय हो गए, और, जैसे-जैसे उन्होंने संपत्ति अर्जित की, नीलामी की गई अफ़ीम को चीन पहुंचाने के निर्यातक बन गए।' (रिचर्ड्स, 'दि ओपियम इंडस्ट्री,' 178-79).

29. कार्ल ट्रॉकी ने ये राय भी रखी है कि 'कंपनी के एकाधिकार ने कलकत्ता में देसी भारतीय पूंजीवाद का गला घोंट दिया था...' (*ओपियम, एंपायर एंड द ग्लोबल पोलिटिकल इकोनॉमी: ए स्टडी ऑफ़ द एशियन ओपियम ट्रेड, 1750-1950* [न्यूयॉर्क, एनवाई: रटलेज, 1999], पृ. 84-85).
30. माया पलित, 'छठ पूजा सैलिब्रेशंस इन मुंबई: एमएनएस' अटैक ऑन परफ़ॉर्मर्स स्टैम्स फ्रॉम ए क्लास हेटरेड,' फ़र्स्टपोस्ट, 11 नवंबर 2016.
https://www.firstpost.com/india/chhath-puja-celebrations-in-mumbai-mns-attack-on-performers-stems-from-a-class-hatred-3101128.html
31. अमर फ़ारूक़ी, *ओपियम सिटी: द मेकिंग ऑफ़ अर्ली विक्टोरियन बॉम्बे* (गुड़गांव: थ्री एसेज़ कलेक्टिव, 2016) पृ. 18.
32. क्लॉड मार्कोविट्स, *मर्चैंट्स, ट्रेडर्स, आंत्रेप्रेन्यर्स: इंडियन बिज़नेस इन द कोलोनियल इरा* (बेसिंग्स्टोक: पाल्ग्रेव मैकमिलन, 2008), पृ. 128-51.
33. वही.
34. वही.
35. थम्पी एंड सक्सेना, *चाइना एंड द मेकिंग ऑफ़ बॉम्बे,* 81.
36. फ़करुल आलम एवं राधा चक्रवर्ती, संपा. द *एसेंशियल टैगोर* (लंदन: हार्वर्ड यूनिवर्सिटी प्रेस, 2011), पृ. 753.
37. देखें दिनयार पटेल, *नौरोजी: पायनियर ऑफ़ इंडियन नेशनलिज़्म* (कैंब्रिज, एमए: हार्वर्ड यूनिवर्सिटी प्रेस, 2020), पृ, 13-21.
38. दादाभाय नौरोजी, *पॉवर्टी एंड अन-ब्रिटिश रूल इन इंडिया* (लंदन: स्वान ज़ॉनेनशाइन एंड कं., 1901), पृ. 215.
39. स्टेफ़न रिमर, *ओपियम्स लॉंग शैडो: फ्रॉम एशियन रिवोल्ट टु ग्लोबल ड्रग कंट्रोल* (कैंब्रिज, एमए: हार्वर्ड यूनिवर्सिटी प्रेस, 2018), पृ. 84-86.
40. इमदादुल हक़, *ड्रग्स इन साउथ एशिया: फ्रॉम दि ओपियम ट्रेड टु द प्रेज़ेंट डे* (न्यूयॉर्क, एनवाई: सेंट मार्टिन्स प्रेस, 2000), पृ. 52.

11. प्रवासी

1. सैबो अस्लानियन, 'ट्रेड डायसपोरा वर्सेस कोलोनियल स्टेट: आर्मेनियन मर्चैंट्स, द इंग्लिश ईस्ट इंडिया कंपनी, एंड द हाई कोर्ट ऑफ़ एडमिरेल्टी इन लंदन, 1748-1752,' *डायसपोरा: ए जरनल ऑफ़ ट्रांसनेशनल स्टडीज़,* वॉल्यूम 13, सं. 1 (स्प्रिंग, 2004): 41। साथ ही देखें ध्रुबज्योति बनर्जी, *यूरोपियन कैलकटा: इमेजेज़ एंड रीकलेक्शन्स ऑफ़ ए बायगॉन इरा* (नई दिल्ली: यूबीएसपीडी, 2005), पृ. 91-92.

2. अस्लानियन, 'ट्रेड डायसपोरा,' 41.
3. देखें आर.डब्ल्यू. फ़ैरियर, 'द आर्मेनियन्स एंड दि ईस्ट इंडिया कंपनी इन पर्शिया इन द सैवेंटींथ एंड अर्ली एटींथ सेंचुरीज़,' द *इकोनॉमिक हिस्ट्री रिव्यू*, वॉल्यूम 26, सं. 1 (1973): 38-62.
4. ख़्वाजा वहीद नाम का एक बड़ा आर्मेनियन कारोबारी 'शुरुआती अठारहवीं सदी के बंगाल का सबसे ज़्यादा प्रतिष्ठित एवं सम्मानित व्यापारी था।' (कुमकुम चटर्जी, *मर्चैंट्स, पॉलिटिक्स एंड सोसाइटी इन अर्ली मॉडर्न इंडिया बिहार 1733-1820* [लीडन: ब्रिल, 1996], पृ. 71).
5. देखें एम.जे. सेठ, द *आर्मेनियन्स इन इंडिया, फ़्रॉम द अर्लिएस्ट टाइम्स टु द प्रेज़ेंट डे* (कलकत्ता: पी.सी. रे एवं श्री गौरंगा प्रेस, 1937; पुन: नई दिल्ली: ऑक्सफ़ोर्ड यूनिवर्सिटी प्रेस एवं आईबीएच, 1983)। साथ ही देखें सुशील चौधरी, *फ़्रॉम प्रॉसपैरिटी टु डिक्लाइन: एटींथ सेंचुरी बैंगाल* (नई दिल्ली: मनोहर, 1995), पृ, 31.
6. जेम्स आर. रश, *ओपियम टू जावा: रेवेन्यु फ़ार्मिंग एंड चाइनीज़ एंटरप्राइज़ इन कोलोनियल इंडोनेशिया, 1860-1910* (इंडोनेशिया: इक्विनॉक्स पब्लिशिंग, 2007) पृ. 68.
7. उदाहरण के लिए देखें ब्रिटिश लाइब्रेरी; इंडिया ऑफ़िस रिकॉर्ड्स, मद्रास डिस्पैचेज़ 4 जन. से 28 अगस्त 1839 [Br. Lib. IOR/E/4/952], चार जन. 1839 का पत्र जिसमें आर्मेनियाई-स्वामित्व वाले जहाज़ *एंजेलिका* पर क़ब्ज़ा किए जाने का उल्लेख है।
8. माधवी थम्पी एंड शालिनी सक्सेना, *चाइना एंड द मेकिंग ऑफ़ बॉम्बे* (मुंबई: के.आर. कामा ओरियंटल इंस्टीट्यूट, 2009), पृ. 15; और माधवी थम्पी, *इंडियंस इन चाइना, 1800-1949* (नई दिल्ली: मनोहर, 2005), पृ. 52। इस व्यापारी के पास नक़दी की प्रचुर आपूर्ति से ये उपनाम 'रेडीमनी' लिया गया था।
9. लक्ष्मी सुब्रमण्यम, *थ्री मर्चैंट्स ऑफ़ बॉम्बे: बिज़नेस पायनियर्स ऑफ़ द नाइंटींथ सेंचुरी* (गुड़गांव: पेंगुइन रैंडम हाउस, 2011), पृ. 99.
10. थम्पी एंड सक्सेना, *चाइना एंड द मेकिंग ऑफ़ बॉम्बे*, पृ. 29.
11. वही, 24.
12. वही, 55.
13. अठारहवीं सदी के चीनी यात्री ऑन्ग ताइ-हाइ ने जावा के बारे में लिखा था: 'अब सैकड़ों साल हो चुके हैं जब डचों ने... छल से बताविया की ज़मीन पर क़ब्ज़ा हासिल किया था; उन्होंने क़ीमती उपहारों और चिकनी-चुपड़ी बातों से देश के स्थानीय लोगों को राज़ी कर लिया कि वो उन्हें बस इतनी ज़मीन दे दें जो एक गाय की खाल में समा सके, जहां से वो अपना व्यापार कर सकें; और अब उन्होंने अपने गढ़ को मज़बूत बना लिया है, और सख़्ती से अपने कठोर क़ानूनों को लागू कर दिया; जब तक कि दूर-पास के सभी द्वीपों के निवासियों ने प्रतिरोध न करते हुए उन्हें कर नहीं दे दिया; इस तरह उन्होंने अपने लिए एक समृद्ध और शक्तिशाली राज्य हासिल कर लिया है।' (ऑन्ग ताइ-हाइ, द *चाइनामैन एब्रॉड, ऑर, ए*

डिसल्टरी एकाउंट ऑफ़ द मलयन आर्किपेलगो, पर्टिकुलरली ऑफ़ जावा [शंघाई: मिशन प्रेस, 1849], पृ. 18)। अठारहवीं सदी का बंगाल भी इसका अच्छा उदाहरण है कि ये पैटर्न किस तरह काम करता है।

14. वैलरी एम. गैरेट, *हैवेन इज़ हाई, द एंपरर फ़ार अवे: मर्चैंट्स एंड मैंडरिन्स इन ओलड कैंटन* (चाइना: ऑक्सफ़ोर्ड यूनिवर्सिटी प्रेस, 2002), पृ. 52.
15. तैन चुंग, *चाइना एंड द ब्रेव न्यू वर्ल्ड: ए स्टडी ऑफ़ द ओरिजिन्स ऑफ़ दि ओपियम वॉर 1840-42* (नई दिल्ली: एलाइड पब्लिशर्स, 1978), पृ. 42.
16. स्टीफ़न आर. प्लाट, *इंपीरियल ट्वाइलाइट: दि ओपियम वॉर एंड द एंड ऑफ़ चाइना 'ज़ लास्ट गोल्डन एज* (न्यूयॉर्क, एनवाई: नॉफ़, 2018), पृ. 10-11.
17. देखें डाएल ए. नॉरवुड, *ट्रेडिंग फ्रीडम: हाउ ट्रेड विद चाइना डिफ़ाइंड अर्ली अमेरिका* (शिकागो: यूनिवर्सिटी ऑफ़ शिकागो प्रेस, 2022), पृ. 5-6। साथ ही देखें गॉरन ऐजमर एवं वर्जिल के.वाई. हो, *कैंटनीज़ सोसाइटी इन ए टाइम ऑफ़ चेंज* (हांगकांग: द चाइनीज़ यूनिवर्सिटी प्रेस, 2000), पृ.19; और शिन-पाओ चैंग, *कमिश्नर लिन एंड दि ओपियम वॉर* (कैंब्रिज, एमए: हार्वर्ड यूनिवर्सिटी प्रेस, 1964), पृ. 3-9। पॉल ए. वैन डाइक का मत है कि 'लगभग 1700 से 1842 तक के पूरे काल को कैंटन प्रणाली कहना काफ़ी औचित्यपूर्ण है' (द कैंटन ट्रेड: लाइफ़ एंड एंटरप्राइज़ ऑन द चाइना कोस्ट, 1700-1845 [हांगकांग: हांगकांग यूनिवर्सिटी प्रेस, 2007], पृ. 10).
18. देखें वेंग इयांग चियौंग, *द हौंग मर्चैंट्स ऑफ़ कैंटन: चाइनीज़ मर्चैंट्स इन साइनो-वैस्टर्न ट्रेड 1864-1798* (लंदन: रटलेज, 1997)। साथ ही देखें फ्रेडरिक वेकमैन जू., *स्ट्रेंजर्स एट द गेट: सोशल डिसऑर्डर्स इन साउथ चाइना 1839-1861* [बर्कली, सीए: यूनिवर्सिटी ऑफ़ कैलिफ़ोर्निया प्रेस, 1966], पृ. 45); एवं तैन चुंग, *चाइना एंड द ब्रेव न्यू वर्ल्ड*, 55-59.
19. विनियमनों की पूरी सूची के लिए देखें विलियम सी. हंटर, द *फ़ैन क्वा एट कैंटन बिफ़ोर ट्रीटी डेज़, 1825-1844* (लंदन: कीगन पॉल, ट्रेंच एंड कं., 1882), पृ. 28-30.
20. देखें पीटर वार्ड फ़े, *दि ओपियम वॉर: 1840-42* (चैपेल हिल, एनसी: यूनिवर्सिटी ऑफ़ नॉर्थ कैरोलाइना प्रेस, 1975), पृ. 19-25.
21. उस विनियमन के लिए जिसने दलालों के 'लड़के या वेश्याएं' उपलब्ध करवाने पर प्रतिबंध लगाया था, देखें वेकमैन, *स्ट्रेंचर्ज*, 55.
22. देखें जॉन आर. हैडाड, *अमेरिका 'ज़ फ़र्स्ट एडवेंचर इन चाइना: ट्रेड, ट्रीटीज़, ओपियम, एंड साल्वेशन* (फ़िलाडेल्फ़िया: टैंपल यूनिवर्सिटी प्रेस, 2013), किंडल संस्करण, लॉक. 661। जैसा कि हैडाड लिखते हैं, विदेशी एन्क्लेव में स्थितियां इतनी प्रतिबंधात्मक बनाई गई थीं कि विदेशी वहां बहुत लंबे समय तक रुकने के लिए प्रलोभित नहीं होते। मगर फिर भी बहुत से लोग दसियों साल वहां रहे और उन्हें वहां से जाना मुश्किल लगता था (लॉक. 809).

23. एक अमेरिकी लेखक ने एक फ़ैक्ट्री का वर्णन करते हुए लिखा है कि ये 'और कुछ नहीं, बस एक के पीछे एक बने मकानों की श्रृंखला है, और इनमें प्रवेश करने के लिए मेहराब, और हर घर में पहुंचने के लिए उनके नीचे एक रास्ता है।' (हैरियट लो, माइकल वाइज़ एंड मून हिम वाइज़, संपा. *ट्रैवलर्स' टेल्स ऑफ़ ओल्ड हांगकांग एंड द साउथ चाइना कोस्ट* (ब्राइटन: इन प्रिंट, 1996), में उद्धृत, पृ. 29.
24. शेन फ़ू, *सिक्स रिकॉर्ड्स ऑफ़ ए फ़्लोटिंग लाइफ़* (न्यूयॉर्क, एनवाई: पेंगुइन रैंडम हाउस, 1983), पृ. 122.
25. विदेशी एन्क्लेव के विस्तृत वर्णन के लिए देखें गैरेट, हैवेन *इज़ हाई,* चैप. 7; एवं पैट्रिक कॉनर, *द हौंग्स ऑफ़ कैंटन: वैस्टर्न मर्चैंट्स इन साउथ चाइना 1700-1900, एज़ सीन इन चाइनीज़ एक्सपोर्ट पेंटिंग्स* (लंदन: मार्टिन ग्रेगरी, 2009), चैप. 5। विस्तृत समकालीन विवरण के लिए देखें हंटर, द फ़ैन *क्वा एट कैंटन,* 20-25.
26. प्लाट, *इंपीरियल ट्वाइलाइट,* 74, 202.
27. जैक्स एम. डाउन्स, द *गोल्डन गेटो: द अमेरिकन कमर्शियल कम्युनिटी एट कैंटन एंड द शेपिंग ऑफ़ अमेरिकन चाइना पॉलिसी, 1784-1844* (बैथेलहेम: लीहाई यूनिवर्सिटी प्रेस, 1997).
28. लेखक ब्रुकलिन, न्यूयॉर्क के विलियम हेनरी लो हैं। देखें, जेम्स डंकन फ़िलिप्स, संपा., द *कैंटन लैटर्स, 1839-1841 ऑफ़ विलियम हेनरी लो* (द एसेक्स इंस्टीट्यूट हिस्टॉरिकल कलेक्शन्स LXXXIV, 1948, पृ. 27) मैंने उनकी स्पैलिंग और प्रयोग क़ायम रखे हैं।
29. डाउन्स, द *गोल्डन गेटो,* 43.
30. प्लाट, *इंपीरियल ट्वाइलाइट,* xx–xxii
31. सेमुअल शॉ, द *जरनल्स ऑफ़ मेजर सेमुअल शॉ, द फ़र्स्ट अमेरिकन काउंसिल एट कैंटन, विद ए लाइफ़ ऑफ़ द ऑथर बाइ जोसिया क्विंसी* (बॉस्टन, एमए: विलियम क्रॉसबी एवं एच.पी. निकोल्स, 1847), पृ. 179.
32. डाउन्स, द *गोल्डन गेटो,* 57.
33. पारसियों और दूसरे विदेशी व्यापारियों के बीच आवासीय विवादों के लिए देखें थम्पी, *इंडियन्स इन चाइना,* 82.
34. देखें *सेलिंग टु द पर्ल रिवर: डच एंटरप्राइज़ इन साउथ चाइना, 1600-2000,* संपा. काइ हौंगशेंग, लियोनर्ड ब्लूसे आदि (गुआंगज़ाउ: गुआंगज़ाउ पब्लिशिंग हाउस, 2004) में गुओ डेयन, 'द डच एंड द पारसीज़ इन कैंटन ड्यूरिंग द चिंग डाइनैस्टी,' पृ. 77-79
35. हंटर, द फ़ैन *क्वा एट कैंटन,* 63.
36. मालवा बाज़ार पर पारसी व्यापारियों के प्रभाव का वेंग इयांग चियौंग की *मैंडरिन्स एंड मर्चैंट्स: जार्डीन मैथेसन एंड कं., ए चाइना एजेंसी ऑफ़ द अर्ली नाइनटीन्थ सेंचुरी* (लंदन: कर्ज़न प्रेस, 1979) में विस्तार से वर्णन किया गया है। उदाहरण के लिए देखें पृ. 123-24.

37. सुब्रमण्यम, *श्री मर्चेंट्स,* 115; रिचर्ड जे. ग्रेस, *ओपियम एंड एंपायर: द लाइव्ज़ एंड कैरियर्स ऑफ़ विलियम जार्डीन एंड जेम्स मैथेसन* (मॉन्ट्रीयल: मैकगिल-क्वींस यूनिवर्सिटी प्रेस, 2016), पृ. 206; तानसेन सेन, *इंडिया, चाइना एंड द वर्ल्ड: ए कनेक्टेड हिस्ट्री* (लंदन: रोमैन एंड लिटिलफ़ील्ड पब्लिशर्स, 2017), पृ. 256; एवं चियौंग, *मैंडरिन्स एंड मर्चेंट्स,* 122-24.
38. पल्लवी अय्यर, 'सी स्लग्स एंड जैन डायट्स: द रीयल रीज़न फ़ॉर द म्युचुअल इन्कॉम्प्रीहेंशन दैट प्लेग्स इंडिया-चाइना रिलेशंस,' द ग्लोबल जिग्सॉ, 2 जुलाई 2021 https://pallaviaiyar.substack.com/p/sea-slugs-and-jain-diets
39. गैरेट, *हैवेन इज़ हाई,* 79.
40. 1834 में एक समकालीन अनुमान था कि हौक़ा की संपत्ति 26,000,000 सिल्वर डॉलर थी (हंटर, *द फ़ैन क्वा एट कैंटन,* 48). जॉन हैडाड अनुमान लगाते हैं कि 1830 में उसकी संपत्ति 'लगभग 52 मिलियन डॉलर थी… संभवतः वो पृथ्वी पर सबसे दौलतमंदद आम इंसान' था। (*अमेरिका 'ज़ फ़र्स्ट एडवेंचर,* लॉक. 733)। साथ ही देखें सेन, *इंडिया, चाइना एंड द वर्ल्ड,* 257.
41. शिन-पाओ चैंग, *कमिश्नर लिन एंड दि ओपियम वॉर,* 191-192.
42. ग्रेस, *ओपियम एंड एंपायर,* 224.
43. फ़िलिस फ़ोर्ब्स केर, संपा., *लैटर्स फ़्रॉम चाइना: द कैंटन-बॉस्टन कॉरेसपॉन्डेंस ऑफ़ रॉबर्ट बैनेट फ़ोर्ब्स, 1838-1840* (कार्लाइल, एमए: एपलवुड बुक्स, 1996), पृ. 88.
44. गिडियन नाय, *द मॉर्निंग ऑफ़ माई लाइफ़ इन चाइना: कंप्रोमाइज़िंग ऑन आउटलाइन ऑफ़ द हिस्ट्री ऑफ़ फ़ॉरेन इंटरकोर्स फ़्रॉम द लास्ट ईयर ऑफ़ दे रीजिम ऑफ़ ऑनरेबिल ईस्ट इंडिया कंपनी, 1833, टु द इंप्रिज़नमेंट ऑफ़ द फ़ॉरेन कम्युनिटी इन 1839* (व्हाइटफ़िश, एमटी: कैसिंजर पब्लिशिंग, 2008), पृ. 57.
45. केर, *लैटर्स फ़्रॉम चाइना,* 89.
46. ईरान और भारत के कुछ ख़ास स्थानों से बाहर रहने वाले पारसी शवों के निपटान हेतु उन्हें दख़्मा, या मौन की मीनारों में रखने की प्रथा का पालन नहीं करते थे। देखें शहनाज़ इटालिया, 'लैटर इन मोर ऑन ज़ोरोस्ट्रियन राइट्स,'blog, amitavghosh.com, 27 March 2012: https://amitavghosh.com/blog/?p=299247
47. वही.
48. देखें अमिताभ घोष, 'ज़ोरोस्ट्रियन हांगकांग,' blog, amitavghosh.com, 19 March 2012: http://amitavghosh.com/blog/?p=290249
49. एचके_हैरिटेज, 'द पारसीज़: हांगकांग्स डिसएपियरिंग कम्युनिटी,' 28 जून 2019. https://hongkongrefuge.wordpress.com/2019/06/28/hong-kongs-disappearing-communities/

50. भारतीय अर्थव्यवस्था में पारसी सेठों की भूमिका पर सामान्य पृष्ठभूमि के लिए देखें अमलेंदु गुहा, 'पारसी सेठ्स एज़ आंत्रेप्रेन्यर्स: 1750-1850,' *इकोनॉमिक एंड पोलिटिकल वीकली*, वॉल्यूम 5, सं. 35 (1970): एम-107-15; एवं अमलेंदु गुहा, 'कॉम्प्रेडर रोल ऑफ़ पारसी सेठ्स: 1750-1850,' *इकोनॉमिक एंड पोलिटिकल वीकली*, वॉल्यूम 5, सं. 48 (1970), 1933-36.
51. थम्पी एंड सक्सेना, *चाइना एंड द मेकिंग ऑफ़ बॉम्बे*, 70-71.
52. वही, 72-76.
53. डाउन्स, *द गोल्डन गेटो*, 157। साथ ही देखें नॉरवुड, *ट्रेडिंग फ़्रीडम*, 64.
54. देखें शाल्वा वाइल, संपा., द *बग़दादी ज्यूज़ इन इंडिया: मेंटेनिंग कम्युनिटीज़ नेगोशिएटिंग आइडेंटिटीज़ एंड क्रिएटिंग सुपर-डाइवर्सिटी* (लंदन: रटलेज, 2019), पृ. 3-4.
55. कार्ल ए. ट्रॉकी, *ओपियम, एंपायर एंड द ग्लोबल पोलिटिकल इकोनॉमी: ए स्टडी ऑफ़ द एशियन ओपियम ट्रेड, 1750-1950* (न्यूयॉर्क, एनवाई: रटलेज, 1999),पृ. 114.
56. देखें, उदाहरण के लिए, जॉज़ेफ़ सैसून, द *सैसून्स: द ग्रेट ग्लोबल मर्चैंट्स एंड द मेकिंग ऑफ़ एन एंपायर* (न्यूयॉर्क, एनवाई: पेंगुइन रैंडम हाउस, 2022).
57. थम्पी, *इंडियंस इन चाइना*, 94-95.
58. वही, 103.
59. थम्पी एंड सक्सेना, *चाइना एंड द मेकिंग ऑफ़ बॉम्बे*, 70-71.
60. कार्ल ए. ट्रॉकी, *ओपियम एंड एंपायर: चाइनीज़ सोसाइटी इन कोलोनियल सिंगापुर 1800-1910* (इथाका, एनवाई: कॉरनेल यूनिवर्सिटी प्रेस, 1990),पृ. 50, 224.
61. वही, 56-57.
62. रश, *ओपियम टु जावा*: 1। साथ ही देखें रजत कांत रे, 'एशियन कैपिटल इन द एज ऑफ़ यूरोपियन डॉमिनेशन: द राइज़ ऑफ़ द बाज़ार, 1800-1914,' *मॉडर्न एशियन स्टडीज़*, वॉल्यूम 29, सं. 3 (1995): 468.
63. रश, *ओपियम टु जावा*, 66-67.
64. डायना एस. किम, *एंपायर्स ऑफ़ वाइस: द राइज़ ऑफ़ ओपियम प्रॉहिबिशन एक्रॉस साउथईस्ट एशिया* (प्रिंसटन; एनजे: प्रिंसटन यूनिवर्सिटी प्रेस, 2020), पृ. 33.
65. रश, *ओपियम टु जावा*, 29-30.
66. वही, 20.
67. ट्रॉकी, *ओपियम एंड एंपायर*, 31-33.
68. वही, 67.
69. देखें ली पो पिंग, *चाइनीज़ सोसाइटी इन नाइनटीन्थ सेंचुरी सिंगापुर* (कुआलालंपूर: ऑक्सफ़ोर्ड यूनिवर्सिटी प्रेस, 1978) पृ. 27-30.

70. ट्रॉकी, *ओपियम एंड एंपायर,* 15-23। साथ ही देखें ली, *चाइनीज़ सोसाइटी,* 45-49.
71. ट्रॉकी, *ओपियम एंड एंपायर,* 197। साथ ही देखें रे, 'एशियन कैपिटल,' 521.
72. रश, *ओपियम टु जावा,* 231.
73. वही, 208.
74. 1817 में ईआईसी का अफ़ीम वर्चस्व बनाने के लिए वॉरेन हेस्टिंग्स ने इसे एक कारण के तौर पर उद्धृत किया था (ट्रॉकी, *ओपियम एंड एंपायर,* 75)। साथ ही देखें रश, *ओपियम टु जावा,* 148। साथ ही देखें सिद्धार्थ चंद्र, 'द रोल ऑफ़ गवर्नमेंट पॉलिसी इन इंक्रीज़िंग ड्रग यूज़: जावा, 1875-1914,' द *जरनल ऑफ़ इकोनॉमिक हिस्ट्री,* वॉल्यूम 62, सं. 4 (2002): 1116-21.
75. सिद्धार्थ चंद्र, 'व्हाट द नंबर्स टैल अस अबाउट द डिक्लाइन ऑफ़ दि ओपियम रेजी,' *इंडोनेशिया,* सं. 70 (2000): 101-23.
76. वही। साथ ही देखें ट्रॉकी, *ओपियम एंड एंपायर,* 204। जावा में आधिकारिक वर्चस्व की घोषणा किए जाने के बाद अफ़ीम की बिक्री में तेज़ी आई; 1910 में डच अफ़ीम रेजी ने अफ़ीम के फ़ार्मों के मुक़ाबले 137 प्रतिशत अधिक उत्पादन किया था। देखें रश, *ओपियम टु जावा,* 237-40; और सिद्धार्थ चंद्र, 'इकोनॉमिक हिस्ट्रीज़ ऑफ़ दि ओपियम ट्रेड,' ईएच. नेट एन्साइक्लोपीडिया, 10 फ़रवरी 2008.
http://eh.net/encyclopedia/economic-histories-of-the-opium-trade/
77. हैन्स डर्क्स, *हिस्ट्री ऑफ़ दि ओपियम प्रॉब्लम: द एसॉल्ट ऑन द ईस्ट, सीए. 1600-1950* (लीडेन: ब्रिल, 2012), पृ. 336.
78. ट्रॉकी, *ओपियम एंड एंपायर,* 147.

12: बॉस्टन ब्राह्मण

1. जैक्स एम. डाउन्स, द *गोल्डन गेटो: द अमेरिकन कमर्शियल कम्युनिटी एट कैंटन एंड द शेपिंग ऑफ़ अमेरिकन चाइना पॉलिसी, 1784-1844* (बैथेलहेम: लीहाई यूनिवर्सिटी प्रेस, 1997) पृ. 19.
2. देखें फ्रेडरिक डी. ग्रांट, भूमिका द *गोल्डन गेटो:* जैक्स एम. डाउन्स, पृ. 14 फ़ुटनोट
3. दिनांक 10 मार्च 1839 का पत्र। फ़िलिस फ़ोर्ब्स केर, संपा., *लैटर्स फ़्रॉम चाइना: द कैंटन-बॉस्टन कॉरेसपॉन्डेंस ऑफ़ रॉबर्ट बैनेट फ़ोर्ब्स, 1838-1840* (कार्लाइल, एमए: एपलवुड बुक्स, 1996), पृ. 105.
4. डाउन्स, द *गोल्डन गेटो,* 157.
5. डाएल ए. नॉरवुड, *ट्रेडिंग फ़्रीडम: हाउ ट्रेड विद चाइना डिफ़ाइंड अर्ली अमेरिका* (शिकागो: यूनिवर्सिटी ऑफ़ शिकागो प्रेस, 2022), पृ. 7.

6. जेनी रोज़, *बिटवीन बॉस्टन एंड बॉम्बे: कल्चरल एंड कमर्शियल एन्काउंटर्स ऑफ़ यैंकीज़ एंड पारसीज़, 1771-1865* (चैम: पाल्ग्रेव मैकमिलन, 2019), पृ. 40.
7. फ्रांसिस रॉस कारपेंटर, *द ओल्ड चाइना ट्रेड: अमेरिकन्स इन कैंटन, 184-1843* (न्यूयॉर्क, एनवाई: कॉवर्ड, मैकेन एंड गॉगेन, 1976) पृ. 11.
8. नॉरवुड, *ट्रेडिंग फ्रीडम,* 14-16; जॉनैथन गोल्डस्टीन, *फ़िलाडेल्फ़िया एंड द चाइना ट्रेड 1682-1846: कमर्शियल, कल्चरल एंड एटीट्युडिनल इफ़ेक्ट्स* (यूनिवर्सिटी पार्क एंड लंदन: द पेनसिल्वेनिया स्टेट यूनिवर्सिटी प्रेस, 1978), पृ. 25.
9. नॉरवुड, *ट्रेडिंग फ्रीडम,* 15.
10. गोल्डस्टीन, *फ़िलाडेल्फ़िया एंड द चाइना ट्रेड,* 27.
11. *एंप्रेस ऑफ़ चाइना* पर सेमुअल शॉ की यात्रा के पूरे विवरण के लिए देखें जॉन आर. हैडाड, *अमेरिका 'ज़ फ़र्स्ट एडवेंचर इन चाइना: ट्रेड, ट्रीटीज़, ओपियम, एंड साल्वेशन* (फ़िलाडेल्फ़िया: टैंपल यूनिवर्सिटी प्रेस, 2013), किंडल संस्करण, चैप्टर 1.
12. वही, लॉक. 259.
13. गोल्डस्टीन, *फ़िलाडेल्फ़िया एंड द चाइना ट्रेड,* 41.
14. हैडाड, *अमेरिका 'स फर्स्ट एडवेंचर*, लॉक. 401.
15. चार्ल्स सी. स्टैल, 'अमेरिकन ट्रेड इन ओपियम टु चाइना, प्रायर टु 1820,' *पैसिफ़िक हिस्टॉरिकल रिव्यू*, वॉल्यूम 9, सं. 4 (1940): 429.
16. वही, 425.
17. रोज़, *बिटवीन बॉस्टन एंड बॉम्बे,* 41.
18. हैडाड लिखते हैं, 'अमेरिकियों द्वारा देखे गए चीन के सारे सपनों में, कम ही एस्टर के सपनों की भव्यता से मेल खाते थे' (*अमेरिका 'ज़ फ़र्स्ट एडवेंचर,* लॉक. 1057).
19. देखें कारपेंटर, *द ओल्ड चाइना ट्रेड,* 80-88; और एल्फ्रेड टैमरिन एंड शर्ली ग्लूबोक, *वॉयेजिंग टु कैथे: अमेरिकन्स इन द चाइना ट्रेड* (न्यूयॉर्क, एनवाई: वाइचिंग प्रेस, 1976), पृ. 122, 156-58। साथ ही देखें स्टैल, 'अमेरिकन ट्रेड,' 425। हैडाड ने लिखा है कि 'चीन के बाज़ार के लिए सामान तलाशने की मुहिम ने' पारिस्थितिकी की कई भयावह कहानियों को जन्म दिया (*अमेरिका 'ज़ फ़र्स्ट एडवेंचर,* लॉक. 970).
20. स्टैल लिखते हैं: 'सेमुअल शॉ ने शुरू में ही देख लिया था कि अफ़ीम पर "भारी मुनाफ़ा" कमाया जा सकता है और कि चीन में इसके लिए "अच्छा बाज़ार" मौजूद है जहां "भारी सुरक्षा के साथ इसे तस्करी किया जा सकता है।' 'अमेरिकन ट्रेड,' 427.
21. कार्ल ए. ट्रॉकी, *ओपियम, एंपायर एंड द ग्लोबल पोलिटिकल इकोनॉमी: ए स्टडी ऑफ़ द एशियन ओपियम ट्रेड, 1750-1950* (न्यूयॉर्क, एनवाई: रटलेज, 1999),पृ. 76.
22. जैक्स एम. डाउन्स, 'अमेरिकन मर्चैंट्स एंड द चाइना ओपियम ट्रेड, 1800-1840,' द बिज़नेस हिस्ट्री रिव्यू, वॉल्यूम 42, सं. 4 (1968): 420.

23. वही, 421.
24. गोल्डस्टीन, *फ़िलाडेल्फ़िया एंड द चाइना ट्रेड,* 53.
25. एल्फ्रेड डब्ल्यू. मैककॉय, द *पॉलिटिक्स ऑफ़ हेरोइन: सीआईए कॉम्प्लिसिटी इन द ग्लोबल ड्रग ट्रेड, अफ़ग़ानिस्तान, साउथईस्ट एशिया, सैंट्रल अमेरिका, कोलंबिया* (शिकागो, आईएल: लॉरेंस हिल बुक्स, 2003), पृ. 82.
26. गोल्डस्टीन, *फ़िलाडेल्फ़िया एंड द चाइना ट्रेड,* 41.
27. थॉमस एन. लेटन, द *वॉयेज ऑफ़ द फ़्रॉलिक: न्यू इंग्लैंड मर्चैंट्स एंड दि ओपियम ट्रेड,* (स्टैनफ़ोर्ड, सीए: स्टैनफ़ोर्ड यूनिवर्सिटी प्रेस, 1997), पृ. 28.
28. स्टैल, 'अमेरिकन ट्रेड,' में उद्धृत, 429.
29. स्टैल, 'अमेरिकन ट्रेड,' 434-36.
30. डाउन्स, 'अमेरिकन मर्चैंट्स,' 424.
31. स्टैल, 'अमेरिकन ट्रेड,' 440-41.
32. वही, 440.
33. वही, 442.
34. चार्ल्स सी. स्टैल, 'अमेरिकन ट्रेड इन ओपियम टु चाइना, 1821-39,' *पैसिफ़िक हिस्टॉरिकल रिव्यू,* वॉल्यूम 10, सं. 1 (1941): 69.
35. रोज़, *बिटवीन बॉस्टन एंड बॉम्बे,* 46.
36. वही, 60, 67.
37. वही, 151.
38. वही, 145.
39. वही, 152.
40. डाउन्स, 'अमेरिकन मर्चैंट्स,' 429.
41. रोज़, *बिटवीन बॉस्टन एंड बॉम्बे,* 158.
42. डाउन्स, द *गोल्डन गेटो,* 177.
43. वही, 321। उन अमेरिकियों में से जो गुआंगज़ाउ में समृद्ध हुए थे बस एक ही व्यक्ति नार्थईस्ट का नहीं था: विलियम हंटर, जो मिडवैस्टर्नर था।
44. ब्राउन यूनिवर्सिटी के ग़ुलामी से संबंधों के लिए देखें यूनिवर्सिटी की रिपोर्ट: 'स्लेवरी, द स्लेव ट्रेड एंड ब्राउन यूनिवर्सिटी': https://slaveryandjusticereport.brown.edu/sections/slavery-the-slave-trade-and-brown/ अफ़ीम और चीन से व्यापार के साथ संस्थापक परिवार के संबंधों के लिए देखें डाउन्स, द *गोल्डन गेटो,* 202,223.
45. डैनियल अर्विंग लारकिन, संपा., *डियर विल: लैटर्स फ़्रॉम द चाइना ट्रेड, 1833-1836* (न्यूयॉर्क, एनवाई: डी.आई. लारकिन, 1986), पृ. 168.

46. वही, 262.
47. एल्मा लॉइन्स, संपा., द *चाइना ट्रेड पोस्ट-बैग ऑफ़ द सैठ लो फ़ैमिली ऑफ़ सलेम एंड न्यूयॉर्क, 1829-1873* (फ़ॉलमाउथ, एमए: फ़ॉलमाउथ पब्लिशिंग हाउस, 1953), पृ. 61.
48. विलियम सी. हंटर, द *फ़ैन क्वा एट कैंटन बिफ़ोर ट्रीटी डेज़, 1825-1844* (लंदन: कीगन पॉल, ट्रेंच एंड कं., 1882), पृ. 110.
49. लारकिन, *डियर विल,* 207.
50. वही, 169.
51. वही, 203.
52. वही, 184.
53. वही, 185.
54. एलन एम. ओल्डहैम, 'लॉर्ड बायरन एंड मि कूलिज ऑफ़ बॉस्टन,' द *बुक कलेक्टर,* वॉल्यूम 13, सं. 2 (1964): 211-13.
55. उदाहरण के लिए, एक बार कूलिज के जाने के बाद रॉबर्ट बैनेट फ़ोर्ब्स ने लिखा था, 'मुझे आशा है कि कूलिज [कैंटन] नहीं आएगा, उसने उस [फ़र्म] से एक लाख डॉलर से ज़्यादा पार कर लिए हैं, उसे रिटायर हो जाना चाहिए और घर पर ही रहना चाहिए।' केर, *लैटर्स फ़्रॉम चाइना,* 83.
56. हैडाड बॉस्टन के व्यापारियों की अपने रिश्तेदारों पर निर्भरता को 'योग्यतावादी भाई-भतीजेवाद' के रूप में वर्णित करते हैं क्योंकि वो उनमें से सबसे योग्य लोगों को चुनने की सावधानी बरतते थे (*अमेरिका'ज़ फ़र्स्ट एडवेंचर,* लॉक. 570)। कहने की ज़रूरत नहीं है कि स्कॉटिश, भारतीय और चीनी व्यापारियों के साथ भी ऐसा ही था: उनमें से कोई भी अयोग्य रिश्तेदारों को अपने साथ नहीं लेता था। उदाहरण के लिए, विलियम जार्डीन 'अपने और जेम्स मैथेसन के अनेक ग़रीब भतीजों की मदद करने का अजीब सा जुनून दर्शाता था।' मगर उनमें से एक को लिखे एक पत्र में उसने चेतावनी दी थी: 'मैं कभी भी आलसी और अय्याश लोगों की मदद करने के लिए सहमति नहीं दे सकता, भले हो वो मेरे बहुत क़रीबी हों, मगर अपने ऐसे रिश्तेदारों की मदद करने के लिए मैं किसी भी जायज़ हद तक जाने के लिए तैयार हूं जो समझदारी और मेहनत से काम करते हैं।' (वेंग इयांग चियौंग, *मैंडरिन्स एंड मर्चैंट्स: जार्डीन मैथेसन एंड कं., ए चाइना एजेंसी ऑफ़ द अर्ली नाइनटीन्थ सेंचुरी* [लंदन: कर्ज़न प्रेस, 1979] पृ. 207-8).
57. डाउन्स, द *गोल्डन गेटो,* 315.
58. ये अनेक ब्रिटिश व्यापारियों के लिए भी सच था। माइकल ग्रीनबर्ग ने लिखा है: 'ब्रिटेन के पूर्वी व्यापार के विस्तार की ये उल्लेखनीय विशेषता है कि इसे आमतौर पर परिवार और

कुनबाई समूहों ने विकसित किया था।' (माइकल ग्रीनबर्ग, *ब्रिटिश ट्रेड एंड द ओपनिंग ऑफ़ चाइना* [कैंब्रिज: कैंब्रिज यूनिवर्सिटी प्रेस, 1951], पृ 37).

59. बैसिल लुबॉक, *दि ओपियम क्लिपर्स* (ग्लासगो: ब्राउन, सन एंड फ़र्ग्युसन, 1953), पृ. 19.
60. जॉन हैडाड, 'न्यू इंग्लैंड्स ओपियम ओवरलॉर्ड्स,' *टेबलेट,* 23 नवंबर 2022: https://www.tabletmag.com/sections/history/articles/new-england-opium-overlords.
61. नॉरवुड, *ट्रेडिंग फ्रीडम,* 1-2; एवं टैमरिन एंड शर्ली ग्लूबोक, 107 .
62. हैडाड, *अमेरिका 'ज़ फ़र्स्ट एडवेंचर,* लॉक. 607.
63. कोहौंग गौंगहैंग का अंग्रेज़ी शब्द था। विस्तृत विवरण के लिए देखें फ़्रेडरिक डेलानो ग्रांट जू., *द चाइनीज़ कॉर्नरस्टोन ऑफ़ मॉडर्न बैंचिंग: द कैंटन गारंटी सिस्टम एंड द ओरिजिन्स ऑफ़ बैंक डिपॉज़िट इंश्योरेंस 1780-1933* (लीडन: ब्रिल, 2014), पृ. 57-60.
64. देखा जाए तो वो हौक़्वा द्वितीय था। 'अपने व्यापारिक नामों में, हौंग व्यापारी आमतौर पर "क्वा" प्रत्यय अपना लेते थे (जैसे *गुआन शेंग* में *गुआन*), जो उनके आधिकारिक व्यापारी रुतबे को दर्शाता था।' वही, 49। साथ ही देखें जे.एम. ब्रैगा, 'ए सैलर ऑफ़ "सिंग-सॉन्स": ए चैप्टर इन द फ़ॉरेन ट्रेड ऑफ़ चाइना एंड मकाओ,' *जरनल ऑफ़ ओरियंटल स्टडीज़,* वॉल्यूम 6 (1961-64): 105.
65. कारपेंटर, *द ओल्ड चाइना ट्रेड,* 36। साथ ही देखें हैडाड, *अमेरिका 'ज़ फ़र्स्ट एडवेंचर,* लॉक. 725.
66. हैडाड, *अमेरिका 'ज़ फ़र्स्ट एडवेंचर,* लॉक. 1609.
67. देखें 28 जनवरी 1839 की तारीख़ का पत्र, फ़ुटनोट 111; केर, *लैटर्स फ़्रॉम चाइना,* 91; एवं सैरा फ़ोर्ब्स ह्यूज़, संपा. *लैटर्स एंड रीकलेक्शन्स ऑफ़ जॉन मरी फ़ोर्ब्स,* वॉल्यूम 1 (बॉस्टन, एमए: हॉटन, मिफ़लिन एंड कं. 1899), पृ. 53.
68. ह्यूज़, संपा. *लैटर्स एंड रीकलेक्शन्स,* 62-63। साथ ही देखें स्टीफ़न आर. प्लाट, *इंपीरियल ट्वाइलाइट: दि ओपियम वॉर एंड द एंड ऑफ़ चाइना 'ज़ लास्ट गोल्डन एज* (न्यूयॉर्क, एनवाई: नॉफ़, 2018), पृ. 370-72.
69. वही, 101.
70. लेटन, *द वॉयेज ऑफ़ द फ़्रॉलिक,* 31.
71. वही.
72. डाउन्स, *द गोल्डन गेटो,* 317.
73. देखें क्रिस्टीन डॉबिन, *एशियन आंत्रेप्रेन्युरियल माइनॉरिटीज़: कॉन्जॉइंट कम्युनिटीज़ इन द मेकिंग ऑफ़ द वर्ल्ड इकोनॉमी* (लंदन: रटलेज, 1996), पृ. 7.
74. मैक्स वेबर, *द प्रोटेस्टेंट एथिक एंड द स्प्रिट ऑफ़ कैपिटलिज़्म* (लंदन: रटलेज, 2001), पृ. 27.

13: अमेरिकी कहानियां

1. 'तैरते गोदामों' की लिंटिन प्रणाली को विकसित करने में जॉन कुशिंग ने अहम भूमिका निभाई थी। (देखें जॉन आर. हैडाड, *अमेरिका'ज़ फ़र्स्ट एडवेंचर इन चाइना: ट्रेड, ट्रीटीज़, ओपियम, एंड साल्वेशन* [फ़िलाडेल्फ़िया: टैंपल यूनिवर्सिटी प्रेस, 2013], किंडल संस्करण, लॉक. 767).
2. ऑक्टेवियस टी. हाउ एंड फ्रेडरिक जी. वोर्मर्ज़, *अमेरिकन क्लिपर शिप्स 1833-1858,* वॉल्यूम 1 (न्यूयॉर्क, एनवाई: डोवर पब्लिकेशंस, 1986), पृ. v-vi
3. चार्ल्स जी. डेविस, *अमेरिकन सेलिंग शिप्स: देयर प्लान्स एंड हिस्ट्री* (न्यूयॉर्क, एनवाई: डोवर पब्लिकेशंस, 1986), पृ. 37.
4. बेसिल लुबॉक, *दि ओपियम क्लिपर्स* (ग्लासगो: ब्राउन, सन एंड फ़र्ग्युसन, 1953), पृ. 188। साथ ही देखें बेसिल ग्रीनहिल एंड एन गिफ़र्ड, द मर्चेंट सेलिंग शिप: ए फ़ोटोग्रैफ़िक हिस्ट्री (न्यूयॉर्क, एनवाई: प्रीगर पब्लिशर्स, 1970), पृ. 90.
5. थॉमस एन. लेटन, द *वॉयेज ऑफ़ द फ्रॉलिक: न्यू इंग्लैंड मर्चैंट्स एंड दि ओपियम ट्रेड,* (स्टैनफ़ोर्ड, सीए: स्टैनफ़ोर्ड यूनिवर्सिटी प्रेस, 1997), पृ. 42.
6. फ्रेडरिक डगलस, *माई बॉन्डेज एंड माई फ्रीडम* (न्यूयॉर्क, एनवाई: पेंगुइन क्लासिक्स, 2003), पृ. 227-30.
7. मार्क रविंदर फ्रॉस्ट, 'एशिया'ज़ मैरीटाइम नेटवर्क्स एंड द कोलोनियल पब्लिक स्फ़ीयर, 1840-1920,' *न्यूज़ीलैंड जरनल ऑफ़ एशियन स्टडीज़*, वॉल्यूम 6, सं. 2 (2004): 69.
8. जेनी रोज़, *बिटवीन बॉस्टन एंड बॉम्बे: कल्चरल एंड कमर्शियल एन्काउंटर्स ऑफ़ यैंकीज़ एंड पारसीज़, 1771-1865* (चैम: पाल्ग्रेव मैकमिलन, 2019), पृ. 203.
9. देखें एल्फ्रेड टैमरिन एंड शर्ली ग्लूबोक, *वॉयेजिंग टु कैथे: अमेरिकन्स इन द चाइना ट्रेड* (न्यूयॉर्क, एनवाई: वाइचिंग प्रेस, 1976), पृ. 143.
10. देखें क्लेयर एंडरसन, 'कन्विक्ट्स एंड कुलीज़: रीथिंचिंग इन्डैंचर्ड लेबर इन द नाइनटीन्थ सेंचुरी,' *स्लेवरी एंड एबोलिशन,* वॉल्यूम 30, सं. 1 (2009): 93-109; एवं क्लेयर एंडरसन, *इंडियन कन्विक्ट शिप म्युटिनीज़ इन द मिड-नाइनटीन्थ सेंचुरी,* 2011। साथ ही देखें माधवी थम्पी, *इंडियंस इन चाइना, 1800-1949* (नई दिल्ली: मनोहर, 2005), पृ. 55.
11. देखें जेनेट जे. इवाल्ड, 'क्रॉसर्स ऑफ़ द सी: स्लेव्ज़, फ्रीडमैन एंड अदर माइग्रेंट्स इन द नॉर्थवैस्टर्न इंडियन ओशन, सी. 1750-1914,' *अमेरिकन हिस्टॉरिकल रिव्यू,* वॉल्यूम 105, सं. 1 (2000): 76.
12. एन बुली, द *बॉम्बे कंट्री शिप्स, 1790-1833* (रिचमंड, सरे: कर्ज़न प्रेस, 1999), पृ. 12-15। साथ ही देखें रतनजी अर्देशिर वाडिया, द *बॉम्बे डॉकयार्ड एंड द वाडिया मास्टर-बिल्डर्स* (बॉम्बे: आर.ए. वाडिया, 1955).

13. रोज़, *बिटवीन बॉस्टन एंड बॉम्बे* 130.
14. एलेनॉर रूज़वेल्ट सीग्रेव्ज़, संपा., *डेलानो 'ज़ वॉयजेज़ ऑफ़ कॉमर्स एंड डिस्कवरी: एमासा डेलानो इन चाइना, द पैसिफ़िक आइलैंड्स, ऑस्ट्रेलिया एंड साउथ अमेरिका, 1789-1807* (स्टॉकब्रिज, एमए: बर्कशायर हाउस पब्लिशर्स, 1994).
15. फ़िलिस फ़ोर्ब्स केर, संपा., *लैटर्स फ़्रॉम चाइना: द कैंटन-बॉस्टन कॉरेसपॉन्डेंस ऑफ़ रॉबर्ट बैनेट फ़ोर्ब्स, 1838-1840* (कार्लाइल, एमए: एपलवुड बुक्स, 1996), पृ. 90.
16. आर्थर वेली, *दि ओपियम वॉर थ्रू चाइनीज़ आइज़* (लंदन: जॉर्ज एलन एंड अनविन लिमिटेड, 1958), पृ. 92; गिडियन चेन, *लिन त्से-ह्सू: पायनियर प्रमोटर ऑफ़ द एडॉप्शन ऑफ़ वैस्टर्न मीन्स ऑफ़ मैरीटाइम डिफ़ेंस इन चाइना* (पीपिंग: डिपार्टमेंट ऑफ़ इकोनॉमिक्स, येंगचिंग यूनिवर्सिटी, 1934) पृ. 14.
17. हैडाड, *अमेरिका 'ज़ फ़र्स्ट एडवेंचर,* लॉक. 1988. साथ ही देखें जॉनैथन स्पेंस, *द सर्च ऑफ़ मॉडर्न चाइना* (न्यूयॉर्क, एनवाई: डब्ल्यू. डब्ल्यू. नॉर्टन, 1990) पृ. 155.
18. जॉज़ेफ़ आर्चर, जैक्स एम. डाउन्स द्वारा *द गोल्डन गेटो: द अमेरिकन कमर्शियल कम्युनिटी एट कैंटन एंड द शेपिंग ऑफ़ अमेरिकन चाइना पॉलिसी, 1784-1844* (बैथेलहेम: लीहाई यूनिवर्सिटी प्रेस, 1997) में उद्धृत, पृ. 296.
19. डाएल ए. नॉरवुड, *ट्रेडिंग फ़्रीडम: हाउ ट्रेड विद चाइना डिफ़ाइंड अर्ली अमेरिका* (शिकागो: यूनिवर्सिटी ऑफ़ शिकागो प्रेस, 2022), पृ. 93, 139.
20. स्टीफ़न आर. प्लाट, *इंपीरियल ट्वाइलाइट: दि ओपियम वॉर एंड द एंड ऑफ़ चाइना 'ज़ लास्ट गोल्डन एज* (न्यूयॉर्क, एनवाई: नॉफ़, 2018), पृ. 204.
21. नॉरवुड, *ट्रेडिंग फ़्रीडम,* 39.
22. फ़्रांसिस रॉस कारपेंटर, *द ओल्ड चाइना ट्रेड: अमेरिकन्स इन कैंटन, 184-1843* (न्यूयॉर्क, एनवाई: कॉवर्ड, मैकेन एंड गॉगेन, 1976), पृ. 123.
23. वही, 124.
24. वही, 130.
25. वही, 132.
26. फ़्रेडरिक डेलानो ग्रांट जू., *द चाइनीज़ कॉर्नरस्टोन ऑफ़ मॉडर्न बैंचिंग: द कैंटन गारंटी सिस्टम एंड द ओरिजिन्स ऑफ़ बैंक डिपॉज़िट इंश्योरेंस 1780-1933* (लीडन: ब्रिल, 2014), पृ. 2.
27. वही.
28. सैरा फ़ोर्ब्स ह्यूज़, संपा. *लैटर्स एंड रीकलेक्शन्स ऑफ़ जॉन मरी फ़ोर्ब्स,* वॉल्यूम 1 (बॉस्टन, एमए: हॉटन, मिफ़लिन एंड कं. 1899), पृ. 98-99. साथ ही देखें प्लाट, *इंपीरियल ट्वाइलाइट,* पृ. 339-40.

29. ह्यूज़, *लैटर्स एंड रीकलेक्शन्स,* 81.
30. डाउन्स, द *गोल्डन गेटो,* 209.
31. कारपेंटर, द *ओल्ड चाइना ट्रेड,* 139-40; एवं डाउन्स, द *गोल्डन गेटो,* 329-30.
32. डाउन्स, द *गोल्डन गेटो,* 330.
33. प्लाट, *इंपीरियल ट्वाइलाइट,* 450.
34. डाउन्स, द *गोल्डन गेटो,* 331.
35. मार्था बेबिंजर, 'हाउ प्रॉफ़िट्स फ़्रॉम ओपियम शेप्ड नाइनटीन्थ-सेंचुरी बॉस्टन,' WBUR: https://www.wbur.org/news/2017/07/31/opium-boston-history
36. डाउन्स, द *गोल्डन गेटो,* 349.
37. देखें विलियम के. सैल्डन, 'जॉन क्लीव ग्रीन एंड द बिगिनिंग्स ऑफ़ साइंस एंड इंजीनियरिंग एट प्रिंसटन,' द *प्रिंसटन यूनिवर्सिटी लाइब्रेरी क्रॉनिकल,* वॉल्यूम 50, सं. 3 (1989): 262-75.
38. पैट्रिक रैडेन कीफ़, *एंपायर ऑफ़ पेन: द सीक्रेट हिस्ट्री ऑफ़ द सैकलर डाइनेस्टी* (न्यूयॉर्क, एनवाई: डबलडे, 2021), पृ. 3.
39. बैरी मायर, *पेन किलर: एन एंपायर ऑफ़ डिसीट एंड द ओरिजिन ऑफ़ अमेरिका 'ज़ ओपियोइड एपिडेमिक* (न्यूयॉर्क, एनवाई: पेंगुइन रैंडम हाउस, 2018) पृ 45.
40. डाउन्स, द *गोल्डन गेटो,* 344.
41. गर्फ़ा जर्लिन, 'आर्किटेक्चर एंड ओपियम एट रसेल हाउस,' द वेज़्लियन आर्गस, 1 नवंबर 2012 http://wesleyanargus.com/2012/11/01/then-and-now-a-look-at-russell-house-past-and-present/
42. हैडाड, *अमेरिका 'ज़ फ़र्स्ट एडवेंचर,* लॉक. 834.
43. डाउन्स, द *गोल्डन गेटो,* 336-43.
44. प्लाट, *इंपीरियल ट्वाइलाइट,* 449.
45. डाउन्स, द *गोल्डन गेटो,* 347.
46. हैडाड, *अमेरिका 'ज़ फ़र्स्ट एडवेंचर,* लॉक. 834.
47. जॉनैथन गोल्डस्टीन, *फ़िलाडेल्फ़िया एंड द चाइना ट्रेड 1682-1846: कमर्शियल, कल्चरल एंड एटीट्यूडिनल इफ़ेक्ट्स* (यूनिवर्सिटी पार्क एंड लंदन: द पेनसिल्वेनिया स्टेट यूनिवर्सिटी प्रेस, 1978), पृ. 2.
48. वही.
49. डाउन्स, द *गोल्डन गेटो* में उद्धृत, 339.
50. वही, 346.

51. वही, 335। जैसा हैडाड लिखते हैं, जॉन कुशिंग का असली घर कैंटन था। '"मैं यहां उससे ज़्यादा संतुष्ट महसूस करता हूं," उसने कैंटर के लिए लिखा था, "जितना कहीं और होने की उम्मीद कर सकता हूं।"' *अमेरिका 'ज़ फ़र्स्ट एडवेंचर,* लॉक. 809).
52. कैप्टन चार्ल्स पी. लो, *सम रीकलेक्शन्स बाइ कैप्टन चार्ल्स पी. लो, कमांडिंग द क्लिपर शिप्स 'हौक़ा,' 'जेकब बैल,' 'सेमुअल रसेल,' एंड 'एन.बी. पामर,' इन द चाइना ट्रेड, 1847-1873* (बॉस्टन, एमए: जियो. एच. एलिस कंपनी, 1906), पृ. 2.
53. दोनों लड़के एक ही साल, 1816, में जन्मे थे, और 1841 में कुछ महीनो के अंतराल में उनकी मृत्यु हो गई थी (पैट्रिक कॉनर, *चाइनीज़ व्यूज़ - वैस्टर्न पर्सपेक्टिव्ज़ 1770-1870: द श्ज़े युआन तांग ऑफ़ चाइना कोस्ट पेंटिंग्स एंड द वॉलेन कलेक्शन ऑफ़ चाइना कोस्ट शिप पोर्ट्रेट* (एशिया हाउस, 1997), पृ. 16। साथ ही देखें रॉबिन हचियन, *चिनरी: द मैन एंड द लीजेंड* (हांगकांग: साउथ चाइना मॉर्निंग पोस्ट, 1975), पृ. 18.
54. देखें पीटर मॉस, *चिनरी इन चाइना* (हांगकांग: फ़्रॉमएशिया, 2007), पृ. 59-69.
55. हैरियट लो ने अपनी मां को लिखे एक पत्र में इस भेंट के बारे में विस्तार से लिखा था। माइकल वाइज़ एंड मून हिम वाइज़, संपा. *ट्रैवलर्स' टेल्स ऑफ़ ओल्ड हांगकांग एंड द साउथ चाइना कोस्ट* [ब्राइटन: इन प्रिंट, 1996], में उद्धृत, पृ. 27-30.
56. विलियम सी. हंटर, द *फ़ैन क्वा एट कैंटन बिफ़ोर ट्रीटी डेज़, 1825-1844* (लंदन: कीगन पॉल, ट्रेंच एंड कं., 1882), पृ. 121-22.
57. नैन पॉवेल हॉजेज़ एंड ए.डब्ल्यू. हमेल, संपा., *लाइट्स एंड शैडोज़ ऑफ़ ए मकाओ लाइफ़: द जरनल ऑफ़ हैरियट लो, ट्रैवलिंग स्पिंस्टर* (क्रिएटिव ऑप्शंस, 2002), 7-9.
58. वही, 7.
59. ई.जे. वैग्नर, 'ए मर्डर इन सलेम,' *स्मिथसोनियन मैगज़ीन,* नवंबर 2010: https://www.smithsonianmag.com/history/a-murder-in-salem-64885035/
60. हॉजेज़ एंड हमेल, *लाइट्स एंड शैडोज़,* 14-15। साथ ही देखें हैडाड, *अमेरिका 'ज़ फ़र्स्ट एडवेंचर,* लॉक. 1804.
61. एल्मा लॉइन्स, संपा., द *चाइना ट्रेड पोस्ट-बैग ऑफ़ द सैठ लो फ़ैमिली ऑफ़ सलेम एंड न्यूयॉर्क, 1829-1873* (फ़ॉलमाउथ, एमए: फ़ॉलमाउथ पब्लिशिंग हाउस, 1953), पृ. 66.
62. वही, 72.
63. प्लाट, *इंपीरियल ट्वाइलाइट,* 78। साथ ही देखें हैडाड, *अमेरिका 'ज़ फ़र्स्ट एडवेंचर,* लॉक. 1796-1807.
64. वही, 67। 'अच्छी-ख़ासी संपत्ति है' उसके भाई चार्ल्स की टिप्पणी थी (लो, *सम रीकलेक्शन्स,* 13).
65. लॉइन्स, द *चाइना ट्रेड पोस्ट-बैग,* 82.

66. वही, 59; एवं लो, *सम रीकलेक्शन्स,* 13.
67. लॉइन्स, *द चाइना ट्रेड पोस्ट-बैग,* 59.
68. एनी डोग, 'मैट डेमन चैक्स आउट ब्रुकलिन्स मोस्ट एक्सपेंसिव हाउस, ए ब्रुकलिन हाइट्स मैंशन विद ए मेयरल पास्ट,' 29 सितंबर 2016 https://www.6sqft.com/matt-damon-checks-out-brook lyns-most-expensive-house-a-brooklyn-heights-mansion-with-a-mayoral-past/
69. कीफ़, *एंपायर ऑफ़ पेन,* 67-72.
70. वही, 147.
71. वही, 226.
72. *एडिरॉनडैक जरनल*, ए.ए. लोज़ एंपायर, https://www.theadkx.org/a-a-lows-empire/
73. ड्रग डीलरों के बहुत बड़े स्कॉटिश कुनबे के एक युवा सदस्य डॉनल्ड मैथेसन ने 1849 में पारिवारिक फ़र्म से ये कहते हुए इस्तीफ़ा दे दिया था: 'मेरे लिए ऐसे कारोबार में बने रहना असहनीय था...' कार्ल ए. ट्रॉकी, *ओपियम, एंपायर एंड द ग्लोबल पोलिटिकल इकोनॉमी: ए स्टडी ऑफ़ द एशियन ओपियम ट्रेड, 1750-1950* [न्यूयॉर्क, एनवाई: रटलेज, 1999], पृ. 163).
74. बेबिंजर, 'हाउ प्रॉफ़िट्स फ्रॉम ओपियम शेप्ड नाइनटीन्थ-सेंचुरी बॉस्टन।'
75. कीफ़, *एंपायर ऑफ़ पेन,* 282.
76. वही, 431.
77. वही, 251.
78. डाउन्स, *द गोल्डन गेटो* में उद्धृत, 339.
79. वही, 331.
80. वही, 329.
81. चार फ़रवरी 1839 की तारीख़ का पत्र। केर, *लैटर्स फ्रॉम चाइना,* 93.
82. इस समझौते को 'वांगिया (वैंगज़िया) संधि' के नाम से जाना जाता है। माओ हैजियान, *द चिंग एंपायर एंड दि ओपियम वॉर: द कोलैप्स ऑफ़ द हैवेन्ली डाइनैस्टी*, संपा., जॉज़ेफ़ लॉसन (कैंब्रिज: कैंब्रिज यूनिवर्सिटी प्रेस, 2016), पृ. 455, 467। साथ ही देखें, स्पेंस, *द सर्च ऑफ़ मॉडर्न चाइना,* 161.
83. इस संधि पर अमेरिकी मिशनरियों के प्रभाव के लिए देखें माइकल सी. लैज़िच, 'अमेरिकन मिशनरीज़ एंड दि ओपियम ट्रेड इन नाइनटीन्थ-सेंचुरी चाइना,' *जरनल ऑफ़ वर्ल्ड हिस्ट्री,* वॉल्यूम 17, सं. 2 (2006): 210-14.
84. देखें हैडाड, *अमेरिका'ज़ फ़र्स्ट एडवेंचर,* लॉक. 1820-28.

85. हॉजेज़ एंड हमेल, *लाइट्स एंड शैडोज़,* 351 एवं 348.
86. चार्ल्स डब्ल्यू. चिंग, *ओपियम क्राइसिस: ए लैटर एड्रेस्ड टु चार्ल्स एलियट, एस्क., चीफ़ सुपरिंटेंडेंट ऑफ़ द ब्रिटिश ट्रेड विद चाइना* (लंदन: हैचर्ड एंड सन, 1839), पृ. 8.
87. पीटर वार्ड फ़े, *दि ओपियम वॉर: 1840-42* (चैपेल हिल, एनसी: यूनिवर्सिटी ऑफ़ नॉर्थ कैरोलाइना प्रेस, 1975), पृ. 126.
88. चिंग, *ओपियम क्राइसिस,* 49.
89. हैडाड, *अमेरिका'ज़ फ़र्स्ट एडवेंचर,* लॉक. 1764.
90. डाउन्स, द *गोल्डन गेटो* में उद्धृत, 452.
91. बेबिंजर, 'हाउ प्रॉफ़िट्स फ़्रॉम ओपियम शेप्ड नाइनटीन्थ-सेंचुरी बॉस्टन।'
92. डाउन्स, द *गोल्डन गेटो* में उद्धृत, 448.
93. वही, 332.
94. वही, 456.
95. अफ़ीम के व्यापार को अंग्रेज़ों और अमेरिकियों के बीच 'सहयोगात्मक प्रतिस्पर्द्धा' के एक रूप में वर्णित किया गया है (नॉरवुड, *ट्रेडिंग फ़्रीडम,* 63).
96. दिनांक 10 मार्च 1839 का पत्र। केर, *लैटर्स फ़्रॉम चाइना,* 101.
97. हैडाड, *अमेरिका'ज़ फ़र्स्ट एडवेंचर,* लॉक. 1728.
98. एलन न्यूबोल्ड ला मॉट, *दि ओपियम मोनोपोली* (न्यूयॉर्क, एनवाई: मैकमिलन, 1920), पृ. 5.
99. नॉरवुड, *ट्रेडिंग फ़्रीडम,* 89.
100. यूएस सरकार ने वास्तव में दोनों के बीच के फ़र्क़ को समझा और अपरिष्कृत अफ़ीम की तुलना में धूम्रपान की जाने वाली अफ़ीम पर कहीं ज़्यादा कर लगाया। (डेविड टी. कोर्टराइट, *डार्क पैराडाइज़: ए हिस्ट्री ऑफ़ ओपिएट एडिक्शन इन अमेरिका* [कैंब्रिज, एमए: हार्वर्ड यूनिवर्सिटी प्रेस, 2001], पृ. 43).
101. 1894-95 में अफ़ीम पर स्थापित रॉयल कमीशन ने अनेक 'यूरोपीयो' से पूछताछ की थी जो लंबे समय से एशिया में रह रहे थे, कि क्या 'यूरोपीय नस्ल के लोग किसी भी तादाद में अफ़ीम की आदत का शिकार होते हैं? अगर नहीं, तो क्यों नहीं? और किसलिए एशियाइयों में ये आदत पड़ने की ज़्यादा संभावना होती है?' इन सवालों के जवाब समकालीन ब्रिटिश रवैये को काफ़ी हद तक उजागर करते हैं: बहुत से उत्तरदाताओं ने कहा कि 'यूरोपीय नस्ल के लोग' संरचनात्मक रूप से अफ़ीम पीने के लिए प्रतिकूल होते हैं। एक बहुत ही टिपिकल जवाब था: 'ठंडे वातावरण के निवासी और कहीं अधिक जोशीले स्वभाव के यूरोपीय शराब को शांतिदायक ड्रग की अपेक्षा ज़्यादा पसंद करते हैं जो कि चीनियों के आवेगहीन स्वभाव के साथ बेहतर तालमेल बनाती है। नियमत: यूरोपीयों को बाहरी जीवन, खेल और दौड़-भाग

के काम पसंद होते हैं, जिनका आनंद लेने में अफ़ीम की लत बहुत बाधक होगी...' (रॉयल कमीशन ऑन ओपियम, *प्रोसीडिंग्स,* वॉल्यूम V, 1894, पृ. 217).

102. कोर्टराइट, *डार्क पैराडाइज़,* 62.
103. वही, 71.
104. वही, 78-79.
105. वर्जीनिया बैरिज एवं ग्रिफ़िथ एडवर्ड्स, *ओपियम एंड द पीपुल: ओपिएट यूज़ इन नाइनटीन्थ-सेंचुरी इंग्लैंड* (न्यूयॉर्क, एनवाई: सेंट मार्टिन्स प्रेस, 1981), पृ. 113-22
106. एक ब्रिटिश अफ़ीम-विरोधी एक्टिविस्ट के शब्दों में: 'और, अगर मामला उलट जाए, और चीन हमारे समुद्र तटों पर उस ज़हर के हिंसक, लालच भरे, और निर्दयी नाजायज़ व्यापार को करने की कोशिश करे, जो हम उसके साथ करते हैं तो हमें क्या करना चाहिए?' (होरेशियो मॉन्टेग्यु, *ए वॉयस फ़ॉर चाइना... डिमॉन्स्ट्रेटिंग दैट द वॉर विद चाइना अराइज़ेज़ आउट ऑफ़ अवर ब्रिटिश नेशनल ओपियम स्ट्रग्लिंग [लंदन*: निस्बेट एंड कं., 1840], पृ. 17).
107. द *चाइनीज़ रिपोज़िटरी*, वॉल्यूम VIII (एलिब्रॉन क्लासिक्स रीप्रिंट्स, 2005), पृ. 500
108. नॉरवुड, *ट्रेडिंग फ्रीडम,* 67.
109. चिंग, *ओपियम क्राइसिस,* 11.
110. डाउन्स द *गोल्डन गेटो,* में पृ. 454 पर जॉन फ़ेयरबैंक्स की ट्रेड एंड *डिप्लोमेसी ऑन द चाइना कोस्ट: द ओपनिंग ऑफ़ द ट्रीटी पोर्ट्स, 1842-1854* (स्टैनफ़ोर्ड, सीए: स्टैनफ़ोर्ड यूनिवर्सिटी प्रेस, 1969) को उद्धृत करते हैं।
111. देखें एल्फ्रेड डब्ल्यू. मैककॉय, द *पॉलिटिक्स ऑफ़ हेरोइन: सीआईए कॉम्प्लिसिटी* इन द *ग्लोबल ड्रग ट्रेड, अफ़ग़ानिस्तान, साउथईस्ट एशिया, सैंट्रल अमेरिका, कोलंबिया* (शिकागो, आईएल: लॉरेंस हिल बुक्स, 2003).
112. चिंग, *ओपियम क्राइसिस,* 58.
113. क्रिस मैकग्रील, *अमेरिकन ओवरडोज़: द ओपियोइड ट्रैजेडी इन थ्री एक्ट्स* (न्यूयॉर्क, एनवाई: हैशेत बुक ग्रुप, 2018), पृ. 287.
114. वही, 292.
115. जैसा कि कीफ़ इंगित करते हैं, अफ़ीमसम की महामारी एक ऐसी घटना थी जिसमें संरचनात्मक नस्लवाद ने वास्तव में अमेरिका के अल्पसंख्यकों का बचाव किया था क्योंकि उन्हें प्रेस्क्रिप्शन अफ़ीमसम दिए जाने की संभावना बहुत कम थी। मगर जब प्रेस्क्रिप्शन अफ़ीमसम से हेरोइन की महामारी फैली तो उसके विरुद्ध चली क़ानून प्रवर्तन की मुहिमों ने उन्हें असमान रूप से पीड़ित किया। (*एंपायर ऑफ़ पेन,* 320).
116. कार्ल ई. मेयर, 'दि ओपियम वॉर्स सीक्रेट हिस्ट्री,' *न्यूयॉर्क टाइम्स,* 28 जून 1987. https://www.nytimes.com/1997/06/28/opinion/the-opium-war-s-secret-history.html

117. द *चाइनीज़ रिपोज़िटरी*, वॉल्यूम VIII, 499.
118. नाओमी ऑरेस्केस एवं एरिक एम. कॉनवे, द *बिग मिथ: हाऊ अमेरिकन बिज़नेस टॉट अस टु लोथ गवर्नमेंट एंड लव द फ़्री मार्केट* (न्यूयॉर्क, एनवाई: ब्लूमस्बरी, 2023).

14: गुआंगज़ाउ

1. वैलरी एम. गैरेट, *हैवेन इज़ हाई, द एंपरर फ़ार अवे: मर्चैंट्स एंड मैंडरिन्स इन ओलड कैंटन* (चाइना: ऑक्सफ़ोर्ड यूनिवर्सिटी प्रेस, 2002), पृ. 52.
2. देखें जॉनैथन फ़ैरिस, 'थर्टीन फ़ैक्ट्रीज़ ऑफ़ कैंटन: एन आर्किटेक्चर ऑफ़ साइनो-वैस्टर्न कोलेबोरेशन एंड कंफ़्रंटेशन,' *बिल्डिंग्स एंड लैंडस्केप्स: जरनल ऑफ़ द वर्नाकुलर आर्किटेक्चर फ़ोरम,* वॉल्यूम 14 (2007), पृ. 126.
3. गैरेट, *हैवेन इज़ हाई,* 133.
4. ग्रैहम ई. जॉनसन एवं ग्लेन डी. पीटरसन, *हिस्टॉरिकल डिक्शनरी ऑफ़ गुआंगज़ाउ (कैंटन) एंड गुआंगडौंग* (लैनहैम, एमडी, एवं लंदन: 'द स्केयरक्रो प्रेस, 1999), पृ. 73.
5. जैसिका हैंसर, मि. स्मिथ गोज़ टु चाइना: थ्री स्कॉट्स एंड द मेकिंग ऑफ़ ब्रिटेन्स ग्लोबल एंपायर (न्यू हैवन, सीटी: येल यूनिवर्सिटी प्रेस, 2019) में उद्धृत, पृ. 63.
6. विलियम एस. रशेंबर्गर, *नैरेटिव ऑफ़ ए वॉयेज अराउंड द वर्ल्ड, ड्यूरिंग द ईयर्स 1835, 36 एंड 37 (लंदन: रिचर्ड बेंटली, 1838),* पृ. 216.
7. शेन फ़ू, *सिक्स रिकॉर्ड्स ऑफ़ ए फ़्लोटिंग लाइफ़* (न्यूयॉर्क, एनवाई: पेंगुइन रैंडम हाउस, 1983), पृ. 124.
8. जेम्स जॉनसन, द *ओरियंटल वॉयजर: ऑर, डेस्क्रिप्टिव स्कैचेज़ एंड कर्सरी रीमार्क्स, ऑन ए वॉयेज टु इंडिया एंड चाइना, इन हिज़ मैजेस्टी 'ज़ शिप कैरोलाइन, परफ़ॉर्म्ड इन द ईयर्स 1803-4-5-6* (लंदन: जे. एज़्पर्न, 1807), पृ. 173-74.
9. डेविड अबील, *जरनल ऑफ़ ए रेज़िडेंस इन चाइना एंड द नेबरिंग कंट्रीज़ फ़्रॉम 1829-1833* (न्यूयॉर्क, एनवाई: लैविट, लॉर्ड एंड कं., 1834), पृ. 60.
10. पैट्रिक कॉनर, द *हौंग्स ऑफ़ कैंटन: वैस्टर्न मर्चैंट्स इन साउथ चाइना 1700-1900, एज़ सीन इन चाइनीज़ एक्सपोर्ट पेंटिंग्स* (लंदन: मार्टिन ग्रेगरी, 2009), पृ. 76। साथ ही देखें जॉन ग्लासगो केर, *ए गाइड टु द सिटी एंड सबर्ब्स ऑफ़ कैंटन* (कैंटन: चाइनीज़ मैटीरियल्स सेंटर, 1974), पृ. 10.
11. रशेंबर्गर, *नैरेटिव ऑफ़ ए वॉयेज,* 232.
12. एल्डस कोलिन रिकार्डो बरट्रैम, 'चाइनीज़ इंफ़्लुएंस ऑन इंग्लिश गार्डन डिज़ाइन एंड आर्किटेक्चर बिटवीन 1700 एंड 1860,' (पीएच.डी. डिज़., यूनिवर्सिटी ऑफ़ कैंब्रिज, कैंब्रिज, 2012) में उद्धृत, पृ. 186.

13. वही, 187.
14. पीटर वाल्डर, द *गार्डन प्लांट्स ऑफ़ चाइना* (लंदन: वीडेनफ़ेल्ड एंड निकोलसन, 1999), पृ. 12.
15. शेन फ़ू, *सिक्स रिकॉर्ड्स,* 122.
16. केर, *ए गाइड टु द सिटी एंड सबर्ब्स ऑफ़ कैंटन,* 43.
17. गैरेट, *हैवेन इज़ हाई,* 113.
18. शेन फ़ू, *सिक्स रिकॉर्ड्स,* 122.
19. फ़ैन फ़ा-टी, 'ब्रिटिश नेचुरलिस्ट्स इन चाइना, 1760-1910' (पीएच.डी. डिज़., यूनिवर्सिटी ऑफ़ विस्कॉन्सिन-मैडिसन, मैडिसन, डब्ल्यूआई, 1999), पृ. 37.
20. वाल्डर, द *गार्डन प्लांट्स ऑफ़ चाइना,* 66-67.
21. हैज़ेल ली रूजटेल, 'द फ़ा टी नर्सरीज़ ऑफ़ साउथ चाइना,' *गार्डन हिस्ट्री,* वॉल्यूम 10, सं. 1 (1982): 70-73.
22. फ़ैन फ़ा-टी, 'ब्रिटिश नेचुरलिस्ट्स इन चाइना, 14.
23. डेस्मंड रे, *क्यू: द हिस्ट्री ऑफ़ द रॉयल बॉटेनिक गार्डन्स* (लंदन: हार्विल प्रेस, रॉयल बॉटेनिक गॉर्डन्स, क्यू के साथ), पृ. 89-104.
24. फ़ैन फ़ा-टी, 'ब्रिटिश नेचुरलिस्ट्स इन चाइना, 44; एवं ली रूजटेल, 'द फ़ा टी नर्सरीज़,' 71.
25. फ़ैन फ़ा-टी, 'ब्रिटिश नेचुरलिस्ट्स इन चाइना, 25; एवं एफ़. नाइजेल हैपर, *प्लांट हंटिंग फ़ॉर क्यू* (लंदन: एचएमएसओ, 1989), पृ. 6.
26. रे, *क्यू,* 102.
27. एलिस एम. कोट्स ने चीनी माली का नाम 'आह हे' दिया है (*द प्लांट हंटर्स: बींग ए हिस्ट्री ऑफ़ द हॉर्टिकल्चरल पायनियर्स, देयर क्वेस्ट्स, एंड देयर डिस्कवरीज़ फ़्रॉम द रेनेसां टु द ट्वेंटीएथ सेंचुरी* [न्यूयॉर्क, एनवाई: मैकग्रॉ हिल, 1970], पृ. 99).
28. पहले अफ़ीम युद्ध के दौरान, अभियान बल को स्पष्ट रूप से नमूने जमा करने के निर्देश थे: 'इसमें कोई संदेह नहीं होगा कि बेड़े में विज्ञान और प्राकृतिक इतिहास की विभिन्न शाखाओं में निपुण कई अधिकारी होंगे, जो अवलोकन करने जिसकी रिपोर्ट दिलचस्प हो सकती है, या संग्रह करने के हर अवसर का लाभ उठाने के लिए तैयार होंगे, जिसका यूरोप या भारत में मौजूद होना बहुत क़ीमती समझा जाएगा,' [ब्रिटिश लाइब्रेरी; इंडिया ऑफ़िस रिकॉर्ड्स, बोर्ड्स कलेक्शन्स 83888 to 84180, 1841-42, वॉल्यूम 1938; F/4/1938; सं. 235; *एक्स्ट्रैक्ट फ़्रॉम द प्रोसीडिंग्स ऑफ़ द राइट ऑनरेबिल द गवर्नर जनरल ऑफ़ इंडिया इन काउंसिल इन द सीक्रेट एंड कॉन्फ़ीडेंशियल डिपार्टमेंट अंडर डेट द 11 मे 1840]*

29. जेन किल्पैट्रिक, *गिफ़्ट्स फ़्रॉम द गार्डन्स ऑफ़ चाइना* (लंदन: फ़्रांसेस लिंकन, 2007), पृ. 9.
30. जेम्स वौंग, '"व्हाट इंग्लिश स्टायल" ओज़ टु एशिया'ज़ गार्डन्स,' द *गार्जियन*, 10 नवंबर 2019.
31. बरट्रैम, 'चाइनीज़ इंफ़्लुएंस ऑन इंग्लिश गार्डन डिज़ाइन,' में उद्धृत, 5.
32. बरट्रैम, 'चाइनीज़ इंफ़्लुएंस ऑन इंग्लिश गार्डन डिज़ाइन,' में उद्धृत, 6.
33. बरट्रैम, 'चाइनीज़ इंफ़्लुएंस ऑन इंग्लिश गार्डन डिज़ाइन,' 6.
34. यू लियू, 'द इंस्पिरेशन फ़ॉर ए डिफ़रेंट इडेन: चाइनीज़ गार्डनिंग आइडियाज़ इन इंग्लैंड इन द अर्ली मॉडर्न पीरियड,' *कंपैरेटिव सिविलाइज़ेशंस रिव्यू*, वॉल्यूम 53, सं. 53 (2005): 89.
35. देखें यू लियू, *सीड्स ऑफ़ ए डिफ़रेंट इडेन: चाइनीज़ गार्डनिंग आइडियाज़ एंड ए न्यू इंग्लिश एस्थेटिक आइडियल* (कोलंबिया एससी: यूनिवर्सिटी ऑफ़ साउथ कैरोलाइना प्रेस, 2008), पृ. 23.
36. वही, 16; एवं पीटर वाल्डर, *गार्डन्स इन चाइना* (पोर्टलैंड, ओआर: हैज़ेल्टीन प्रेस, 2002), पृ. 21.
37. यू लियू, *सीड्स*, 10। मुमकिन है कि चैंबर्स को जी चेंग द्वारा लिखित चीनी मोनोग्राफ़ युआनये ('बाग़बानी का शिल्प') के बारे में भी पता था। 1631 में प्रकाशित इस पुस्तक को 'बाग़बानी पर दुनिया का पहला व्यावहारिक ग्रंथ' माना जाता है (बरट्रैम, 'चाइनीज़ इंफ़्लुएंस ऑन इंग्लिश गार्डन डिज़ाइन,' 30).
38. बरट्रैम, 'चाइनीज़ इंफ़्लुएंस ऑन इंग्लिश गार्डन डिज़ाइन,' 182-83.
39. किल्पैट्रिक, *गिफ़्ट्स*, 31.
40. एंथनी हक्स्ले, *एन इलस्ट्रेटेड हिस्ट्री ऑफ़ गार्डनिंग* (एसेक्स, सीटी: ल्यॉन्स प्रेस, 1998), पृ. 70.
41. बरट्रैम, 'चाइनीज़ इंफ़्लुएंस ऑन इंग्लिश गार्डन डिज़ाइन,' 32.
42. जॉर्ज-लुइस ली रूज के शब्दों: '*Les Jardins Anglais ne sont qu'une imitation de ceux de la Chine*.' का मेरा अनुवाद। बरट्रैम, 'चाइनीज़ इंफ़्लुएंस ऑन इंग्लिश गार्डन डिज़ाइन,' में उद्धृत, 6. साथ ही देखें यू लियू, 'द इंस्पिरेशन फ़ॉर ए डिफ़रेंट इडेन,' 86.
43. बरट्रैम, 'चाइनीज़ इंफ़्लुएंस ऑन इंग्लिश गार्डन डिज़ाइन,' 36.
44. देखें रूजटेल, 'द फ़ा टी नर्सरीज़,' 72.
45. ये शायद इस प्रचलित औपनिवेशिक दृष्टिकोण का ही विस्तार था कि आमतौर पर चीनी श्रमिक भारतीयों और दूसरे एशियाइयों से ज़्यादा निपुण होते हैं। उदाहरण के लिए, 1823 से 1827 तक सिंगापुर में रहे जॉन क्रॉफ़र्ड ने लिखा था: 'चीनियों के उद्यम, कौशल और उपभोग की क्षमता के बारे में मेरी राय इतनी ज़्यादा अच्छी है कि मैं राज्य के लिए एक चीनी

की अहमियत को कोरोमंडल तट के कम से कम दो देसी और चार मलयों के बराबर मानता हूं।' (कार्ल ए. ट्रॉकी, *ओपियम एंड एंपायर: चाइनीज़ सोसाइटी इन कोलोनियल सिंगापुर 1800-1910* [इथाका, एनवाई: कॉरनेल यूनिवर्सिटी प्रेस, 1990], पृ. 224 फ़ुटनोट).

46. हक्स्ले, *एन इलस्ट्रेटेड हिस्ट्री,* 66। गुआंगडौंग में एक समकालीन नर्सरी की एक तस्वीर है जो ये आभास देती है कि फ़ा टी नर्सरी कैसी दिखती होंगी (वाल्डर, द *गार्डन प्लांट्स,* 66).

47. कुछ विद्वान आज भी ये मानते हैं। उदाहरण के लिए यूजीनिया डब्ल्यू. हरबर्ट लिखती हैं कि बाग़ 'अंग्रेज़ों की मौजूदगी और अंग्रेज़ी संस्कृति के सबसे अधिक प्रतयक्ष रूपों में से एक थे' और कि 'अंग्रेज़ों के तौर-तरीक़ों, विशेषकर उनके बाग़ों की नक़ल करने वाले अधीनस्थ लोगों ने' उनका प्रभाव कई गुणा बढ़ा दिया था। (*फ़्लोरा'ज़ एंपायर: ब्रिटिश गार्डन्स इन इंडिया* [फ़िलाडेल्फ़िया, पीए: यूनिवर्सिटी ऑफ़ पेनसिल्वेनिया प्रेस, 201], पृ. 306).

48. देखें हरबर्ट, *फ़्लोरा'ज़ एंपायर,* 306.

49. 'उन्नीसवीं सदी के अंत और वर्तमान सदी के शुरू के पच्चीस सालों में बहुत भारी तादाद में ख़ूबसूरत एशियाई प्रिमुला सामने लाए गए थे; और उनमें से अनेक यूरोप के आल्प्स की मुश्किल क़िस्मों के मुक़ाबले उपवन में कहीं अधिक सुदृढ़ और अनुकूल साबित हुए' (एलिस एम. कोट्स, फ़्लॉवर्स एंड देयर हिस्ट्रीज़ [न्यूयॉर्क, एनवाई: मैकग्रॉ हिल, 1956], पृ. 217).

50. देखें पैट्रिक कॉनर, '"मिस्ट्रीज़ ऑफ़ डीपर कॉन्सीक्वेंसेज़": वैस्टर्नर्स इन चाइनीज़ रिवर्स-ग्लास पेंटिंग ऑफ़ द 18थ सेंचुरी,' *आर्ट्स ऑफ़ एशिया,* वॉल्यूम 46, सं., 5 (2016): 124-36.

51. पॉल एल.एफ़. वैन डॉन्गेन, '"सेंसिटिव प्लेट्स": नाइन्टीन चाइनीज़ पेंटिंग्स ऑल ग्लास' (सासेनहाइम: सिकेन्स पेंट म्यूज़ियम, लीडेन: नेशनल म्यूज़ियम ऑफ़ एथ्नोलॉजी, 1997), पृ. 30.

52. Jérôme Samuel, 'Naissances et Renaissance de la peinture sous verre à Java', *Archipel*, वॉल्यूम 69 (2005): 91। इस लेख को मेरी जानकारी में लाने के लिए मैं माइकल फ़ीनर का आभारी हूं।

53. वही, 92.

54. माधवी थम्पी एंड शालिनी सक्सेना, *चाइना एंड द मेकिंग ऑफ़ बॉम्बे* (मुंबई: के.आर. कामा ओरियंटल इंस्टीट्यूट, 2009), पृ. 98.

55. *ए ज़ोरोस्ट्रियन टेपेस्ट्री: आर्ट, रिलीजन एंड कल्चर,* संपा., सुधा शेषाद्रि (अहमदाबाद: मेपिन पब्लिशिंग, 2002) में कल्पना देसाई, "द तनचोई एंड द गारो: पारसी टैक्सटाइल एंड एंब्रॉयडरी,' पृ 59.

56. वही, 98-99: माना जाता है कि बेहतरीन साटिन ब्रोकेड बनाने की कला सीखने के लिए जमशेदजी जीजीभॉय ने भारतीय बुनकरों को चीन भेजा था। सूरत के तीन (तन) जोशी भाई एक माहिर उस्ताद से ये कला सीखने शंघाई गए थे जिनका नाम "चोई" के रूप में हमारे

सामने आता है। भारत लौटने के बाद जो कपड़ा उन्होंने बनाया उसे *तन-चोई* के नाम से जाना गया। जहां तक *गारा* की बात है, तो नमूनों की प्रेरणा स्पष्ट रूप से चीनी है, हालांकि कुछ भारतीय नवाचार, जैसे कि अम्बी का डिज़ाइन, भी प्रस्तुत किए गए हैं।'

57. वही, 577: 'इन भाइयों के प्रशिक्षण का भार पहले बैरनेट सर जमशेदजी जीजीभॉय ने वहन किया था जिन्होंने, इस विशेष तकनीक की बुनाई से बेहद प्रभावित होकर, अपने बैरनेट के चिह्न को *तनचोई* सामग्री में एक नमूने के तौर पर बुनवाया था।'
58. वही, 586.
59. ब्लाउज़ जैसे पारसी परिधान को झबला कहा जाता था। *पेंटेट एन्काउंटर्स: पारसी ट्रेडर्स एंड द कम्युनिटी,* संपा. फ़ेरोज़ा जे. गोदरेज एवं फ़ीरोज़ा पंथेकी मिस्त्री (नई दिल्ली: नेशनल गैलरी ऑफ़ मॉडर्न आर्ट, 2016), पृ. 127 पर इस वस्त्र की कुछ शानदार तस्वीरें हैं। डॉ. कल्पना देसाई ने भी अपने लेख में प्रारंभिक पारसी 'ब्लाउज़ों' की कई तस्वीरों को शामिल किया है (उनमें से अधिकांश मुंबई के प्रिंस ऑफ़ वेल्स म्यूजियम के संग्रह से ली गई हैं)। इन वस्त्रों पर चीनी प्रभाव बहुत प्रत्यक्ष है।
60. ये वो काल था जब चीन में स्थानीय पेंटिंग में बहुत विकास हो रहा था। देखें जेम्स कैहिल, *पिक्चर्स फ़ॉर यूज़ एंड प्लैज़र: वर्नाकुलर पेंटिंग इन हाई चिंग चाइना* (बर्कली, सीए: यूनिवर्सिटी ऑफ़ कैलिफ़ोर्निया प्रेस, 2010), पृ. 3-12.
61. कार्ल एल. क्रॉसमैन की *द डेकोरेटिव आर्ट्स ऑफ़ द चाइना ट्रेड: पेंटिंग्स, फ़र्निशिंग्स एंड एग्ज़ॉटिक क्युरियोसिटीज़* (वुडब्रिज, सफ़ोक: एंटीक कलेक्टर्स क्लब लि., 1991) में अनेक शानदार पोर्ट्रेट ली गई हैं। गुआंगज़ाउ में बनाई गई पारसियों की कई बेहतरीन पेंटिंगों में गोदरेज और मिस्त्री की भी शामिल हैं, *पेंटेट एन्काउंटर्स।*
62. रॉबिन हचियन, *चिनरी: द मैन एंड द लीजेंड* (हांगकांग: साउथ चाइना मॉर्निंग पोस्ट, 1975), पृ. 77। साथ ही देखें जॉनसन, *द ओरियंटल वॉयजर,* 176.
63. जॉन सी. डैन, संपा., *द नेगल जरनल: ए डायरी ऑफ़ द लाइफ़ ऑफ़ जेकब नेगल, सेलर, फ़्रॉम द ईयर 1775 टु 1841* (न्यूयॉर्क, एनवाई: वीडेनफ़ेल्ड एंड निकोलसन, 1988), पृ. 273.
64. फ़ैन फ़ा-टी, 'ब्रिटिश नेचुरलिस्ट्स इन चाइना, पृ. 58-72.
65. पीटर वाल्डर *द गार्डन प्लांट्स* में चीनी बॉटेनिकल पेंटिंगों के इतिहास का संक्षिप्त विवरण प्रदान करते हैं, 53-56। ओज़्वाल्ड साइरन की *गार्डन्स ऑफ़ चाइना* (न्यूयॉर्क, एनवाई: रॉनल्ड प्रेस, 1949) इस विषय पर विस्तार से चर्चा करती है।
66. विल्फ़्रीड ब्लंट *द आर्ट ऑफ़ बॉटेनिकल इलस्ट्रेशन: एन इलस्ट्रेटेड हिस्ट्री* (न्यूयॉर्क, एनवाई: डोवर, 1994) में अठारहवीं सदी के चीनी बॉटेनिकल पेंटरों के अपने यूरोपीय समकालीनों जैसे जॉज़ेफ़ पियरे बूशो (1731-1807) पर प्रभाव के बारे में लिखते हैं:

'[उनकी] कुछ कृतियों में पहली बार स्थानीय कलाकारों द्वारा बनाई चीनी पौधों की छवियों का काफ़ी प्रयोग हुआ है, और बूशो की अन्य अनेक कृतियों में भी स्पष्ट पूर्वी छाप है... सुदूर पूर्व ने केवल हमारे उपवनों को ही अनेक ख़ूबसूरत पौधे और फूल नहीं दिए हैं; बल्कि ये प्रकृति के प्रति हमें विनम्रता का एक लाभकारी ज्वलंत उदाहरण भी प्रदान करता है।' (पृ. 160).

67. देखें चार्ल्स टूगुड डाउनिंग, द *फ़ैन-क्वी इन चाइना, इन 1836-7,* वॉल्यूम II (लंदन: एच. कोल्बर्न, 1838), पृ. 95-108.
68. विनी वौन यिन वौंग, *वैन गॉ ऑन डिमांड: चाइना एंड द रेडीमेड* (शिकागो, आईएल: यूनिवर्सिटी ऑफ़ शिकागो प्रेस, 2013), पृ. 5.
69. तान चेत-क्वा एक अंदाज़ा है क्योंकि: 'चिटक्वा का पूरा चीनी नाम पक्के तौर पर हमें पता नहीं है...' (डेविड क्लार्क, *चाइनीज़ आर्ट एंड इट्स एन्काउंटर विद द वर्ल्ड* [हांगकांग: हांगकांग यूनिवर्सिटी प्रेस, 2011], पृ. 22.
70. चिटक्वा के लंदन दौरे के विस्तृत विवरण के लिए देखें क्लार्क, *चाइनीज़ आर्ट,* 21-84.
71. देखें टेरेस त्से बार्थोलोम्यु एवं ही ली, द टेट कलेक्शन ऑफ़ चाइनीज़ एंटीक्विटीज़ इन द छत्रपति शिवाजी महाराज वस्तु संग्रहालय (मुंबई: छत्रपति शिवाजी महाराज वस्तु संग्रहालय, 2002).
72. डाउनिंग, द *फ़ैन-क्वी इन चाइना,* वॉल्यूम II, 90-93.
73. हचियन, *चिनरी:* 73.
74. देखें पैट्रिक कॉनर, *जॉर्ज चिनरी: 1774-1852: आर्टिस्ट ऑफ़ इंडिया एंड द चाइना कोस्ट* (वुडब्रिज, सफ़ोक: एंटीक कलेक्टर्स क्लब लि., 1983), पृ. 263-67.
75. देखें कै. आर्थर कनिंघम, *दि ओपियम वॉर: बींग रीकलेक्शन्स ऑफ़ सर्विस इन चाइना* (फ़िलाडेल्फ़िया, पीए: जी.बी. ज़ीबर एंड कं., 1845), पृ. 217। इस मुद्दे पर विस्तृत विवरण के लिए देखें लैरिसा एन. हाइनरिक, द *आफ़्टरलाइफ़ ऑफ़ इमेजेज़: ट्रांसलेटिंग द पैथोलॉजिकल बॉडी बिटवीन चाइना एंड द वैस्ट* (डरबन, एनसी: ड्यूक यूनिवर्सिटी प्रेस, 2008), पृ. 48-49.
76. ये पेंटिंग, जिन्हें भुगतान के बिना बनाया गया था, अब येल के कुशिंग-व्हिटनी मैडिकल लाइब्रेरी के संग्रह में हैं। देखें हाइनरिक, द *आफ़्टरलाइफ़ ऑफ़ इमेजेज़:* 49-65.
77. थम्पी एंड सक्सेना, *चाइना एंड द मेकिंग ऑफ़ बॉम्बे,* 88.
78. स्कूल के पूर्व छात्रों की सूची को देखने से पता चलता है कि इस संस्थान का भारतीय कला की दुनिया पर अभूतपूर्व प्रभाव रहा है: इस सूची में दादासाहेब फाल्के, उदय शंकर, होमी व्यारावाला, एम.एफ़. हुसैन, तैयब मेहता, फ्रांसिस न्यूटन सूज़ा और जितीश कल्लट एवं अतुल डोडिया जैसे समकालीन मशहूर कलाकार शामिल हैं।

79. क्रॉसमैन की द डेकोरेटिव *आर्ट्स* में पृ. 241 पर विशेष रूप से रोज़वुड के लैकर्ड एवं गिल्डेड बुककेस को देखें। क्रॉसमैन ने इसे एक अद्भुत फ़र्नीचर बनाने के लिए चीनी और पश्चिमी तत्वों के चतुराई भरे प्रयोग का शानदार मेल कहा है। अपने "क्रैक्ड आइस" पैटर्न और तीन आकार के पैनलों के साथ दरवाज़ा स्पष्ट रूप से निर्यात किए जाने वाले किसी भी फ़र्नीचर के लिए अत्यंत कल्पनापूर्ण है।
80. वही, 264.
81. वही, 272.
82. वही, 269.
83. लक्ष्मी सुब्रमण्यम, *श्री मर्चेंट्स ऑफ़ बॉम्बे: बिज़नेस पायनियर्स ऑफ़ द नाइंटींथ सेंचुरी* (गुड़गांव: पेंगुइन रैंडम हाउस, 2011), पृ. 129.
84. *इस्लामिक कलेक्शन्स: मुस्लिम सोसाइटीज़ इन साउथ एंड साउथईस्ट एशिया,* संपा. आर. माइकल फ़ीनर एंड तरनजीत सेवर (सिंगापुर: इंस्टीट्यूट ऑफ़ साउथईस्ट एशियन स्टडीज़, 2009) में जैन वैन डेर पुटेन, वेयांग पारसी, बंगसवान, एंड प्रिंटिंग,' पृ. 91-92.
85. देखें, उदाहरण के लिए, *गार्जियन्स ऑफ़ एंपायर: द आर्म्ड फ़ोर्सेज़ ऑफ़ द कोलोनियल पॉवर्स सी. 1700-1964* (मैनचेस्टर: मैनचेस्टर यूनिवर्सिटी प्रेस, 2017) में डगलस एम. पीयर्स, 'इंपीरियल वाइस: सैक्स, ड्रिंक एंड द हैल्थ ऑफ़ ब्रिटिश ट्रूप्स इन नॉर्थ इंडियन कैंटोनमेंट, 1800-1858,' पृ. 33; एवं डगलस एम. पीयर्स, 'प्राइवेट्स ऑफ़ परेड: रेजिमेंटिंग सैक्सुअलिटी इन द नाइनटीन्थ-सेंचुरी इंडियन एंपायर,' *दि इंटरनेशनल हिस्ट्री रिव्यू,* वॉल्यूम 20, सं. 4 (1998): 836-37.
86. मारिया ग्रैहम, 'जरनल ऑफ़ ए रेज़िडेंस इन इंडिया,' द *मंथली मैगज़ीन,* वॉल्यूम 34 (1812): 645.
87. एच. नोलन, द *इलस्ट्रेटेड हिस्ट्री ऑफ़ द ब्रिटिश एंपायर इन इंडिया एंड द ईस्ट: फ़्रॉम द अर्लिएस्ट टाइम्स टु द सप्रेशन ऑफ़ द सिपॉय म्युटिनी इन 1859* (लंदन: वर्च्यु एंड कं.)। इतिहासकार एंथनी वैब्स्टर ने लिखा है: उन्नीसवीं सदी के पहले तीन दशकों में भारतीयों के प्रति यूरोपीयों की टिप्पणियों में तिरस्कार का भाव मुखर हो गया था।' द रिचेस्ट ईस्ट इंडिया मर्चेंट: द लाइफ़ एंड बिज़नेस ऑफ़ जॉन पामर ऑफ़ कैलकटा, 1767-1836 [मार्टलेशैम, सफ़ोक: बॉयडेल एंड ब्रूअर, 2007], पृ. 79। इसी तरह डी.एच.ए. कॉल्फ़ ने लिखा है: 'दूसरे शब्दों में, अंग्रेज़ों ने बाहरी; भारत में पर्यटक बने रहना चुना जो भारतीय लोगों से संवाद नहीं करते थे।' (*ग्रास इन देयर माउथ्स: द अपर दोआब ऑफ़ इंडिया अंडर द कंपनीज़ मैग्ना चार्टा,* 1793-1830 [लीडन: ब्रिल, 2010], पृ. 439).
88. यहां मेरा तर्क संजय सुब्रह्मण्यम के 'जुड़े हुए इतिहास' के विचार और उनकी लंबे समय से क़ायम इस धारणा पर आधारित है कि 'आधुनिकता ऐतिहासिक रूप से एक वैश्विक और

संबद्ध घटना है, कोई वायरस नहीं जो एक स्थान से दूसरे स्थान पर फैलता है।' ('हियरिंग वॉयसेज़: विग्नेट्स ऑफ़ अर्ली मॉडर्निटी इन साउथ एशिया, 1400-1750,' *डेडेलस*, वॉल्यूम 127, सं. 3 (1989): 99-100। साथ ही देखें कैनेथ पॉमरेंज़, 'टेलियोलॉजी, डिस्कन्टिन्युटी एंड वर्ल्ड हिस्ट्री: पीरियडाइज़ेशन एंड सम क्रिएशन मिथ्स ऑफ़ मॉडर्निटी,' *एशियन रिव्यू ऑफ़ वर्ल्ड हिस्ट्री,* वॉल्यूम 1, सं. 2 (2013): 181.

15: समुद्र को शांत करने वाली टॉवर

1. फ्रेडरिक वेकमैन जू., *स्ट्रेंजर्स एट द गेट: सोशल डिसऑर्डर्स इन साउथ चाइना 1839-1861* (बर्कली, सीए: यूनिवर्सिटी ऑफ़ कैलिफ़ोर्निया प्रेस, 1966), पृ. 14.
2. पीटर वाल्डर, *गार्डन्स इन चाइना* (पोर्टलैंड, ओआर: हैज़ेल्टीन प्रेस, 2002), पृ. 226.
3. ग्रैहम ई. जॉनसन एवं ग्लेन डी. पीटरसन, *हिस्टॉरिकल डिक्शनरी ऑफ़ गुआंगज़ाउ (कैंटन) एंड गुआंगडौंग* (लैनहैम, एमडी, एवं लंदन: 'द स्केयरक्रो प्रेस, 1999), पृ. 11.
4. माओ हैजियान, द *चिंग एंपायर एंड दि ओपियम वॉर: द कोलैप्स ऑफ़ द हैवेन्ली डाइनैस्टी*, अनु. जॉज़ेफ़ लॉसन, क्रेग स्मिथ एवं पीटर लैवेल, संपा., जॉज़ेफ़ लॉसन (कैंब्रिज: कैंब्रिज यूनिवर्सिटी प्रेस, 2016), पृ. 127.
5. देखें डब्ल्यू.डी. बर्नार्ड एवं डब्ल्यू. एच. हॉल: द *नेमेसिस इन चाइना: कंप्राइज़िंग ए हिस्ट्री ऑफ़ द लेट वॉर इन दैट कंट्री; विद ए कंपलीट अकाउंट ऑफ़ द कोलोनी ऑफ़ हांग-कांग* (लंदन: हेनरी कोल्बर्न, 1846), पृ. 2-4.
6. मार्च 1841 से ज़ेनहाइ टॉवर पर हमले की योजना बनाई जा रही थी (ब्रिटिश लाइब्रेरी, इंडिया ऑफ़िस रिकॉर्ड्स, डिस्पैच सं. 15/1841, सी. एलियट द्वारा लॉर्ड पामरस्टन को, 28 मार्च 1841; चाइना रिकॉर्ड्स मिसलेनियस [sic] वॉल्यूम 4 R/10/72; 1841). डिस्पैच के इस संग्रह से ये स्पष्ट है कि ब्रिटिश हाई कमान ने चीन के व्यापक हिस्सों पर क़ब्ज़ा करने की भी योजना बनाई थी (जिसे बाद में छोड़ दिया गया था)।
7. सेना के शराब के राशन के लिए देखें ब्रिटिश लाइब्रेरी'ज़ इंडिया ऑफ़िस रिकॉर्ड्स, मद्रास डिस्पैचेज़ 13 जुलाई से 31 दिसंबर 1841; पृ. 96, रिकॉर्ड डिपार्टमेंट; IOR/E/4/956; 201–08.
8. ले. जॉन ऑक्टरलोनी, द *चाइनीज़ वॉर: एन अकाउंट ऑफ़ ऑल द ऑपरेशंस ऑफ़ द ब्रिटिश फ़ोर्सेज़ फ़्रॉम द कमेंसमेंट टु द ट्रीटी ऑफ़ नानचिंग* (लंदन: सॉन्डर्स एंड ऑट्ली, 1844), पृ. 145.
9. ब्रिटिश लाइब्रेरी'ज़ इंडिया ऑफ़िस रिकॉर्ड्स की फ़ाइल 'चाइना फ़ॉरेन ऑफ़िस इंस्ट्रक्शंस एंड कॉरेसपॉन्डेंस, 1842-43 [L/PS/9/195]' में ब्रिटेन के अग्रणी नेताओं और राजनयिकों के अनेक पत्र हैं जो लंदन में मौजूद कई उच्चस्तरीय ब्रिटिश अधिकारियों की

घोर युद्धप्रियता, और चीनियों को अपमानित करने और उनसे भारी हर्जाना वसूलने के उनके दृढ़ संकल्प की गवाही देते हैं। उनकी तुलना में प्लेनिपोटेंशियरी चार्ल्स एलियट बहुत उदार था।

10. 'इसमें कोई संदेह ही नहीं था कि अंग्रेज़ों ने लूटा था। वास्तव में, इस शब्द "लूट" (भारतीय मूल के) का अंग्रेज़ों द्वारा पहली बार प्रयोग ही अफ़ीम युद्ध के दौरान किया गया था।' (वेकमैन, *स्ट्रेंजर्स एट द गेट,* 16)। साथ ही भोजन की खोज पर माओ हैजियान, द *चिंग एंपायर,* 251 को देखें: 'इस क़िस्म की "भोजन की खोज" में "लूट-पाट" शामिल न होना मुमकिन ही नहीं है।'
11. जेराल्ड ग्रैहम, द *चाइना स्टेशन: वॉर एंड डिप्लोमेसी, 1830-1860* (ऑक्सफ़ोर्ड: क्लैरेनडन प्रेस, 1978), पृ. 167.
12. माओ हैजियान, द *चिंग एंपायर,* 251; एवं जूलिया लवेल, *दि ओपियम वॉर: ड्रग्स, ड्रीम्स एंड द मेकिंग ऑफ़ चाइना* (न्यूयॉर्क, एनवाई: ओवरलुक प्रेस, 2014), पृ. 159.
13. चीनी स्रोतों के लिए, देखें माओ हैजियान, द *चिंग एंपायर,* 252। उल्लंघनों के बारे में जॉन एलियट बिंघम ने *नरेटिव ऑफ़ द एक्सपेडिशन टु चाइना: फ़्रॉम द कमेंसमेंट ऑफ़ द वॉर टु इट्स टर्मिनेशन इन 1842; विद स्कैचेज़ ऑफ़ द मैनर्स एंड कस्टम्स ऑफ़ द सिंगुलर एंड हिदरटो ऑल्मोस्ट अननोन कंट्री,* वॉल्यूम 1 (लंदन: हेनरी कोल्बर्न, 1843), पृ. 149-150 पर भी किया है; और ऑक्टरलोनी ने, द *चाइनीज़ वॉर,* 151 में; और दूसरे ब्रिटिश अफ़सरों ने भी बलात्कारों का अस्पष्ट सा उल्लेख किया है, (उदाहरण के लिए डेविड मैकलीन एक दूसरे अफ़सर को उद्धृत करता है जिसने लिखा था: 'मुझे ये कहते हुए दुख हो रहा है कि बहुत से बर्बर काम हुए जो हमारे जवानों के लिए शर्मनाक थे' ('सर्जन्स ऑफ़ दि ओपियम वॉर: द नेवी ऑन द चाइना कोस्ट, 1840-42,' द *इंग्लिश हिस्टॉरिकल रिव्यू,* वॉल्यूम 121, सं. 491 [2006]: 492)। इसी प्रकार द *चाइनीज़ रिपोज़िटरी*, वॉल्यूम X (एलिब्रॉन क्लासिक्स रीप्रिंट्स, 2005), पृ. 530 'ऐसे कामों का' उल्लेख करता है 'जिनके बारे में बोलना भी शर्मिंदगी भरा है।' दुर्भाग्य से, फ्रेडरिक वेकमैन जू. ने ब्रिटिश कहानी को बिना विचारे स्वीकार कर लिया कि 'सिपाही टुकड़ियों ने वास्तव में सैन-युआन-ली के आसपास स्थानीय महिलाओं का शील-भंग किया था।' (*स्ट्रेंजर्स एट द गेट,* 16-17).
14. एक चीनी विवरण के अनुसार, वेई शाओ-कुआंग नाम के एक बाज़ार के माली ने शपथ-ग्रहण करवाई थी। (दि ओपियम वॉर [बीजिंग: फ़ॉरेन लैंगुएजेज़ प्रेस, 1976], पृ. 54)
15. बिंघम, *नरेटिव ऑफ़ द एक्सपेडिशन,* 160.
16. डंकन मैकफ़र्सन, एम.डी., द *वॉर इन चाइना: नरेटिव ऑफ़ द चाइनीज़ एक्सपीडिशन, फ़्रॉम इट्स फ़ॉरमेशन इन अप्रैल, 1840, टु द ट्रीटी ऑफ़ पीस इन अगस्त, 1842* (लंदन: सॉन्डर्स एंड ओट्ली, 1843), पृ. 155.

17. 'ऐसा सोचा गया था कि चीन में मोर्चे पर जाने वाली बंगाल वॉलंटियर्स बटालियन को परकशन मस्केट से लैस किया जाएगा, मगर परकशन कैप की कम मात्रा को देखते हुए जिसके बारे में बोर्ड ने रिपोर्ट की थी कि उपरोक्त मात्रा को दिल्ली भेजने के बाद वो स्टोर में रहेंगी, हमने ये उचित समझा है कि रेजिमेंट को पहली दफ़ा में फ़्लिंट आर्म्स प्रदान किए जाएं, जिन्हें कोर के कूच करने से पहले, मद्रास या यूरोप से, कॉपर कैप्स की पर्याप्त आपूर्ति प्राप्त होने की स्थिति में परकशन से बदल दिया जाएगा।' कॉपर कैप कभी नहीं आई। [ब्रिटिश लाइब्रेरी, इंडिया ऑफ़िस रिकॉर्ड्स, बंगाल मिलिट्री लैटर्स रिसीव्ड, 1842; L/MIL/3 48; No 26 of 1842].
18. 'नई परकशन मस्केट की अहमियत... तुरंत देख ली गई थी।' हेनरी मेरेडिथ वाइबर्ट, *मिलिट्री हिस्ट्री ऑफ़ द मद्रास इंजीनियर्स एंड पायनियर्स, फ़्रॉम 1743 अप टु द प्रेज़ेंट टाइम,* वॉल्यूम 2 (लंदन: डब्ल्यू.एच. एलन एंड कं., 1881), पृ. 150। साथ ही देखें ब्रिटिश लाइब्रेरी, इंडिया ऑफ़िस रिकॉर्ड्स, मद्रास डिस्पैचेज़ 12 जन. से 29 जून 1842 [E/4/957]; ड्राफ़्ट मिलिट्री, 2 मार्च, सं. 8, 1842: 'परकशन आर्म्स की बेहतर उत्कृष्टता को देखते हुए...'
19. सान्युआनली की लड़ाई का मेरा विवरण निम्नलिखित स्रोतों पर आधारित है: मेजर मार्क एस. बेल, चाइना: *बींग ए मिलिट्री रिपोर्ट ऑन द नॉर्थ-ईस्टर्न पोर्शन्स ऑफ़ द प्रॉविंसेज़ ऑफ़ चिह-ली एंड शैन-तुंग; नानचिंग एंड इट्स अप्रोचेस; प्रीपेयर्ड इन द इंटैलिजेंस ब्रांच ऑफ़ द क्वार्टर मास्टर जनरल्स डिपार्टमेंट इन इंडिया, 1882,* वॉल्यूम I कॉन्फ़ीडेंशियल, वॉल्यूम II सीक्रेट (शिमला: गवर्नमेंट सैंट्रल ब्रांच प्रेस, 1882, ब्रिटिश लाइब्रेरी; इंडिया ऑफ़िस रिकॉर्ड्स) ब्रिटिश लाइब्रेरी, इंडिया ऑफ़िस रिकॉर्ड्स, L/P&S/20/D28/2; बिंघम, *नरेटिव ऑफ़ द एक्सपेडिशन;* ऑफ़िशियल अकाउंट्स ऑफ़ द लेट नेवल एंड मिलिट्री ऑपरेशंस इन चाइना,' द *नॉटिकल मैगज़ीन एंड नेवल क्रॉनिकल* (लंदन: सिंपकिन, मार्शल एंड कं., लंदन, 1841), पृ. 56-63, 262-68, 331-36, 408-16, 473-84, 765-76 एवं 849-62; 'डिस्पैचेज़; चाइना,' द *एनुअल रजिस्टर ऑर ए व्यू ऑफ़ द हिस्ट्री एंड पॉलिटिक्स ऑफ़ द ईयर 1841* (लंदन, 1842) पृ. 468-527); कै. सर एडवर्ड बैल्चर, *नरेटिव ऑफ़ ए वॉयेज राउंड द वर्ल्ड परफ़ॉर्म्ड इन हर मैजेस्टी 'ज़ शिप सल्फ़र ड्युरिंग द ईयर्स 1836-42 इंक्लूडिंग डिटेल्स ऑफ़ द नेवल ऑपरेशंस इन चाइना* (लंदन: हेनरी कोल्बर्न, 1843); रिक बॉवर्स, 'नोट्स फ़्रॉम दि ओपियम वॉर: सेलेक्शंस फ़्रॉम लेफ़्टिनेंट चार्ल्स कैमरॉन्स डायरी ड्युरिंग द पीरियड ऑफ़ द चाइनीज़ वॉर, 1840-41,' *जरनल ऑफ़ द सोसाइटी फ़ॉर आर्मी हिस्टॉरिकल रिसर्च 86* (2008): 190-203; ले. जॉन ऑक्टरलोनी, द *चाइनीज़ वॉर;* डैलस एंड हॉल, द *नेमेसिस इन चाइना;* 'फ़्रंटियर एंड ओवरसीज़ एक्सपीडिशंस फ़्रॉम इंडिया,' अज्ञात, कंपाइल्ड इन द इंटेलिजेंस ब्रांच, आर्मी हैडक्वार्टर, इंडिया, वॉल्यूम VI

(एक्सपीडिशंस ओवरसीज़), 1911, पृ. 379-80; वाइबर्ट, *मिलिट्री हिस्ट्री;* मैकफ़र्सन, *द वॉर इन चाइना: डायरी ऑफ़ इवेंट्स कैप्ट बाइ कै. एच.गिफ़र्ड,* एचएमएस वॉलेज एंड क्रूज़र, 1833-40 (ब्रिटिश लाइब्रेरी); ले. डब्ल्यू.एस. बर्डवुड, 'प्लान ऑफ़ अटैक ऑन द हाइट्स एंड फ़ोर्ट्स नियर द सिटी ऑफ़ कैंटन अंडर द कमांड ऑफ़ मेजर जनरल सर ह्यू गॉ, 25 मे 1841' (ब्रिटिश लाइब्रेरी, इंडिया ऑफ़िस रिकॉर्ड्स)। ब्रिटिश लाइब्रेरी के इंडिया ऑफ़िस रिकॉर्ड्स के संग्रह में मौजूद मिलिट्री डिस्पैचेज़ में से सबसे ज़्यादा उपयोगी निम्नलिखित रहे: बोर्ड्स कलेक्शन्स 83888 से 84180; 1841-42, वॉल्यूम 1938; मद्रास डिस्पैचेज़ 13 जुलाई से 31 दिस. 1841 [E/4/769]; मद्रास डिस्पैचेज़ 4 जन. से 28 अग. 1839 [E/4/952]; मद्रास डिस्पैचेज़ 4 जन. से 28 अग. 1839 [IOR/E/4/952]; मद्रास डिस्पैचेज़ 12 जन. से 29 जून 1842 [E/4/957]; मद्रास डिस्पैचेज़ 13 जुलाई से 31 दिस. 1841; 96 रिकॉर्ड डिपार्टमेंट, [IOR/E/4/956]; बंगाल मिलिट्री लैटर्स रिसीव्ड 1840 [L/MIL/3/46]; बंगाल मिलिट्री लैटर्स रिसीव्ड 1841 [L/MIL/3/47]; बंगाल मिलिट्री लैटर्स रिसीव्ड 1842 [L/MIL/3/48]; बंगाल मिलिट्री लैटर्स रिसीव्ड 1842 [L/MIL/3/48]; बोर्ड्स कलेक्शन्स 1841-42 [IOR/F/4/1954/85080]; इंडिया एंड बंगाल डिस्पैचेज़ 12 जन से 30 मार्च 1842 [E/4/769]; इंडिया एंड बंगाल डिस्पैचेज़ 13 जुलाई से 1 सित. 1841 [E/4/769]; चाइना फ़ॉरेन ऑफ़िस इंस्ट्रक्शंस एंड कॉरेसपॉन्डेंस 1841, सीक्रेट डिपार्टमेंट, [L/ PS/9/194]; चाइना फ़ॉरेन ऑफ़िस इंस्ट्रक्शंस एंड कॉरेसपॉन्डेंस 1839-40 [L/PS/9/193]; चाइना फ़ॉरेन ऑफ़िस इंस्ट्रक्शंस एंड कॉरेसपॉन्डेंस 1842-43 [L/PS/9/195]; चाइना रिकॉर्ड्स मिसेलेनियस [sic] वॉल्यूम 4 [R/10/71] 1840-41; एवं चाइना रिकॉर्ड्स मिसेलेनियस [sic] वॉल्यूम 4 [R/10/72; 1841]. अप्रत्यक्ष स्रोतों में सबसे ज़्यादा उपयोगी रहे: वेकमैन, *स्ट्रेंजर्स एट द गेट;* शिन-पाओ चैंग, *कमिश्नर लिन एंड दि ओपियम वॉर* (कैंब्रिज, एमए: हार्वर्ड यूनिवर्सटी प्रेस, 1964); आर्थर वेली, *दि ओपियम वॉर थ्रू चाइनीज़ आइज़* (लंदन: जॉर्ज एलन एंड अनविन लिमिटेड, 1958); द *चाइनीज़ रिपोज़िटरी*, वॉल्यूम VIII, IX and X; द कैंटन रजिस्टर, वॉल्युम्स 13, 14 एवं 15; लवेल, *दि ओपियम वॉर।*

20. लड़ाई में शामिल दो ब्रिटिश अफ़सरों को तरक़्क़ी मिल गई, और 37वीं मद्रास नेटिव इंफ़ेंट्री को 'अत्यंत कठिन परिस्थितियों में वीरता और स्थिरता का प्रदर्शन करने की हमारी भावना को चिह्नित करने' की ख़ातिर अपग्रेड करके ग्रेनेडियर रेजिमेंट बना दिया गया। [ब्रिटिश लाइब्रेरी, इंडिया ऑफ़िस रिकॉर्ड्स, मद्रास डिस्पैचेज़ 13 जुलाई से 31 दिस. 1841; 96 रिकॉर्ड डिपार्टमेंट, IOR/E/4/956 (पत्र दिनांकित 27 अक्तूबर/सं. 77/1841)।] 1842 में एक बार फिर ये बात ईआईसी के निदेशक मंडल के ध्यान में लाई गई कि '37वीं रेजिमेंट मद्रास नेटिव इंफ़ेंट्री की किसी कंपनी को कोई लाभ प्रदान नहीं किया गया है जिसके कैंटन

ऑपरेशन में सतत और वीरता भरे आचरण की ओर चीन अभियान के कमांडर इन चीफ़ सर ह्यू गॉ ने सरकार का ध्यान आकर्षित किया था। (ब्रिटिश लाइब्रेरी, इंडिया ऑफ़िस रिकॉर्ड्स बोर्ड्स कलेक्शन्स 1841-42 [IOR/F/4/1954/85080]; संग्रह सं. 14, फ़ोर्ट सेंट जॉर्ज मिलिट्री डिपार्टमेंट, पत्र दिनांकित जन. 21, 1842, सं. 3)। जवाब में मंडल ने निर्देश दिया कि 'प्रत्येक यूरोपीय और नेटिव कमीशन प्राप्त अफ़सर, ग़ैर-कमीशन प्राप्त अफ़सर और सिपाही को, जो ले. हैडफ़ील्ड के तहत उस रेजिमेंट की कंपनी में शामिल थे और जिन्होंने अपने सतत बहादुरी और अनुशासन के साथ दुश्मन की भारी तादाद द्वारा बार-बार किए जाने वाले हमलों को सफलतापूर्वक परास्त किया और इस तरह नेटिव आर्मी की साख को क़ायम रखा, उस कोर की रेजिमेंटल ऑर्डर बुक में उन लेनदेन के रिकॉर्ड के साथ दर्ज किया जाए जिसका ये उल्लेख करता है। हम ये भी चाहते हैं कि या तो 'ऑर्डर ऑफ़ मेरिट' के लाभों में शामिल करके या और किसी तरीक़े से जिसे आप उपयुक्त समझें, कंपनी को उनके वेतन और अवकाश-प्राप्ति पर वृद्धि प्रदान की जाए।' (ब्रिटिश लाइब्रेरी, इंडिया ऑफ़िस रिकॉर्ड्स बोर्ड्स कलेक्शन्स 1841-42 [IOR/F/4/1954/85080]; फ़ोर्ट सेंट जॉर्ज के लिए सैन्य पत्र, दिनांकित 27 अक्तूबर 1841)। तरक़्क़ी पाने वाले कुछ सिपाही थे हवलदार गूरपा; जमादार नायक नर्रपा; लांस नायक दाऊद ख़ान, और प्राइवेट लचमन (ब्रिटिश लाइब्रेरी, इंडिया ऑफ़िस रिकॉर्ड्स बोर्ड्स कलेक्शन्स 1841-42 [IOR/F/4/1954/85080]; रेजिमेंटल ऑर्डर्स बाइ कैप्टन बैडिंगफ़ील्ड; हांगकांग, 3 जुलाई 1841).

21. देखें जेम्स एम. पोलाचेक, द इनर ओपियम वॉर (कैंब्रिज, एमए: हार्वर्ड यूनिवर्सिटी एशिया सेंटर, 1992), पृ. 165; एवं लवेल, *दि ओपियम वॉर,* 156-64 .
22. माओ हैजियान, द *चिंग एंपायर,* 267.
23. लवेल, *दि ओपियम वॉर,* 159.
24. इन कंटेनरों में केवल निर्यात के लिए या 'प्रॉवीज़न' अफ़ीम होती थी। भारत में बेची जाने वाली अफ़ीम को अकबरी अफ़ीम कहा जाता था और उसकी पैचिंग भिन्न होती थी।
25. ये दिलचस्प है कि माओ हैज़ियान, जिनका अफ़ीम युद्ध का संशोधनवादी इतिहास दुनियाभर में प्रभावाशाली रहा है, युद्ध के अपने विस्तृत विवरण में सान्युआनली में भारतीयों की मौजूदगी का कोई ज़िक्र नहीं करते हैं। इस संघर्ष में अफ़ीम द्वारा निभाई महत्वपूर्ण भूमिका पर भी वो शायद ही ध्यान देते प्रतीत होते हैं।
26. मैथ्यू डब्ल्यू. मोस्का, *फ़्रॉम फ़्रंटियर पॉलिसी टु फ़ॉरेन पॉलिसी: द क्वेश्चन ऑफ़ इंडिया एंड द ट्रांसफ़ॉर्मेशन ऑफ़ जियोपॉलिटिक्स इन चिंग चाइना* (स्टैनफ़ोर्ड, सीए: स्टैनफ़ोर्ड यूनिवर्सिटी प्रेस, 2013), पृ. 252.
27. डेविड टी. कोर्टराइट, *फ़ोर्सेज़ ऑफ़ हैबिट: ड्रग्स एंड द मेकिंग ऑफ़ द मॉडर्न वर्ल्ड* (कैंब्रिज, एमए: हार्वर्ड यूनिवर्सिटी प्रेस, 2001), पृ. 140.

28. ये आश्चर्यजनक है कि शराब के विषय पर ब्रिटिश मिलिट्री डिस्पैच में कितनी बारीकी से ध्यान दिया जाता था। उदाहरण के लिए देखें, [ब्रिटिश लाइब्रेरी, इंडिया ऑफ़िस रिकॉर्ड्स, मद्रास डिस्पैचेज़ 12 जन. से 29 जून 1842 [E/4/957]; ड्राफ़्ट मिलिट्री, 2 मार्च सं. 8, 1842; एवं बंगाल मिलिट्री लैटर्स रिसीव्ड 1840 [L/MIL/3/46]; 1840 का सं. 46। एरिका वाल्ड लिखती हैं कि ब्रिटिश कमांडर शराब पीने को 'सैनिक के जीवन का अभिन्न अंग' मानते थे। ('हैल्थ, डिसिप्लिन एंड एप्रोप्रिएट बिहेवियर: द बॉडी ऑफ़ द सोल्जर एंड स्पेस ऑफ़ दे कैंटोनमेंट,' *मॉडर्न एशियन स्टडीज़,* वॉल्यूम 46, सं. 4 [2012]: 834).
29. किसी सिपाही द्वारा लिखा उन्नीसवीं सदी का एकमात्र मौजूदा संस्मरण है *फ़्रॉम सिपॉय टु सूबेदार: बींग द लाइफ़ एंड एडवेंचर्स ऑफ़ सूबेदार सीता राम, ए नेटिव ऑफ़िसर ऑफ़ दे बंगाल आर्मी, रिटेन एंड रिलेटेड बाई हिमसेल्फ़,* अनु. जेम्स थॉमस नॉरगेट, संपा., जेम्स डी. लंट (लंदन, 1873; साथ ही कलकत्ता: बैपटिस्ट मिशन प्रेस, 1911)। 1873 में सर्वप्रथम प्रकाशित इसके बारे में कहा जाता है कि इसे एक अंग्रेज़ अफ़सर से लिखवाया गया था और व्यापक रूप से इसे अप्रामाणिक माना जाता है। मूल आलेख, अगर कभी था तो, कभी नहीं मिला, इसलिए केवल अंग्रेज़ी संस्करण ही मौजूद है। हालांकि संस्मरण के कुछ हिस्से नॉरगेट द्वारा गढ़े गए हो सकते हैं, मगर कुछ आख्यान निश्चय ही प्रामाणिक है। लेखक मधुकर उपाध्याय ने इस आलेख को अवधी में ख़ूबसूरती से परिकल्पित किया है (*किस्सा पांडे सीताराम सूबेदार* [दिल्ली, सारांश प्रकाशन, 1999]).
30. विस्तृत विवरण के लिए देखें टी.ए. हीथकोट, *द मिलिट्री इन ब्रिटिश इंडिया: द डेवलपमेंट ऑफ़ ब्रिटिश लैंड फ़ोर्सेज़ इन साउथ एशिया 1600-1947* (मैनचेस्टर, एंड न्यूयॉर्क, एनवाई: मैनचेस्टर यूनिवर्सिटी प्रेस, 1995), पृ. 21-37.
31. आनंद ए. यैंग, कमल शील, रंजना शील, प्रसेनजीत दुआरा एवं तानसेन सेन, *थर्टीन मंथ्स इन चाइना: ए सबैल्टर्न इंडियन एंड द कोलोनियल वर्ल्ड - एन एनोटेटेड ट्रांसलेशन ऑफ़ ठाकुर गदाधर* सिंह'स चीन में तेरह मास (नई दिल्ली: ऑक्सफ़ोर्ड यूनिवर्सिटी प्रेस, 2017)। साथ ही देखें: आनंद ए. यैंग, 'एन इंडियन सबैल्टर्न्स पैसेज टु चाइना इन 1900,' *एजुकेशन एबाउट एशिया*, वॉल्यूम 11, सं. 3 (2006).
32. जैसा कि विलियम पिंच ने लिखा है: 'सत्रहवीं सदी में इंग्लिश ईस्ट इंडिया कंपनी का सामना जिस लोकप्रिय धार्मिक दुनिया से हुआ था, वो हिंदुत्व या इस्लाम से कम बल्कि संन्यासियों से ज़्यादा निर्दिष्ट था।' (विलियम आर. पिंच, वॉरियर एसेटिक्स एंड इंडियन एंपायर्स [कैंब्रिज: कैंब्रिज यूनिवर्सिटी प्रेस, 2009]). नील ग्रीन ने लिखा है: 'सैनिकों के परमानंद और उन्माद की स्थिति में चले जाने की कहानियां किसी भी रूप में असामान्य नहीं थीं' ('जैक सिपॉय एंड द दरवेशेज़: इस्लाम एंड दि इंडियन सोल्जर इन प्रिंस्ली इंडिया,' *जरनल ऑफ़ द रॉयल एशियाटिक सोसाइटी*, वॉल्यूम 18, सं. 1 [2008]: 39)। साथ ही देखें डी.एच.ए. कॉल्फ़,

'संन्यासी ट्रेडर-सोल्जर्स,' *दि इंडियन इकोनॉमिक एंड सोशल हिस्ट्री रिव्यू*, वॉल्यूम 8 (1971); एवं डी.एन. लॉरेनज़ेन, 'वॉरियर एसेटिक्स इन इंडियन हिस्ट्री,' *जरनल ऑफ़ द अमेरिकन ओरियंटल सोसाइटी,* वॉल्यूम 98, सं. 1 (1978): 61-75.

33. ब्रिटिश अफ़सरों के लिए अपने अर्दलियों के साथ गाली-गलौज और मारपीट करना, कभी-कभी मार डालना भी, असामान्य नहीं था। ऐसे ही एक मामले में चार्ल्स मैन नाम के एक ब्रिटिश लेफ़्टिनेंट ने अपने अर्दली को मार डाला था, उसे बस दो साल की क़ैद और सेना से बर्ख़ास्तगी की सज़ा मिली (ब्रिटिश लाइब्रेरी, इंडिया ऑफ़िस रिकॉर्ड्स, मद्रास डिस्पैचेज़ 1 जन. से 2 जुलाई 1841 [Br. Lib. E/4/955] ड्राफ़्ट मिलिट्री 19 मई, सं. 37, 1841, मद्रास).

34. ब्रिटिश लाइब्रेरी, इंडिया ऑफ़िस रिकॉर्ड्स, मद्रास डिस्पैचेज़ 1 जन. से 2 जुलाई 1841 [Br. Lib. E/4/955] मिलिट्री 28 अप्रैल सं. 28 1841। साथ ही देखें मद्रास डिस्पैचेज़ 12 जन. से 29 जून 1842 [E/4/957] सं. 26 (2 जुलाई 1841) जिसमें सर ह्यू गॉ ने लिखा है: 'समुद्र पार सेवा करने के दौरान आपकी प्रेसिडेंसी के नियमों के तहत आपके प्रतिष्ठान की स्थानीय सेना को मिलने वाले अनेक लाभों को सुनिश्चित करने के लिए उठाए गए क़दमों का हम पूरी तरह अनुमोदन करते हैं।'

35. ब्रिटिश लाइब्रेरी, इंडिया ऑफ़िस रिकॉर्ड्स, मद्रास डिस्पैचेज़ 1 जन. से 2 जुलाई 1841 [Br. Lib. E/4/955] मिलिट्री 28 अप्रैल सं. 28 1841। साथ ही देखें हीथकोट, द *मिलिट्री इन ब्रिटिश इंडिया,* 77-81.

36. उम्मीद है कि किसी दिन मैं 1857 के युद्ध में केसरी की भूमिका का विवरण लिखने में समर्थ हो पाऊंगा।

37. मोस्का, *फ़्रॉम फ़्रंटियर पॉलिसी,* 253.

38. वही, 242। साथ ही देखें *ट्रांसलेटिंग एंड इंटरप्रेटिंग कंफ़्लिक्ट,* संपा., मिरियम सलमा-कार, एडिशंस रोडोपी बी.वी. (न्यूयॉर्क एंड एम्सटर्डम, 2007) में लॉरेंस वैंग-ची वौंग, 'ट्रांसलेटर्स एंड इंटरप्रेटर्स ड्युरिंग दि ओपियम वॉर बिटवीन ब्रिटेन एंड चाइना (1839-1842),' पृ. 41-60.

39. उदाहरण के लिए, 1842 में, जब एक दुर्घटनाग्रस्त जहाज़ के नाविकदल के बहुत से सदस्यों को ताइवान में बंदी बना लिया गया था, तो श्वेत क़ैदियों की तुलना में लस्करों के साथ बहुत बुरा बर्ताव किया गया था। देखें जॉन ली स्कॉट, *नरेटिव ऑफ़ ए रीसेंट इंप्रिज़नमेंट इन चाइना आफ़्टर द रैक ऑफ़ द काइट* (लंदन: डब्ल्यू.एच. डाल्टन, 1842).

40. अमिश राज मुल्मी, *ऑल रोड्स लीड नॉर्थ: नेपाल्स टर्न टु चाइना* (चेन्नई: कॉन्टेक्स्ट, 2021), पृ. 63-66। साथ ही देखें महेश सी. रेग्मी, *किंग्स एंड पोलिटिकल लीडर्स ऑफ़ द गोरखली एंपायर 1768-1814* (हैदराबाद: ओरियंट ब्लैकस्वान, 1995), पृ. 66; एवं

तानसेन सेन, *इंडिया, चाइना एंड द वर्ल्ड: ए कनेक्टेड हिस्ट्री* (लंदन: रोमैन एंड लिटिलफ़ील्ड पब्लिशर्स, 2017), पृ. 252-53.

41. ये आशंका अकारण नहीं थी क्योंकि व्यापारिक विशेषाधिकारों को रद्द करना (जिसे आज 'सैंक्शन्स' कहा जाएगा) उन रणनीतियों में से एक थी जिनका इस्तेमाल चिंग प्रशासन 'विदेशियों को झुकाने' के लिए करता था (माओ हैजियान, द *चिंग एंपायर,* 94)
42. देखें विजय कुमार मानन्धर, संपा., *ए डॉक्युमेंटरी हिस्ट्री ऑफ़ नेपलीज़ क्विन्क्वेनियल मिशन्स टु चाइना 1792-1906* (दिल्ली: एड्रॉइट पब्लिशर्स, 2001).
43. मोस्का, *फ़्रॉम फ़्रंटियर पॉलिसी,* 179.
44. वही, 180-83.
45. मानन्धर, *ए डॉक्युमेंटरी हिस्ट्री,* 'बैकग्राउंड।'
46. डॉ. ई.एच. पार्कर, *चाइनीज़ अकाउंट ऑफ़ दि ओपियम वॉर* (शंघाई: कैली एंड वाल्श, 1888), पृ. 72.
47. मोस्का, *फ़्रॉम फ़्रंटियर पॉलिसी,* 260-62.
48. मानन्धर, *ए डॉक्युमेंटरी हिस्ट्री.*
49. पार्कर, *चाइनीज़ अकाउंट,* 72.
50. मोस्का, *फ़्रॉम फ़्रंटियर पॉलिसी,* 190-94. वेई युआन ने दर्ज किया है कि गोरखों के प्रति चिंग प्रशासन की प्रतिक्रिया कुछ ऐसी थी कि 'असभ्य लोगों के पारस्परिक झुकावों के साथ दिव्य राजवंश कभी कोई सरोकार नहीं रखता' (पार्कर, *चाइनीज़ अकाउंट, 73).*

16: साम्राज्य का स्तंभ

1. डोपसिक हुलु की मिनीसीरीज़ है।
2. आर्ट वैन ज़ी, 'द प्रमोशन एंड मारकेटिंग ऑफ़ ऑक्सिकॉन्टिन: कमर्शियल ट्रायम्फ़, पब्लिक हैल्थ ट्रेजेडी,' *अमेरिकन जरनल ऑफ़ पब्लिक हैल्थ,* वॉल्यूम 99, सं. 2 (2009): 221-27.
3. 1729 के लिए फ़िगर जॉनैथन स्पेंस, द *सर्च ऑफ़ मॉडर्न चाइना* (न्यूयॉर्क, एनवाई: डब्ल्यू. डब्ल्यू. नॉर्टन, 1990) पृ. 129 से ली गई है; और 1830 के लिए फ़िगर पीटर थिली, *दि ओपियम बिज़नेस: ए हिस्ट्री ऑफ़ क्राइम एंड कैपिटलिज़्म इन मैरीटाइम चाइना* (स्टैनफ़ोर्ड, सीए: स्टैनफ़ोर्ड यूनिवर्सिटी प्रेस, 2022), पृ. 4 से ली गई है। अपने मूल स्थान के अनुसार हरेक पेटी में 140 से 160 पाउंड के बीच अफ़ीम होती थी।
4. थिली, *दि ओपियम बिज़नेस,* 7.
5. तैन चुंग, *चाइना एंड द ब्रेव न्यू वर्ल्ड: ए स्टडी ऑफ़ द ओरिजिन्स ऑफ़ दि ओपियम वॉर 1840-42* (नई दिल्ली: एलाइड पब्लिशर्स, 1978), पृ. 86.

6. थॉमस एन. लेटन, द *वॉयेज ऑफ़ द फ़्रॉलिक: न्यू इंग्लैंड मर्चैंट्स एंड दि ओपियम ट्रेड,* [स्टैनफ़ोर्ड, सीए: स्टैनफ़ोर्ड यूनिवर्सिटी प्रेस, 1997], पृ. 29.
7. जॉन एफ़. रिचर्ड्स, 'दि ओपियम इंडस्ट्री इन ब्रिटिश इंडिया,' *दि इंडियन इकोनॉमिक एंड सोशल हिस्ट्री रिव्यू*, वॉल्यूम 39, सं. 2-3 (202): 150-161.
8. वही, 156.
9. जॉन एफ़. रिचर्ड्स, 'ओपियम एंड द ब्रिटिश इंडियन एंपायर: द रॉयल कमीशन ऑफ़ 1985,' *मॉडर्न एशियन स्टडीज़,* वॉल्यूम 36, सं. 2 (2002): 377.
10. माइकल ग्रीनबर्ग, *ब्रिटिश ट्रेड एंड द ओपनिंग ऑफ़ चाइना* (कैंब्रिज: कैंब्रिज यूनिवर्सिटी प्रेस, 1951), पृ 10.
11. दिलीप के. बसु, 'एशियन मर्चैंट्स एंड वैस्टर्न ट्रेड: ए कंपैरेटिव स्टडी ऑफ़ कैलकटा एंड कैंटन 1800-1840 (पीएच.डी. डिज़., यूनिवर्सिटी ऑफ़ कैलिफ़ोर्निया, बर्कली, सीए, 1975), पृ.58.
12. *ओपियम रिजीम्स: चाइना, ब्रिटेन, एंड जापान, 1839-1952,* संपा. टिमोथी ब्रुक एवं बॉब टडाशी वाकाबायशी (बर्कली, सीए: यूनिवर्सिटी ऑफ़ कैलिफ़ोर्निया प्रेस, 2000) की प्रस्तावना, पृ. 7.
13. तैन चुंग, *चाइना एंड द ब्रेव न्यू वर्ल्ड,* 94.
14. कार्ल ए. ट्रॉकी, *ओपियम, एंपायर एंड द ग्लोबल पोलिटिकल इकोनॉमी: ए स्टडी ऑफ़ द एशियन ओपियम ट्रेड, 1750-1950* (न्यूयॉर्क, एनवाई: रटलेज, 1999),पृ. 138। साथ ही देखें हैन्स डर्क्स, *हिस्ट्री ऑफ़ दि ओपियम प्रॉब्लम: द एसॉल्ट ऑन द ईस्ट, सीए. 1600-1950* (लीडेन: ब्रिल, 2012), पृ. 401-11; एवं डायना एस. किम, *एंपायर्स ऑफ़ वाइस: द राइज़ ऑफ़ ओपियम प्रॉहिबिशन एक्रॉस साउथईस्ट एशिया* (प्रिंसटन; एनजे: प्रिंसटन यूनिवर्सिटी प्रेस, 2020), पृ. 3.
15. रिचर्ड्स, 'दि ओपियम इंडस्ट्री, 154-55.
16. जैक बीचिंग, द *चाइनीज़ ओपियम वॉर्स* (न्यूयॉर्क, एनवाई: हारकोर्ट ब्रेस, 1976), पृ. 159.
17. 'अफ़ीम के समर्थकों ने भारत के वित्तीय हितों की ओर संकेत किया और पूर्व में अफ़ीम के उपभोग की तुलना पश्चिम में शराब के उपभोग से की।' रिचर्ड्स, 'ओपियम एंड द ब्रिटिश इंडियन एंपायर,' 383। साथ ही देखें जॉन आर. हैडाड, *अमेरिका'ज़ फ़र्स्ट एडवेंचर इन चाइना: ट्रेड, ट्रीटीज़, ओपियम, एंड साल्वेशन* (फ़िलाडेल्फ़िया: टैंपल यूनिवर्सिटी प्रेस, 2013), किंडल संस्करण, लॉक. 1741.
18. चार्ल्स डिकेन्स, 'ओपियम,' *हाउसहोल्ड वर्ड्स*, 22 अगस्त 1857, पृ. 185.
19. जेम्स आर. रश, *ओपियम टु जावा: रेवेन्यु फ़ार्मिंग एंड चाइनीज़ एंटरप्राइज़ इन कोलोनियल इंडोनेशिया, 1860-1910* (इंडोनेशिया: इक्विनॉक्स पब्लिशिंग, 2007) पृ. 140.

20. रिचर्ड्स, 'ओपियम एंड द ब्रिटिश इंडियन एंपायर,' 420.
21. वही, 408.
22. नेथन एलन, *दि ओपियम ट्रेड; इंक्लूडिंग ए स्केच ऑफ़ इट्स हिस्ट्री, एक्सटैंट, इफ़ेक्ट्स एटसेट्रा एज़ कैरीड ऑन इन इंडिया एंड चाइना* (लॉवेल, एमए: जेम्स पी. वॉकर, 1853), पृ. 32.
23. डेविड टी. कोर्टराइट, *फ़ोर्सेज़ ऑफ़ हैबिट: ड्रग्स एंड द मेकिंग ऑफ़ द मॉडर्न वर्ल्ड* (कैंब्रिज, एमए: हार्वर्ड यूनिवर्सिटी प्रेस, 2001), पृ. 147.
24. शैरी सैगर्स एंड डेनिस ग्रे, 'सप्लाइंग एंड प्रमोटिंग "ग्रॉग": द पोलिटिकल इकोनॉमी ऑफ़ अल्कोहल इन एबॉरिजिनल ऑस्ट्रेलिया,' ऑस्ट्रेलियन जरनल ऑफ़ सोशल इश्युज़, वॉल्यूम 32, सं. 3 (1997): 215.
25. मार्सिया लैंग्टन, 'रम, सेडक्शन एंड डैथ: "एबॉरिजिनलिटी" एंड अल्कोहल,' *ओशनिया,* वॉल्यूम 63, सं. 3 (1993): 201। साथ ही देखें सिमोन पैटिग्रयु एंड रॉनल्ड ग्रोव्ज़, 'ऑस्ट्रेलिया, अल्कोहल एंड द एबॉरिजिन: अल्कोहल कंज़म्प्शन डिफ़रेंसेज़ बिटवीन नॉन-इंडीजिनस एंड इंडीजिनस ऑस्ट्रेलियन्स,' *एसीआर एशिया-पैसिफ़िक एडवांसेज़,* वॉल्यूम 5 (2002) https://www.acrwebsite.org/ volumes/11787/ volumes/ap05/AP-0
26. कार्ल ए. ट्रॉकी, *ओपियम एंड एंपायर: चाइनीज़ सोसाइटी इन कोलोनियल सिंगापुर 1800-1910* (इथाका, एनवाई: कॉरनेल यूनिवर्सिटी प्रेस, 1990),पृ. 50, 201.
27. इतिहासकार सिद्धार्थ चंद्र के शब्दों में: 'अफ़ीम को दूसरी विपणन-योग्य वस्तुओं जैसे रबड़ या चीनी से अलग करने वाली चीज़ होती है इसकी अति-व्यसनी प्रकृति। भारी तादाद में अपने उपभोक्ताओं में शारीरिक और मनोवैज्ञानिक निर्भरता पैदा करने में सक्षम होने के कारण, एक उत्पाद के रूप में अफ़ीम में आर्थिक लाभ (विशेषकर उत्पादकों के लिए) और हानि (विशेषकर उपभोक्ता के लिए) की भारी क्षमता निहित होती है जो अधिकांश उत्पादों की क्षमता से कहीं ज़्यादा है।' सिद्धार्थ चंद्र, 'इकोनॉमिक हिस्ट्रीज़ ऑफ़ दि ओपियम ट्रेड,' ई.एच. नेट एंसाइक्लोपीडिया, 10 फ़रवरी 2008, http:// eh.net/encyclopedia/ economic-histories-of-the-opium-trade/
28. डर्क्स, *हिस्ट्री ऑफ़ दि ओपियम प्रॉब्लम,* 364.
29. कीथ मैकमोहन, द *फ़ॉल ऑफ़ द गॉड ऑफ़ मनी: ओपियम स्मोकिंग इन नाइनटीन्थ-सेंचुरी चाइना* (लैनहैम, एमडी: रोमैन एंड लिटिलफ़ील्ड पब्लिशर्स, 2002), पृ. 105.
30. जेम्स मैके, *फ़्रॉम लंदन टु लखनऊ, विद मेमोरेंडा ऑफ़ म्युटिनीज़, मार्चेज़, फ़्लाइट्स, फ़ाइट्स, एंड कंवर्सेशन्स। टु व्हिच इज़ एडेड, एन ओपियम स्मग्लर्स एक्स्प्लेनेशन ऑफ़ द पीहो मासेकर* (लंदन: जेम्स निस्बेट, 1860), पृ. 525.
31. रिचर्ड्स, 'ओपियम एंड द ब्रिटिश इंडियन एंपायर,' 375.

32. रिचर्ड्स, 'दि ओपियम इंडस्ट्री, 154-55.
33. *ड्रग्स एंड एंपायर्स: एसेज़ इन मॉडर्न इंपीरियलिज़्म एंड इन्टॉक्सिकेशन, सी. 1500-1930, 116-41,* संपा. जेम्स मिल्स एंड पैट्रीशिया बार्टन [बेसिंग्स्टोक: पाल्ग्रेव मैकमिलन, 2007] में जॉन एफ़ रिचर्ड्स, '"कैननॉट वी इन्ड्यूस द पीपुल ऑफ़ इंग्लैंड टु ईट ओपियम?" द मॉरल इकोनॉमी ऑफ़ ओपियम इन कोलोनियल इंडिया,' पृ. 73.
34. क्रिस मैकग्रील, *अमेरिकन ओवरडोज़: द ओपियोइड ट्रैजेडी इन थ्री एक्ट्स* (न्यूयॉर्क, एनवाई: हैशेत बुक ग्रुप, 2018), पृ. 20.
35. अफ़ीमसम की वकालत के आंदोलन के लिए देखें बैरी मायर, *पेन किलर: एन एंपायर ऑफ़ डिसीट एंड द ओरिजिन ऑफ़ अमेरिका'ज़ ओपियोइड एपिडेमिक* (न्यूयॉर्क, एनवाई: पेंगुइन रैंडम हाउस, 2018) पृ. 34-40.
36. पैट्रिक रैडेन कीफ़, *एंपायर ऑफ़ पेन: द सीक्रेट हिस्ट्री ऑफ़ द सैकलर डाइनेस्टी* (न्यूयॉर्क, एनवाई: डबलडे, 2021), पृ. 366.
37. मैकग्रील, *अमेरिकन ओवरडोज़,* 165.
38. *ड्रग्स एंड एंपायर्स: एसेज़ इन मॉडर्न इंपीरियलिज़्म एंड इन्टॉक्सिकेशन, सी. 1500-1930, 116-41,* संपा. जेम्स मिल्स एंड पैट्रीशिया बार्टन [बेसिंग्स्टोक: पाल्ग्रेव मैकमिलन, 2007] में देखें, उदाहरण के लिए, फ़्रैंक डिकॉटर, लार्स लामन एवं शुन ज़ाऊ, 'चाइना, ब्रिटिश इंपीरियलिज़्म एंड द मिथ ऑफ़ द "ओपियम प्लेग,"' पृ. 19-38.
39. जेम्स एच. मिल्स, 'ड्रग्स, कंज़म्प्शन, एंड सप्लाई इन एशिया: द केस ऑफ़ कोकीन इन कॉलोनियल इंडिया, सी. 1900-सी. 1930,' *द जरनल ऑफ़ एशियन स्टडीज़*, वॉल्यूम 66, सं. 2 (2007): 361..
40. मैकग्रील, *अमेरिकन ओवरडोज़,* 40.
41. किम, *एंपायर्स ऑफ़ वाइस,* 204..
42. स्टेफ़न रिमर, *ओपियम्स लॉंग शैडो: फ़्रॉम एशियन रिवोल्ट टु ग्लोबल ड्रग कंट्रोल* (कैंब्रिज, एमए: हार्वर्ड यूनिवर्सिटी प्रेस, 2018), पृ. 10..
43. ट्रॉकी, *ओपियम एंड एंपायर,* 210..
44. नारकोटिक्स के इतिहासकार डेविड टी. कोर्टराइट के शब्दों में, 'मादक-पदार्थों की कोई भी नीति, चाहे वो पूर्व-अनुरक्षण हो या अनुरक्षण-विरोधी, व्यसन के उन्मूलन के निकट भी नहीं पहुंची।' डेविड टी. कोर्टराइट *डार्क पैराडाइज़: ए हिस्ट्री ऑफ़ ओपिएट एडिक्शन इन अमेरिका* (कैंब्रिज, एमए: हार्वर्ड यूनिवर्सिटी प्रेस, 2001), किंडल संस्करण, लॉक. 122.
45. स्टीफ़न आर. प्लाट, *इंपीरियल ट्वाइलाइट: दि ओपियम वॉर एंड द एंड ऑफ़ चाइना'ज़ लास्ट गोल्डन एज* (न्यूयॉर्क, एनवाई: नॉफ़, 2018), पृ. 446.

46. देखें थिली, *दि ओपियम बिज़नेस,* 85-86.
47. डेविड एम. कटलर एवं एडवर्ड एल. ग्लैसर, 'व्हैन इनोवेशन गोज़ राँग: टैक्नोलॉजिकल रीग्रेस एंड द ओपियोइड एपिडेमिक,' द *जरनल ऑफ़ इकोनॉमिक पर्सपेक्टिव्ज़,* वॉल्यूम 35, सं. 4 (2021): 174.
48. इसी नाते, मुझे ध्यान रखना चाहिए कि मैं एक 'ऊपरी' चक्र में लिख रहा हूं।
49. कीफ़, *एंपायर ऑफ़ पेन*, 344.
50. कटलर एवं ग्लैसर, 'व्हैन इनोवेशन गोज़ राँग,' 192.
51. आबकारी अफ़ीम में मॉर्फ़ीन की कम मात्रा थी (देखें यूनाइटेड नेशन्स ऑफ़िस ऑन ड्रग्स एंड क्राइम, *क्वासी-मेडिकल यूज़ ऑफ़ ओपियम,* 1953; https://www.unodc.org/unodc/en/data-and-analysis/bulletin/bulletin_1953-01-1_3_page008.html). इसे 'प्रोविज़न' अफ़ीम से एकदम भिन्न तरीक़े से भी उत्पन्न और पैकेज किया जाता था (जे. डब्ल्यू. एस. मैकआर्थर, *नोट्स ऑन एन ओपियम फ़ैक्ट्री* [कलकत्ता: थैकर, स्पिंक एंड कंपनीज़ प्रेस, 1865] पृ. 28).
52. तैन चुंग, *चाइना एंड द ब्रेव न्यू वर्ल्ड,* 87। उन्नीसवीं सदी के लेखक नेथन एलन के शब्दों में, 'भारत में चीन के बाज़ार के लिए अफ़ीम का उत्पादन करने वाले लोगों का उद्देश्य कच्चे रस को इस तरह गाढ़ा करना था कि वो बहुत गर्म करके खींचा गया तरल सत छोड़ दे जो सूखने के बाद पाइप से पीने पर बेहतरीन शुद्धता और स्वाद प्रदान करता है।' एलन, *दि ओपियम ट्रेड,* 8.
53. रश, *ओपियम टु जावा,* 38.
54. वही.
55. *ड्रग्स एंड एंपायर्स: एसेज़ इन मॉडर्न इंपीरियलिज़्म एंड इन्टॉक्सिकेशन, सी.1500-सी.1930*, संपा. जेम्स एच. मिल्स एवं पैट्रीशिया बार्टन [न्यूयॉर्क, एनवाई: पालग्रेव मैकमिलन, 2007], में रिचर्ड न्यूमैन, 'अर्ली ब्रिटिश एन्काउंटर्स विद दि ओपियम ईटर' पृ. 57.
56. सत्रहवीं सदी के एक यूरोपीय हर्बलिस्ट ने लिखा था कि '(अफ़ीम के) एक दाने जितनी ख़ुराक भी किसी यूरोपीय के लिए घातक साबित हो सकती है…' ट्रॉकी, *ओपियम, एंपायर,* 25। साथ ही देखें एस.पी. सेंगर, 'इन्टॉक्सिकैंट्स इन मुग़ल इंडिया,' *इंडियन जरनल ऑफ़ हिस्ट्री ऑफ़ साइंस*, वॉल्यूम 16, सं. 2 (1981): 203.
57. रैडेन एडजेंग कार्टिनी, *लैटर्स ऑफ़ ए जावानीज़ प्रिंसेज़,* 25 मई 1899 (अनु. 1921)
58. मैकग्रील, *अमेरिकन ओवरडोज़,* 50.
59. मैकमोहन, *द फ़ॉल ऑफ़ द गॉड ऑफ़ मनी*
60. मायर, *पेन किलर,* 64.
61. मैकग्रील, *अमेरिकन ओवरडोज़,* 61.

62. देखें ज़ैंग यांगवेन, *द सोशल लाइफ़ ऑफ़ ओपियम इन चाइना* (कैंब्रिज: कैंब्रिज यूनिवर्सटी प्रेस, 2005), पृ. 98.
63. ट्रॉकी, *ओपियम एंड एंपायर,* 237.
64. डर्क्स द्वारा *हिस्ट्री ऑफ़ दि ओपियम प्रॉब्लम* में उद्धृत 289.
65. देखें डर्क्स, 450.
66. उद्धृत, ट्रॉकी, *ओपियम एंड एंपायर,* 77.
67. वही.
68. 1909 और 1925 के बीच ब्रिटिश नारको-कूटनीति के पूरे विवरण के लिए देखें इमदादुल हक़, *ड्रग्स इन साउथ एशिया: फ़्रॉम दि ओपियम ट्रेड टु द प्रेज़ेंट डे* (न्यूयॉर्क, एनवाई: सेंट मार्टिन्स प्रेस, 2000), पृ. 69-95.
69. प्लाट, *इंपीरियल ट्वाइलाइट,* 392.
70. रिचर्ड्स, 'ओपियम एंड द ब्रिटिश इंडियन एंपायर,' 381.
71. ऐसे तर्कों के एक विवरण के लिए देखें जे. स्पेंसर हिल, *द इंडो-चाइना ओपियम ट्रेड: कंसीडर्ड इन रिलेशन टु इट्स हिस्ट्री, मॉरेलिटी, एंड एक्सपीडिएंसी, एंड इट्स इंफ़्लुएंस ऑन क्रिश्चियन मिशन्स* (लंदन: हेनरी फ़्रूड, 1884), पृ. 68.
72. देखें रॉब हॉपकिन्स, 'रिव्यू: "द मॉरल केस फ़ॉर फ़ॉसिल फ़्युल्स" - रियली?,' अवर वर्ल्ड, 5 फ़रवरी 2015: https://ourworld.unu.edu/en/review-the-moral-case-for-fossil-fuels-really.
73. अनिरुद्ध देशपांडे, 'एन हिस्टॉरिकल ओवरव्यू ऑफ़ ओपियम कल्टिवेशन एंड चेंजिंग स्टेट एटिट्यूड्स टुवर्ड्स द क्रॉप इन इंडिया, 1878-2000 ए.डी.,' *स्टडीज़ इन हिस्ट्री,* वॉल्यूम 25, सं. 1 (2009): 115.
74. वही, 119.
75. 1885 और 1920 के बीच, अफ़ीम से मिलने वाला ब्रिटिश राज का राजस्व 16, 75,363 से बढ़कर 44,12,308 हो गया था (देशपांडे, *'एन हिस्टॉरिकल ओवरव्यू,'* 122.
76. रश, *ओपियम टु जावा,* 237.
77. देशपांडे, 'एन हिस्टॉरिकल ओवरव्यू,' 119.
78. कलेक्टर का नाम एल.सी. रीड था। ब्रिटिश लाइब्रेरी; इंडिया ऑफ़िस रिकॉर्ड्स, बोर्ड्स कलेक्शन्स 83888 to 84180, 1841-42, वॉल्यूम 1938 (इंडिया ऑफ़िस: F/4/1938).
79. वर्जीनिया बैरिज एवं ग्रिफ़िथ एडवर्ड्स, *ओपियम एंड द पीपुल: ओपिएट यूज़ इन नाइनटीन्थ-सेंचुरी इंग्लैंड* (न्यूयॉर्क, एनवाई: सेंट मार्टिन्स प्रेस, 1981), पृ. 113-22
80. 1841 में, अनेक ब्रिटिश व्यापारियों ने लॉर्ड पामरस्टन को एक पत्र लिखा था जिसमें उन्होंने अफ़ीम इंडस्ट्री पर प्रतिबंध लगाने की अपील की थी। पत्र के पहले तीन पैराग्राफ़ इस प्रकार हैं:

1. ग्रेट ब्रिटेन की प्रजा द्वारा की जा रही अफ़ीम की तस्करी अनेक वर्ष से वैध व्यापार के लिए परेशानी और व्यवधान की वजजह बना हुआ है; और क्योंकि चीन की सरकार इसके हानिकारक प्रभावों से पूरी तरह परिचित है, इसलिए अगर ये तस्करी उसी तरह जारी रही जैसे पिछले चालीस-पचास साल से चली आ रही है, तो दोनों साम्राज्यों के बीच कोई ठोस और स्थायी शांति स्थापित नहीं हो पाएगी। 2. अफ़ीम की तस्करी महारानी की प्रजा के बड़े वर्गों के लिए घातक है; व्यापारियों और नाविकों के लिए जिन्हें ये ख़ुफ़िया और असम्मानजनक लेन-देन का आदी बनाती है; भारत के लोगों के लिए जो दमनकारी प्रतिबंधों के तहत इसकी खेती करते हैं; और हमारे घरेलू निर्माताओं के लिए जो ऊनी और सूती वस्त्रों के ख़रीदार के रूप में चीनियों से वंचित हो गए हैं, जिनका चीन में आयात अफ़ीम के आयात में बढ़ोतरी होने से कम हो गया है। 3. अफ़ीम की तस्करी ब्रिटिश चरित्र के लिए असम्मानजनक है और ये पूर्वी देशों में ईसाई धर्म की प्रगति में बाधक है; इसमें लगे लोग, और वो धर्म जिसका वो पालन करते हैं, उन सभी विचारशील लोगों की, चाहे वो चीनी हों या हिंदू हों, निगाह में तिरस्कृत हो रहे हैं जो इस मादक पदार्थ के वशीभूत उपभोक्ताओं की नैतिकता और स्वास्थ्य पर इसके प्रभावों को देख रहे हैं। 4. ब्रिटिश सरकार के पास ये ताक़त है कि वो बिहार और बनारस प्रांतों में, ब्रिटिश भारत के वो अकेले स्थान जहां इसका उत्पादन होता है, अफ़ीम की खेती पर रोक लगा दे - ईस्ट इंडिया कंपनी का सारे ब्रिटिश भारत पर जो एकाधिकार व्याप्त है, उससे पोस्त की खेती को उन ज़िलों में, जहां वर्तमान में इसे बढ़ावा दिया जा रहा है, उतनी ही आसानी से रोका जा सकता है जितनी आसानी से इसे कंपनी के अधिकारक्षेत्र के अन्य प्रांतों में रोका जा रहा है।

ब्रिटिश लाइब्रेरी; इंडिया ऑफ़िस रिकॉर्ड्स, चाइना फ़ॉरेन ऑफ़िस इंस्ट्रक्शंस एंड कॉरेसपॉन्डेंस 1841, सीक्रेट डिपार्टमेंट, [L/ PS/9/194]। कहना अनावश्यक है कि इसका लॉर्ड पर कोई प्रभाव नहीं पड़ा।

81. विस्काउंट पामर्स्टन द्वारा कैप्टन एलियट को, 4 नवंबर 1839 (इयान निश, संपा., *ब्रिटिश डॉक्युमेंट्स ऑन फ़ॉरेन अफ़ेयर्स: रिपोर्ट्स एंड पेपर्स फ़्रॉम द फ़ॉरेन ऑफ़िस कॉन्फ़ीडेंशियल प्रिंट, पार्ट 1, सीरीज़ ई. एशिया, वॉल्यूम 16, चाइनीज़ वॉर एंड इट्स आफ़्टरमाथ, 1839-49* [फ़्रेडरिक, एमडी: यूनिवर्सिटी पब्लिकेशंस ऑफ़ अमेरिका, 1994] पृ. 2) पामर्स्टन ने दो साल बाद नानजिंग की संधि की वार्ता में शामिल ब्रिटिश प्रतिनिधियों को दिए अपने निर्देशों में फिर से ये दोहराया था: 'चीनी सरकार अगर चाहे तो उसे अफ़ीम के आयात पर रोक लगाने का पूरा अधिकार है; और इस नाजायज़ कारोबार में लगे ब्रिटिश लोगों को इसके परिणाम भुगतने होंगे।' (रिमर, *ओपियम्स लॉंग शैडो* में उद्धृत, 31).

82. माओ हैजियान, द *चिंग एंपायर एंड दि ओपियम वॉर: द कोलैप्स ऑफ़ द हैवेन्ली डाइनैस्टी*, संपा., जॉज़ेफ़ लॉसन (कैंब्रिज: कैंब्रिज यूनिवर्सिटी प्रेस, 2016), पृ. 187.
83. एलन, *दि ओपियम ट्रेड,* 57.
84. एरिक रिंगमर, 'मैलिस इन वंडरलैंड: ड्रीम्स ऑफ़ द ओरियंट एंड द डेस्ट्रक्शन ऑफ़ द पैलेस ऑफ़ द एंपरर ऑफ़ चाइना,' *जरनल ऑफ़ वर्ल्ड हिस्ट्री,* वॉल्यूम 22, सं. 2 (2011): 291-94.
85. सारा विवाद 'यी' शब्द पर केंद्रित था जिसे कुछ अनुवादकों ने ग़लती से 'बर्बर' के अर्थ में ले लिया था (इसका अर्थ आधुनिक अमेरिकी प्रयोग में 'एलियन' शब्द के ज़्यादा क़रीब था)। इस ग़लतफ़हमी के लिए सबसे ज़्यादा ज़िम्मेदार एक मिशनरी रॉबर्ट मॉरिसन था जिसने 1827 में दावा किया था कि कोई ब्रिटिश अपने संदर्भ में इस शब्द का प्रयोग नहीं करेगा। ये सच नहीं था, क्योंकि गुआंगज़ाउ के अधिकारियों के साथ अपने पत्र-व्यवहार में ब्रिटिश व्यापारी इसका प्रयोग करते थे। और, जैसा कि प्रोफ़ेसर तैन चुंग इंगित करते हैं, 1793 में चिंग जॉर्ज तृतीय को लिखे अपने पत्र में कियांगलौंग के सम्राट ने इस शब्द का इस्तेमाल किया था, 'लेकिन ब्रिटिश सरकार ने उस पत्र में कभी भी चीनी अशिष्टता के बारे में शिकायत नहीं की थी।' (तैन चुंग, *चाइना एंड द ब्रेव न्यू वर्ल्ड,* 20)। इस विषय पर पूर्ण जानकारी के लिए देखें लीडिया एच. ल्यु, द *क्लैश ऑफ़ एंपायर्स: द इन्वेंशन ऑफ़ चाइना इन मॉडर्न वर्ल्ड मेकिंग* (कैंब्रिज, एमए: हार्वर्ड यूनिवर्सिटी प्रेस, 2006), पृ. 92-95; और दिलीप के. बसु, 'चाइनीज़ ज़ेनोलॉजी एंड दि ओपियम वॉर: रिफ़्लेक्शंस,' द *जरनल ऑफ़ एशियन स्टडीज़,* वॉल्यूम 73, सं. 4 (2014): 927-40.
86. देखें दिलीप के. बसु, 'दि ओपियम वॉर एंड द ओपनिंग ऑफ़ चाइना: ए हिस्टोरियोग्रैफ़िकल नोट,' चिंग-शिह वेन-ताइ, वॉल्यूम 3, सं. 11 (1977): 2-16; तैन चुंग, *चाइना एंड द ब्रेव न्यू वर्ल्ड,* 2-20.
87. बीचिंग, द *चाइनीज़ ओपियम वॉर्स*, 106.
88. प्लाट, *इंपीरियल ट्वाइलाइट,* 431.
89. ल्यु, द *क्लैश ऑफ़ एंपायर्स* में उद्धृत, 170.

17: समानताएं

1. द *चाइनीज़ रिपोज़िटरी*, वॉल्यूम VII (एलिब्रॉन क्लासिक्स रीप्रिंट्स, 2005), पृ. 609.
2. ज़ेंग यांगवेन, द *सोशल लाइफ़ ऑफ़ ओपियम इन चाइना* (कैंब्रिज: कैंब्रिज यूनिवर्सटी प्रेस, 2005), पृ. 102.
3. स्टीफ़न आर. प्लाट, *इंपीरियल ट्वाइलाइट: दि ओपियम वॉर एंड द एंड ऑफ़ चाइना 'ज़ लास्ट गोल्डन एज* (न्यूयॉर्क, एनवाई: नॉफ़, 2018), पृ. 71। कीथ मैकमोहन द्वारा उद्धृत एक

स्रोत के अनुसार, 1906 तक 'सिचुआन, युन्नान, शान्शी, शन्शी, गुइज़ाऊ और गान्सू प्रांतों ने चीन की 80 प्रतिशत अफ़ीम का उत्पादन किया था।' (*द फ़ॉल ऑफ़ द गॉड ऑफ़ मनी: ओपियम स्मोकिंग इन नाइनटीन्थ-सेंचुरी चाइना* [लैनहैम, एमडी: रोमैन एंड लिटिलफ़ील्ड पब्लिशर्स, 2002], पृ. 98).

4. डेविड बैलो, 'द वैनमस कोर्स ऑफ़ साउथवैस्टर्न ओपियम: चिंग प्रोहिबिशन इन युन्नान, सिचुआन एंड गुइज़ाऊ इन द अर्ली नाइनटीन्थ सेंचुरी,' *जरनल ऑफ़ एशियन स्टडीज़*, वॉल्यूम 62, सं. 4 (2003): 1114.
5. स्टीफ़न आर. हैल्सी, *क्वेस्ट फ़ॉर पॉवर: यूरोपियन इंपीरियलिज़्म एंड द मेकिंग ऑफ़ चाइनीज़ स्टेटक्राफ़्ट* (कैंब्रिज, एमए: हार्वर्ड यूनिवर्सिटी प्रेस, 2016), पृ. 59-61.
6. पीटर थिली, *दि ओपियम बिज़नेस: ए हिस्ट्री ऑफ़ क्राइम एंड कैपिटलिज़्म इन मैरीटाइम चाइना* (स्टैनफ़ोर्ड, सीए: स्टैनफ़ोर्ड यूनिवर्सिटी प्रेस, 2022), पृ. 58.
7. थिली, *दि ओपियम बिज़नेस*, 9.
8. ज़ैंग यांगवेन, द *सोशल लाइफ़ ऑफ़ ओपियम*, पृ. 105-10.
9. *कंफ़्लिक्ट एंड कंट्रोल इन लेट इंपीरियल चाइना*, संपा. फ्रेडरिक वेकमैन जू. एवं कैरोलिन ग्रांट (बर्कली, सीए: यूनिवर्सिटी ऑफ़ कैलिफ़ोर्निया प्रेस, 1975), में जॉनैथन स्पेंस, 'ओपियम स्मोकिंग इन चिंग चाइना,' पृ. 237 .
10. थिली, *दि ओपियम बिज़नेस*, 2-4.
11. कार्ल ए. ट्रॉकी, *ओपियम, एंपायर एंड द ग्लोबल पोलिटिकल इकोनॉमी: ए स्टडी ऑफ़ द एशियन ओपियम ट्रेड, 1750-1950* (न्यूयॉर्क, एनवाई: रटलेज, 1999), पृ. xiii
12. थिली, *दि ओपियम बिज़नेस*, चैप. 6.
13. ब्रिटिश संसद में बार-बार दोहराया जाने वाला एक आम दोषारोपण था: 'चीनियों की अफ़ीम पर रोक लगाने की दृढ़ इच्छा थी ही नहीं। उन्होंने चीन में पोस्त की खेती बंद क्यों नहीं करवाई?' (द *चाइनीज़ रिपोज़िटरी*, वॉल्यूम IX [क्रॉज़ रीप्रिंट लि.], 251).
14. जेम्स मैके, *फ्रॉम लंदन टु लखनऊ, विद मेमोरेंडा ऑफ़ म्युटिनीज़, मार्चेज़, फ़्लाइट्स, फ़ाइट्स, एंड कंवर्सेशन्स। टु व्हिच इज़ एडेड, एन ओपियम स्मग्लर्स एक्स्प्लेनेशन ऑफ़ द पीहो मासेकर* (लंदन: जेम्स निस्बेट, 1860), पृ. 518.
15. स्टेफ़न रिमर, *ओपियम्स लाँग शैडो: फ्रॉम एशियन रिवोल्ट टु ग्लोबल ड्रग कंट्रोल* (कैंब्रिज, एमए: हार्वर्ड यूनिवर्सिटी प्रेस, 2018), पृ. 201.
16. ट्रॉकी, *ओपियम, एंपायर*, 126.
17. थिली, *दि ओपियम बिज़नेस*, 88.
18. एडवर्ड आर. स्लैक, *ओपियम, स्टेट एंड सोसाइटी: चाइना'ज़ नारको-इकोनॉमी एंड द गोमिन्डैंग* (होलोलूलू, एचआई: यूनिवर्सिटी ऑफ़ हवाई प्रेस, 2001), पृ. 3.

19. थिली, *दि ओपियम बिज़नेस,* 14.
20. रिमर, *ओपियम्स लाँग शैडो,* 6। इस बात पर बहस की जाती है कि किसी जनसंख्या में मादक पदार्थों के सेवन की आम दर तीन से सोलह प्रतिशत, जिसमें 10 प्रतिशत 'सबसे ज़्यादा प्रयोग की जाने वाली संख्या है, रहती है (बैरी मायर, *पेन किलर: एन एंपायर ऑफ़ डिसीट एंड द ओरिजिन ऑफ़ अमेरिका 'ज़ ओपियोइड एपिडेमिक* [न्यूयॉर्क, एनवाई: पेंगुइन रैंडम हाउस, 2018] पृ 39).
21. स्लैक, *ओपियम, स्टेट एंड सोसाइटी,* 4। साथ ही देखें मैकमोहन, द *फ़ॉल ऑफ़ द गॉड ऑफ़ मनी,* 156; एवं डेविड एम. कटलर एवं एडवर्ड एल. ग्लैसर, 'व्हैन इनोवेशन गोज़ राँग: टैक्नोलॉजिकल रीग्रेस एंड द ओपियोइड एपिडेमिक,' द *जरनल ऑफ़ इकोनॉमिक पर्सपेक्टिव्ज़,* वॉल्यूम 35, सं. 4 (2021): 174.
22. चार्ल्स डिकेन्स, 'ओपियम: चैप्टर द सैकंड, चाइना,' *हाउसहोल्ड वर्ड्स,* 22 अगस्त 1857, पृ. 181-86.
23. मैके, *फ़्रॉम लंदन टु लखनऊ,* 527.
24. ये शब्द रेव. ग्रेव्ज़ के हैं, मैकमोहन द्वारा द *फ़ॉल ऑफ़ द गॉड ऑफ़ मनी* में उद्धृत, 76.
25. मैकमोहन, द *फ़ॉल ऑफ़ द गॉड ऑफ़ मनी,* 4.
26. *ओपियम रिजीम्स: चाइना, ब्रिटेन, एंड जापान, 1839-1952,* संपा. टिमोथी ब्रुक एवं बॉब टडाशी वाकाबायशी (बर्कली, सीए: यूनिवर्सिटी ऑफ़ कैलिफ़ोर्निया प्रेस, 2000) में ग्रेगरी ब्लू, 'ओपियम फ़ॉर चाइना: द ब्रिटिश कनेक्शन,' पृ. 37.
27. रिमर, *ओपियम्स लाँग शैडो,* 34.
28. जेम्स मैथेसन, एक ब्रिटिश व्यापारी को उद्धृत करते हुए। (प्रेज़ेंट पोज़ीशन एंड प्रॉसपेक्ट्स ऑफ़ द ब्रिटिश ट्रेड विद चाइना: टुगैदर विद एन आउटलाइन ऑफ़ सम लीडिंग अकरेंसेज़ इन इट्स पास्ट हिस्ट्री [लंदन: स्मिथ, एल्डर एंड कं., 1836], पृ. 62).
29. जॉनैथन स्पेंस, द *सर्च ऑफ़ मॉडर्न चाइना* (न्यूयॉर्क, एनवाई: डब्ल्यू. डब्ल्यू. नॉर्टन, 1990) पृ. 132-34.
30. *एसेज़ इन द हिस्ट्री ऑफ़ आइडियाज़* (न्यूयॉर्क, एनवाई: जॉर्ज ब्रेज़िलर, 1955) में आर्थर लवजॉय, 'द चाइनीज़ ओरिजिन ऑफ़ ए रोमांटिसिज़्म,' पृ. 106.
31. वही, 103.
32. प्लाट, *इंपीरियल ट्वाइलाइट,* 53-54.
33. डेविड ग्रेबर एवं डेविड वेन्ग्रो, द *डॉन ऑफ़ एवरीथिंग: ए न्यू हिस्ट्री ऑफ़ ह्यूमैनिटी* (न्यूयॉर्क, एनवाई: फ़रार स्ट्रॉस एंड जिरू, 2021), पृ. 30.
34. प्लाट, *इंपीरियल ट्वाइलाइट,* 53-54.
35. प्लाट, *इंपीरियल ट्वाइलाइट,* 432.

36. मैकमोहन, द *फ़ॉल ऑफ़ द गॉड ऑफ़ मनी,* 1.
37. प्लाट, *इंपीरियल ट्वाइलाइट,* 431.
38. 1840 के दशक के चीन में आपराधिक नेटवर्कों के विस्तृत अध्ययन के लिए देखें मैलिसा मैकॉले 'स्मॉल टाइम क्रुक्स: ओपियम, माइग्रेंट्स, एंड द वॉर ऑन ड्रग्स इन चाइना, 1819-1860,' *लेट इंपीरियल चाइना,* वॉल्यूम 30, सं. 1 (2009): 1-47.
39. स्पेंस, द *सर्च ऑफ़ मॉडर्न चाइना,* 126.
40. थिली, *दि ओपियम बिज़नेस,* 21.
41. जैस्पर जॉली, 'ग्लैनकोर टु पे $1 बिलियन सैटलमेंट एमिड यूएस ब्राइबरी एंड मार्केट एब्यूज़ एलिगेशन्स,' गार्जियन, 24 मई 2002: https://www.theguardian.com/business/2022/may/24/glencore-to-pay-1bn-settlement-amid-us-bribery-and-market-abuse-allegations?s=03.
42. देखें स्पेंस, द *सर्च ऑफ़ मॉडर्न चाइना,* 131.
43. डेविड टी. कोर्टराइट, *फ़ोर्सेज़ ऑफ़ हैबिट: ड्रग्स एंड द मेकिंग ऑफ़ द मॉडर्न वर्ल्ड* (कैंब्रिज, एमए: हार्वर्ड यूनिवर्सिटी प्रेस, 2001), पृ. 95.
44. जेम्स आर. रश, *ओपियम टु जावा: रेवेन्यु फ़ार्मिंग एंड चाइनीज़ एंटरप्राइज़ इन कोलोनियल इंडोनेशिया, 1860-1910* (इंडोनेशिया: इक्विनॉक्स पब्लिशिंग, 2007) पृ. 34.
45. डेविड टी. कोर्टराइट, *डार्क पैराडाइज़: ए हिस्ट्री ऑफ़ ओपिएट एडिक्शन इन अमेरिका* (कैंब्रिज, एमए: हार्वर्ड यूनिवर्सिटी प्रेस, 2001), पृ. 42-44.
46. सदमे के मनोवैज्ञानिक आघात के लिए देखें मार्क एल्विन, 'हाउ डिड द क्रैक्स ओपन?: द ओरिजिन्स ऑफ़ द सब्वर्ज़न ऑफ़ चाइना'ज़ लेट-ट्रेडीशनल कल्चर बाइ द वैस्ट,' *थीसिस इलेवन,* वॉल्यूम 57, सं. 1 (1999): 2-5.
47. मैकमोहन, द *फ़ॉल ऑफ़ द गॉड ऑफ़ मनी,* 205-06.
48. देखें चैप्टर 16, नोट 84.
49. इतिहासकार स्लैक ने लिखा था: 'किसी मादक पदार्थ और एक संस्कृति के बीच कभी भी पनपा सबसे ज़्यादा जटिल और उलझन भरा संबंध वो है जो अफ़ीम और चीनी लोगों के बीच पनपा था।' (*ओपियम, स्टेट एंड सोसाइटी,* 1).
50. पैट्रिक रैडेन कीफ़, *एंपायर ऑफ़ पेन: द सीक्रेट हिस्ट्री ऑफ़ द सैकलर डाइनेस्टी* (न्यूयॉर्क, एनवाई: डबलडे, 2021), पृ. 3.
51. कीफ़, *एंपायर ऑफ़ पेन,* 370.
52. सेलिना बी. रीयलुयो, 'द न्यू ओपियम वॉर: ए नेशनल इमर्जेंसी,' *प्रिज़्म: द जरनल ऑफ़ कॉम्प्लेक्स ऑपरेशंस,* 8:1 (2019): 133 https://cco.ndu.edu/News/Article/1767465/the-new-opium-war-a-national-emergency/

53. मायर, *पेन किलर,* ix
54. रायन हैम्प्टन, अमेरिकन फ़िक्स: इनसाइड द ओपियोइड एडिक्शन क्राइसिस - एंड हाउ टु एंड इट (न्यूयॉर्क, एनवाई: सेंट मार्टिन्स पब्लिशिंग ग्रुप, 2018), पृ. 114.
55. वही, 115.
56. क्रिस मैकग्रील, *अमेरिकन ओवरडोज़: द ओपियोइड ट्रैजेडी इन थ्री एक्ट्स* (न्यूयॉर्क, एनवाई: हैशेत बुक ग्रुप, 2018), पृ. 165.
57. कीफ़, *एंपायर ऑफ़ पेन,* 363.
58. वही, 345.
59. मैकग्रील, *अमेरिकन ओवरडोज़,* xii
60. हैम्प्टन, *अमेरिकन फ़िक्स,* 10.
61. देखें कीफ़, *एंपायर ऑफ़ पेन,* 244-49.
62. कटलर एवं ग्लैसर, 'व्हैन इनोवेशन गोज़ राँग,' 186.
63. वही, 179.
64. वही, 177.
65. मगर ये वाक्यांश आलोचनाओं के लिए खुला है क्योंकि ये प्रभावित समुदायों पर 'अंतर्निहित निर्णय' आरोपित करता है और अफ़ीमसमों के 'अनूठे प्रभाव' को क्षीण करता है (मैकग्रील, *अमेरिकन ओवरडोज़,* 112).
66. *अमेरिकन जरनल ऑफ़ पब्लिक हैल्थ* में लिखते हुए, शोधार्थियों की एक टीम ने दर्ज किया है: 'मादक पदार्थों के प्रयोग में बढ़ोतरी सामूहिक दर्दनाक घटनाओं के प्रति एक सामान्य सामाजिक प्रतिक्रिया हो सकती है, ख़ासकर तब जब निम्न सामाजिक-आर्थिक तबक़े के लोग इससे गुज़रते हैं।' (नबअरुण दासगुप्ता, लियो बेलेट्स्की एवं डेनियल चिकारोने, 'ओपियोइड क्राइसिस: नो इज़ी फ़िक्स टु इट्स सोशल एंड इकोनॉमिक डिटरमिनेंट्स,' वॉल्यूम 108, सं. 2 (2018): 182-86).
67. "किसी मादक पदार्थ की अति-आपूर्ति का उसके बाज़ार पर प्रभाव उससे भिन्न होता है जो अधिकांश वस्तुओं के आधिक्य का होता है। अतिरिक्त आपूर्ति को अगर साल-दर-साल बनाए रखा जाए तो उसे बाज़ार से हटाने के लिए आवश्यक गतिशीलता उत्पन्न करनी होगी।' (जैक्स एम. डाउन्स, *द गोल्डन गेटो: द अमेरिकन कमर्शियल कम्युनिटी एट कैंटन एंड द शेपिंग ऑफ़ अमेरिकन चाइना पॉलिसी, 1784-1844* [बैथेलहेम: लीहाई यूनिवर्सिटी प्रेस, 1997] पृ. 165)। या जैसा कि एक नैतिकतावादी अमेरिकी व्यापारी ने चीन के ब्रिटिश दूतावास को बताया था, आपूर्ति 'द्वारा उससे विकसित होने से जिसका वो पोषण करती है' अफ़ीम की मांग बढ़ी। (चार्ल्स डब्ल्यू. चिंग, *ओपियम क्राइसिस: ए लैटर एड्रेस्ड टु चार्ल्स एलियट, एस्क., चीफ़ सुपरिंटेंडेंट ऑफ़ द ब्रिटिश ट्रेड विद चाइना* [लंदन: हैचर्ड एंड सन, 1839], पृ. 5).

68. कटलर एवं ग्लैसर, 'व्हैन इनोवेशन गोज़ रॉंग,' 173.
69. वही, 184.
70. कोर्टराइट, *डार्क पैराडाइज़,* 6.
71. इसी पर उद्धृत.
72. कटलर एवं ग्लैसर, 'व्हैन इनोवेशन गोज़ रॉंग,' 172.
73. कीफ़, *एंपायर ऑफ़ पेन,* 4.
74. वही, 407.
75. वही। साथ ही देखें मायर, *पेन किलर,* 35.
76. कीफ़, *एंपायर ऑफ़ पेन,* 213.
77. रिमर, *ओपियम्स लॉंग शैडो,* 147.
78. ट्रॉकी, *ओपियम, एंपायर,* 163.
79. मैकग्रील, *अमेरिकन ओवरडोज़,* 260.
80. रीयलुयो, 'द न्यू ओपियम वॉर'

18: चेतावनियां

1. विस्तृत विवरण के लिए देखें *ओपियम रिजीम्स: चाइना, ब्रिटेन, एंड जापान, 1839-1952,* संपा. टिमोथी ब्रुक एवं बॉब टडाशी वाकाबायशी (बर्कली, सीए: यूनिवर्सिटी ऑफ़ कैलिफ़ोर्निया प्रेस, 2000) में ज़ाऊ यौंगमिंग, 'नेशनलिज़्म, आइडेंटिटी, एंड स्टार-बिल्डिंग: द एंटीड्रग क्रूसेड इन द पीपुल्स रिपब्लिक, 1949-1952'
2. पैट्रिक रैडेन कीफ़, *एंपायर ऑफ़ पेन: द सीक्रेट हिस्ट्री ऑफ़ द सैकलर डाइनेस्टी* (न्यूयॉर्क, एनवाई: डबलडे, 2021), पृ. 363.
3. क्रिस मैकग्रील, *अमेरिकन ओवरडोज़: द ओपियोइड ट्रैजेडी इन थ्री एक्ट्स* (न्यूयॉर्क, एनवाई: हैशेत बुक ग्रुप, 2018), पृ. 147.
4. सेलिना बी. रीयलुयो, 'द न्यू ओपियम वॉर: ए नेशनल इमर्जेंसी,' *प्रिज़्म: द जरनल ऑफ़ कॉम्प्लेक्स ऑपरेशंस,* 8:1 (2019): 133 https://cco.ndu.edu/News/Article/1767465/the-new-opium-war-a-national-emergency/
5. डेविड एम. कटलर एवं एडवर्ड एल. ग्लैसर, 'व्हैन इनोवेशन गोज़ रॉंग: टैक्नोलॉजिकल रीग्रेस एंड द ओपियोइड एपिडेमिक,' द *जरनल ऑफ़ इकोनॉमिक पर्सपेक्टिव्ज़,* वॉल्यूम 35, सं. 4 (2021): 188.
6. मिशनरियों की भूमिका पर देखें माइकल सी. लैज़िच, 'अमेरिकन मिशनरीज़ एंड दि ओपियम ट्रेड इन नाइनटीन्थ-सेंचुरी चाइना,' *जरनल ऑफ़ वर्ल्ड हिस्ट्री,* वॉल्यूम 17, सं. 2 (2006); एवं डायना एस. किम, *एंपायर्स ऑफ़ वाइस: द राइज़ ऑफ़ ओपियम प्रॉहिबिशन एक्रॉस साउथईस्ट एशिया* (प्रिंसटन; एनजे: प्रिंसटन यूनिवर्सिटी प्रेस, 2020), पृ. 67.

7. स्टेफ़न रिमर, *ओपियम्स लाँग शैडो: फ़्रॉम एशियन रिवोल्ट टु ग्लोबल ड्रग कंट्रोल* (कैंब्रिज, एमए: हार्वर्ड यूनिवर्सिटी प्रेस, 2018), पृ. 6.
8. वही, 60.
9. जे. स्पेंसर हिल, *द इंडो-चाइना ओपियम ट्रेड: कंसीडर्ड इन रिलेशन टु इट्स हिस्ट्री, मॉरेलिटी, एंड एक्सपीडिएंसी, एंड इट्स इंफ़्लुएंस ऑन क्रिश्चियन मिशन्स* (लंदन: हेनरी फ़्रूड, 1884), पृ. 25.
10. रिमर, *ओपियम्स लाँग शैडो,* 57.
11. इमदादुल हक़, *ड्रग्स इन साउथ एशिया: फ़्रॉम दि ओपियम ट्रेड टु द प्रेज़ेंट डे* (न्यूयॉर्क, एनवाई: सेंट मार्टिन्स प्रेस, 2000), पृ. 49-54.
12. रिमर, *ओपियम्स लाँग शैडो,* 84.
13. वही, 122.
14. वही, 92.
15. *रवींद्र रचनावली,* विश्व-भारती संस्करण, वॉल्यूम 24 (कोलकाता, 1354/1847 पुनर्मुद्रित 1365/1958), पृ. 250। अनुवाद मेरे द्वारा।
16. हक़, *ड्रग्स इन साउथ एशिया,* 54-57.
17. रैडेन एडजेंग कार्टिनी, *लैटर्स ऑफ़ ए जावानीज़ प्रिंसेज़,* 25 मई 1899 (अनु. 1921)
18. जेम्स आर. रश, *ओपियम टु जावा: रेवेन्यु फ़ार्मिंग एंड चाइनीज़ एंटरप्राइज़ इन कोलोनियल इंडोनेशिया, 1860-1910* (इंडोनेशिया: इक्विनॉक्स पब्लिशिंग, 2007) पृ. 202-03.
19. वही, 205.
20. वही, 218.
21. डेविड टी. कोर्टराइट, *डार्क पैराडाइज़: ए हिस्ट्री ऑफ़ ओपिएट एडिक्शन इन अमेरिका* (कैंब्रिज, एमए: हार्वर्ड यूनिवर्सिटी प्रेस, 2001), पृ. 54-56; एवं हक़, *ड्रग्स इन साउथ एशिया,* 39.
22. कोर्टराइट, *डार्क पैराडाइज़,* 54-56.
23. वही.
24. बैरी मायर, *पेन किलर: एन एंपायर ऑफ़ डिसीट एंड द ओरिजिन ऑफ़ अमेरिका'ज़ ओपियोइड एपिडेमिक* (न्यूयॉर्क, एनवाई: पेंगुइन रैंडम हाउस, 2018) पृ 45.
25. रिमर, *ओपियम्स लाँग शैडो,* 142; एवं हक़, *ड्रग्स इन साउथ एशिया,* 69.
26. वर्जीनिया बैरिज एवं ग्रिफ़िथ एडवर्ड्स, *ओपियम एंड द पीपुल: ओपिएट यूज़ इन नाइनटीन्थ-सेंचुरी इंग्लैंड* (न्यूयॉर्क, एनवाई: सेंट मार्टिन्स प्रेस, 1981), पृ. 185.
27. देखें कैथलीन एल. लॉडविक, *क्रूसेडर्स अगेंस्ट ओपियम: प्रोटेस्टेंट्स मिशनरीज़ इन चाइना, 1874-1917* (लैक्ज़िंग्टन, केवाई: यूनिवर्सिटी प्रेस ऑफ़ केंटकी, 2009), पृ. 97-109।

साथ ही देखें *ओपियम रिजीम्स: चाइना, ब्रिटेन, एंड जापान, 1839-1952,* संपा. टिमोथी ब्रुक एवं बॉब टडाशी वाकाबायशी (बर्कली, सीए: यूनिवर्सिटी ऑफ़ कैलिफ़ोर्निया प्रेस, 2000) में ग्रेगरी ब्लू, 'ओपियम फ़ॉर चाइना: द ब्रिटिश कनेक्शन,' पृ. 39.

28. रॉयल कमीशन ऑन ओपियम, *प्रोसीडिंग्स,* वॉल्यूम V, 1894, पृ. 151.
29. बैरिज एवं ग्रिफ़िथ एडवर्ड्स, *ओपियम एंड द पीपुल,* 186-94। साथ ही देखें *ड्रग्स एंड एंपायर्स: एसेज़ इन मॉडर्न इंपीरियलिज़्म एंड इन्टॉक्सिकेशन, सी. 1500-1930,* संपा. जेम्स मिल्स एंड पैट्रीशिया बार्टन (न्यूयॉर्क, एनवाई: पाल्ग्रेव मैकमिलन, 2007) में मार्क जेसन गिल्बर्ट, 'एंपायर एंड एक्साइज़: ड्रग्स एंड ड्रिंक रेवेन्यु एंड द फ़ेट ऑफ़ स्टेट्स इन साउथ एशिया,' पृ. 133 .
30. रिमर, *ओपियम्स लाँग शैडो,* 152.
31. लॉडविक, *क्रूसेडर्स अगेंस्ट ओपियम,* 10-14.
32. कोर्टराइट, *डार्क पैराडाइज़,* 81.
33. रिमर, *ओपियम्स लाँग शैडो,* 189। 1907 में ब्रिटिश द्वारा स्थापित सीलोन आयोग ने भी फ़िलीपींस आयोग की रिपोर्ट के निष्कर्षों का समर्थन किया था (हक़, *ड्रग्स इन साउथ एशिया,* 49).
34. आज्ञा के पूरे आलेख के लिए देखें एलन बॉमलर, संपा., *मॉडर्न चाइना एंड ओपियम: रीडर* (एन आर्बर, एमआई: यूनिवर्सिटी ऑफ़ मिशिगन प्रेस, 2001), पृ. 66-71.
35. रिमर *ओपियम्स लाँग शैडो* में उद्धृत, 198.
36. किम, *एंपायर्स ऑफ़ वाइस,* 217.
37. *ओपियम रिजीम्स: चाइना, ब्रिटेन, एंड जापान, 1839-1952,* संपा. टिमोथी ब्रुक एवं बॉब टडाशी वाकाबायशी (बर्कली, सीए: यूनिवर्सिटी ऑफ़ कैलिफ़ोर्निया प्रेस, 2000) में आर. बिन वौंग, 'ओपियम एंड मॉडर्न चाइनीज़ स्टेट-मेकिंग,' पृ. 190-99; एवं किम, *एंपायर्स ऑफ़ वाइस,* 64.
38. देखें जॉयस ए. मैंडेंसी, द *ट्रबलसम लेगेसी ऑफ़ कमिश्नर लिन: दि ओपियम ट्रेड एंड ओपियम सप्रेशन इन फ़ूजियान प्रॉविंस, 1820ज़ टु 1920ज़* (कैंब्रिज, एमए: हार्वर्ड यूनिवर्सिटी एशिया सेंटर, 2003), पृ. 202.
39. ब्लू, 'ओपियम फ़ॉर चाइना,' 41; रिमर *ओपियम्स लाँग शैडो,* 212.
40. कार्ल ए. ट्रॉकी, *ओपियम, एंपायर एंड द ग्लोबल पोलिटिकल इकोनॉमी: ए स्टडी ऑफ़ द एशियन ओपियम ट्रेड, 1750-1950* (न्यूयॉर्क, एनवाई: रटलेज, 1999), पृ. 130.
41. रिमर *ओपियम्स लाँग शैडो* में उद्धृत, 8.
42. हक़, *ड्रग्स इन साउथ एशिया,* 100.

43. मैंडेंसी, द *ट्रबलसम लेगेसी,* 342. बाद के दशकों में जब चीन को गृह-युद्ध ने अपनी चपेट में ले लिया तो अफ़ीम-विरोधी आंदोलनों की उपलब्धियां विफल हो गईं। मैंडेसी की पुस्तक फ़ूजियान में आंदोलन में आए उतार-चढ़ावों का उत्कृष्ट विवरण प्रदान करती है।
44. हक़, *ड्रग्स इन साउथ एशिया,* 100.
45. ज़ैंग यांगवेन, द *सोशल लाइफ़ ऑफ़ ओपियम इन चाइना* (कैंब्रिज: कैंब्रिज यूनिवर्सटी प्रेस, 2005), पृ. 194-202; रिमर, *ओपियम्स लाँग शैडो,* 247-52; एवं प्रस्तावना, *ओपियम रिजीम्स: चाइना, ब्रिटेन, एंड जापान, 1839-1952,* संपा. टिमोथी ब्रुक एवं बॉब टडाशी वाकाबायशी (बर्कली, सीए: यूनिवर्सिटी ऑफ़ कैलिफ़ोर्निया प्रेस, 2000) में ग्रेगरी ब्लू, 'ओपियम फ़ॉर चाइना: द ब्रिटिश कनेक्शन,' पृ. 15-19.
46. देखें रॉबर्ट क्रिब, 'ओपियम एंड द इंडोनेशियन रिवॉल्युशन,' मॉडर्न एशियन स्टडीज़, वॉल्यूम 22, सं. 4 (1988); पृ. 701-22; एवं किम, *एंपायर्स ऑफ़ वाइस,* 192.
47. अनिरुद्ध देशपांडे, 'एन हिस्टॉरिकल ओवरव्यू ऑफ़ ओपियम कल्टिवेशन एंड चेंजिंग स्टेट एटिट्यूड्स टुवर्ड्स द क्रॉप इन इंडिया, 1878-2000 ए.डी.,' *स्टडीज़ इन हिस्ट्री,* वॉल्यूम 25, सं. 1 (2009): 1112.
48. वही, 124-25.
49. वही, 126.
50. वही, 126.
51. हक़, *ड्रग्स इन साउथ एशिया,* 116.
52. वही, 113.
53. वही, 130-43.
54. वही, 142.
55. दक्षिण एशिया में हेरोइन के उत्पादन में बढ़ोतरी के पूरे विवरण के लिए देखें वही, 106-256.
56. गिल्बर्ट, 'एंपायर एंड एक्साइज़,' 136.

लेखक परिचय

अमिताभ घोष का जन्म 1956 में कलकत्ता में हुआ था, और उनकी परवरिश भारत, बांग्लादेश और श्रीलंका में हुई; उन्होंने दिल्ली, ऑक्सफ़ोर्ड और अलेक्ज़ैंड्रिया से पढ़ाई की। वे *द शैडो लाइन्स, द ग्लास पैलेस, द हंग्री टाइड, आइबिस* ट्रिलोजी (जिसमें *सी ऑफ़ पॉपीज़, रिवर ऑफ़ स्मोक* एवं *फ़्लड ऑफ़ फ़ायर* शामिल हैं), *द ग्रेट डीरेंजमेंट, गन आईलैंड, द नटमेग्स कर्स, जंगल नामा* और *द लिविंग माउंटेन* सहित कई उपन्यासों व कथेतर साहित्य के रचयिता हैं।

अमिताभ घोष के कार्यों का तीस से अधिक भाषाओं में अनुवाद किया जा चुका है। उनके काम के लिए उन्हें दुनियाभर में पुरस्कृत और सम्मानित किया गया है। 2019 में *फ़ॉरेन पॉलिसी* पत्रिका ने उन्हें पिछले एक दशक के सबसे महत्वपूर्ण वैश्विक विचारकों में से एक का ख़िताब दिया। उसी वर्ष, उन्हें भारत का सर्वोच्च साहित्यिक सम्मान, ज्ञानपीठ पुरस्कार, प्रदान किया गया: वे इसे प्राप्त करने वाले अंग्रेज़ी भाषा के पहले लेखक हैं। 2024 में, उन्हें ग्रहीय संकट और जलवायु परिवर्तन पर अपने लेखन के लिए प्रतिष्ठित इरास्मस पुरस्कार से सम्मानित किया गया।

अनुवादक परिचय

नवेद अकबर अनुवाद से काफी लंबे अरसे से जुड़े हुए हैं। उन्होंने *पैराडाइज़* (खुशवंत सिंह), *माई डेज़ इन प्रिजन* (इफ़्तिखार गीलानी), *सी ऑफ़ पॉपीज, रीवर ऑफ़ स्मोक, फ़्लड ऑफ़ फ़ायर, द लिविंग माउंटेन* (अमिताभ घोष), *बियॉन्ड 2020* (ए.पी.जे. अब्दुल कलाम व वाई. एस. राजन), *ब्लैक बुक* (ओरहान पामुक), *एसेंट ऑफ़ मनी* (निएल फ़र्ग्यसन) *मास्क ऑफ़ अफ़्रीका, ए हाउस फ़ॉर मि. बिस्वास, बियॉन्ड बिलीफ़* (वी. एस. नायपॉल), अश्विन सांघी की *चाणक्या 'ज़ चैंट, द कृष्ण की, द रोज़ाबल लाइन, सियालकोट सागा* और *कीपर्स ऑफ़ कालचक्र* का अनुवाद किया है।

HarperCollins Publishers India